苦手克服！
これで完璧！

矩《かな》計《ばかり》図《ず》で徹底的に学ぶ住宅設計

S編

杉浦伝宗・細谷功・長沖充・
蕪木孝典・伊藤茉莉子・杉本龍彦　共著

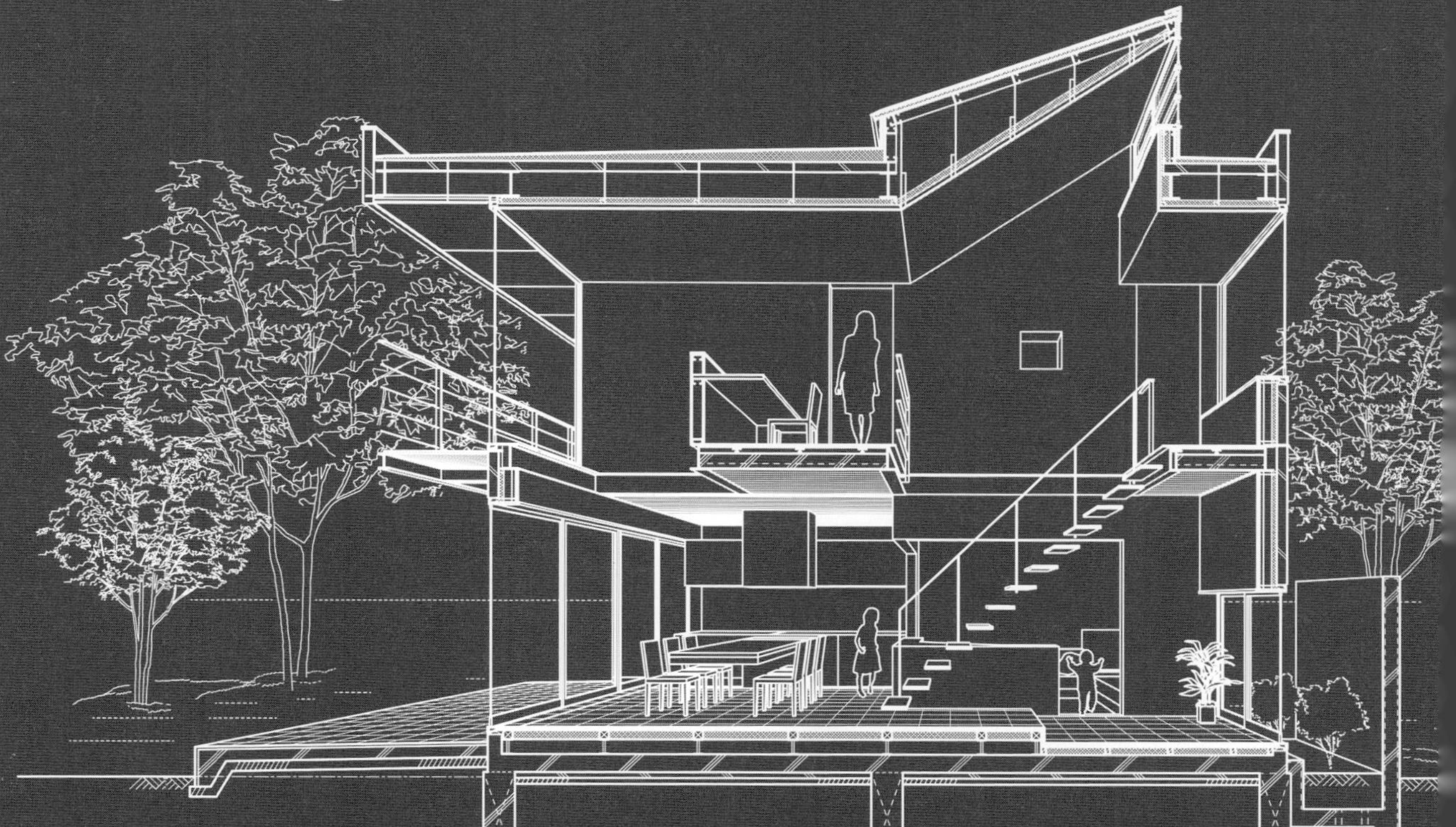

Ohmsha

はじめに

この本は、「矩計図で徹底的に学ぶ住宅設計」（2015年4月刊）、「矩計図で徹底的に学ぶ住宅設計［RC編］」（2016年4月刊）に続く、シリーズ3冊目となる「鉄骨造（S）」編です。

設計図面は、住宅をつくる手順と同じ手順で図面を描き上げるため、まず住宅のつくり方や施工手順を知っておかなければなりません。図面は、コツコツと家ができあがっていく様子をイメージしながら描いていくことが肝要なのです。

矩計図は構造、仕上げ、設備など、すべて考慮した上で一枚の図面に凝縮されて描かれている、最も重要な図面の一つです。実際の住宅設計では、矩計図ができあがると、プロジェクトがよりリアリティをもって生き生きしてくるのを感じるものです。

矩計図を習得することで、設計のリアリティや醍醐味、同時に設計の楽しさと達成感をぜひ味わってほしいと願っています。

著者を代表して
杉浦伝宗

Contents

苦手克服！これで完璧！
矩計図で徹底的に学ぶ住宅設計［S編］

第1章 パラパラ読み解く矩計図

1 矩計図とは

01 矩計図の役割……002
02 矩計図を描く簡単な手順……004
03 本書の表記事項……005
04 S造住宅ができるまで……006

2 平屋建て

01 水盛・遣り方……008
02 根伐り・捨てコン・基礎……010
03 構造体の鉄骨・立上り……012
04 屋根・外壁下地・サッシ取付……014
05 屋根・外壁仕上げ……016
06 床・天井下地・サッシ額縁……018

07 内装仕上げ 020
08 完成形 022

3 2階建て

01 根伐り 024
02 基礎 026
03 構造体の鉄骨 028
04 床スラブ 030
05 外壁下地・サッシ取付 032
06 外壁・外装仕上げ 034
07 床・天井下地・サッシ額縁 036
08 内装仕上げ 038
09 完成形 040

4 S造の基礎知識

01 S造の特徴 042
02 各部位の原則 044
03 接合方法 046
04 柱と梁の継手 048
05 柱継手・梁継手 050
06 断熱・耐火被覆 052
07 架構形式 054

第2章 部位別に見る矩計図

1 基礎・1階床廻り

01 柱脚の基本的な納まり 露出柱脚 056
02 柱脚の基本的な納まり 埋込柱脚 058
03 独立フーチング基礎の基本的な納まり 060
04 連続フーチング基礎の基本的な納まり 061
05 二重スラブの基本的な納まり 062
06 地下部分の納まり 063
07 地下二重壁の基本的な納まり 064
08 1階床のバリエーション 066

2 2階床・天井廻り

01 2階床組の基本的な納まり デッキプレート 068
02 2階床組の基本的な納まり ALC版 070
03 2階床組・1階天井仕上げの種類別納まり 072
04 階段の種類別納まり 074
05 スチール直進階段の納まり 076
06 折り返し階段の納まり 078
07 スチールトラス階段の納まり 080

08 スチール力桁（ささら桁）階段納まり 082
09 スチールらせん階段の納まり（エキスパンドメタル） 084
10 スチール片持ち階段の納まり 086
11 吹抜け部等の手摺の納まり 088

3 屋根・軒廻り

01 屋根の基本的な納まり 090
02 金属板葺き（勾配屋根）の基本的な納まり 092
03 折板葺き（勾配屋根）の基本的な納まり 094
04 陸屋根の基本的な納まり 096
05 軒先の種類別納まり 098

4 外部造作・開口廻り

01 外壁の基本 102
02 外壁の基本的な納まり 104
03 外部建具の基本 110
04 外部建具の基本的な納まり 114
05 スチールドアの基本 120
06 バルコニーの基本 122
07 バルコニーの基本的な納まり 124
08 トップライトの基本 128
09 庇の基本 130
10 縁側（外部床）の基本 132

5 内部造作・開口廻り
01 内壁の基本 134
02 内壁の基本的な納まり 136
03 内部建具の基本 140
04 内部建具の基本的な納まり 142
05 内部造作の基本 146
06 キッチンの基本 148
07 洗面・水廻りの基本 150
08 玄関の基本 152

第3章 部位別パターンの組み合わせ

1 矩計図の組み合わせ［基礎編］ 156
2 矩計図の組み合わせ［応用編］ 164

第4章 S造住宅の設計実例

片持柱構造のローコスト住宅／KIRIYAMA HOUSE …… 174
短スパンの鉄骨狭小住宅／MAEDA HOUSE …… 178
立体格子フレームの家／Jungle Gym 2250 …… 182
アンカープレート工法の家／WAKABAYASHI HOUSE …… 186
いろいろな空間を「兼ねる」／ちっちゃな家 #1 …… 190
構造体をデザインしたシャープな空間／NAP HOUSE …… 194
眺望を活かしたスキップフロア／SKIP HOUSE …… 197
北向き・急斜面を利用した家づくり／TOP HOUSE …… 200
用語解説 …… 206

この章では矩計図の描くために必要な
基礎的な知識と図面の記号、描き順を学ぶ。
矩計図を描くには建築のしくみと、
それを建設する工程を知る必要があるため、
矩計図の描き順と施工の過程を並列に並べ図解している。
図面の線の種類、太さ、そして線の意味を
理解しながら順次描いていけば、
初心者でも基本的な矩計図は描けるはずである。

第1章 パラパラ読み解く 矩計図

1 矩計図とは

01 矩計図の役割

矩《かな》**計図**《ばかりず》とは、建物の基礎から、軒までの主要な外壁部分を切断した**断面詳細図**の一種である。

また、矩計図は建物の仕様や性能の情報が一目でわかるように図面化されていなければならない。したがって、矩計図は建築の設計図面の中でも**最も重要な図面の一つ**である。

矩計図を描けるようになるには、建物の構造、材の接合の仕方（納まり）、さらに施工の手順などを理解していなければ正確な矩計図は描くことができないから、建築全般にわたって知識を深めてほしい。

矩計図では何を表現しなければならないのか

建築の図面は**第三者**（建て主や施工者たち）に建物の形や性能の情報が**正確に伝えられなければならない**。したがって、図面は見やすく、かつ美しく描き表すことが重要である。

特に矩計図はさまざまな建築の図面の中でも重要な図面であり、その図面には必ず表現されていなければならない情報がある。それらを**「矩計図の必須七か条」**としてまとめてみる。

一　原則、**基礎から軒先まで**の断面を**途中省略することなく**描き表す。

矩計図が壁一枚を切った単なる棒状の矩計図である場合、俗に「ボウカナ」などと呼ばれる。

よりていねいな矩計図は基礎から屋根の棟まで描かれた図や、建物全体の断面詳細図の矩計図もある。

二　一般的には**縮尺1／20**で描くが、建物の規模などによっては1／30、1／50で描く場合もある。

三　設計された**建物の特徴が最もよく表われている部分**を描き表す。普通、居間からテラス部分、玄関部分などの建物の主要断面を表現する。

四　構造と下地材、仕上げ材の**接合の仕方**、防水、断熱材など**位置と納まり**が図化されていなければならない。

五　構造材、仕上げ材などの**大きさ（寸法）**と**材質が表記**されていなければならない。

六　**建物の高さ**（床高、階高、天井高、軒高、開口部の高さなど）**の寸法**が**基準線からわかりやすく**表記されていなければならない。

七　**寸法の単位**は必ず㎜で表記する。

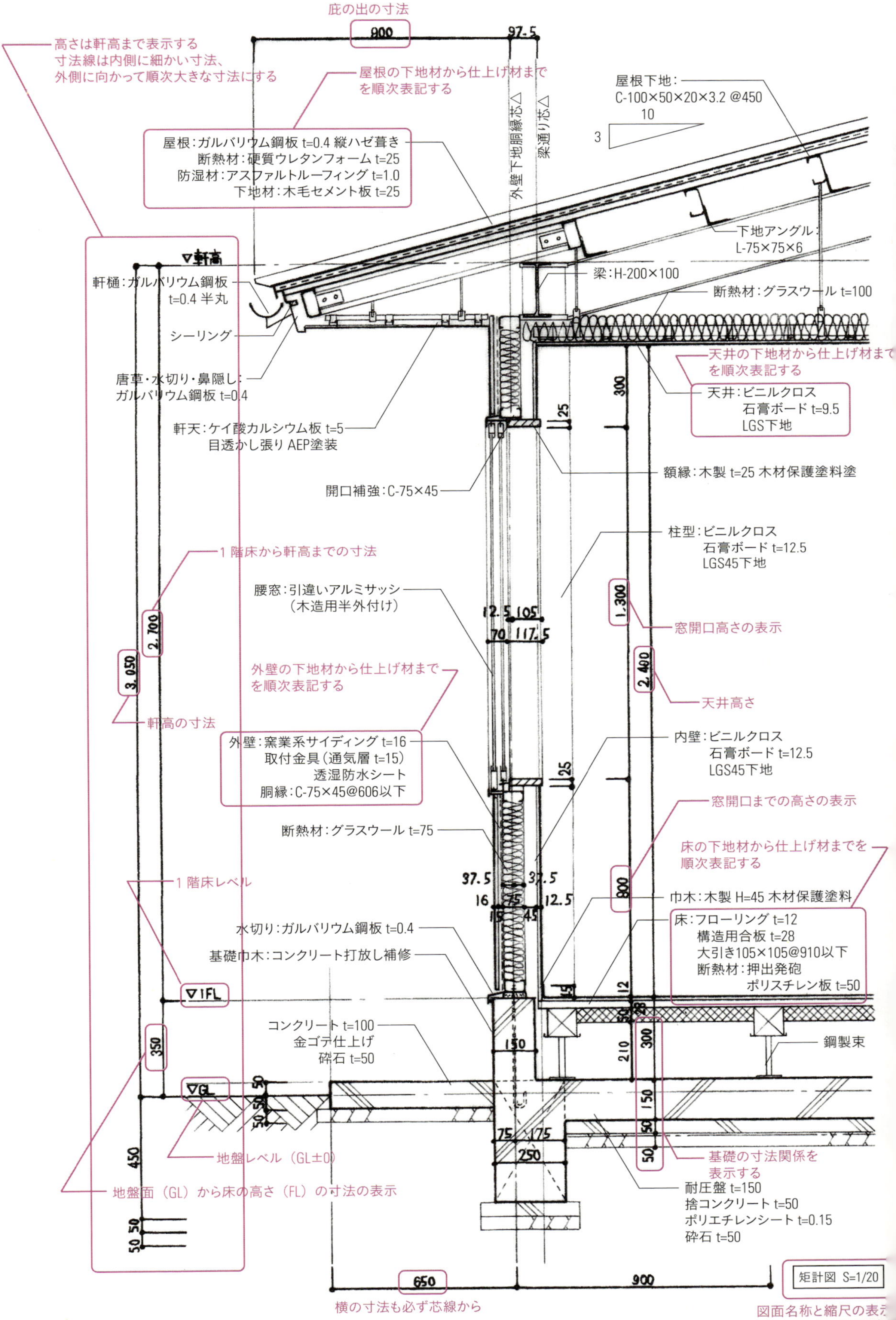
庇の出の寸法
900
97.5
高さは軒高まで表示する
寸法線は内側に細かい寸法、
外側に向かって順次大きな寸法にする
屋根の下地材から仕上げ材まで
を順次表記する
外壁下地胴縁芯△
梁通り芯△
屋根下地：
C-100×50×20×3.2 @450
10
3
屋根：ガルバリウム鋼板 t=0.4 縦ハゼ葺き
断熱材：硬質ウレタンフォーム t=25
防湿材：アスファルトルーフィング t=1.0
下地材：木毛セメント板 t=25
下地アングル：
L-75×75×6
▽軒高
軒樋：ガルバリウム鋼板
t=0.4 半丸
梁：H-200×100
断熱材：グラスウール t=100
シーリング
天井の下地材から仕上げ材まで
を順次表記する
唐草・水切り・鼻隠し：
ガルバリウム鋼板 t=0.4
300
天井：ビニルクロス
石膏ボード t=9.5
LGS下地
25
軒天：ケイ酸カルシウム板 t=5
目透かし張り AEP塗装
額縁：木製 t=25 木材保護塗料塗
開口補強：C-75×45
柱型：ビニルクロス
石膏ボード t=12.5
LGS45下地
1 階床から軒高までの寸法
腰窓：引違いアルミサッシ
（木造用半外付け）
12.5 105
70 117.5
1,300
窓開口高さの表示
2,700
3,050
2,400
外壁の下地材から仕上げ材まで
を順次表記する
天井高さ
軒高の寸法
外壁：窯業系サイディング t=16
取付金具（通気層 t=15）
透湿防水シート
胴縁：C-75×45@606以下
内壁：ビニルクロス
石膏ボード t=12.5
LGS45下地
25
窓開口までの高さの表示
断熱材：グラスウール t=75
床の下地材から仕上げ材までを
順次表記する
1 階床レベル
37.5
37.5
16
75
12.5
15
45
800
巾木：木製 H=45 木材保護塗料
水切り：ガルバリウム鋼板 t=0.4
床：フローリング t=12
構造用合板 t=28
大引き105×105@910以下
断熱材：押出発砲
ポリスチレン板 t=50
基礎巾木：コンクリート打放し補修
▽1FL
45
12
28
50
コンクリート t=100
金ゴテ仕上げ
砕石 t=50
150
300
210
鋼製束
350
▽GL
50
50
50
150
50
75
175
250
50
地盤レベル（GL±0）
基礎の寸法関係を
表示する
450
地盤面（GL）から床の高さ（FL）の寸法の表示
耐圧盤 t=150
捨コンクリート t=50
ポリエチレンシート t=0.15
砕石 t=50
50
50
650
900
横の寸法も必ず芯線から
矩計図 S=1/20
図面名称と縮尺の表示

	製図作業	決定しなければならない事項	図面表示
1	基準線を描く	地盤面（GL）、床高（FL）、最高高さ、階高、天井高さ（CL）を決める。	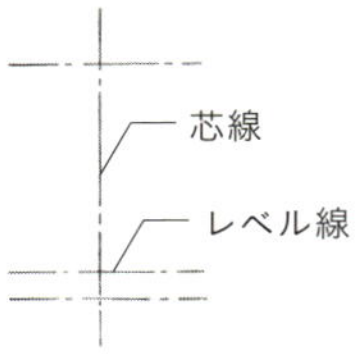
2	基礎と地中梁、床スラブを描く	ベタ基礎、独立基礎など基礎の形を決め、地中梁と床スラブを描く。	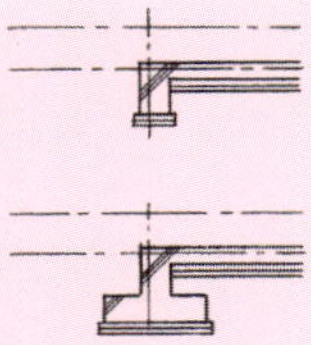
3	鉄骨柱と梁を描く	柱、桁、梁を描いていく。構造材が大きくなってくると思った内法が取れないこともあるため、寸法に注意する。	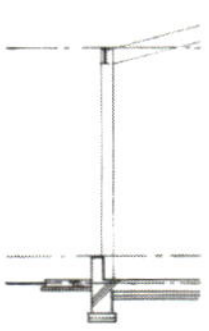
4	外壁、屋根下地とサッシを描く	サッシを描く。サッシは仕上げのものさしとなるため、仕上げ厚のレベルに注意する。	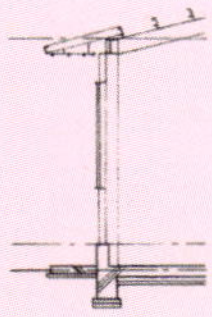
5	外壁と屋根を描く	外壁と屋根を描く。屋根、外壁は太線ではっきりと描く。	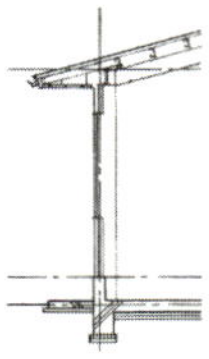
6	床、天井などの下地材を描く	LGS 下地や床束、大引きを描く。木製、鋼製を区別し、外壁と床の断熱材も描き込む。	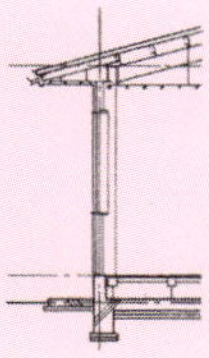
7	天井、床、内壁の仕上げを描く	天井、床、内壁の仕上げを描く。フローリングや左官などの厚みと材質表示を描く。ペイントは文字表示。	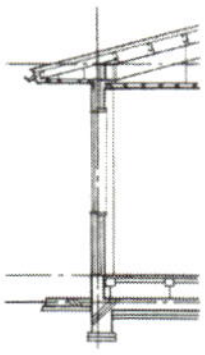
8	寸法線、寸法、材の名称を描く	図面では表せない材質、材料名、材の厚みなどを文字や数字で記入する。建物の高さや幅の寸法地盤面、断熱材、縮尺、図面名称を表示する。	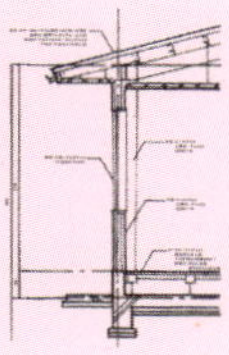

03 本書の表記事項

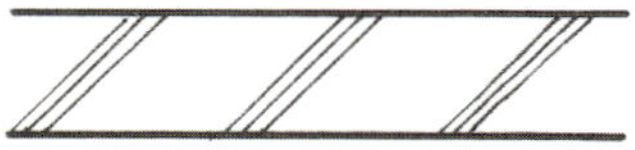

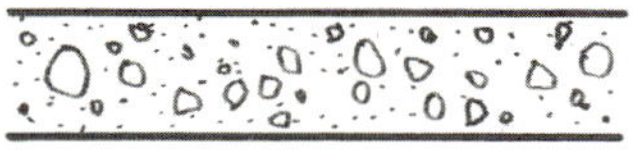

コンクリート

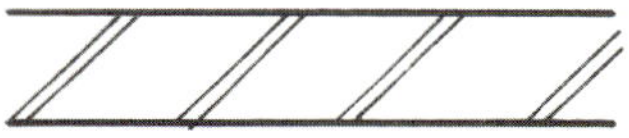

軽量壁一般（ALC版など）

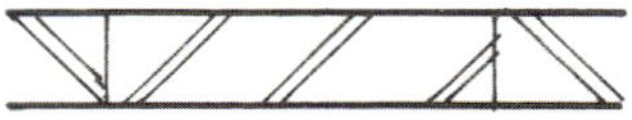

普通コンクリートブロック

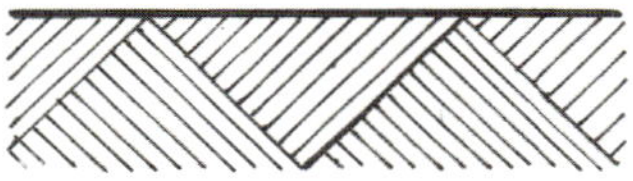

地盤面

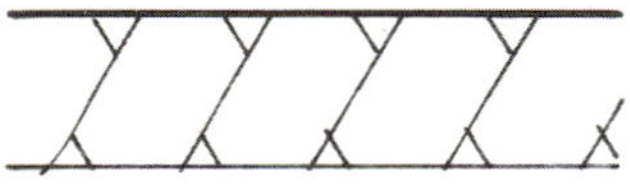

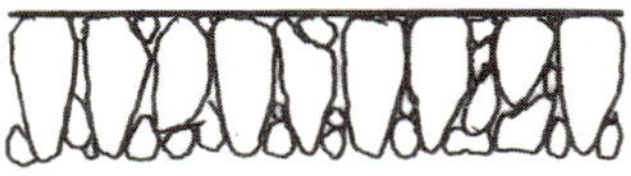

割栗石

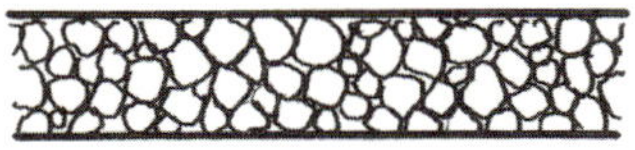

砂利

モルタル・左官など

石

断熱材（スタイロフォーム）

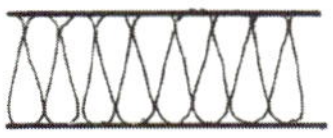

断熱材（グラスウール）

塗装の凡例

OP ：油性調合ペイント塗り
OS ：オイルステイン塗り
EP ：合成樹脂エマルションペイント塗り
CL ：クリアラッカー塗り
UC ：ウレタン樹脂ワニス塗り

LGSの凡例（LGS45）

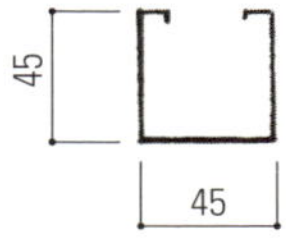

「：」＝部位の明示

床：○○○○
○○○○○○

t=○○	厚みを示す		
GL	地盤面（建物の基準となる高さ±0）		
FL	フロアレベル（GLからの高さ）		
プラスターボード 石膏ボード GB PB		→	石膏ボード
120角 120×120		→	120×120
桧 檜（木部名称） ヒノキ		→	ヒノキ

❶ 水盛《みずもり》・遣《や》り方《かた》

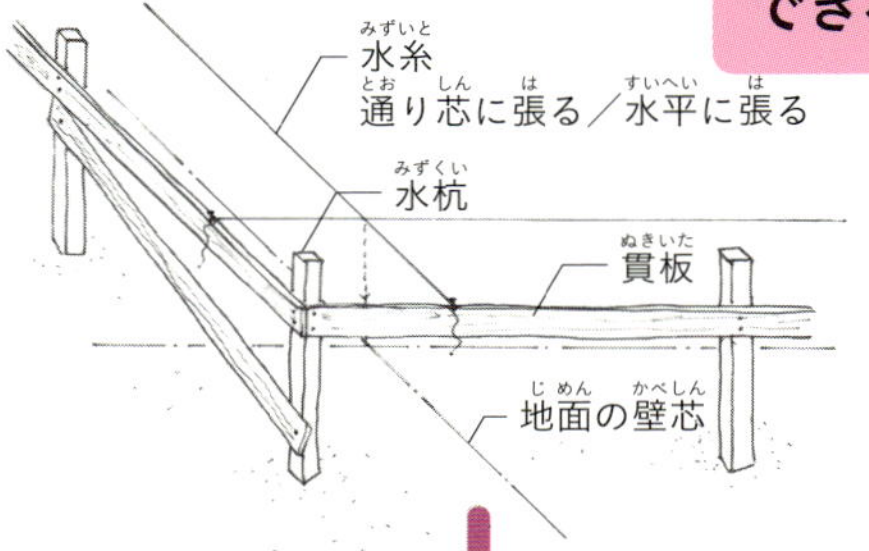

❷ 根《ね》伐《ぎ》り・捨《す》てコンクリート

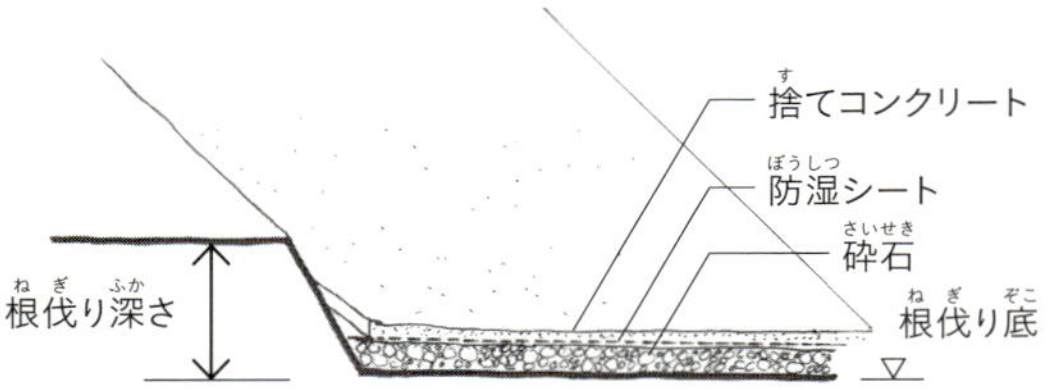

❸ 墨出《すみだ》し

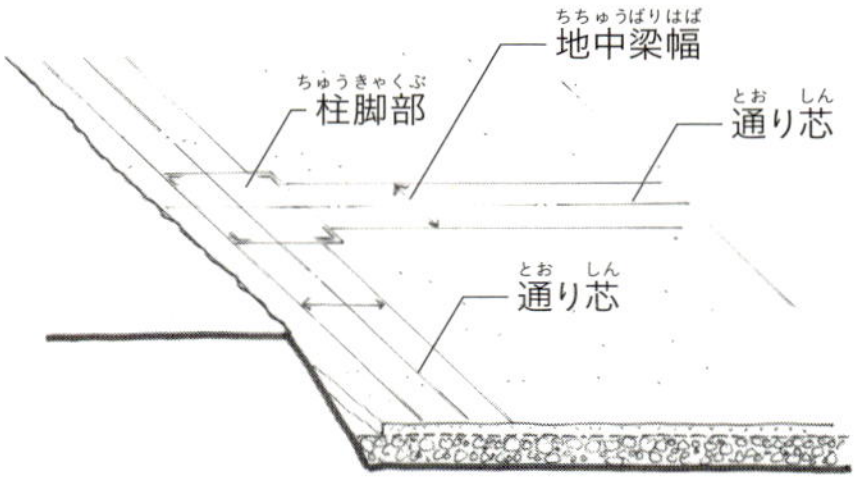

❹ 基礎配筋《きそはいきん》・外型枠《そとかたわく》

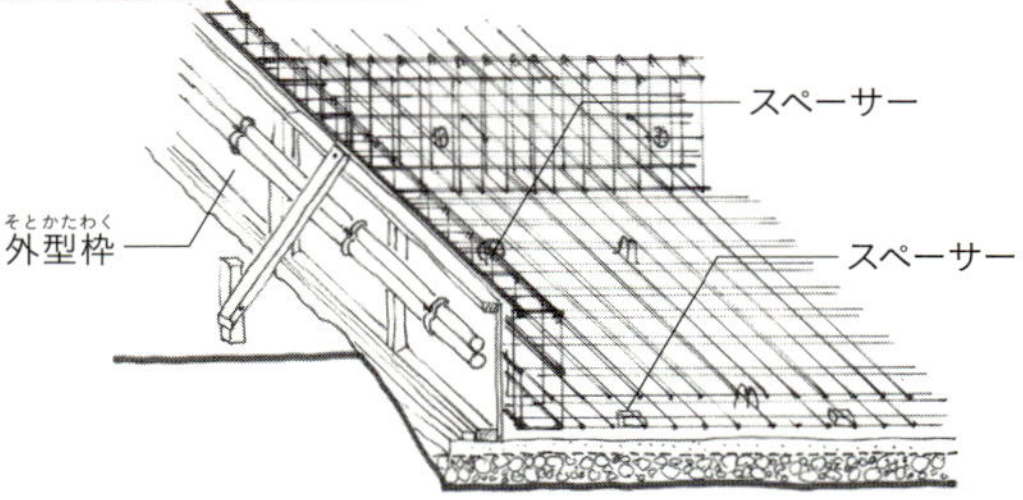

❺ アンカーボルト・スリーブ・差《さ》し筋《きん》

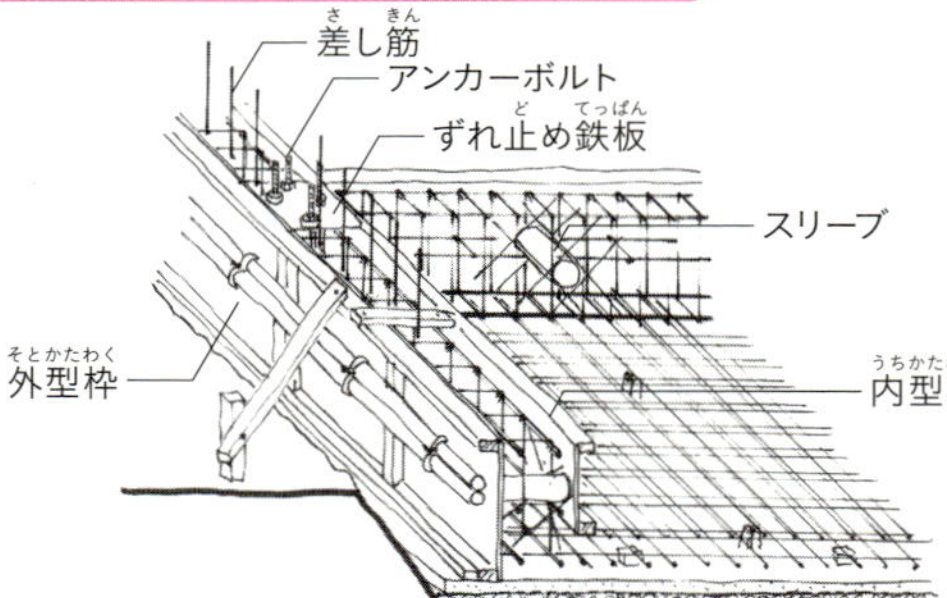

❻ コンクリート打設《だせつ》・埋《う》め戻《もど》し

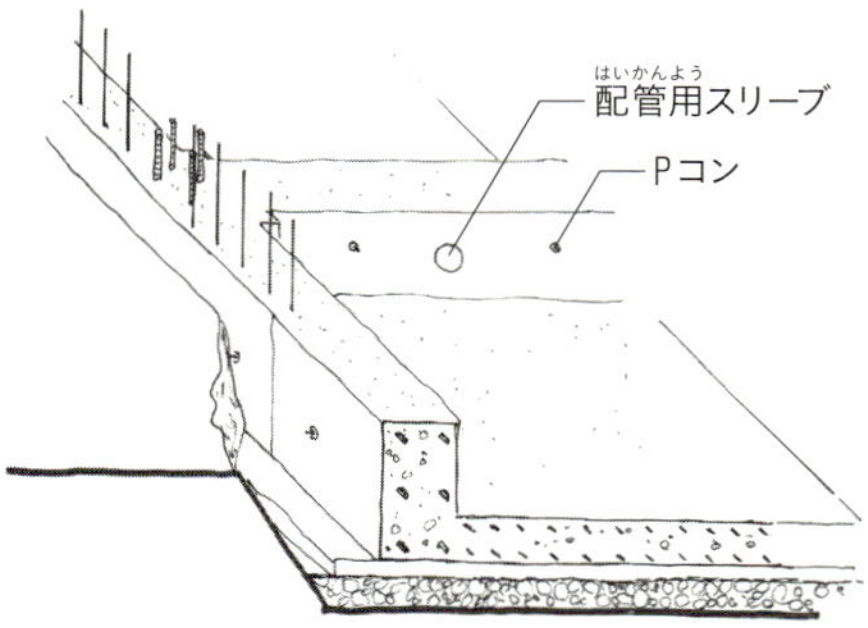

❼ 鉄骨建《てっこつた》て方《かた》

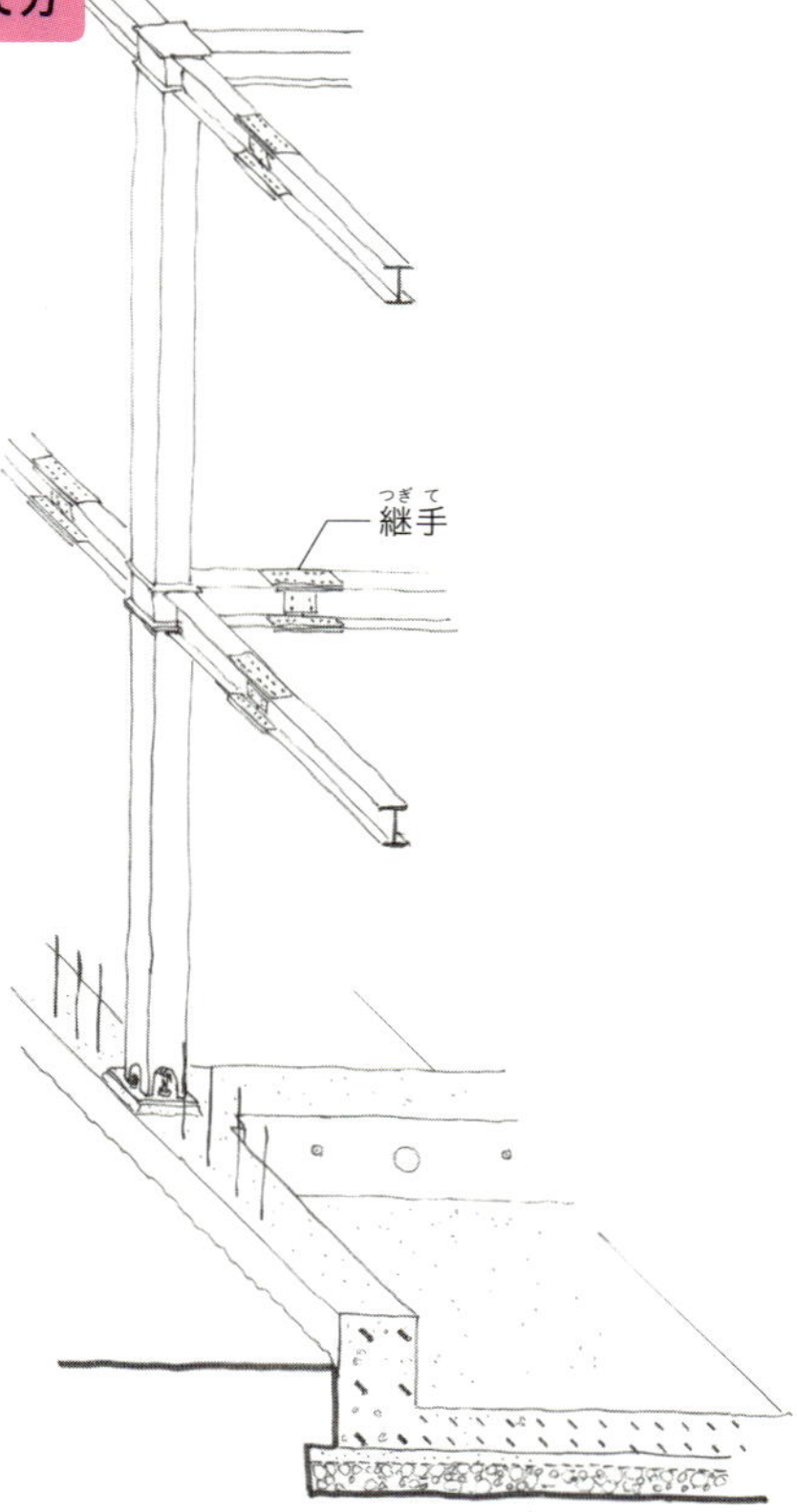

❽ 外壁《がいへき》・胴縁《どうぶち》・屋根下地《やねしたじ》

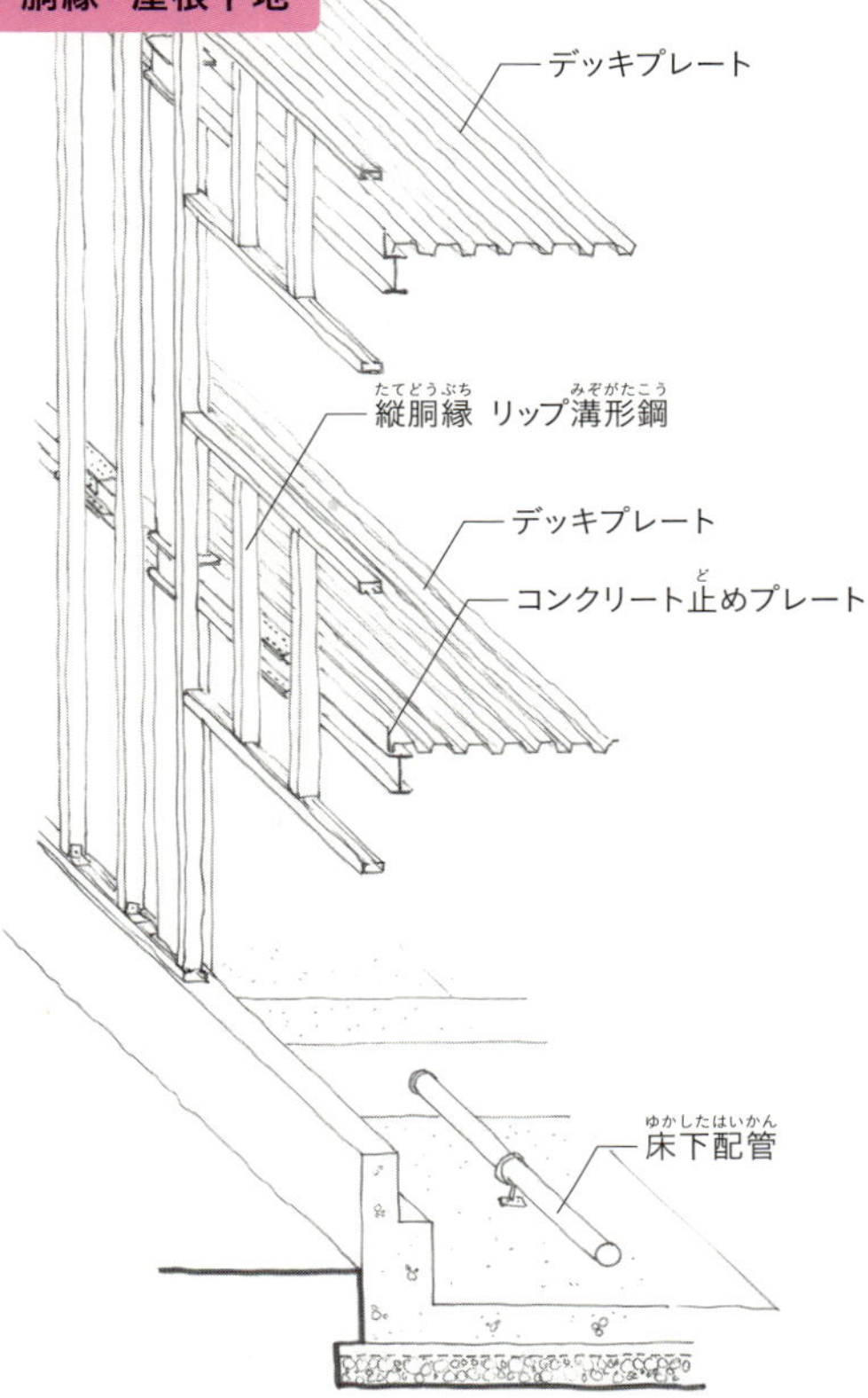

❾ サッシ取付《とりつけ》・外壁下地《がいへきしたじ》

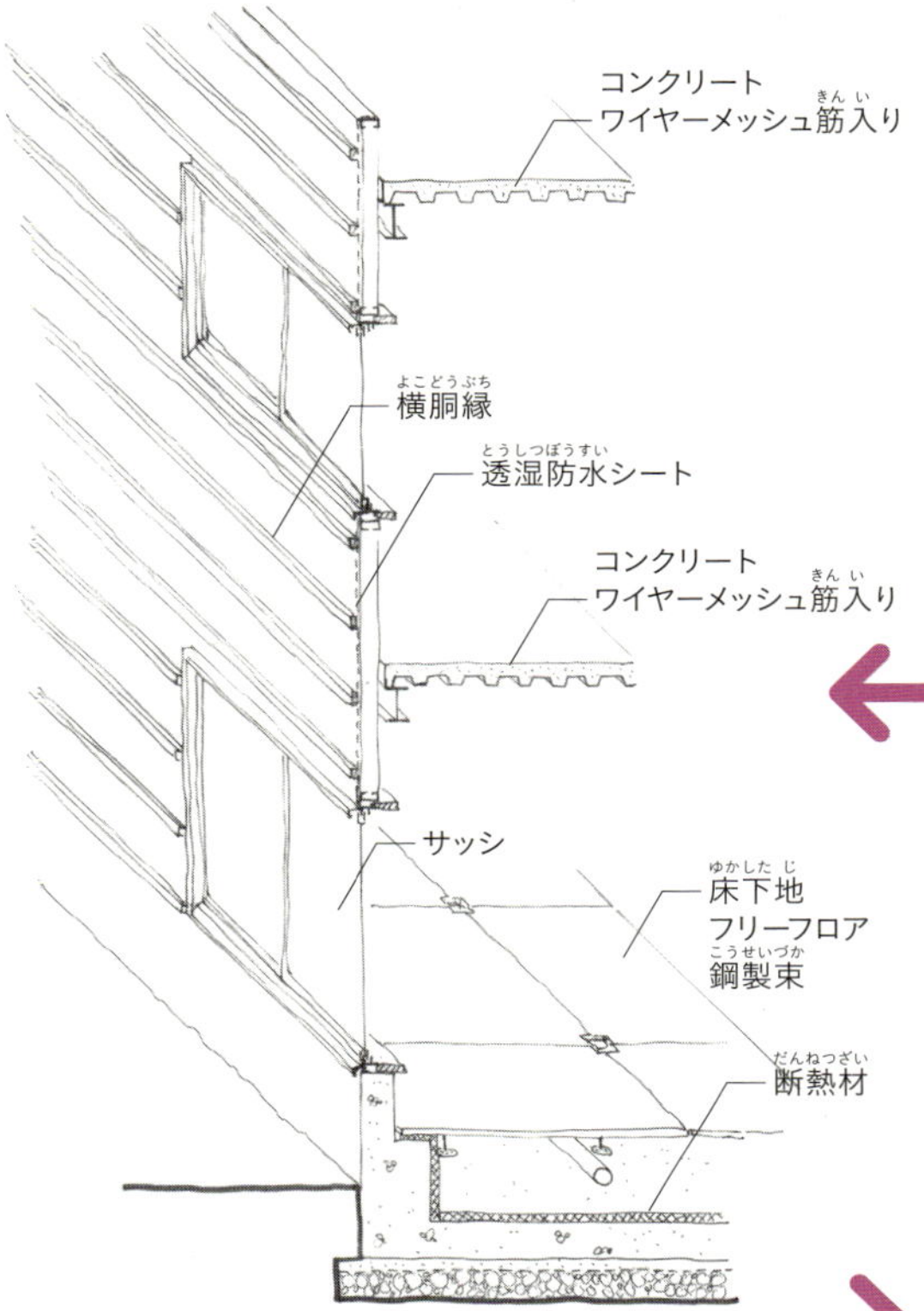

❿ 外壁仕上《がいへきしあ》げ・屋根防水《やねぼうすい》

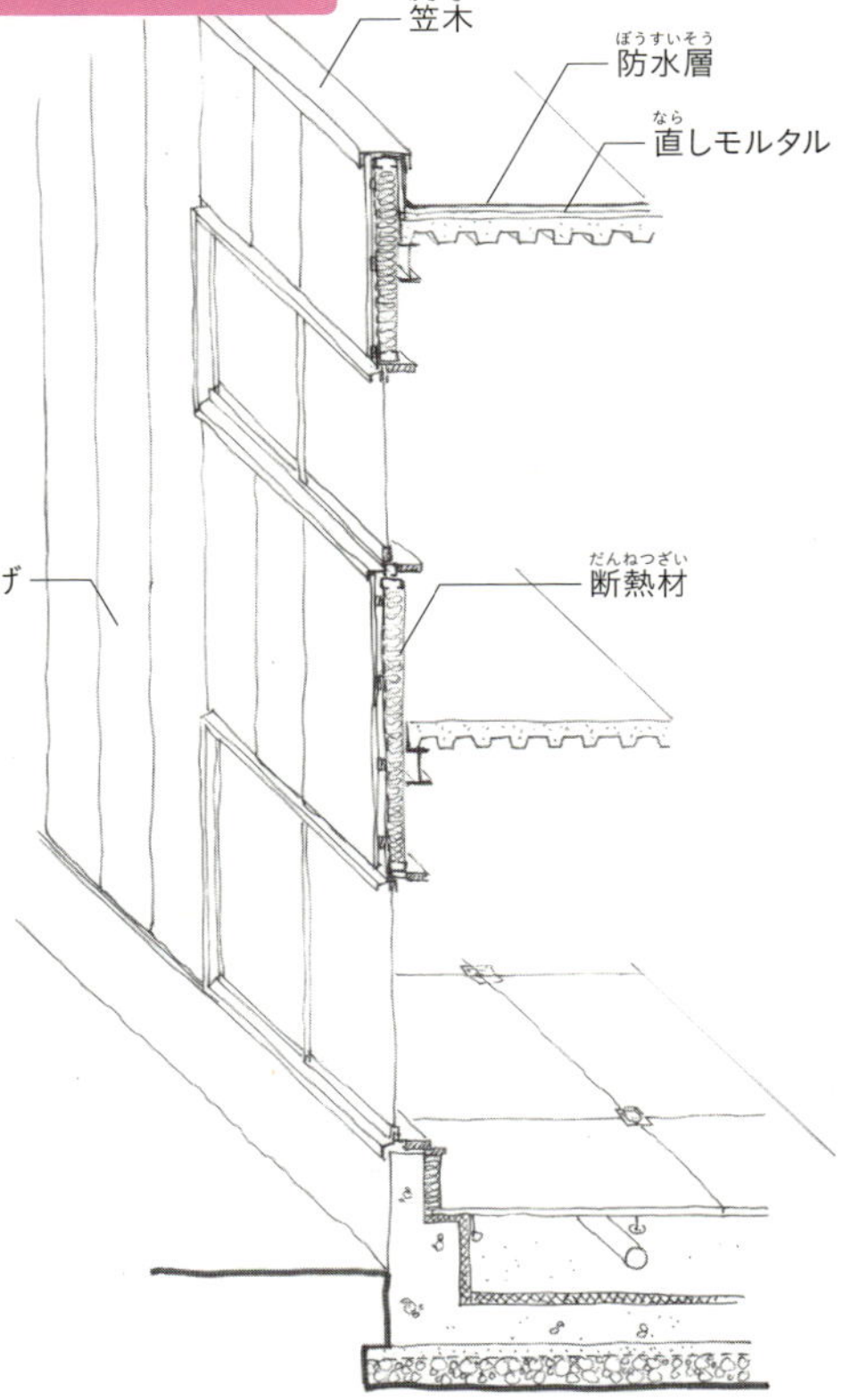

⓫ 内部仕上《ないぶしあ》げ

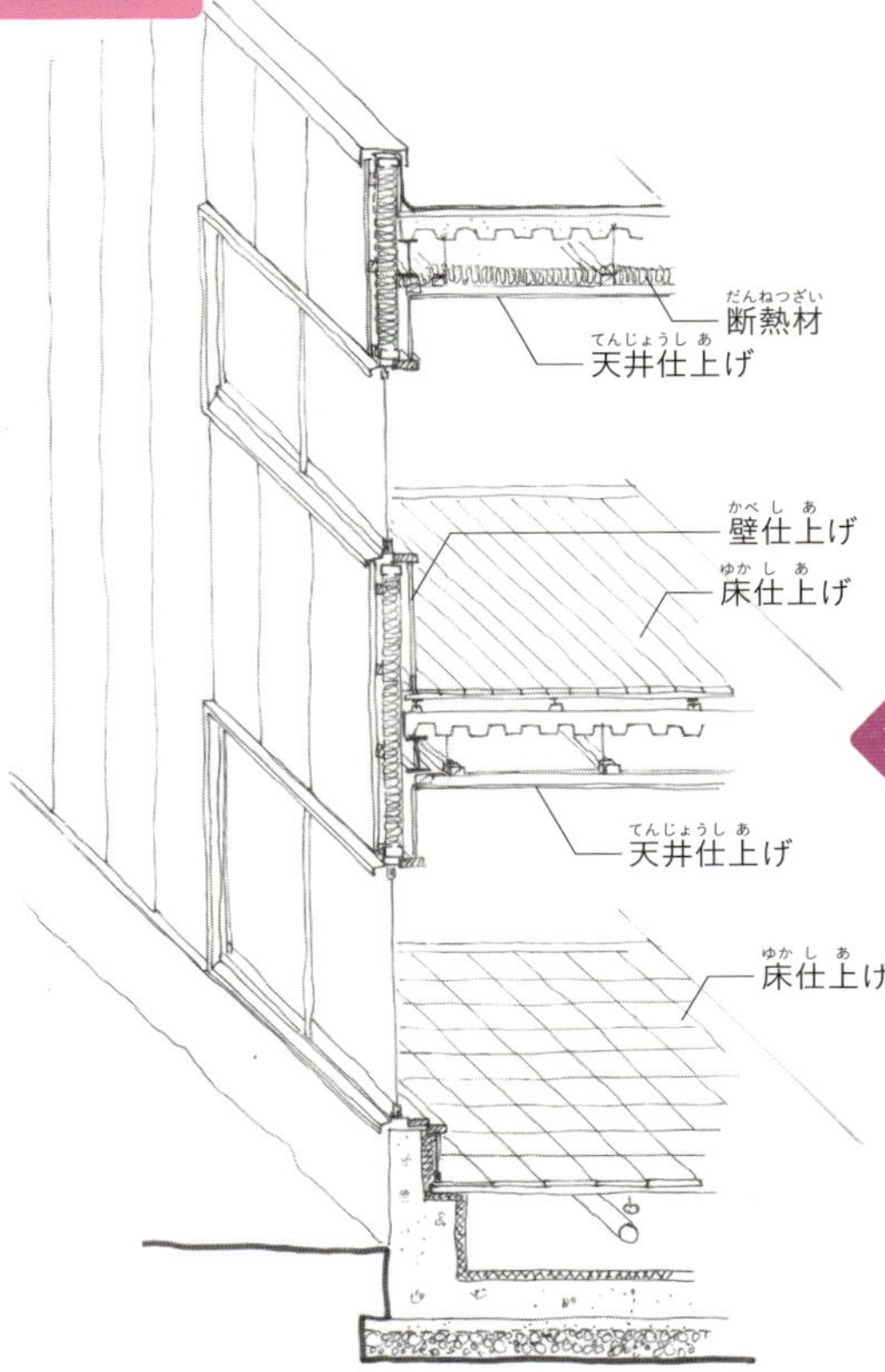

矩計図（作図手順）

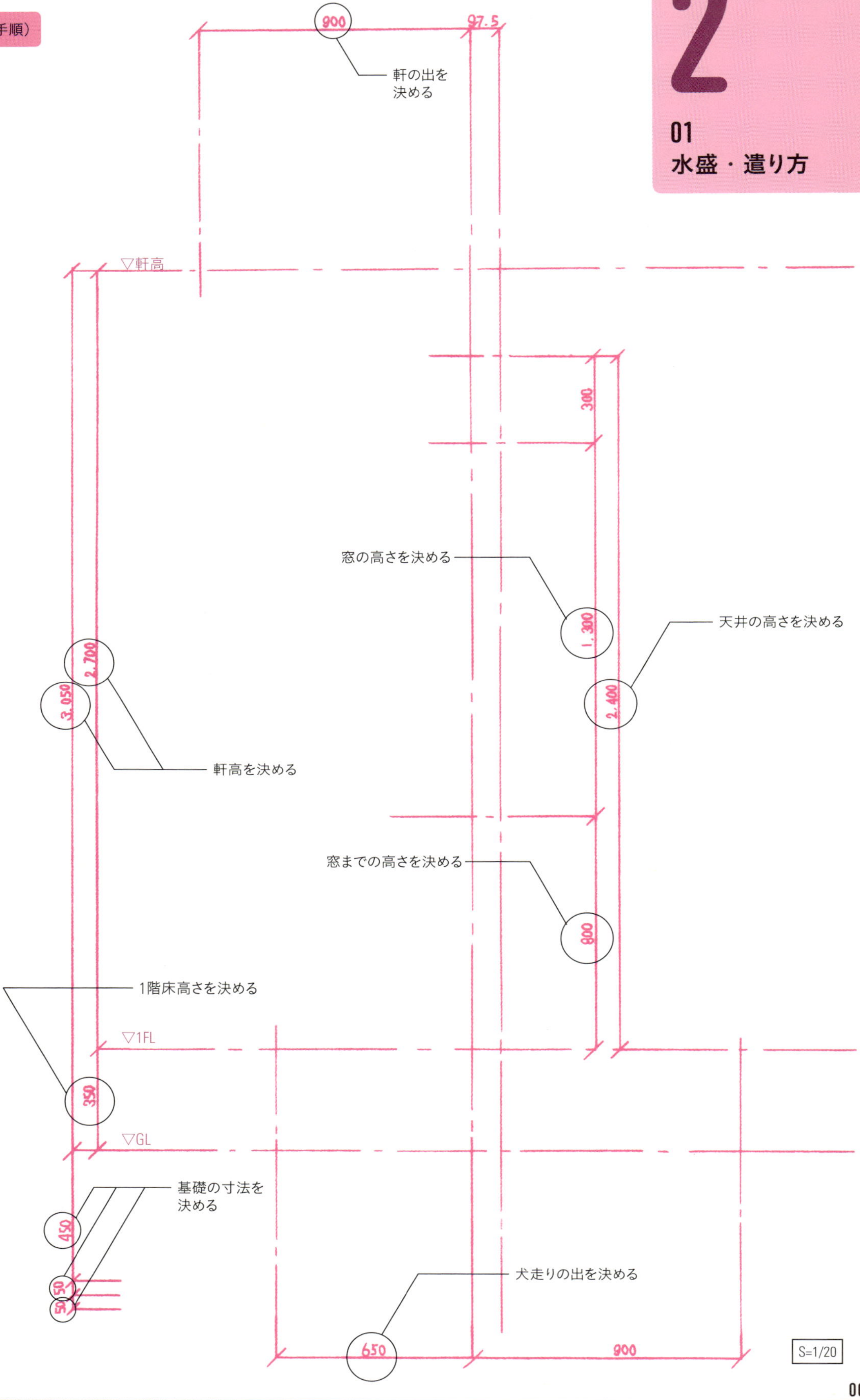
900
97.5
軒の出を決める
▽軒高
300
窓の高さを決める
1,300
天井の高さを決める
2,400
2,700
3,050
軒高を決める
窓までの高さを決める
800
1階床高さを決める
▽1FL
350
▽GL
基礎の寸法を決める
450
50
50
犬走りの出を決める
650
900
S=1/20

※S造の建物は基礎・立上りと順次コンクリートを打設して進めていくが、矩計図を描く場合は打継ぎの表現はせず、一体として描く。

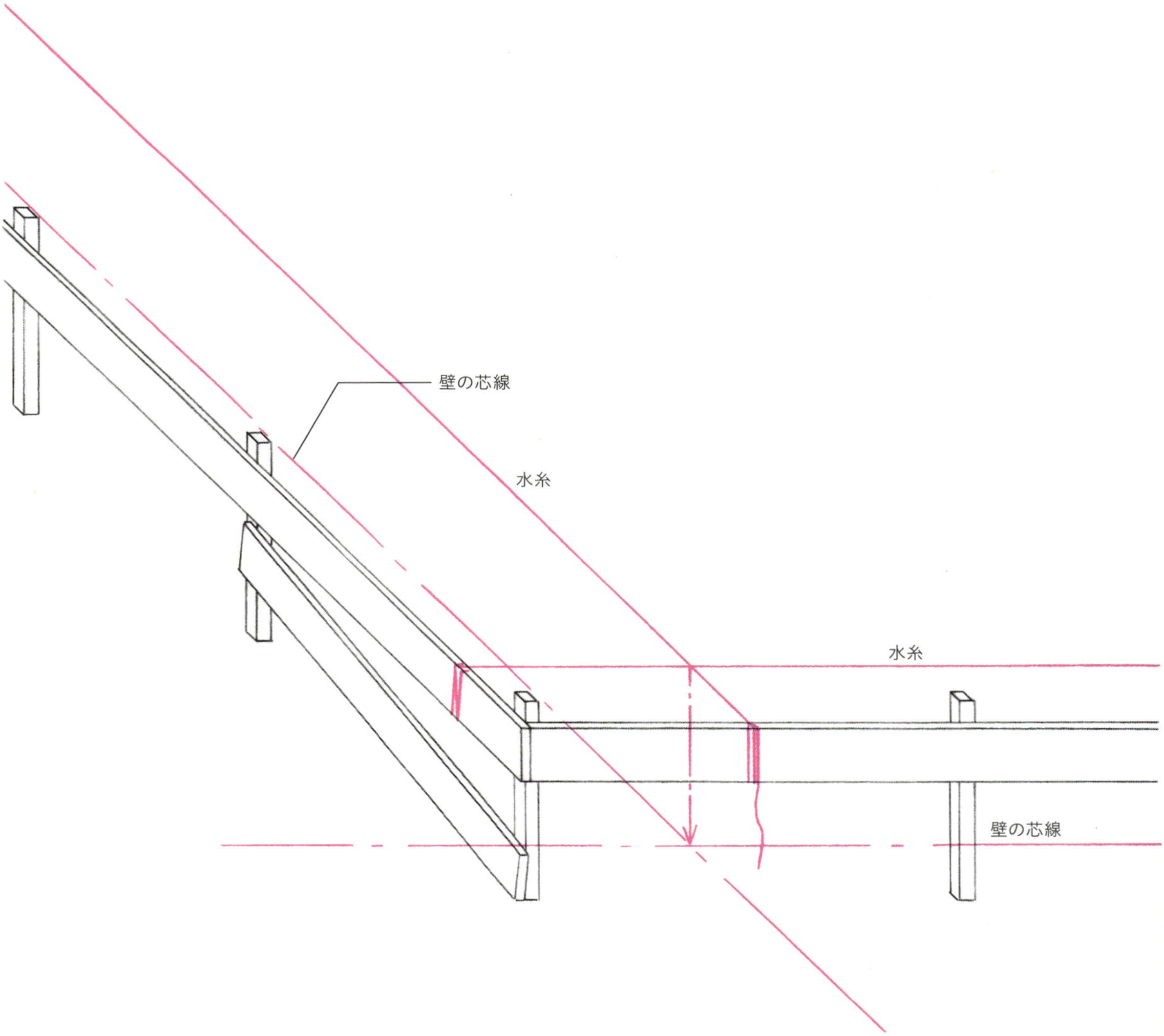

S=1/20

矩計図

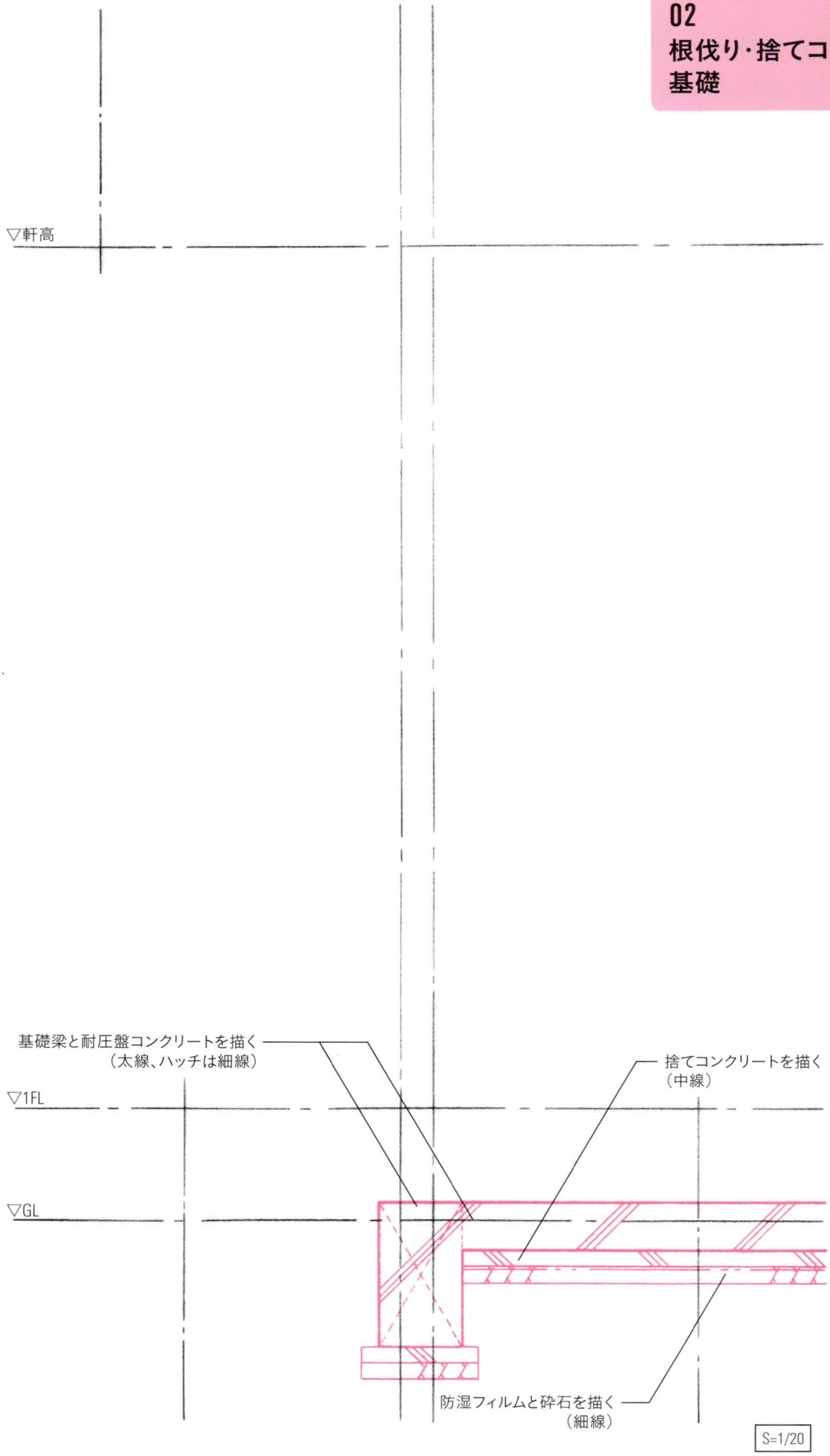
▽軒高
基礎梁と耐圧盤コンクリートを描く
（太線、ハッチは細線）
捨てコンクリートを描く
（中線）
▽1FL
▽GL
防湿フィルムと砕石を描く
（細線）
S=1/20

断面パース

※基礎の深さが深い場合は土留め工事が
必要となる

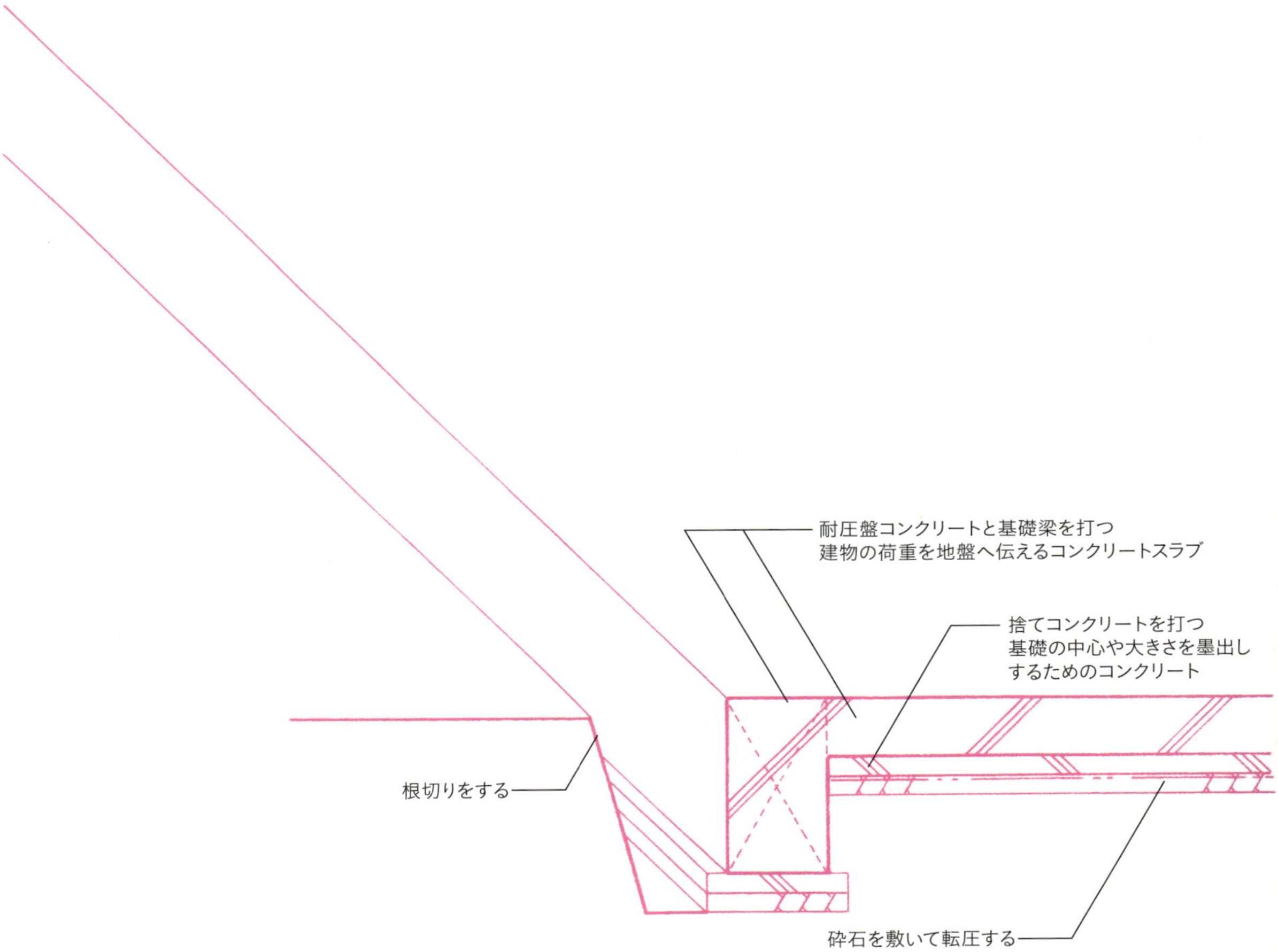
耐圧盤コンクリートと基礎梁を打つ
建物の荷重を地盤へ伝えるコンクリートスラブ
捨てコンクリートを打つ
基礎の中心や大きさを墨出し
するためのコンクリート
根切りをする
砕石を敷いて転圧する

S=1/20

矩計図

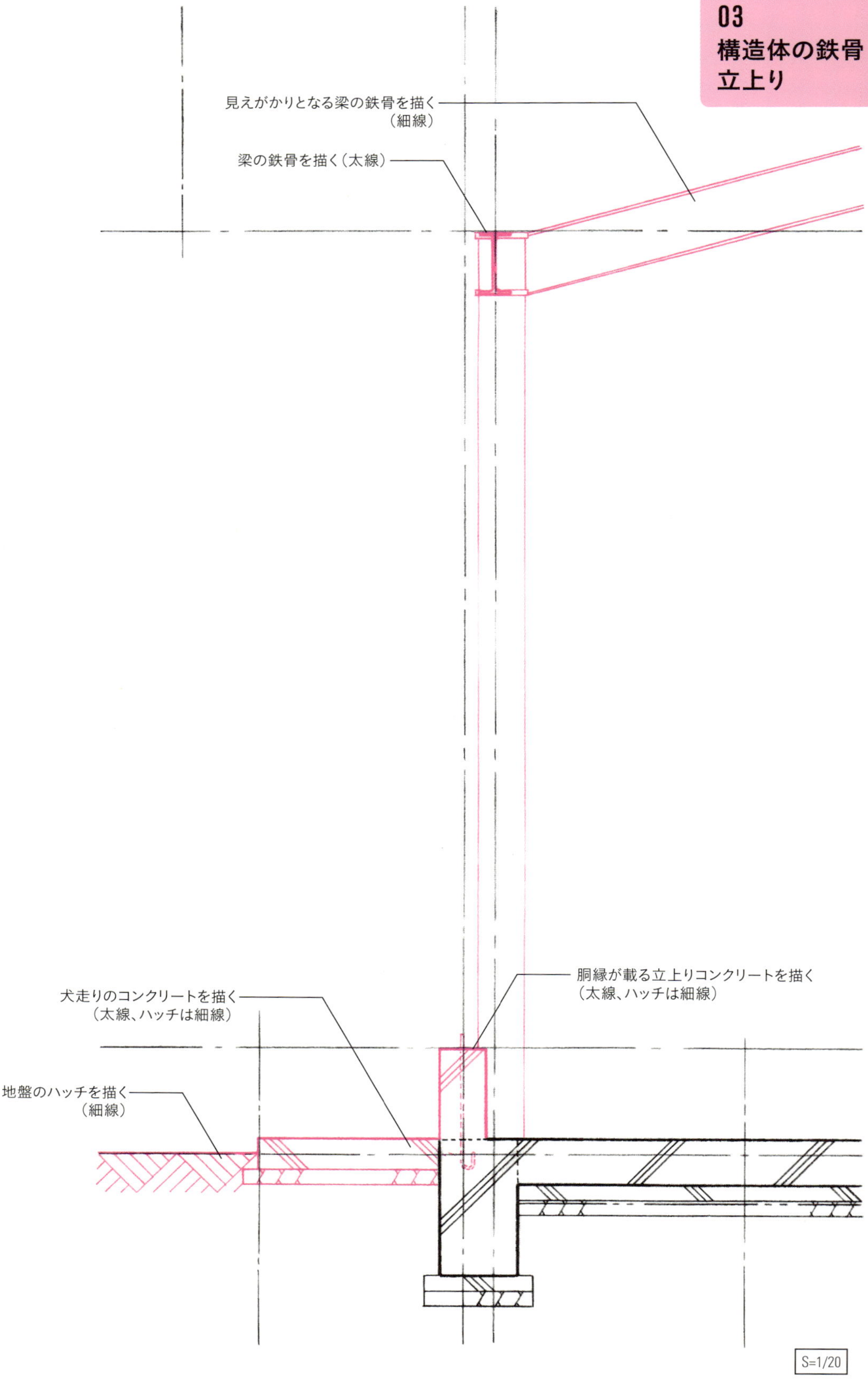
見えがかりとなる梁の鉄骨を描く（細線）
梁の鉄骨を描く（太線）
胴縁が載る立上りコンクリートを描く（太線、ハッチは細線）
犬走りのコンクリートを描く（太線、ハッチは細線）
地盤のハッチを描く（細線）
S=1/20

断面パース

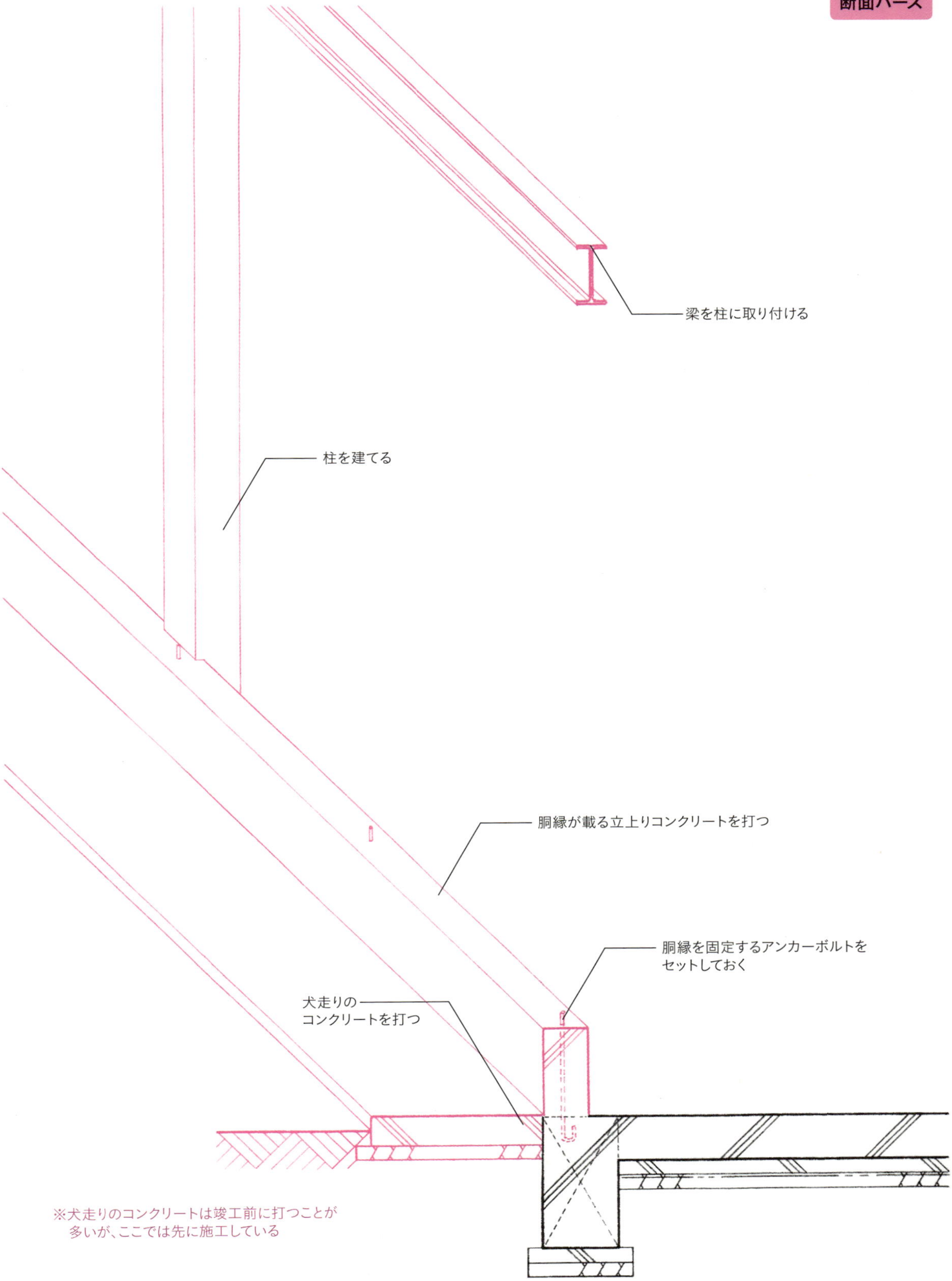
梁を柱に取り付ける
柱を建てる
胴縁が載る立上りコンクリートを打つ
胴縁を固定するアンカーボルトを
セットしておく
犬走りの
コンクリートを打つ
S=1/20

※犬走りのコンクリートは竣工前に打つことが
多いが、ここでは先に施工している

矩計図

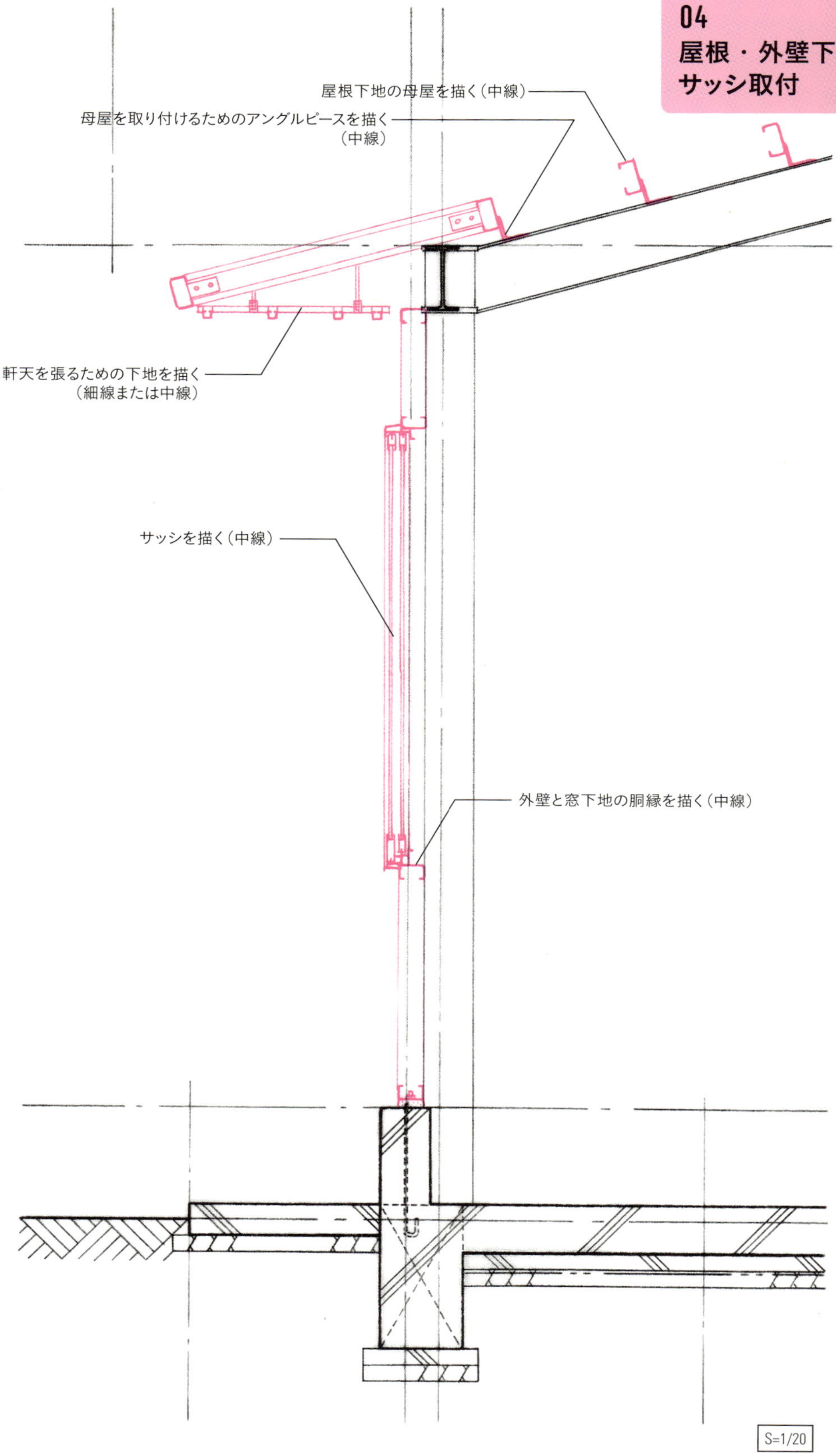
屋根下地の母屋を描く（中線）
母屋を取り付けるためのアングルピースを描く
（中線）
軒天を張るための下地を描く
（細線または中線）
サッシを描く（中線）
外壁と窓下地の胴縁を描く（中線）
S=1/20

断面パース

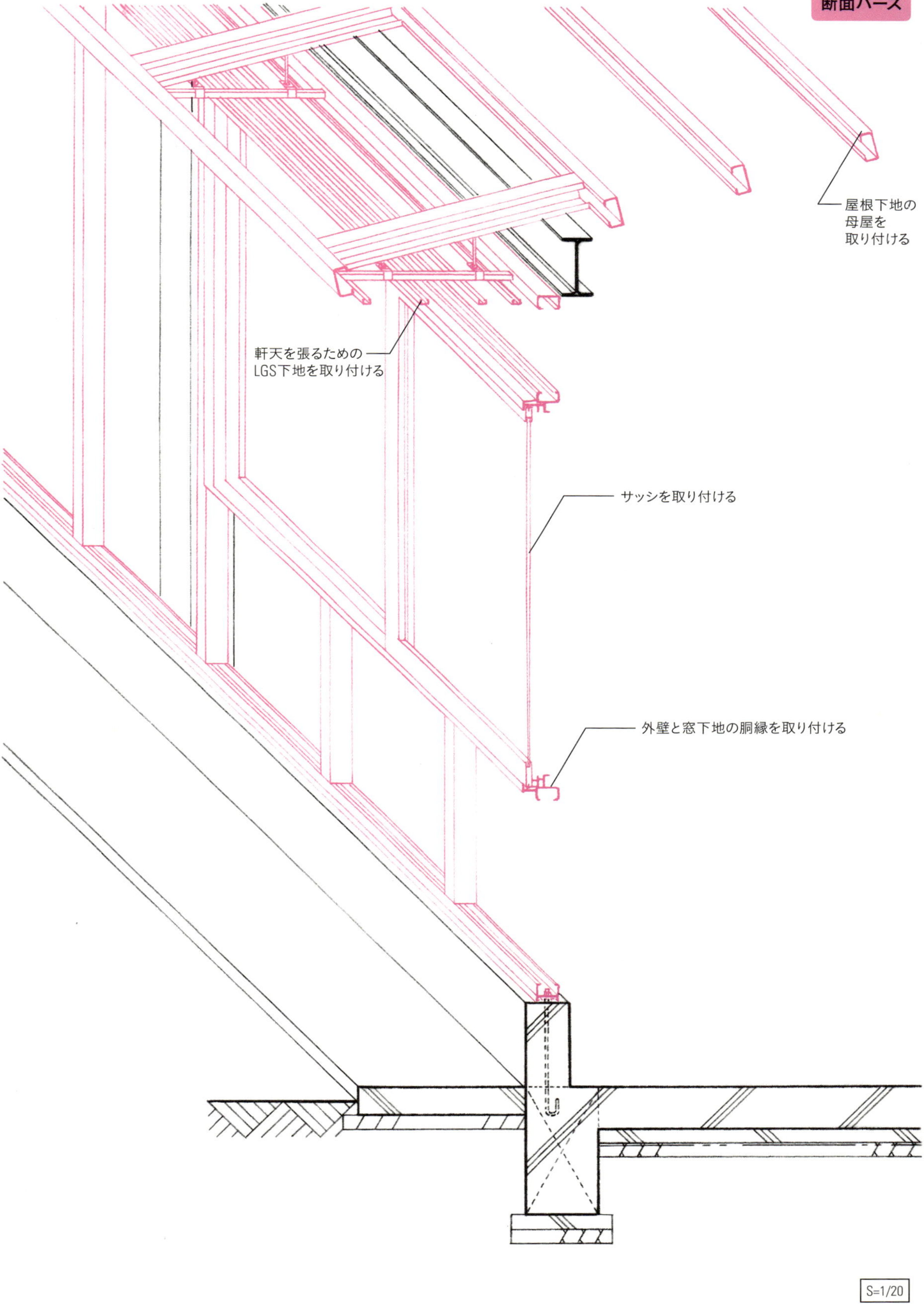
屋根下地の
母屋を
取り付ける
軒天を張るための
LGS下地を取り付ける
サッシを取り付ける
外壁と窓下地の胴縁を取り付ける
S=1/20

矩計図

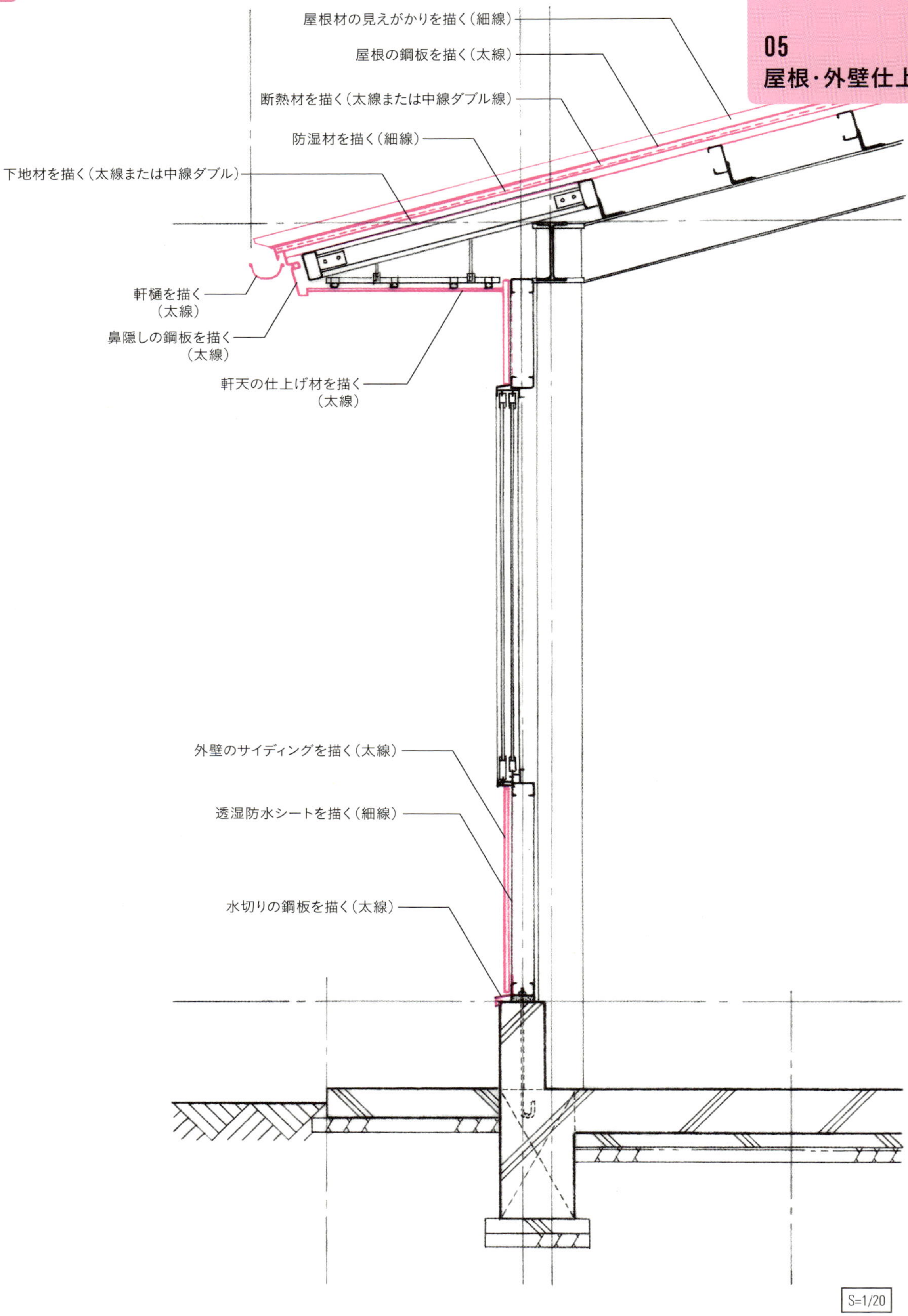
屋根材の見えがかりを描く（細線）
屋根の鋼板を描く（太線）
断熱材を描く（太線または中線ダブル線）
防湿材を描く（細線）
下地材を描く（太線または中線ダブル）
軒樋を描く
（太線）
鼻隠しの鋼板を描く
（太線）
軒天の仕上げ材を描く
（太線）
外壁のサイディングを描く（太線）
透湿防水シートを描く（細線）
水切りの鋼板を描く（太線）
S=1/20

断面パース

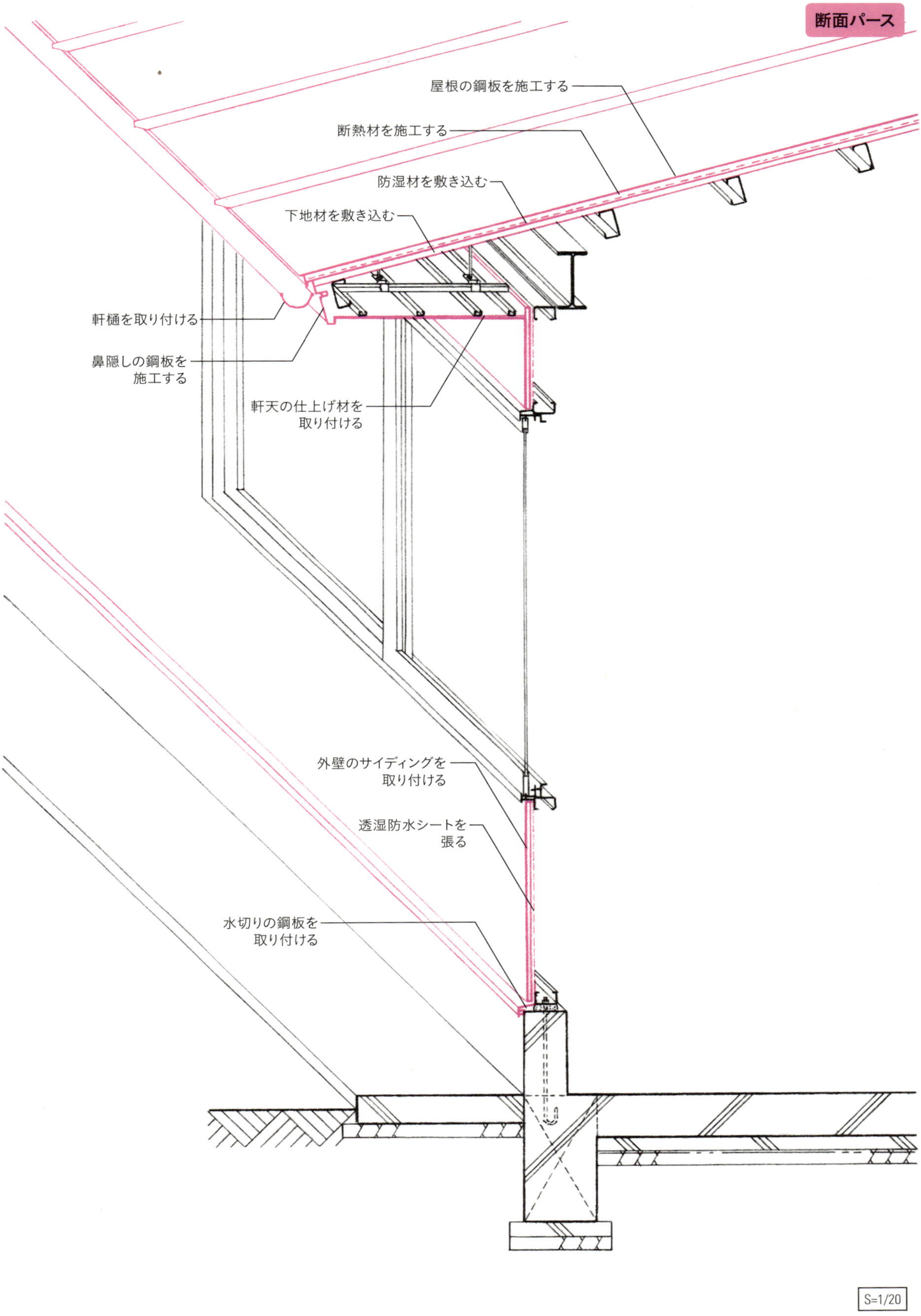
屋根の鋼板を施工する
断熱材を施工する
防湿材を敷き込む
下地材を敷き込む
軒樋を取り付ける
鼻隠しの鋼板を施工する
軒天の仕上げ材を取り付ける
外壁のサイディングを取り付ける
透湿防水シートを張る
水切りの鋼板を取り付ける
S=1/20

06
床・天井下地・サッシ額縁

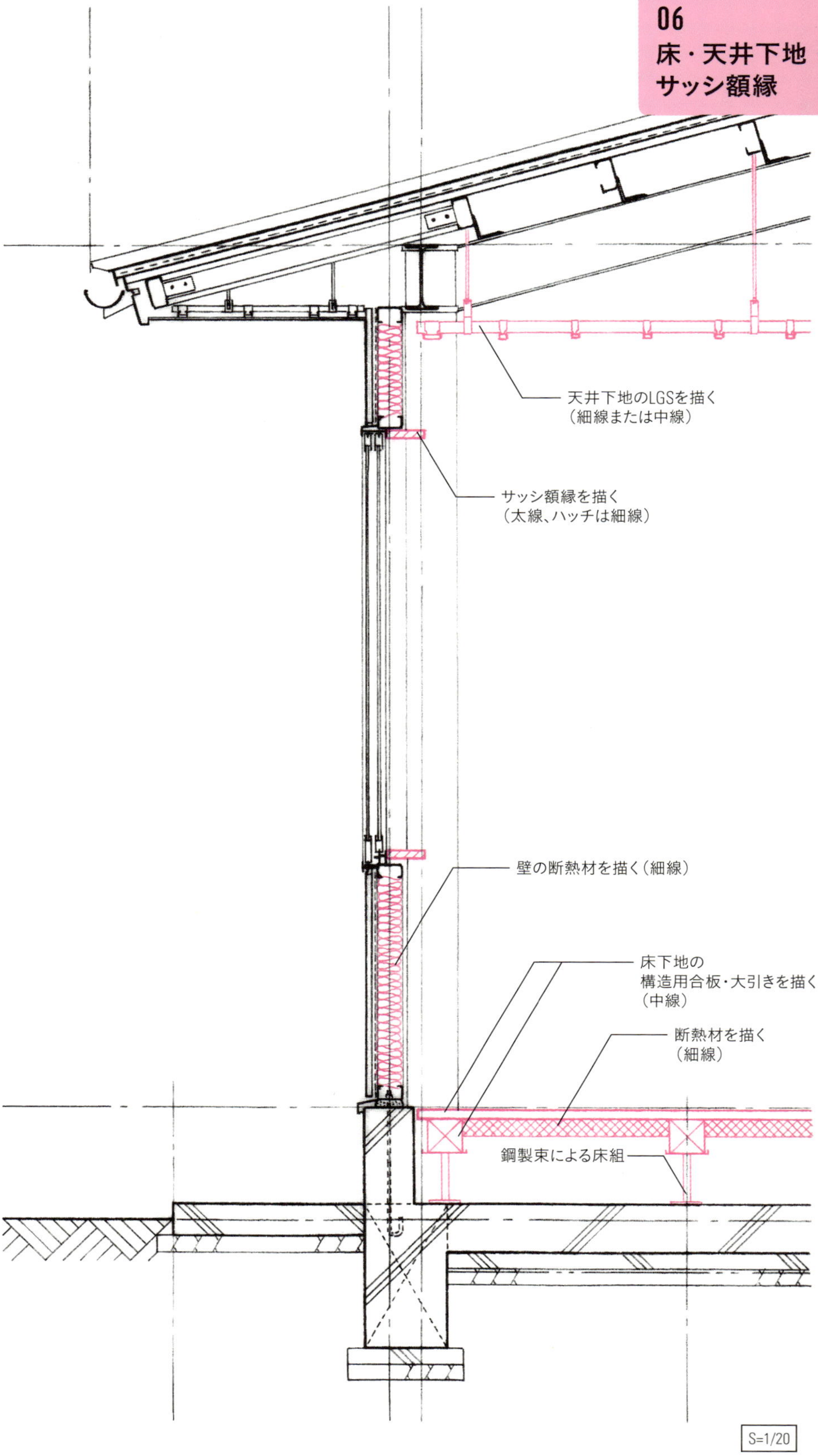

断面パース

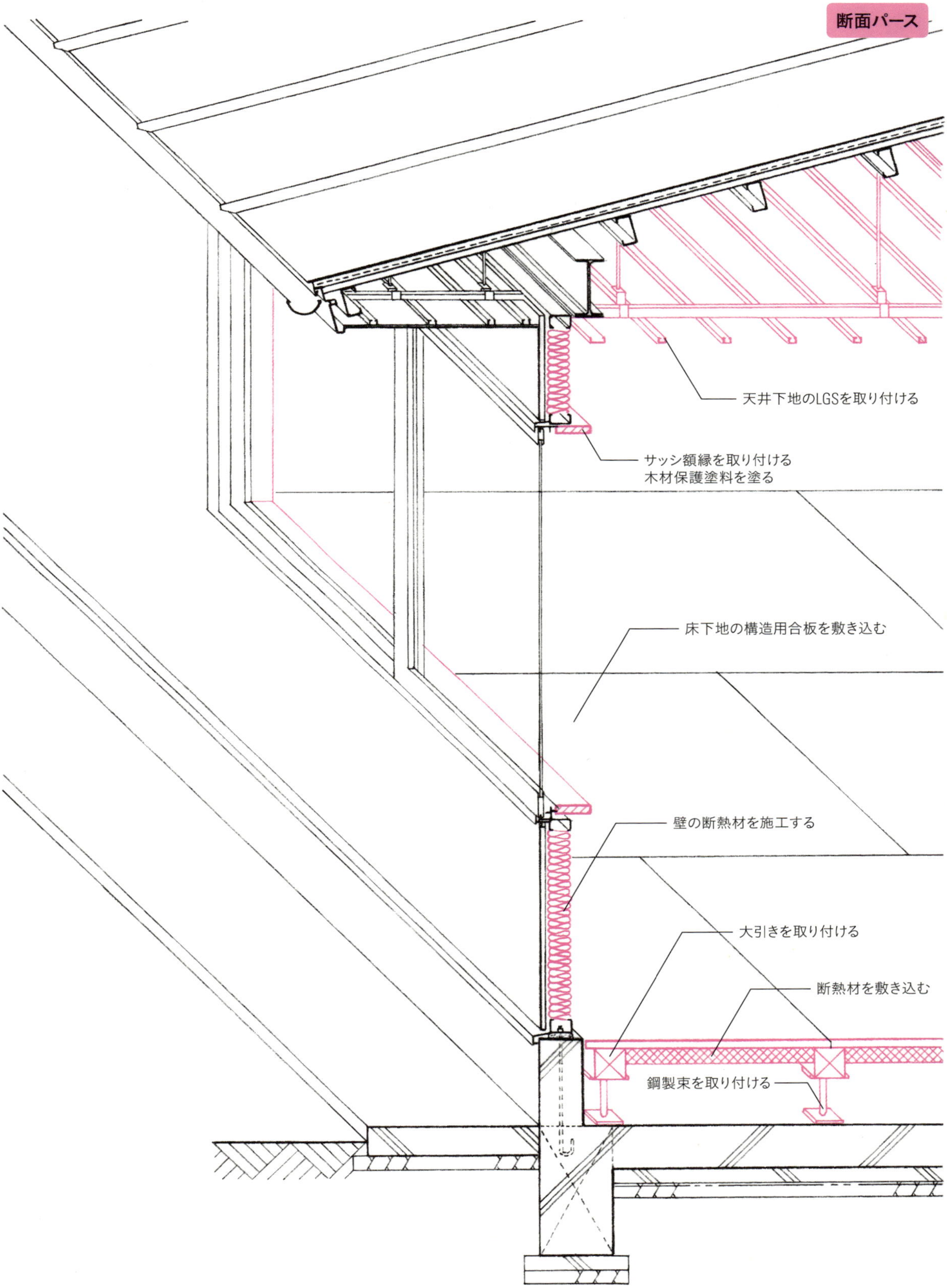
天井下地のLGSを取り付ける
サッシ額縁を取り付ける
木材保護塗料を塗る
床下地の構造用合板を敷き込む
壁の断熱材を施工する
大引きを取り付ける
断熱材を敷き込む
鋼製束を取り付ける
S=1/20

矩計図

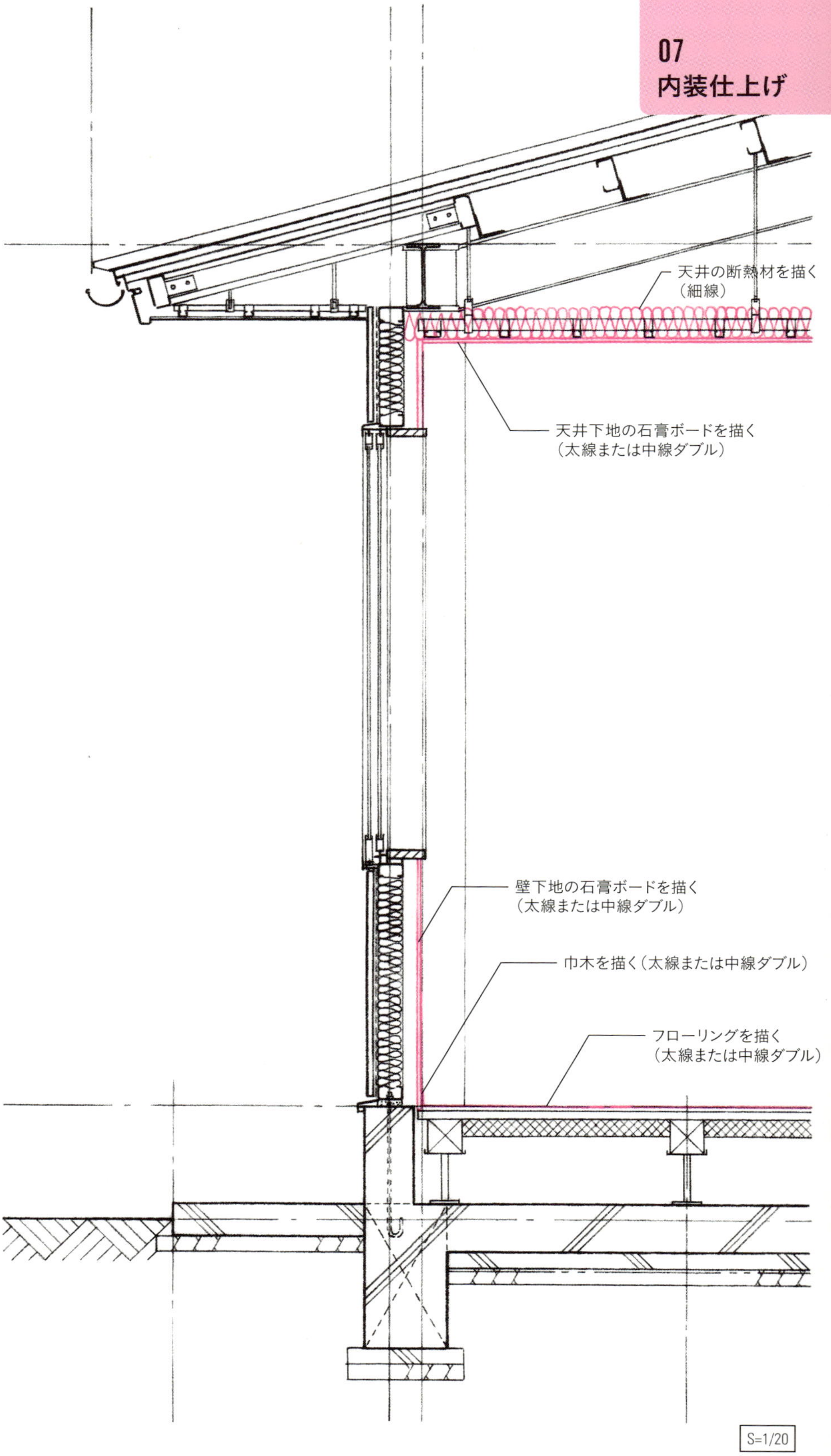
天井の断熱材を描く
（細線）
天井下地の石膏ボードを描く
（太線または中線ダブル）
壁下地の石膏ボードを描く
（太線または中線ダブル）
巾木を描く（太線または中線ダブル）
フローリングを描く
（太線または中線ダブル）
S=1/20

断面パース

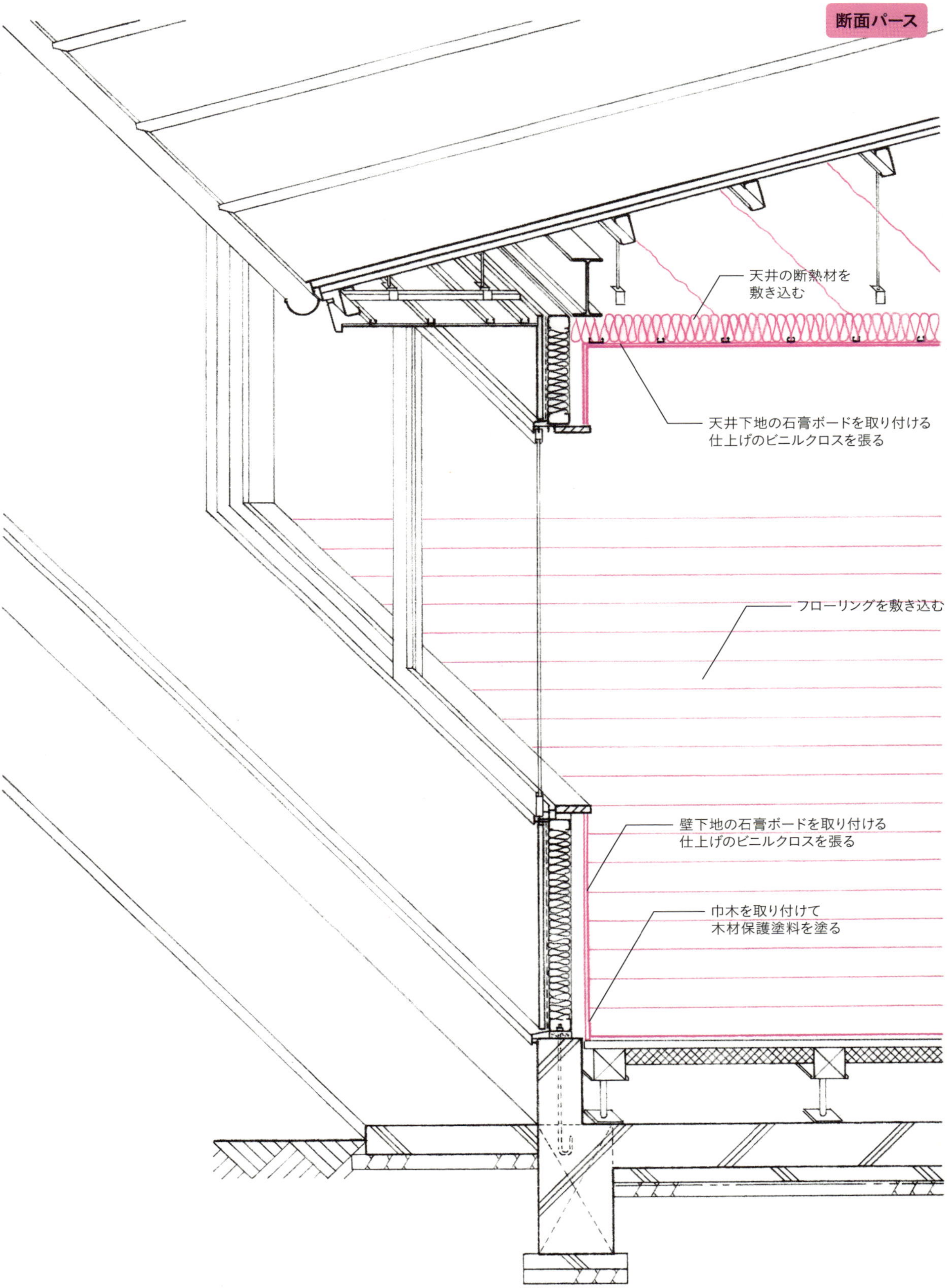
天井の断熱材を
敷き込む
天井下地の石膏ボードを取り付ける
仕上げのビニルクロスを張る
フローリングを敷き込む
壁下地の石膏ボードを取り付ける
仕上げのビニルクロスを張る
巾木を取り付けて
木材保護塗料を塗る

S=1/20

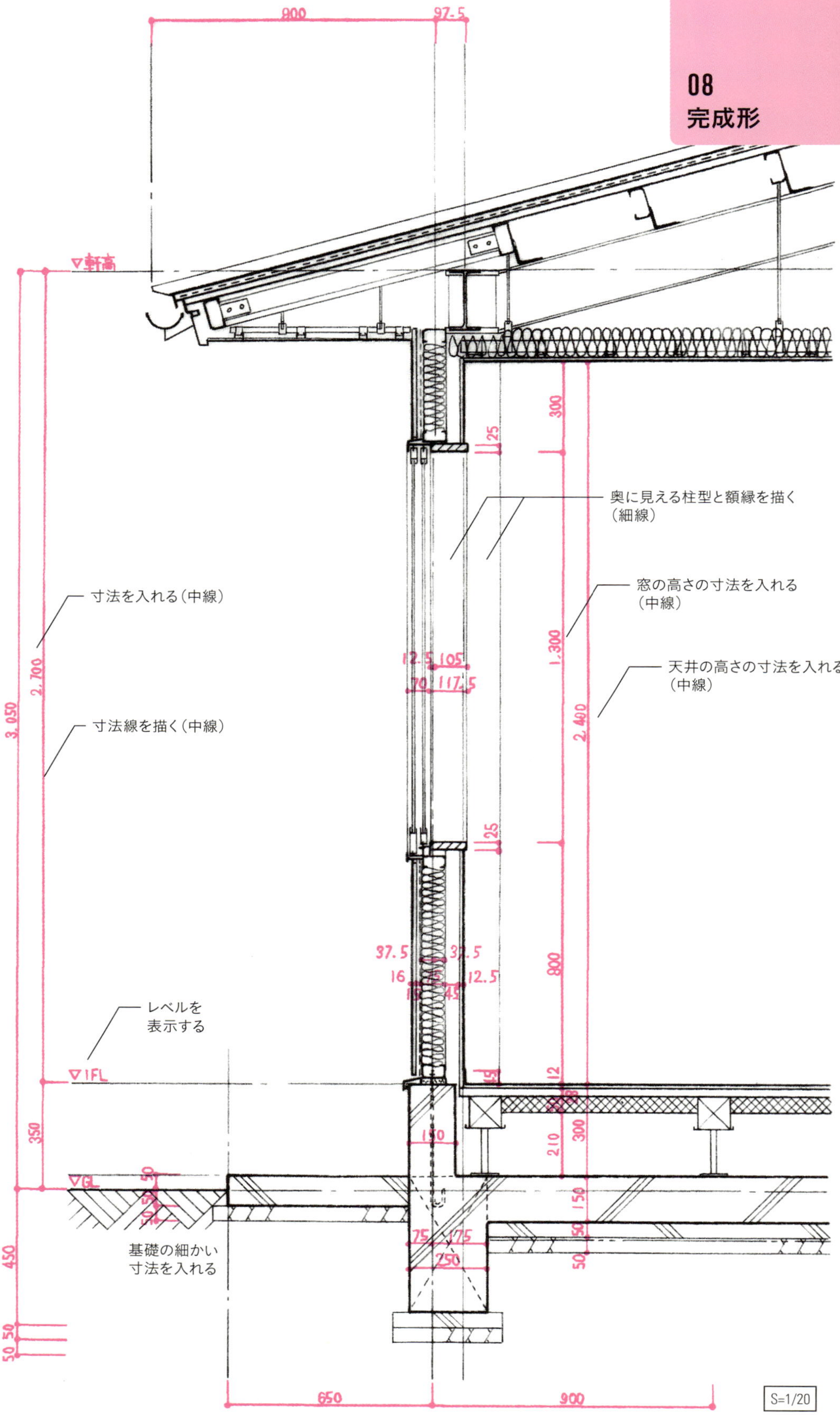
900
97.5
▽軒高
奥に見える柱型と額縁を描く
（細線）
寸法を入れる（中線）
窓の高さの寸法を入れる
（中線）
天井の高さの寸法を入れる
（中線）
寸法線を描く（中線）
300
25
1,300
2,400
2,700
3,050
12.5
105
70
117.5
800
37.5
16
12.5
レベルを
表示する
▽1FL
350
150
210
300
▽GL
150
50
75
175
250
基礎の細かい
寸法を入れる
450
650

S=1/20

完成図

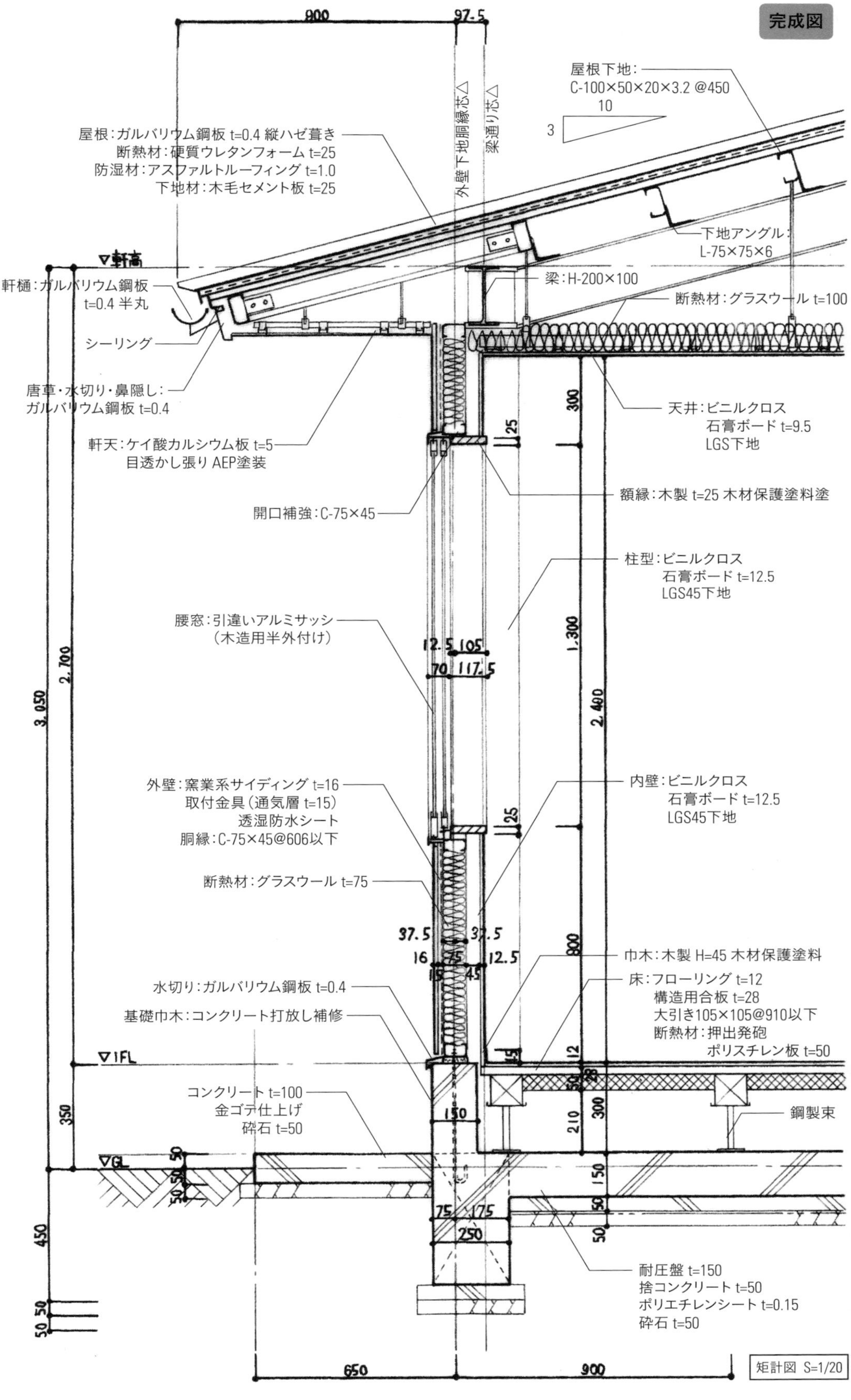
900
97.5
外壁下地胴縁芯△
梁通り芯△
屋根下地:
C-100×50×20×3.2 @450
10
3
屋根:ガルバリウム鋼板 t=0.4 縦ハゼ葺き
断熱材:硬質ウレタンフォーム t=25
防湿材:アスファルトルーフィング t=1.0
下地材:木毛セメント板 t=25
下地アングル:
L-75×75×6
▽軒高
軒樋:ガルバリウム鋼板
t=0.4 半丸
梁:H-200×100
断熱材:グラスウール t=100
シーリング
唐草・水切り・鼻隠し:
ガルバリウム鋼板 t=0.4
天井:ビニルクロス
石膏ボード t=9.5
LGS下地
300
25
軒天:ケイ酸カルシウム板 t=5
目透かし張り AEP塗装
額縁:木製 t=25 木材保護塗料塗
開口補強:C-75×45
柱型:ビニルクロス
石膏ボード t=12.5
LGS45下地
腰窓:引違いアルミサッシ
(木造用半外付け)
12.5 105
70 117.5
1,300
2,700
3,050
2,400
外壁:窯業系サイディング t=16
取付金具(通気層 t=15)
透湿防水シート
胴縁:C-75×45@606以下
内壁:ビニルクロス
石膏ボード t=12.5
LGS45下地
断熱材:グラスウール t=75
37.5 37.5
16 75 12.5
15 45
800
巾木:木製 H=45 木材保護塗料
床:フローリング t=12
構造用合板 t=28
大引き105×105@910以下
断熱材:押出発砲
ポリスチレン板 t=50
水切り:ガルバリウム鋼板 t=0.4
基礎巾木:コンクリート打放し補修
▽1FL
45
12
28
50
コンクリート t=100
金ゴテ仕上げ
砕石 t=50
150
350
210
300
鋼製束
▽GL
50
50
50
150
75 175
250
450
50
50
50
耐圧盤 t=150
捨コンクリート t=50
ポリエチレンシート t=0.15
砕石 t=50
650
900
矩計図 S=1/20

01
根伐り

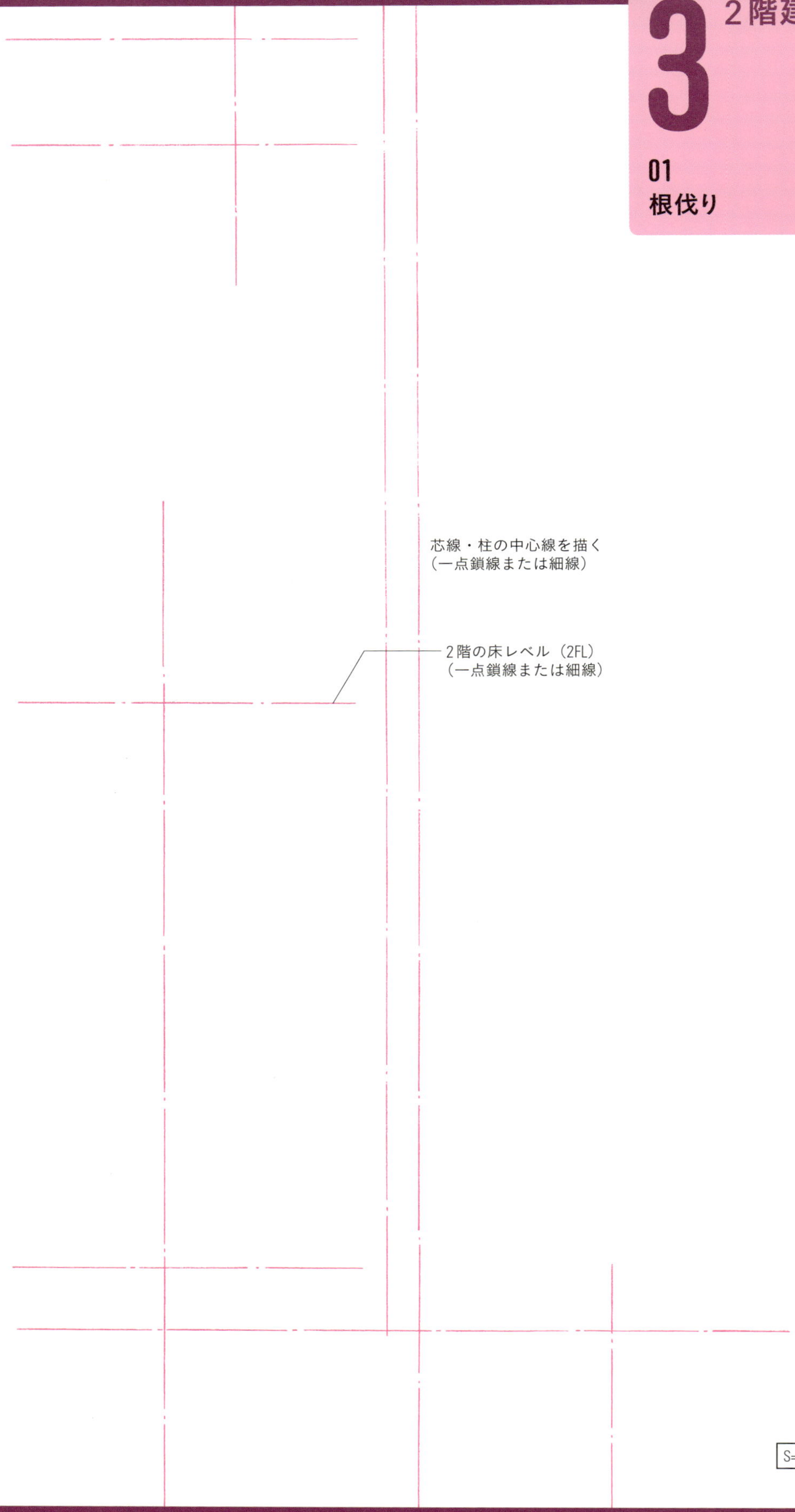
芯線・柱の中心線を描く
（一点鎖線または細線）
2階の床レベル（2FL）
（一点鎖線または細線）

S=1/30

断面パース（施工手順）

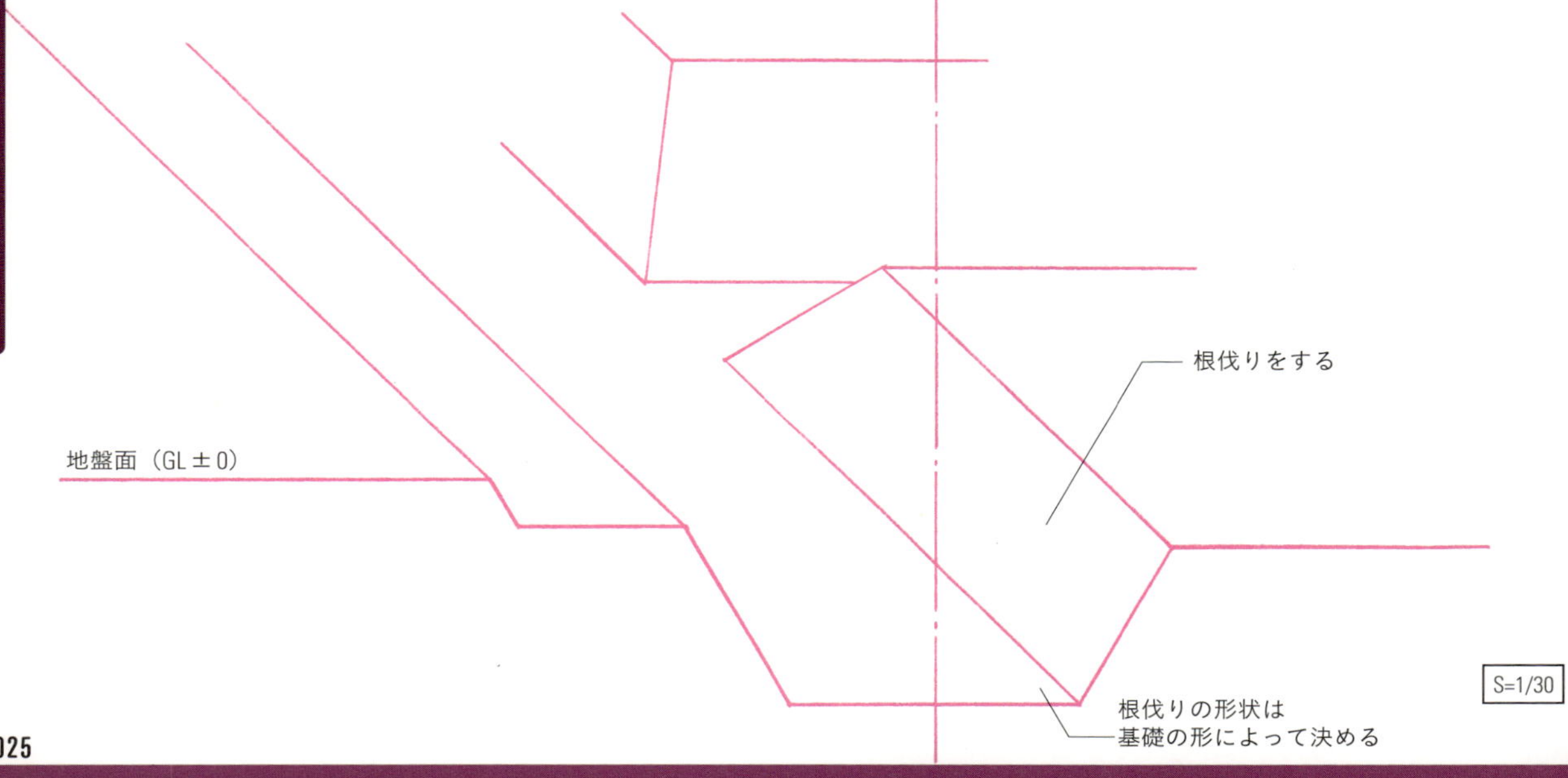
地盤面（GL±0）
根伐りをする
根伐りの形状は
基礎の形によって決める
S=1/30

基礎梁と耐圧盤コンクリートを描く
（太線、ハッチは細線）
捨てコンクリートを描く（中線）
砕石を描く（中線）
S=1/30

断面パース

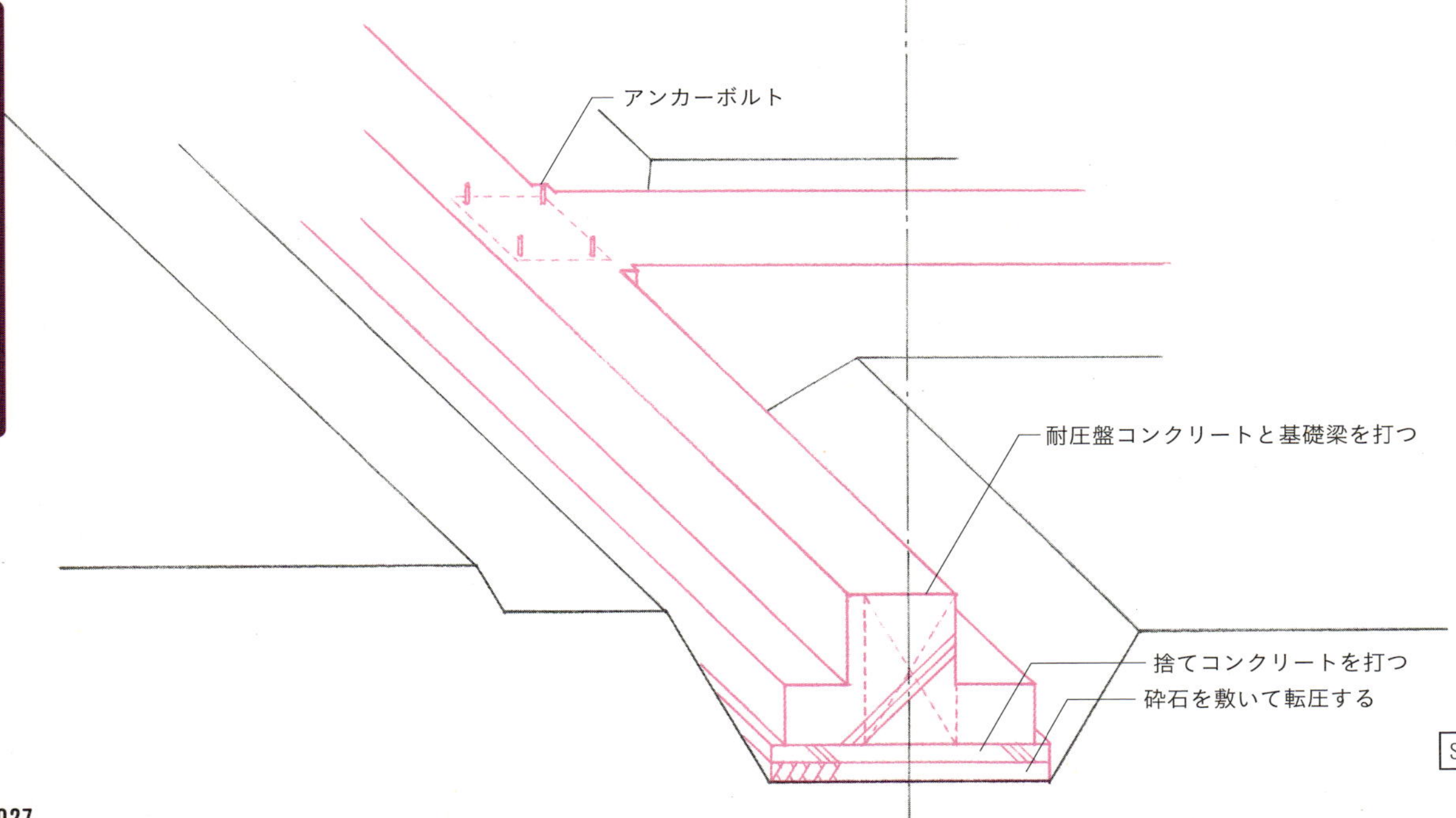
アンカーボルト
耐圧盤コンクリートと基礎梁を打つ
捨てコンクリートを打つ
砕石を敷いて転圧する

S=1/30

03
構造体の鉄骨

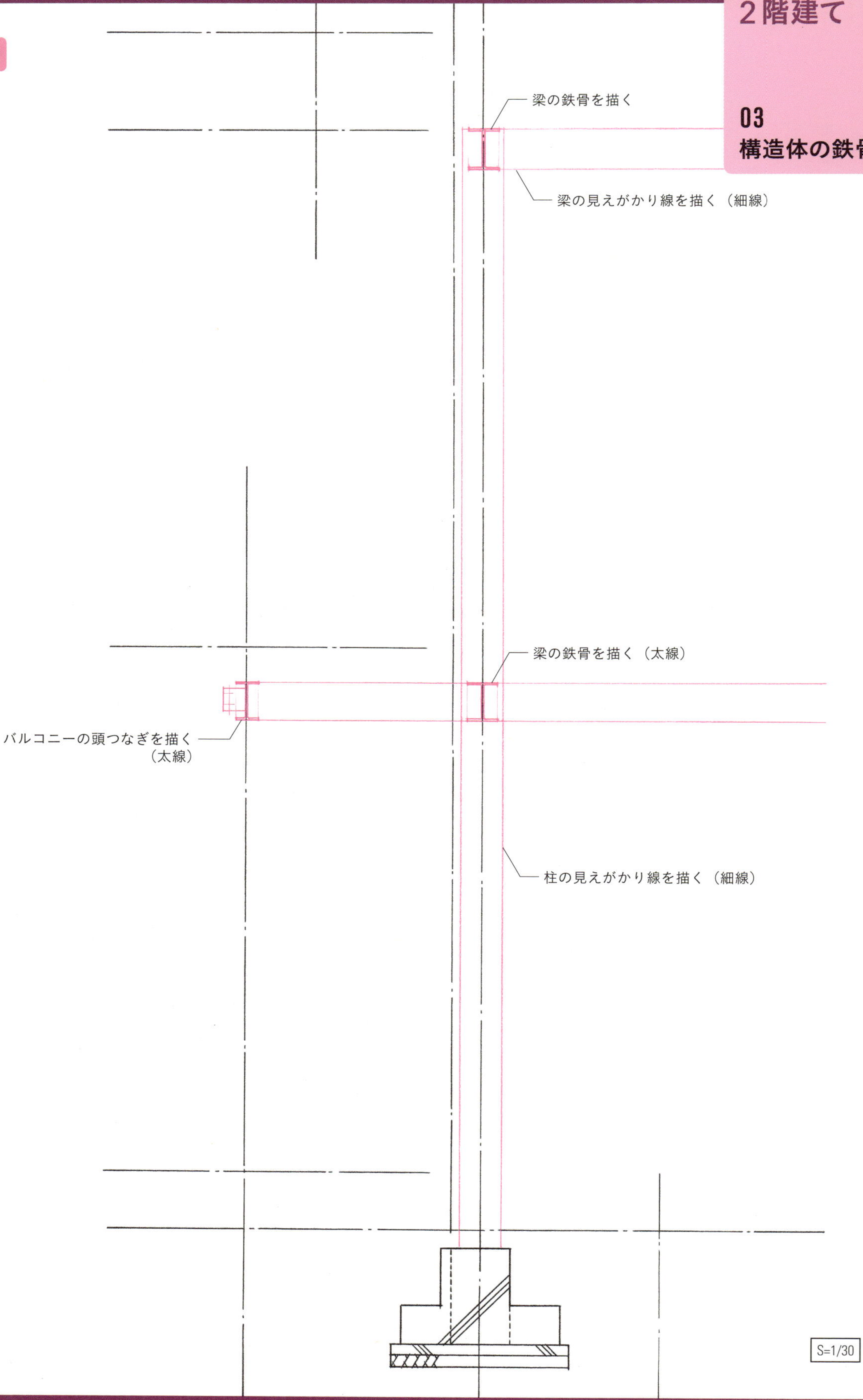

梁の鉄骨を描く
梁の見えがかり線を描く（細線）
梁の鉄骨を描く（太線）
バルコニーの頭つなぎを描く（太線）
柱の見えがかり線を描く（細線）
S=1/30

断面パース

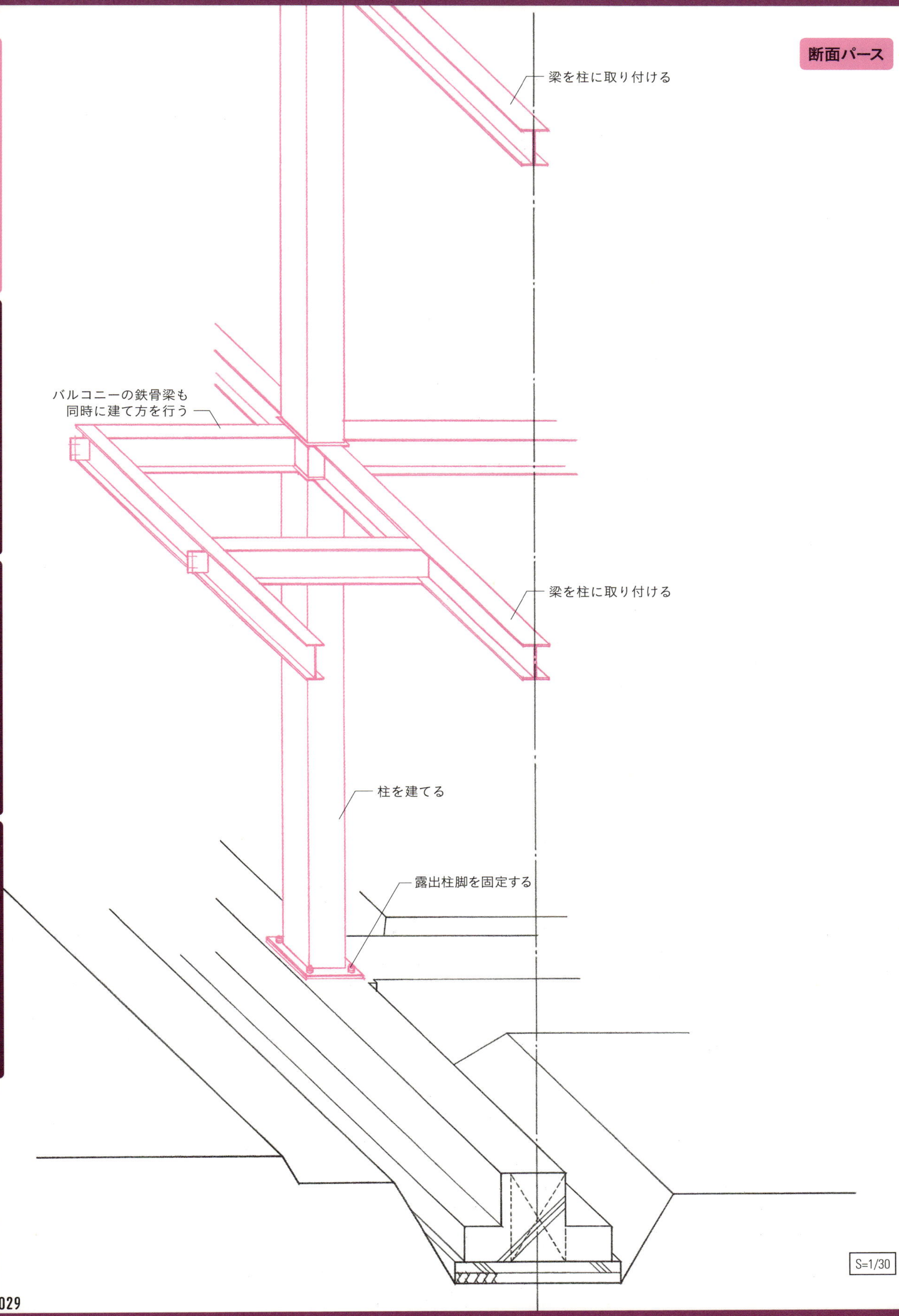
梁を柱に取り付ける
バルコニーの鉄骨梁も
同時に建て方を行う
梁を柱に取り付ける
柱を建てる
露出柱脚を固定する
S=1/30

04 床スラブ

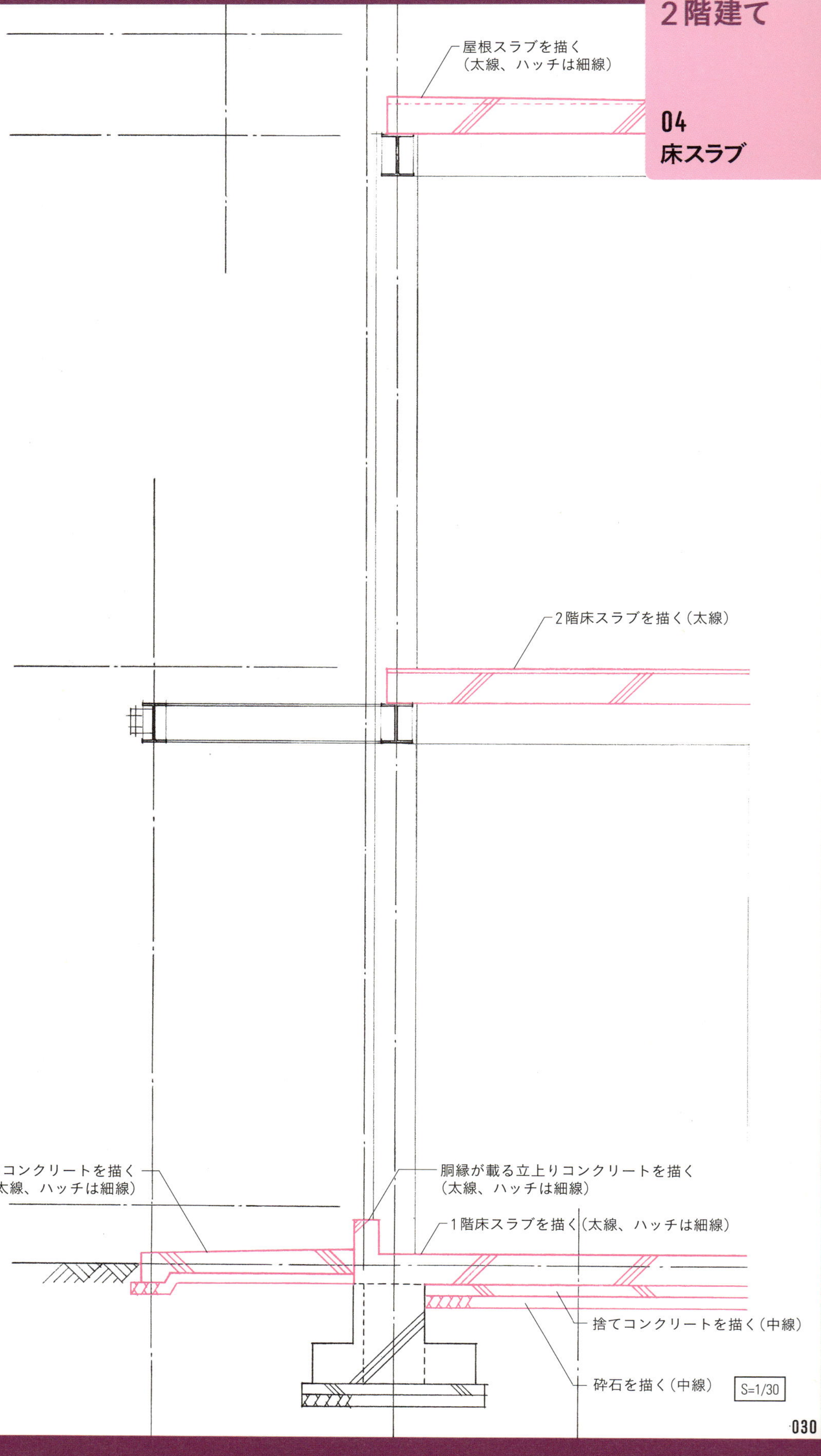
屋根スラブを描く
（太線、ハッチは細線）
2階床スラブを描く（太線）
犬走りコンクリートを描く
（太線、ハッチは細線）
胴縁が載る立上りコンクリートを描く
（太線、ハッチは細線）
1階床スラブを描く（太線、ハッチは細線）
捨てコンクリートを描く（中線）
砕石を描く（中線）
S=1/30

断面パース

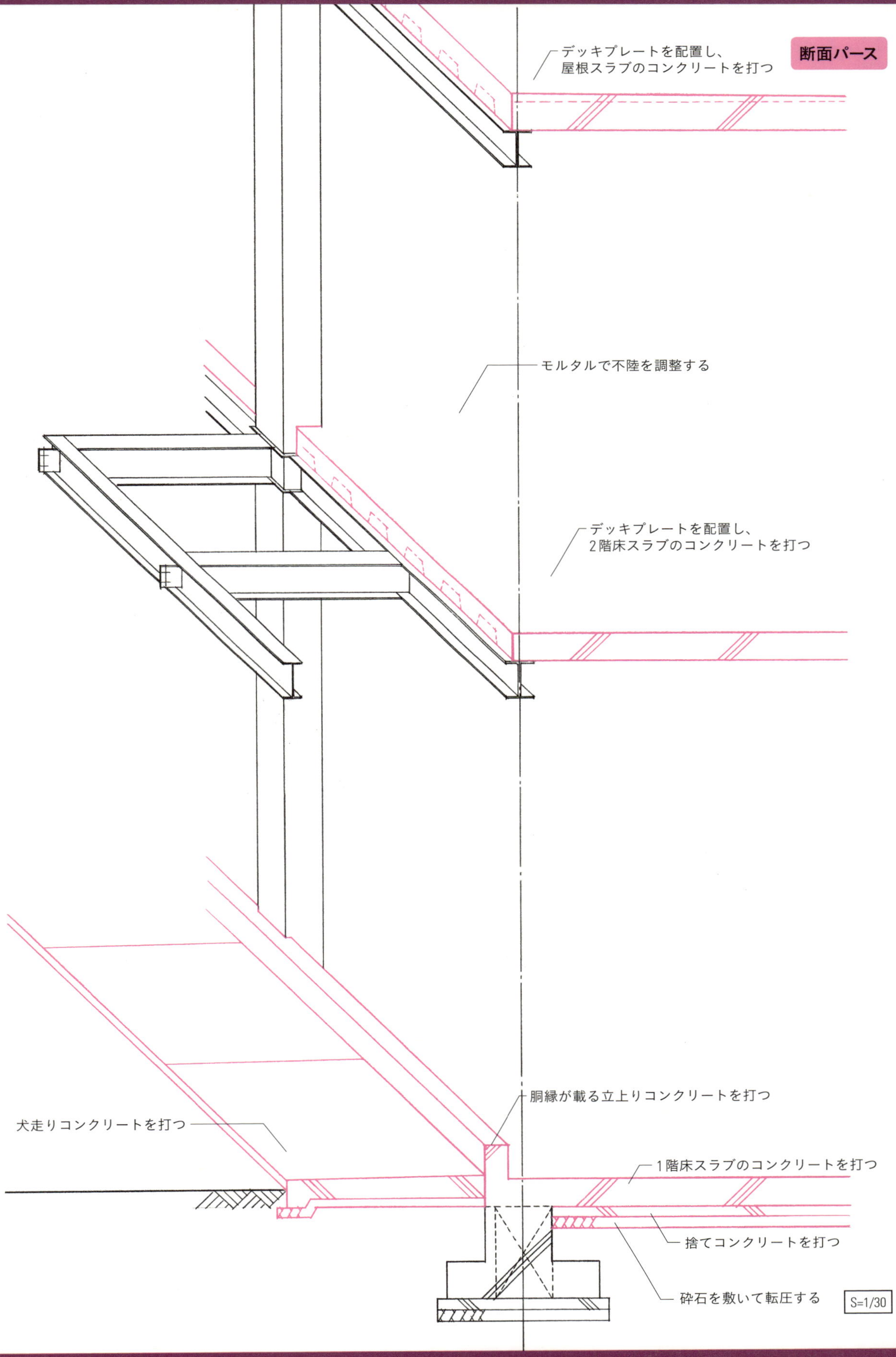
デッキプレートを配置し、
屋根スラブのコンクリートを打つ
モルタルで不陸を調整する
デッキプレートを配置し、
2階床スラブのコンクリートを打つ
胴縁が載る立上りコンクリートを打つ
犬走りコンクリートを打つ
1階床スラブのコンクリートを打つ
捨てコンクリートを打つ
砕石を敷いて転圧する
S=1/30

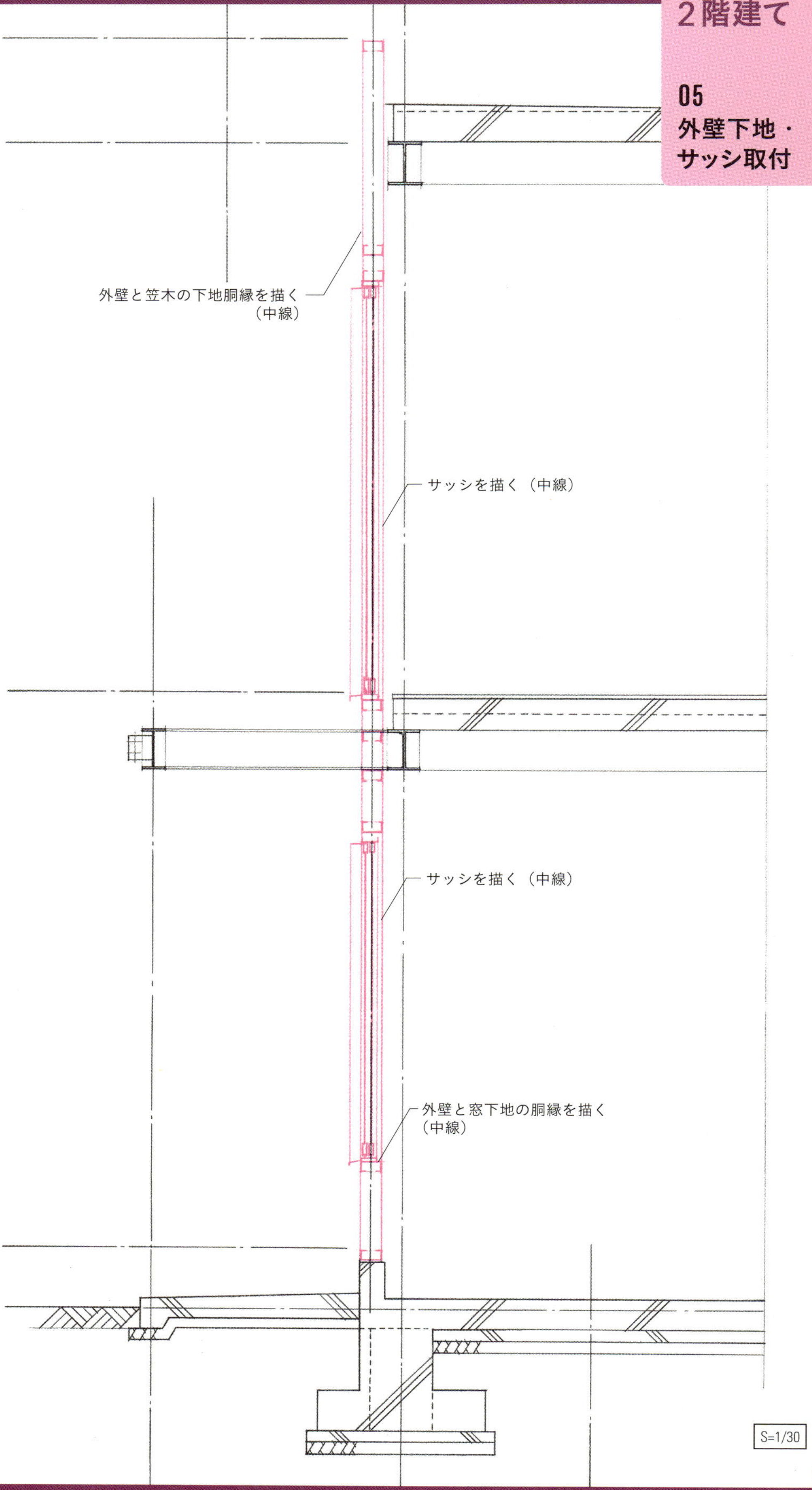
外壁と笠木の下地胴縁を描く
（中線）
サッシを描く（中線）
サッシを描く（中線）
外壁と窓下地の胴縁を描く
（中線）
S=1/30

断面パース

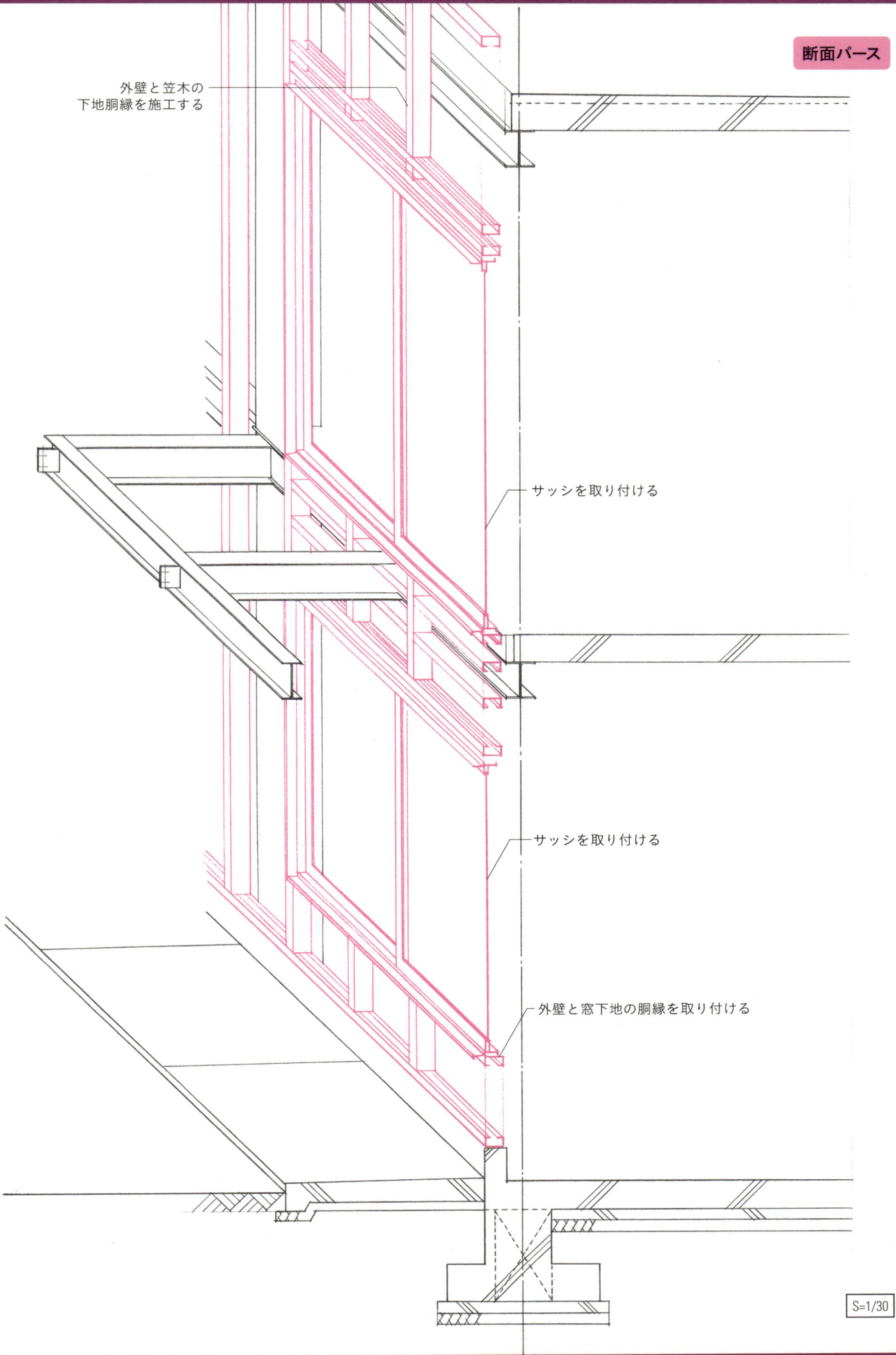
外壁と笠木の
下地胴縁を施工する
サッシを取り付ける
サッシを取り付ける
外壁と窓下地の胴縁を取り付ける
S=1/30

矩計図

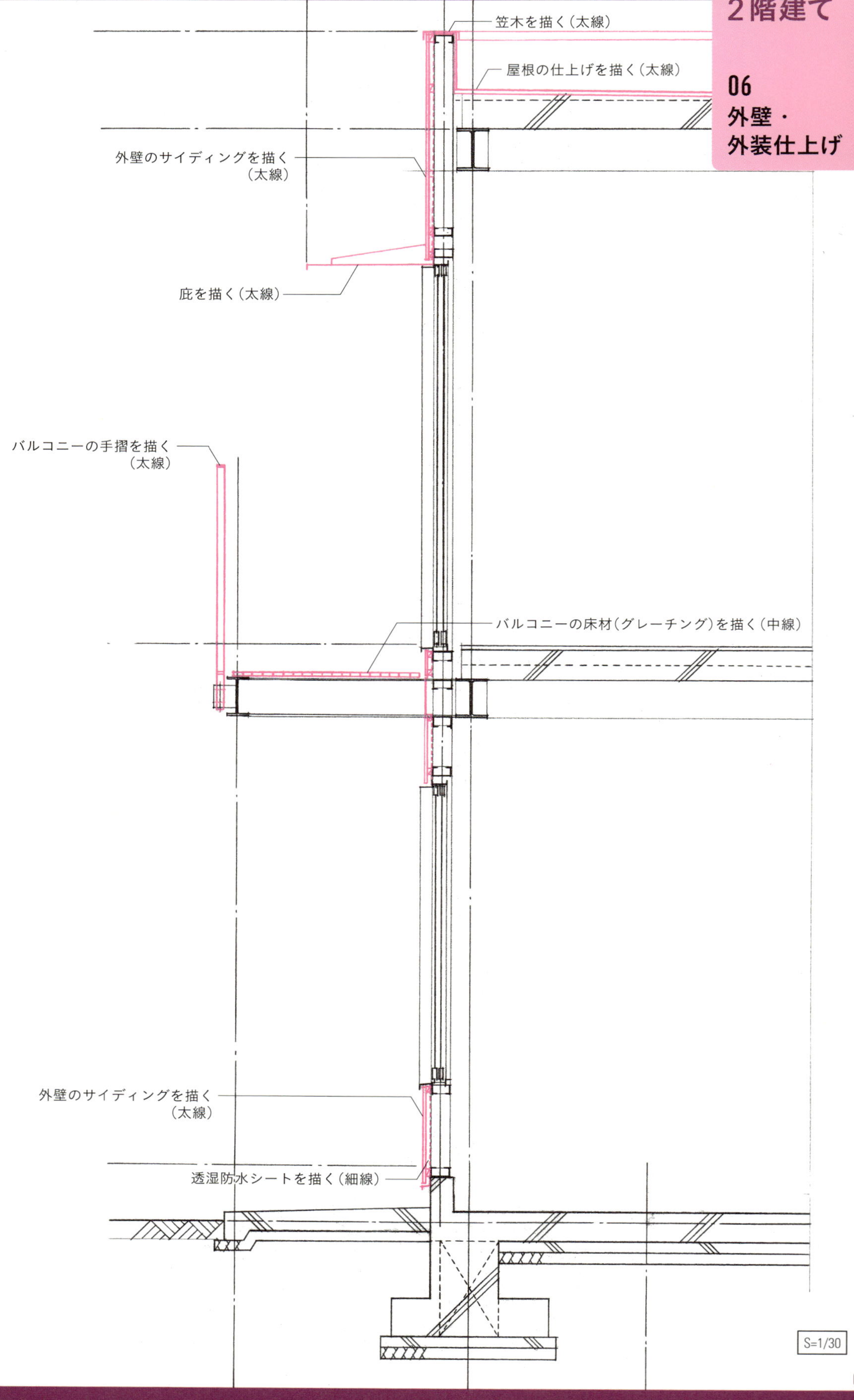
笠木を描く（太線）
屋根の仕上げを描く（太線）
外壁のサイディングを描く（太線）
庇を描く（太線）
バルコニーの手摺を描く（太線）
バルコニーの床材（グレーチング）を描く（中線）
外壁のサイディングを描く（太線）
透湿防水シートを描く（細線）
S=1/30

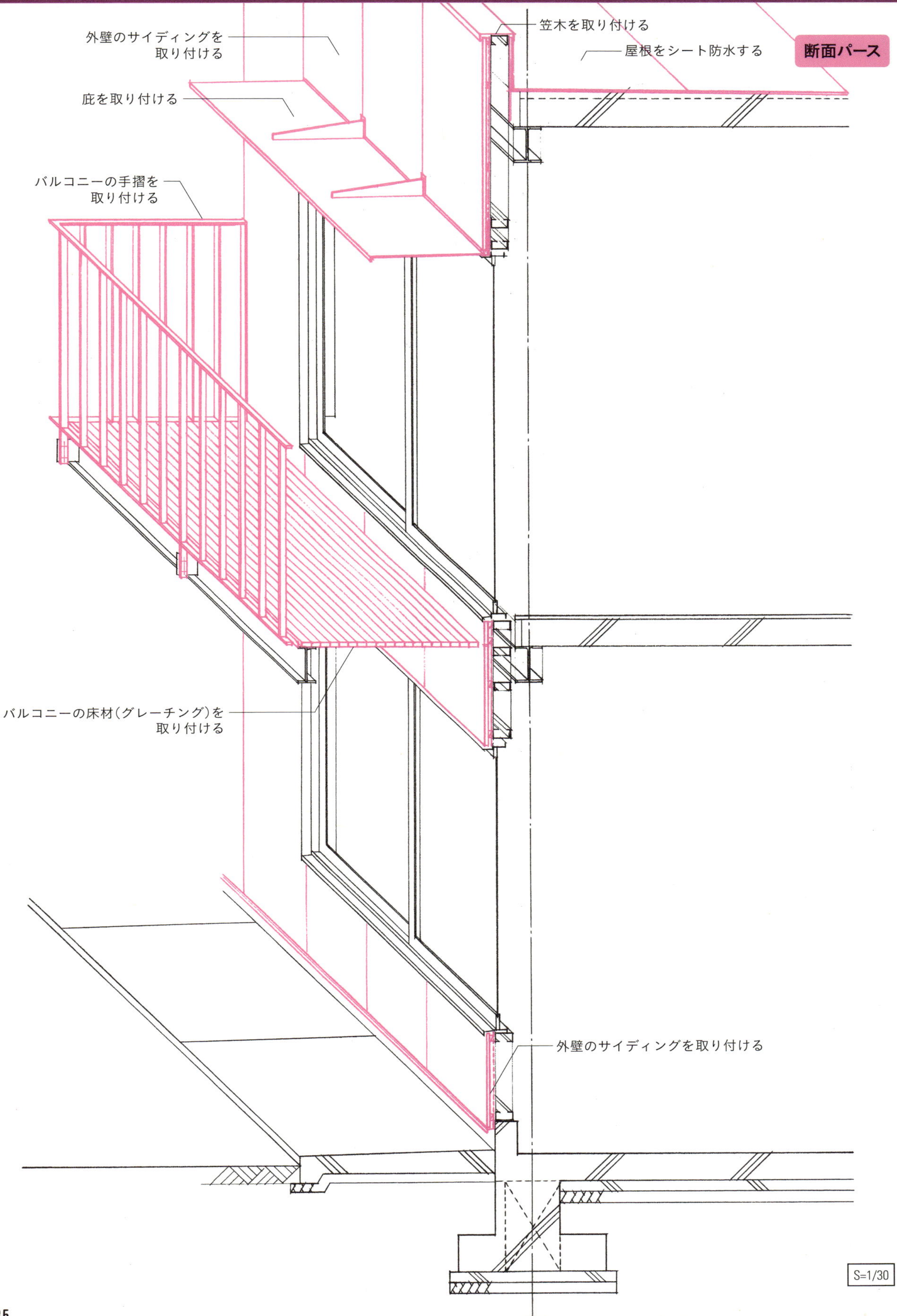
断面パース
外壁のサイディングを取り付ける
笠木を取り付ける
屋根をシート防水する
庇を取り付ける
バルコニーの手摺を取り付ける
バルコニーの床材(グレーチング)を取り付ける
外壁のサイディングを取り付ける
S=1/30

矩計図

07
床・天井下地・サッシ額縁

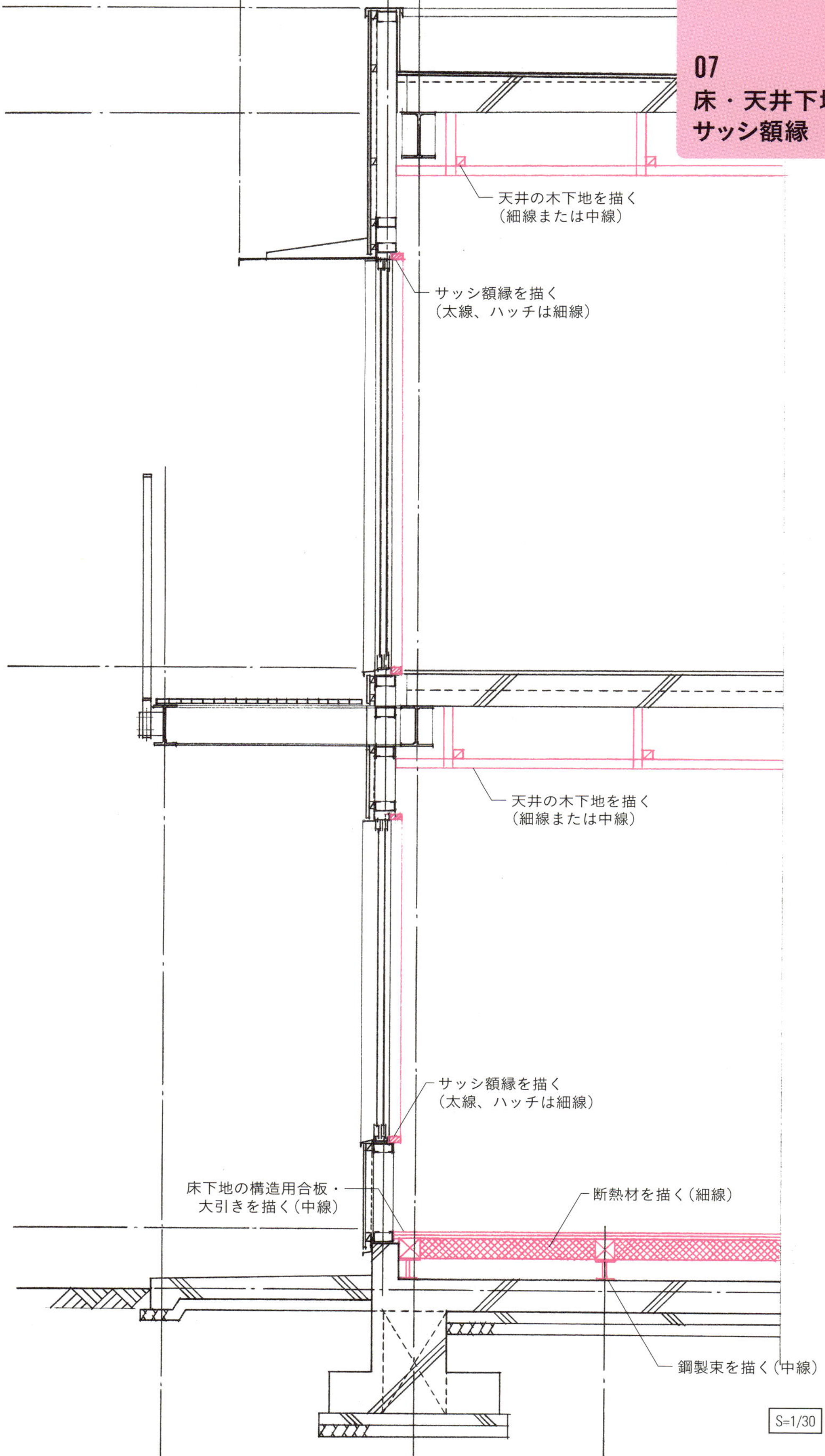
天井の木下地を描く
（細線または中線）
サッシ額縁を描く
（太線、ハッチは細線）
天井の木下地を描く
（細線または中線）
サッシ額縁を描く
（太線、ハッチは細線）
床下地の構造用合板・
大引きを描く（中線）
断熱材を描く（細線）
鋼製束を描く（中線）
S=1/30

断面パース

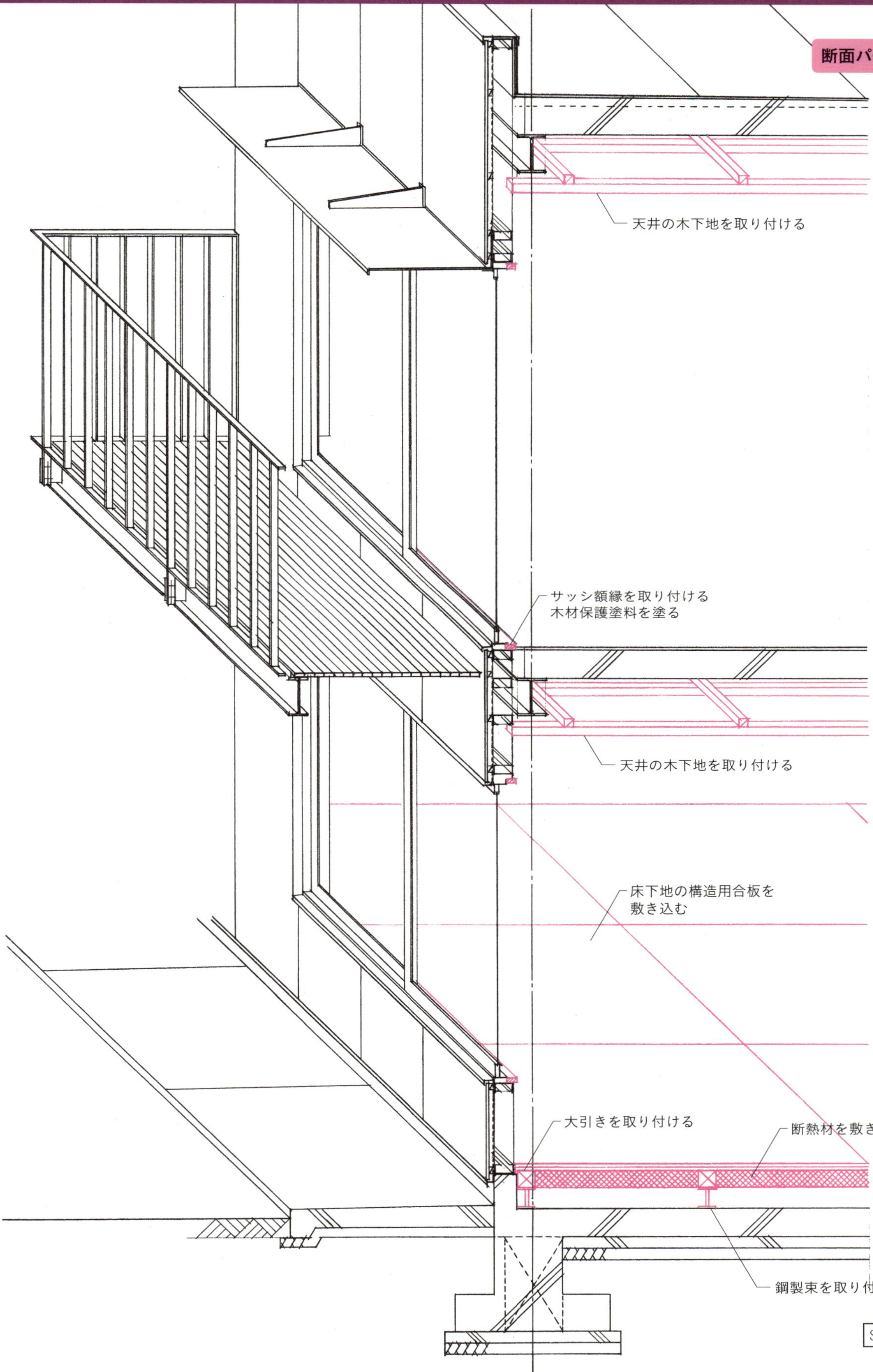
天井の木下地を取り付ける
サッシ額縁を取り付ける
木材保護塗料を塗る
天井の木下地を取り付ける
床下地の構造用合板を
敷き込む
大引きを取り付ける
断熱材を敷き込む
鋼製束を取り付ける
S=1/30

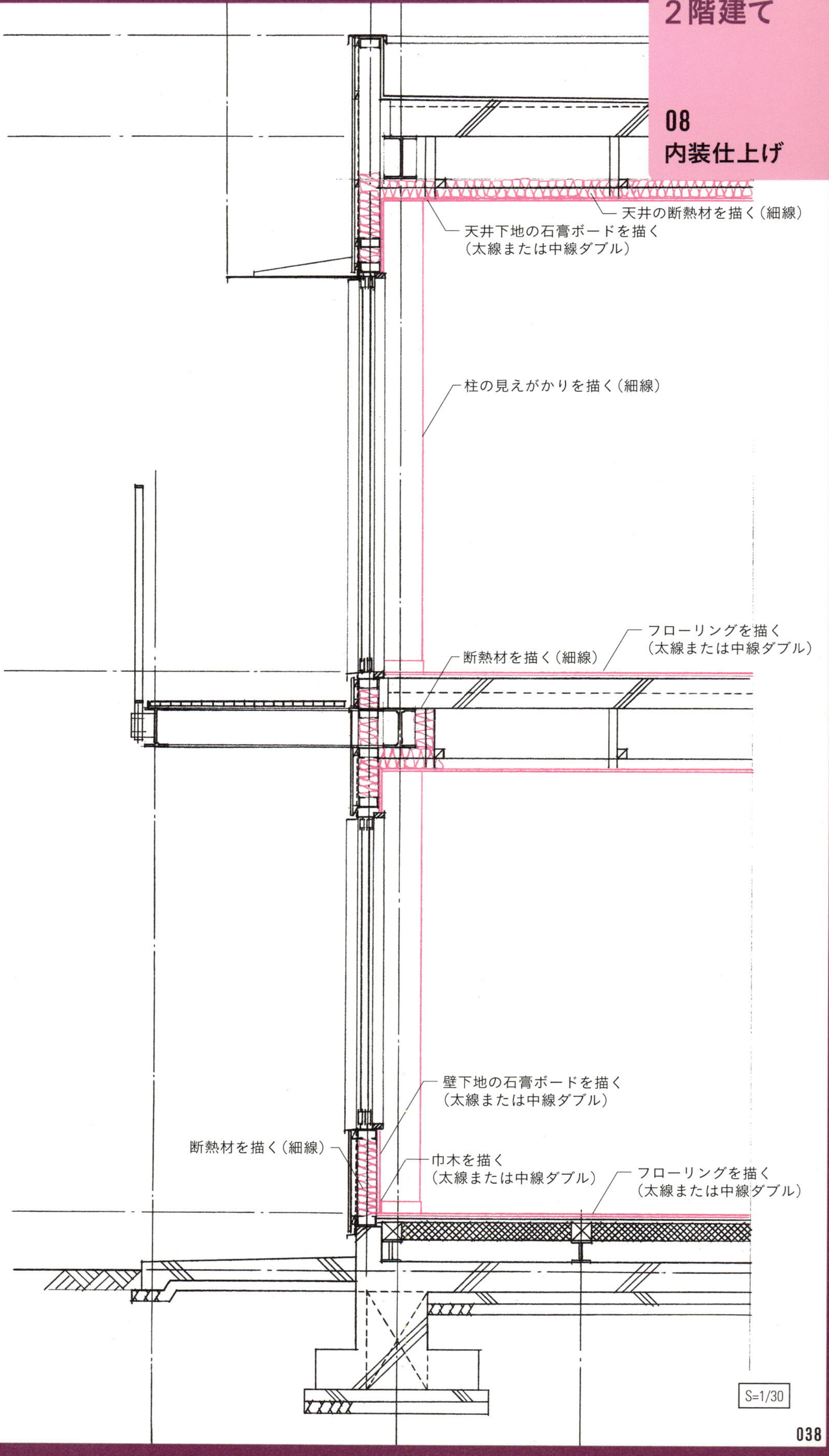
天井の断熱材を描く（細線）
天井下地の石膏ボードを描く
（太線または中線ダブル）
柱の見えがかりを描く（細線）
フローリングを描く
（太線または中線ダブル）
断熱材を描く（細線）
壁下地の石膏ボードを描く
（太線または中線ダブル）
断熱材を描く（細線）
巾木を描く
（太線または中線ダブル）
フローリングを描く
（太線または中線ダブル）
S=1/30

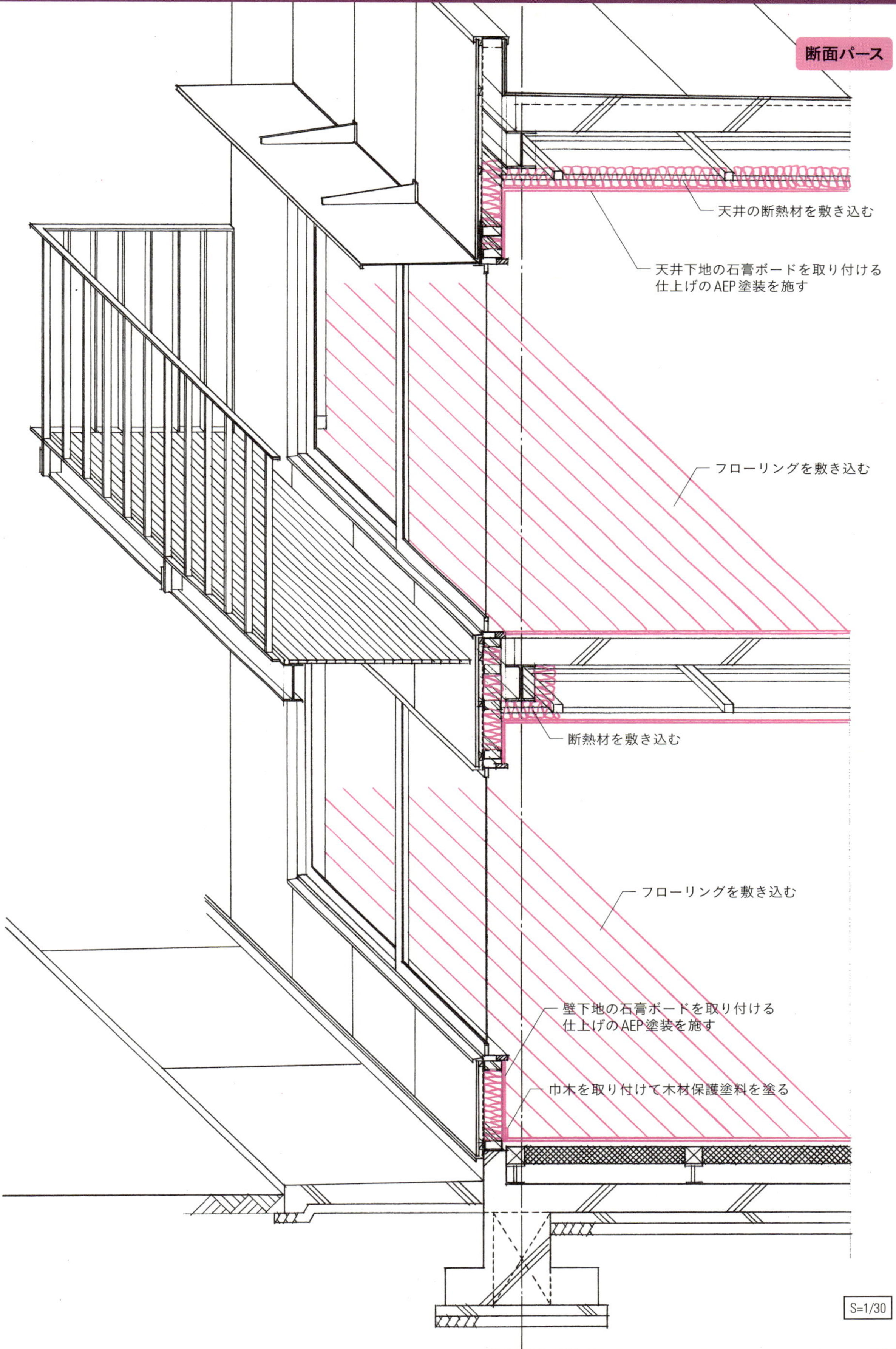
断面パース
天井の断熱材を敷き込む
天井下地の石膏ボードを取り付ける
仕上げのAEP塗装を施す
フローリングを敷き込む
断熱材を敷き込む
フローリングを敷き込む
壁下地の石膏ボードを取り付ける
仕上げのAEP塗装を施す
巾木を取り付けて木材保護塗料を塗る
S=1/30

矩計図

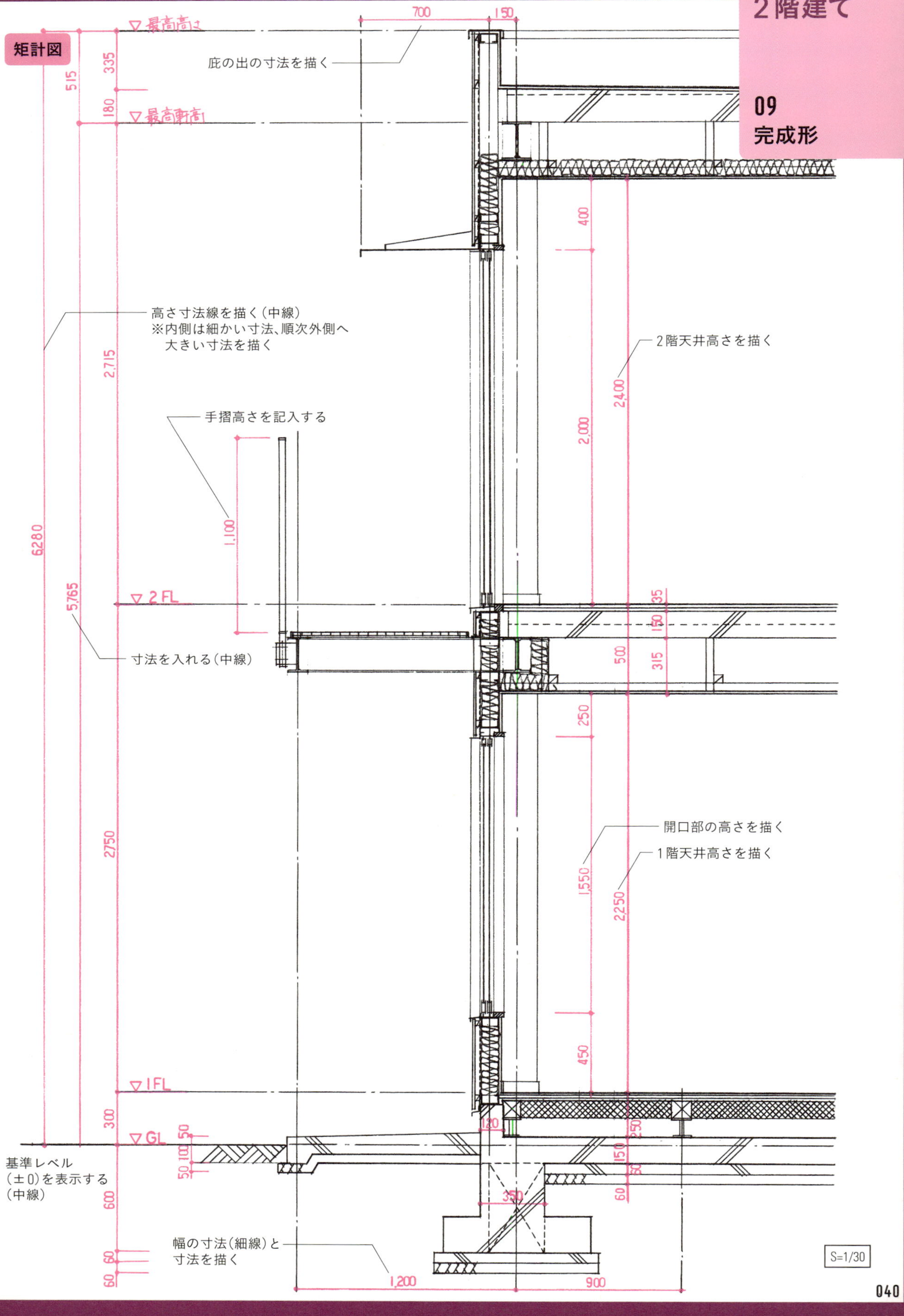
▽最高高さ
▽最高軒高
700
150
庇の出の寸法を描く
515
335
180
高さ寸法線を描く（中線）
※内側は細かい寸法、順次外側へ
大きい寸法を描く
2,715
6,280
5,765
手摺高さを記入する
1,100
▽2FL
寸法を入れる（中線）
2階天井高さを描く
400
2,000
2,400
35
150
500
315
250
2750
開口部の高さを描く
1階天井高さを描く
1,550
2,250
450
▽1FL
300
▽GL
50
100
50
120
250
150
50
60
基準レベル
（±0）を表示する
（中線）
600
350
60
60
幅の寸法（細線）と
寸法を描く
1,200
900
S=1/30

完成図

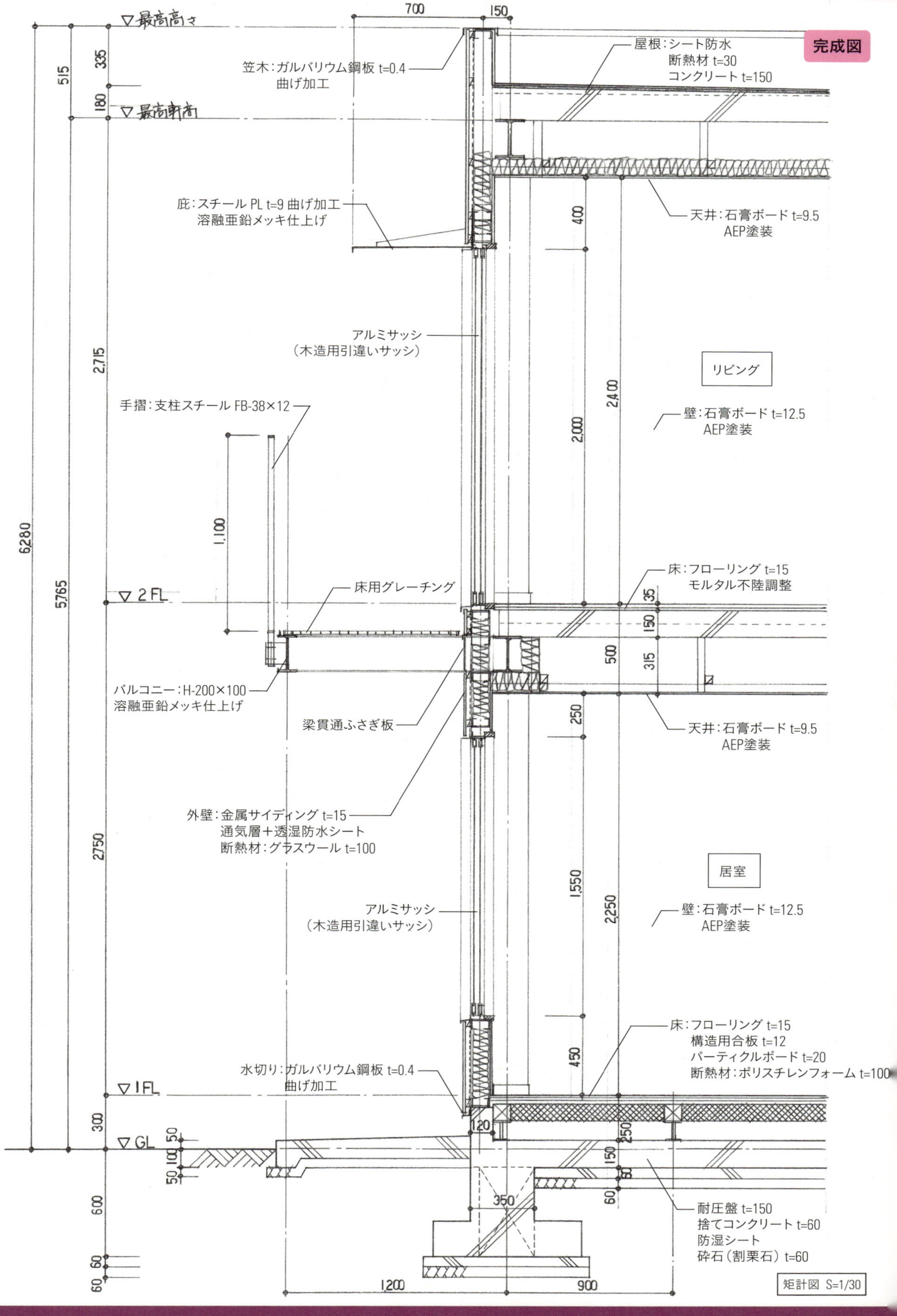
700
150
▽最高高さ
335
515
180
▽最高軒高
笠木：ガルバリウム鋼板 t=0.4
曲げ加工
屋根：シート防水
断熱材 t=30
コンクリート t=150
庇：スチール PL t=9 曲げ加工
溶融亜鉛メッキ仕上げ
天井：石膏ボード t=9.5
AEP塗装
400
アルミサッシ
（木造用引違いサッシ）
2,715
リビング
2,400
2,000
手摺：支柱スチール FB-38×12
壁：石膏ボード t=12.5
AEP塗装
1,100
6,280
5,765
床：フローリング t=15
モルタル不陸調整
▽2FL
床用グレーチング
35
150
500
315
バルコニー：H-200×100
溶融亜鉛メッキ仕上げ
梁貫通ふさぎ板
250
天井：石膏ボード t=9.5
AEP塗装
外壁：金属サイディング t=15
通気層＋透湿防水シート
断熱材：グラスウール t=100
2,750
居室
1,550
アルミサッシ
（木造用引違いサッシ）
2,250
壁：石膏ボード t=12.5
AEP塗装
床：フローリング t=15
構造用合板 t=12
パーティクルボード t=20
断熱材：ポリスチレンフォーム t=100
450
水切り：ガルバリウム鋼板 t=0.4
曲げ加工
▽1FL
300
120
▽GL
50
100
50
250
150
50
600
60
350
耐圧盤 t=150
捨てコンクリート t=60
防湿シート
砕石（割栗石） t=60
60
60
1,200
900
矩計図 S=1/30

4 S造の基礎知識

01 S造の特徴

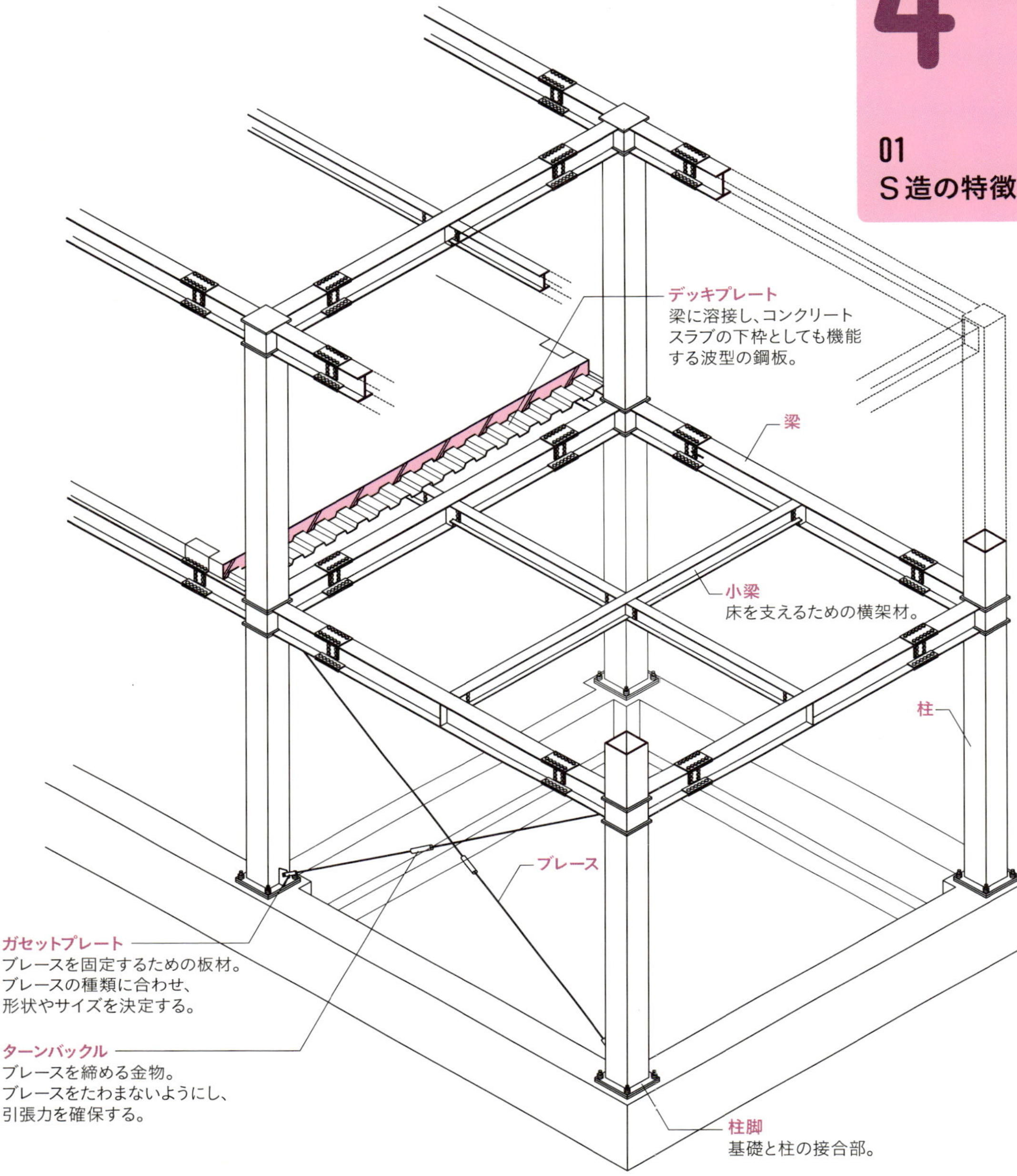

デッキプレート
梁に溶接し、コンクリートスラブの下枠としても機能する波型の鋼板。
梁
小梁
床を支えるための横架材。
柱
ブレース
ガセットプレート
ブレースを固定するための板材。ブレースの種類に合わせ、形状やサイズを決定する。
ターンバックル
ブレースを締める金物。ブレースをたわまないようにし、引張力を確保する。
柱脚
基礎と柱の接合部。

鉄骨構造部材である**鋼材**は、他の構造材に比較して**強度が大きい**ので断面が小さくすみ、**スパンの長い**計画が可能なので**大きな空間**を有する建築に有利である。

鋼材は、工場生産されるので性能が**規格化される**ことから品質が安定した構造材となり、構造材料として優れている。

［利点］

・強度が高い

・弾性、靭性に富む（破断しにくく粘り強い）

・剛性が高い（変形しにくい）

［弱点］

・さびに弱い（防錆塗装やメッキが必要）

・不燃だが耐火性に劣る（高熱により変形、座屈などの現象を起こし、構造材としての機能を失う）

・断熱性に劣る（熱伝導率が高いのでヒートブリッジができやすく外周部断熱上の弱点になりやすい）

施工の特徴

施工上の特徴としては、鋼材の加工や防錆塗装は工場で行われ、柱や梁が製作された状態で現場に搬入されるので、現場での**工期が短縮**される。

鋼材の種類

等辺山形鋼

ブレース、トラス材、組立材
20×20～350×350

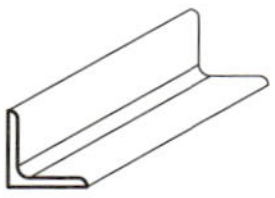

不等辺山形鋼

ブレース、トラス材、組立材
75×50～150×100

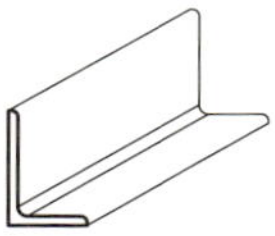

I形鋼

梁、間柱
75×75～600×190

H形鋼

柱、梁、ブレース、間柱、小梁
広幅：100×100～400×400
中幅：150×100～900×300
細幅：100×50～600×200

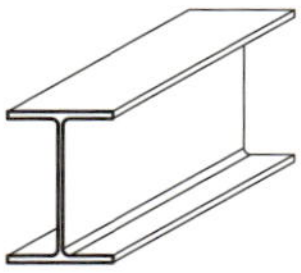

溝形鋼

胴縁、根太、母屋、小梁
トラス材
75×40～380×100

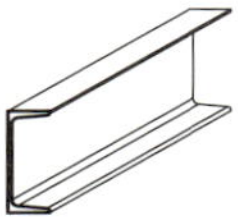

CT形鋼

ブレース、トラス材、組立材
H形鋼の半分

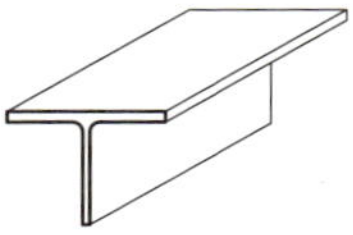

円形鋼管

鋼管抗、柱
外径（電縫鋼管）：10～600
板厚：1～20

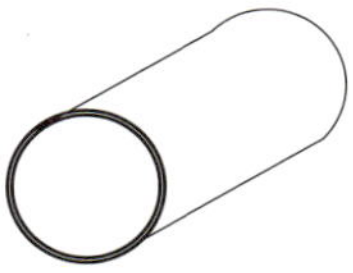

角型鋼管

柱、間柱
大径：200×200～550×550
中径：50×50～175×175

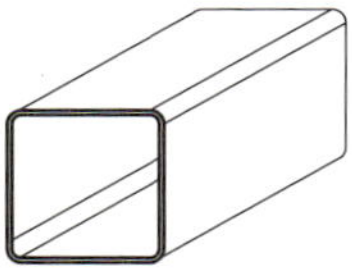

軽山形鋼

小梁、ブレース
各種下地材、金属加工品
60×60～75×30

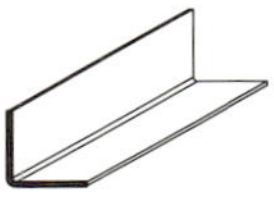

軽溝形鋼

各種下地材
40×20～450×75

リップ溝形鋼

母屋、胴縁、間仕切壁、
野縁、小規模建物の柱、梁
60×30×10～250×75×25

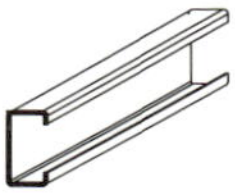

軽Z形鋼

母屋、胴縁
75×30×20～100×50×50

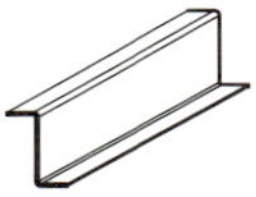

リップZ形鋼

各種下地材
100×50×20

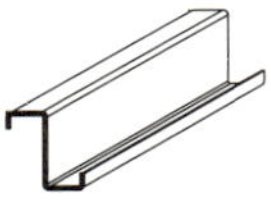

ハット形鋼

各種下地材
40×20×20～60×30×25

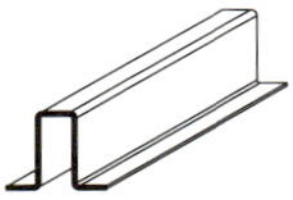

鋼板

鋼管、軽量形鋼などの原板、
金属加工品
厚さ：0.35～50

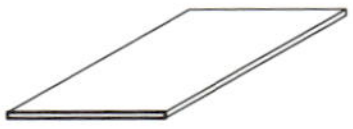

デッキプレート

床、屋根
厚さ：50～120
@：200～300

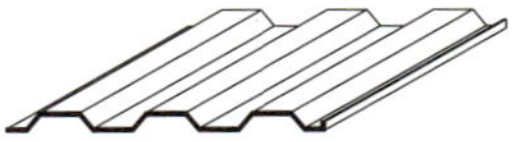

鋼材は含まれる**炭素量**によって性質が変わる。炭素が多いほど鋼の強度は上がるが、伸び・粘り強さが低下し溶接性も低下する。建築用途では以下の3種が用いられる。

SS材（Steel Structure）：最も**汎用的**。主に**二次部材**で使われる。

SN材（Steel NewStructure）：耐震・溶接規定と**寸法精度**が高く、建材として優れた性質をもつ。**主要構造部**に使われる。

SM材（Steel Marine）：**溶接性**に優れる。主に**片持ち部材**に使われる。

鋼材の**JIS**規格では、「SS400A」などと表記される。400などの**数字**は**引張強さの下限値**（N/㎟）を示し、Aなどの**記号**は**鋼種区分**を示している。

一方、材軸方向に成形した長い鋼材を**形鋼**といい、主に**柱・梁・基礎杭**などに使われる。形鋼には、**重量形鋼**（厚さが6㎜以上）と**軽量形鋼**（厚さが6㎜未満）の大きく二つに分けられる。

形鋼にはさまざまな種類があり、使用部位や建物の構造的特性によって使い分ける。

柱の種類

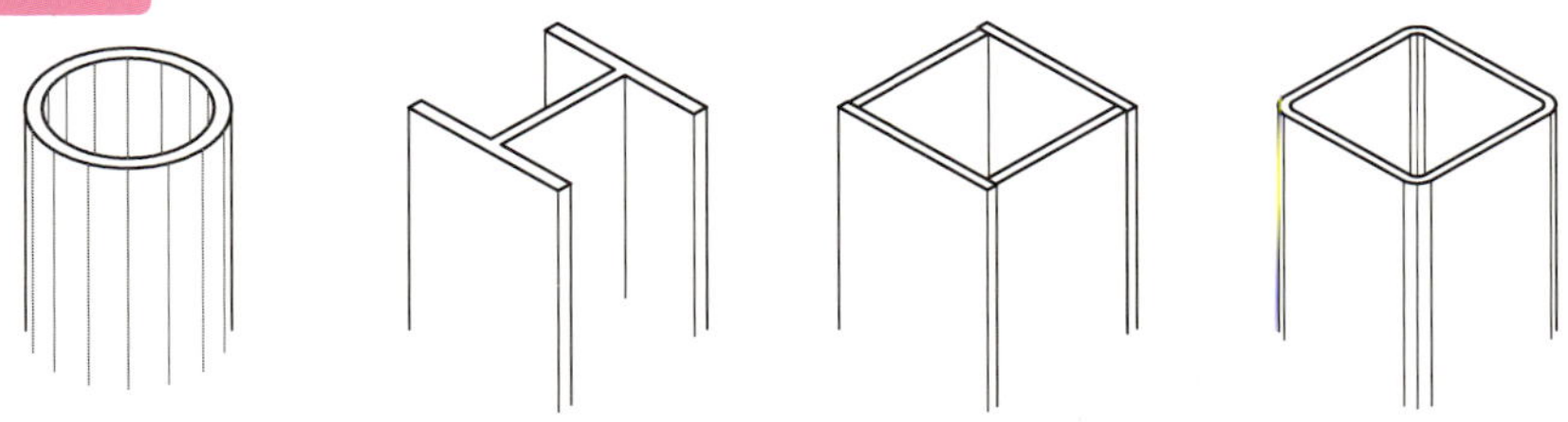
円形鋼柱
H形鋼柱
ビルトボックス柱
角型鋼柱

梁の種類

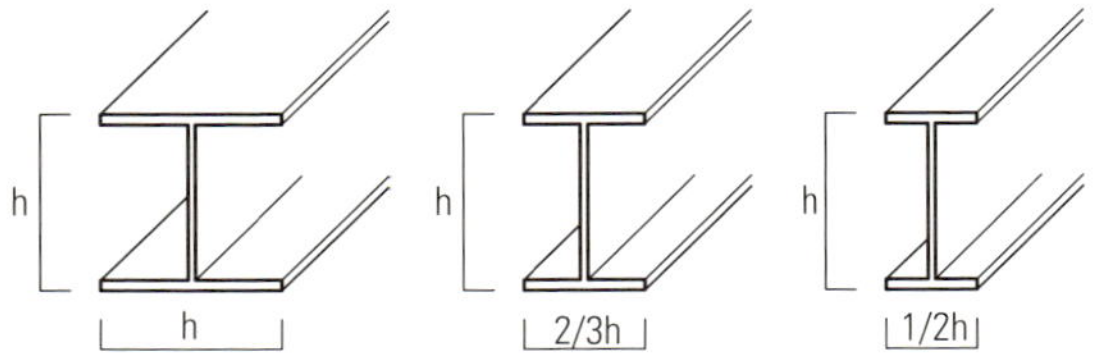
h
h
h
h
2/3h
1/2h
広幅鋼
中幅鋼
細幅鋼

柱の径・梁のせいとスパン

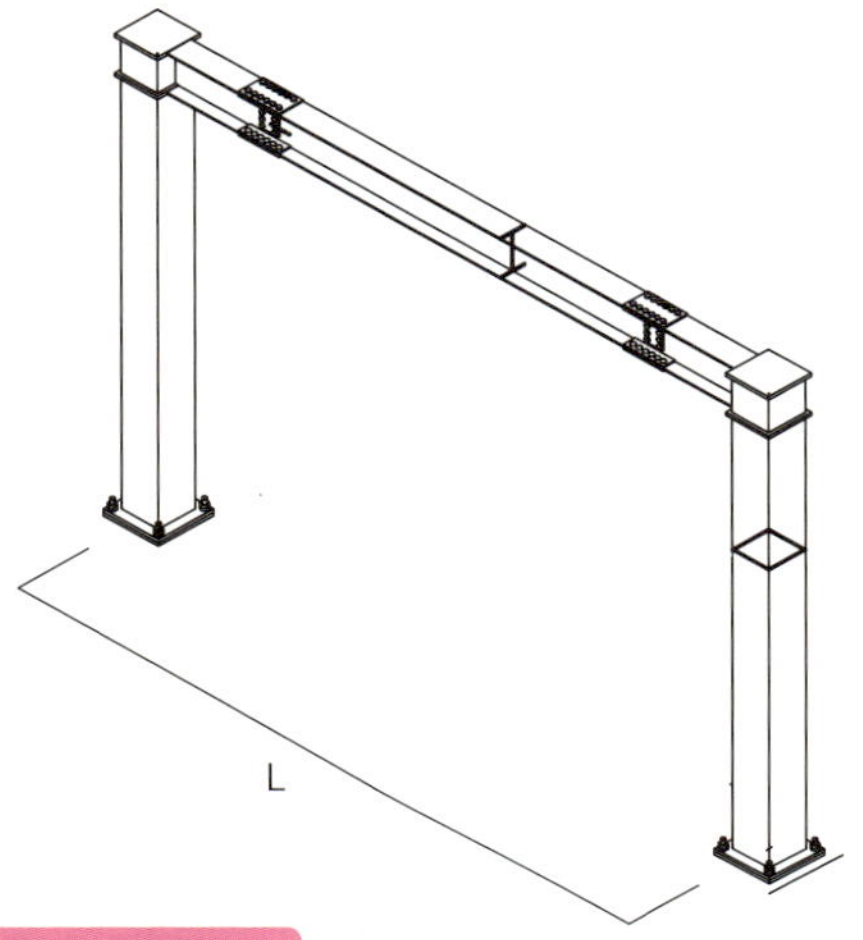
L

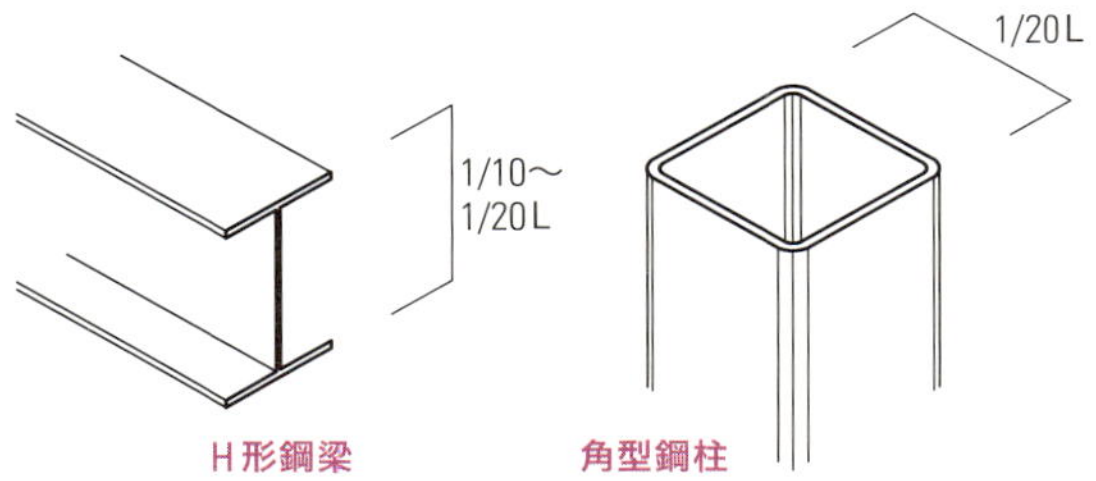
1/10～
1/20L
1/20L
H形鋼梁
角型鋼柱

ブレースの種類

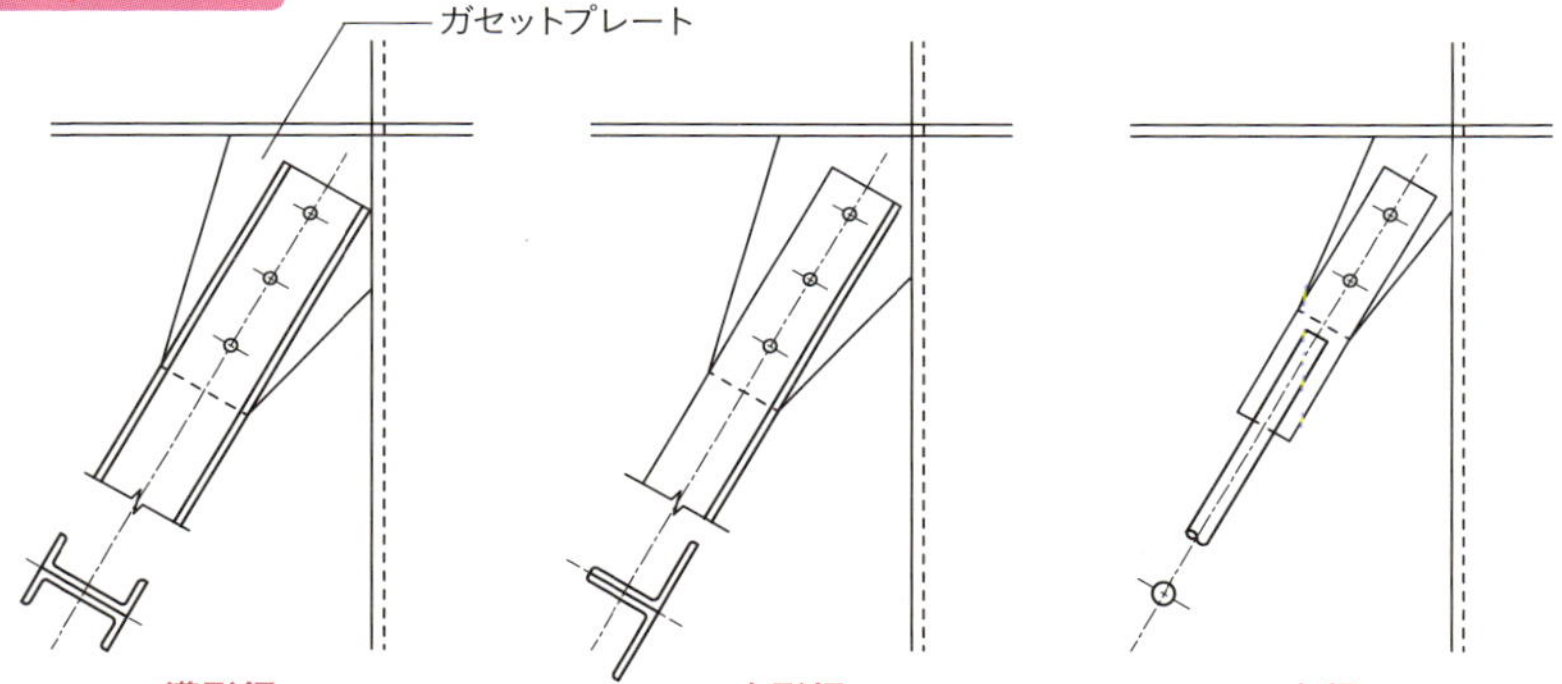
ガセットプレート
溝形鋼
山形鋼
丸鋼

H形鋼の強軸と弱軸

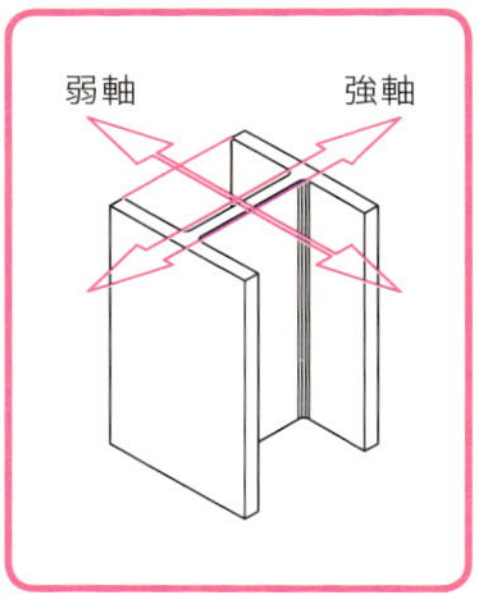
弱軸
強軸

S造の**柱材**として最も広く使用されているのは、**角型鋼柱**である。既製品の中でも流通量も多く、経済的である。特殊な断面や大型建築には、板材を組み合わせた**ビルトボックス**を使う。オーダーで製作するので融通性の高い。また、**H形鋼**を柱材とすることも少なくない。ただし、**H形鋼**の強度には**方向性**があり（**強軸と弱軸の耐力差は3倍程度**）、この特性を考慮する必要がある。柱材の太さは、柱間の**支点間距離**（スパン）の**1／20**を目安とする。

梁材は、ほとんどの場合、**H形鋼**を用いる。構造上の特性から、**中幅鋼**か**細幅鋼**が用いられることが多く、梁のせいは概ねスパンの**1／10〜1／20**を目安とする。メインの梁の他に、床の荷重のみを負担する小梁を必要に応じて配置する。

ブレースは、柱梁間に設ける**斜材**で、建物の剛性を高めるために設置する。中小建築では**丸鋼**や**山形鋼**など、引張力のみを伝える目的で使われることが一般的である。ブレースと躯体を緊結する接合部は**ガセットプレート**と呼ばれ、主に**高力ボルト**で接合される。

床の種類（ALC版）

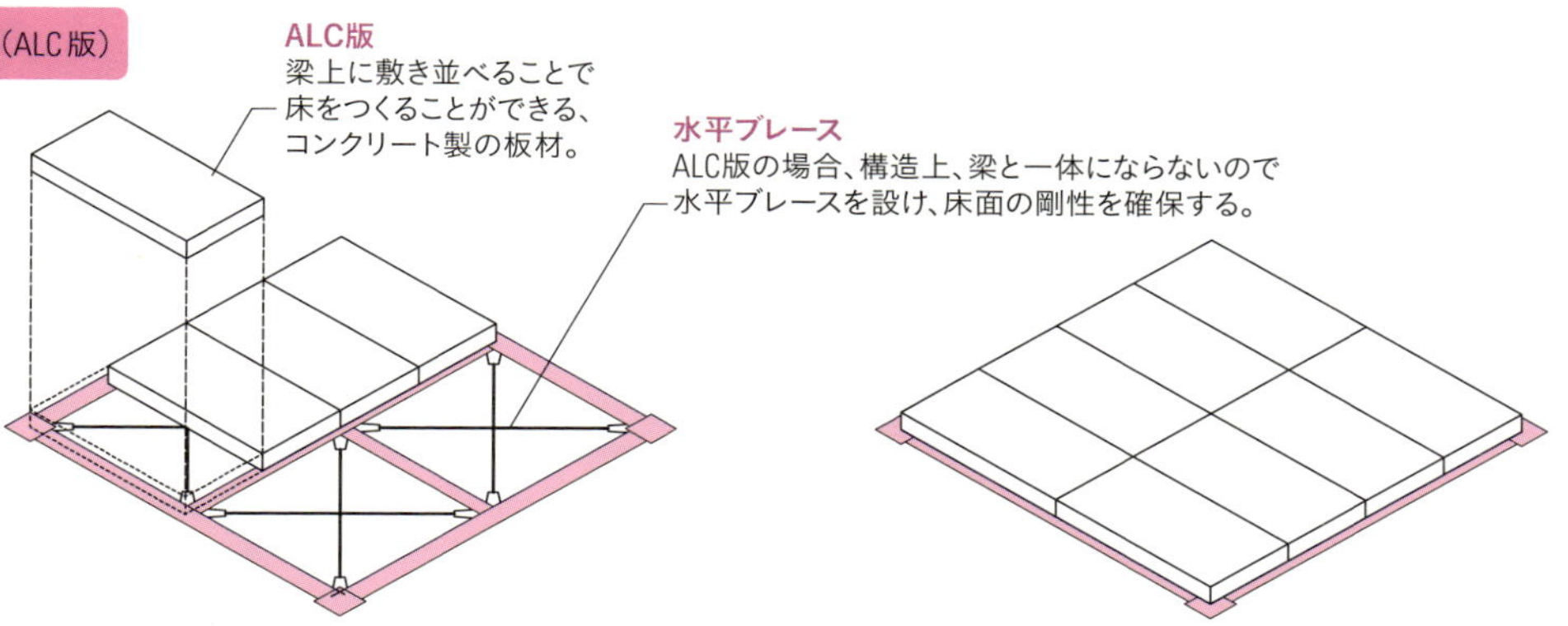

ALC版
梁上に敷き並べることで
床をつくることができる、
コンクリート製の板材。
水平ブレース
ALC版の場合、構造上、梁と一体にならないので
水平ブレースを設け、床面の剛性を確保する。

床の種類（デッキプレート）

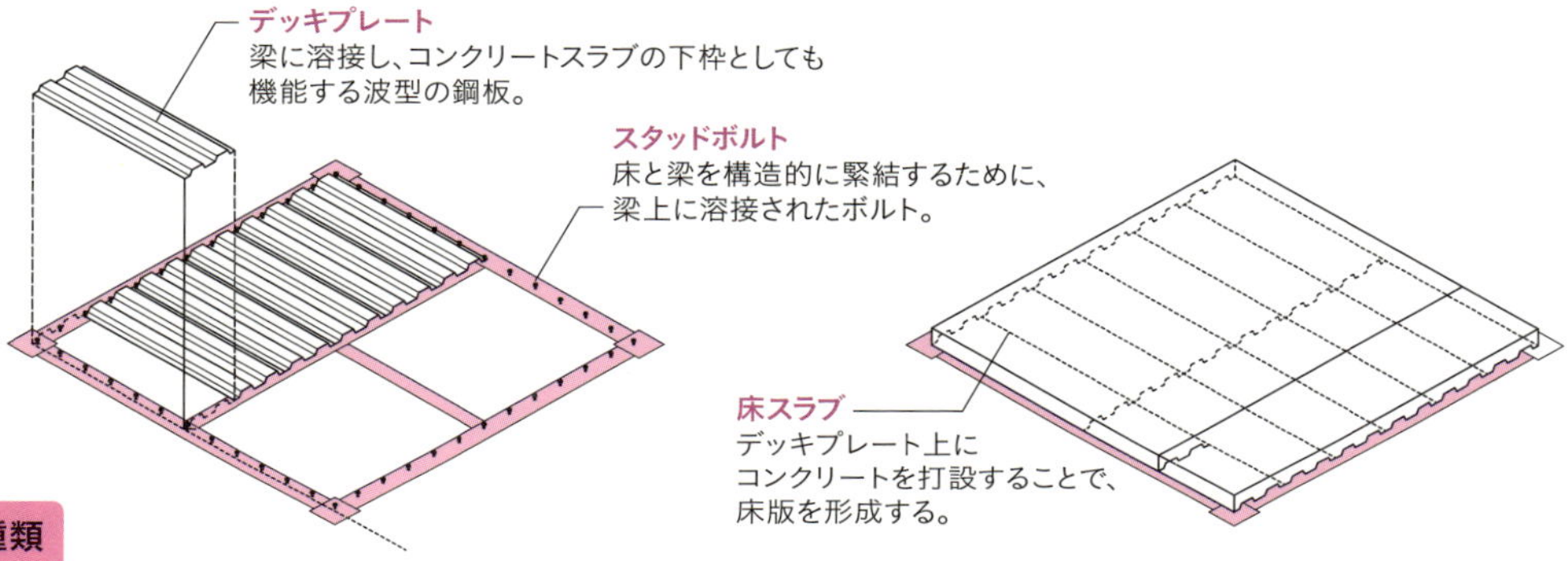

デッキプレート
梁に溶接し、コンクリートスラブの下枠としても
機能する波型の鋼板。
スタッドボルト
床と梁を構造的に緊結するために、
梁上に溶接されたボルト。
床スラブ
デッキプレート上に
コンクリートを打設することで、
床版を形成する。

柱脚の種類

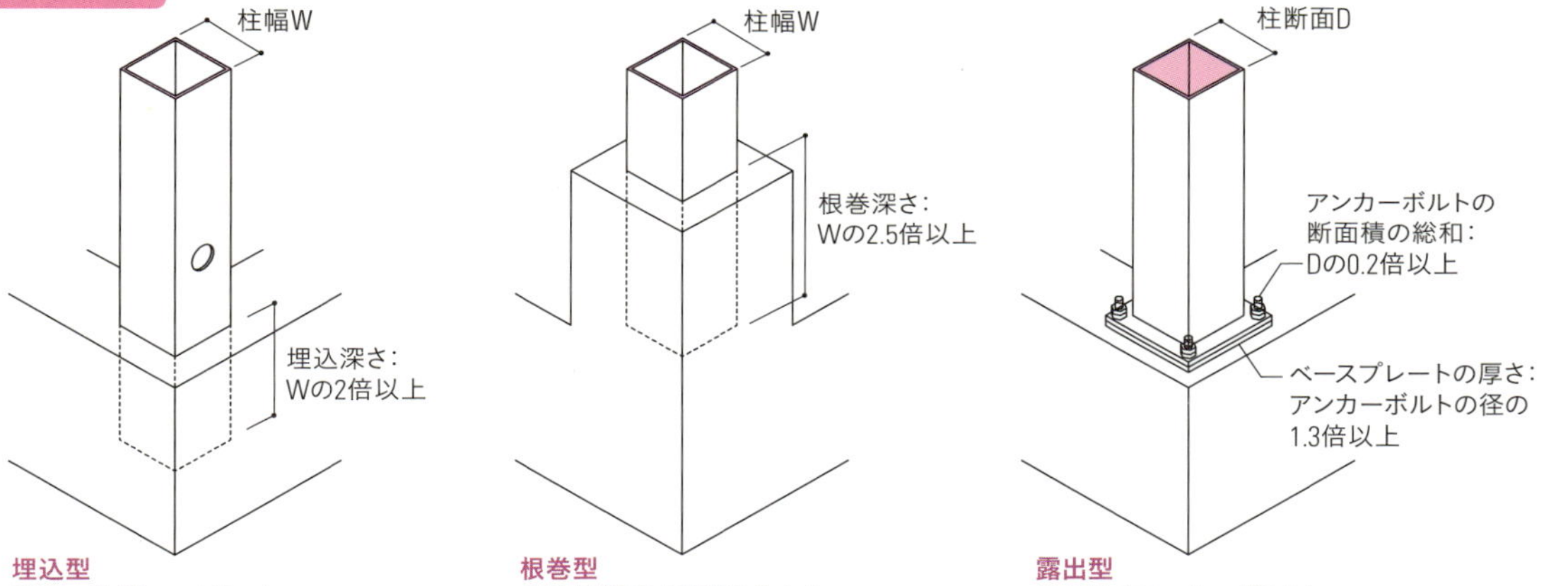

柱幅W
埋込深さ：
Wの2倍以上
柱幅W
根巻深さ：
Wの2.5倍以上
柱断面D
アンカーボルトの
断面積の総和：
Dの0.2倍以上
ベースプレートの厚さ：
アンカーボルトの径の
1.3倍以上

埋込型
基礎の鉄筋コンクリート
に鉄骨柱脚を埋め込む形式。

根巻型
鉄骨柱脚部を基礎から立ち
上げた根巻鉄筋コンク
リートで取り囲む形式。

露出型
鉄骨柱をアンカーボルトと
ベースプレートにより、
基礎の鉄筋コンクリートに
結合する形式。

床

床材には、主に**デッキプレート**と**ALC版**の2種類がある。**ALC版**は工場などで生産されたコンクリート製の板材で、これを梁上に敷き並べて床とする。**デッキプレート**は金属製の折板で、敷き並べた後、現場にて**コンクリートを打設**することで床を形成する。**床スラブ**の厚さは、梁と梁の距離（梁間内法寸法）の**1/30**を目安とする。実際には施工性を考慮し、**150～180㎜程度**とすることが多い。また、スパンの目安は概ね2～3mとなっており、小梁を必要に応じて配置する必要がある。

柱脚部は、上部構造と基礎を接合する**構造上重要な部位**となる。建物の自重に耐えるのみならず、地震などの**水平力**に対して耐えられるように配慮されなければならない。中小建築においては**ベースプレート**を用いる**露出型**が多く用いられている。

ボルト接合の基本

高力ボルト接合

摩擦接合
摩擦面を介して応力を伝達する。

引張接合
ボルトの引張力で応力を伝達する。

普通ボルト接合

ボルトの締付けによる支圧力により、ボルト軸に直角方向の応力を伝達する。

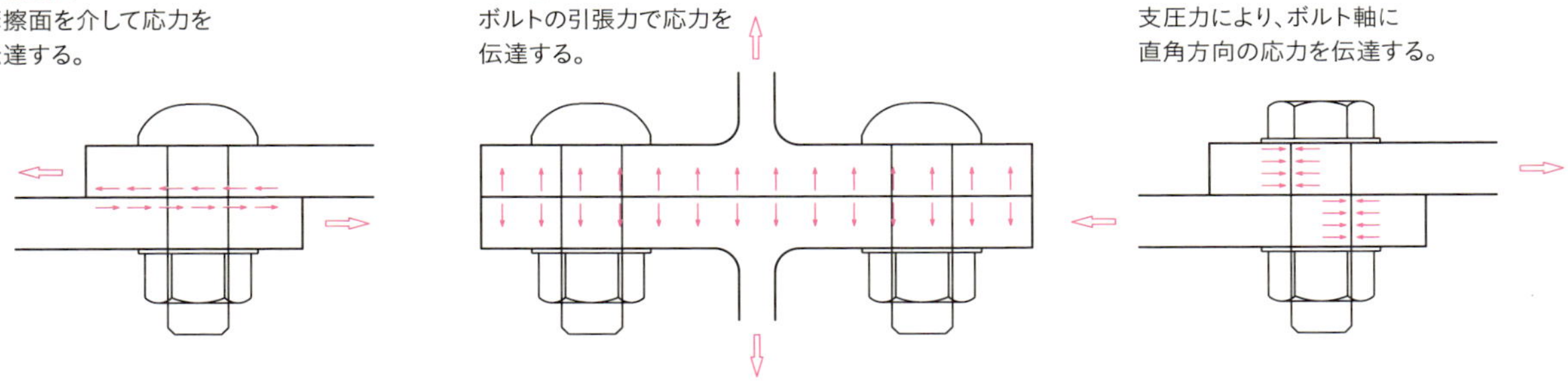

スプライスプレート

高力ボルト接合／摩擦接合とする際、スプライスプレートを用いることにより、接触面が増え、より大きな摩擦力が期待できる。

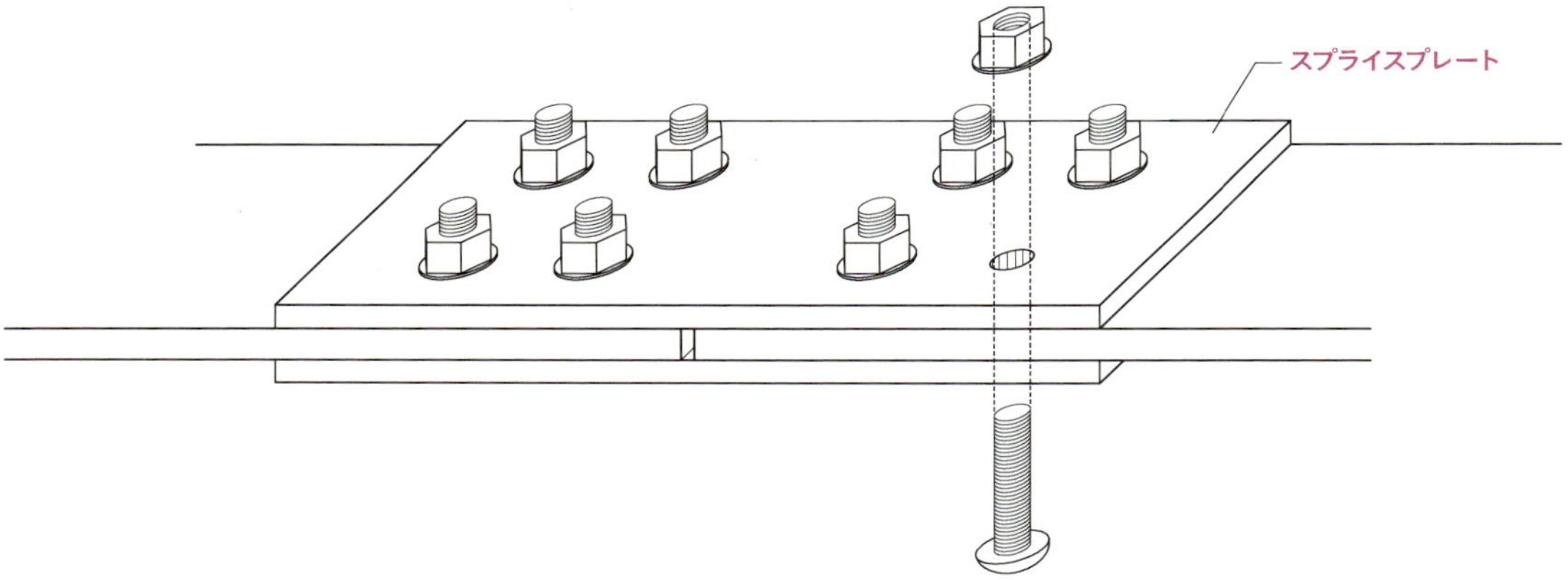

鉄骨部材の**接合方法**は、**ボルト接合**と**溶接接合**に大別される。

ボルト接合は、部材に孔を空けて**ボルトで接合**し一体化させる方法で、溶接に比べて現場での施工がしやすい。ボルトには、**普通ボルト**と**高力ボルト**がある。高力ボルトは高張力鋼製でより**軸力が高く**、**材間摩擦力による応力伝達**が可能である。

最も普及している高力ボルトは、ボルト頭が**半円球型**となっている**トルシア形高力ボルト**である。ボルト先端の**ピンテール**と呼ばれる部分を使って締付け作業を行う。

専用工具によるボルト締付け時に、**必要トルク**に達すると、ピンテールが破断して外れるしくみになっており、適正なトルクによる**確実な施工が可能**である。

また、高力ボルトはその特性から**摩擦接合**や**引張接合**、**支圧接合**など、さまざまな接合方法を用いることができる。

溶接接合は、二つ以上の部材の**接合面を加熱**し、**溶かして一体化**させる接合方法である。ボルト接合に比べて補助材も少なく、孔を加工する手間も省けるため、**経済的に有利**な接合方法といえる。さらに**板厚が異**

溶接接合の種類

完全溶込み溶接（裏当金なし）

突合せ継手

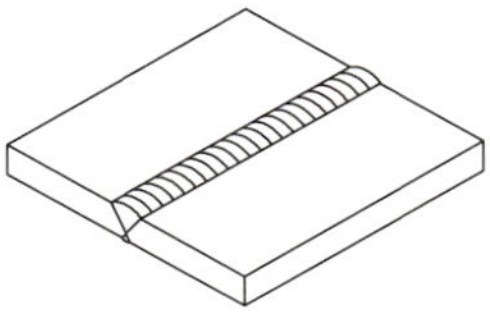

角継手

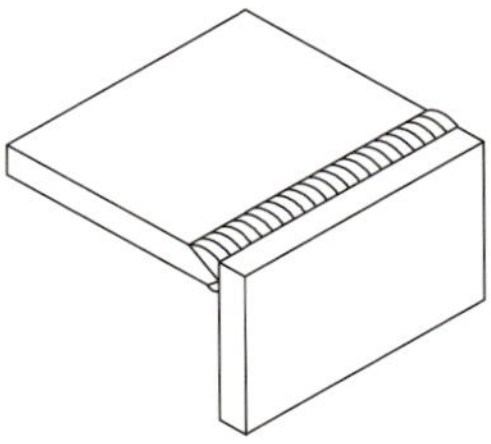

T継手

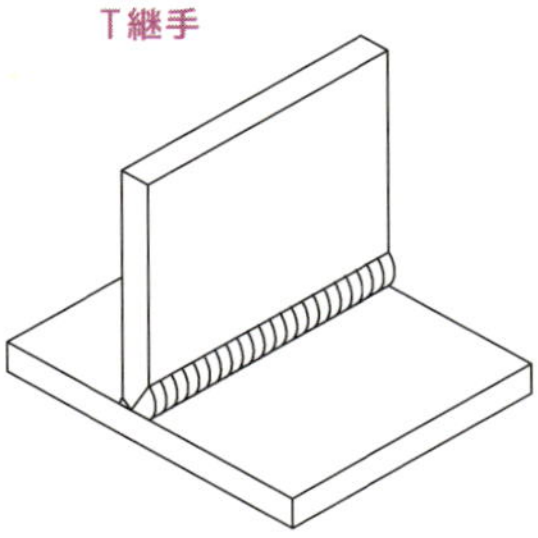

完全溶込み溶接（裏当金あり）

突合せ継手

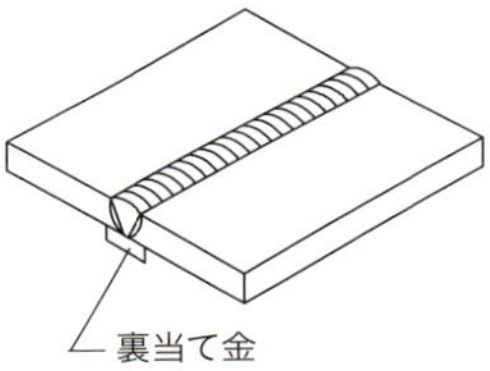

角継手

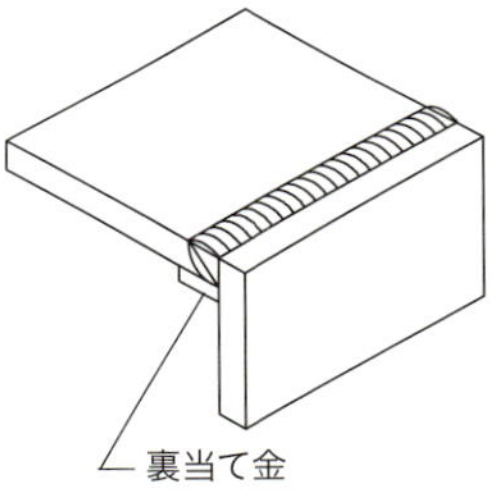

T継手

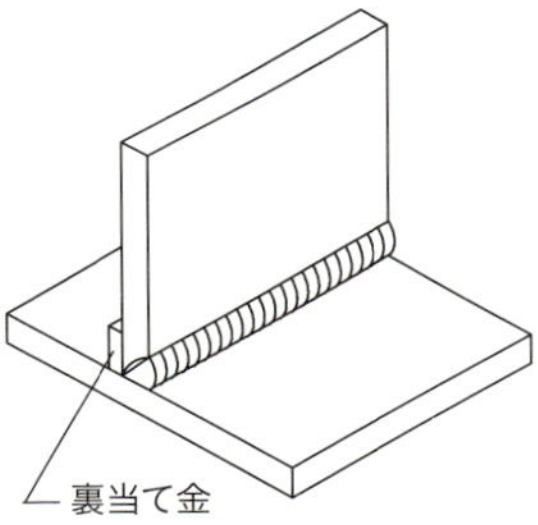

薄肉溶接

突合せ継手

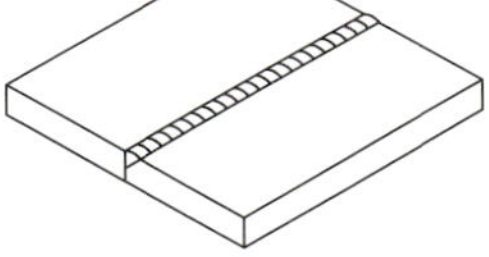

角継手

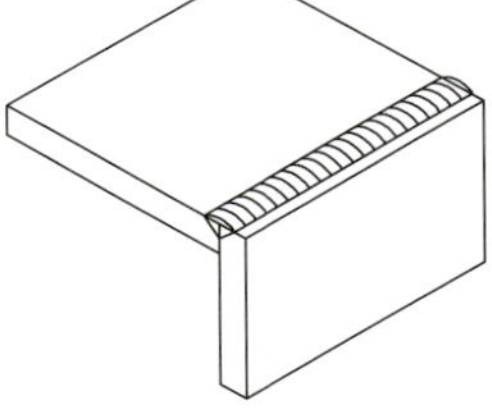

T継手

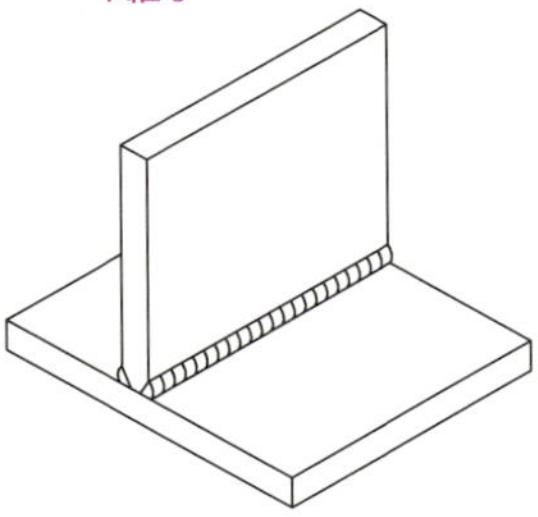

なる場合も接合が可能で、融通性がある。

しかし、約1500度という高温で加熱するため、施工後に材料の**ひずみが起きやすく**、また加熱境界部が高温により硬化し**靭性が減少する**など、鋼材の性質を変えてしまう難しさを併せもっている。

このように、接合にはある程度の施工精度が必要となるため、**工場内で溶接を行う**のが一般的である。

溶接継ぎ目には、**完全溶込み溶接**、**隅肉溶接**、**部分溶込み溶接**などがあり、それぞれ接合強度や応力の伝達方法が異なる。

完全溶込み溶接は、**全断面を完全に溶解**しつなぎ合わせることで、溶接部の強度が**母材と同等以上**となるように行う。曲げ応力を伝達できるため、柱と梁の継手部分など、**主要構造部の接合部**などで使用される。

隅肉溶接は、材料どうしの**隅角部**に三角形状の**溶接金属**を盛ることで接合する方法である。完全溶込み溶接に比べて加熱によるひずみなどのリスクを軽減できる。主に**せん断力の伝達部**に使用される。

通しダイヤフラムの構成

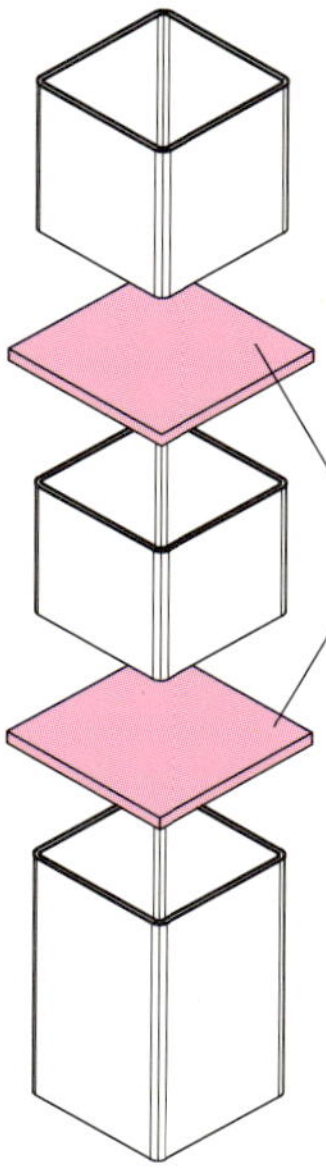
ダイヤフラム
柱と梁の接合を確実にするために設けられる板材。

角型鋼柱の場合（通しダイヤフラム）

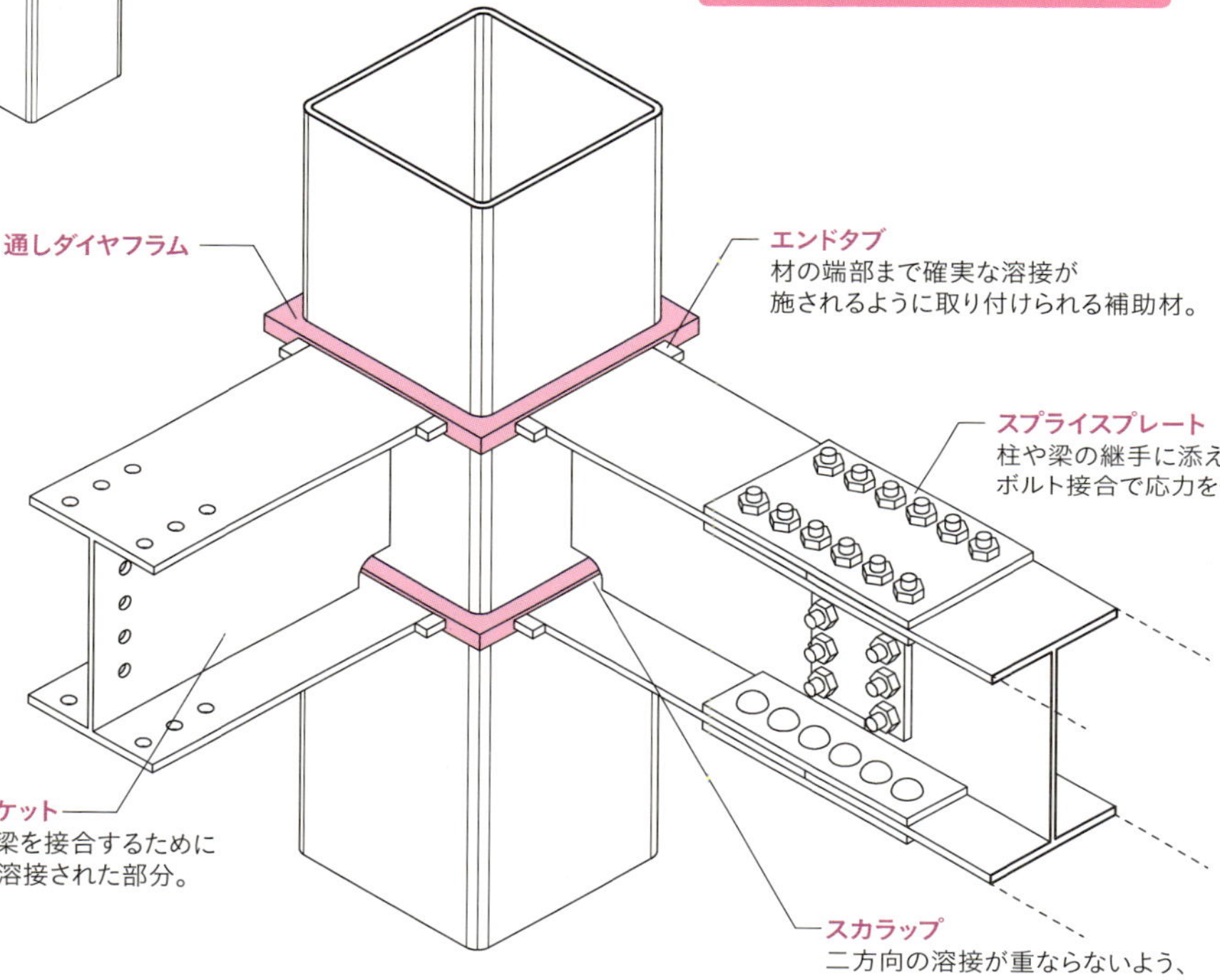
材の端部まで確実な溶接が施されるように取り付けられる補助材。
柱や梁の継手に添える板材。ボルト接合で応力を伝達する。
ブラケット
柱と梁を接合するために柱に溶接された部分。
二方向の溶接が重ならないよう、扇型に切り欠いた孔。

S造は、適切に応力伝達するために**主要構造材の接合部**が**非常に重要**となる。この接合部は**継手**《つぎて》と呼ばれ、さまざまなバリエーションがある。

柱材が**角型鋼柱**の場合、柱と梁の継手は高力ボルトによる**高力ボルト接合**が一般的といえる。ボルト接合の場合、柱材に**ブラケットを溶接**して現場に持ち込まれる。ブラケットと柱の接合部に用いられるのが、**ダイヤフラム**と呼ばれる板材である。

ダイヤフラムには、**通しダイヤフラム**（柱に貫通して取り付けられる）、**内ダイヤフラム**（柱内に取り付けられる）、**外ダイヤフラム**（柱の外に取り付けられる）の3種類がある。

角型鋼柱の場合は、通しダイヤフラムを用いることが多く、特殊な例を除き、内ダイヤフラムが用いられることはほとんどない。

ビルトボックス柱の場合、工場での製作工程でダイヤフラムを取り付けることができるため、**内ダイヤフラム**とするのが一般的である。

H形鋼柱の場合、ダイヤフラムの代わりに**水平スチフナー**と呼ばれる補強板を溶接することで、構造特性を補うことができる。

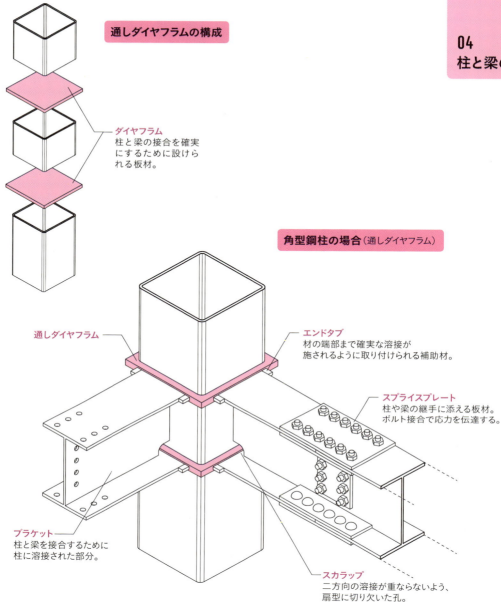

ビルトボックス柱の場合（内ダイヤフラム）

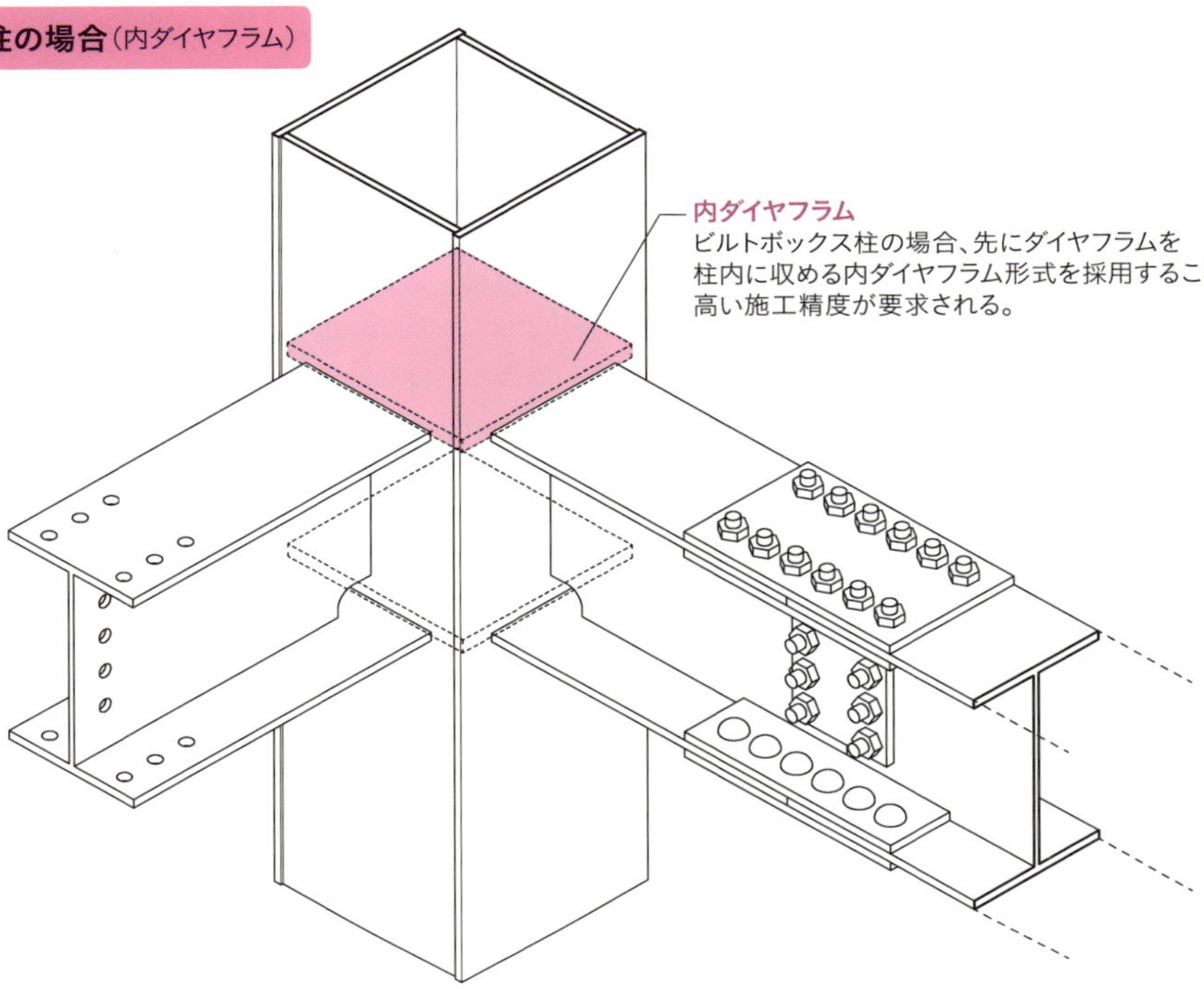
柱内に収める内ダイヤフラム形式を採用することができる。
高い施工精度が要求される。

H形鋼柱の場合

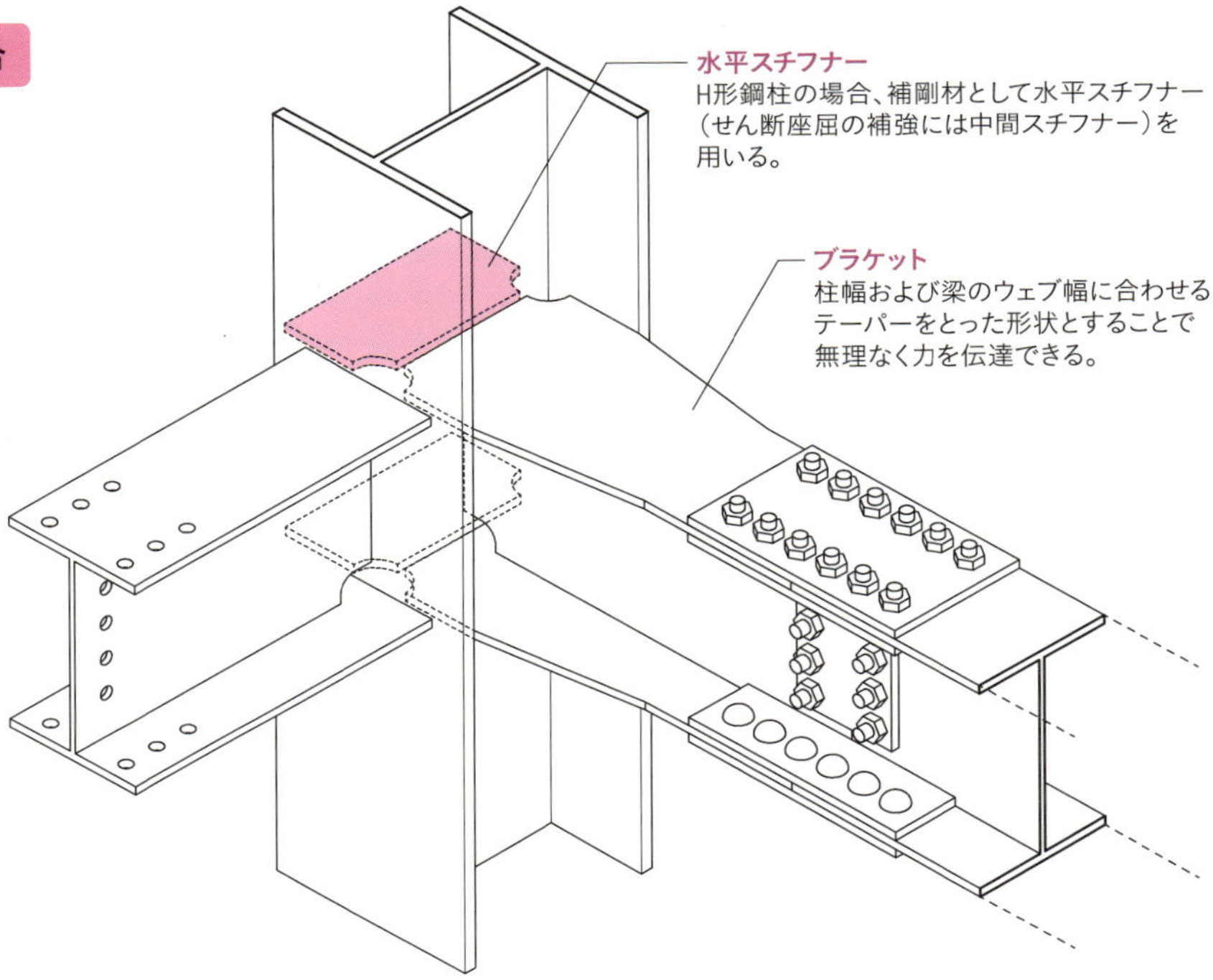
（せん断座屈の補強には中間スチフナー）を
柱幅および梁のウェブ幅に合わせるように
テーパーをとった形状とすることで

柱（柱と柱）継手

H形鋼柱（フランジ・ウェブとも高力ボルト接合）

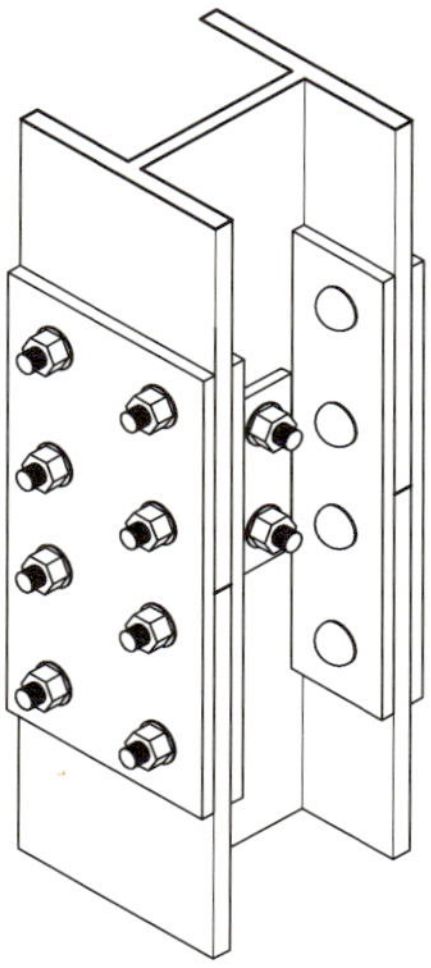

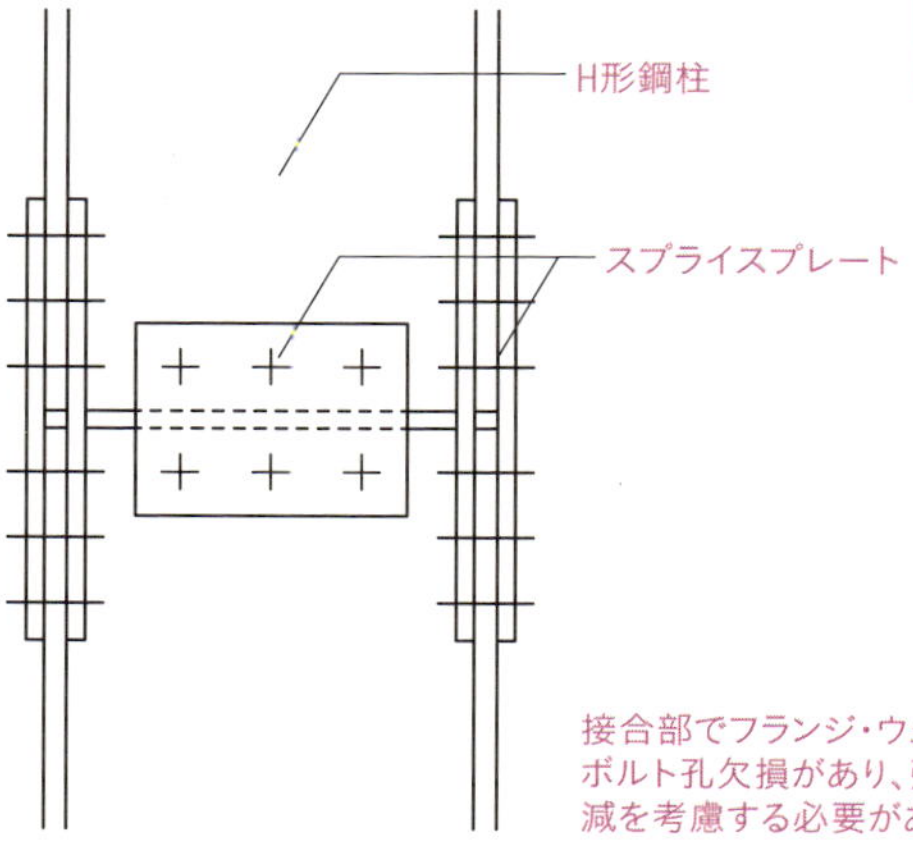
H形鋼柱
スプライスプレート

接合部でフランジ・ウェブともボルト孔欠損があり、強度低減を考慮する必要がある。

H形鋼柱（フランジ溶接接合／ウェブ高力ボルト接合）

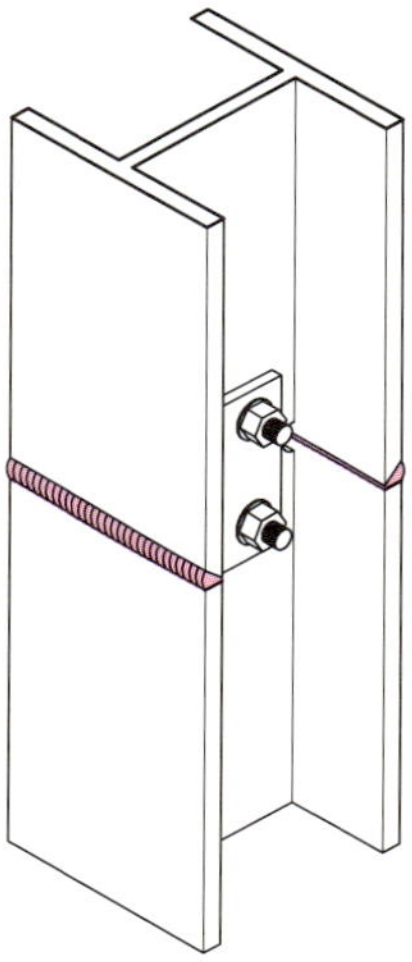

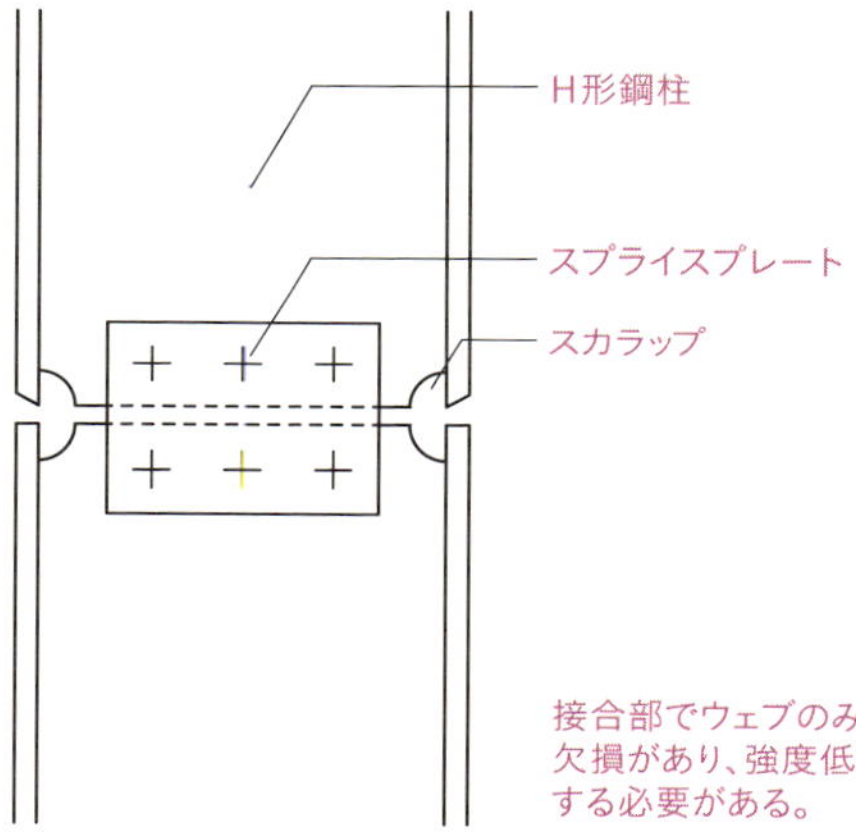
H形鋼柱
スプライスプレート
スカラップ

接合部でウェブのみボルト孔欠損があり、強度低減を考慮する必要がある。

角型鋼柱（溶接接合）

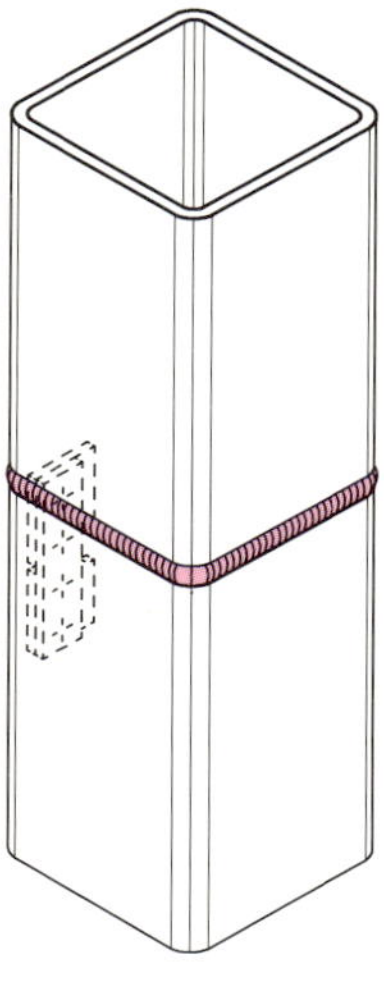

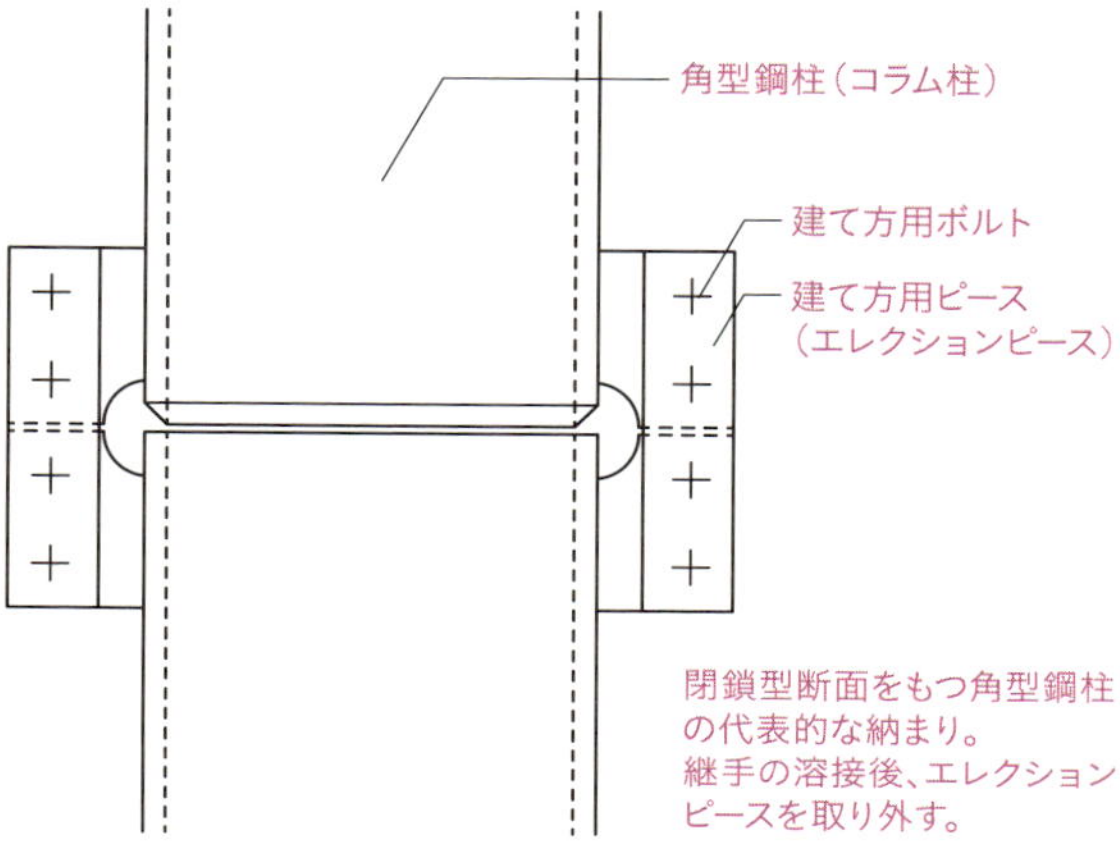
角型鋼柱（コラム柱）
建て方用ボルト
建て方用ピース
（エレクションピース）

閉鎖型断面をもつ角型鋼柱の代表的な納まり。
継手の溶接後、エレクションピースを取り外す。

梁（梁と梁）継手

フランジ・ウェブとも高力ボルト接合

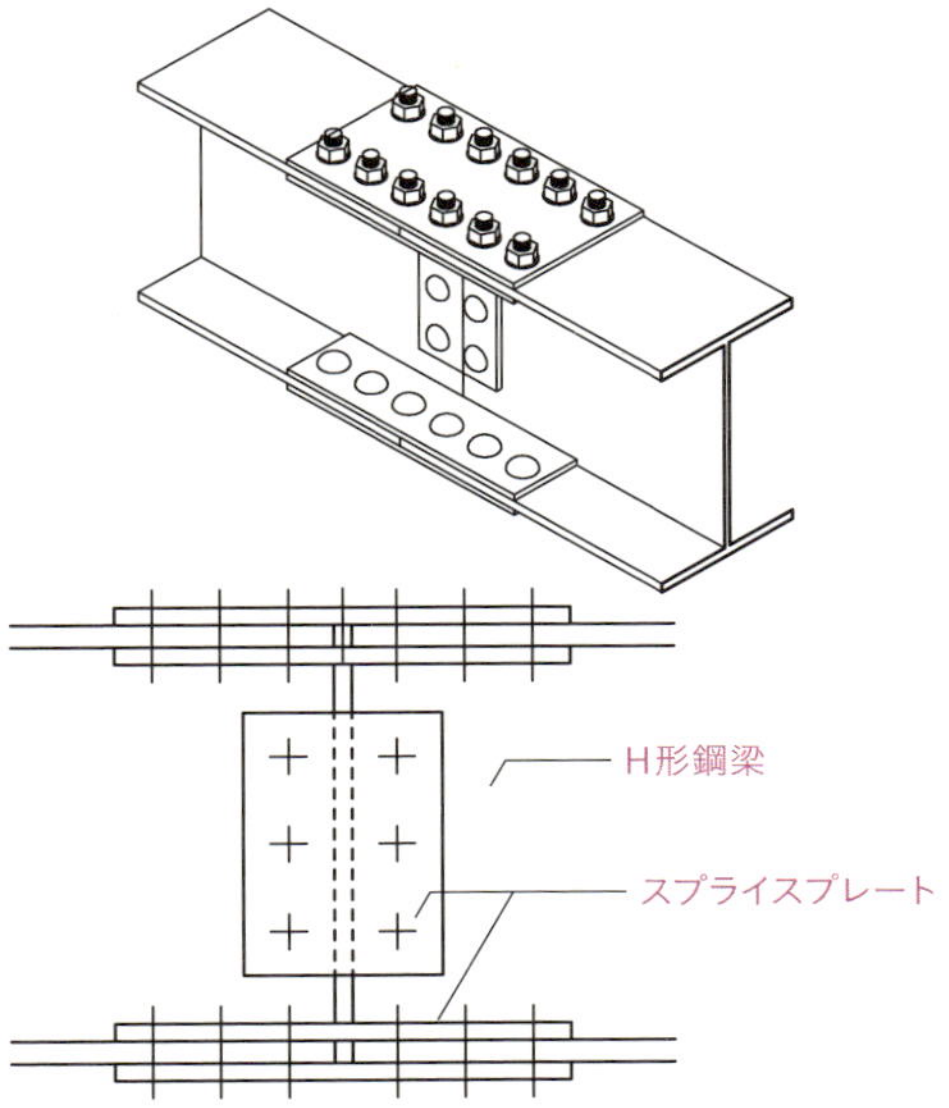

フランジ溶接接合／ウェブ高力ボルト接合

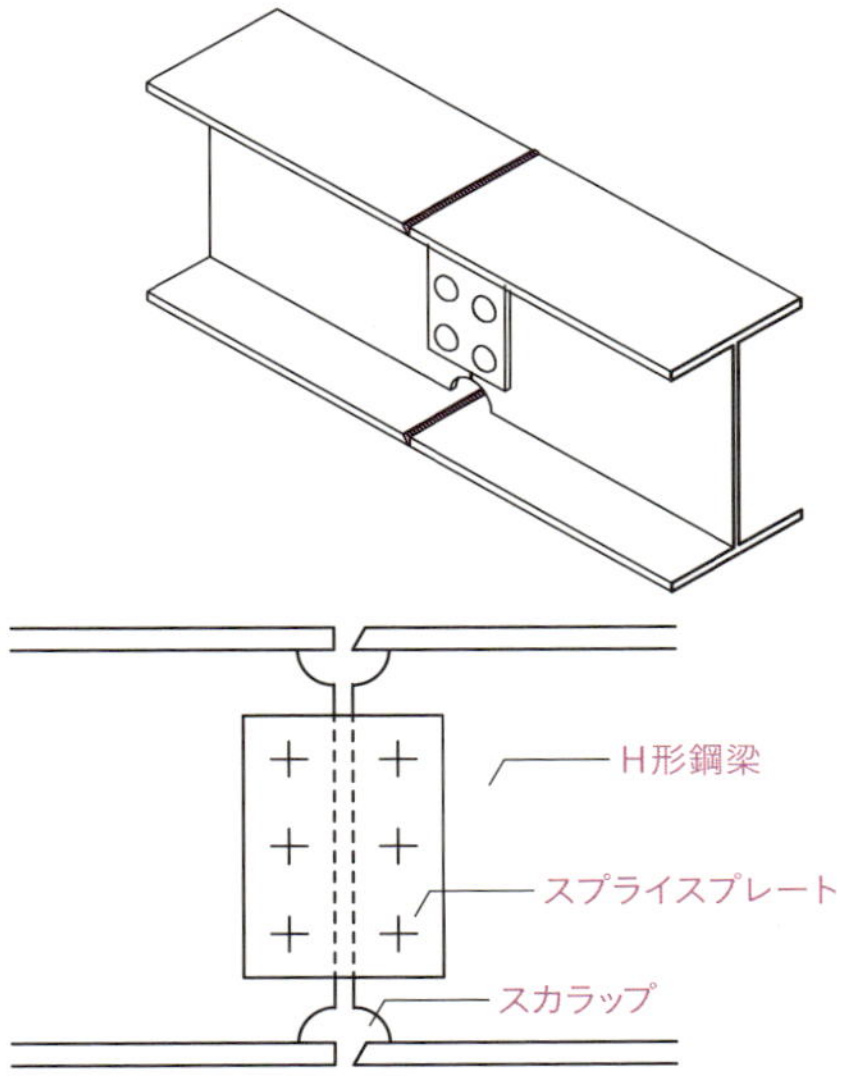

大梁と小梁の継手

ガセットプレートと小梁のウェブによるせん断

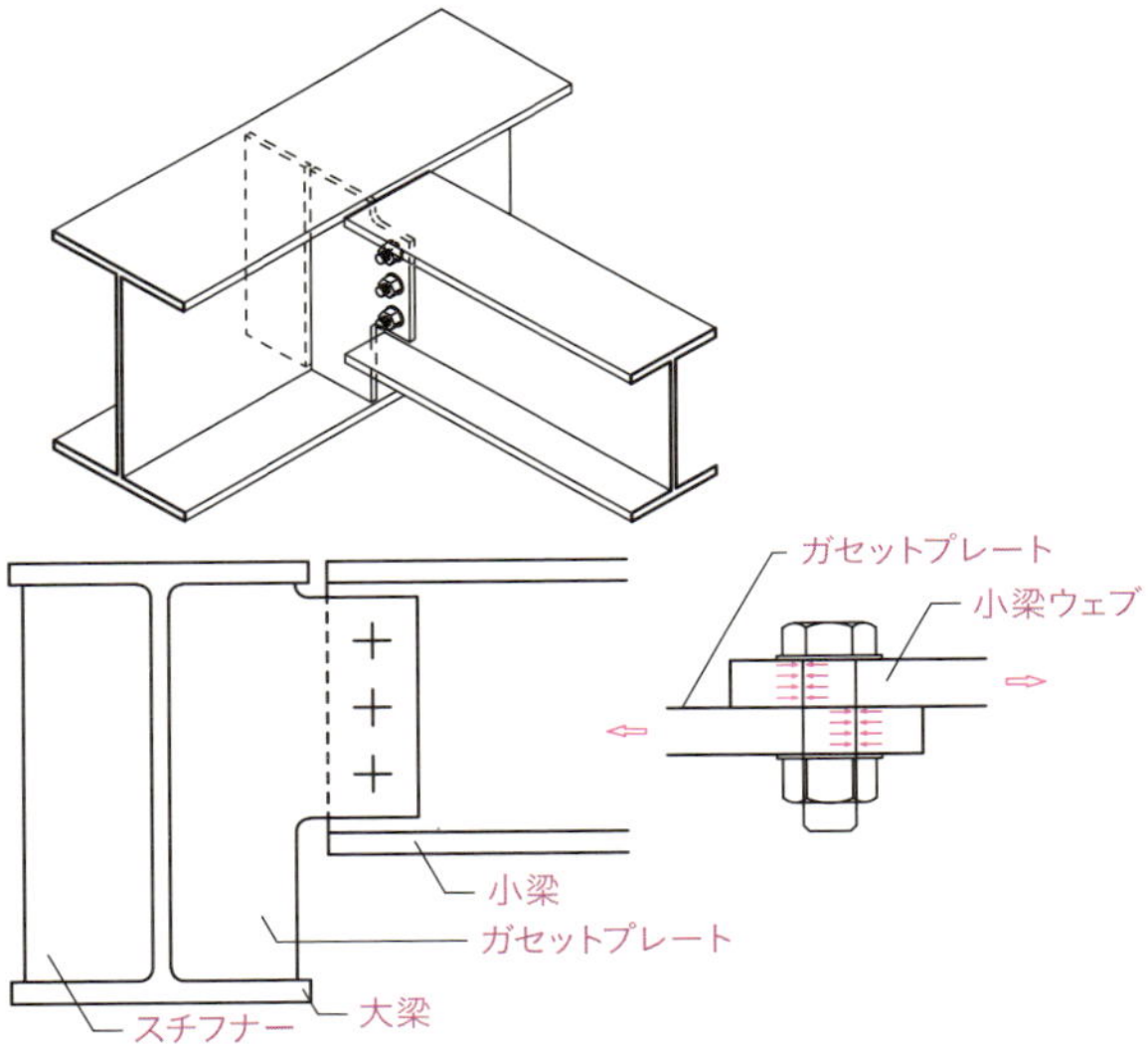

小梁のウェブをスプライスプレート二枚で挟んだ二重せん断

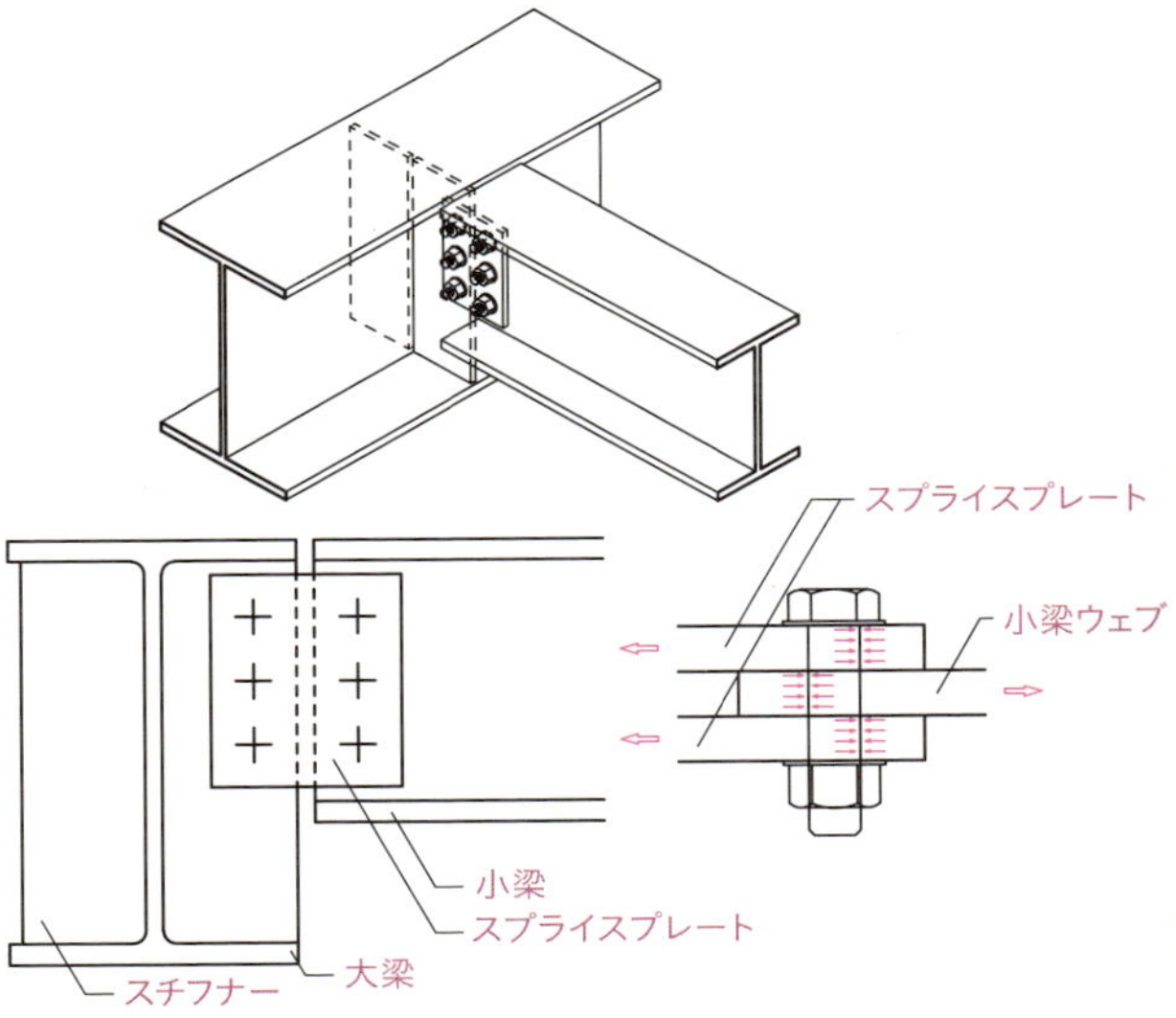

継手とは、異なる材料を応力の伝達を前提に接合する部分のことである。前項で柱と梁の継手を示したが、ここでは**柱**（柱と柱）**継手**、**梁**（梁と梁）**継手**を示す。

H形鋼柱の場合の**柱継手**は、**スプライスプレート**を用いた**高力ボルト接合**が一般的である（稀に現場溶接との併用も行われる）。

角型鋼柱の場合は、その形状からボルト接合が難しいために**溶接接合**となる。その際、**建て方用のピース**を用いることで施工精度を保つ（このピースは溶接後に取り外すことが多い）。

梁継手は、梁にはほとんどの場合H形鋼が用いられるため、H形鋼柱の場合と同様、**高力ボルト接合**が主流となる。

大梁と小梁の継手の場合、大梁に溶接した**ガセットプレート**と小梁の**ウェブ**を**ボルト接合**するケースや、**スプライスプレートで両側から挟み込む**ケースなどがある。いずれも、**スチフナー**と呼ばれる補強板を大梁に取り付けることで、大梁の変形を防ぐことが重要である。

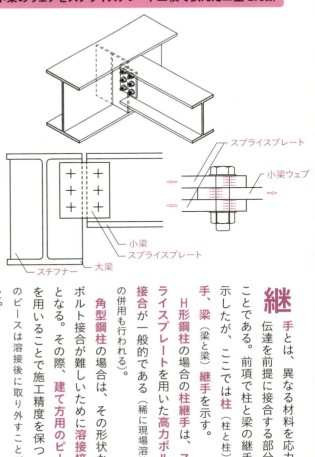

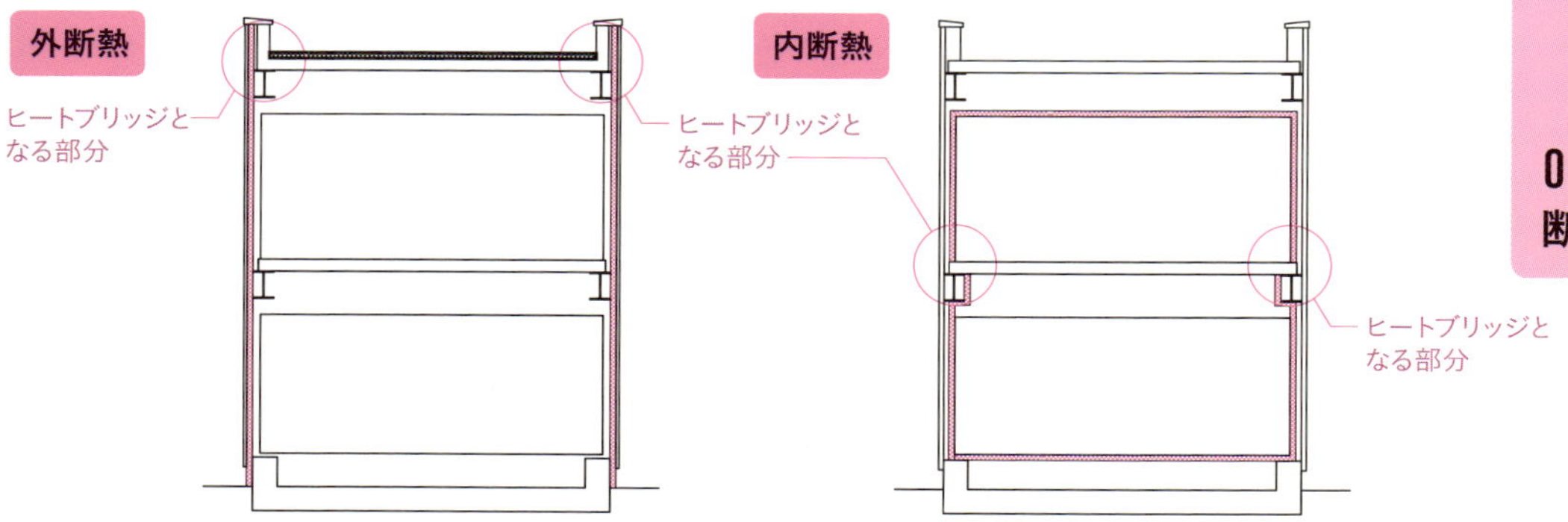

屋根の断熱工法

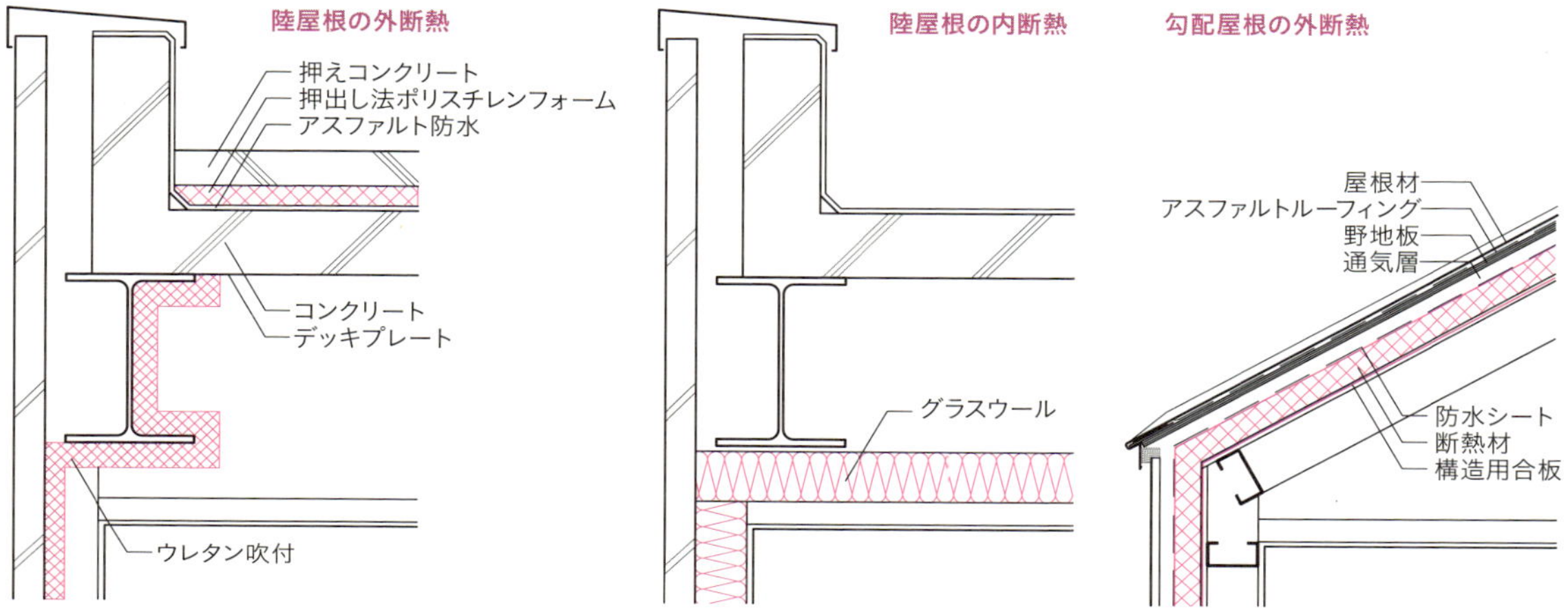

壁の断熱工法

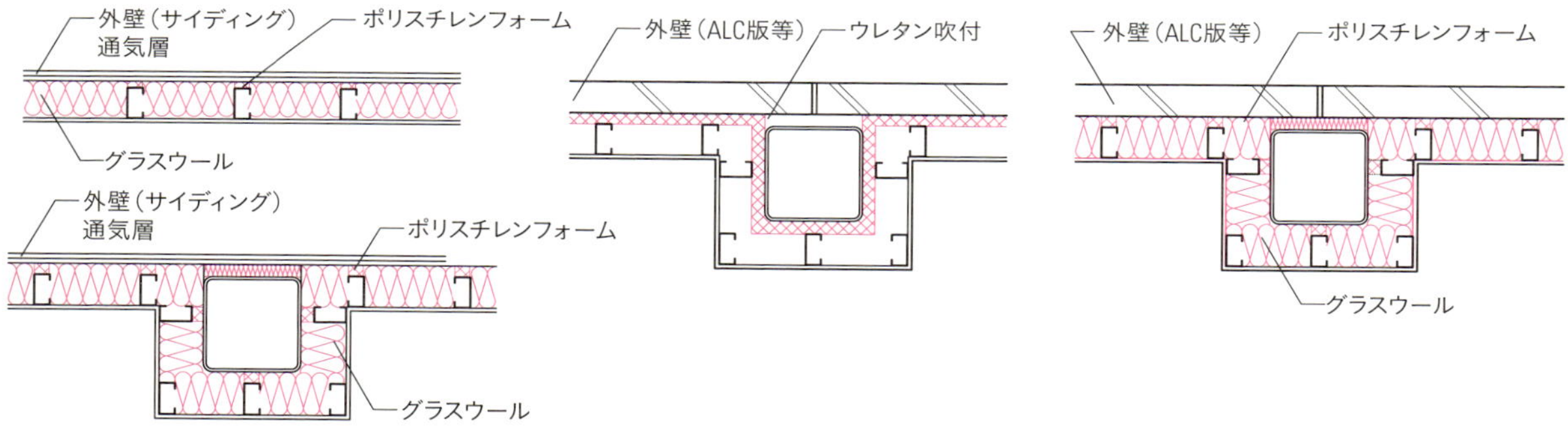

S造は外装材や屋根形状によってさまざまな工法があるため、**断面設計**は部位ごとに対応する必要がある。**鉄骨の熱伝導率**は、コンクリートの**約3〜4倍**、木材の**約350〜400倍**ときわめて高い。そのため、**ヒートブリッジ（熱橋部）**の断熱補強が不十分だと、**結露**が発生するおそれがある。結露すると、構造材の耐久性の低下や鉄部のさび、室内のカビの原因となるなど、建物に致命的な損傷を及ぼすことがあるので、慎重に検討する必要がある。

屋根面の断熱は**外断熱**の場合、デッキスラブ上で断熱材と防水を施す。**内断熱**の場合、梁などがヒートブリッジになるので、断熱補強が必要となる。

勾配屋根の場合、外断熱の他に、垂木の間や垂木の内側に断熱材を施すこともあるが、これもヒートブリッジに注意が必要である。

外壁面の断熱は、材料によって工法が変わる。**外断熱**の場合、外装材の裏に**発泡ウレタン**を吹付け、断熱材が充填された外装材などを使用する。**内断熱**や胴縁の間に**断熱材を入れる工法**では、屋根と同様に**ヒートブリッジ部**に断熱補強をする。いず

梁の耐火被覆

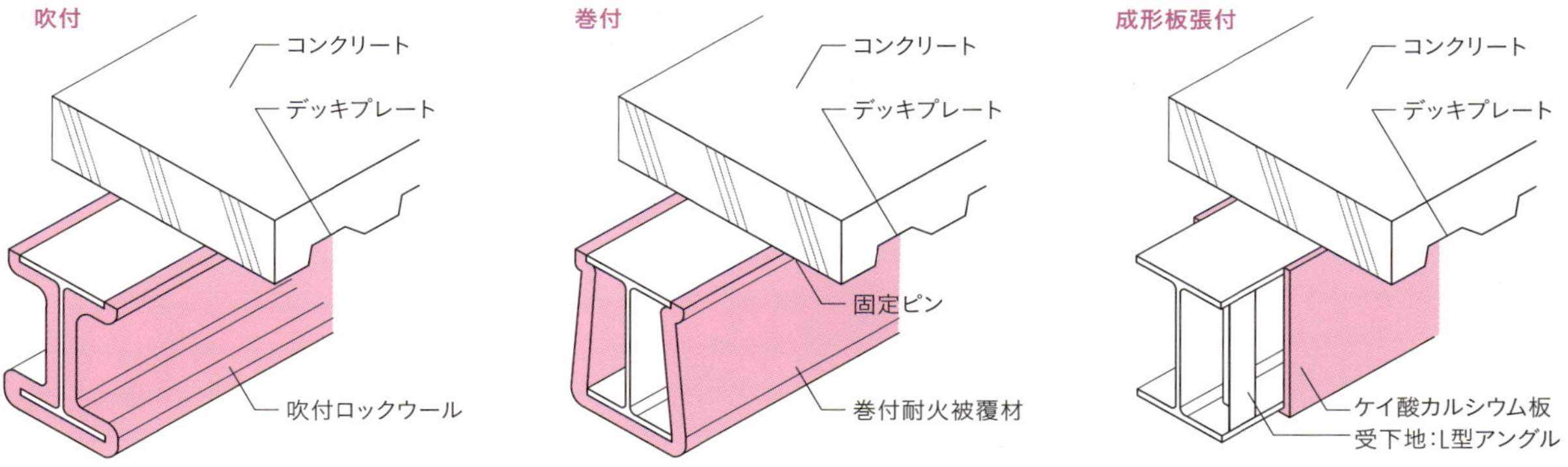

柱の耐火被覆

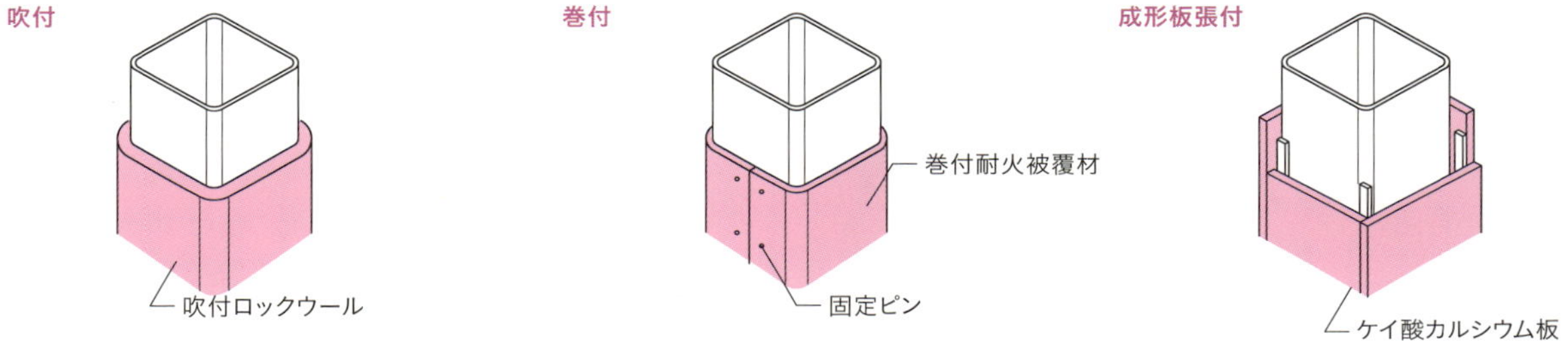

床の耐火被覆

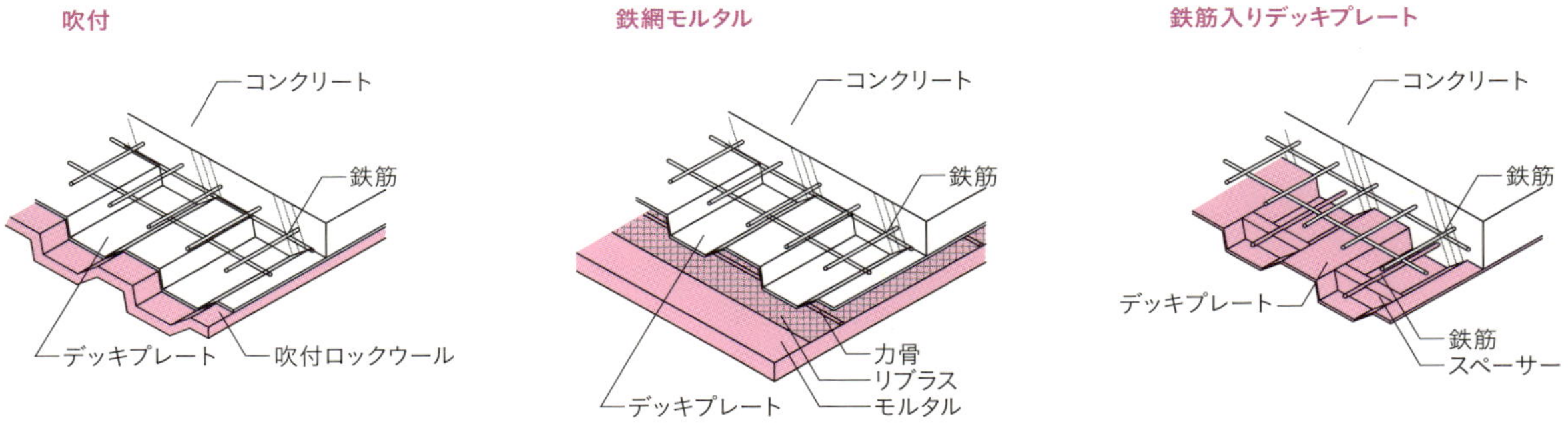

れにおいても断熱材を施すと同時に防湿処理を行う必要がある。

耐火・準耐火建築物を要求されるのは、❶建築物の用途による場合、❷防火地域内・準防火地域内の制限による場合、❸規模（延床面積・階数）による場合がある。

それらの制限を受けるとき、柱・梁・床・耐力壁などの**主要構造部**、屋根・階段・非耐力壁などの主要構造部以外に関して求められる**耐火（準耐火）性能**が規定されている。

鋼材は高温になると応力度が弱化するので、鋼材に規定の耐火（準耐火）性能をもたせるには**耐火被覆**の処置が必要となる。要求される耐火時間に応じて、耐火被覆材の種類および厚さを決定しなければならない。

耐火被覆の主な方法として、❶**耐火材**（ロックウールなど）**の吹付**（**湿式**）、❷**耐火材**（高耐火ロックウールなど）**の巻付**（**乾式**）、❸**耐火材**（ケイ酸カルシウム板など）**の張付**（**乾式**）、❹**耐火塗料を塗る**、などがある。

施工コストは耐火塗料→乾式→湿式の順に安くなるが、空間ロスも同じ順に大きくなるので、箇所に応じて耐火被覆の方法を選択する必要がある。

ラーメン架構

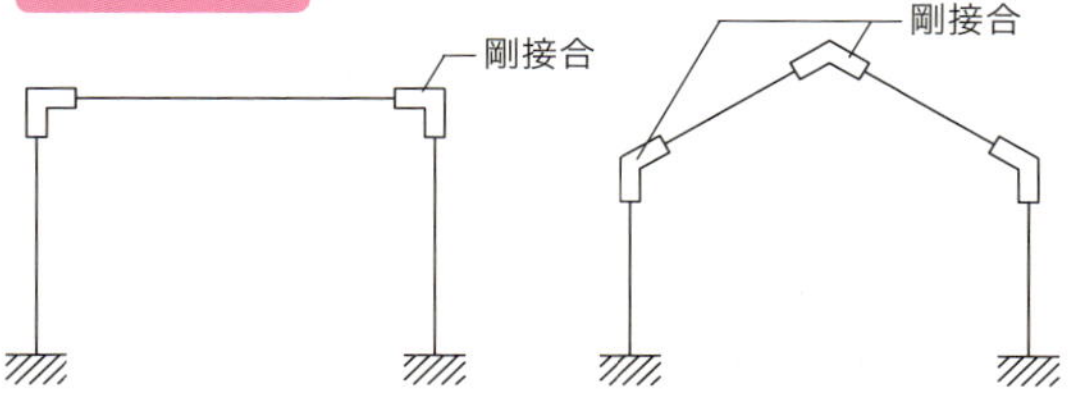

ブレース架構

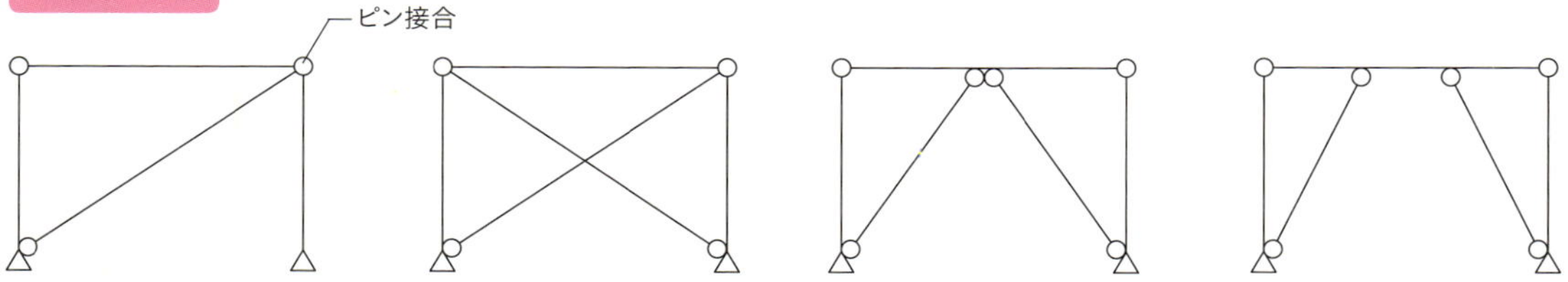

Z形　X形　K形　ハ形

ラーメン＋ブレース架構

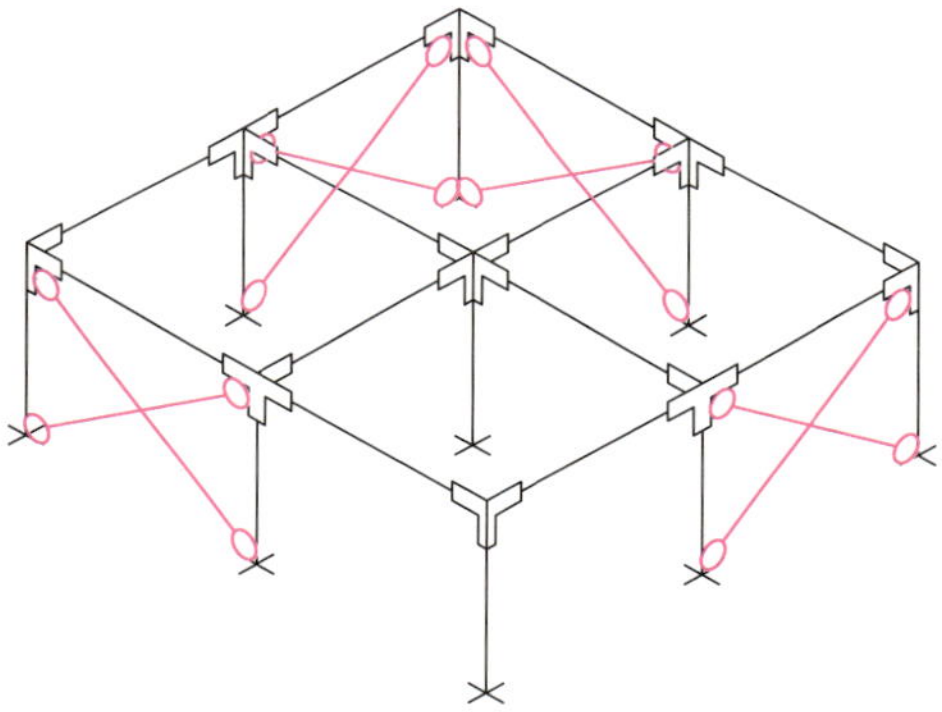

ブレースを任意に配置した例

ある程度の大きさの開口部を確保しながら、バランスよくブレースを配置することで、コストを抑えながら、構造的な安定を得やすい形式である。計画上は、プランニングに配慮しながら、ブレースを配置する。

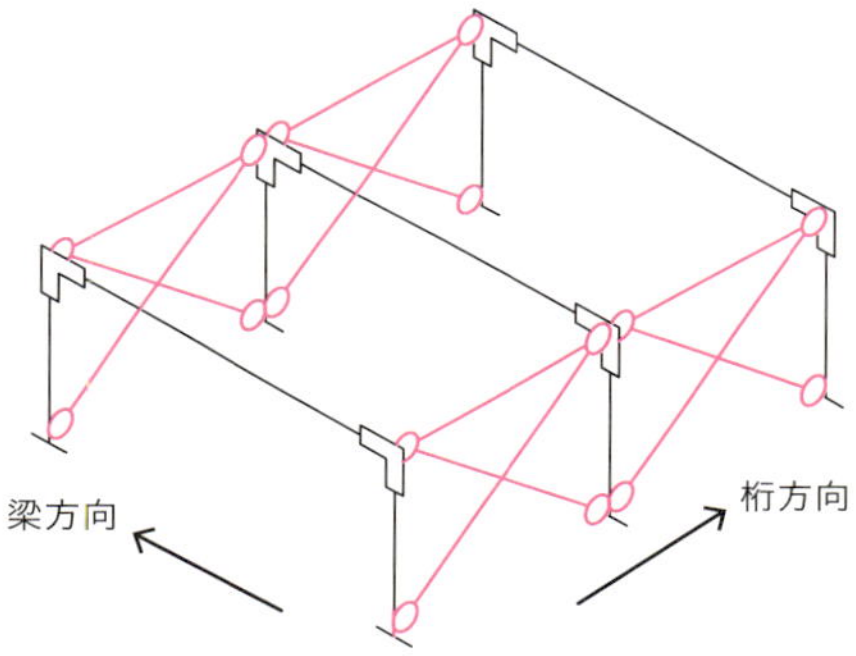

ブレースを桁方向に配置した例

間口の狭い土地を有効活用する場合で、間口に大きい開口部を設けたい場合などに有効である。また、体育館などの大空間を得ようとする場合にもよく用いられる。

ラーメン架構とは、柱と梁のみで主要構造を構成する架構のことである。大きな開口部が確保しやすく、間取りの自由度も高くなる特徴をもつ。この架構を可能にするためには、接合は**剛接合**による接合が前提となる。

ブレース架構は、柱と梁でフレームを構成し、間に**ブレース**を設置する形式である。水平力をブレース材に頼ることができるため、ラーメン架構に比べて柱・梁の断面寸法を小さく抑えることができる。

ただし、開口部の大きさが制限されるなど、内部空間に制約を受けやすい。接合は**ピン接合**となる。ブレースの架け方には、Z形、X形、K形などの形式がある。

また、両者の特徴を活かしてラーメン架構とブレース架構を組み合わせた**ラーメン＋ブレース架構**も可能である。架構全体の剛性を高め、水平力に対する変形を非常に小さく抑えることができ、経済的にも無駄のない架構を具現化できる。

建築は、基礎、壁、屋根などいくつかの部位に分類できる。
それらは、建築の形や仕上げ材などの仕様や
性能の違いによって多様な様式に発展する。
これらの部位の納まりは多く汎用され、
基本となる事例であるから、ぜひ習得してほしい。

第2章 部位別に見る矩計図

01 柱脚の基本的な納まり 露出柱脚

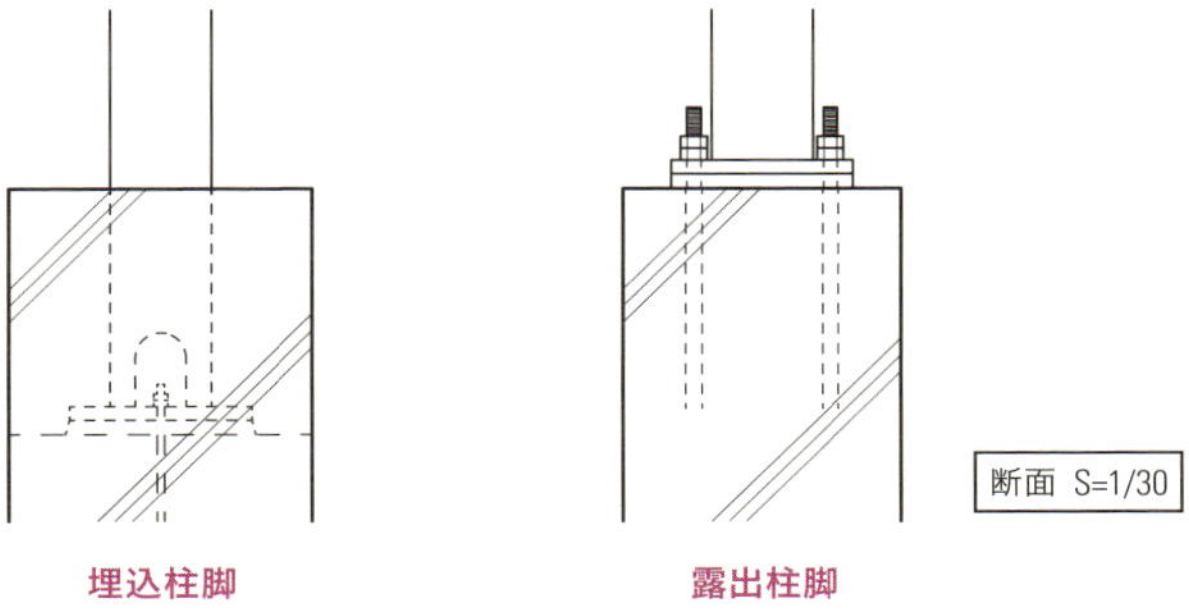
断面 S=1/30
埋込柱脚
露出柱脚

柱とベースプレートは溶接により一体化される

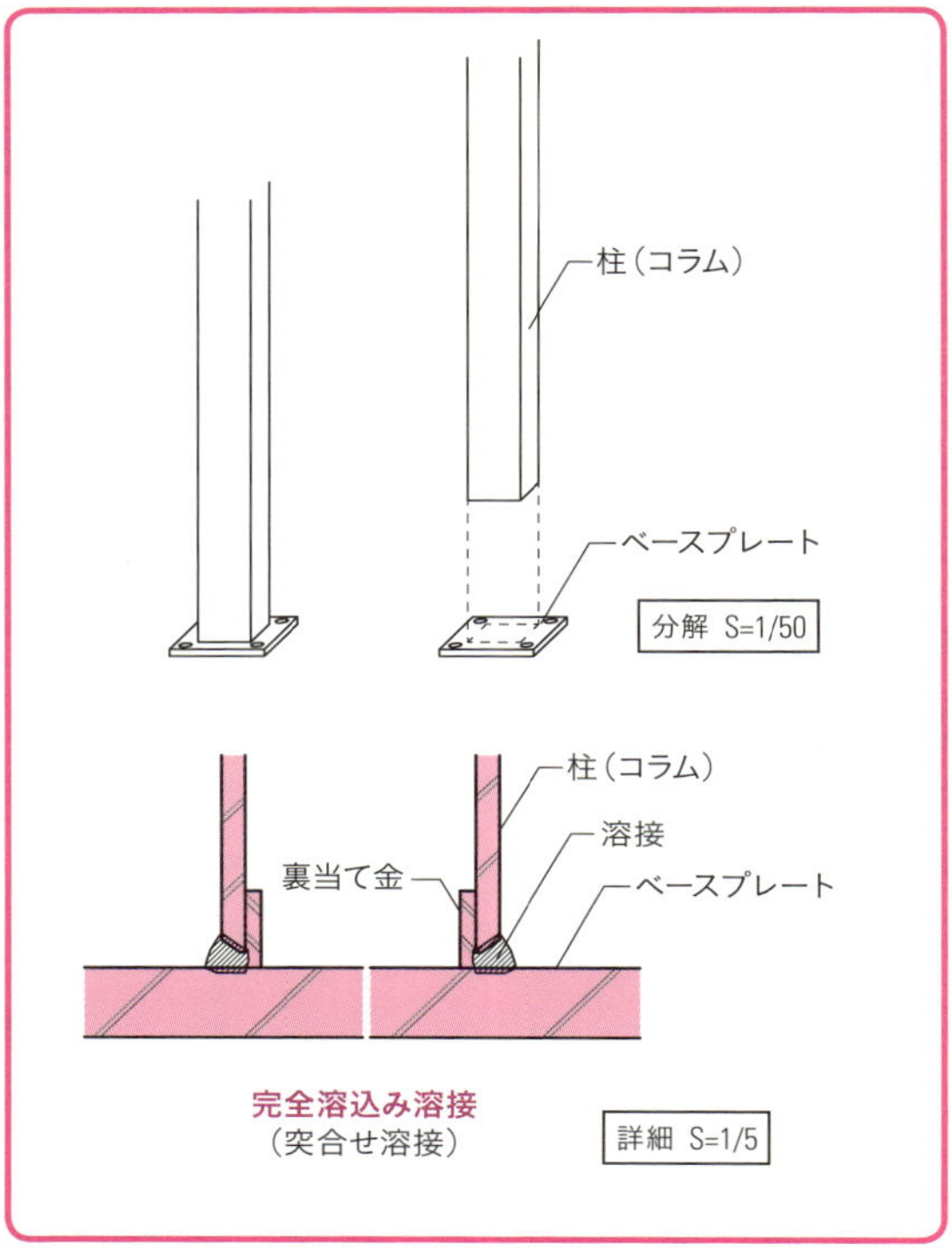
柱（コラム）
ベースプレート
分解 S=1/50
柱（コラム）
溶接
裏当て金
ベースプレート
完全溶込み溶接
（突合せ溶接）
詳細 S=1/5

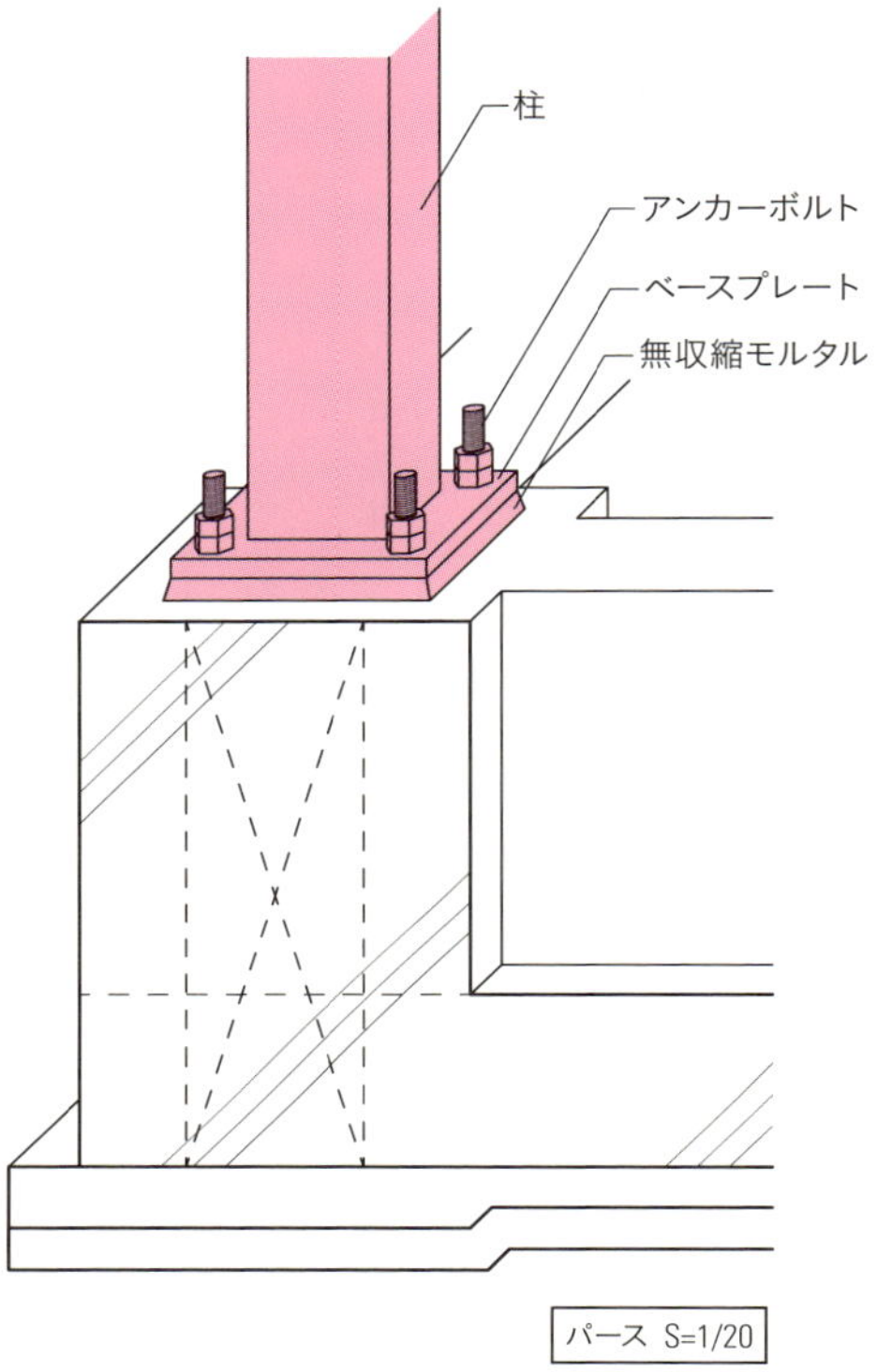
柱
アンカーボルト
ベースプレート
無収縮モルタル
パース S=1/20

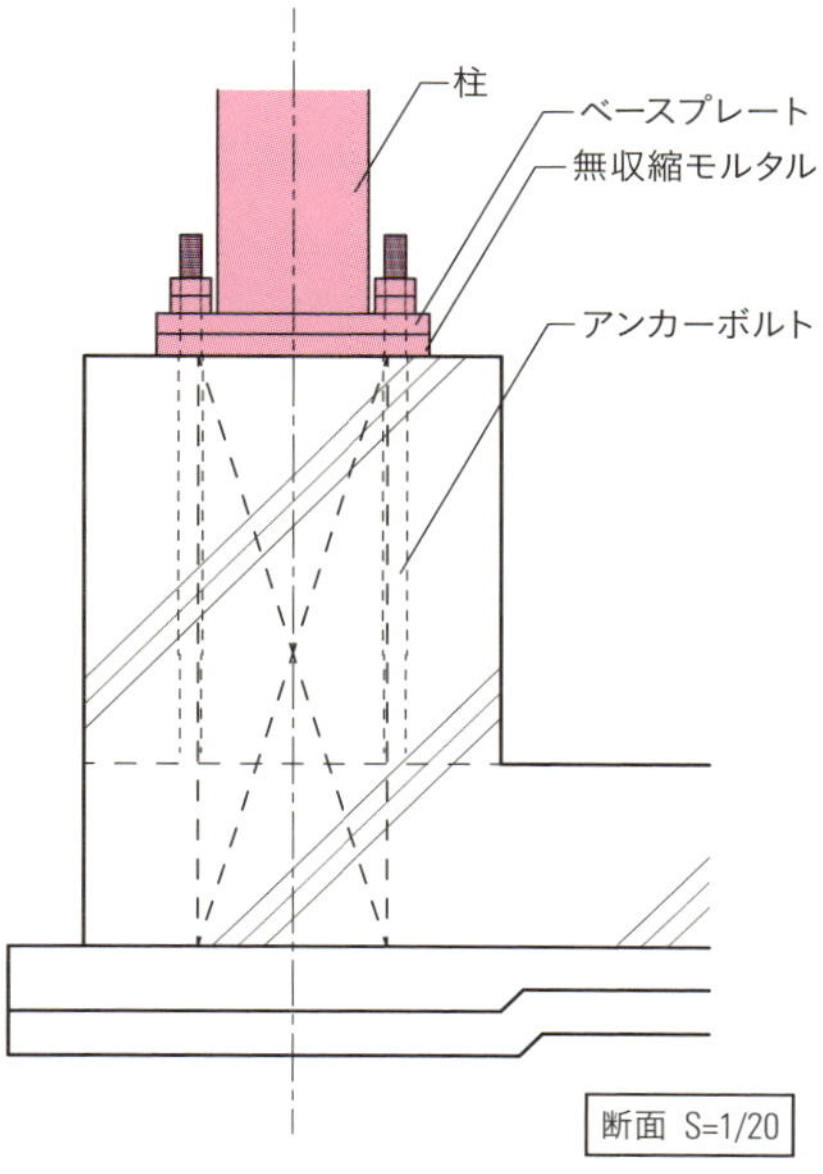
柱
ベースプレート
無収縮モルタル
アンカーボルト
断面 S=1/20

S造における**基礎の納まり**として重要な部分は、**コンクリート基礎**と**鉄骨柱部分**との**取り合い**である。コンクリートの基礎と鉄骨躯体をどのようにつなげて、構造的な**力の流れをスムーズにするか**を考えなければならない。

鉄骨柱の柱脚には、コンクリート基礎に載せるような**露出柱脚**とコンクリート基礎の中に埋め込む**埋込柱脚**がある。3階建ての住宅程度の規模の建物であれば、**露出柱脚の場合がほとんどである**が、構造的な考え方により、埋込柱脚を選択する場合もある。露出柱脚の場合、構造耐力がしっかりと保証される既製品が採用されるケースが多い。

露出柱脚の施工手順

アンカーボルトの位置を正確に施工するためには、精度の高い施工が要求される。以下に示す図は、「露出柱脚」のアンカー設置～鉄骨柱の建て込みまでの施工手順である。

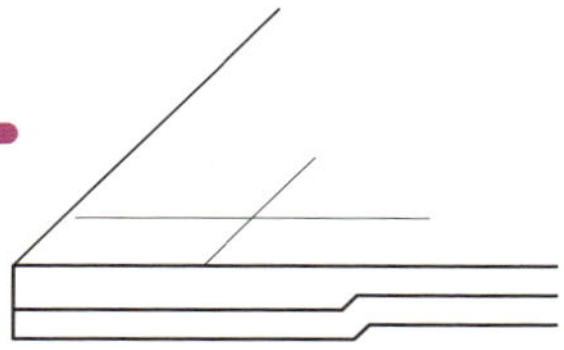

❶捨てコン＋墨出し

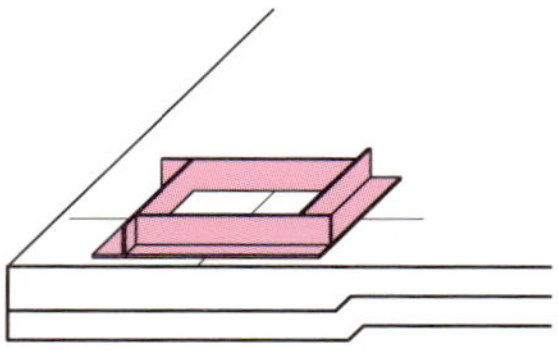

❷アンカーボルトを固定するためのベース金物を設置

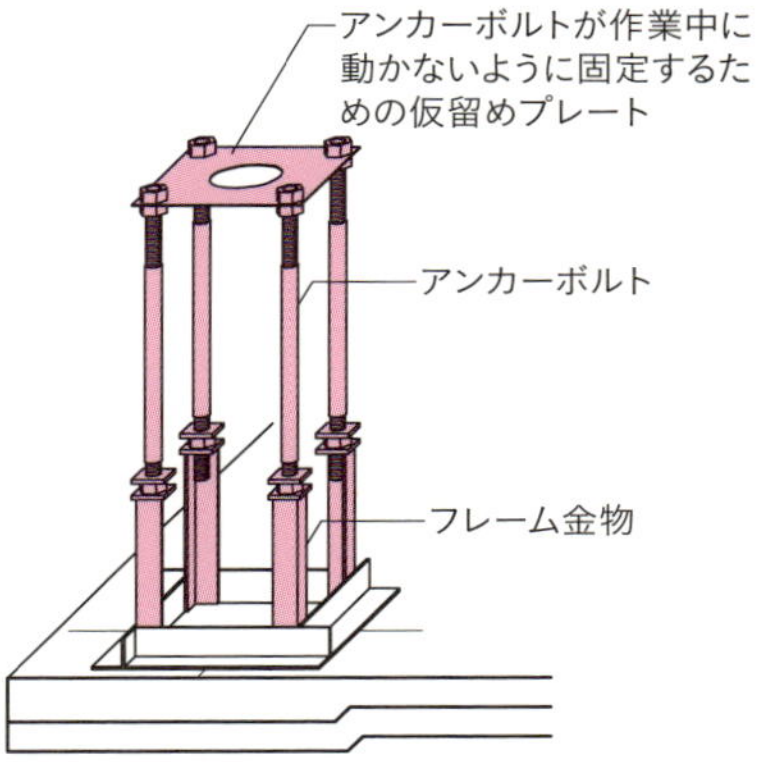

❸アンカーボルトを固定するためのフレーム金物とアンカーボルトを設置

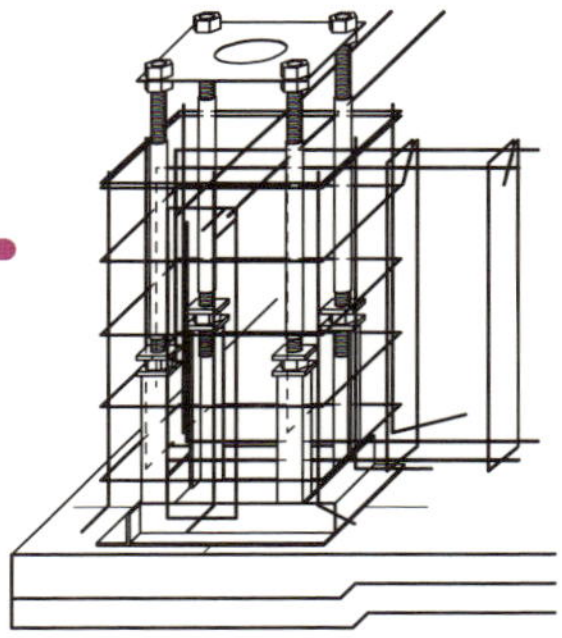

❹基礎、基礎梁配筋、型枠建て込み

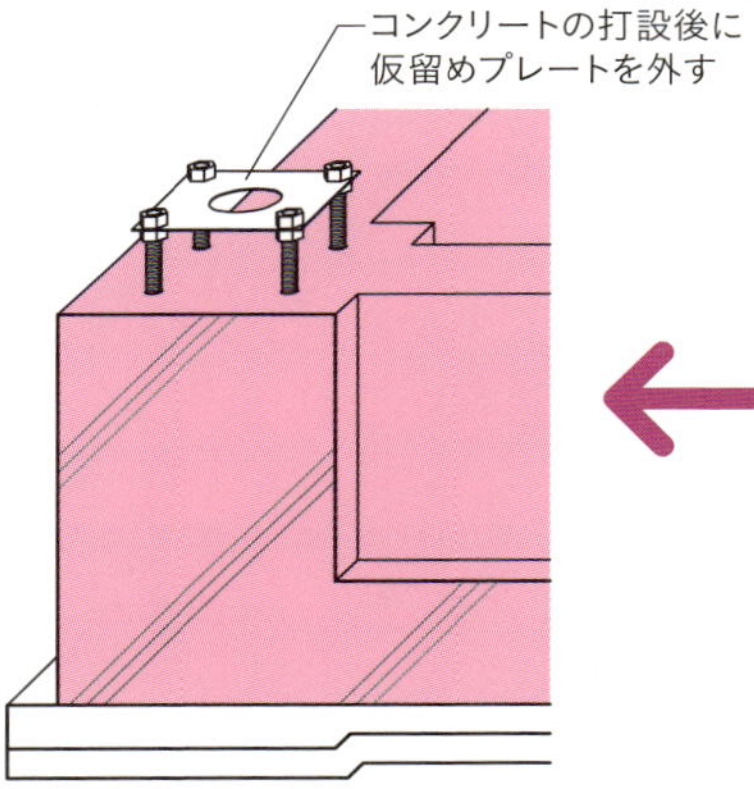

❺コンクリート打設

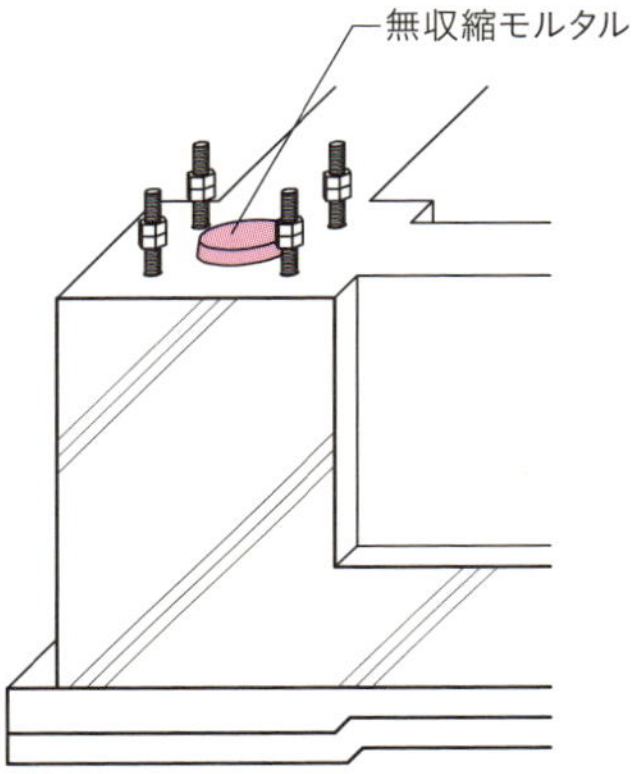

❻無収縮モルタル設置

❼鉄骨柱を建て込み、アンカーボルト締め

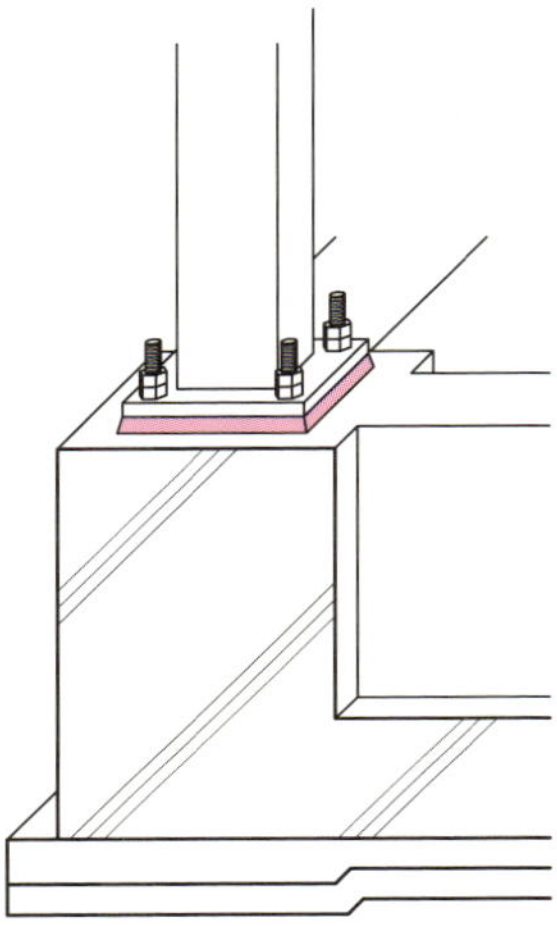

❽グラウト注入

パース S=1/30

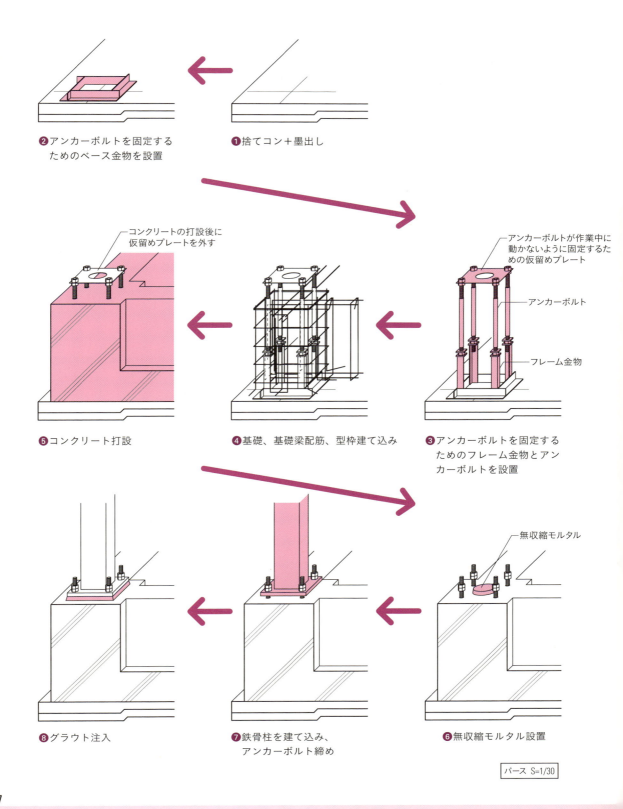

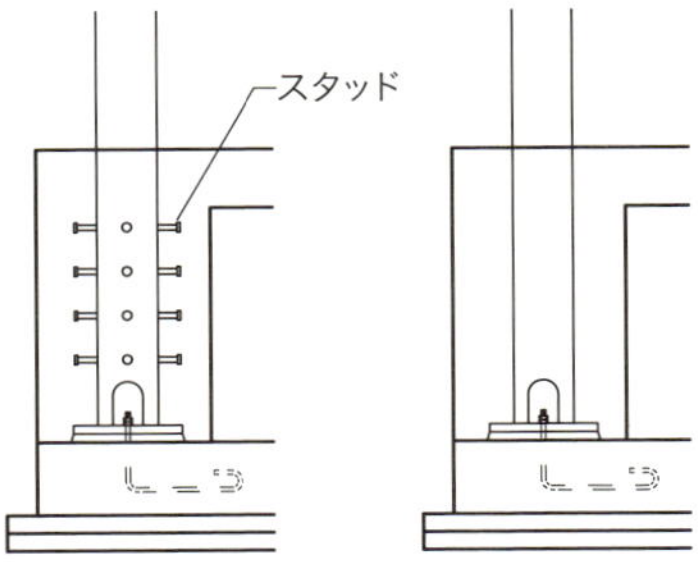

スタッド有り　スタッド無し

断面 S=1/50

埋込柱脚は、スタッドを用いることで柱とコンクリートの定着をよくすることができる。

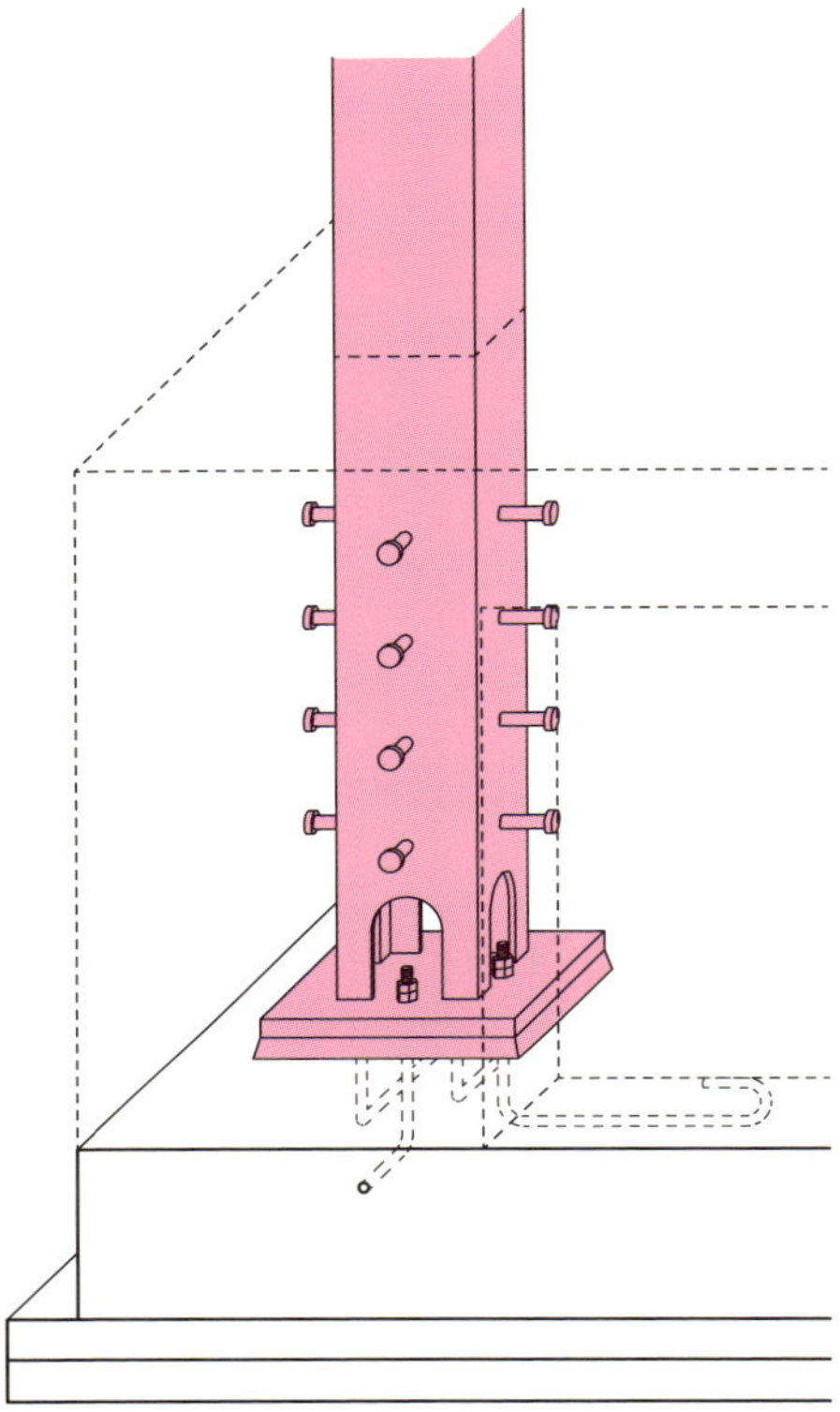

パース S=1/20

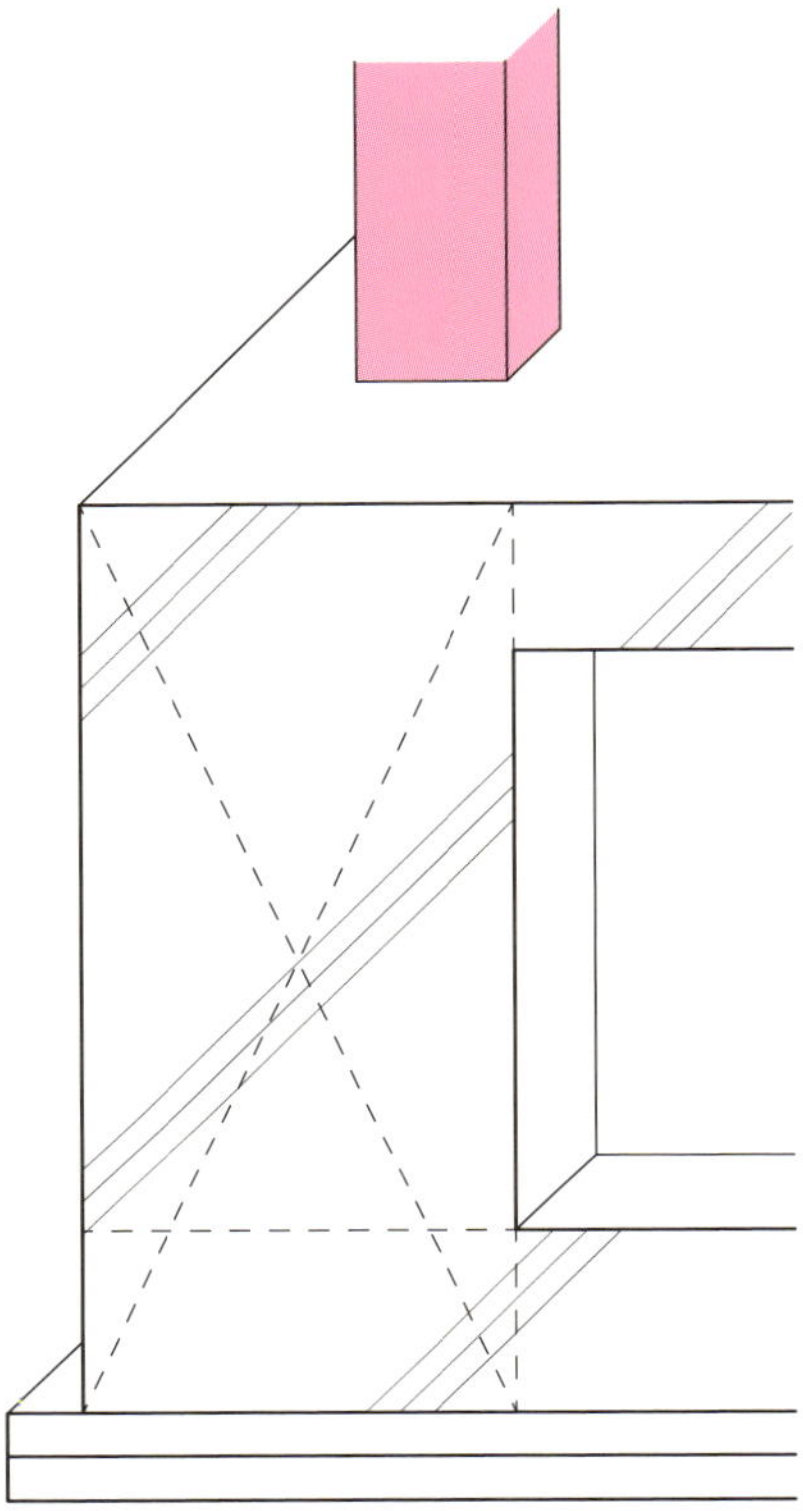

パース S=1/20

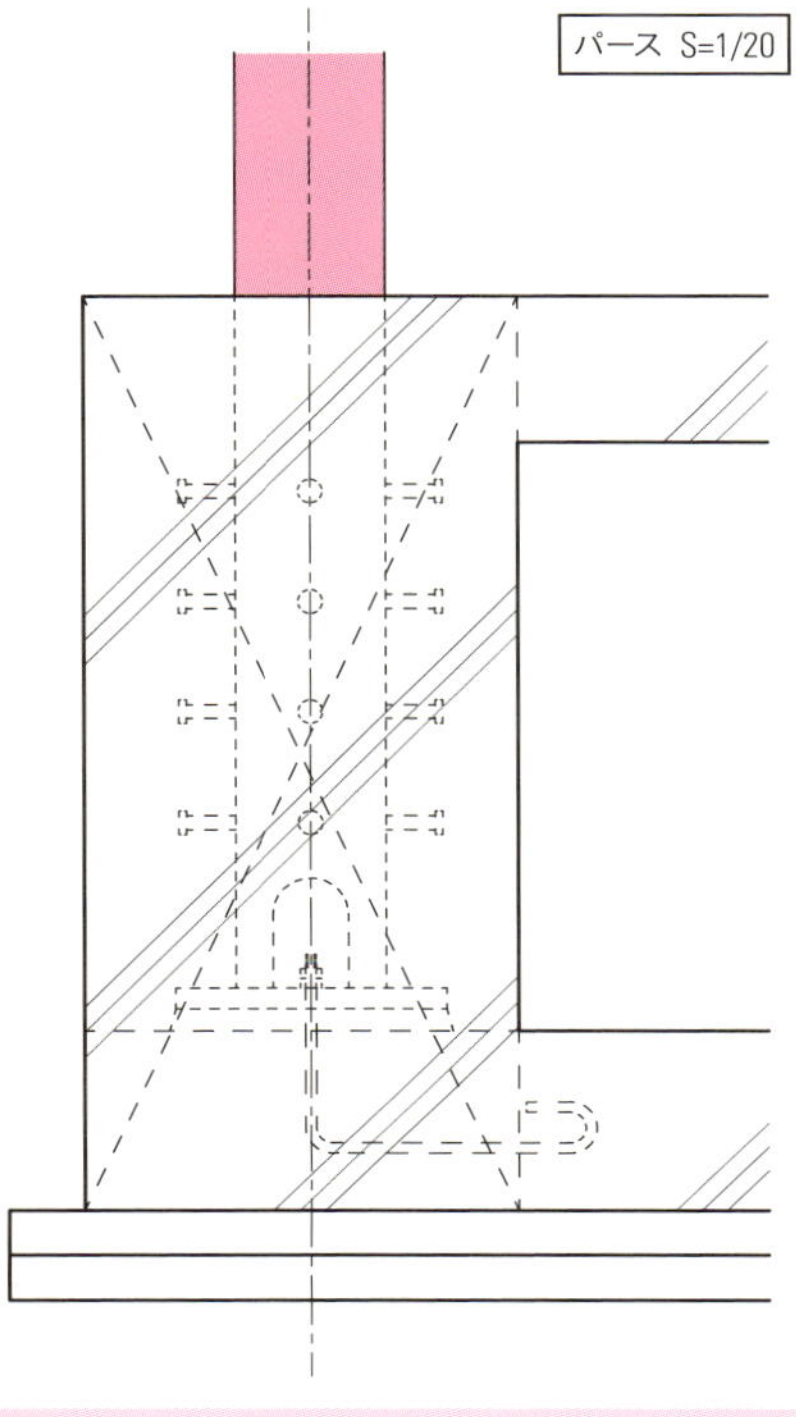

断面 S=1/20

埋込柱脚は、柱の根元をコンクリートの基礎に埋め込む納まりである。構造的に固定端となるため、**柱の断面を小さくできる**などの利点がある。

埋込深さは**柱幅の2倍以上**、柱の外周のコンクリートの**かぶり厚さ**は**柱幅以上**を確保することが目安となる（補強をしない場合）。柱を埋め込んだ基礎と外壁の関係など意匠的な納まりが複雑になるので注意しなければならない。また、建物の外周敷地との関係を考慮しないと納まらないなど、配慮が必要になる。

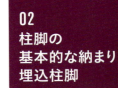

埋込柱脚の施工手順

露出柱脚と同様に、アンカーボルトの位置を正確に
施工するために、精度の高い施工が要求される。

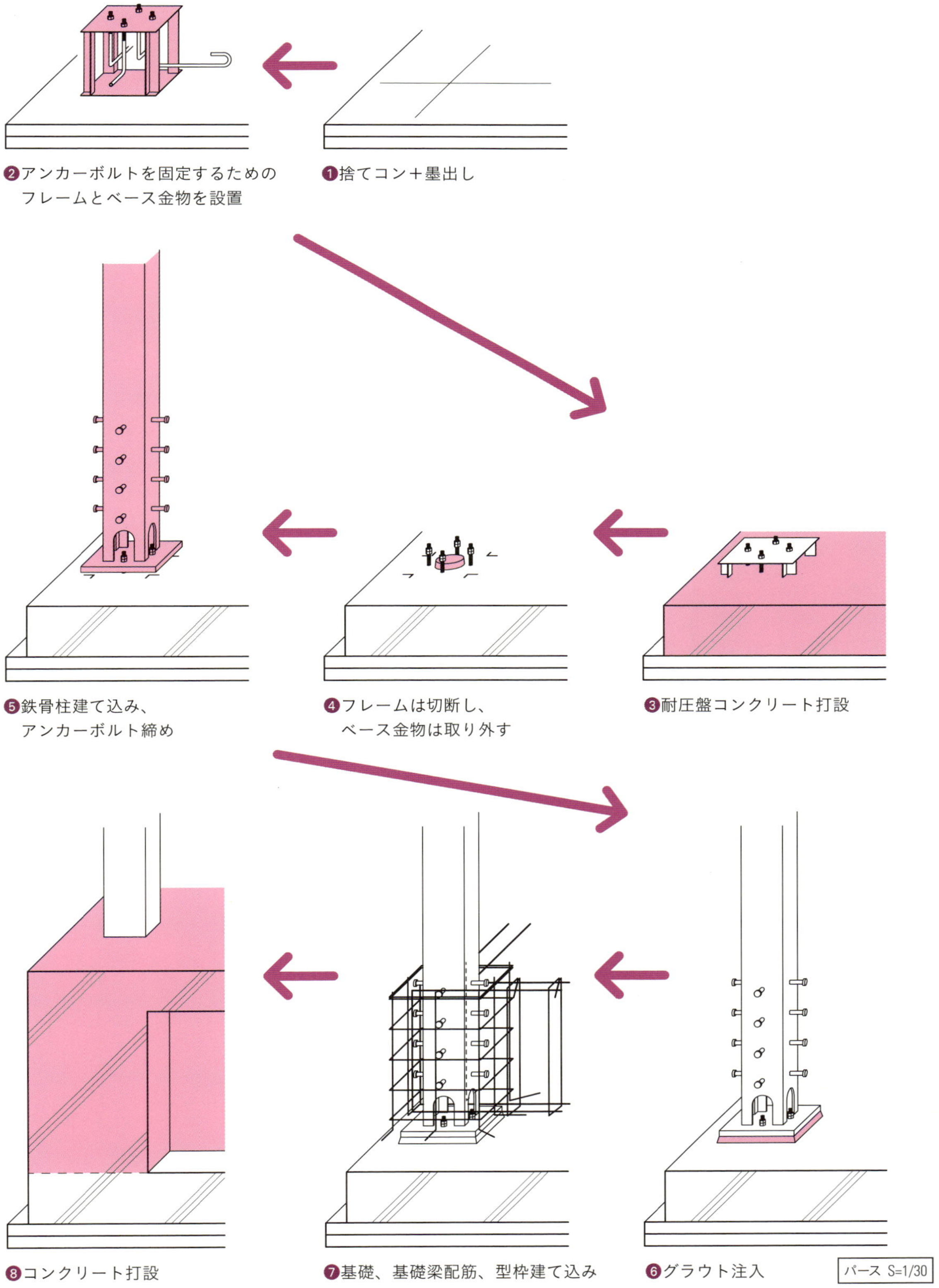
❶捨てコン＋墨出し
❷アンカーボルトを固定するためのフレームとベース金物を設置
❸耐圧盤コンクリート打設
❹フレームは切断し、ベース金物は取り外す
❺鉄骨柱建て込み、アンカーボルト締め
❻グラウト注入
❼基礎、基礎梁配筋、型枠建て込み
❽コンクリート打設
パース S=1/30

03 独立フーチング基礎の基本的な納まり

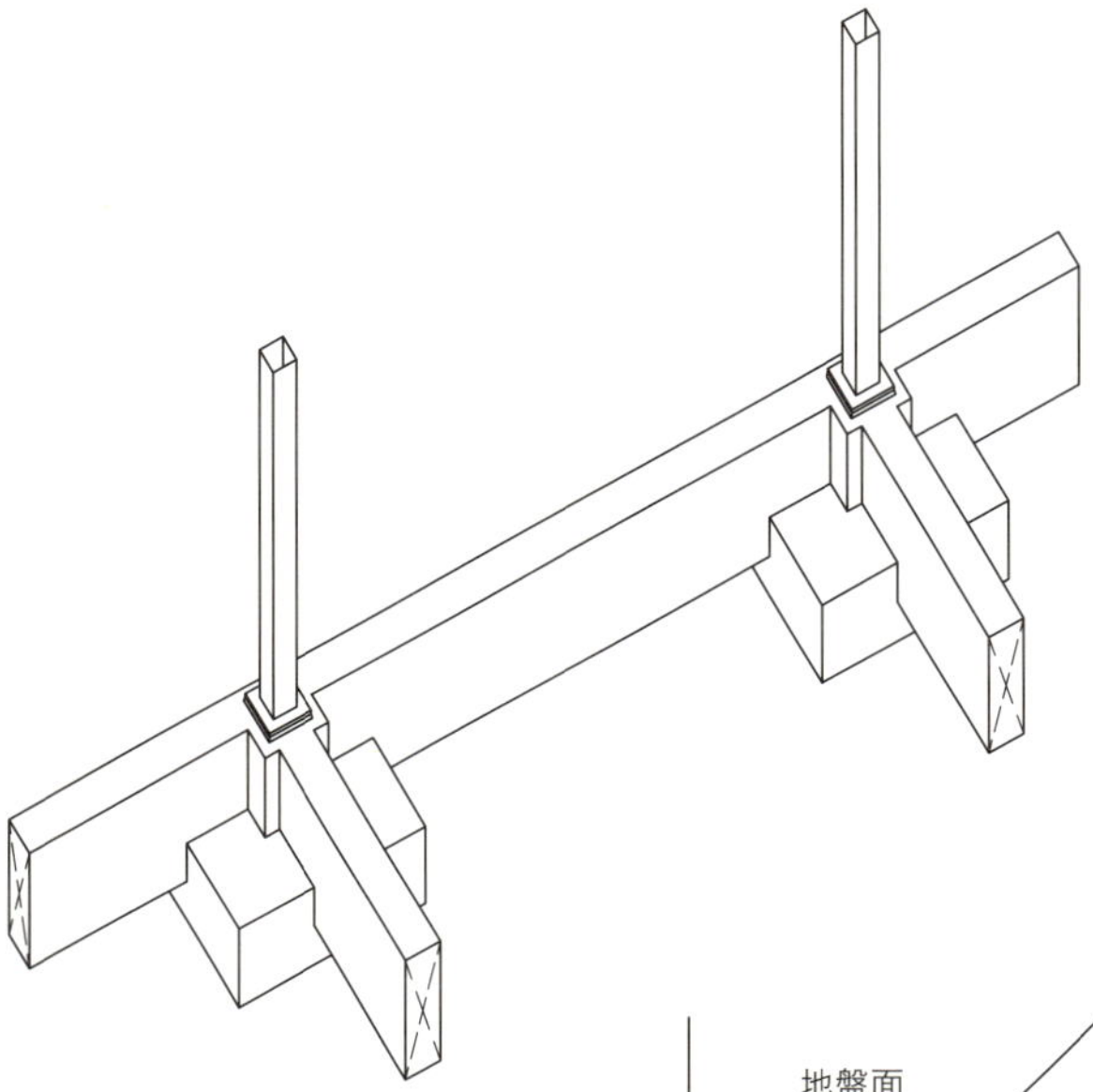

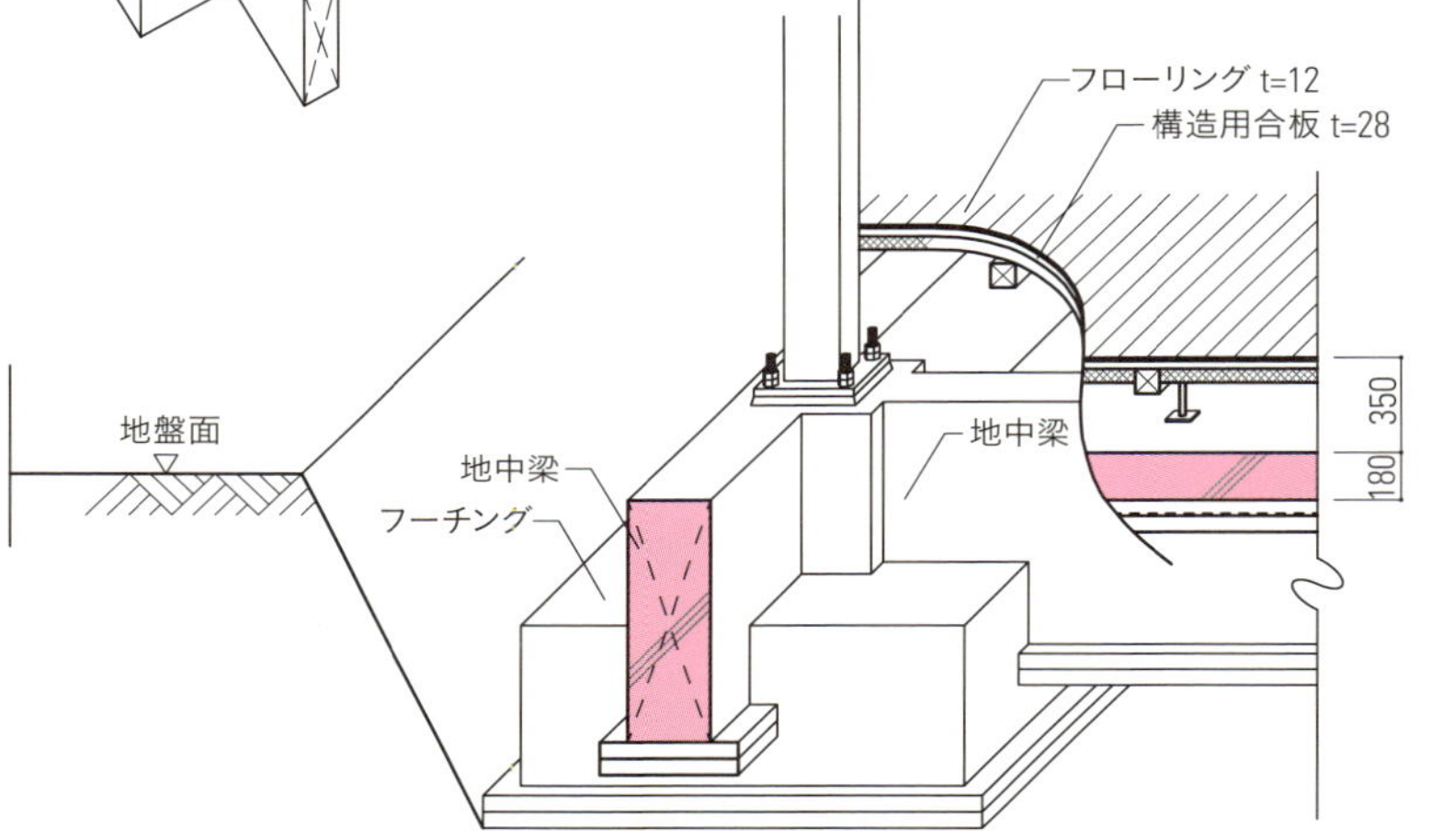

断面パース S=1/50

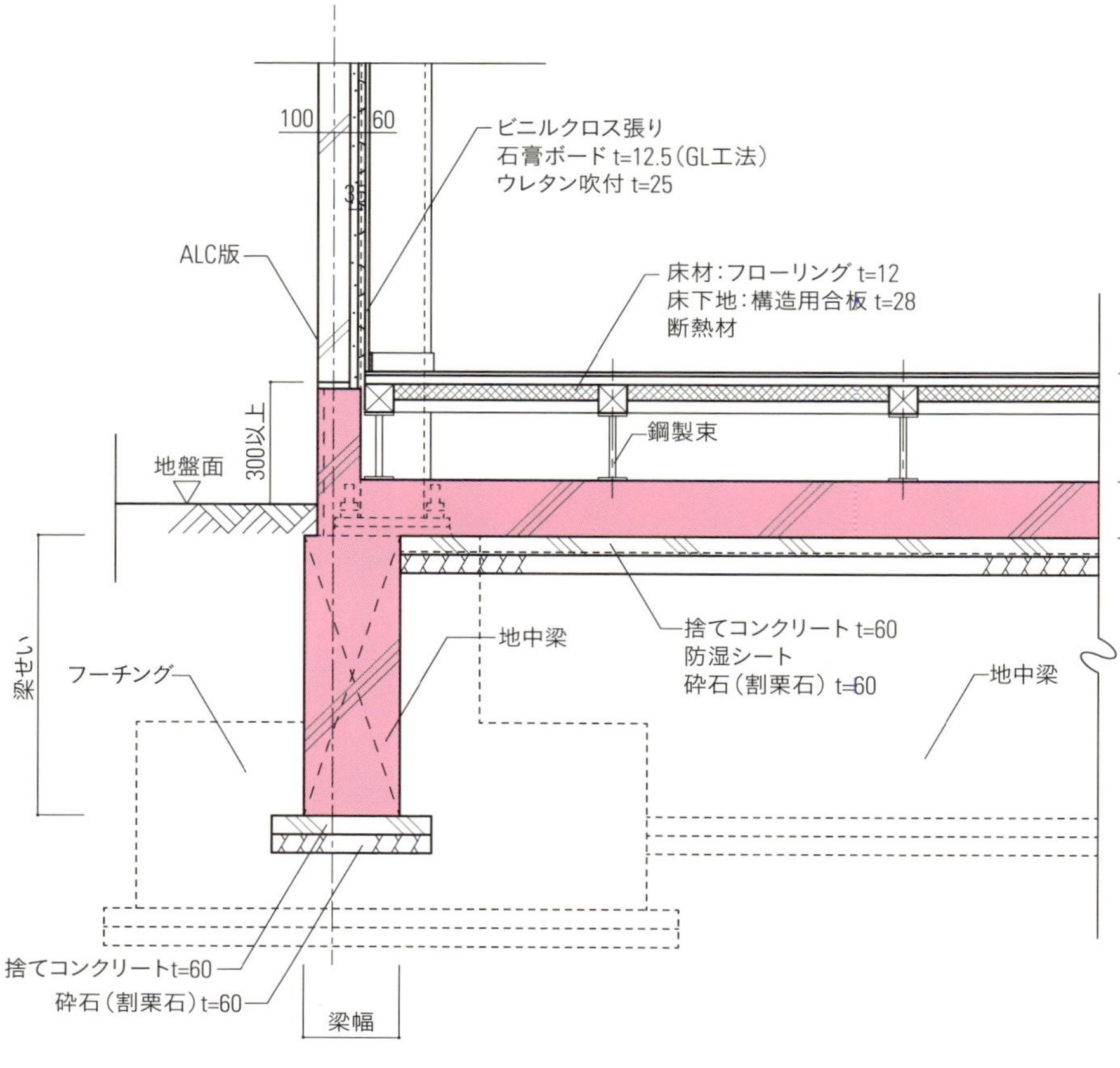

※地中梁の梁せい・梁幅は構造計算による

断面 S=1/30

構造的に主要な柱の底部分に設置する**独立したフーチング**（**基礎底盤**）の基礎形状を**独立フーチング基礎**という。地盤が安定した土地に建物をつくる場合に選択される。根切りも少なくてすむので、コスト的には一番よい。この項以降の基本的な基礎形状は、RC造や木造と変わらないが、デザインや構造で柱脚部をどのようにするかでオリジナルの納まりに変わる。

04 連続フーチング基礎の基本的な納まり

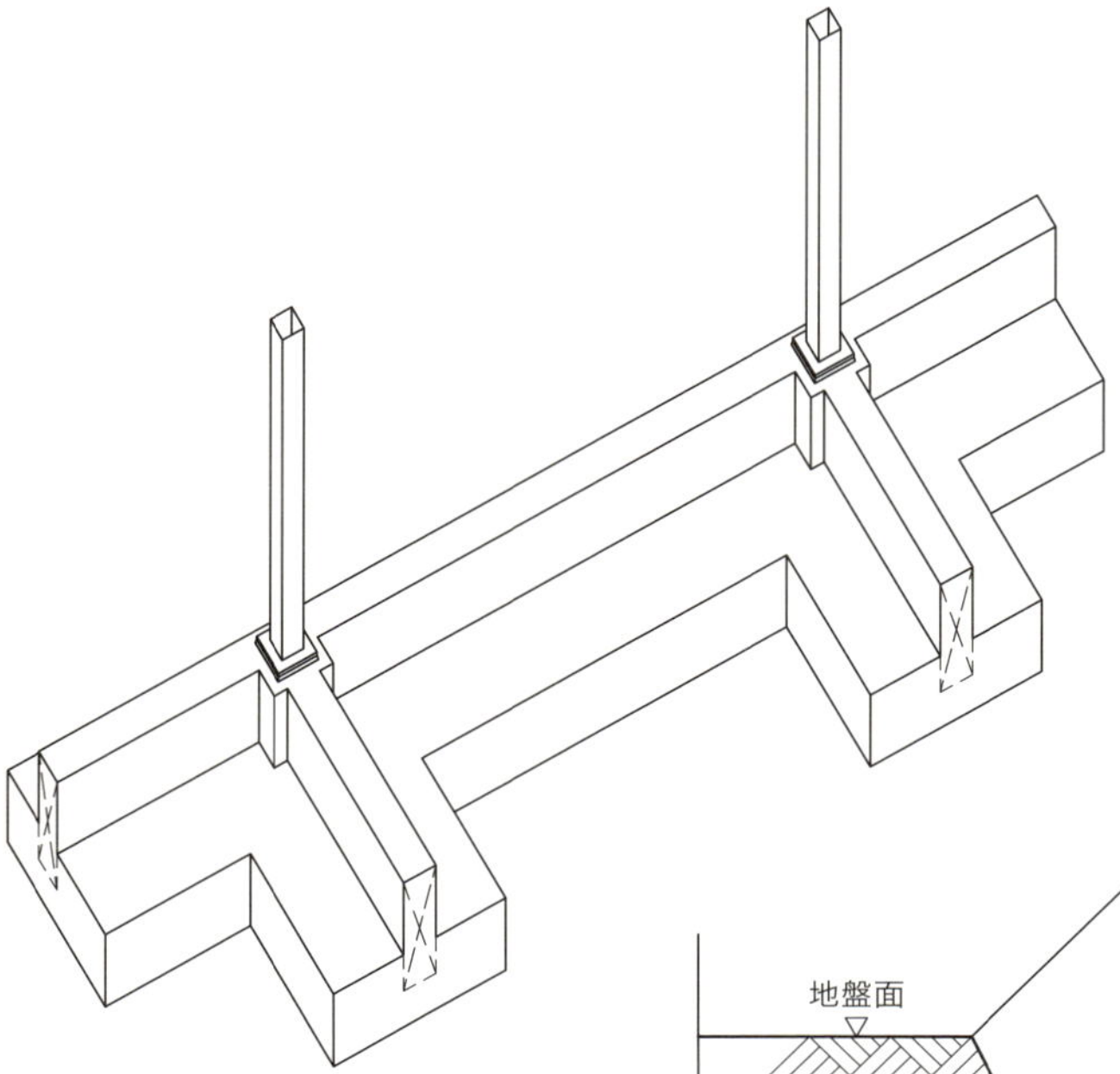

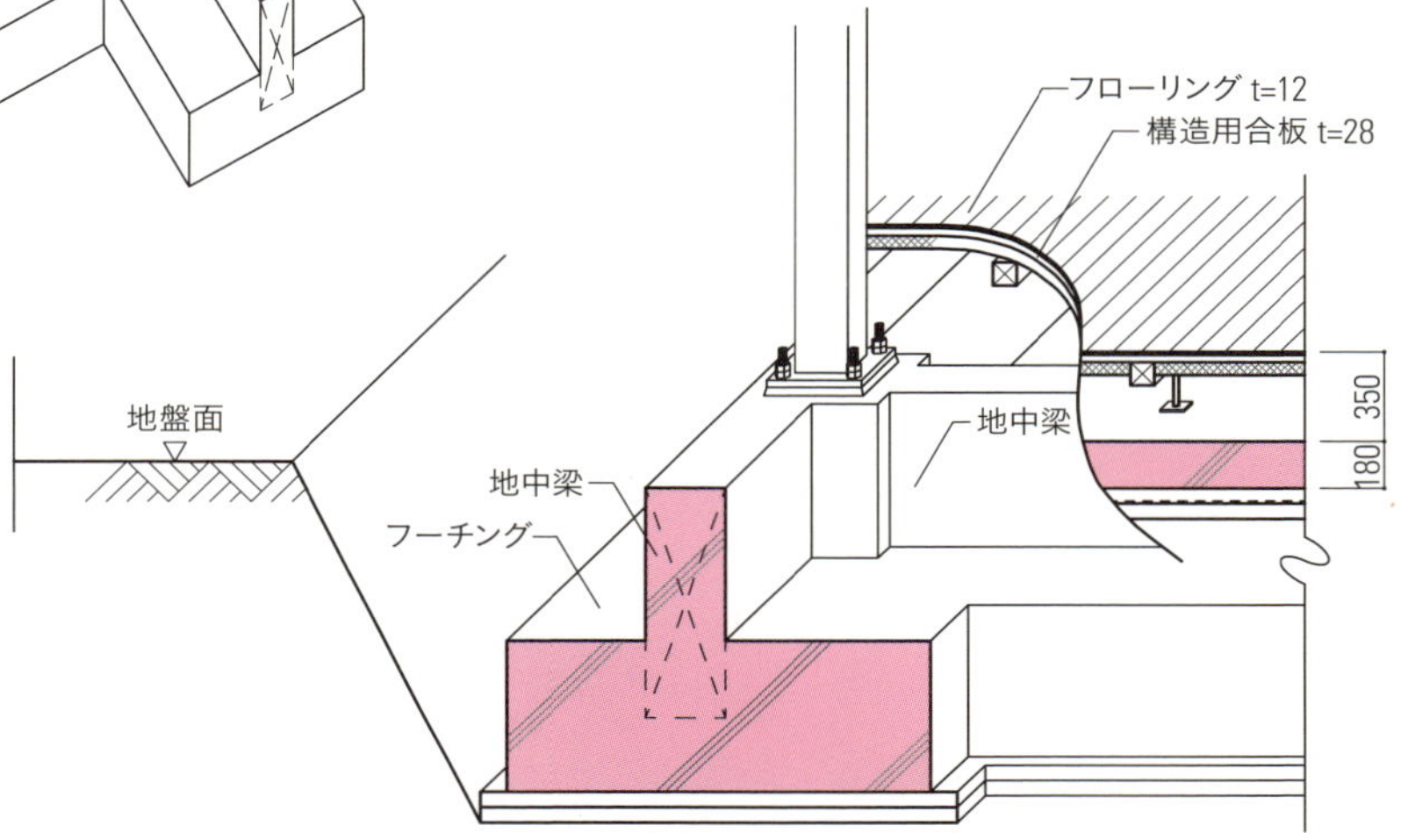

断面パース S=1/50

構造的に主要な柱や壁の底部分に設置する**連続したフーチング**（**基礎底盤**）の基礎形状を**連続フーチング基礎**という。地盤が安定した土地に建物をつくる場合に選択される。

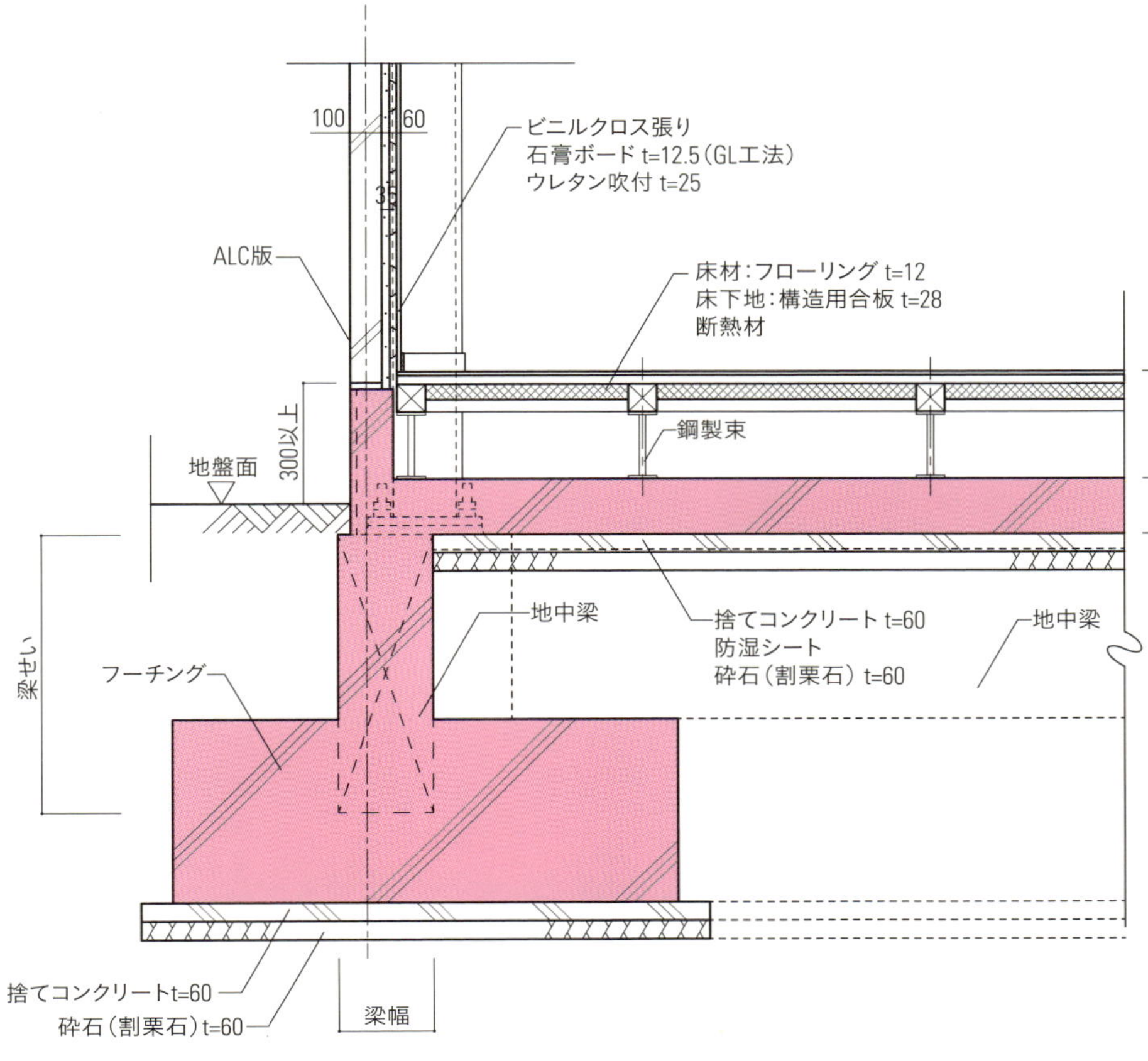

※地中梁の梁せい・梁幅は構造計算による

断面 S=1/30

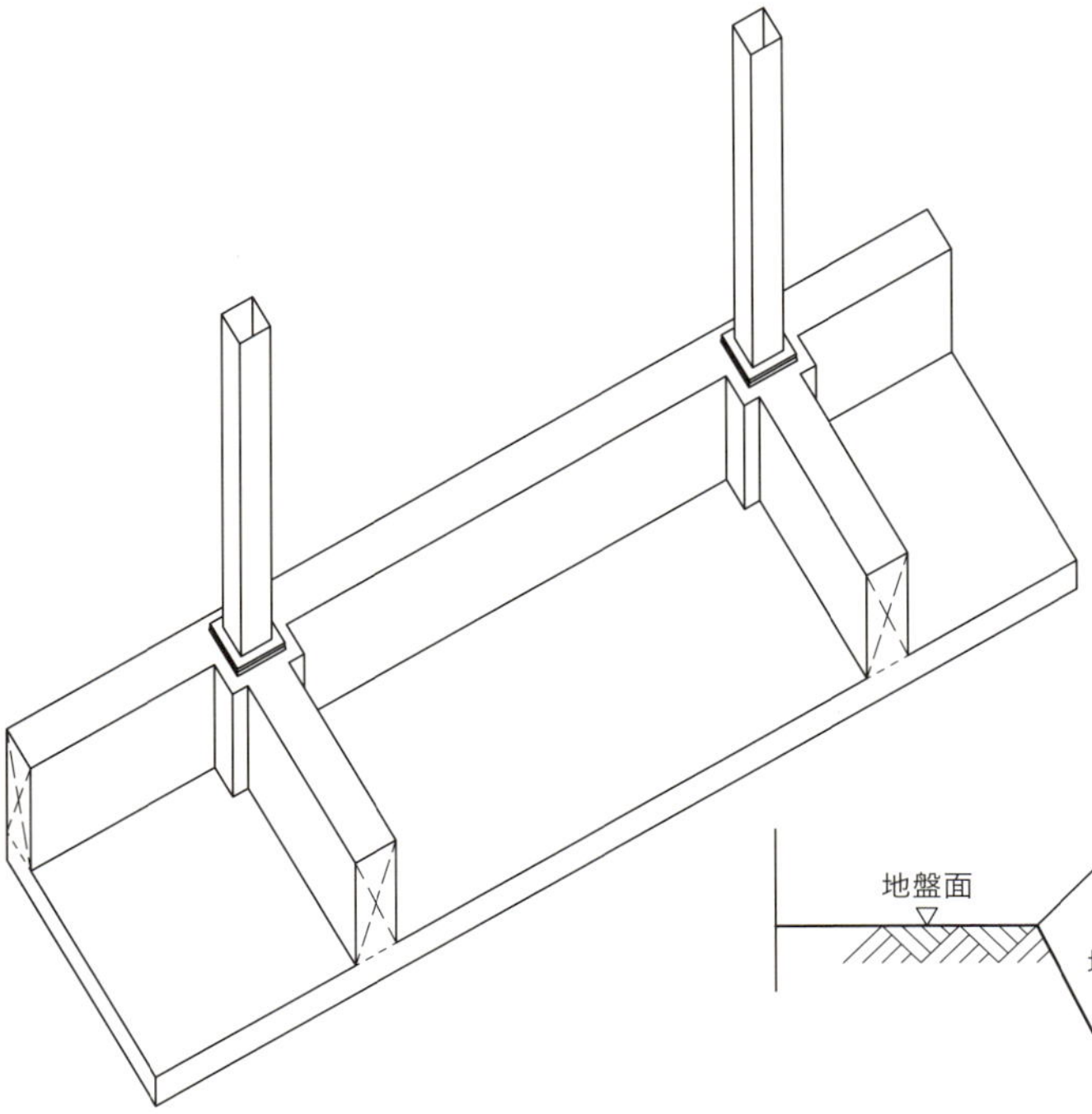

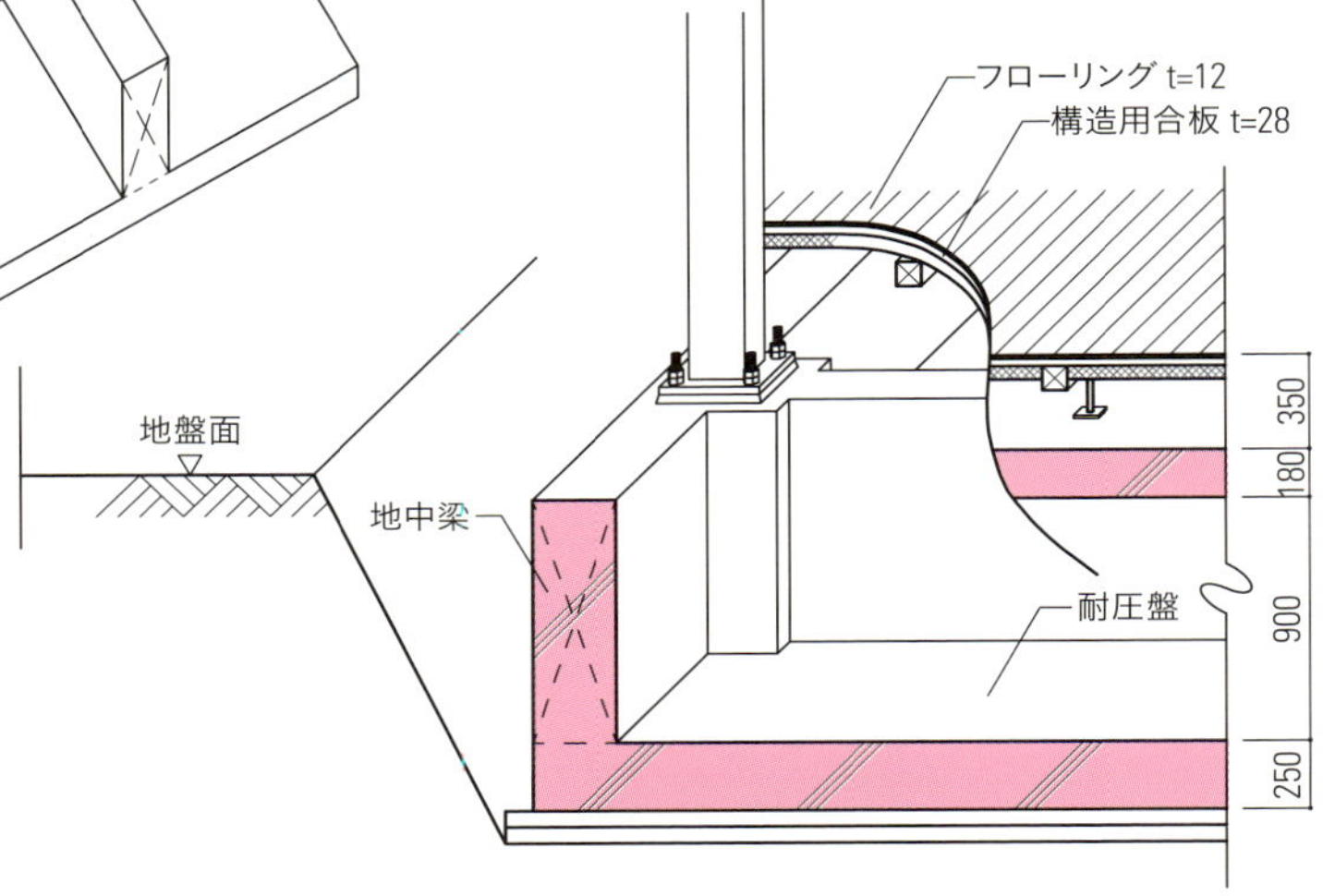
フローリング t=12
構造用合板 t=28
地盤面
地中梁
耐圧盤
350
180
900
250

断面パース S=1/50

R**C造の床下で二重にスラブを設けてできた空間をピット**という。主な目的は、❶床下に**設備配管**を廻す場合、❷水を溜めておく**水槽**（雨水貯留槽、消防用水槽、防水槽、汚水槽など）に使う場合、❸地盤の状況により**地下水位が高く**、建物の中に**浸出水**が出るおそれがある場合に設ける。浸出水が考えられる場合は、ピット内に**釜場**（水を溜めるくぼみ）を設け、ピット床面は**釜場に向かうように勾配を付けておく**必要がある。釜場に溜まった水はポンプを使い、外部へ排出できるようにする。

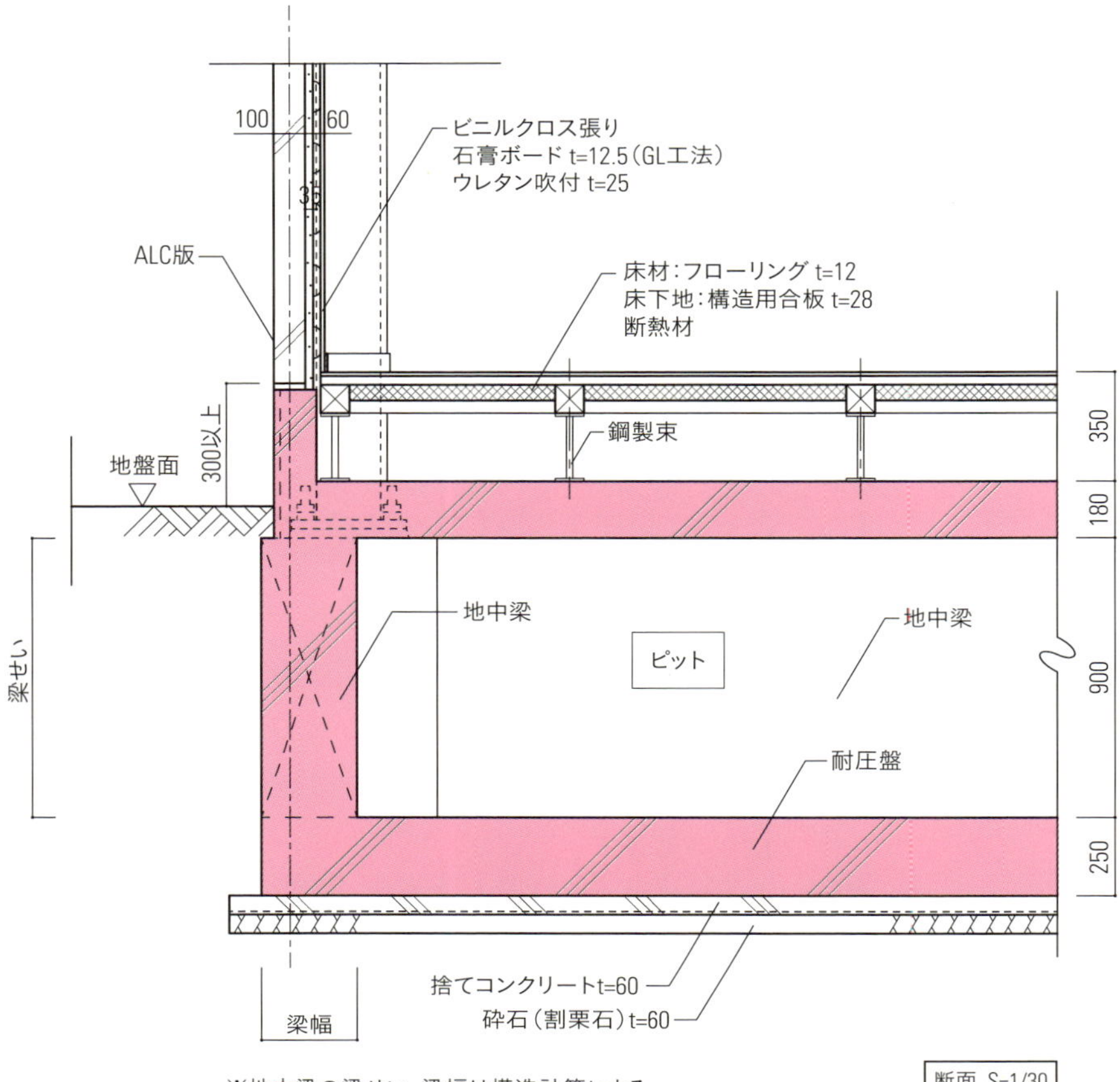
100
60
30
ビニルクロス張り
石膏ボード t=12.5（GL工法）
ウレタン吹付 t=25
ALC版
床材：フローリング t=12
床下地：構造用合板 t=28
断熱材
300以上
地盤面
鋼製束
350
180
地中梁
梁せい
ピット
地中梁
900
耐圧盤
250
捨てコンクリートt=60
砕石（割栗石）t=60
梁幅

断面 S=1/30

※地中梁の梁せい・梁幅は構造計算による

06 地下部分の納まり

都市部で生活する上で敷地を**立体的に有効利用する**選択肢として考えられるのが、**地下の利用**である。あまり一般的な方法ではないが、建築基準法の容積率の緩和という優遇措置や、地下利用の欠点を補う建築的技術が進んできたことで、より有効に地下の利点を享受することができるようになってきた。

地下空間の利点としては、**断熱性がよい**、**遮音性に優れている**、**地震に強い**、**プライバシーがある**、**建築基準法の容積率の緩和**等がある。欠点としては、湿度が高く**結露しやすい**、**水が出やすい**、採光や通風が採りにくい、閉塞感、コストが高い等がある。

トップライトより光と風を採り込む地下空間

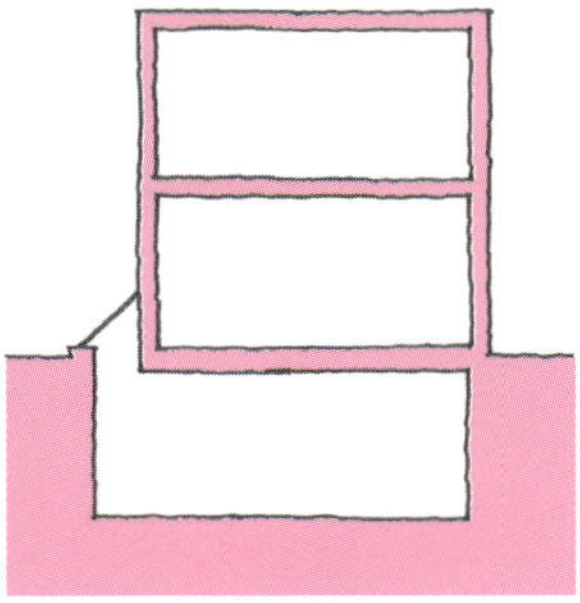

閉鎖的な地下空間

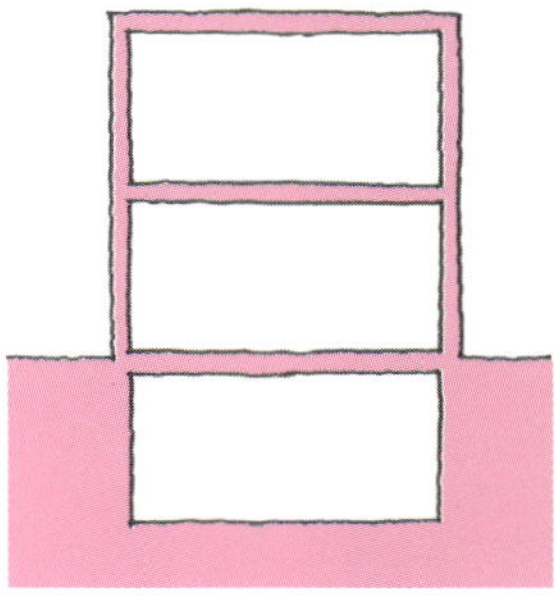

中庭と地下空間

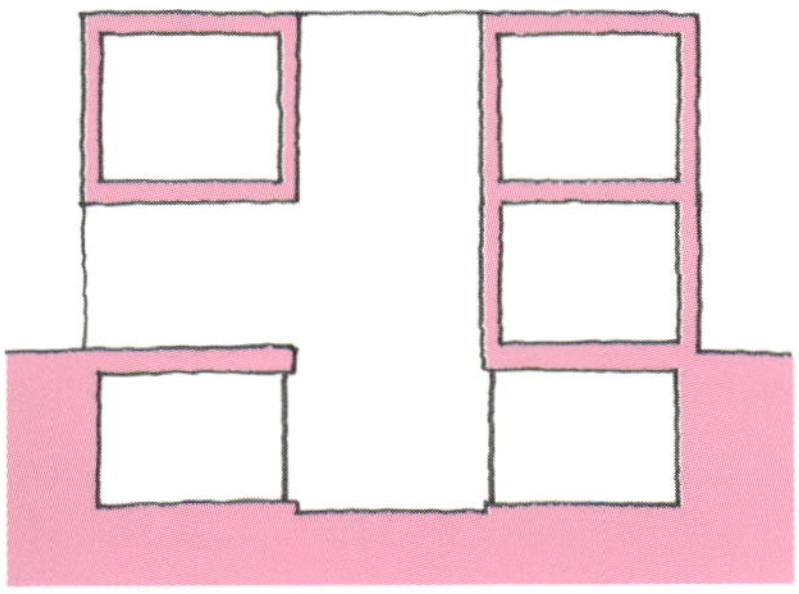

ドライエリア(からぼり)を設けた地下空間

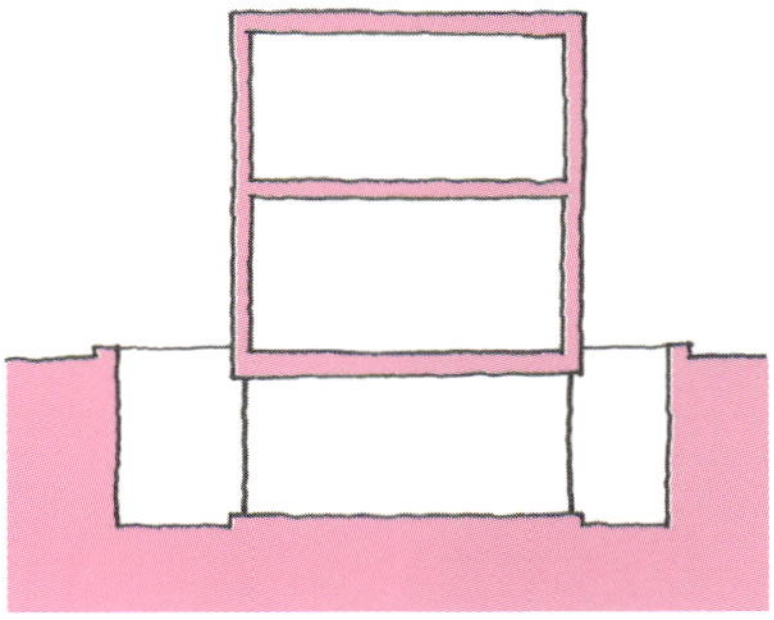

視線の抜けと庭園化した地下空間

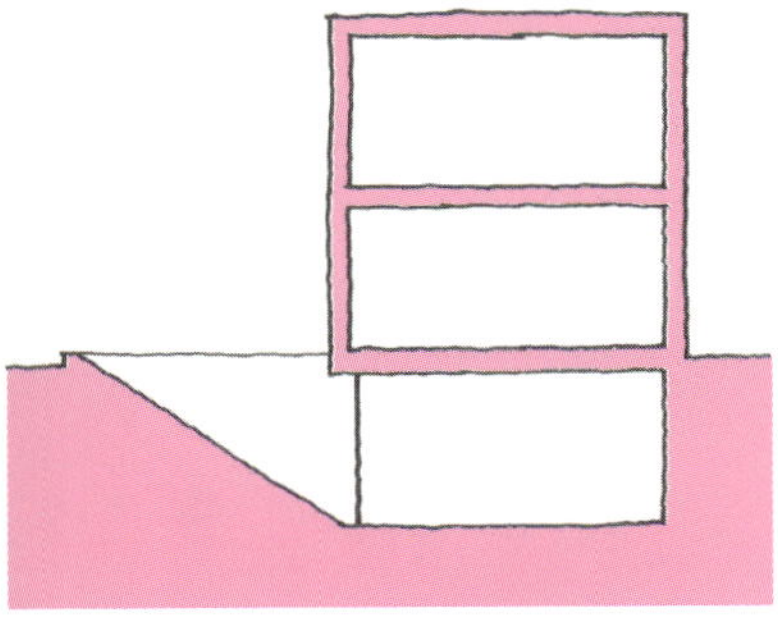

半地下空間

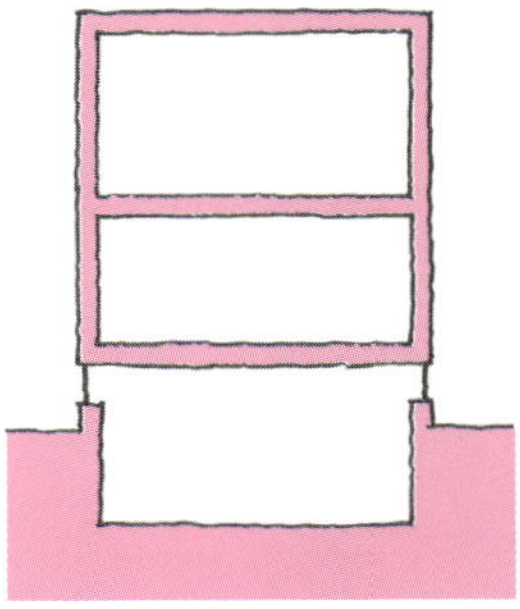

地下空間の規制

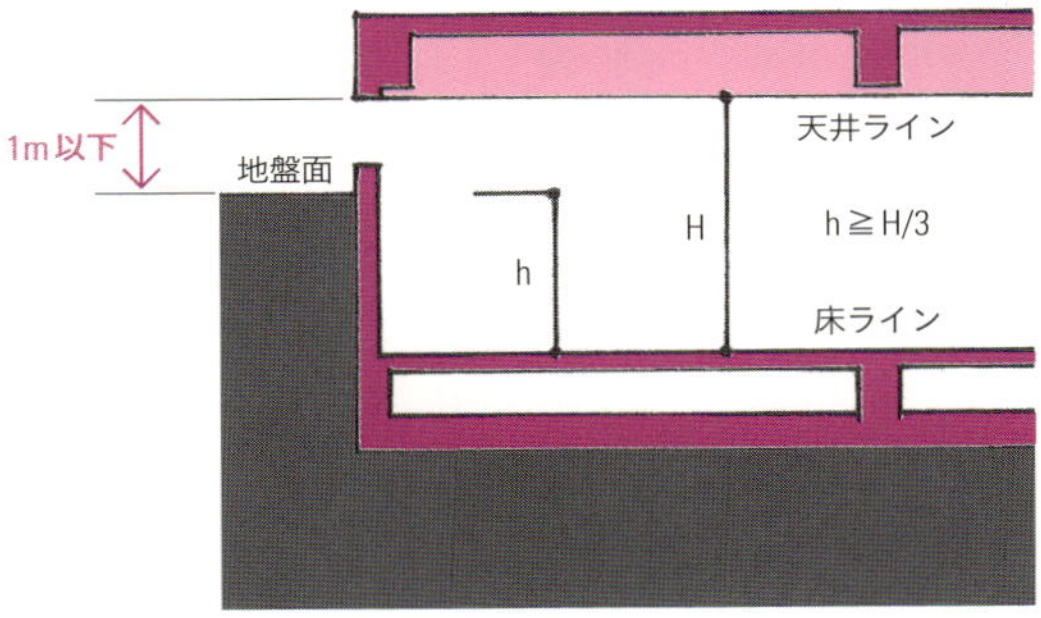

地階の定義

床が地盤面下にある階で、床面から地盤面までの高さが、その階の天井高さの1/3以上のものをいう。左図のようにh≧H/3の場合、この空間は建築基準法上の地階である。

「建築の地階で住宅の用途に供する部分の床面積については、その建築の住宅の用途に供する部分の天井が地盤面からの高さが1m以下であれば、床面積の合計の1/3を限度として延床面積に算入しない」という容積率の緩和がある。また、積極的な地階利用の緩和があるほか、居室として快適に使用できるように規定があるので注意する。

地下二重壁の基本的な納まり

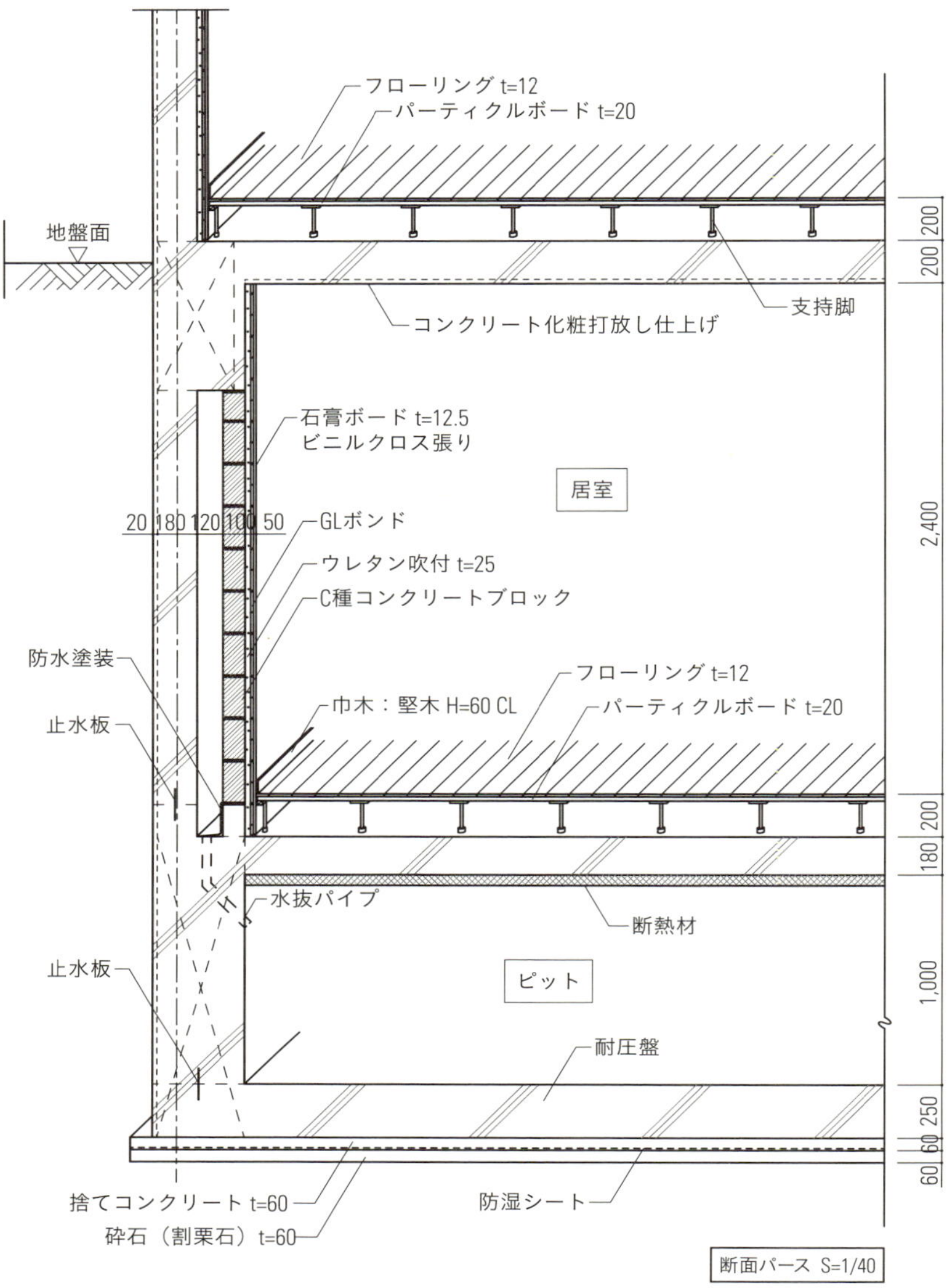

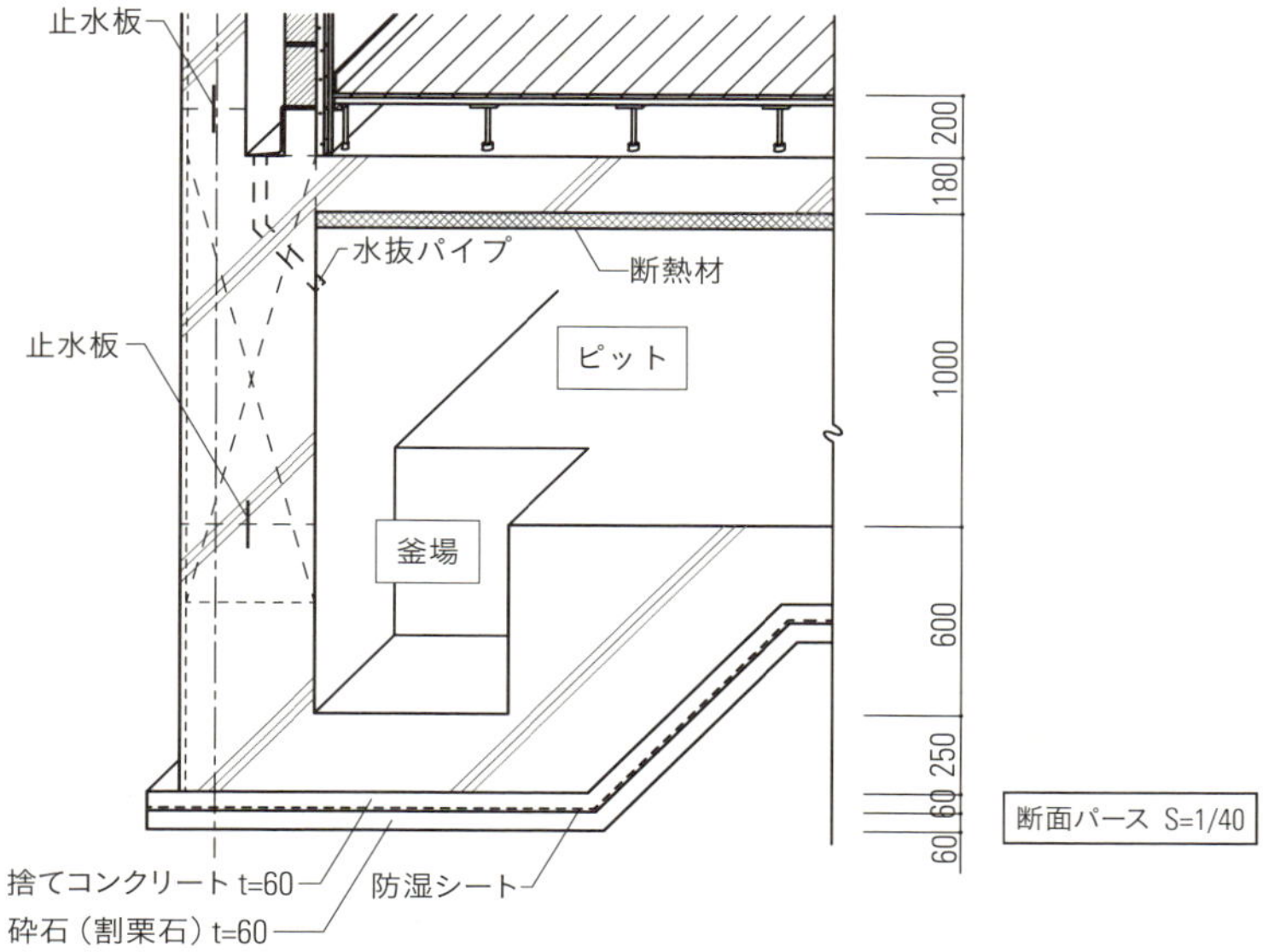

地下の構造は、RC造もS造も同じである。**地盤調査**を行い、**大きな水源**の有無や**地下水位が高い敷地**に**地下階を設ける場合**には、浸水・湿度対策として、コンクリート自体に**混和剤**を混入することで**防水性を上げる**ことができる（基本的にコンクリートは耐水であるが）。さらに地下の壁面を**二重壁**と**最下部にピット**を設け、浸水した水の**集水と排出を行う**。このような対策は、地下階の居住環境を少しでも良好にするための基本であり、大切な納まりである。

二重壁は、コンクリートで地下階の**躯体**（一つめの壁）をつくり、その内側に**約100㎜以上**の**隙間**をつくり、コンクリートブロックを積み上げて二つめの壁とする。地下の仕上げはGLボンドなどで**壁板**を設置して仕上げる。二重壁でできた隙間から**ピットに浸出水が流れるよう**に**水抜きパイプ**を設ける。ピットの床面には**1/100程度の水勾配**を付け、釜場には浸水排出のための**ポンプを設置**する。

二重壁代替打込式型枠による納まり

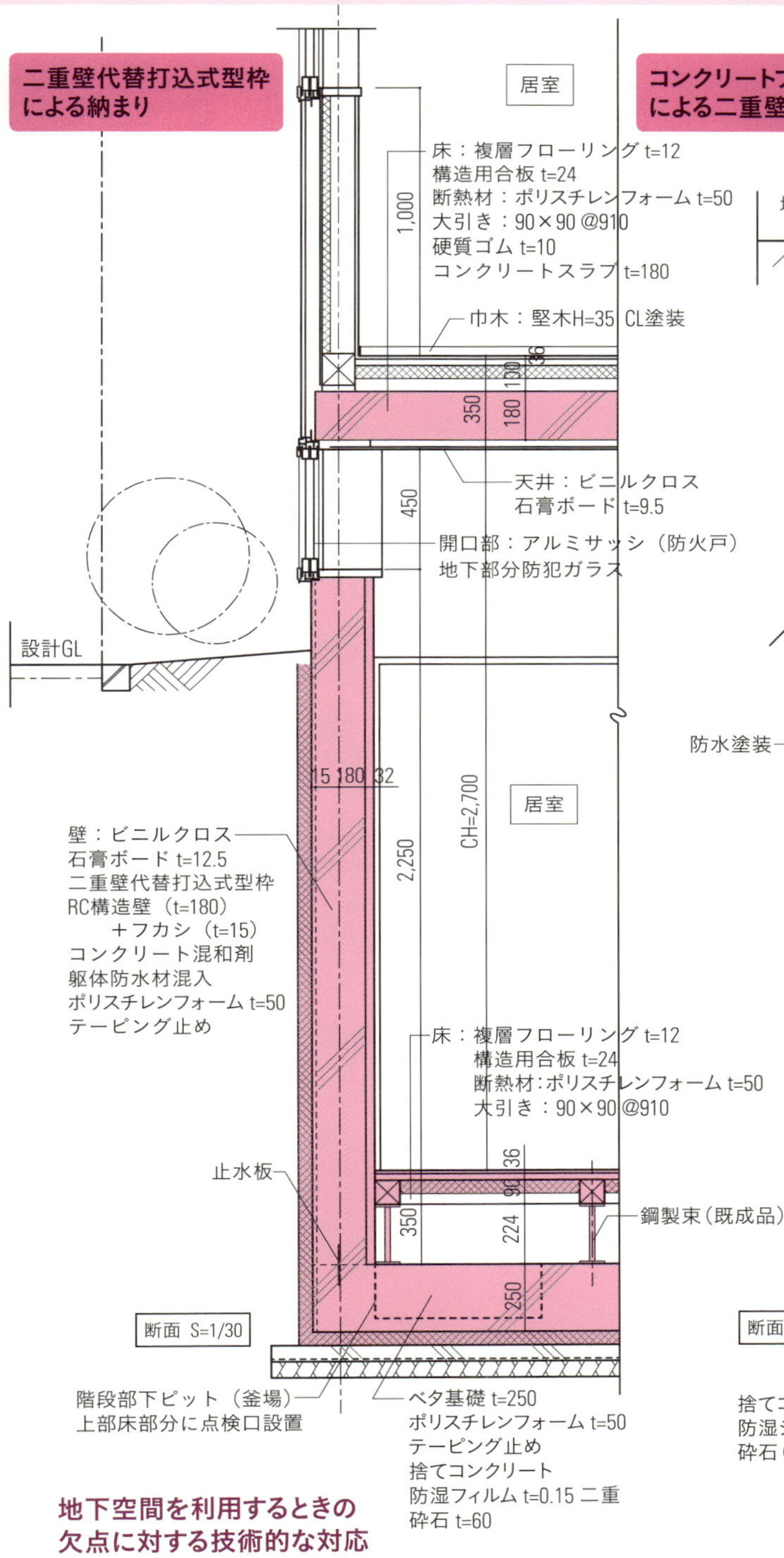
居室
床：複層フローリング t=12
構造用合板 t=24
断熱材：ポリスチレンフォーム t=50
大引き：90×90 @910
硬質ゴム t=10
コンクリートスラブ t=180
1,000
巾木：堅木H=35 CL塗装
36
100
350
180
天井：ビニルクロス
石膏ボード t=9.5
450
開口部：アルミサッシ（防火戸）
地下部分防犯ガラス
設計GL
15 180 32
居室
CH=2,700
2,250
壁：ビニルクロス
石膏ボード t=12.5
二重壁代替打込式型枠
RC構造壁（t=180）
＋フカシ（t=15）
コンクリート混和剤
躯体防水材混入
ポリスチレンフォーム t=50
テーピング止め
床：複層フローリング t=12
構造用合板 t=24
断熱材:ポリスチレンフォーム t=50
大引き：90×90 @910
止水板
36
90
350
224
鋼製束（既成品）
250
断面 S=1/30
階段部下ピット（釜場）
上部床部分に点検口設置
ベタ基礎 t=250
ポリスチレンフォーム t=50
テーピング止め
捨てコンクリート
防湿フィルム t=0.15 二重
砕石 t=60

コンクリートブロックによる二重壁の納まり

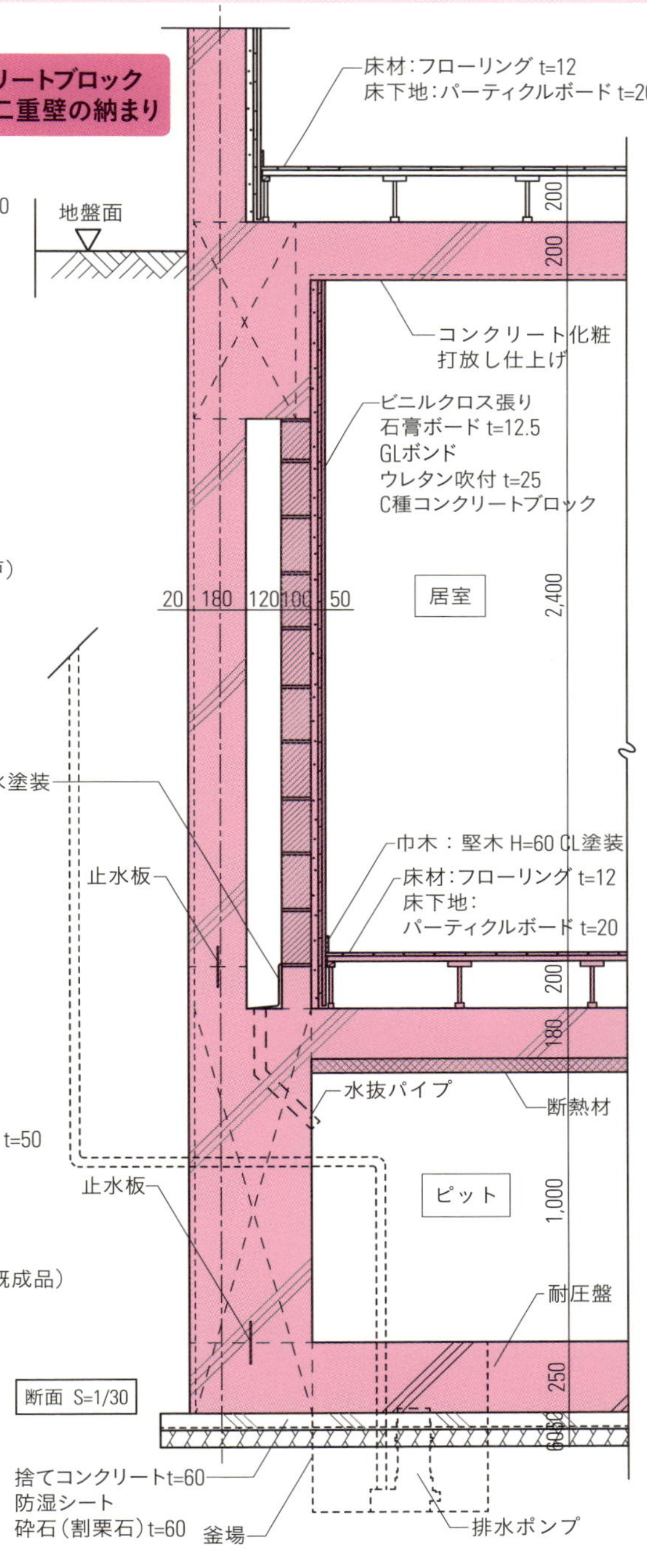
床材：フローリング t=12
床下地：パーティクルボード t=20
地盤面
200
200
コンクリート化粧
打放し仕上げ
ビニルクロス張り
石膏ボード t=12.5
GLボンド
ウレタン吹付 t=25
C種コンクリートブロック
20 180 120 100 50
居室
2,400
防水塗装
巾木：堅木 H=60 CL塗装
止水板
床材：フローリング t=12
床下地：
パーティクルボード t=20
200
180
水抜パイプ
断熱材
止水板
ピット
1,000
耐圧盤
250
60 60
断面 S=1/30
捨てコンクリートt=60
防湿シート
砕石（割栗石）t=60
釜場
排水ポンプ

地下空間を利用するときの欠点に対する技術的な対応

❶地盤調査を行い、大きな水脈の有無を確認

❷水に対して

- コンクリートに躯体防水材を混入してコンクリート自体の防水性能を高める。
- コンクリート躯体の室内側に二重壁を設ける。例では簡易に二重壁をつくる「打込型枠」を使用しているものと、コンクリートブロックによる納まりの例である。
- 水がもし入ったときのために、耐圧盤に勾配を付けて、釜場（水を集めるくぼみ）をつくっておく。例：釜場の直上部に床下点検口を設置するなど。

❸湿度に対して

- 躯体の外周部に断熱材を設置。
- 通風、採光のための開口部（トップライトやハイサイドライト）を設置する。換気扇を設置し、機械的な強制換気を行うなど。

❹閉塞感に対して

- 開口部を設け、外構の緑が見えるような視界のつながりをつくる。
- ドライエリアなど外部と空間的につながる設計を行うなど。

❺コストに対して

- 躯体防水コンクリートの選択。
- 簡易に二重壁をつくる打込み型枠の選択。
- 半地下にするなど。

1階 直床

床スラブにモルタルをコテで薄く塗って仕上げる工法や直接床の仕上げ材を張り付ける工法で、床スラブに不陸（床がフラットでない凸凹した状況）がない状況まで精度の正確性が要求される。

床：フローリング

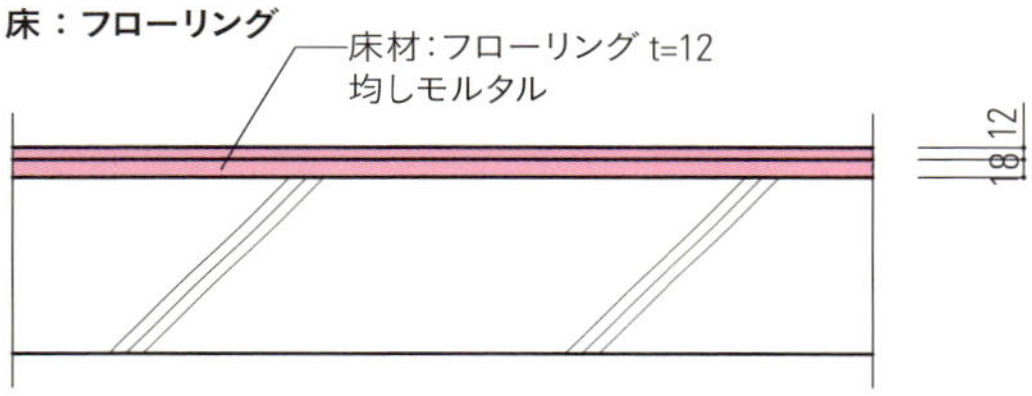

断面 S=1/15

床：長尺シート

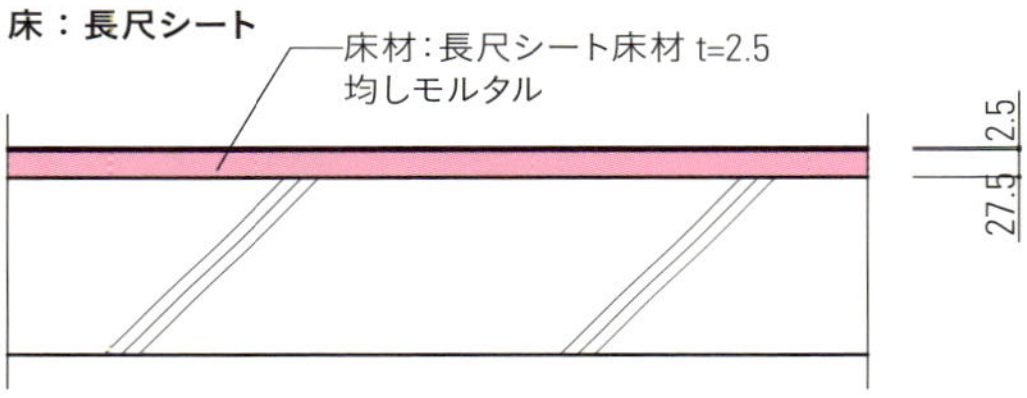

断面 S=1/15

床：タイル

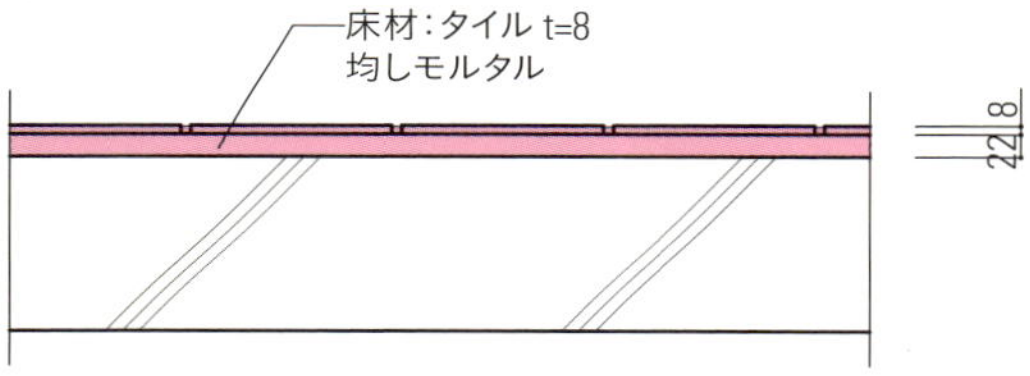

断面 S=1/15

電気式床暖房

床：フローリング

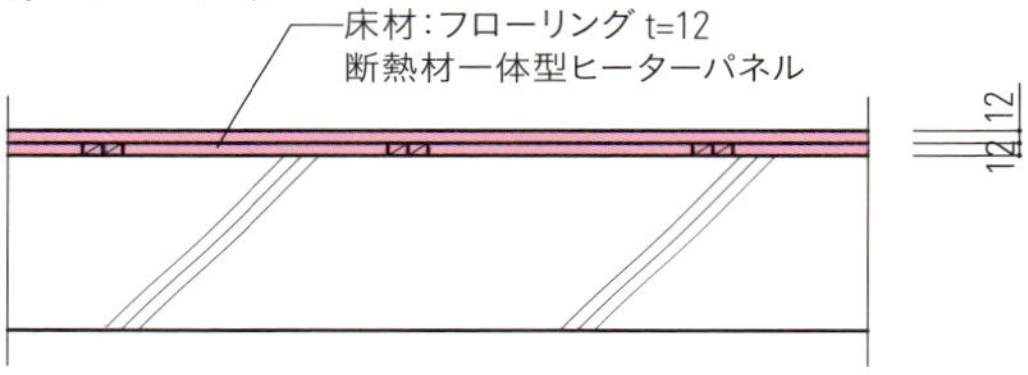

断面 S=1/15

1階 根太床工法（二重床）

床：フローリング

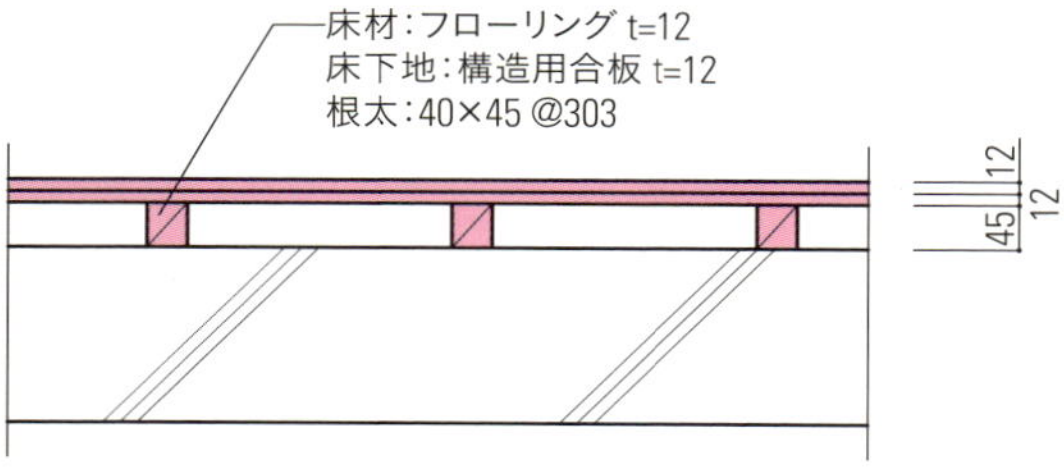

断面 S=1/15

床：タイル

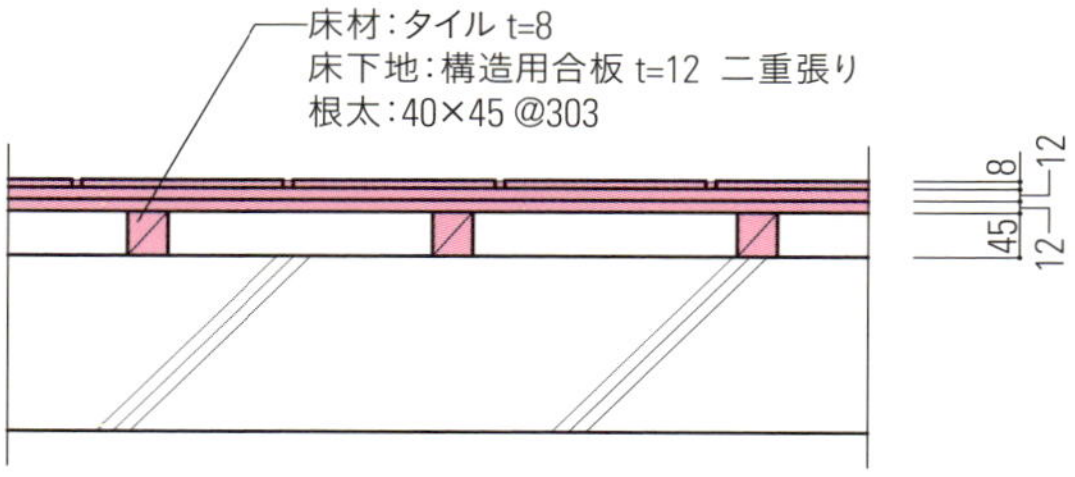

断面 S=1/15

床：畳

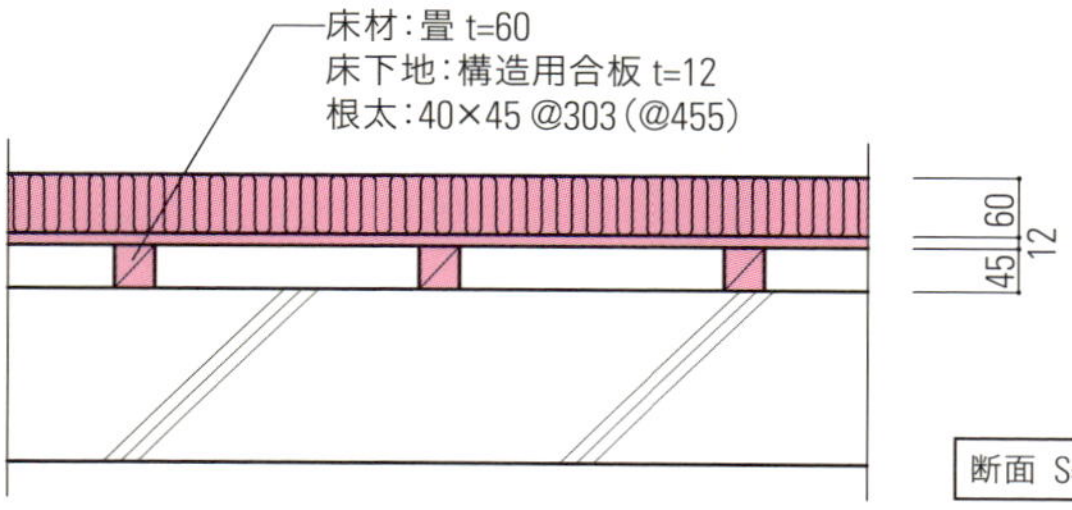

断面 S=1/15

根太床工法は、スラブの上に下地となる根太を載せることで、隙間が生まれ、その隙間を配管や配線スペースに使用することができる。直床のように床スラブの精度の正確性が要求されない。

1階 置床工法（二重床）

床：タイル

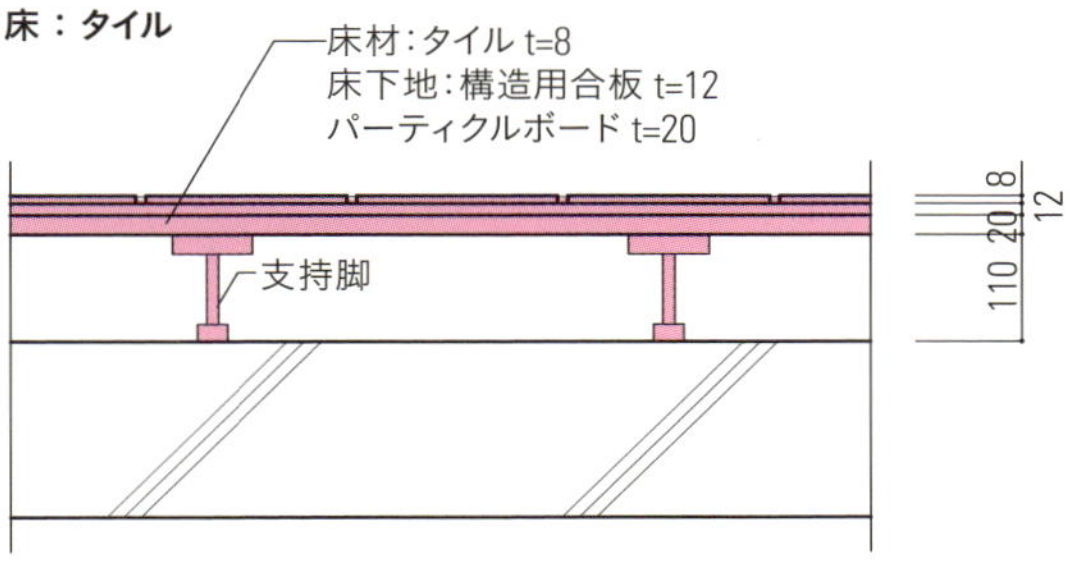

断面 S=1/15

床：畳

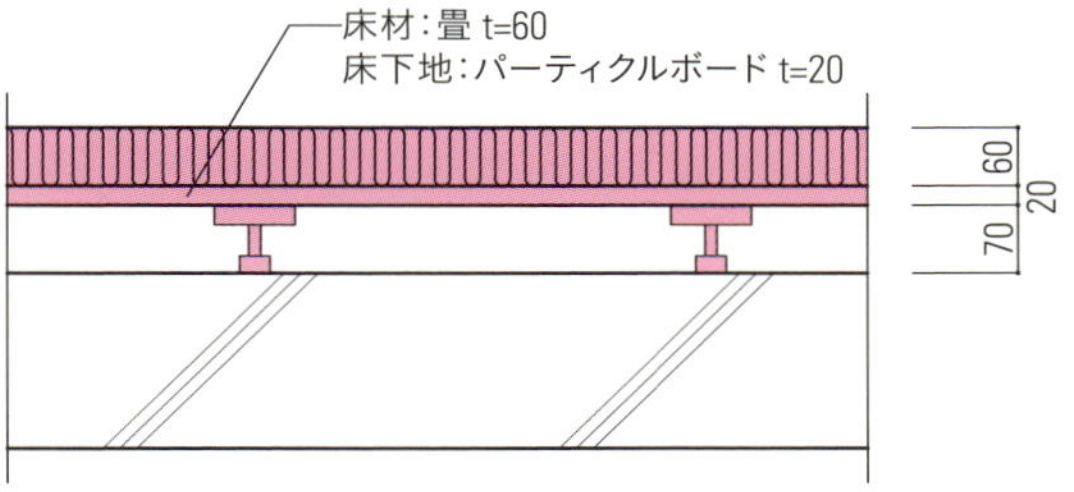

断面 S=1/15

電気式床暖房

床：薄畳

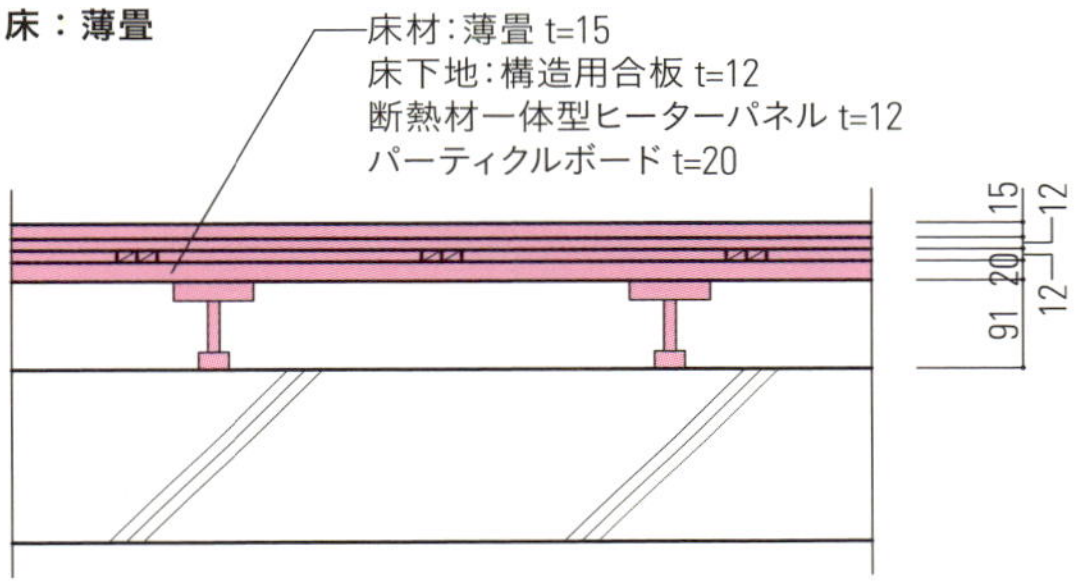

断面 S=1/15

置床工法（乾式二重床システム）は、床スラブの上にシステムを載せることで、隙間が生まれる。その隙間を設備の配管ルートとして自由に通すことができる、支持脚の防振ゴムなどで遮音性がある、脚の高さによりいろいろな仕上げに対応できるなどのメリットがある。デメリットとしては、コストが高い、重量の大きな家具などの置き場はあらかじめ設定して、支持脚の間隔を狭めるなど補強が必要である。

1階 浮床工法（二重床）

床：フローリング

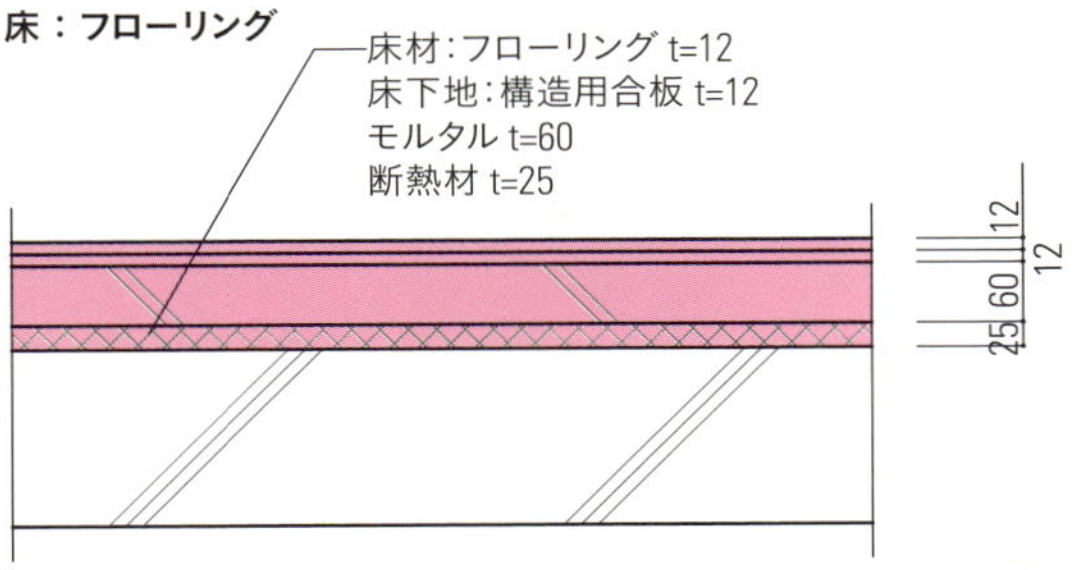

断面 S=1/15

床：畳

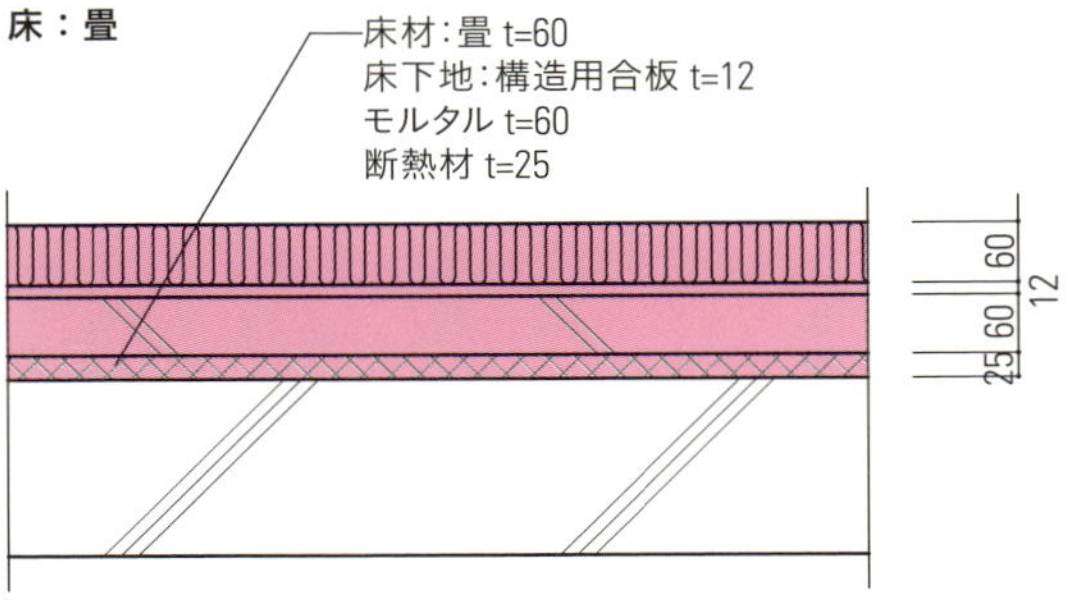

断面 S=1/15

温水式床暖房（埋込式）

床：フローリング

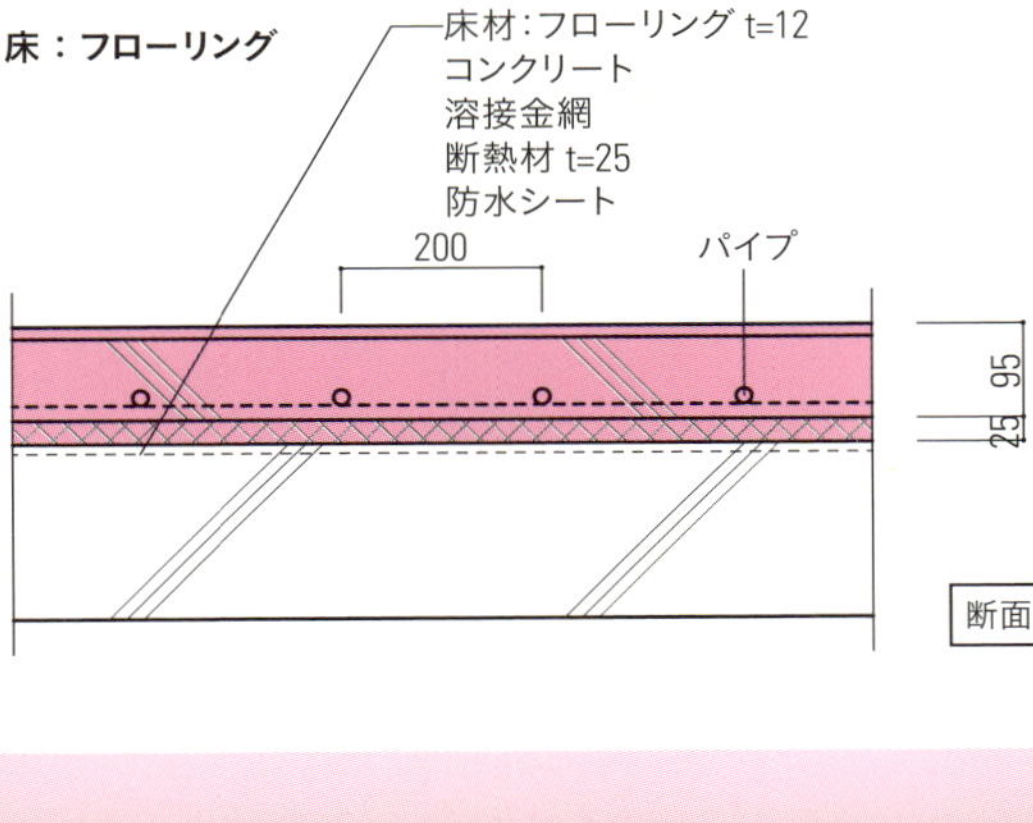

断面 S=1/15

浮床工法は、床スラブと床仕上げ材との間に緩衝材となる断熱材などを敷き込み、その上にモルタルやコンクリートを敷き、床の遮音性能を高めるために行う。

01 2階床組の基本的な納まり デッキプレート

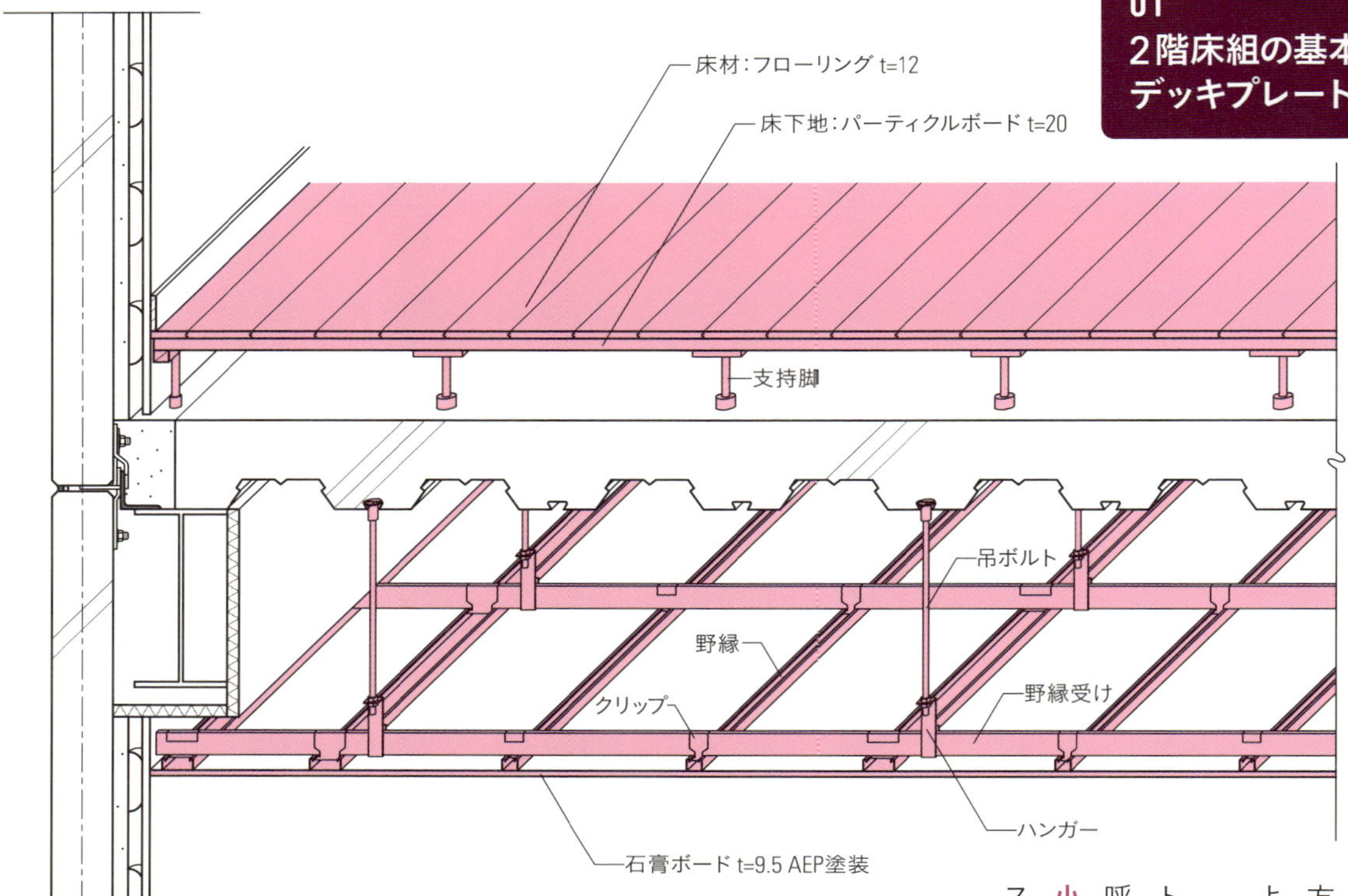

断面パース S=1/15

S造の床組には、**デッキプレート**にコンクリートを流し込む方法、**ALC版**を敷く方法、木造のように**木組**で行うやり方がある。

デッキプレートの上にコンクリートを打設する工法は、**合成スラブ**と呼ばれる。デッキプレートを載せる**小梁の間隔を3m**ぐらいにすると、スラブを支える**支保工なし**でコンクリートの打設ができる。

デッキプレートに天井の仕上げを施す場合は、**天井下地**が組めるように、鉄骨の梁やデッキプレートから**吊ボルト金物**を吊るす。天井下地は**LGS（軽量鉄骨）下地**か**木**で行うのが一般的である。図は天井下地がLGSの例である。

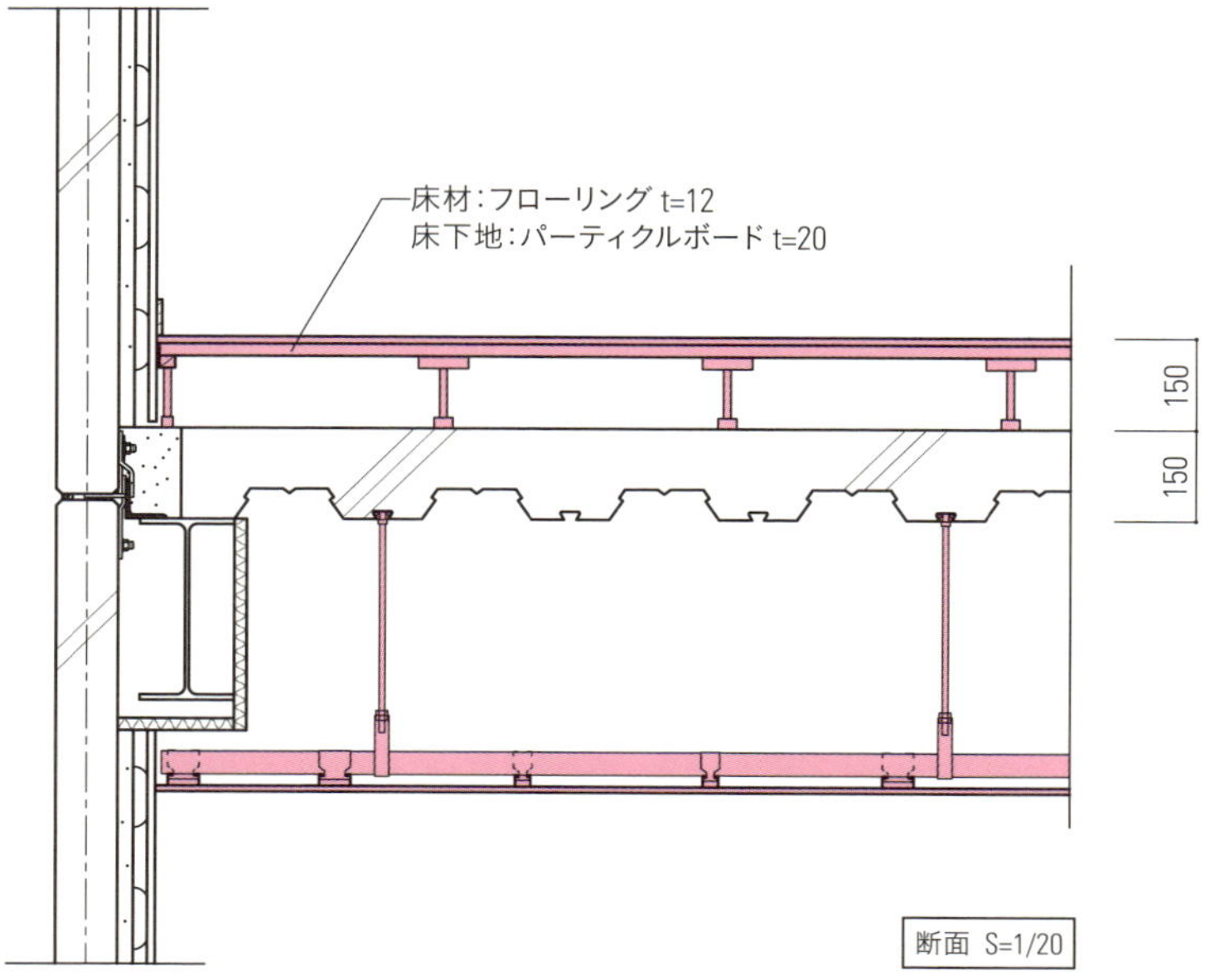

断面 S=1/20

デッキプレート床スラブの構成分解図

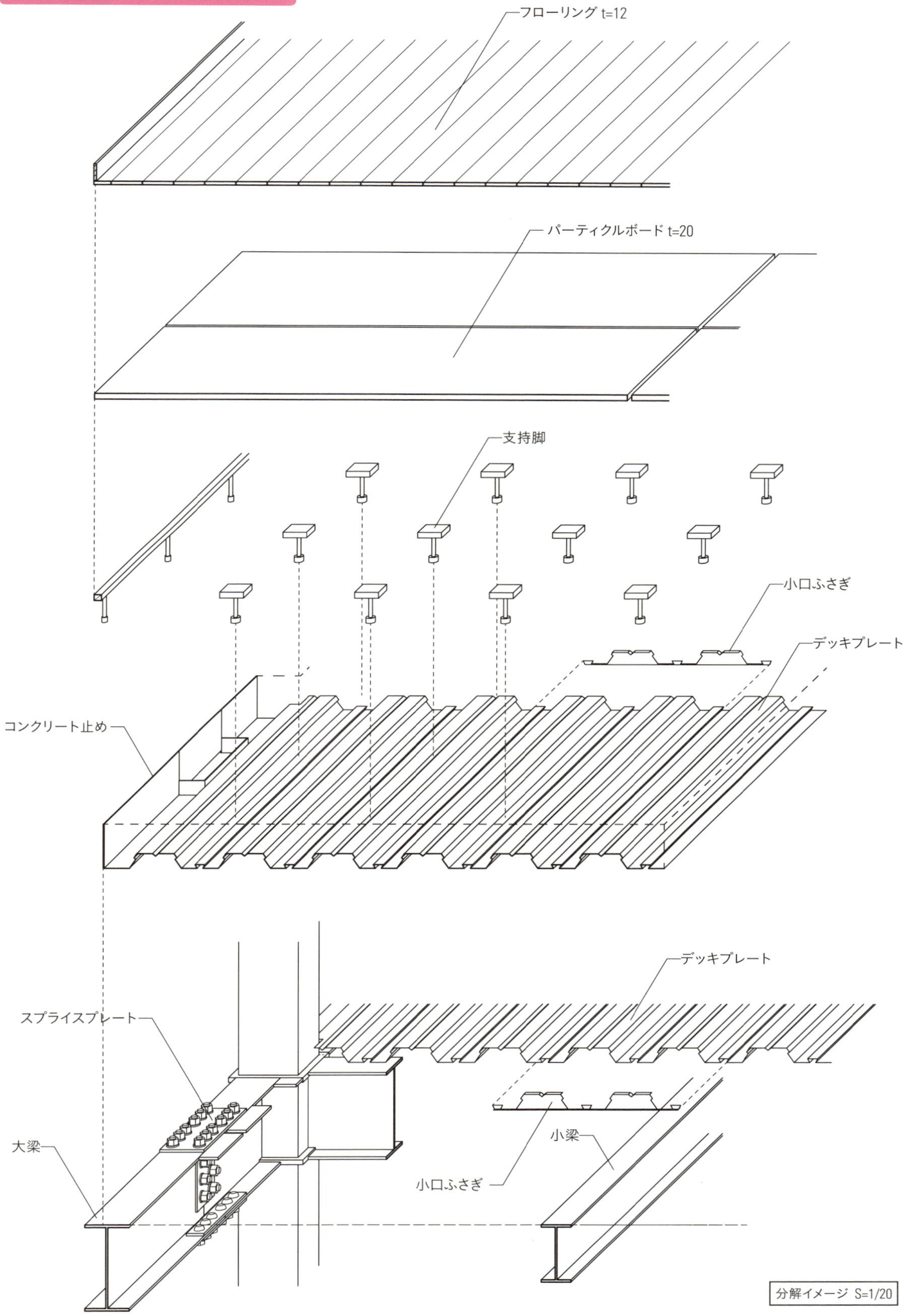

02
2階床組の基本的な納まり ALC版

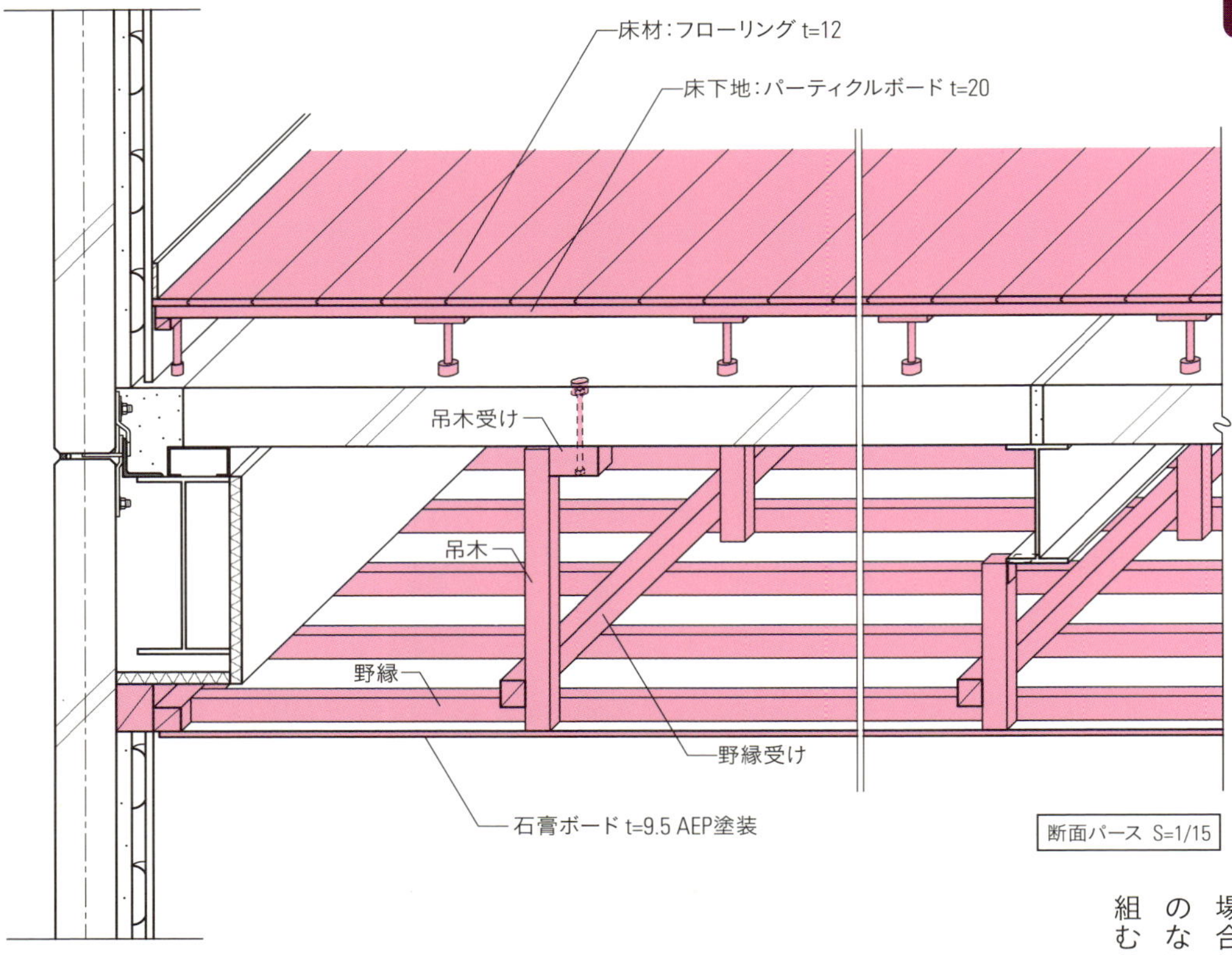

床材：フローリング t=12
床下地：パーティクルボード t=20
吊木受け
吊木
野縁
野縁受け
石膏ボード t=9.5 AEP塗装

断面パース S=1/15

S造の床組に**ALC版**を用いる工法である。耐火・防火認定を受けた**ALC版**を用いると耐火性能が上がる。内装制限のある建物の場合は**LGS下地**となり、内装制限のない建物のときに**木下地**で天井を組むことができる。

天井下地を木で行う場合は、鉄骨の梁やALC版から**吊ボルト**などの金物に**吊木**となる角材を留める。あとは木造の天井を組むときと同じ要領で**野縁受け**、**野縁**を配置して**天井材**を取り付ける。

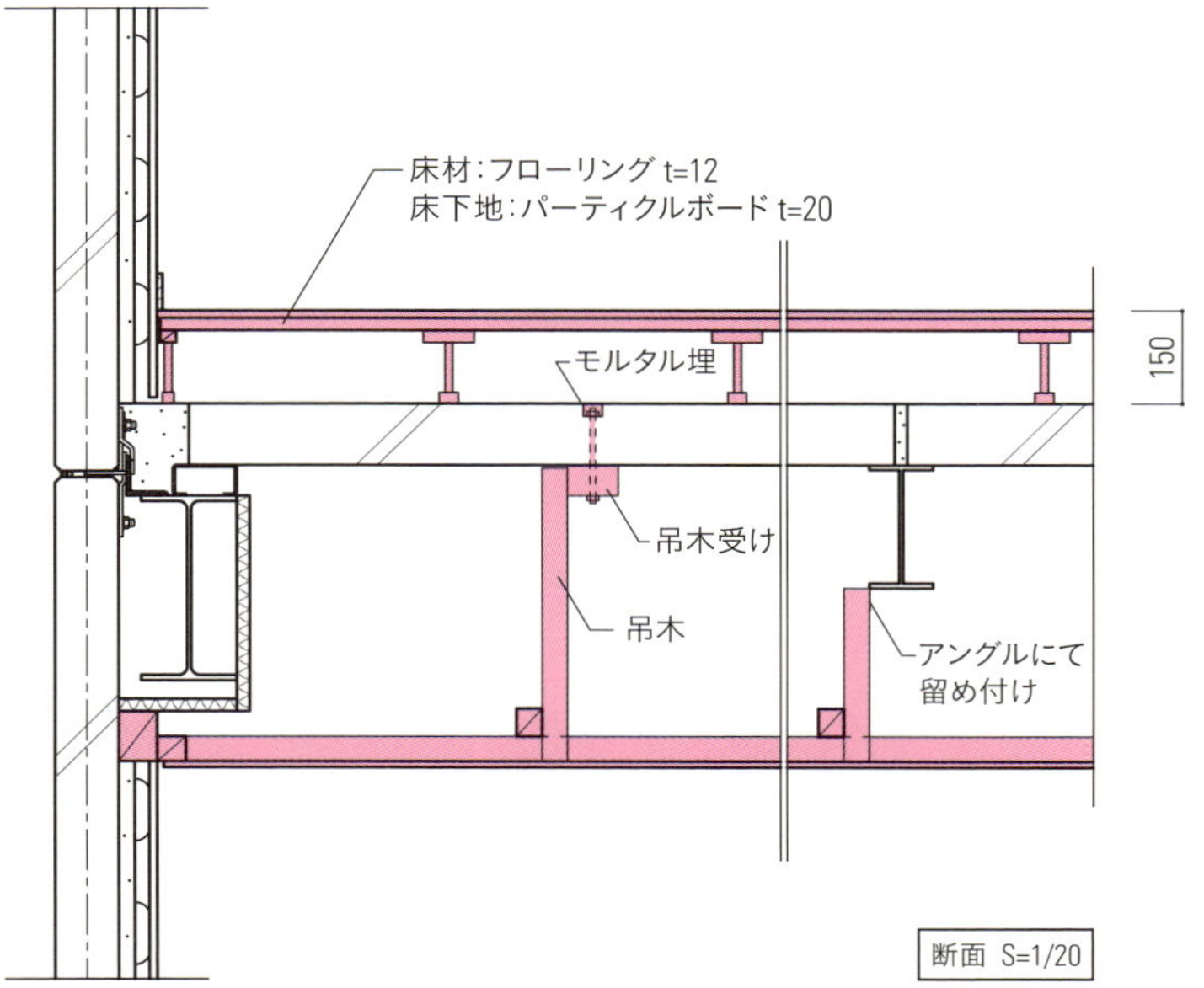

床材：フローリング t=12
床下地：パーティクルボード t=20
モルタル埋
150
吊木受け
吊木
アングルにて
留め付け

断面 S=1/20

ALC版床スラブの構成分解図

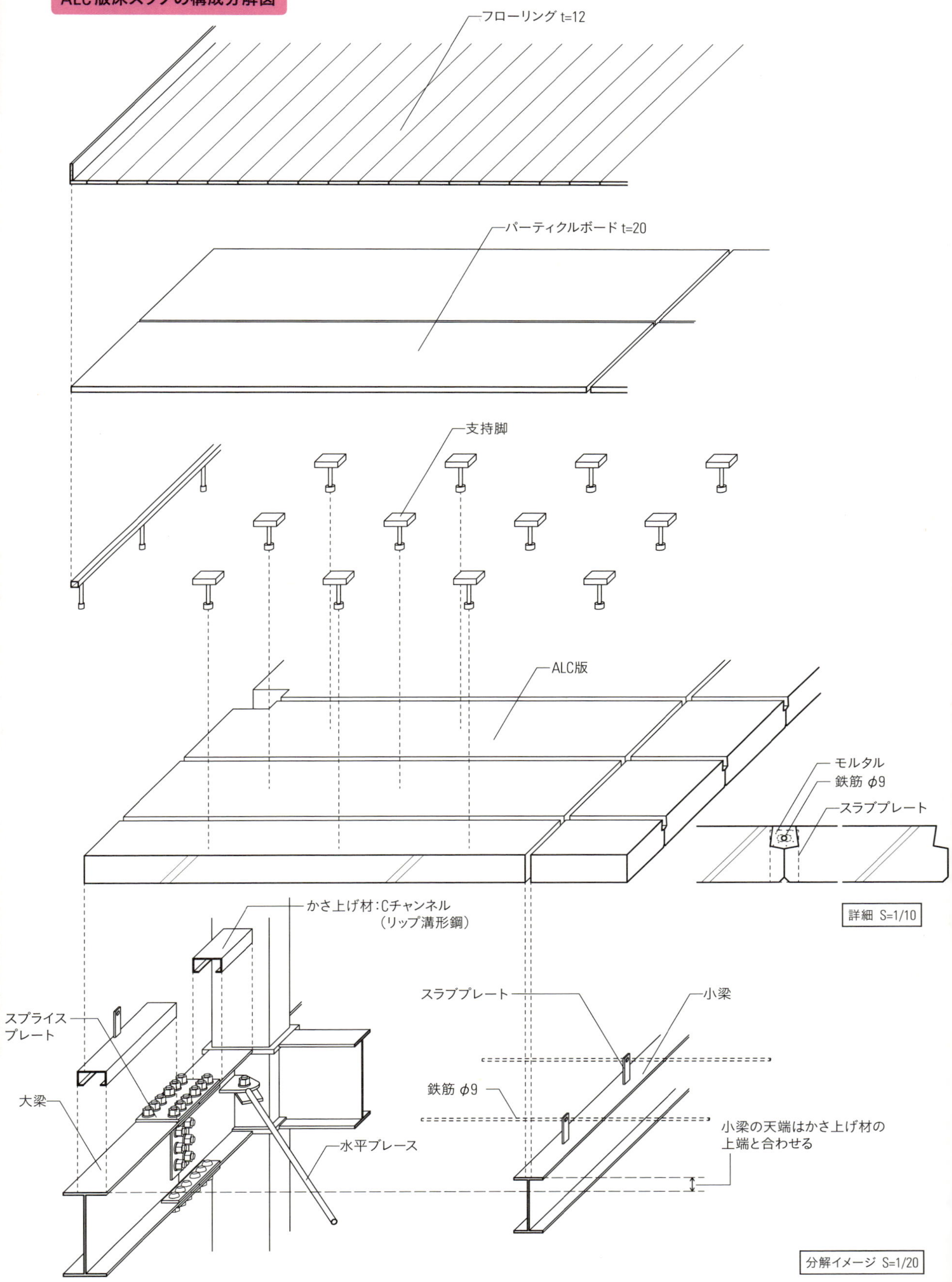

2階 直床工法＋天井

床：モルタル金鏝仕上げ
天井：石膏ボード＋AEP塗装

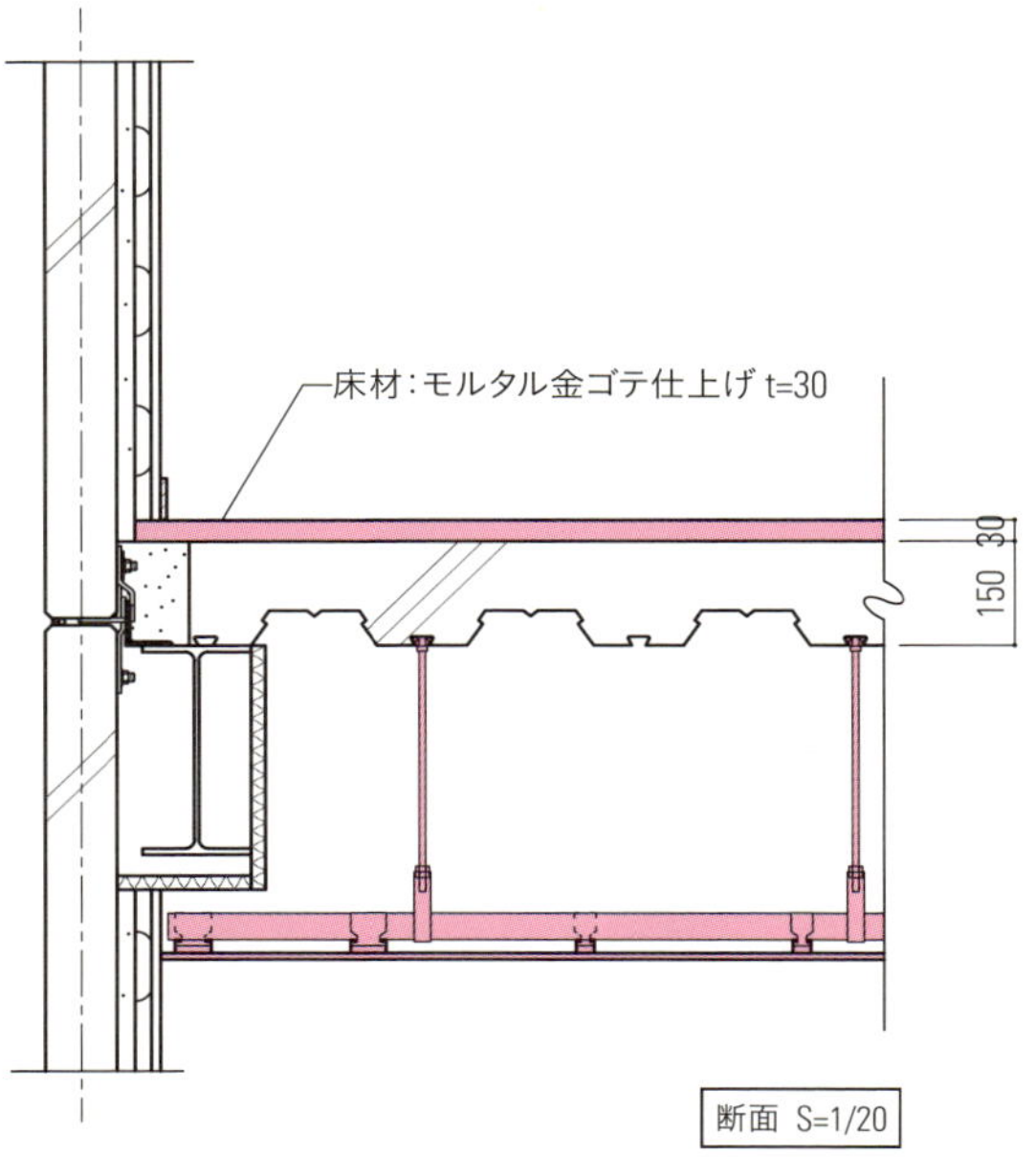

床：フローリング
天井：デッキプレート現し＋塗装仕上げ

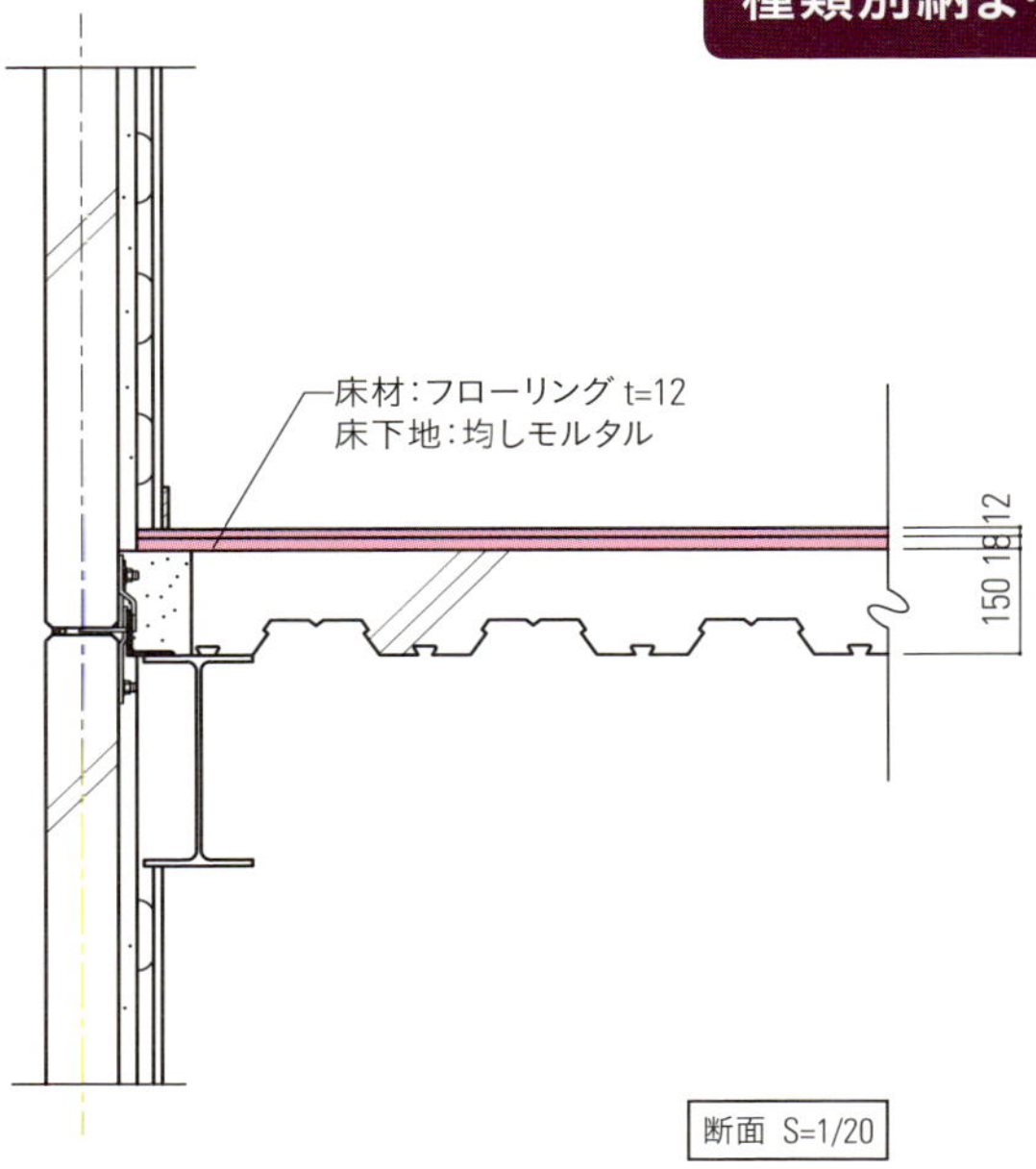

2階 根太床工法(二重床)＋天井

床：フローリング
天井：石膏ボード＋AEP塗装

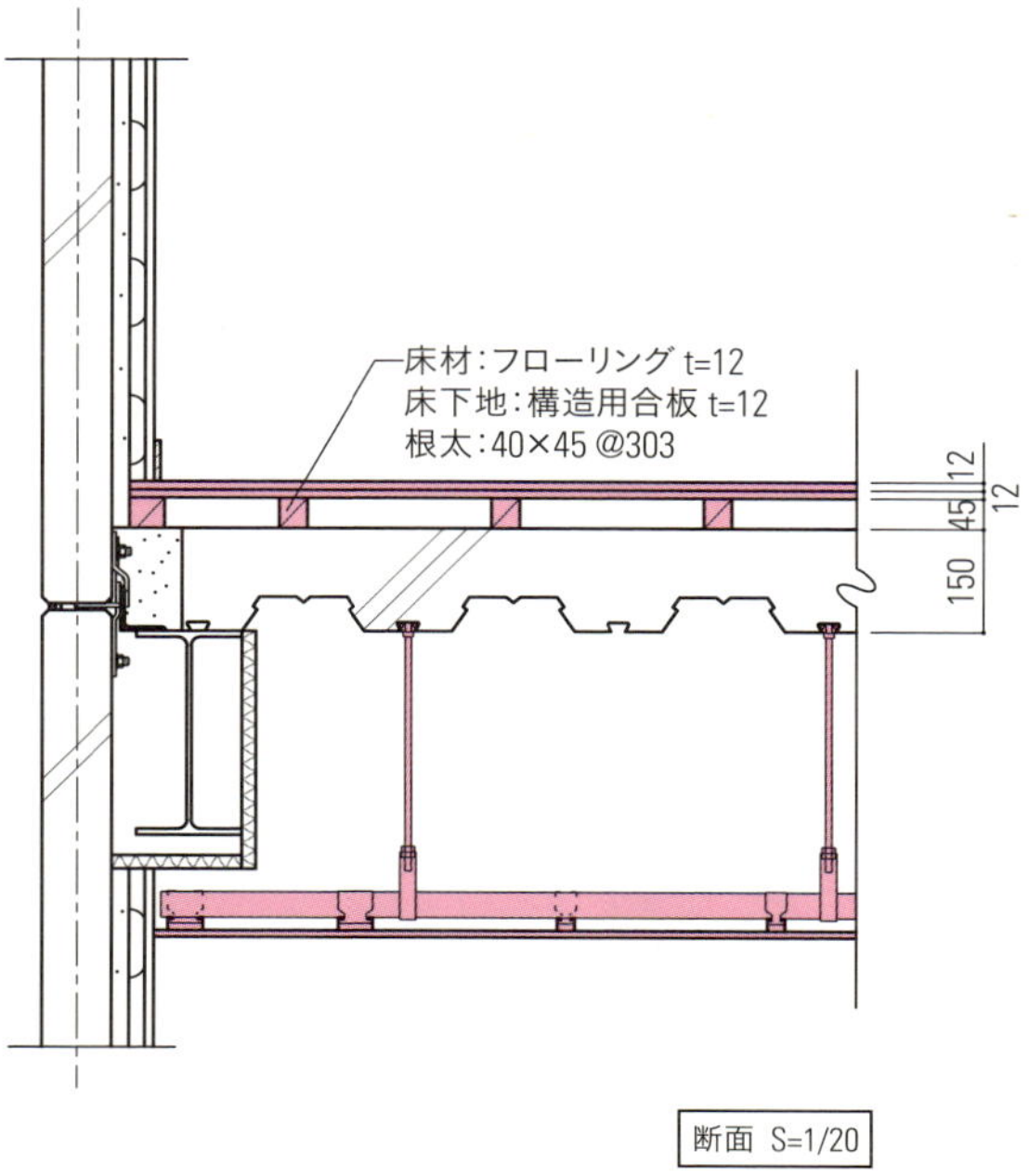

床：畳
天井：石膏ボード＋AEP塗装

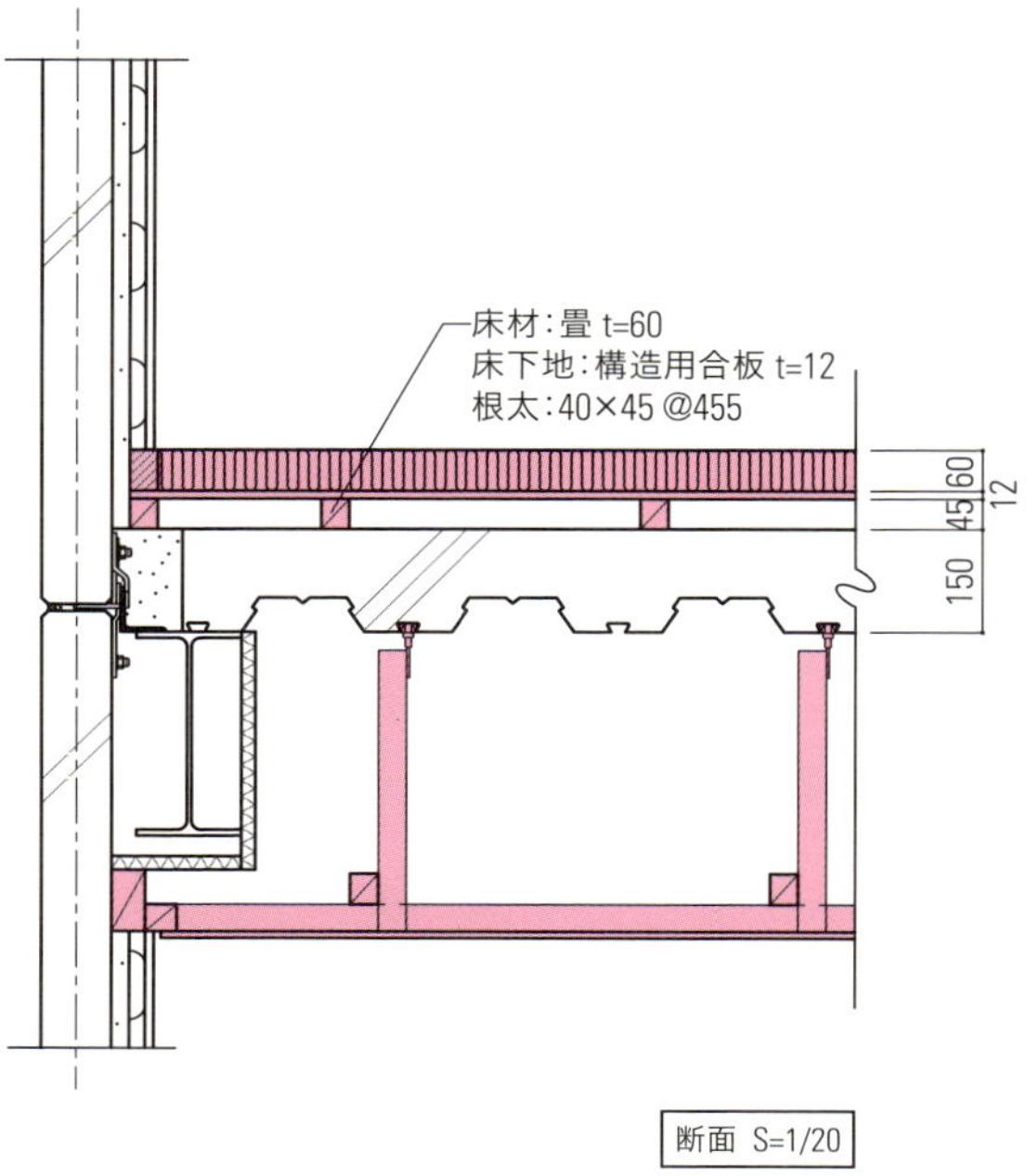

2階 置床工法（二重床）＋天井

床：タイル仕上げ
天井：石膏ボード＋AEP塗装

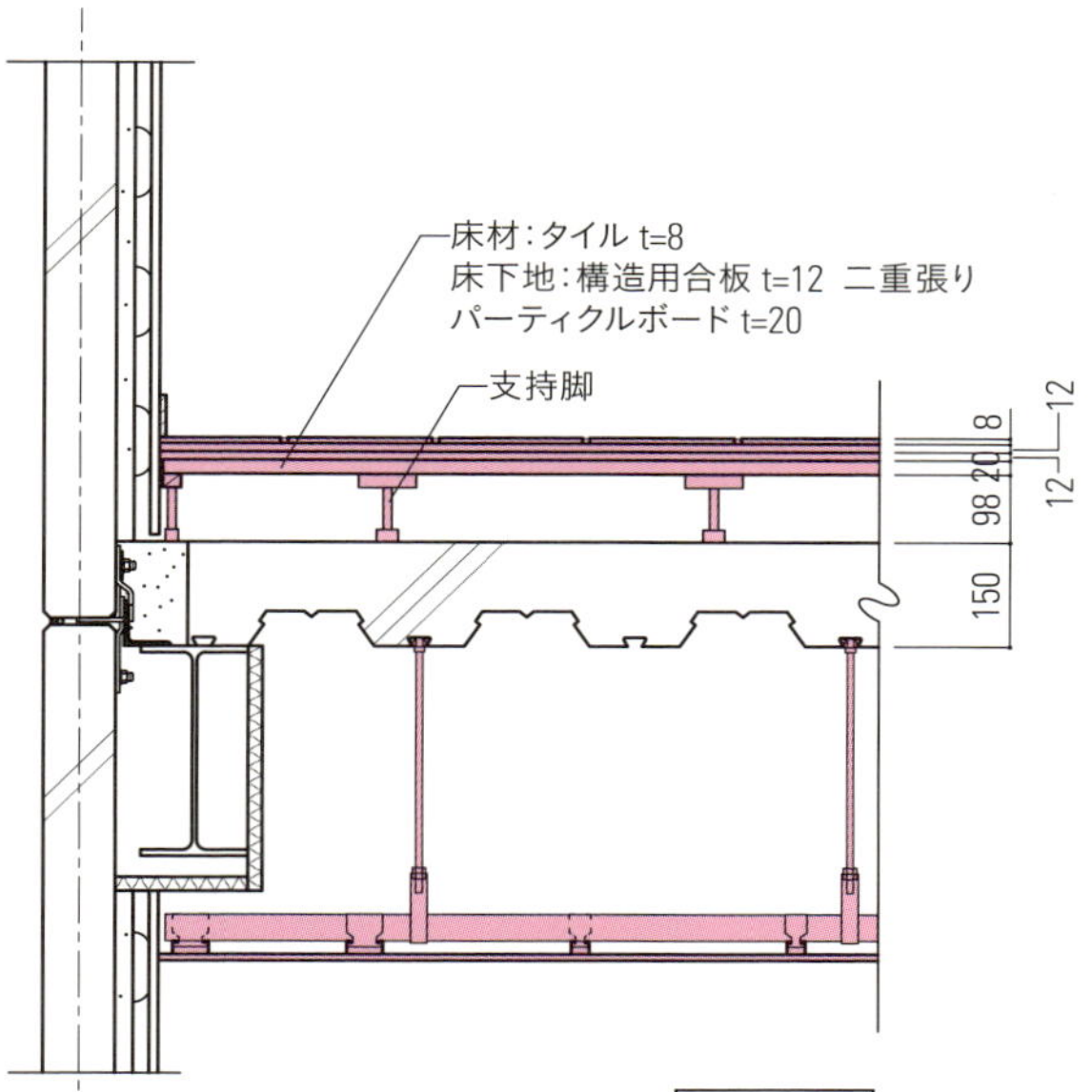

断面 S=1/20

床：畳
天井：石膏ボード＋AEP塗装

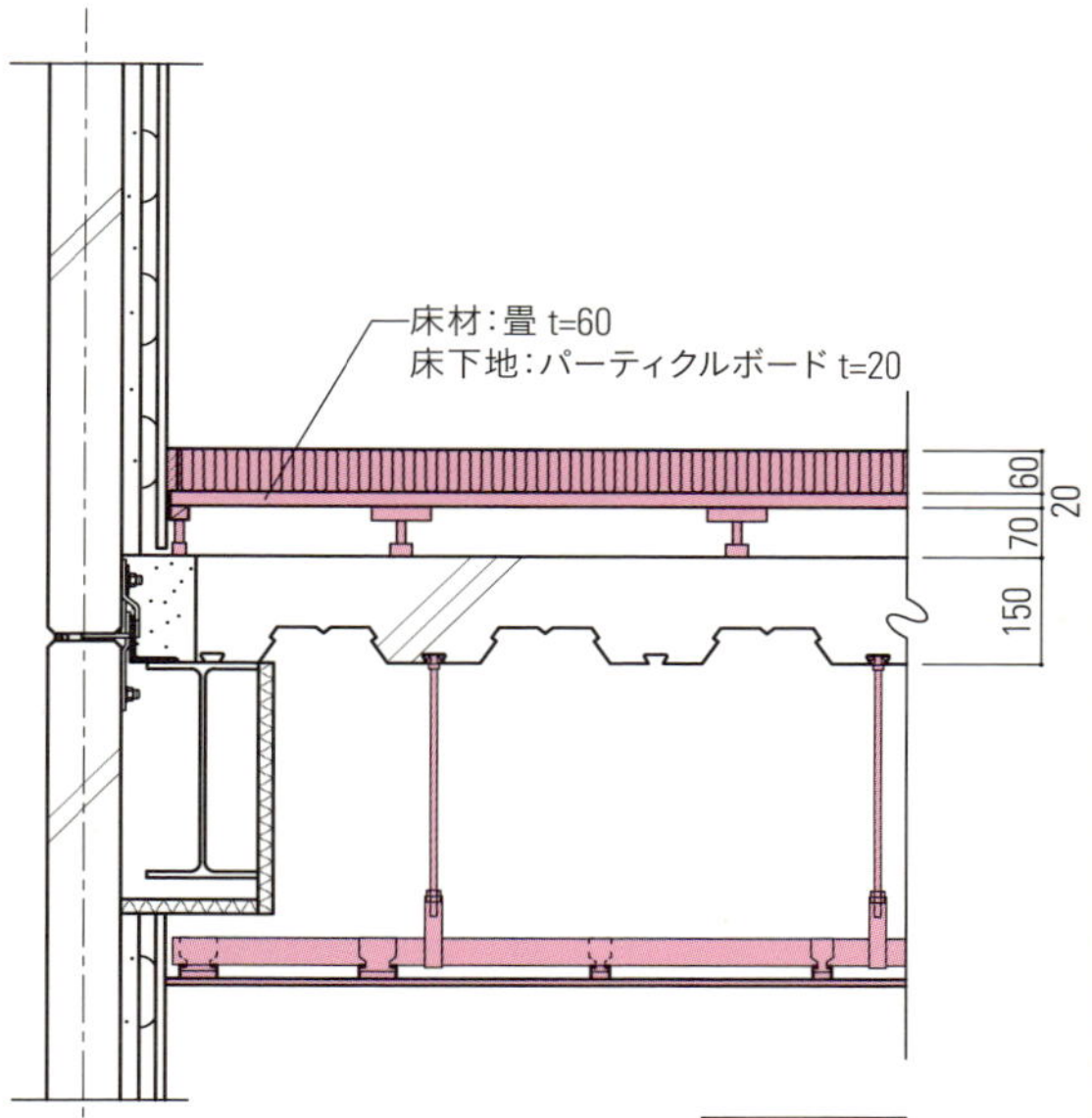

断面 S=1/20

2階 浮床工法（二重床）＋天井

床：フローリング
天井：石膏ボード＋AEP塗装

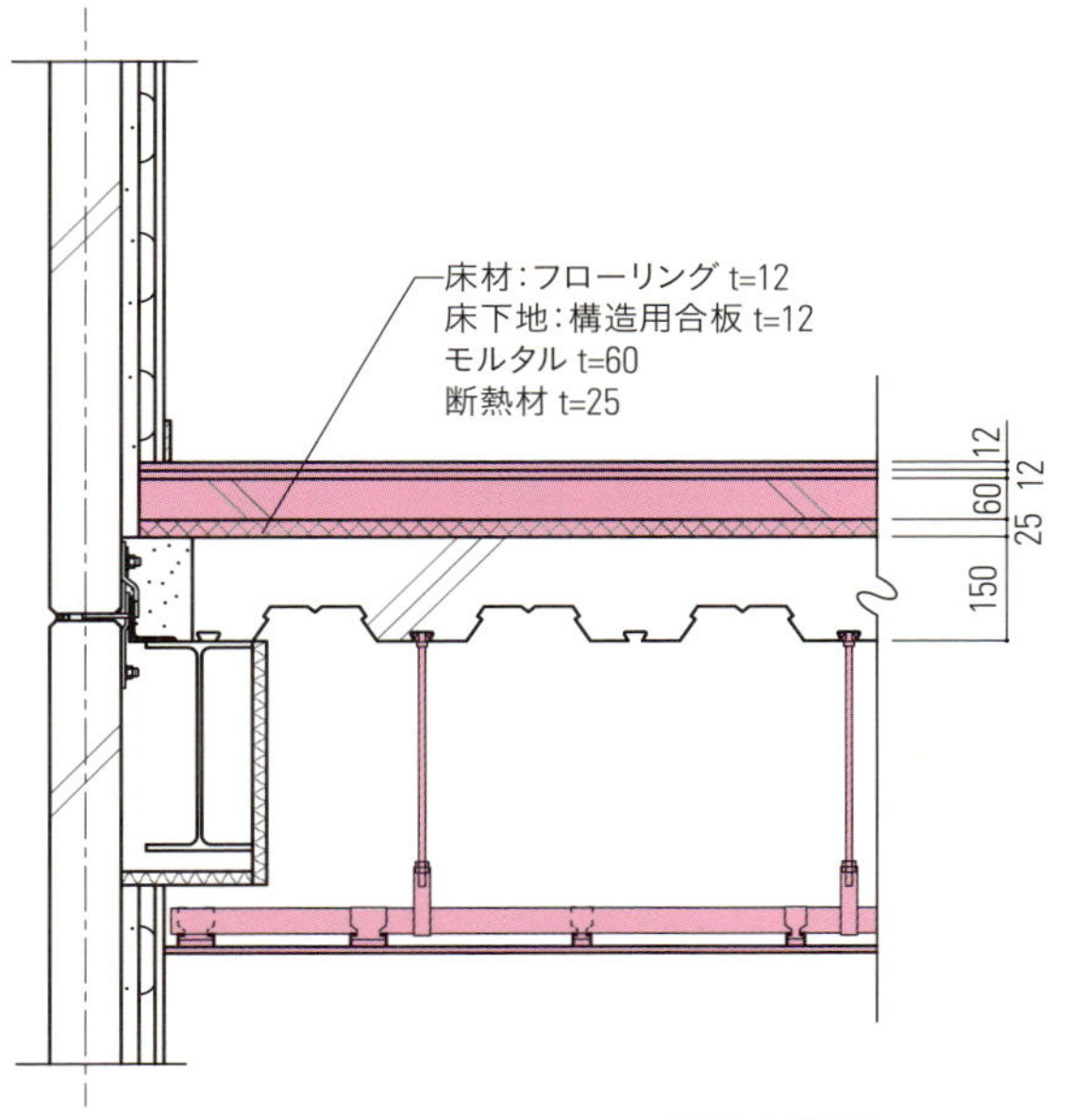

断面 S=1/20

床：畳
天井：石膏ボード＋AEP塗装

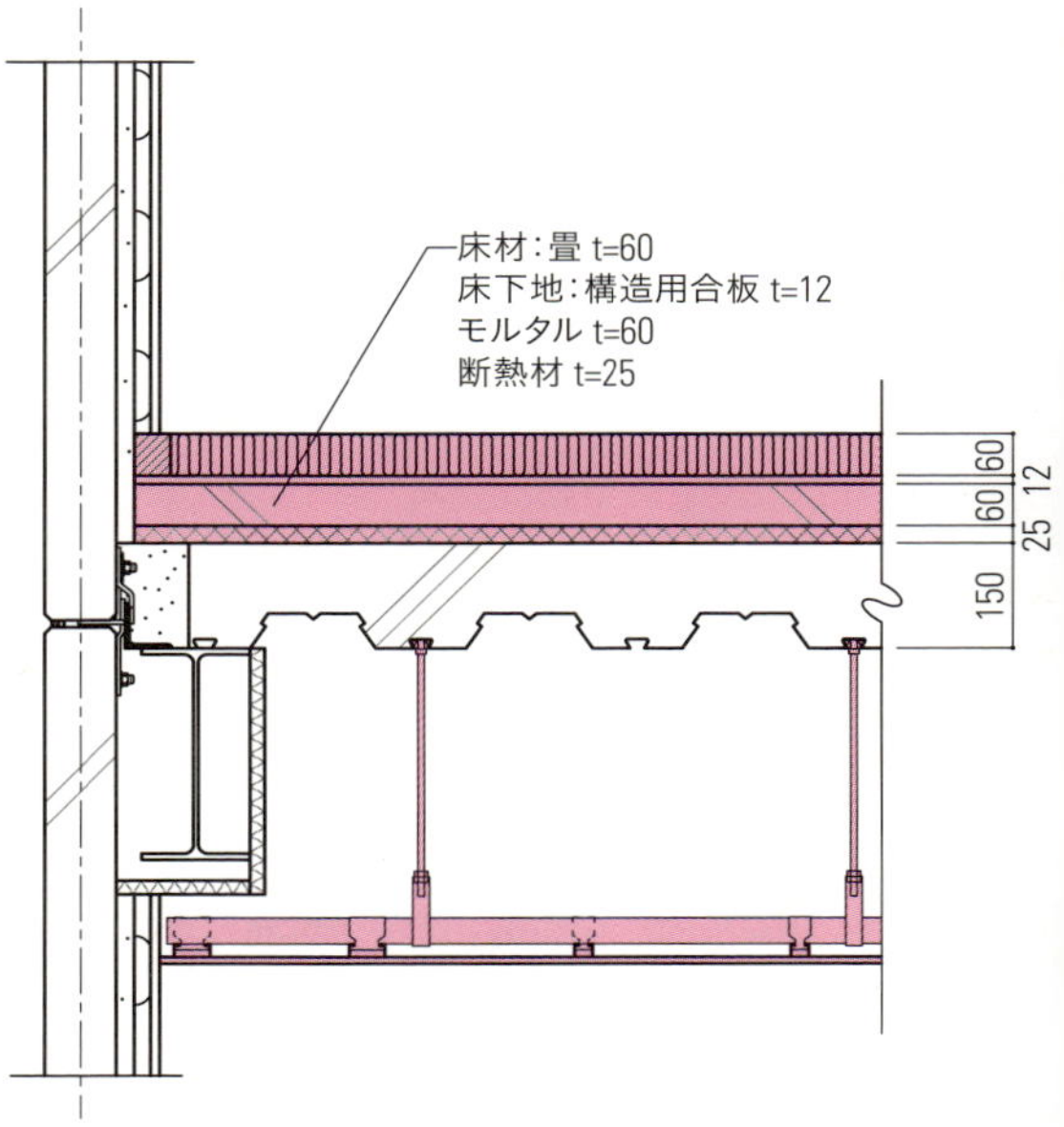

断面 S=1/20

04
階段の種類別納まり

回り階段

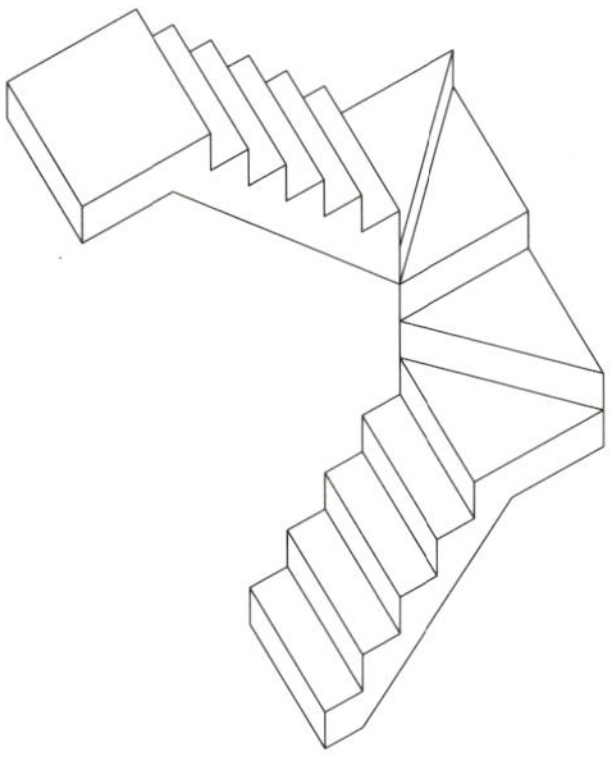

折り返し階段

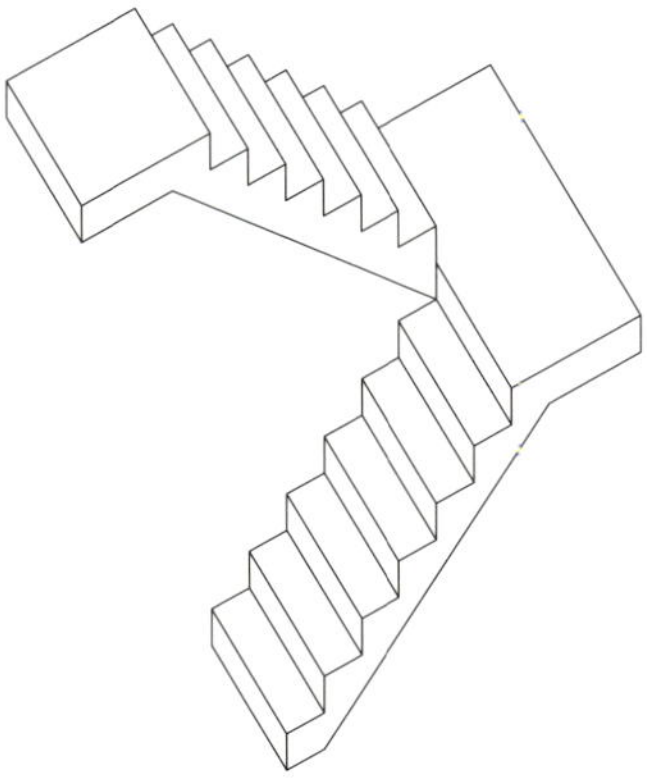

直進階段

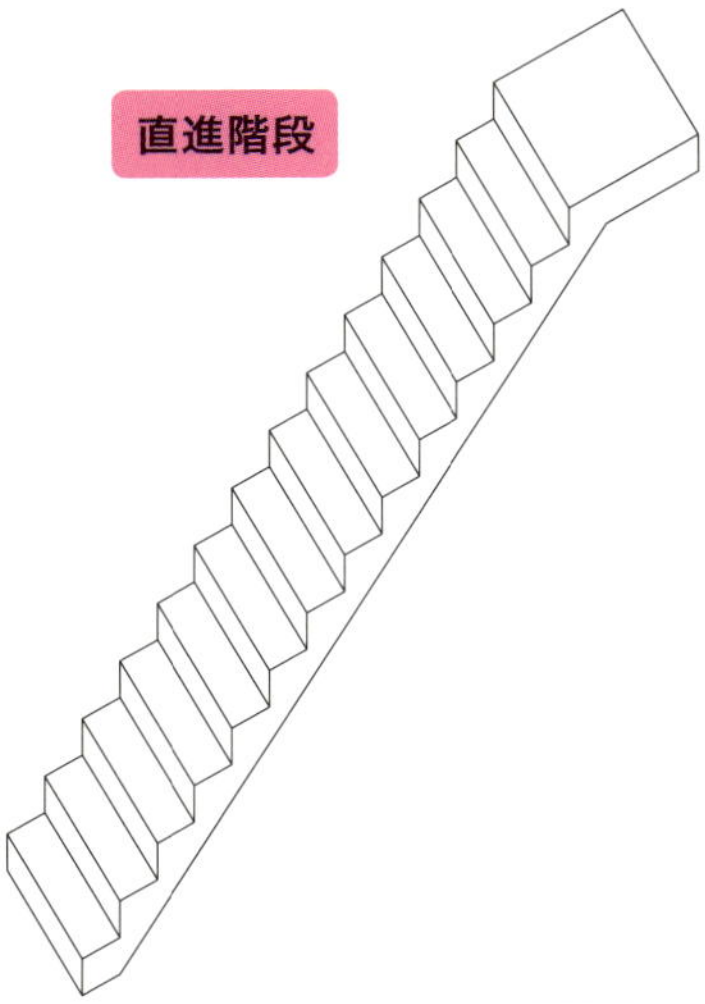

らせん階段

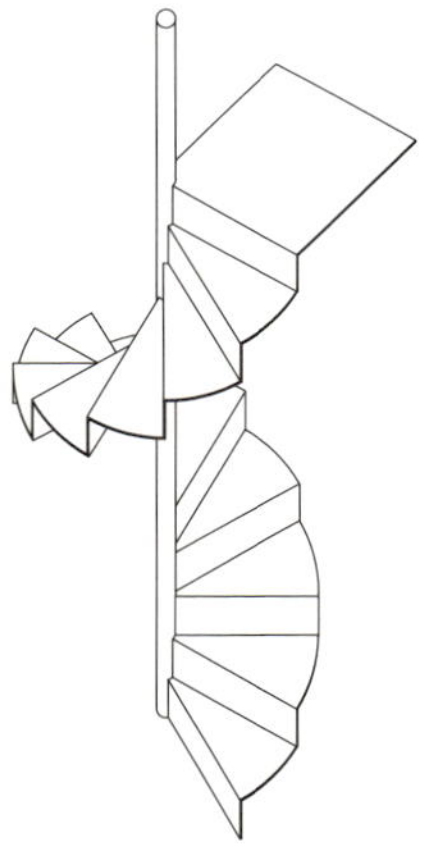

矩《かな》折《お》れ階段

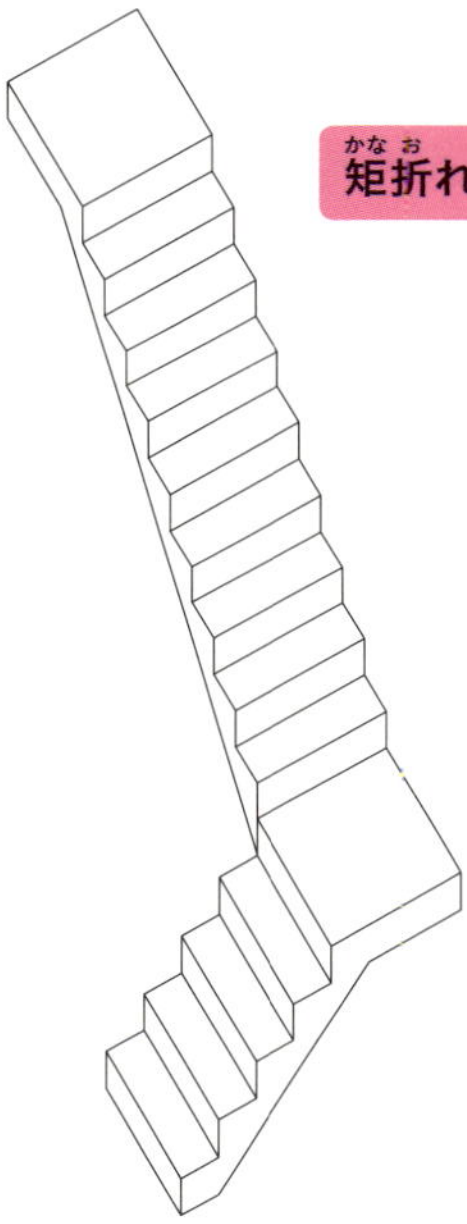

中あき階段

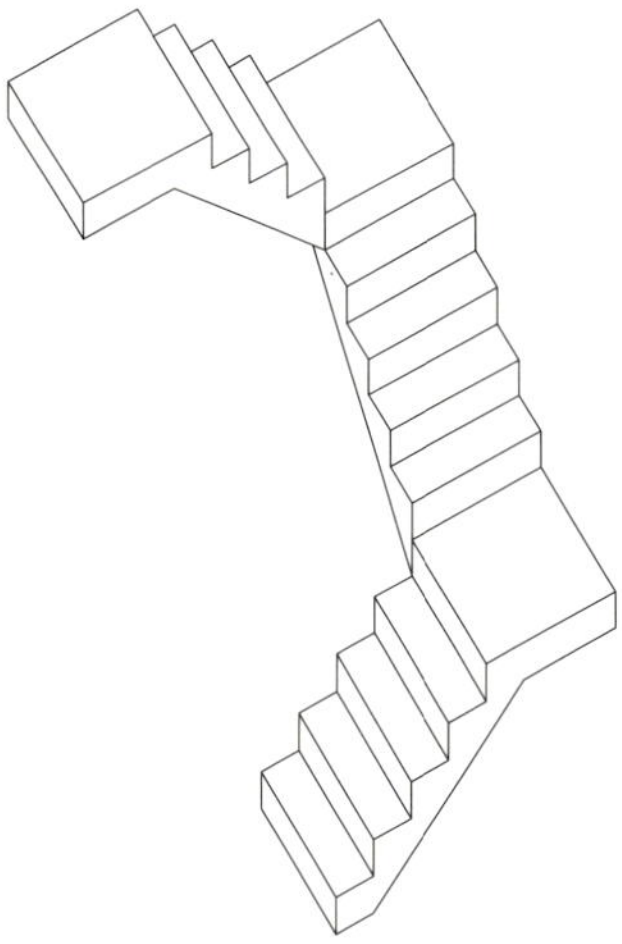

階段は、階の上下を立体的につなぐ役割をする部位である。その立体的な構造の美しさは時にオブジェのような芸術的な側面をもっている。多様なデザインの可能性から階段をとりまくさまざまな楽しい空間がつくられている。

階段の設計は、**1階と2階の空間を同時に考えることが大切**であり、平面的、断面的、立体的に階段をとりまく空間の成り立ちを考慮しなければならない。要点としては、通路として人が安全に上がり下がりがきちんとできるために、**構造的な柱や梁が階段と重ならないこと**、階高に合わせた**無理のない段数**、**踏面寸法（T）と蹴上げ寸法（R）を確保**していることなどがある。**550㎜≦2R＋T≦650㎜**を満たすように設計すると上がりやすい自然な階段となる。

左項の説明図版は、階段の各部の名称と法律で決められた寸法を示している。一般の住宅の場合は個人的な使い方になるので割とゆるやかな基準となっている。ただし、手摺の設置は建築基準法で決められているので注意しなければならない。

階段空間のおおよその大きさ

階段の高さと幅

2層以上の直通階段など層になる階段の場合、天井部が階段と同様に傾斜天井になる。図はどの程度の大きさをとる必要があるかを示している。階段の幅は、一人が通行するには600～750mm、二人が通行するには1,200mm以上が必要になる。

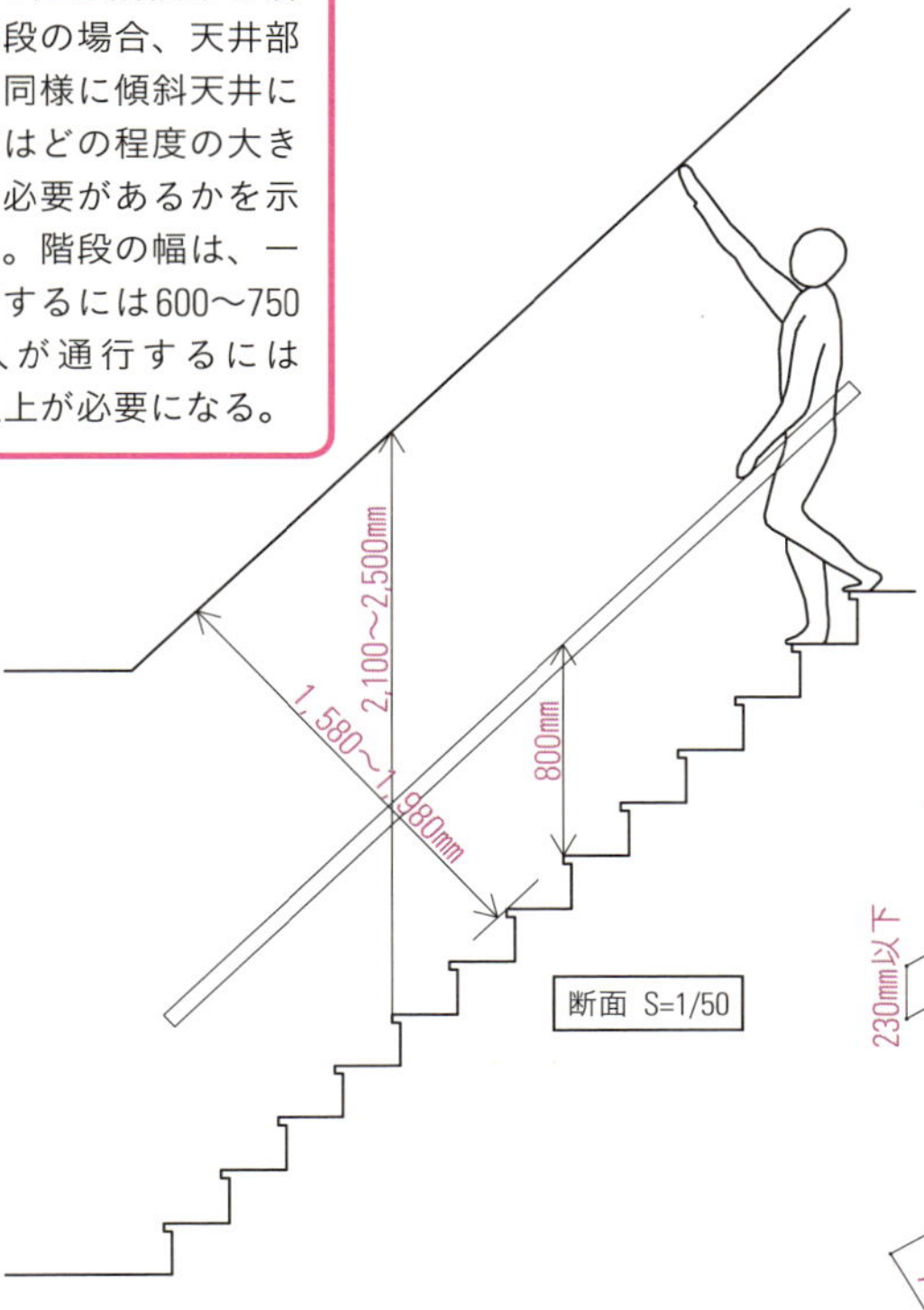
2,100～2,500mm
1,580～1,980mm
800mm
断面 S=1/50

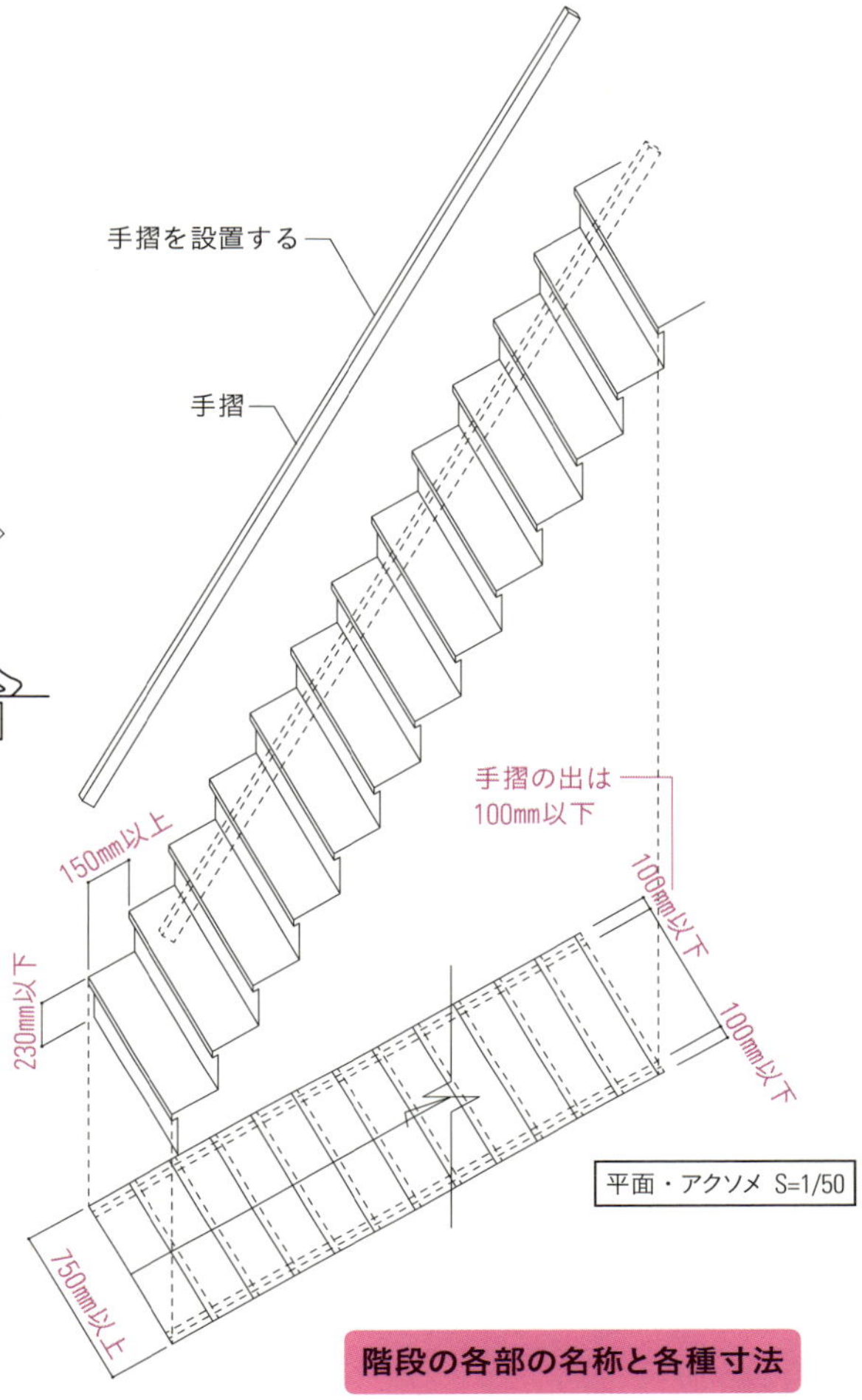
手摺を設置する
手摺
手摺の出は
100mm以下
150mm以上
230mm以下
100mm以下
100mm以下
750mm以上
平面・アクソメ S=1/50

階段・スロープの勾配

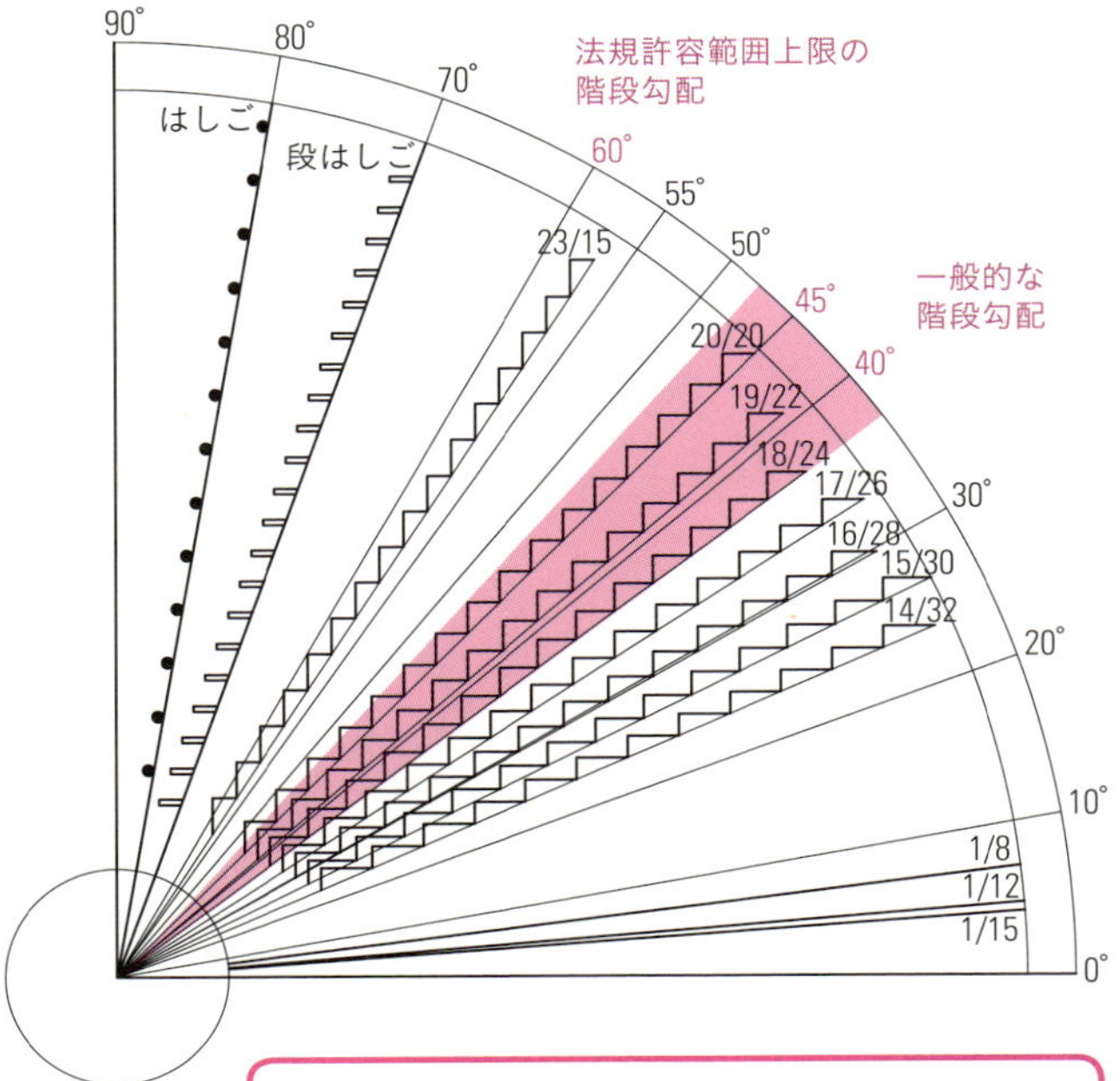
90°
80°
70°
60°
55°
50°
45°
40°
30°
20°
10°
0°
法規許容範囲上限の
階段勾配
一般的な
階段勾配
はしご
段はしご
23/15
20/20
19/22
18/24
17/26
16/28
15/30
14/32
1/8
1/12
1/15

スロープ、階段、はしごのそれぞれの勾配の目安をまとめてみた。階段の角度は20～55度くらいと幅があり、個別に対応するが、一般の住宅では40～45度くらいにするのが普通である。

階段の各部の名称と各種寸法

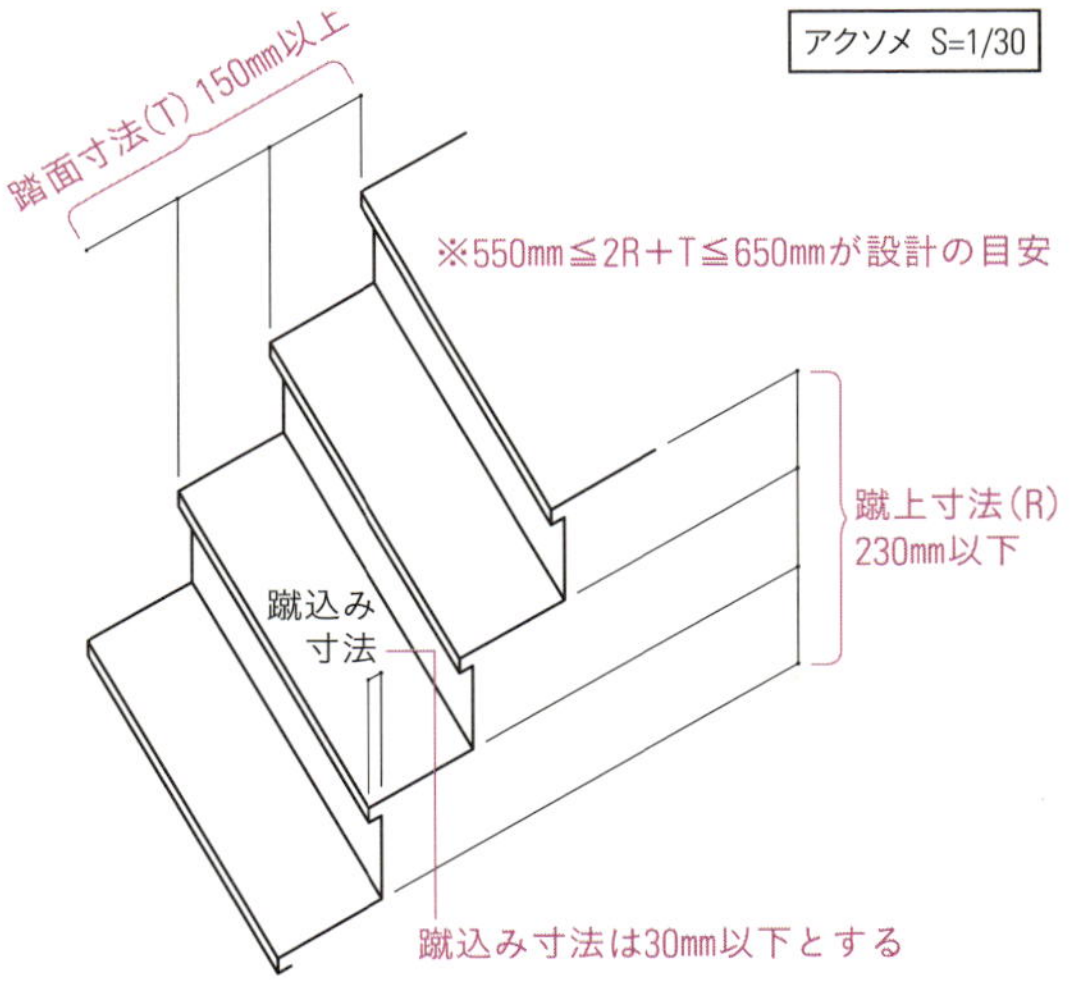
アクソメ S=1/30
踏面寸法(T) 150mm以上
※550mm≦2R+T≦650mmが設計の目安
蹴上寸法(R)
230mm以下
蹴込み
寸法
蹴込み寸法は30mm以下とする

住宅階段の法規規定

階段幅750mm以上
踏面寸法150mm以上
(蹴込み寸法は30mm以下とするのが望ましい)
蹴上寸法230mm以下
階段には手摺を設けなければならない

05 スチール直進階段の納まり

鉄骨階段は、細く小さく、**軽やかな印象**からRC造や木造の建物でも採用されるケースが多い。鉄骨階段はその構造そのものを仕上げとしたデザインとして現れてくるので、**精度が重要**になる。設計段階で細部の検討をしっかりと行うことが大切になる。

図のような**直進階段**は、直線状に上がり下がりをする階段の形式である。階段のデザインとしては**シンプル**で純粋な形である。視線の見通しがよく住宅の階段としては象徴的なデザインをすることができる。

スチール直進階段

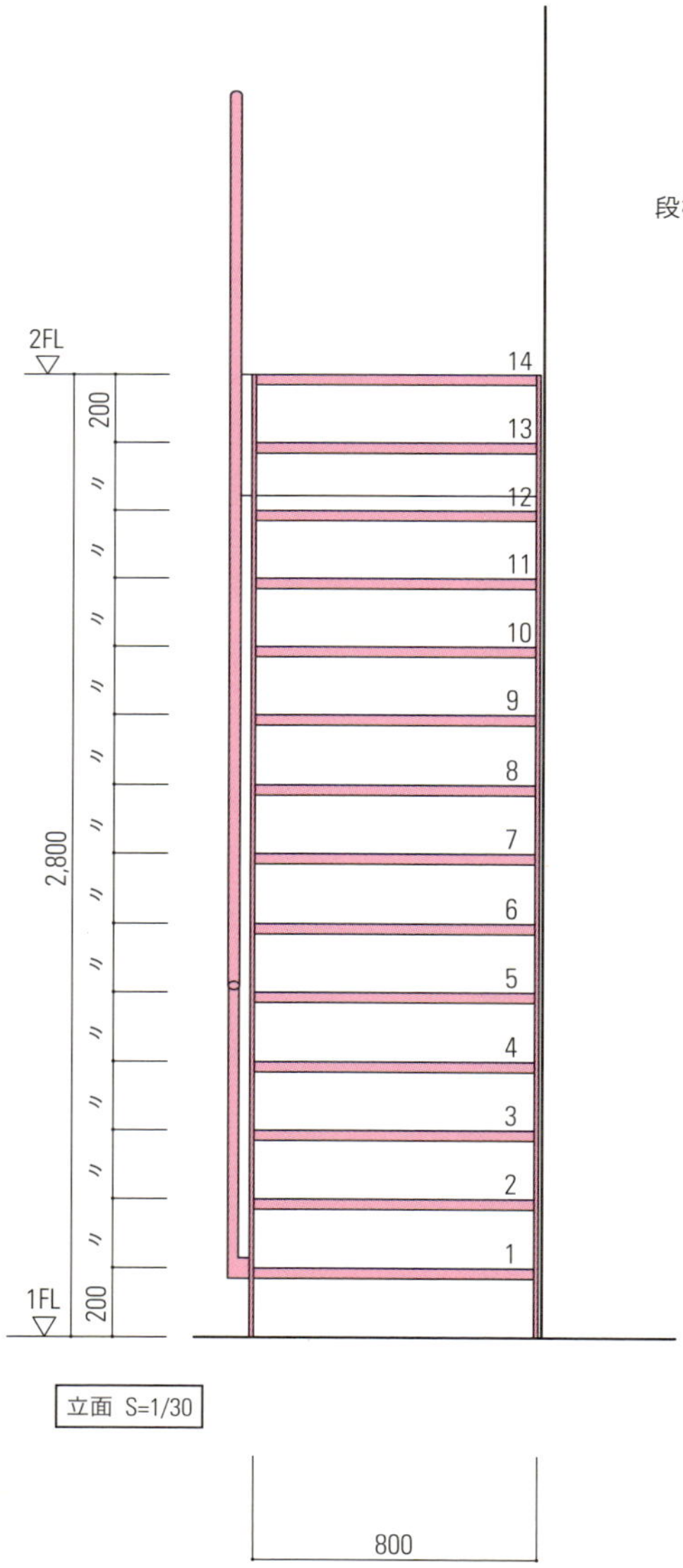

2FL
1FL
200
2,800
200
1
2
3
4
5
6
7
8
9
10
11
12
13
14
800

立面 S=1/30

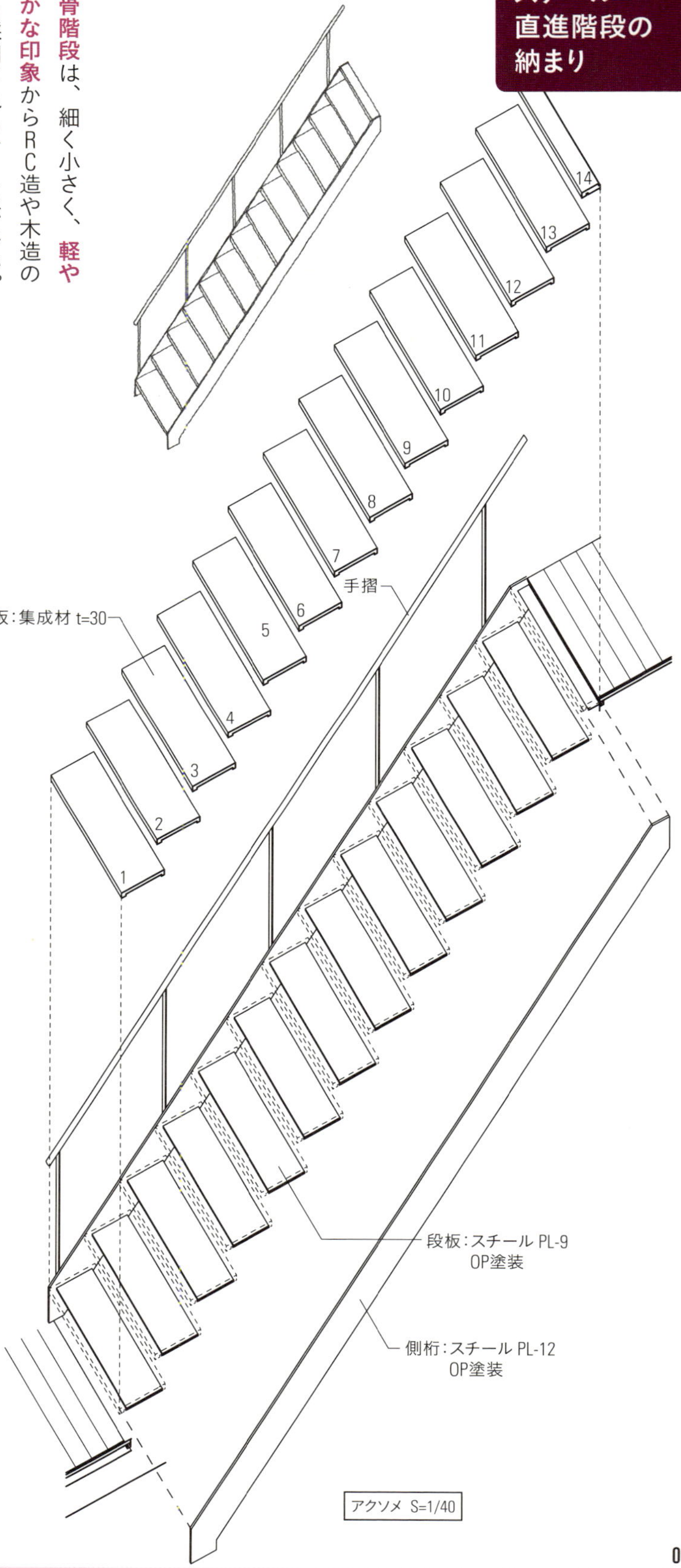

段板：集成材 t=30
手摺
段板：スチール PL-9
OP塗装
側桁：スチール PL-12
OP塗装
1
2
3
4
5
6
7
8
9
10
11
12
13
14

アクソメ S=1/40

スチール直進階段の納まり

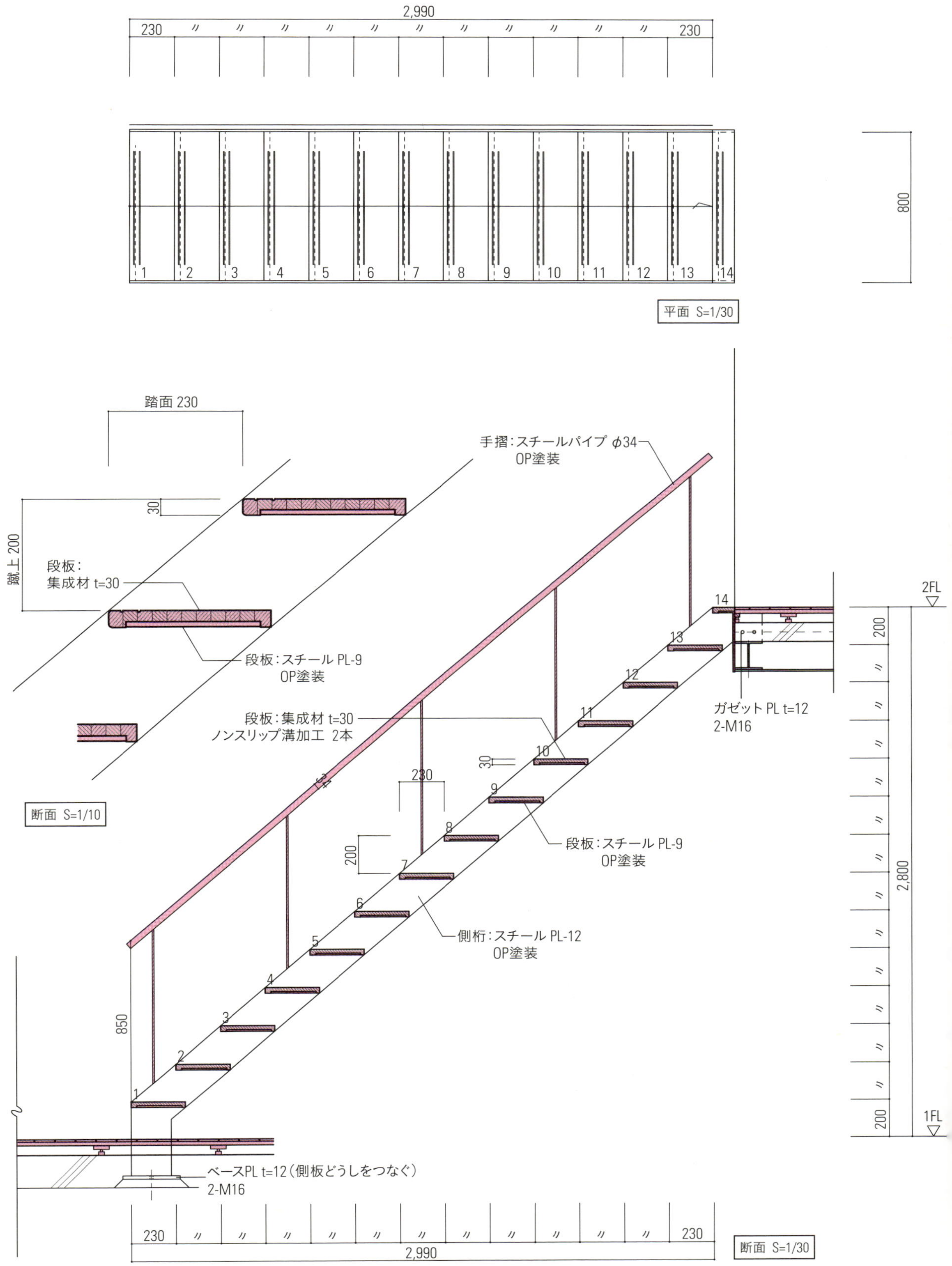

階段のデザインにはさまざまあるが、S造の建物でも**折り返し階段**が採用されるケースは多い。折り返し階段は、階高の中間の高さに、**踊り場**（階段の途中で方向が変わる場合に設けられる）を設け、180度転回させて上がり下がりする階段の形式である。安全性が高く、上がり下がりのしやすい安心な階段形式である。踊り場をもつ平面形状は、直進階段に比べて**面積が多く必要**となる。上がり下がりのときに視線の方向が変わるという空間体験ができる階段である。

折り返し階段

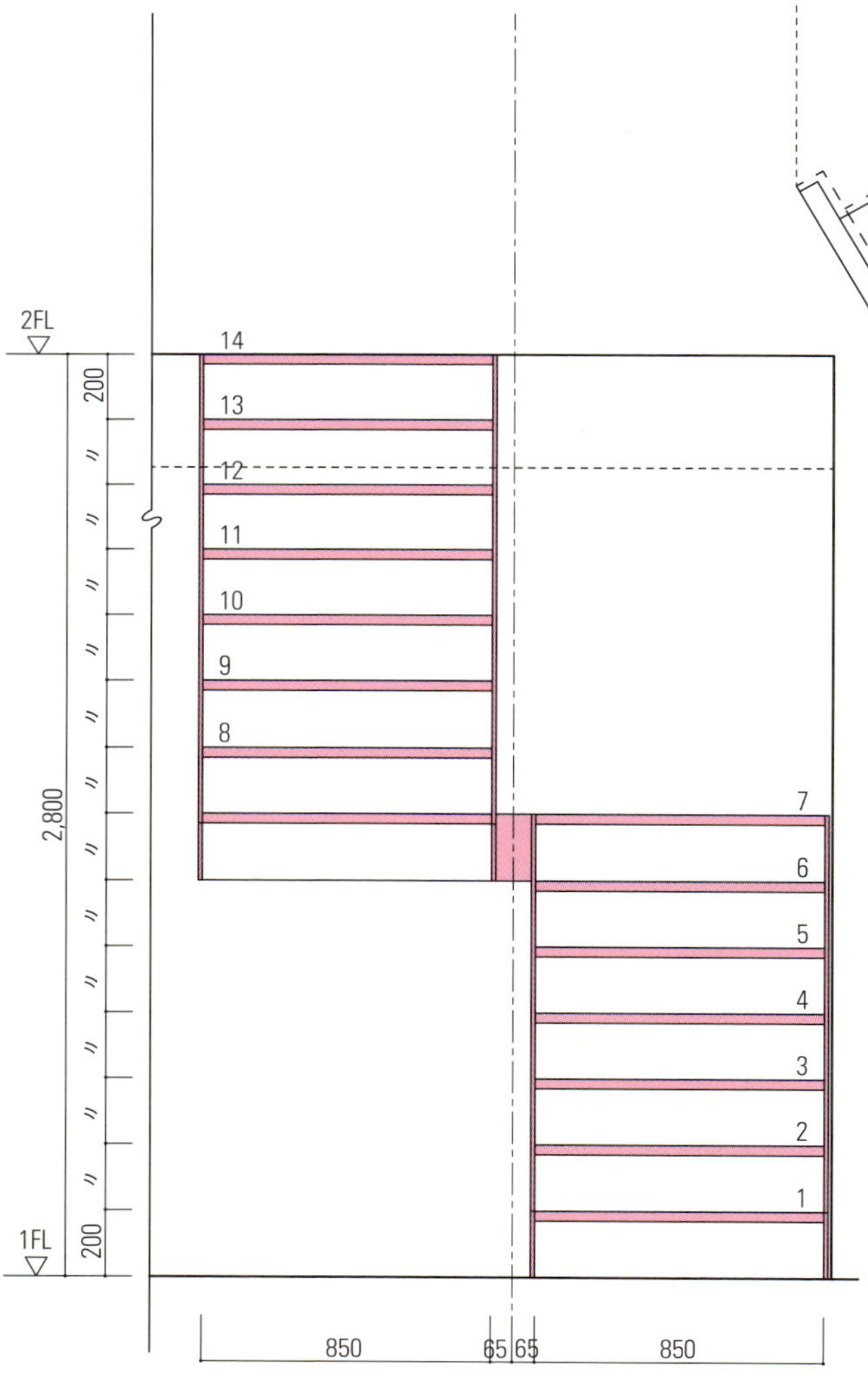

立面 S=1/30

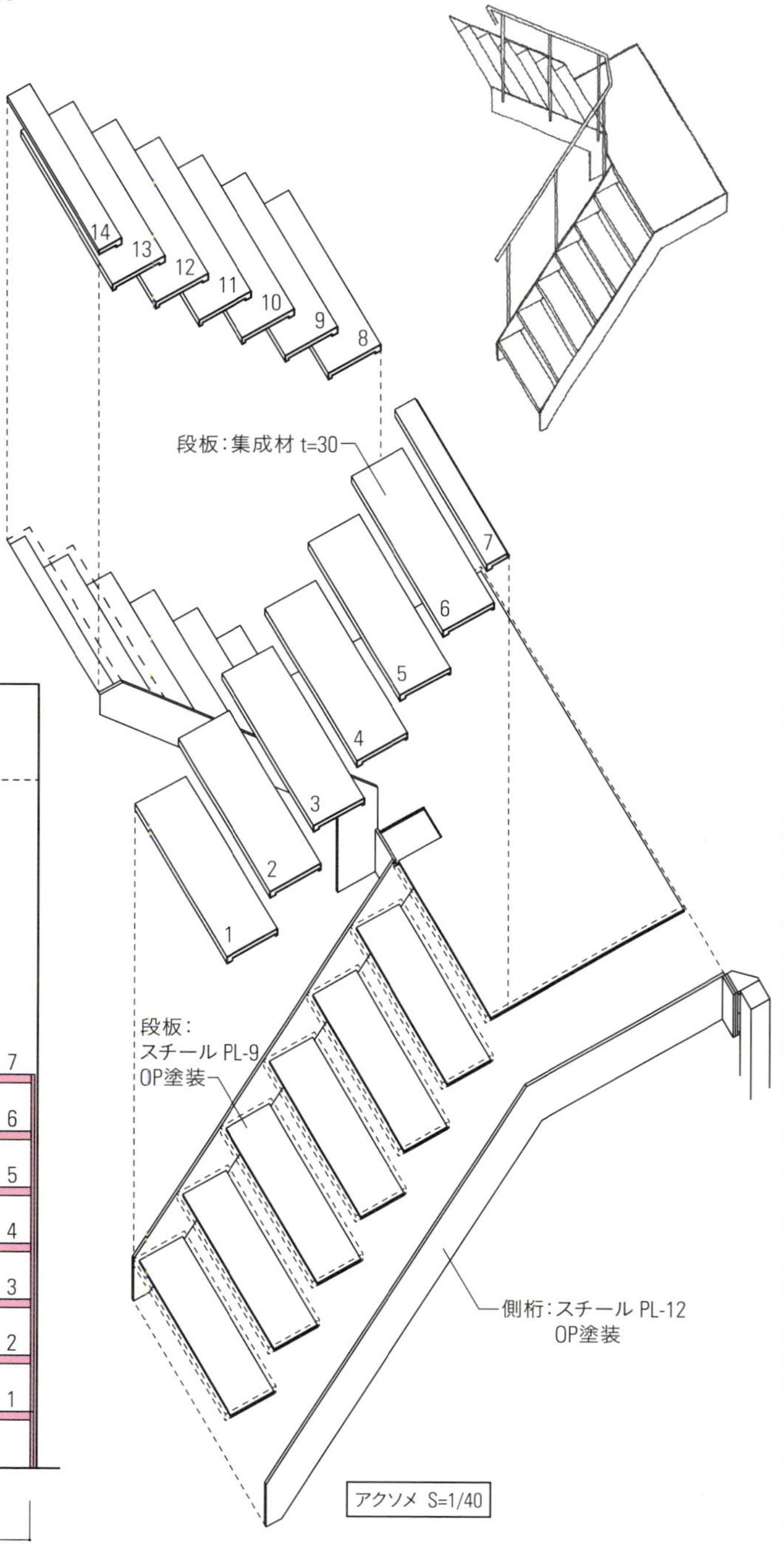

アクソメ S=1/40

折り返し階段の納まり

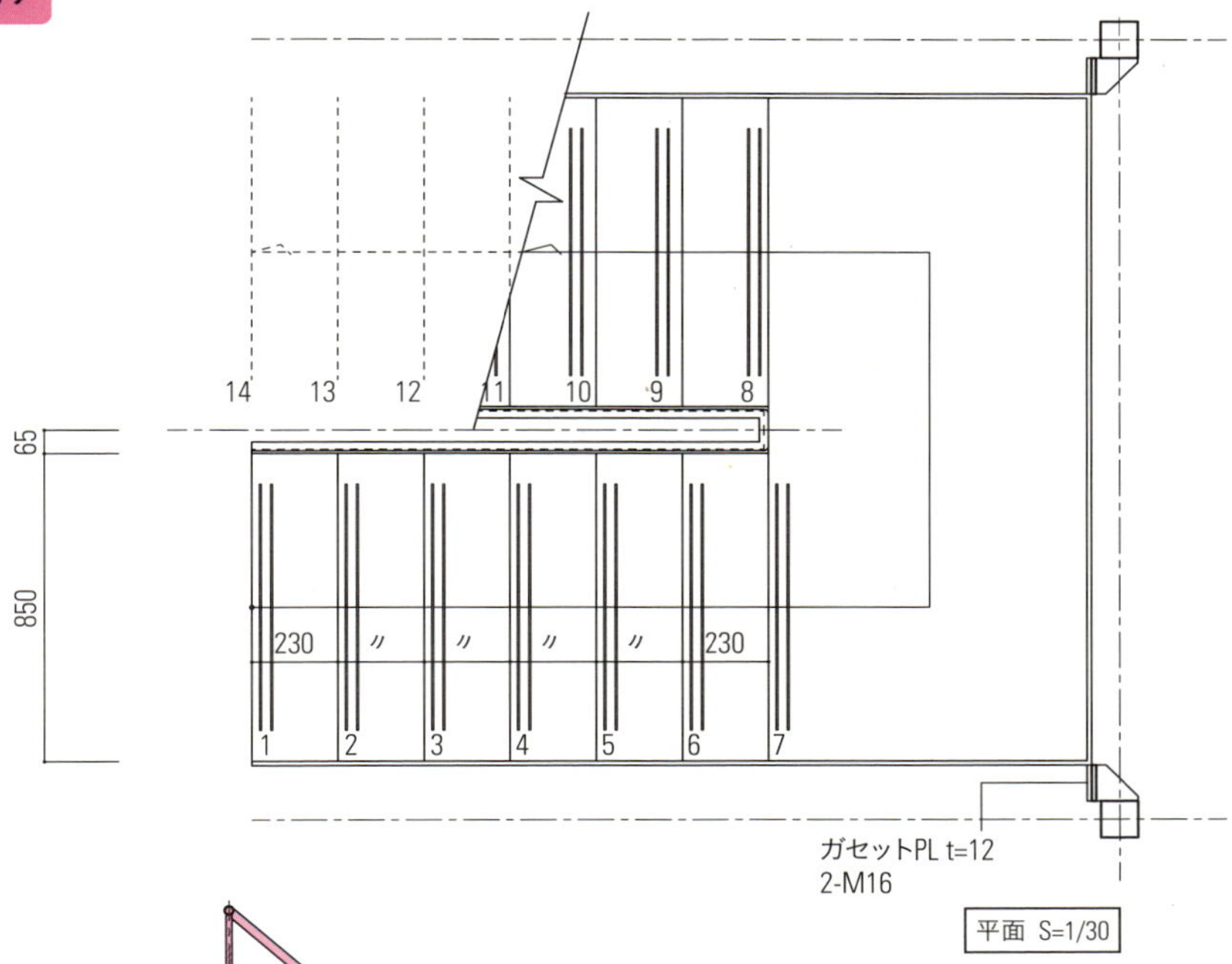
14
13
12
11
10
9
8
65
850
230
〃
〃
〃
〃
230
1
2
3
4
5
6
7
ガセットPL t=12
2-M16
平面 S=1/30

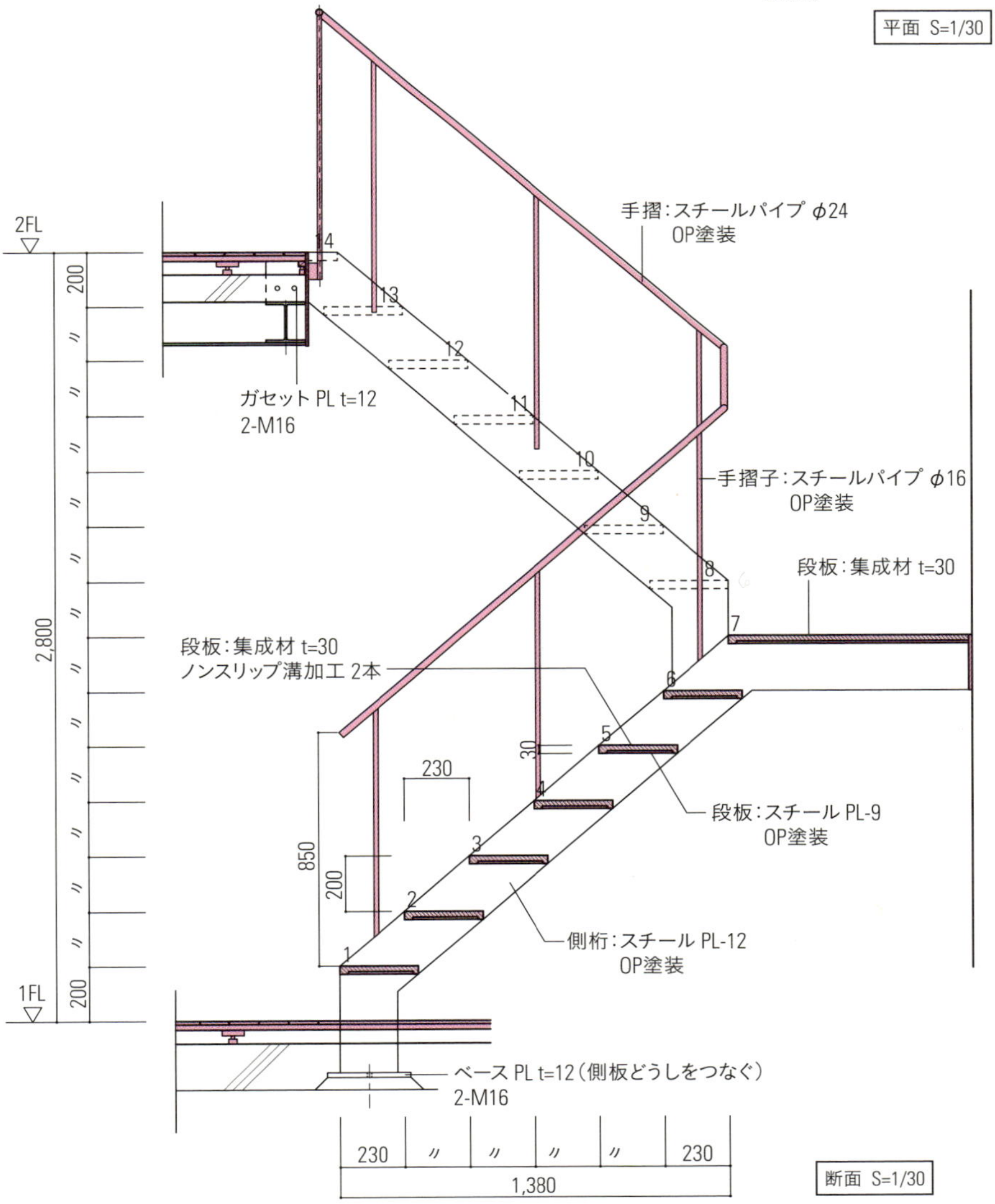
2FL
1FL
200
〃
2,800
200
14
13
12
11
10
9
8
7
6
5
4
3
2
1
手摺:スチールパイプ φ24
OP塗装
ガセット PL t=12
2-M16
手摺子:スチールパイプ φ16
OP塗装
段板:集成材 t=30
段板:集成材 t=30
ノンスリップ溝加工 2本
30
230
850
200
段板:スチール PL-9
OP塗装
側桁:スチール PL-12
OP塗装
ベース PL t=12(側板どうしをつなぐ)
2-M16
230
〃
230
1,380
断面 S=1/30

図に示しているのは**スチールの丸鋼**を使い軽やかな印象を与え、**トラス**を組むことで強度を確保している階段の例である。また、段板の部材に**グレーチング**を用いることで、より**抜け感のある**デザインとしている。階段空間は吹抜け空間であるが、より抜けの感覚を高めたいときに有効である。

スチールトラス階段

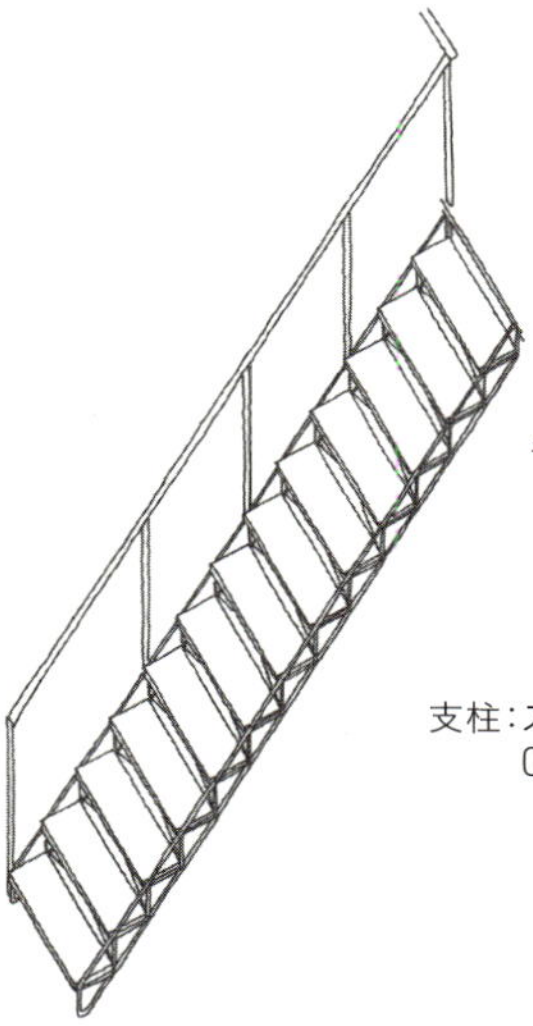

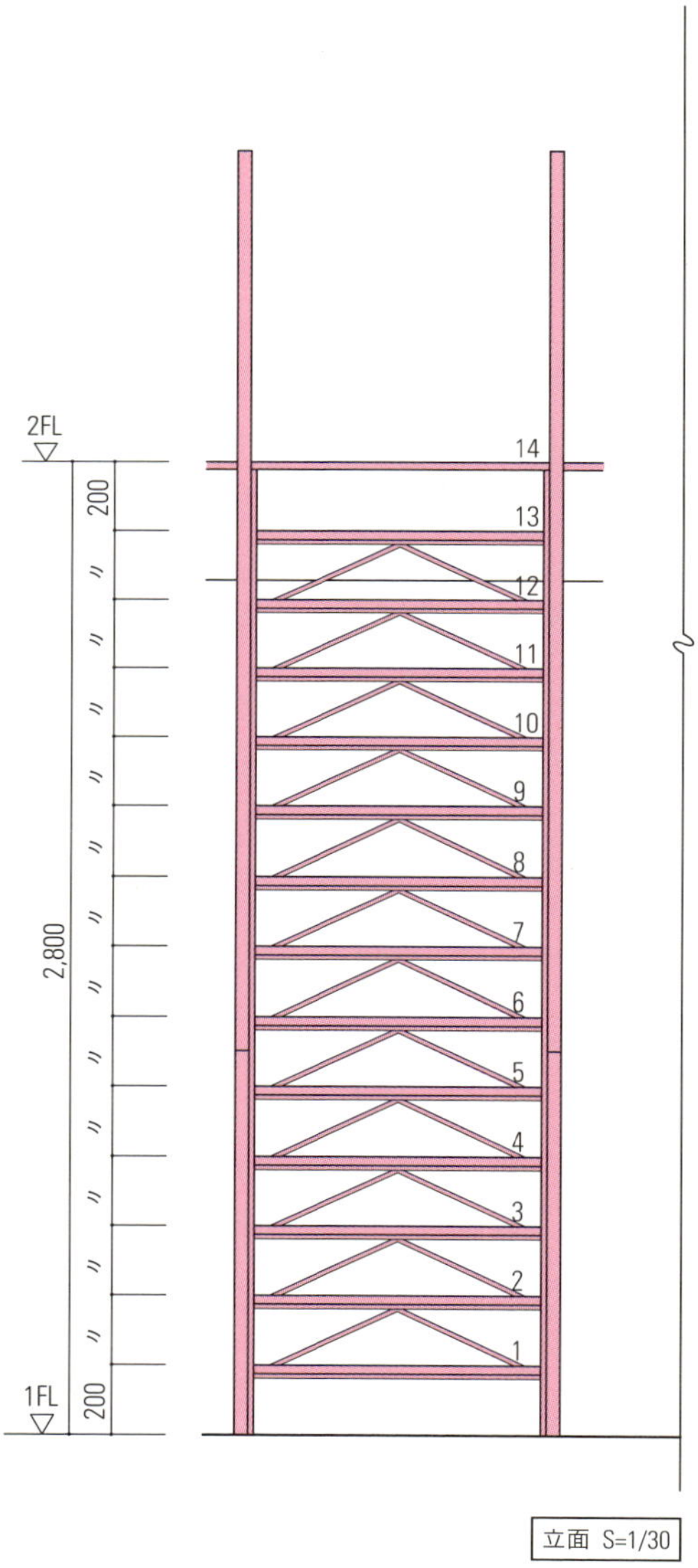
2FL
1FL
200
2,800
200
1
2
3
4
5
6
7
8
9
10
11
12
13
14

立面 S=1/30

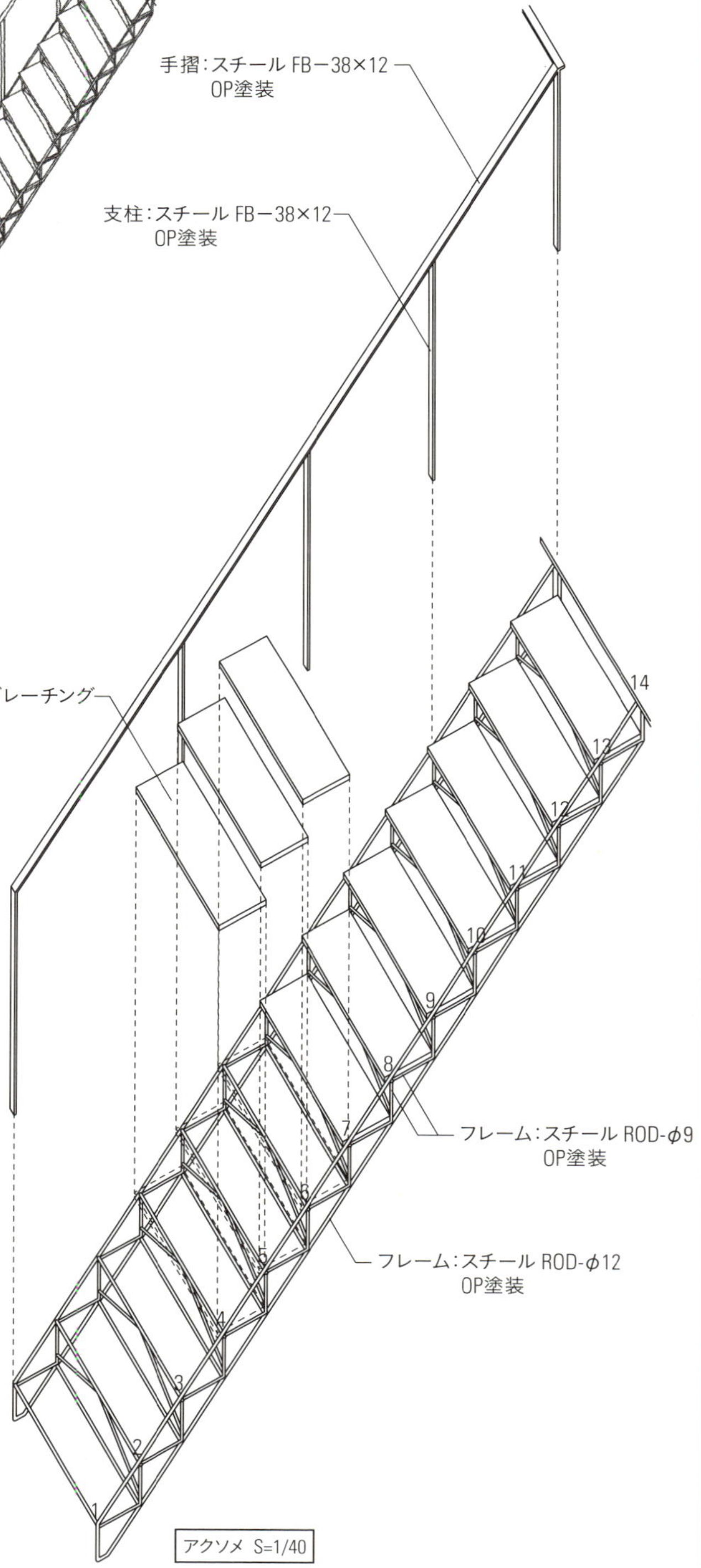
手摺：スチール FB－38×12
OP塗装
支柱：スチール FB－38×12
OP塗装
段板：階段用グレーチング
@12.5
フレーム：スチール ROD-φ9
OP塗装
フレーム：スチール ROD-φ12
OP塗装
1
2
3
4
5
6
7
8
9
10
11
12
13
14

アクソメ S=1/40

スチールトラス階段の納まり

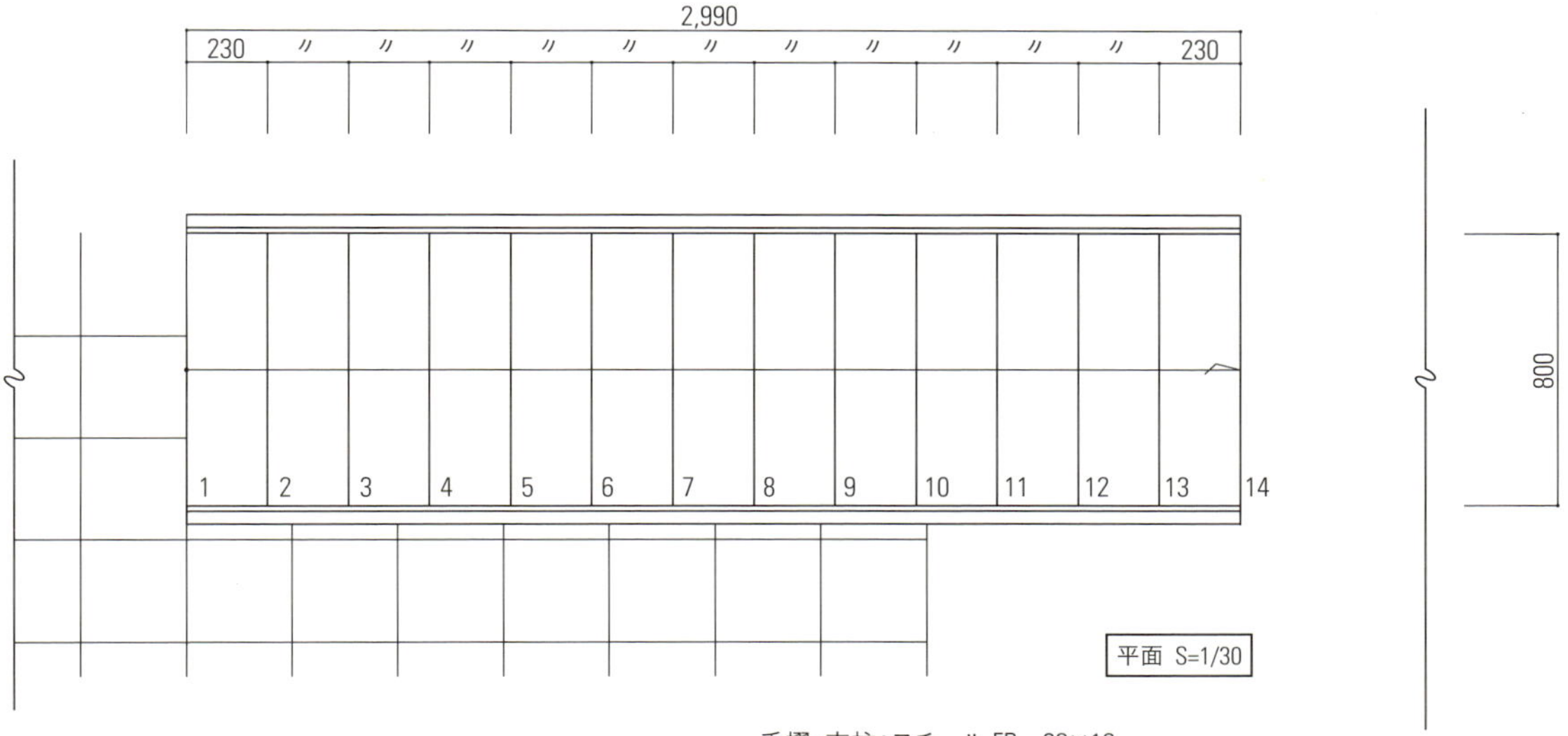

平面 S=1/30

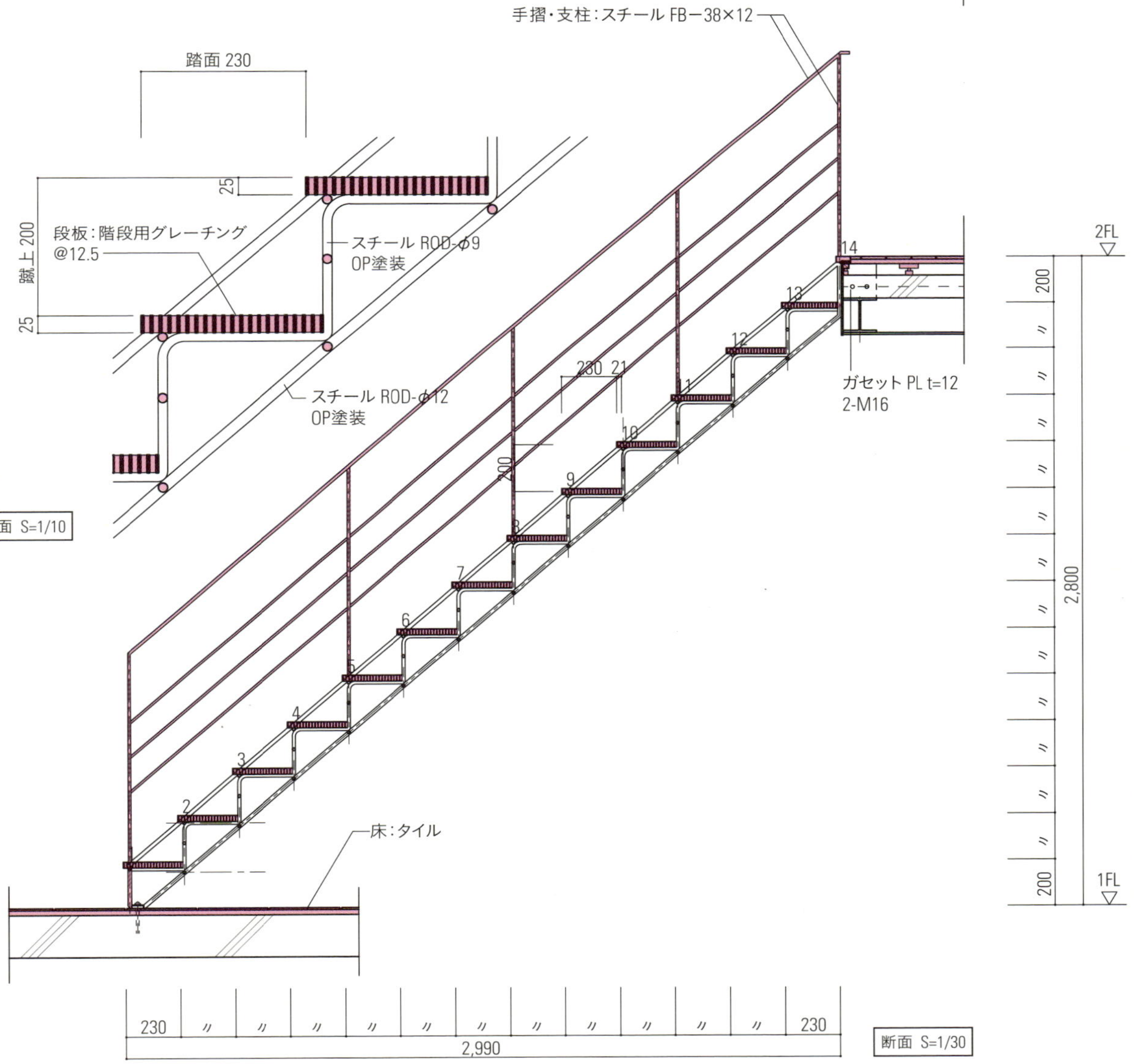

断面 S=1/10

断面 S=1/30

08
スチール力桁（ささら桁）階段の納まり

図の階段は、**スチールのプレート**を組み合わせた**力桁階段**のデザインである。二枚のイナズマ型のスチールプレートを平行に並べて力桁とし、段板をかぶせる**下地のプレート**とつなぐことで形状を保っている。細く薄い部材を使いながら、力強くシンボリックな階段をつくる。段板の表面の仕上げは木の**集成材**を使い、足触りに配慮している。

スチール力桁（ささら桁）階段

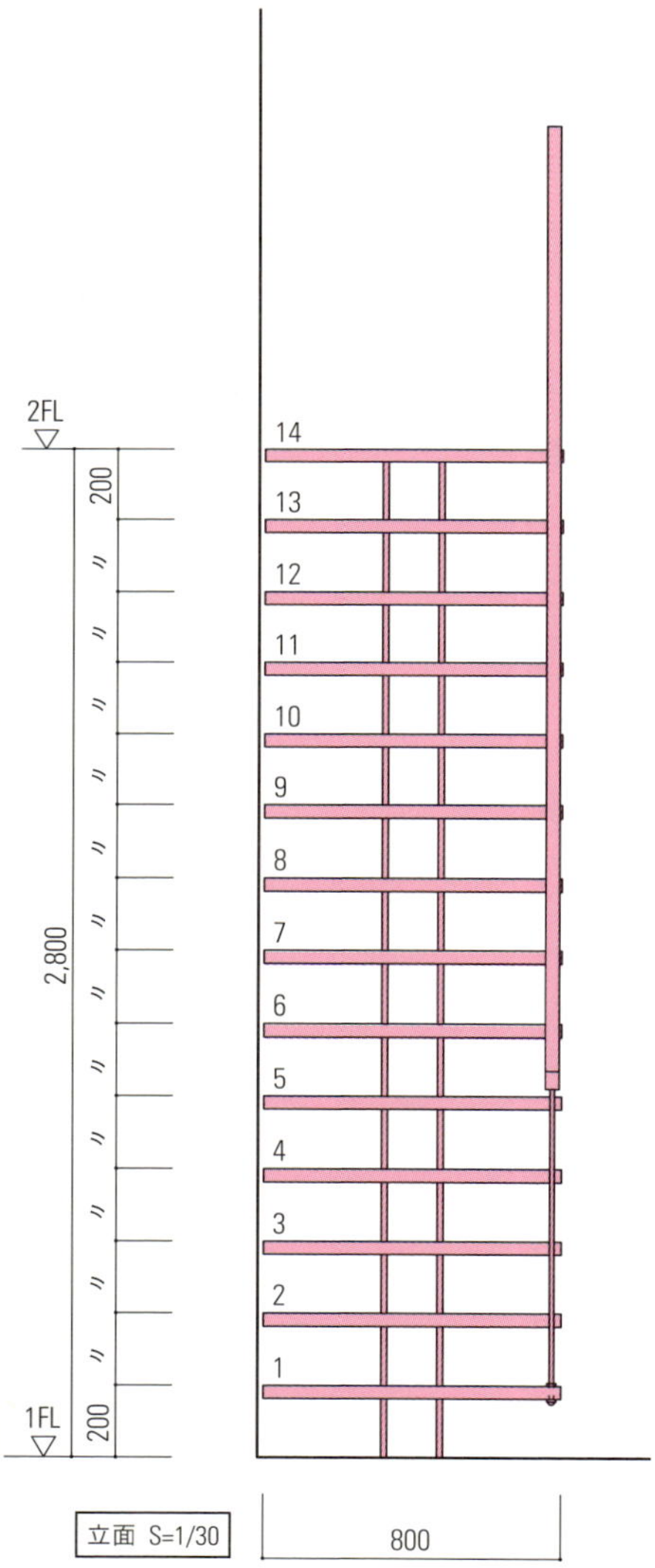
2FL
1FL
200
〃
2,800
14
13
12
11
10
9
8
7
6
5
4
3
2
1
800
立面 S=1/30

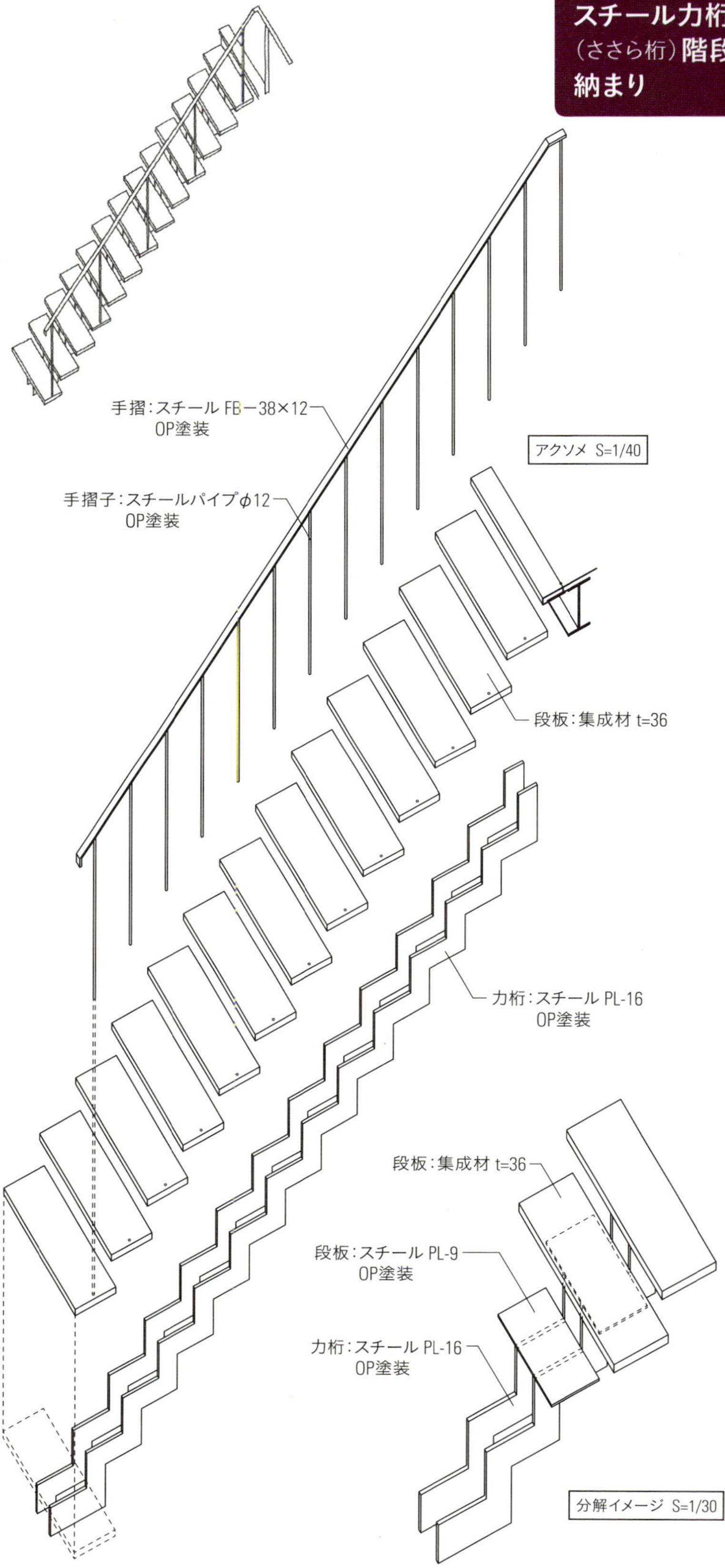
手摺：スチール FB−38×12
OP塗装
手摺子：スチールパイプφ12
OP塗装
段板：集成材 t=36
力桁：スチール PL-16
OP塗装
アクソメ S=1/40

段板：集成材 t=36
段板：スチール PL-9
OP塗装
力桁：スチール PL-16
OP塗装
分解イメージ S=1/30

スチール力桁（ささら桁）階段の納まり

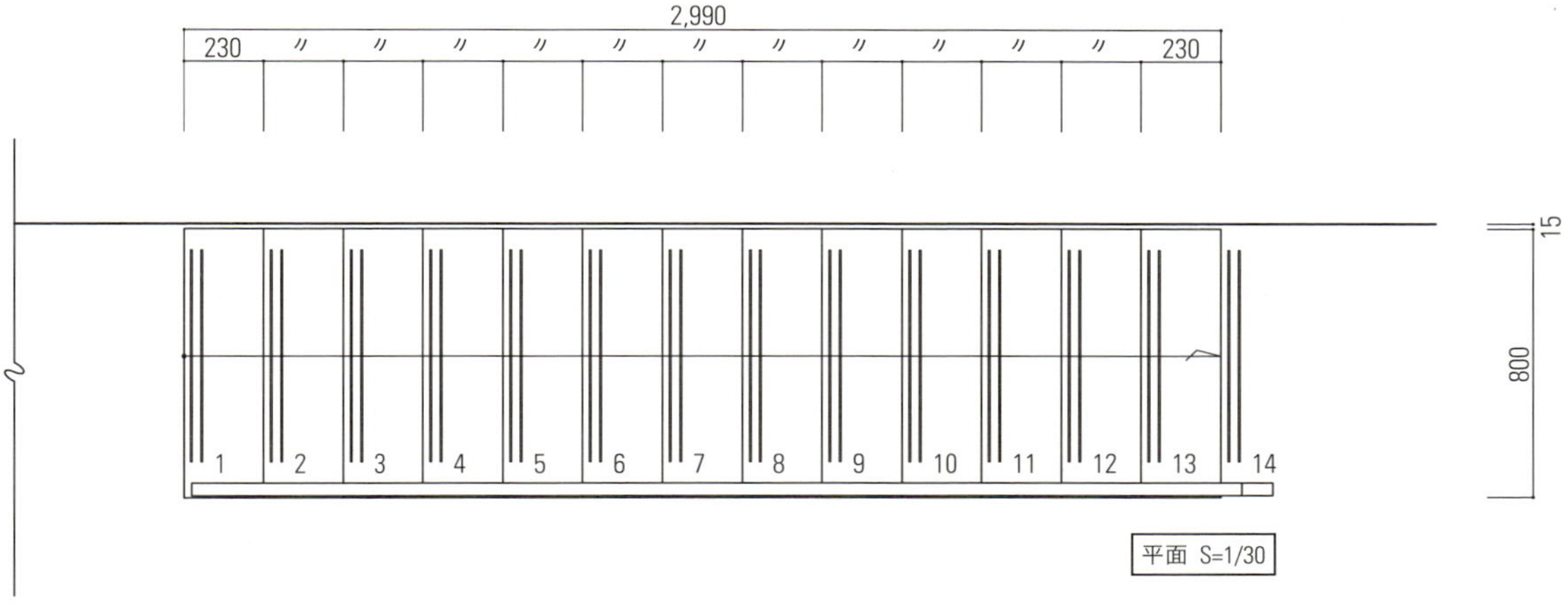

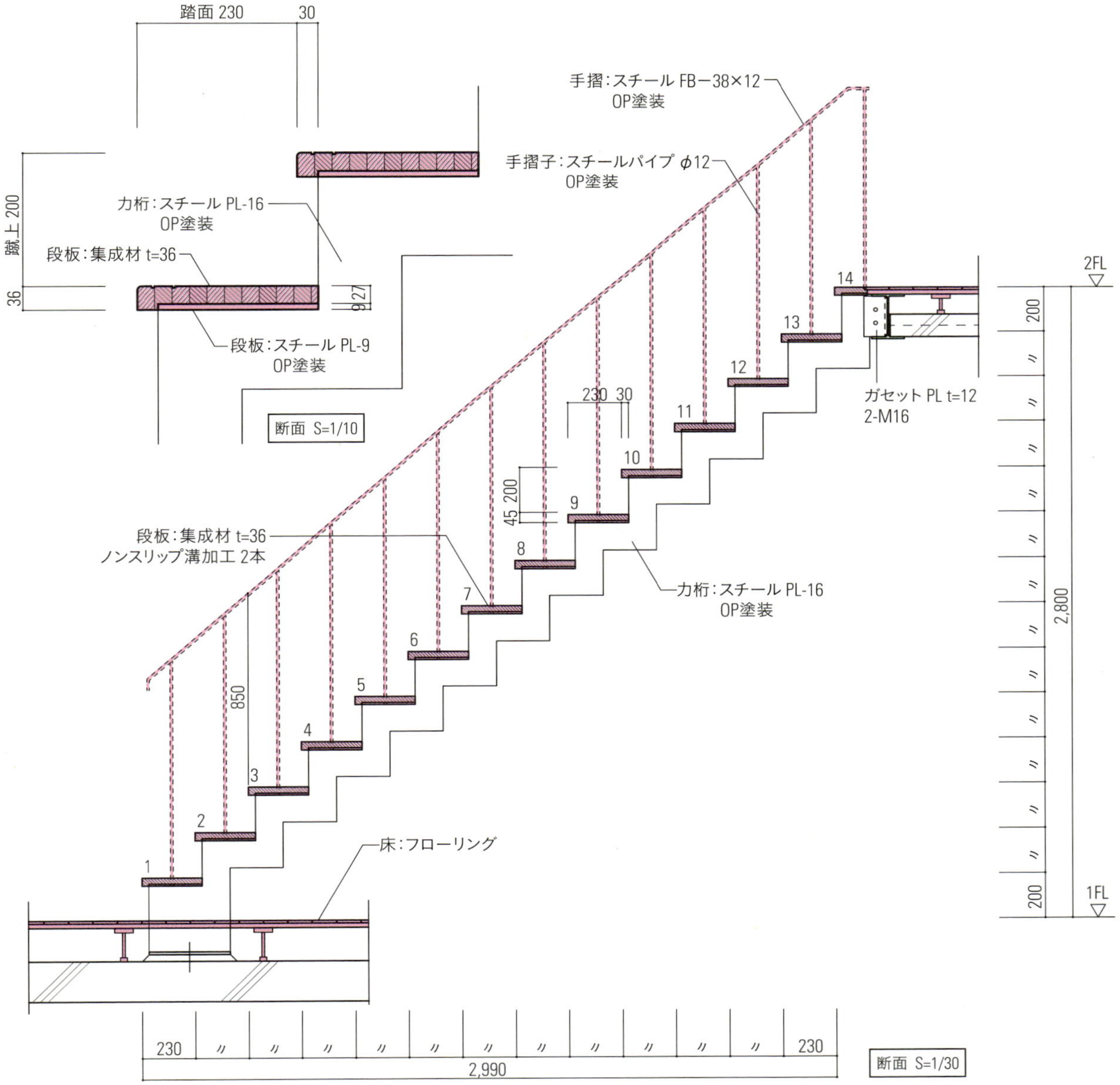

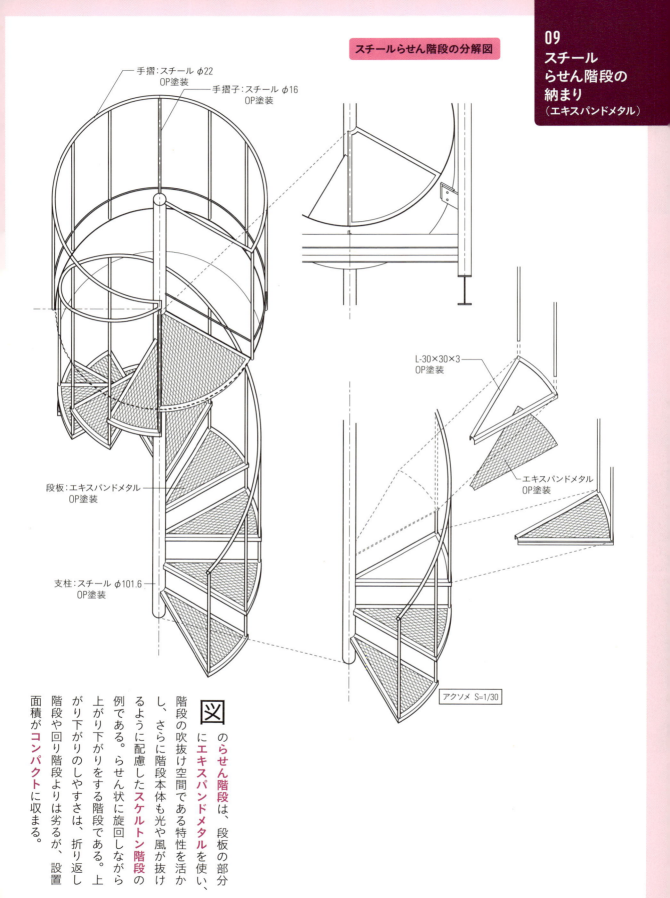

スチールらせん階段の分解図

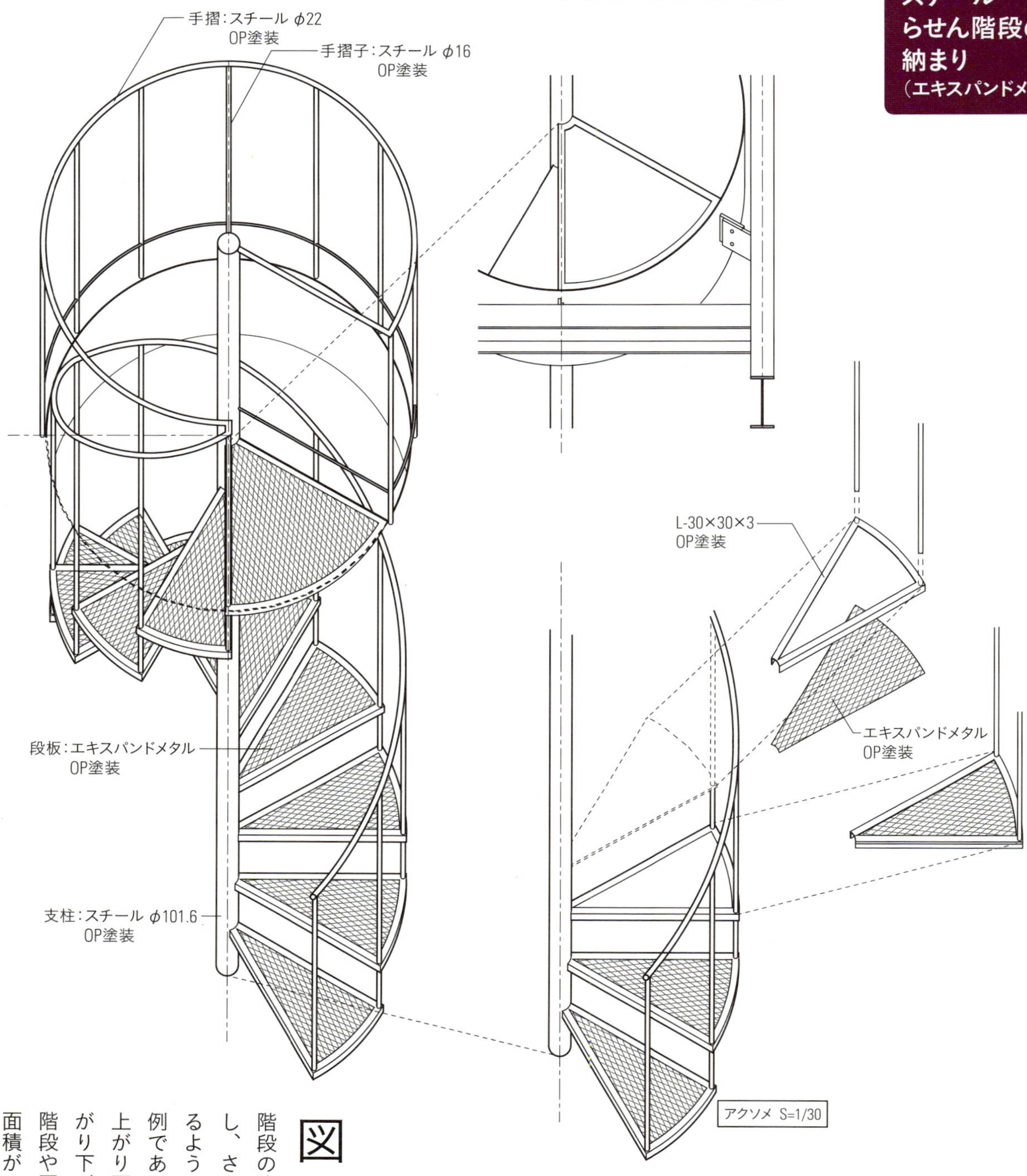
手摺：スチール φ22
OP塗装
手摺子：スチール φ16
OP塗装
段板：エキスパンドメタル
OP塗装
支柱：スチール φ101.6
OP塗装
L-30×30×3
OP塗装
エキスパンドメタル
OP塗装
アクソメ S=1/30

図のらせん階段は、段板の部分にエキスパンドメタルを使い、階段の吹抜け空間である特性を活かし、さらに階段本体も光や風が抜けるように配慮したスケルトン階段の例である。らせん状に旋回しながら上がり下がりをする階段である。上がり下がりのしやすさは、折り返し階段や回り階段よりは劣るが、設置面積がコンパクトに収まる。

スチールらせん階段の納まり

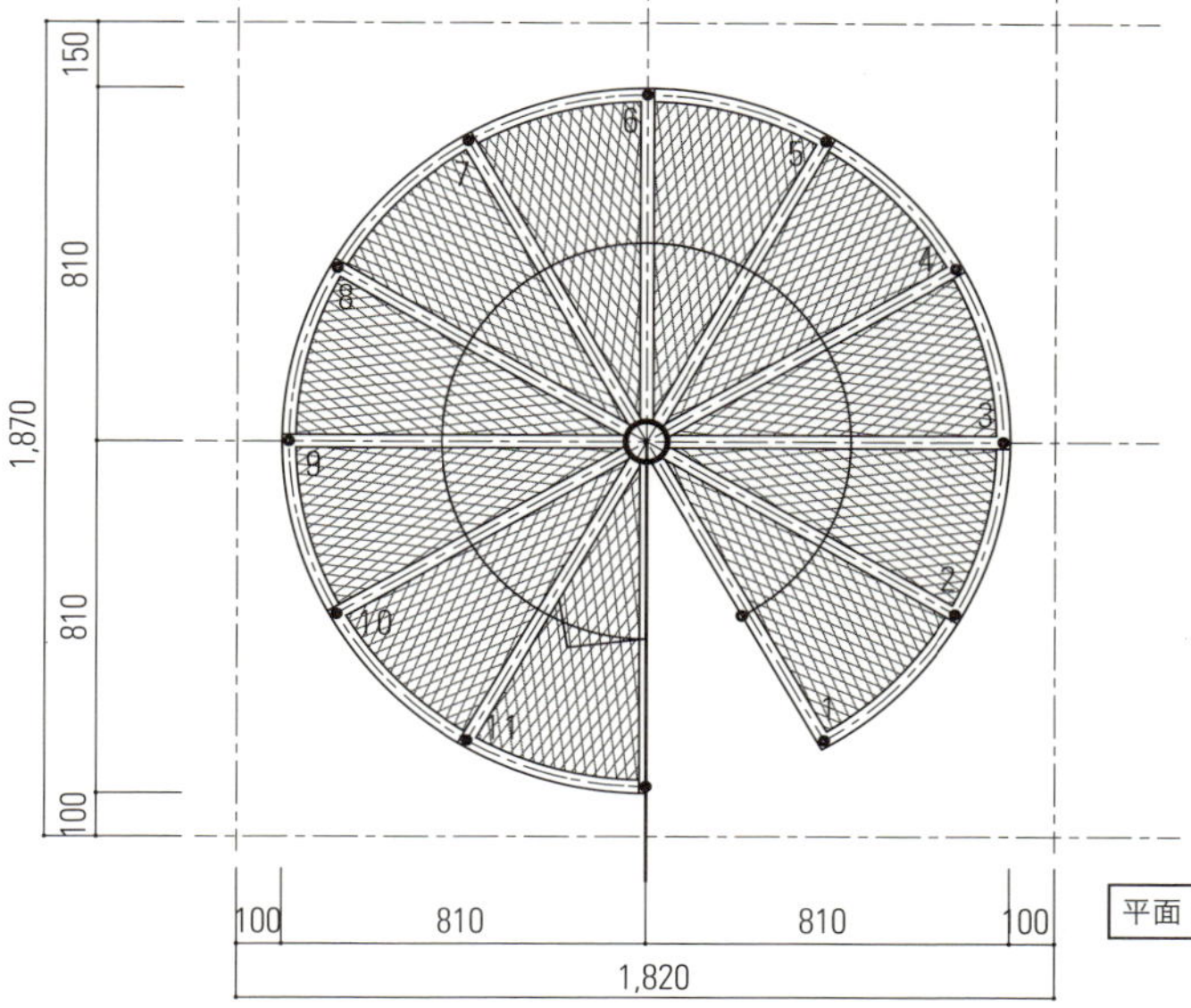

平面 S=1/30

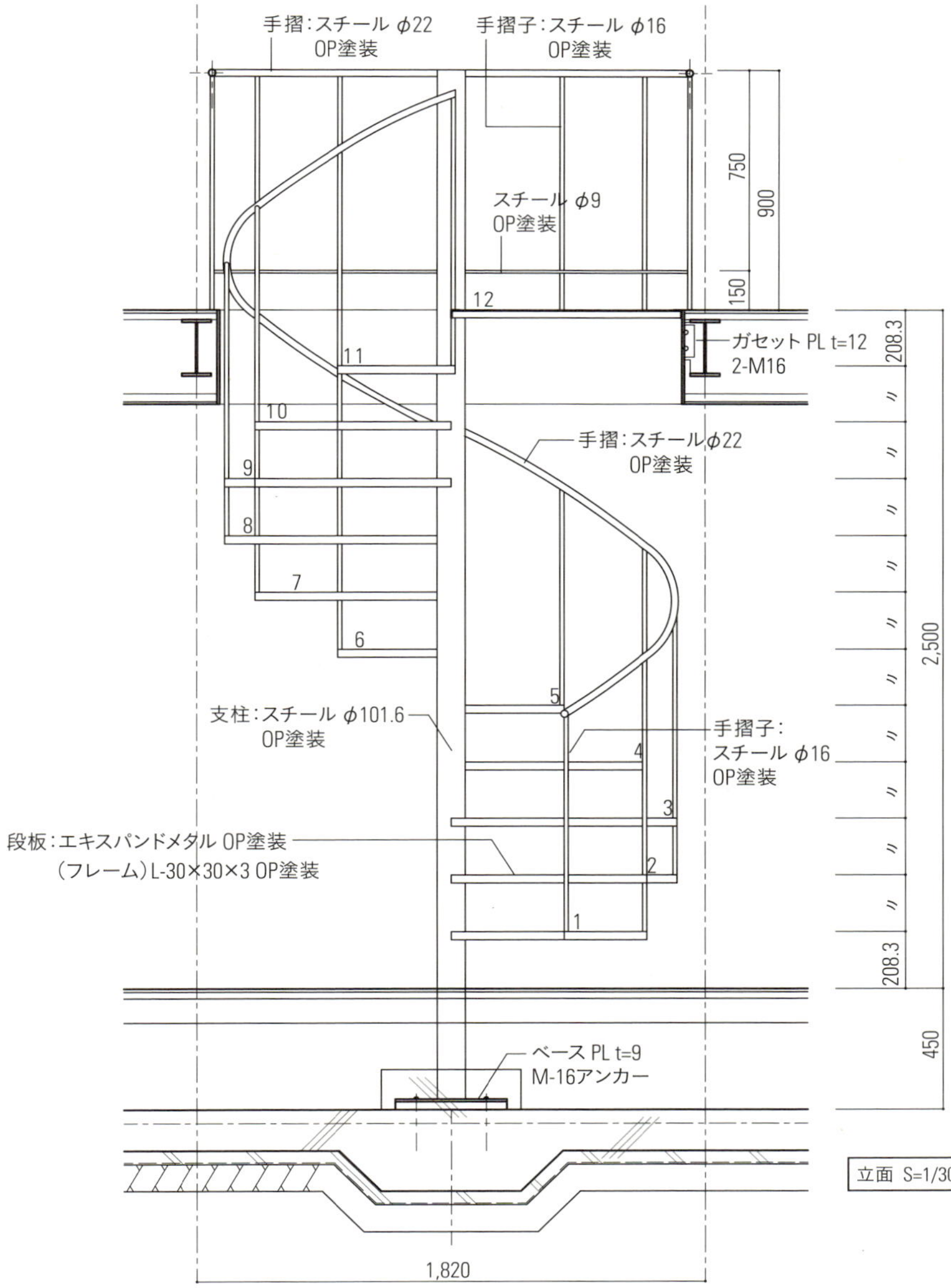

立面 S=1/30

スチール片持ち階段は、側桁を壁面内に入れてしまい、**段板のスチール部だけを壁面から出したデザイン**の階段である。ノイズをなくした**究極にシンプルなデザイン**の階段であるが、スチールの段板や手摺の仕上げに木を使用することで、足触りや手触りも優しく、木製の階段と同じようにすることもできる。

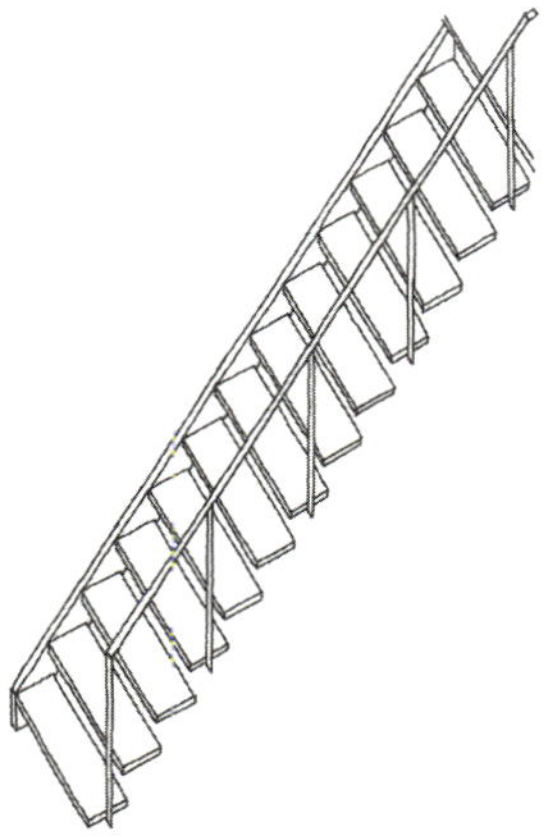

スチール片持ち階段

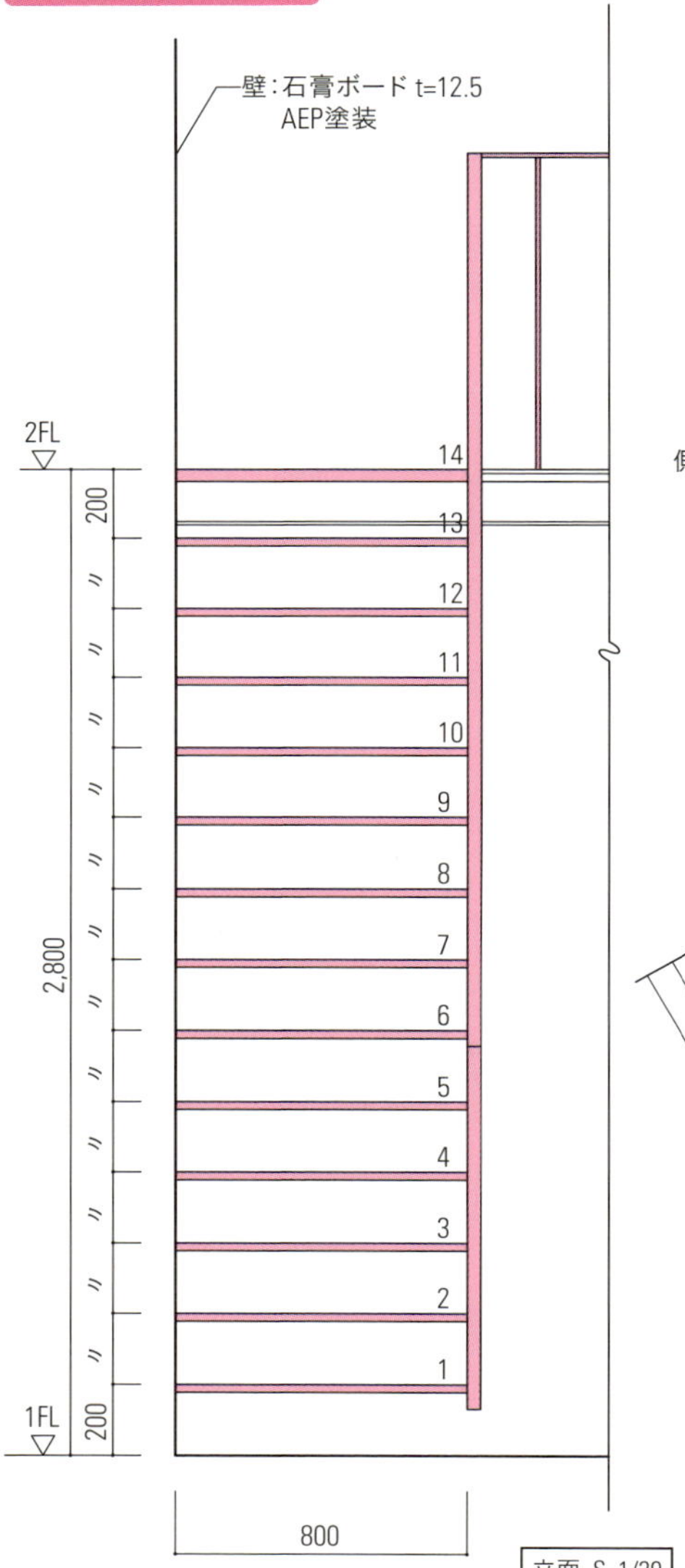
壁:石膏ボード t=12.5
AEP塗装
2FL
1FL
14
13
12
11
10
9
8
7
6
5
4
3
2
1
200
2,800
200
800

立面 S=1/30

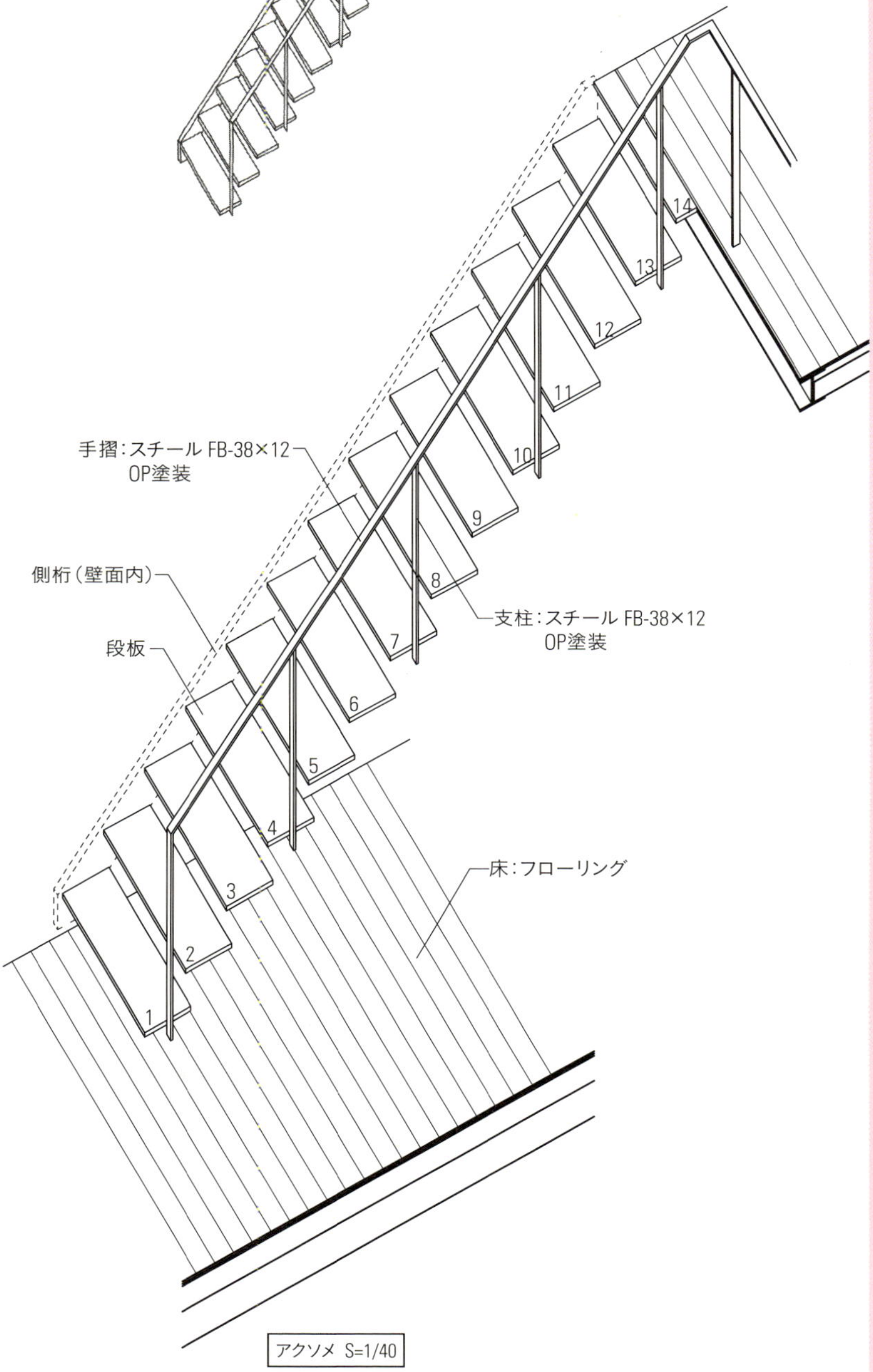
手摺:スチール FB-38×12
OP塗装
側桁(壁面内)
段板
支柱:スチール FB-38×12
OP塗装
床:フローリング
1
2
3
4
5
6
7
8
9
10
11
12
13
14

アクソメ S=1/40

スチール片持ち階段の納まり

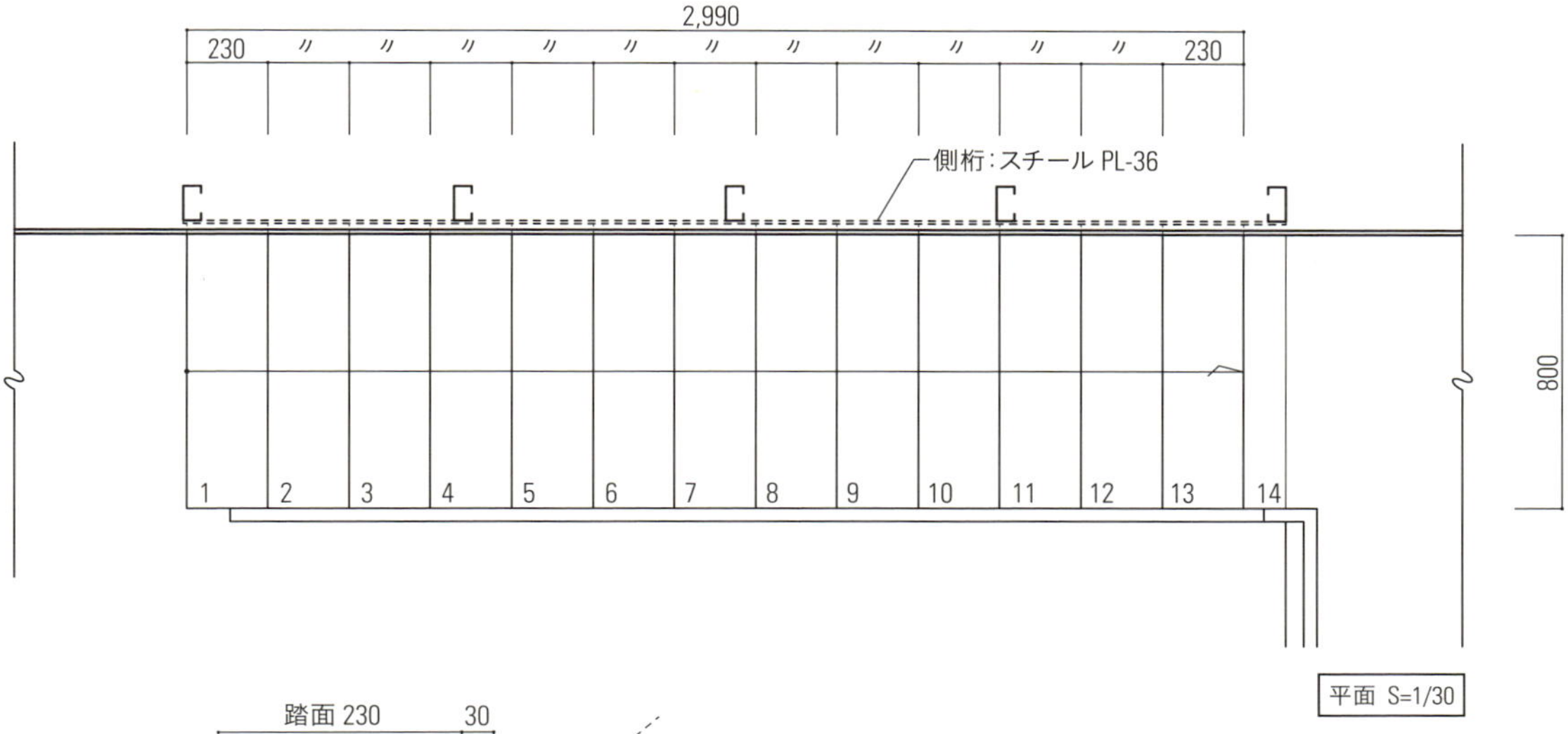

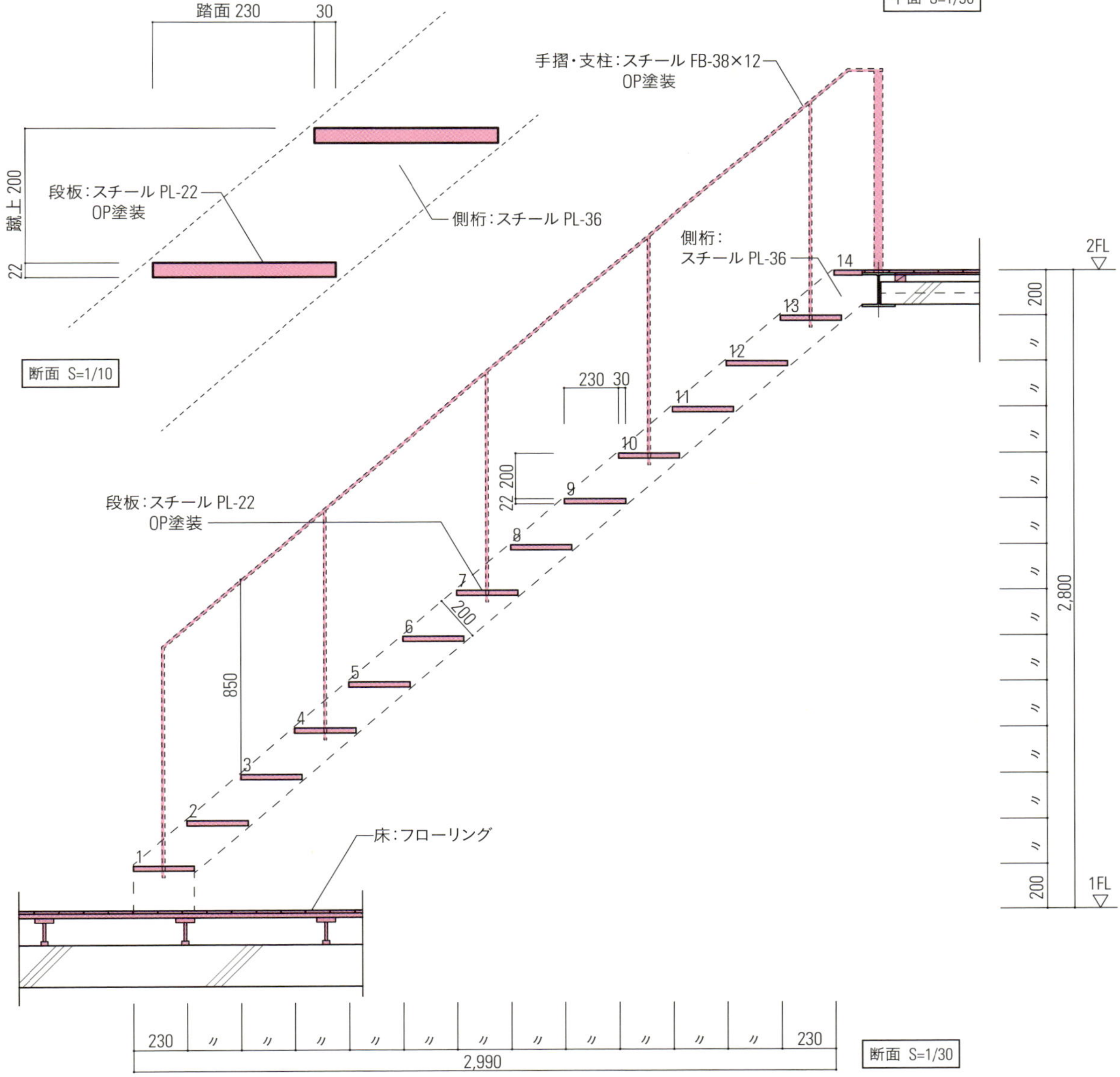

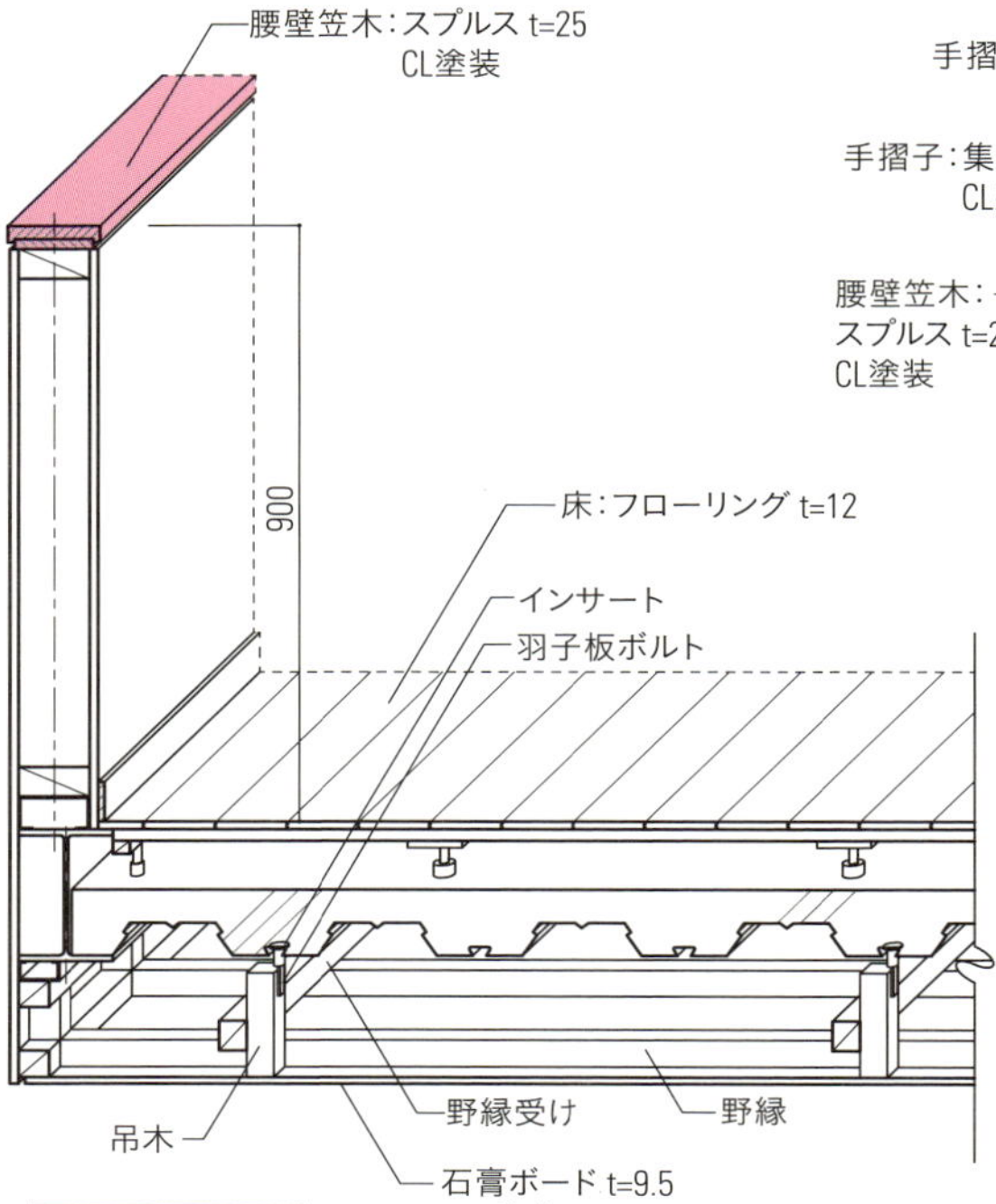

断面パース S=1/20

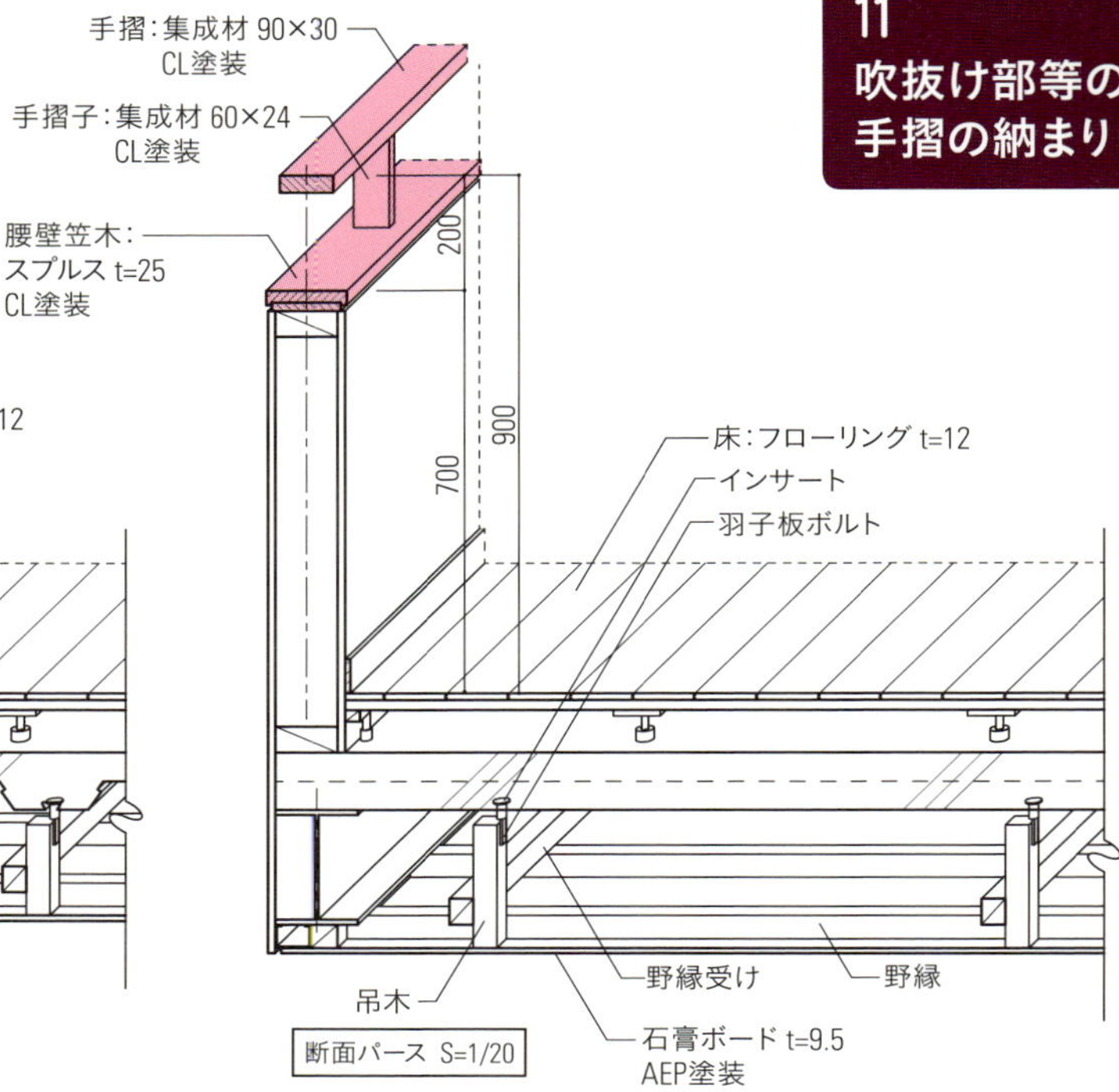

断面パース S=1/20

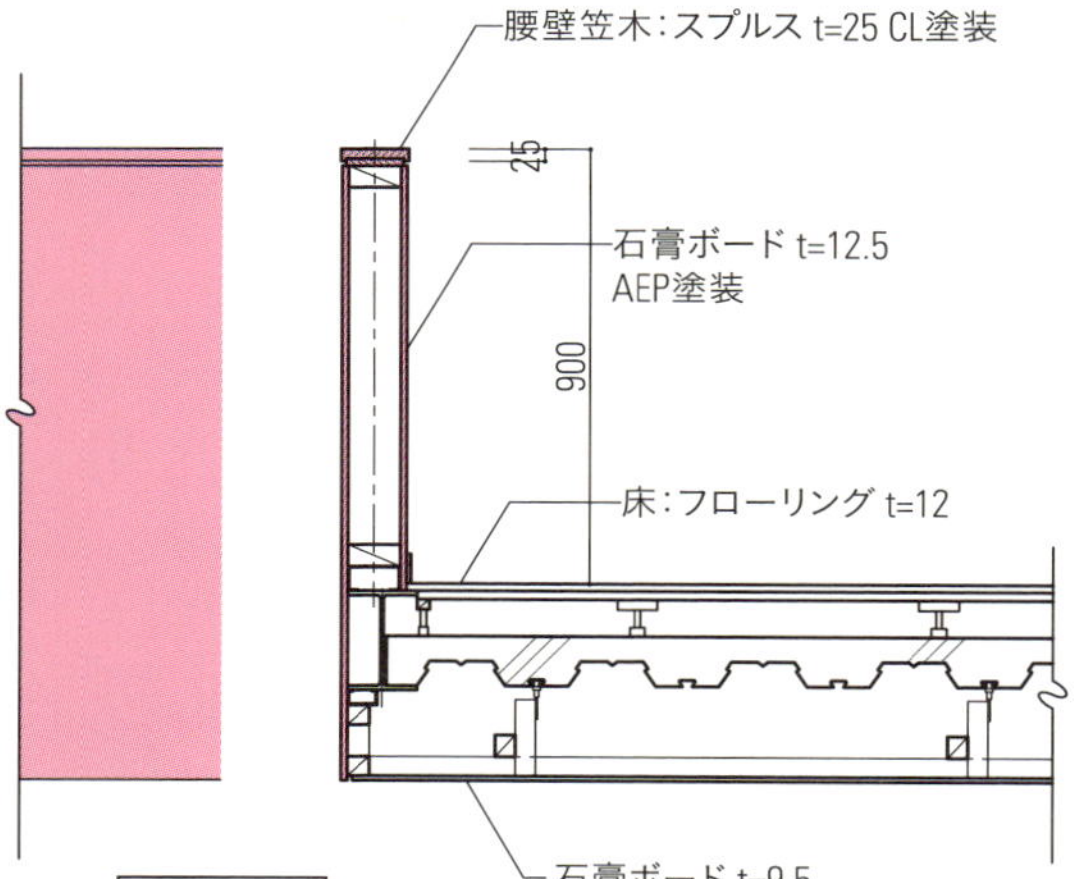

断面 S=1/30

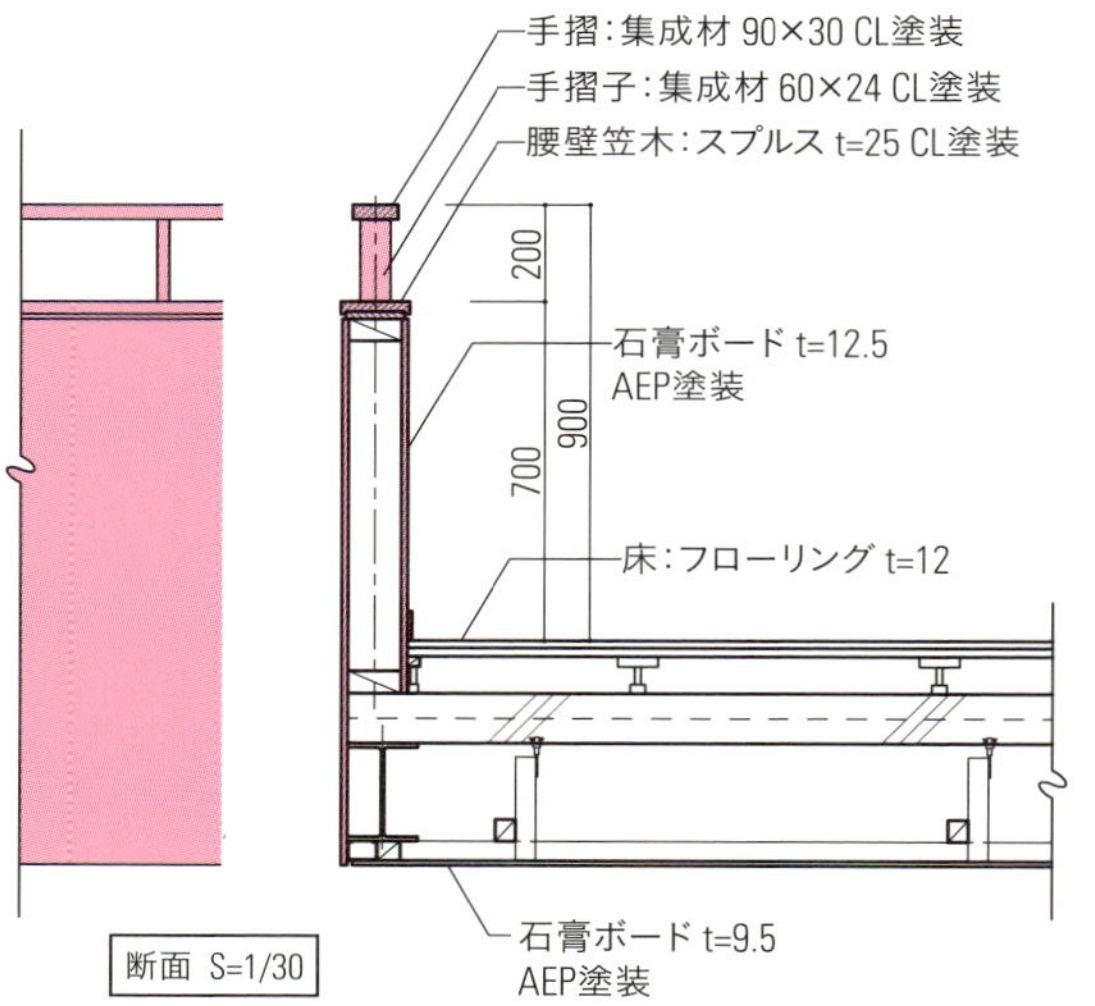

断面 S=1/30

内部手摺は、吹抜け上部や階段、スキップフロアなどの空間に現れる。2階建て住宅の場合、バルコニーなどの**外部手摺**のような**法的規制がない**ので、手摺の高さなどはクライアントの希望や設計者によるところが大きい。そのため、細心の注意が必要である。

内部手摺は、上下階からの**視線のつながり**や光や風などの**環境的なつながり**をつくる境界の部位である。

開放的な空間にしたいのか、閉鎖的な空間にしたいのか、どのようなつながりをもった空間にしたいのかで、**手摺のデザイン**を考える。また、収納やデスクコーナーなどの機能や居場所と絡めて提案することもできる。

手摺（屋内）

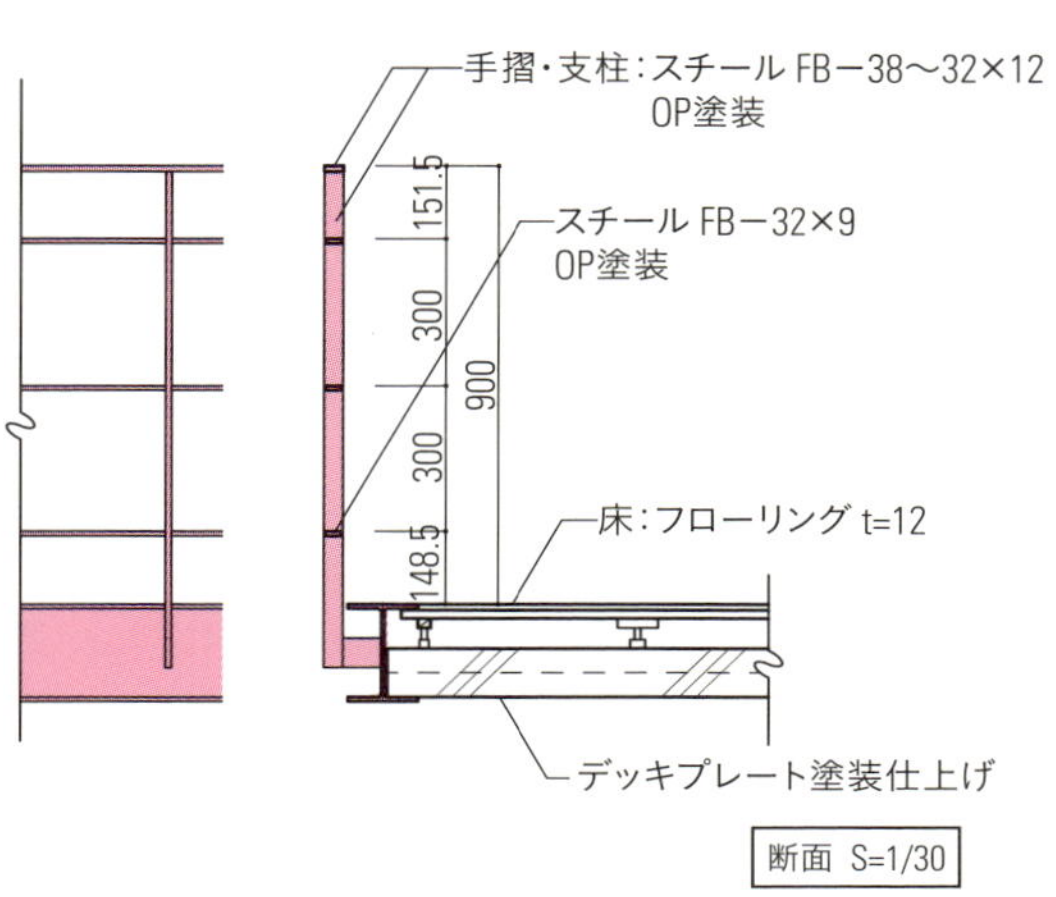

手摺・支柱：スチール FB－38～32×12
OP塗装
スチール FB－32×9
OP塗装
151.5
300
300
148.5
900
床：フローリング t=12
デッキプレート塗装仕上げ
断面 S=1/30

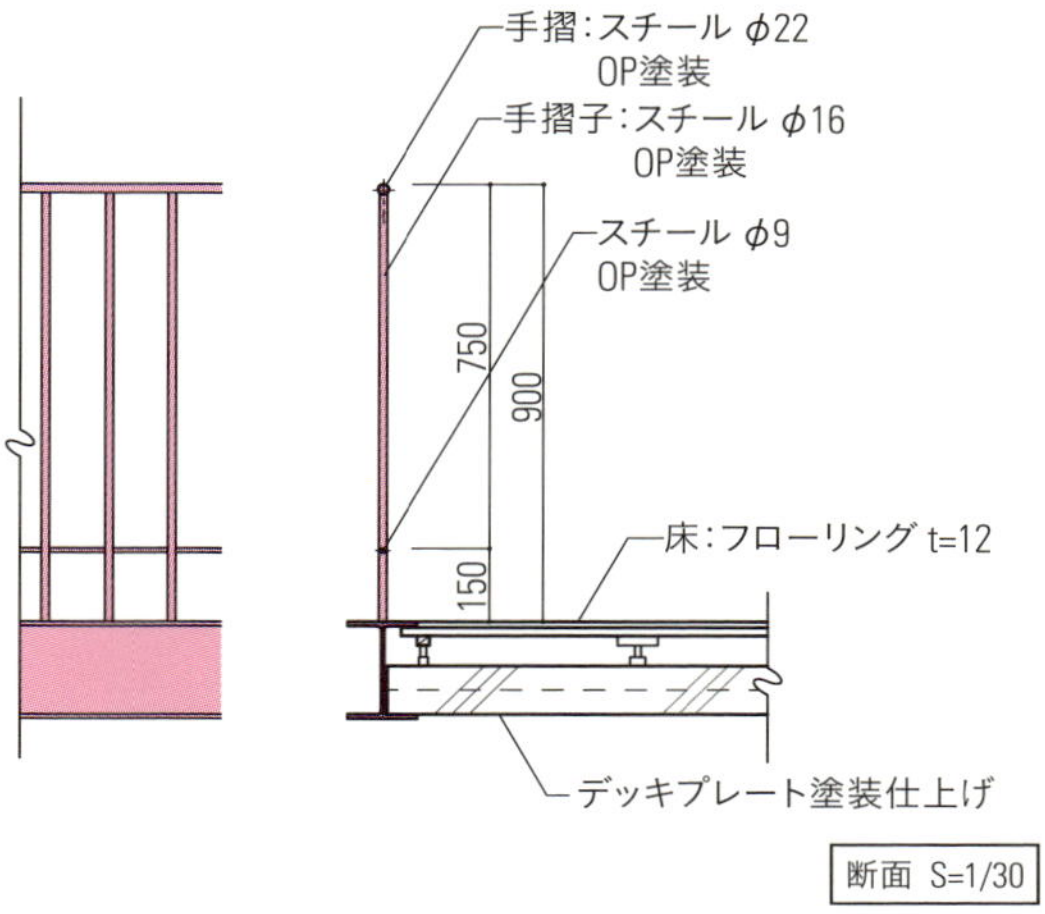

手摺：スチール φ22
OP塗装
手摺子：スチール φ16
OP塗装
スチール φ9
OP塗装
750
900
150
床：フローリング t=12
デッキプレート塗装仕上げ
断面 S=1/30

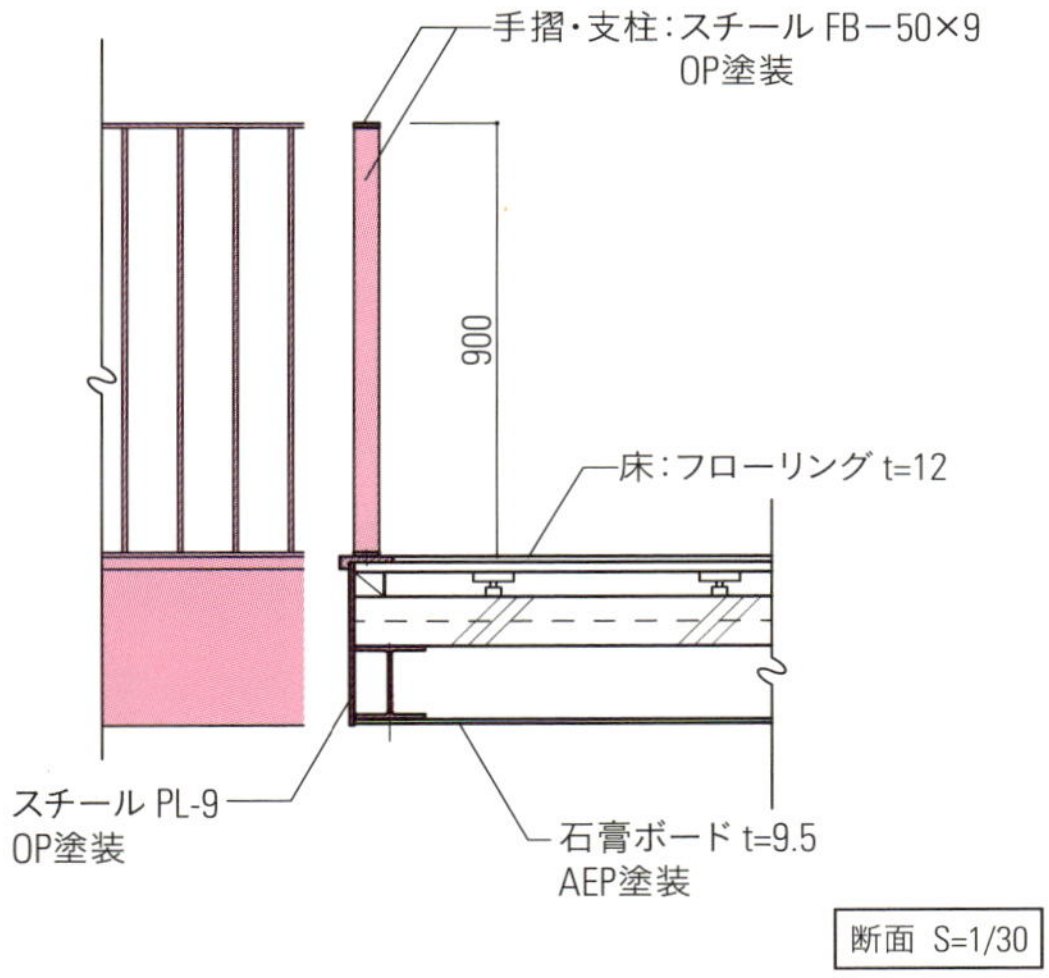

手摺・支柱：スチール FB－50×9
OP塗装
900
床：フローリング t=12
スチール PL-9
OP塗装
石膏ボード t=9.5
AEP塗装
断面 S=1/30

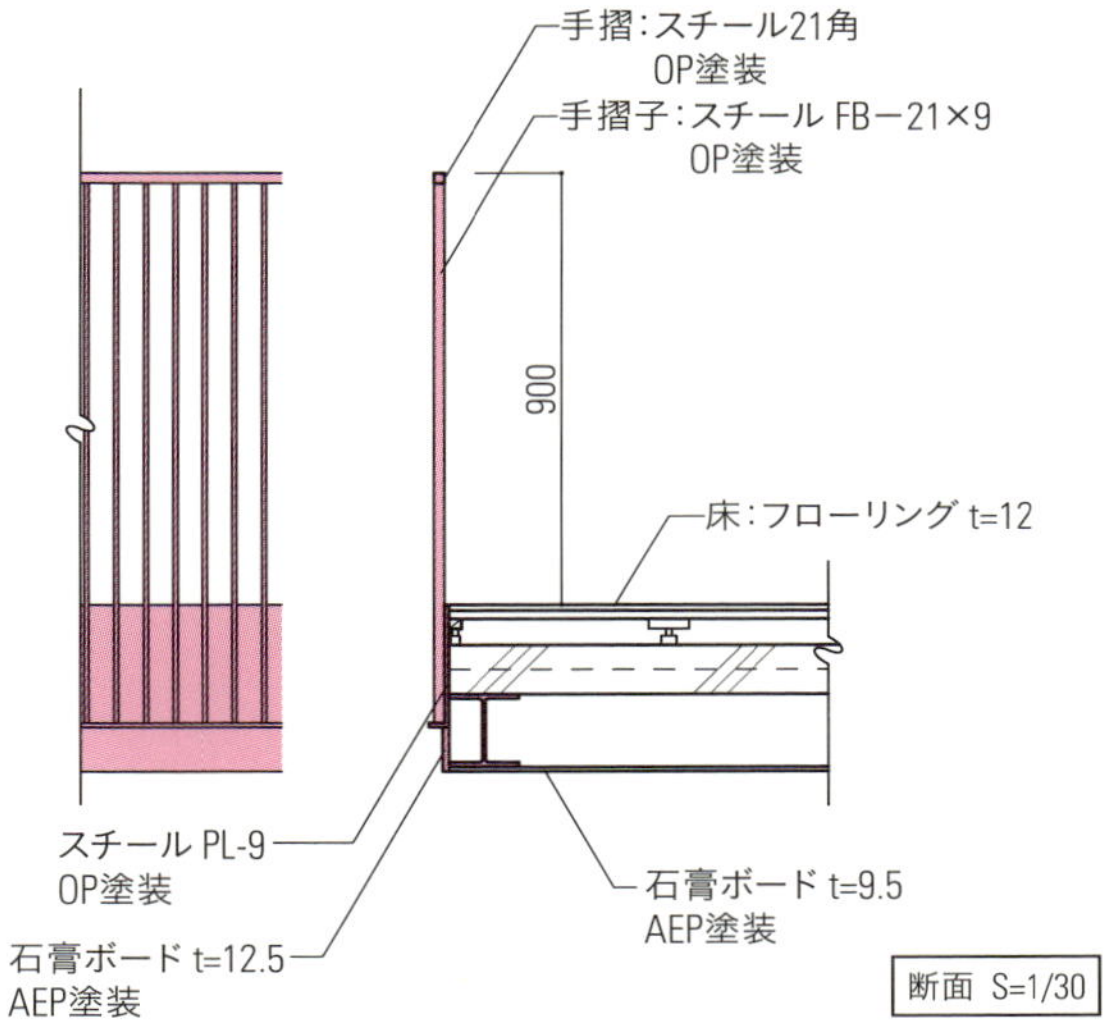

手摺：スチール21角
OP塗装
手摺子：スチール FB－21×9
OP塗装
900
床：フローリング t=12
スチール PL-9
OP塗装
石膏ボード t=9.5
AEP塗装
石膏ボード t=12.5
AEP塗装
断面 S=1/30

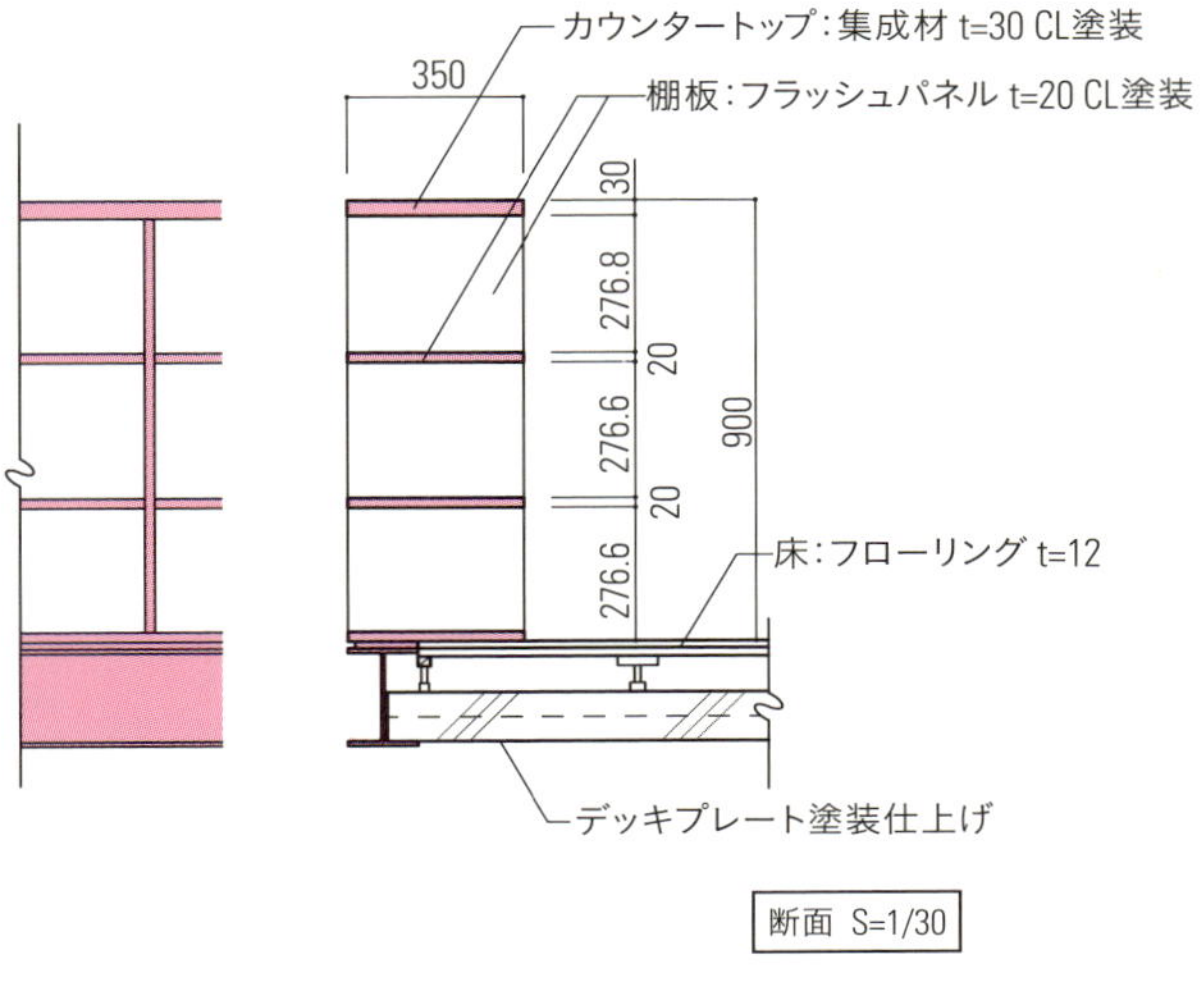

カウンタートップ：集成材 t=30 CL塗装
350
棚板：フラッシュパネル t=20 CL塗装
30
276.8
20
276.6
20
276.6
900
床：フローリング t=12
デッキプレート塗装仕上げ
断面 S=1/30

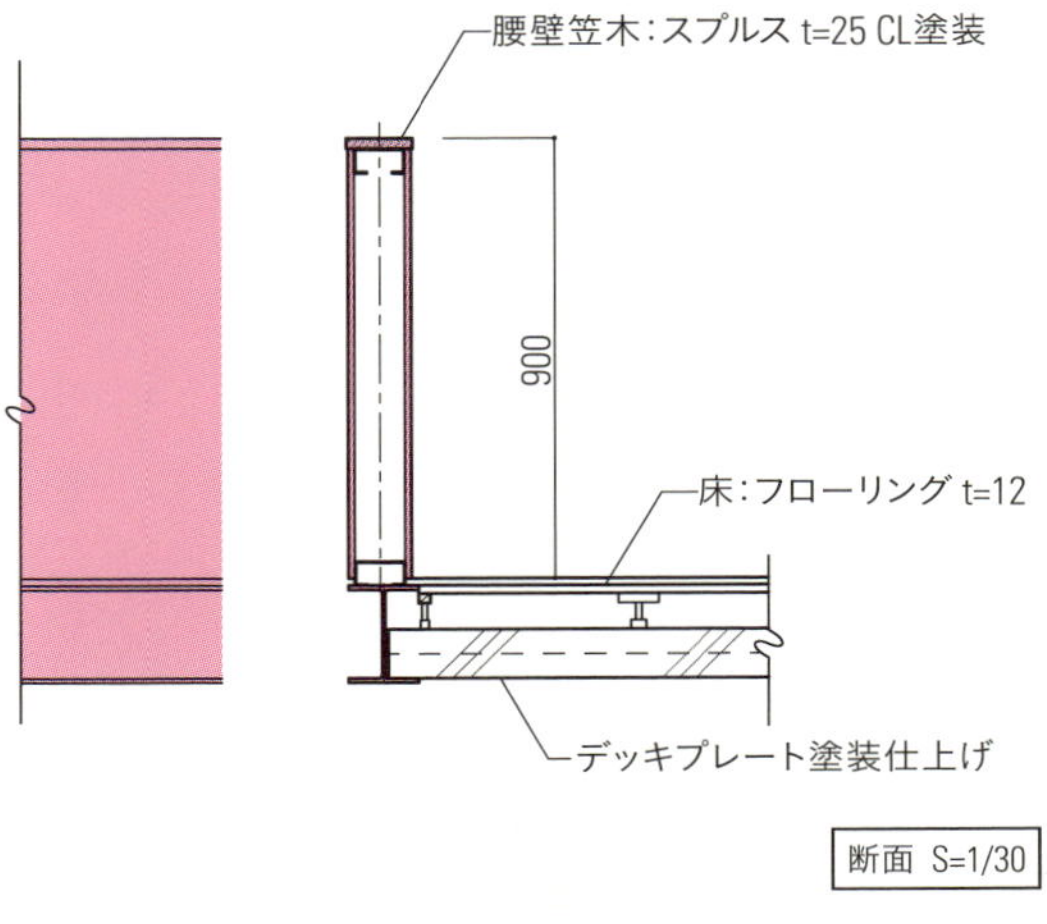

腰壁笠木：スプルス t=25 CL塗装
900
床：フローリング t=12
デッキプレート塗装仕上げ
断面 S=1/30

01 屋根の基本的な納まり

金属板葺き（勾配屋根）

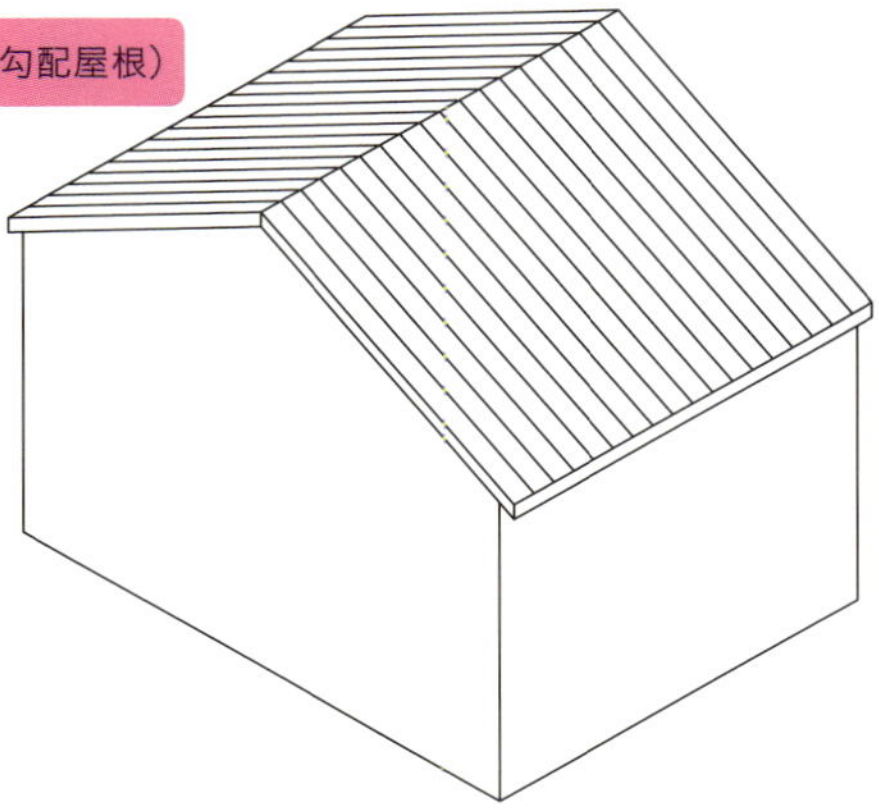

折板葺き（勾配屋根）

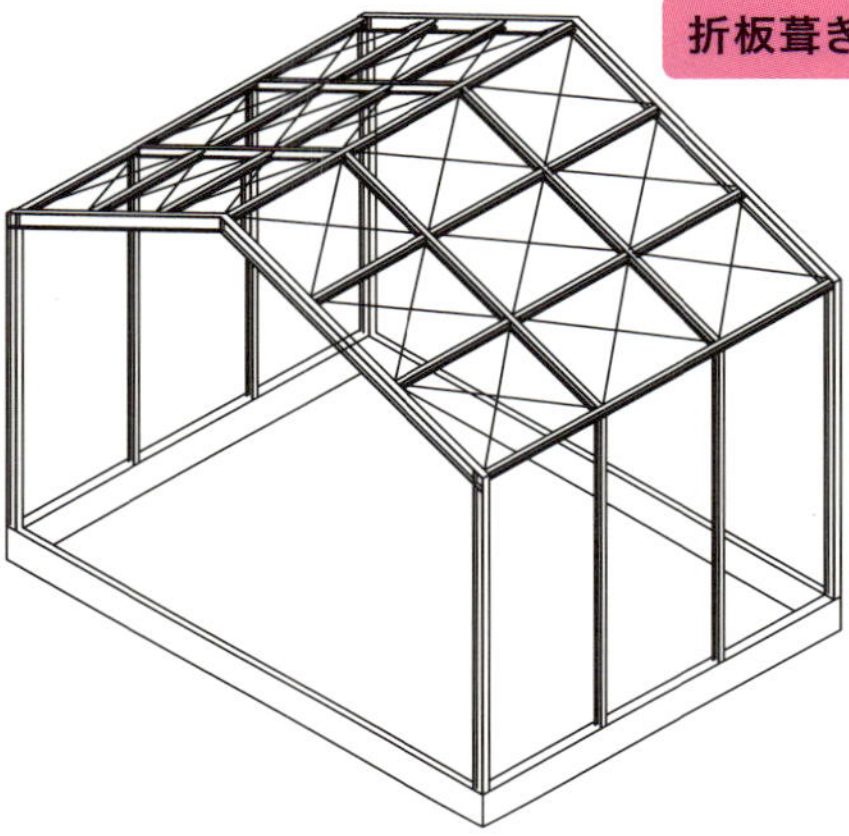

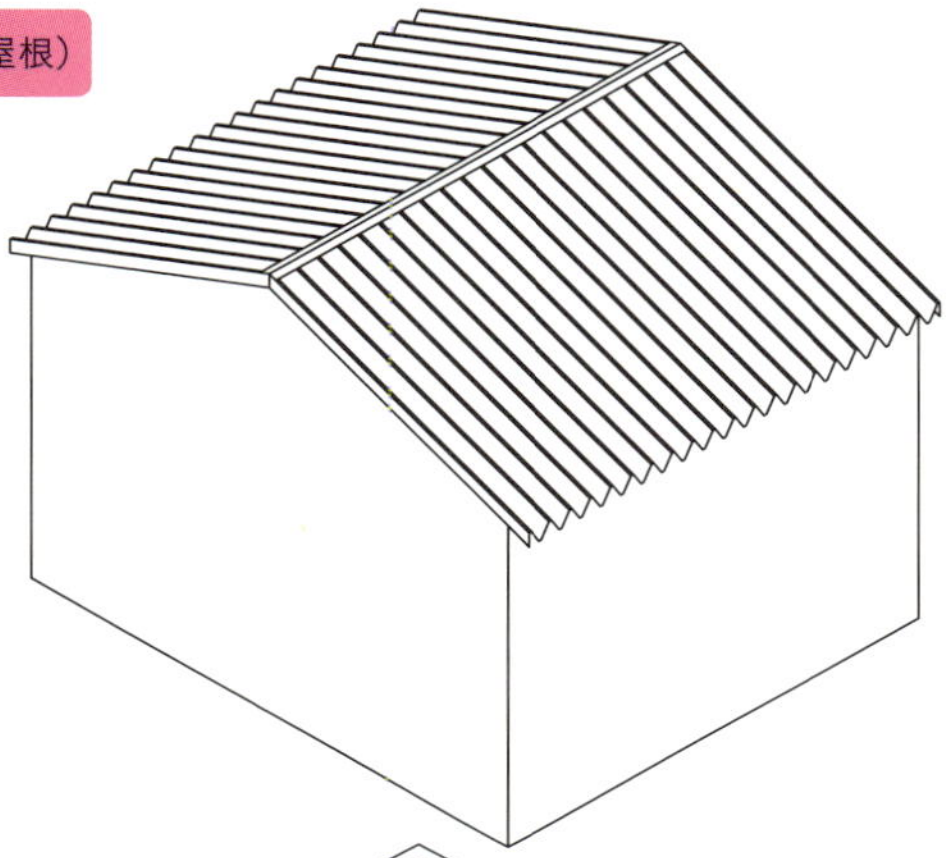

陸屋根

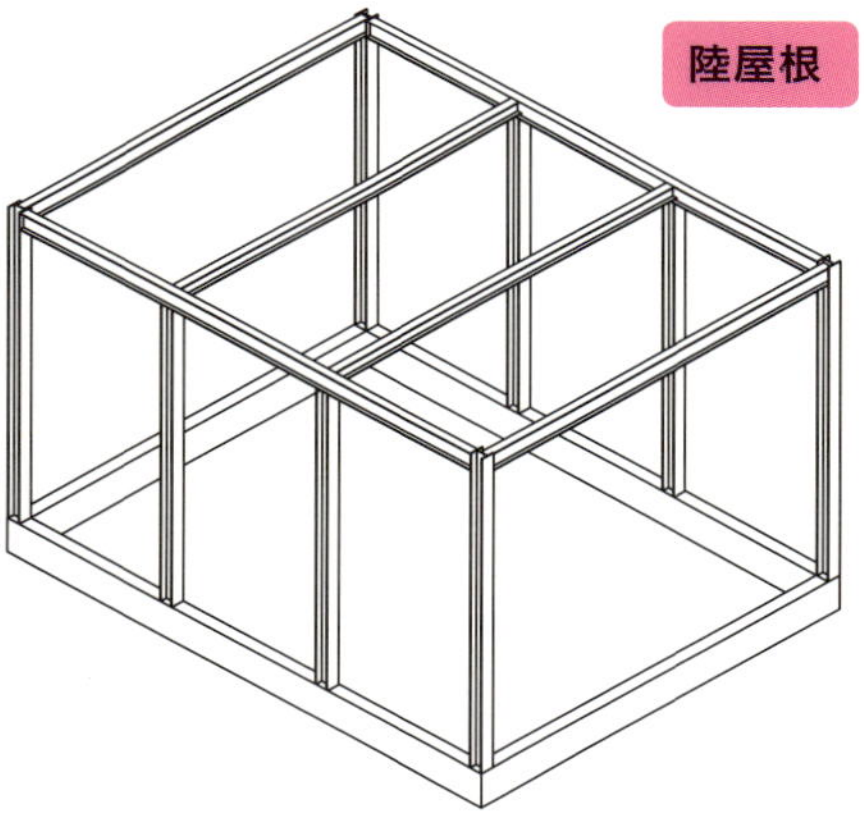

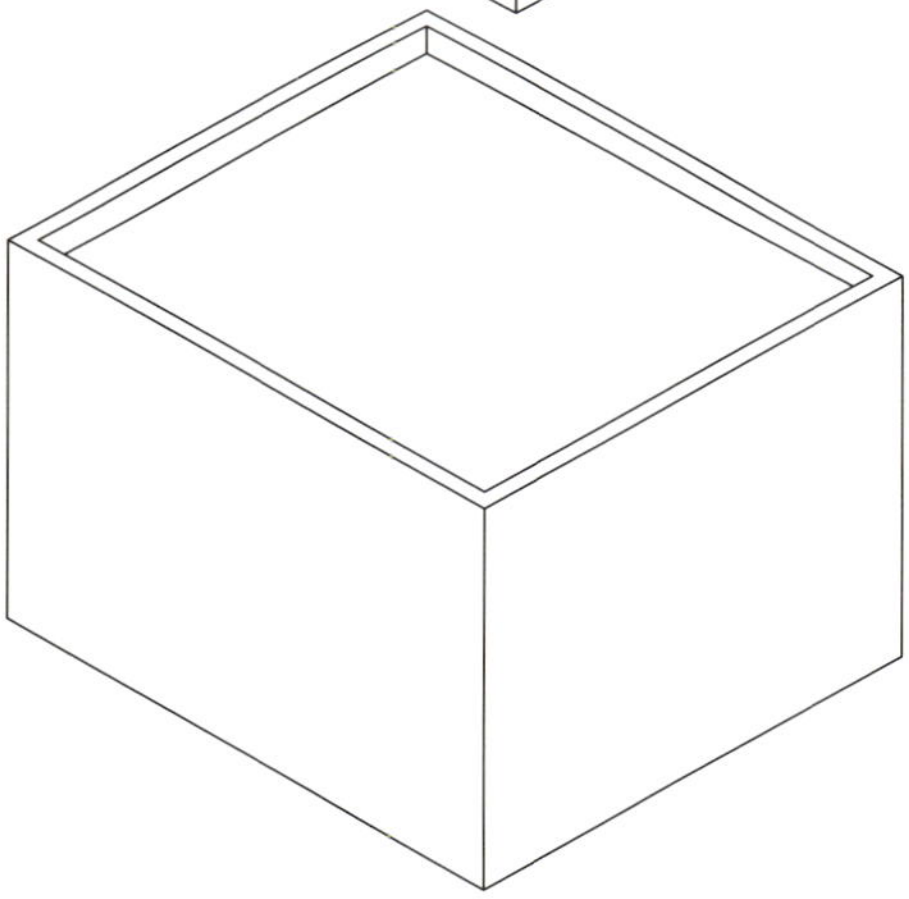

屋根は建物のデザインの象徴として**重要なポイント**となる。建物の用途、気候、風土、敷地形状、街並みなどの条件を総合的に判断しながら**意匠構想に沿った形状**で決定する。複雑な形状の屋根は**雨漏れ**につながりやすいのでなるべく避けるべきだが、採用する場合には詳細を十分に検討する必要がある。不適正な屋根は建物に**致命的な結果**をもたらすので、建物自体の性能を決定する上でも**重要な部位**である。特に**屋根と壁の取り合い部**は**弱点になりやすい**ので、**雨仕舞い**は重なりを大きくするなど、納まりには細心の注意を払う。

S造は大きな吹抜けや開口部、大スパンをもつプランが可能だが、**建物の上層部の揺れが大きく**なる。また、屋根には雨をしのぐだけでなく、**断熱性**や**遮音性**も求められる。**鉄の熱伝導率が高い**ため、S造は木造やRC造よりも**ヒートブリッジ**が生じやすく、**音**についても鉄骨部分を介して**振動を伝えやすい**ので注意が必要である。

屋根工法の種類

金属板葺き(S＝1/10)

瓦棒葺き

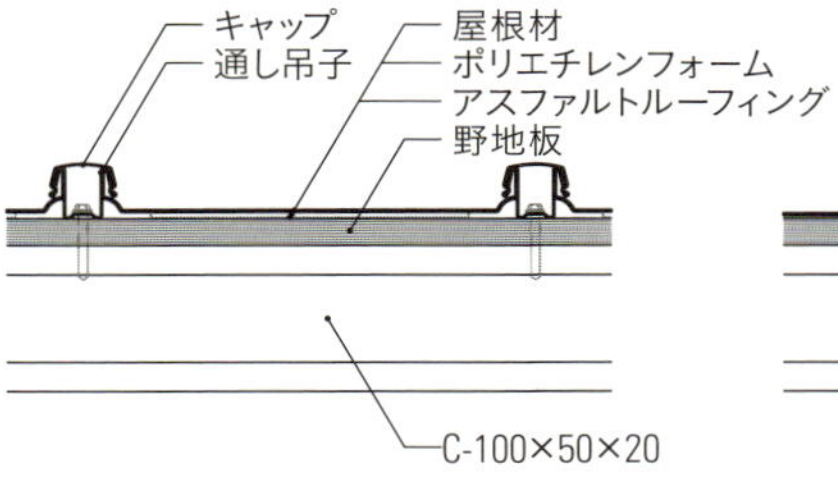

縦ハゼ葺き

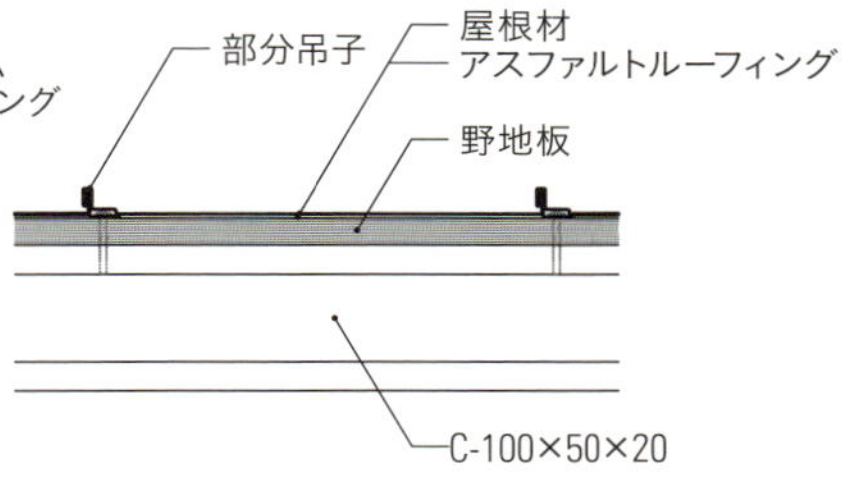

横葺き

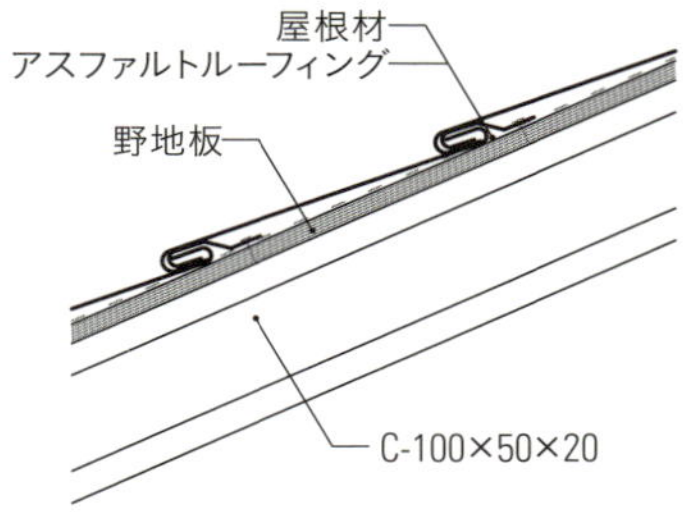

折板葺き(S＝1/15)

折板ハゼタイプ

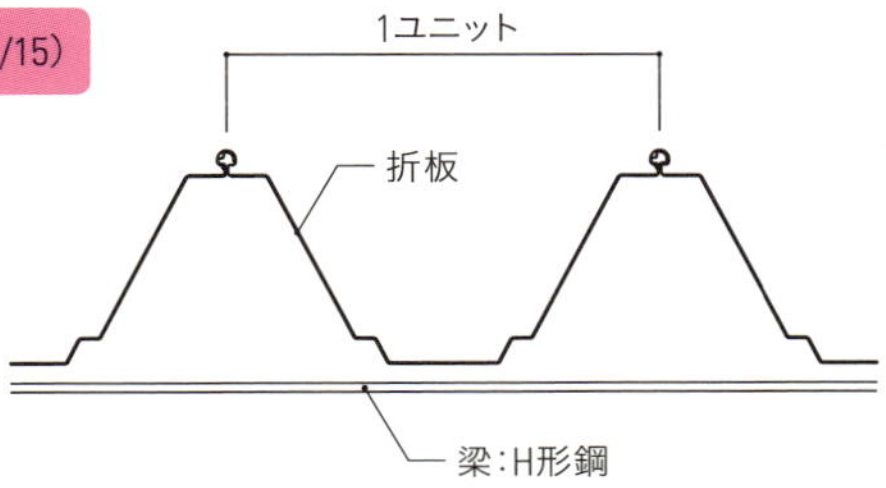

折板重ねタイプ

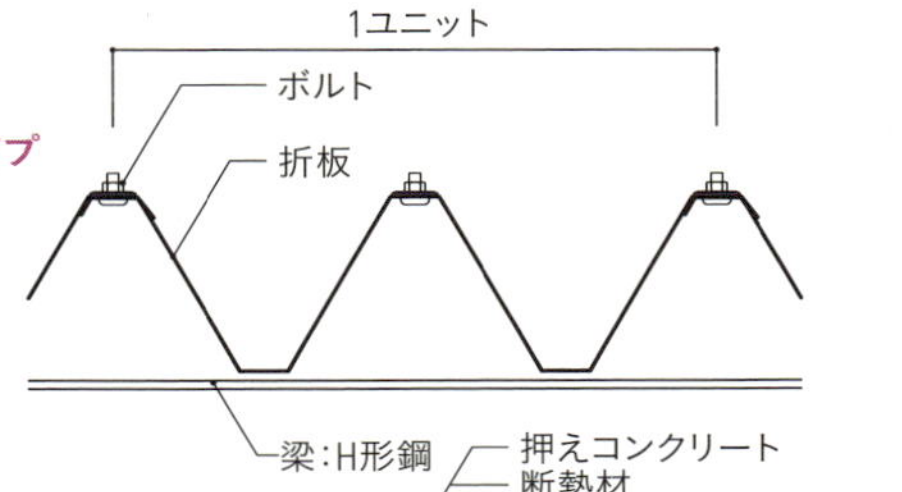

合成スラブの防水(S＝1/10)

アスファルト防水

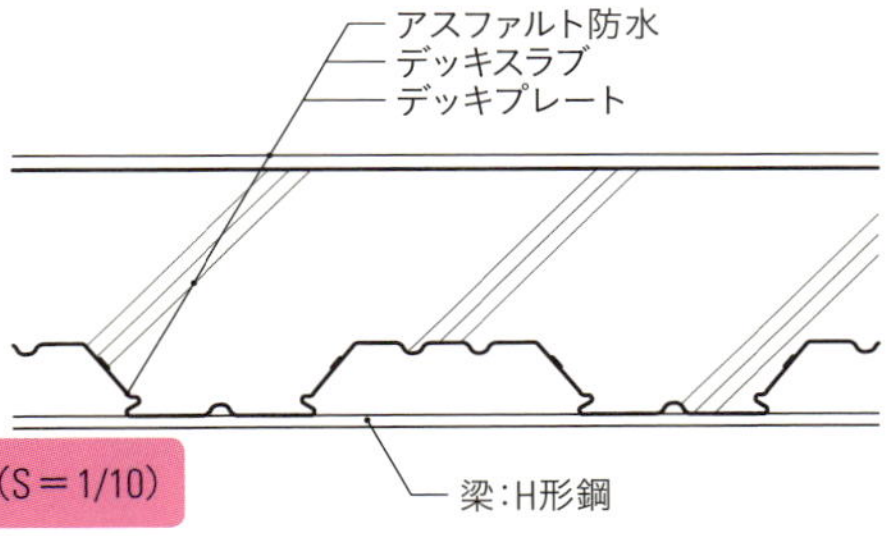

アスファルト防水(外断熱)

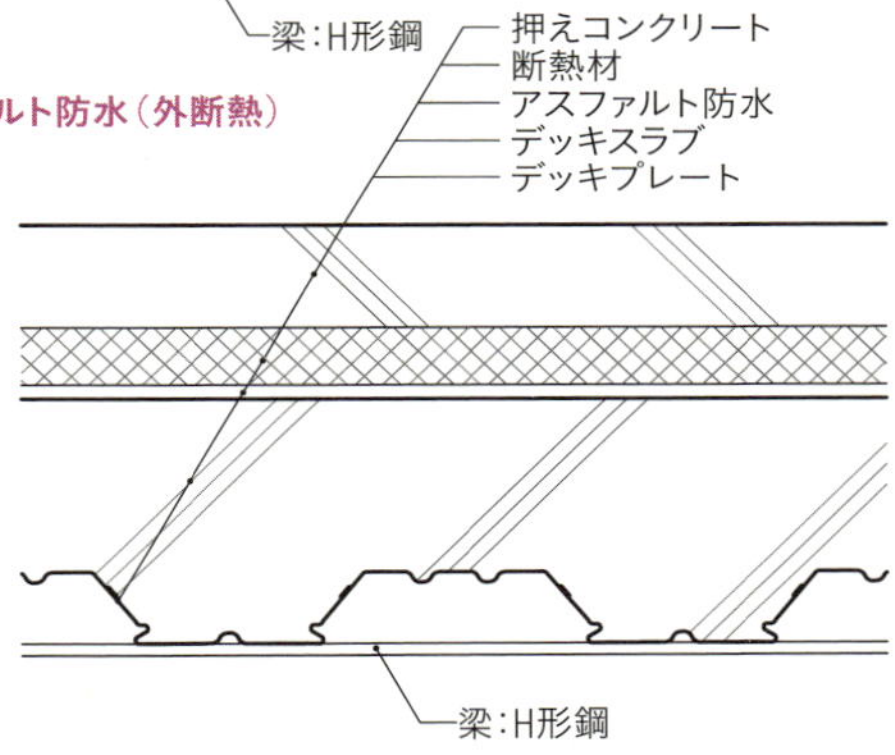

ALC版の防水(S＝1/10)

アスファルト防水

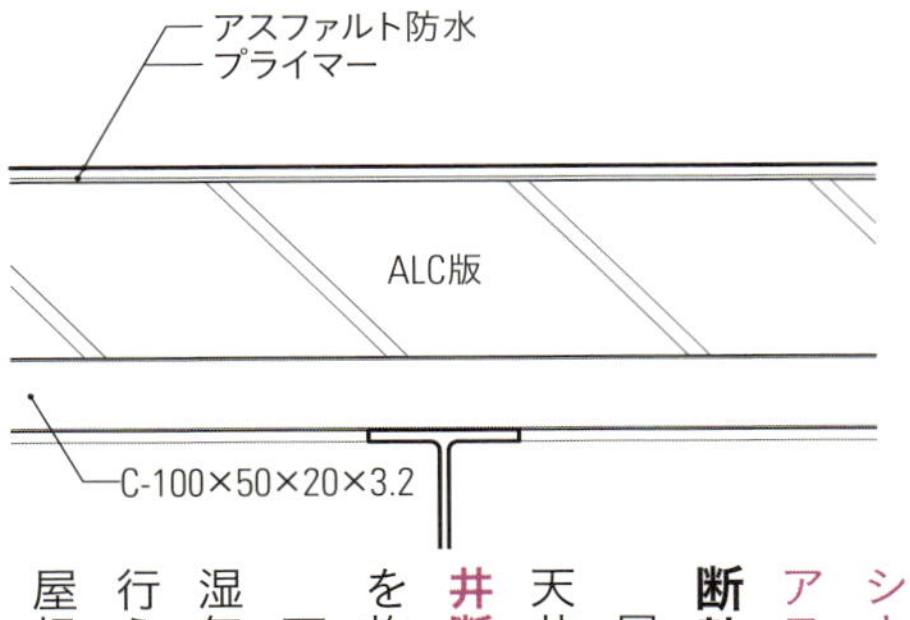

シート防水

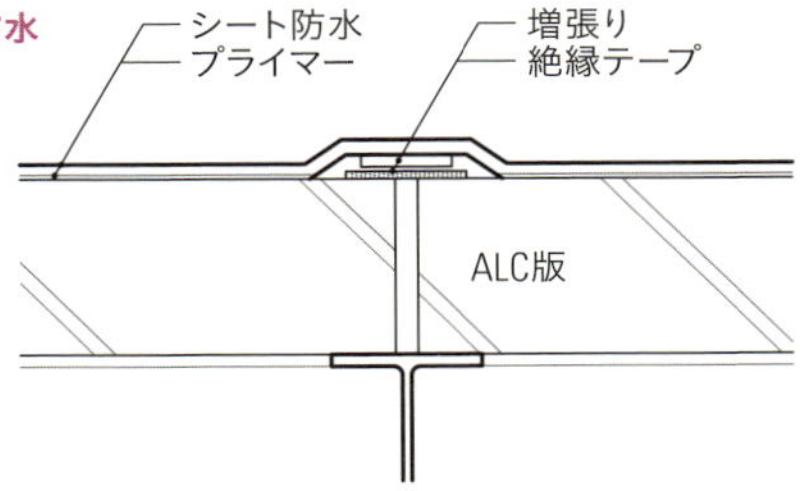

屋根勾配

屋根勾配は葺き材、流れの長さ、地域の気象条件により決定される。また風害も考慮し、構造的検討や確実な施工も求められる。

屋根工法と勾配の目安

金属板葺き
・瓦棒葺き：5／100〜1／10程度
・縦ハゼ葺き：5／100以上
・横葺き：3／10以上
化粧スレート葺き：3／10以上
瓦葺き：4／10〜7／10程度
折板葺き：3／100以上
シート防水：1／50程度
アスファルト防水：1／50程度

断熱方式

屋根の断熱方法は**勾配屋根の場合**、天井材の上に**断熱材**を敷き詰める**天井断熱**と、屋根勾配に沿って断熱材を施す**屋根断熱**がある。

天井断熱の場合は、小屋裏に熱や湿気が溜まるので**小屋裏換気**を必ず行う。屋根断熱の場合でも断熱材と屋根材の間に**通気層**を設け、**断熱通気工法**とするとよい。

また、**陸屋根の場合**、コンクリートの上、または下に断熱材を施す。

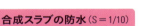

02 金属板葺き（勾配屋根）の基本的な納まり

金属板葺き（勾配屋根）の構成分解図

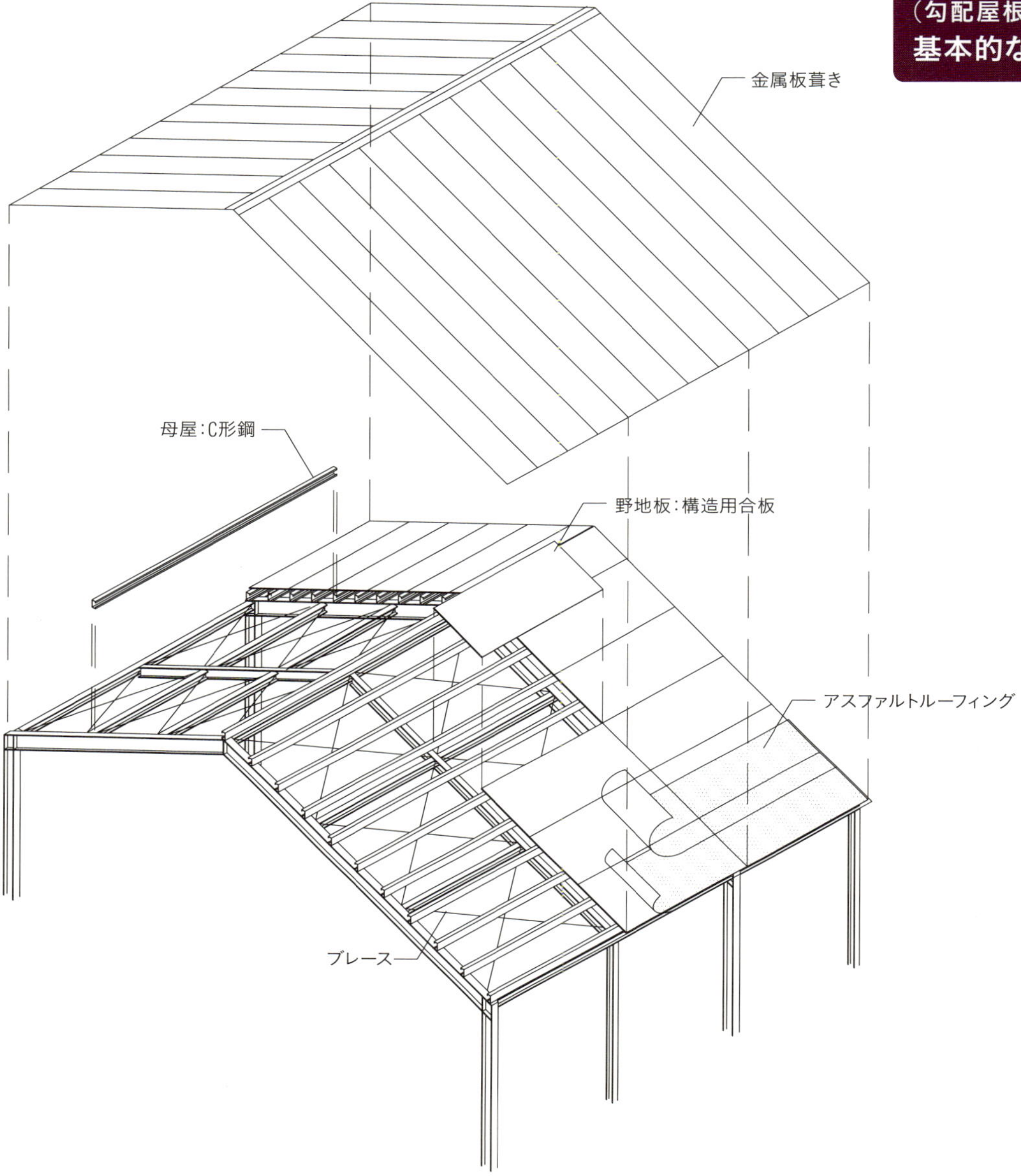

金属板葺き
母屋：C形鋼
野地板：構造用合板
アスファルトルーフィング
ブレース

S造住宅での**金属板葺き**は、木造と同様に、**母屋**や**垂木**などで**小屋組**を形成し、耐火性・吸音性を考慮して木毛セメント板、木片セメント板などを**野地板**を兼ねて施す。

金属板葺きの素材には**ステンレス板**、**ガルバリウム鋼板**、**銅板**、**アルミ板**などがあり、**瓦棒葺き**、**縦ハゼ葺き**、**平葺き**など葺き方も多様である。

耐風圧性能を確保できるように下地と強固な固定をする必要があり、**屋根材**は下地ボードを貫通して**母屋と固定**する。

木造と同じように瓦葺きや化粧スレート葺きなども金属板葺きと同様の**小屋組**、**野地板**で納める。

また、勾配屋根においては**ALC版**や**押出成形セメント板**の屋根パネル材を梁に架け、アスファルトシングル葺きで仕上げる方法もある。

金属板葺きの屋根断熱納まり

屋根断熱とする場合、ヒートブリッジ（熱橋）ができないよう母屋の上に断熱材を施す。その際、天井の厚みを小さくするためにスタイロフォームなどの発泡プラスチック保温材を使用することが多い。雨音が響きやすいので裏打ち材が付いている屋根材を選ぶとよい。木造のように断熱通気工法とすることもある。

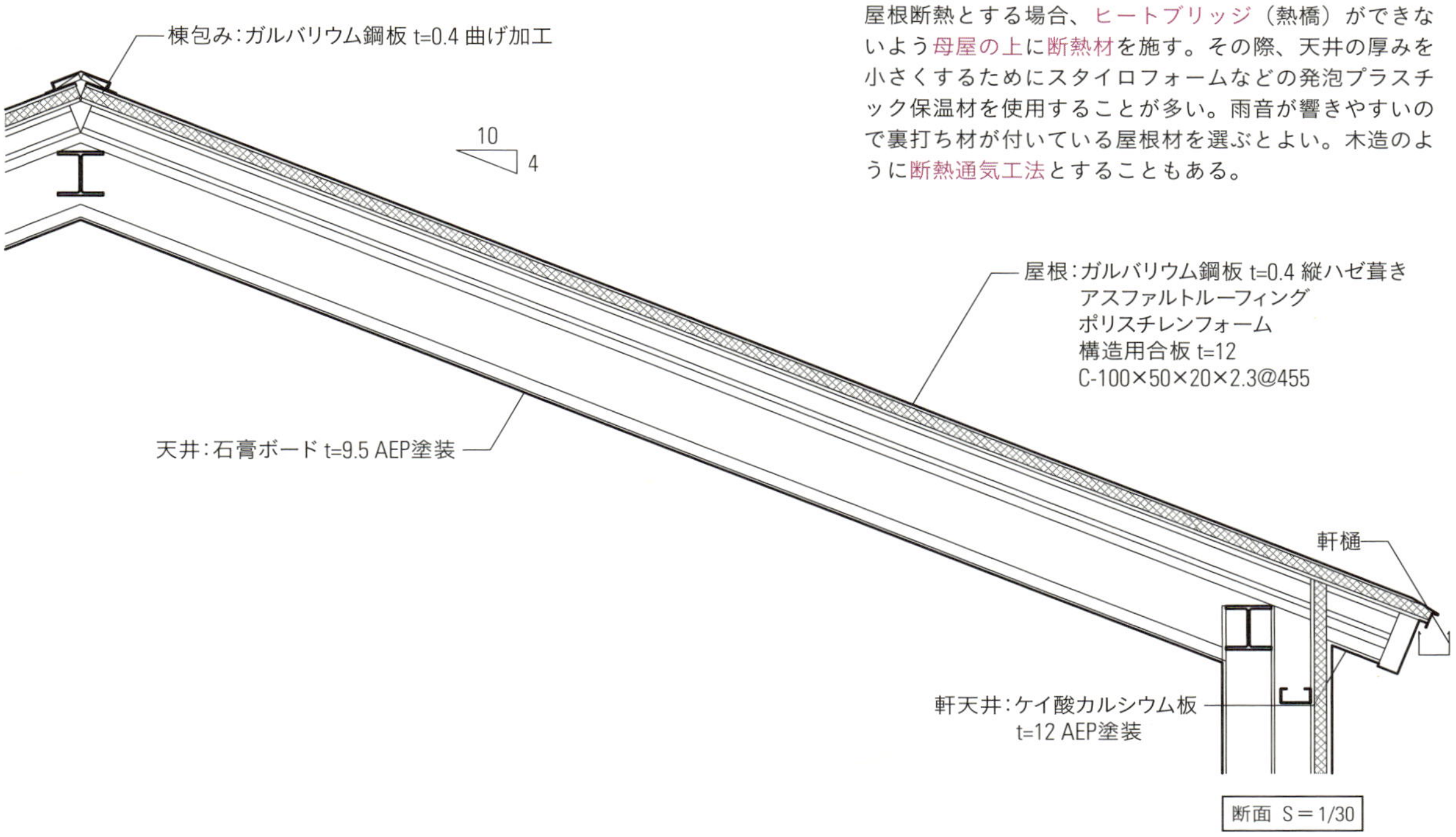
棟包み:ガルバリウム鋼板 t=0.4 曲げ加工
10
4
屋根:ガルバリウム鋼板 t=0.4 縦ハゼ葺き
アスファルトルーフィング
ポリスチレンフォーム
構造用合板 t=12
C-100×50×20×2.3@455
天井:石膏ボード t=9.5 AEP塗装
軒樋
軒天井:ケイ酸カルシウム板
t=12 AEP塗装
断面 S＝1/30

金属板葺きの天井断熱納まり

天井断熱とする場合、天井上に十分な空間がある場合が多いので、グラスウールなどの繊維系断熱材を施すことが多い。小屋裏に熱や湿気が溜まるので、必ず小屋裏換気を行う必要がある。

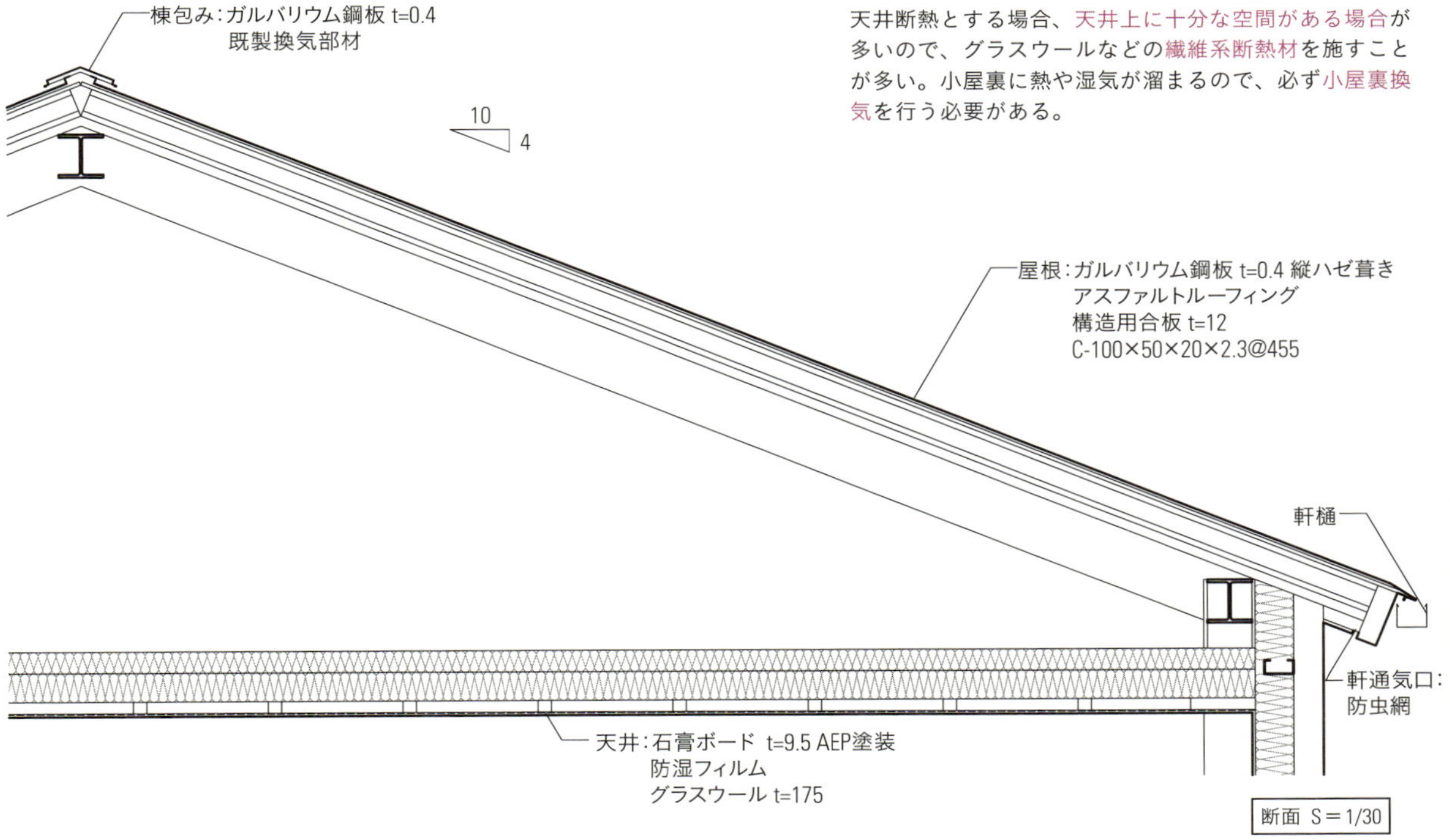
棟包み:ガルバリウム鋼板 t=0.4
既製換気部材
10
4
屋根:ガルバリウム鋼板 t=0.4 縦ハゼ葺き
アスファルトルーフィング
構造用合板 t=12
C-100×50×20×2.3@455
軒樋
軒通気口:
防虫網
天井:石膏ボード t=9.5 AEP塗装
防湿フィルム
グラスウール t=175
断面 S＝1/30

03 折板葺き（勾配屋根）の基本的な納まり

折板葺き（勾配屋根）の構成分解図

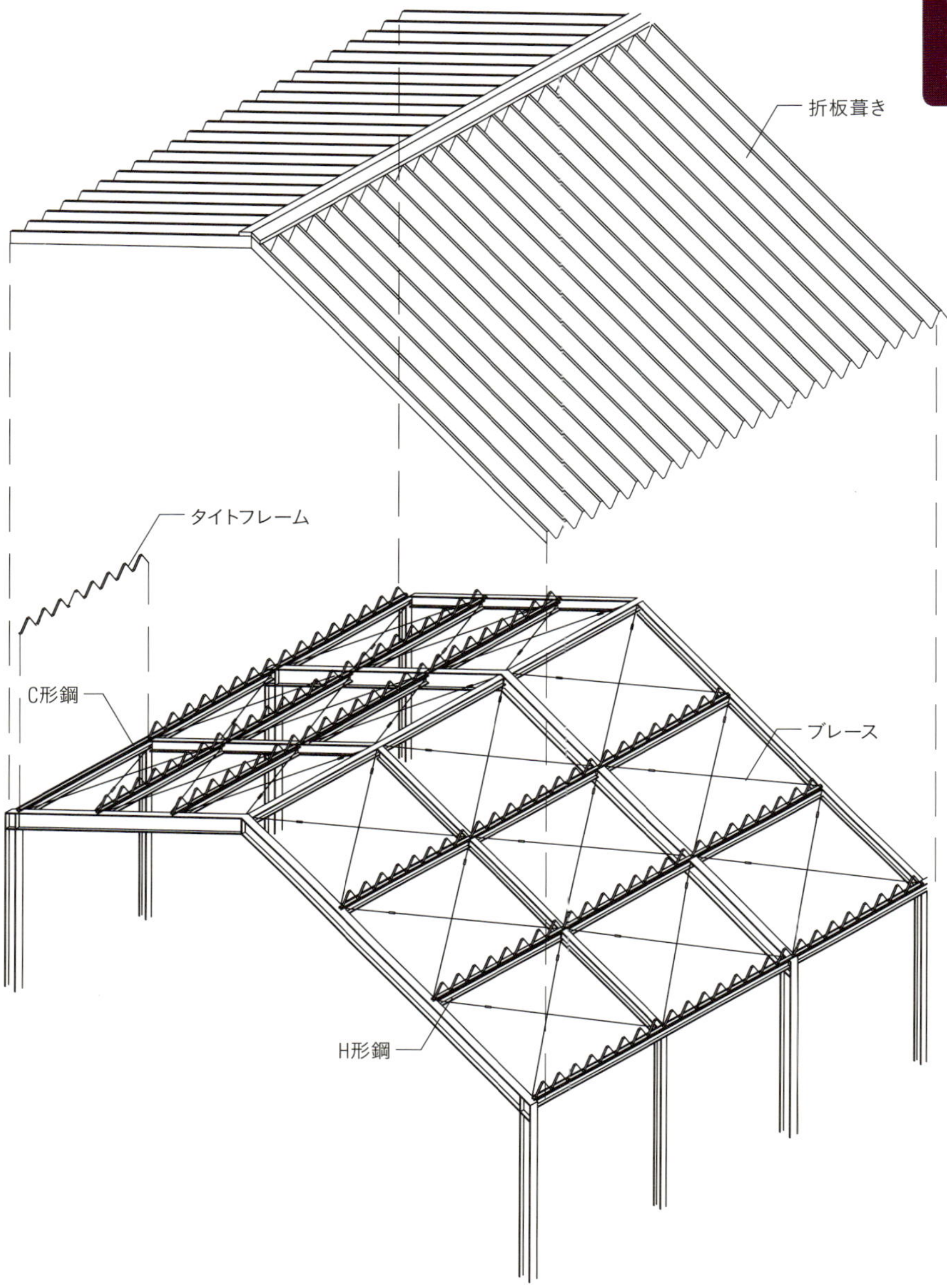

折板は、波型に折り曲げることによって剛性をもたせた屋根材であり、梁に直接取り付けることができるので、**垂木や野地板を必要としない**。

流れ方向に直行した梁に**タイトフレーム**を取り付けて、折板の山の部分でボルトや金具で固定する。鋼板裏面には結露を防止するため、**断熱材**を貼る。

他の屋根材に比べて**大スパンが可能**なので、工場、体育館展示場など大きな空間を必要とする建物でよく用いられるが、**気密性が確保しにくい**という欠点もある。

折板は固定の方法によって形状が異なり、**重ね式折板**は折板本体を**タイトフレーム**の剣先ボルトで貫通し、ナットなどで締め付けて固定する。

また、タイトフレームと折板本体を**吊子**と呼ばれる金具で固定する**ハゼ式折板**（金属板の接合部を折り曲げ、かみ合わせた馳と呼ばれる部分が付いた屋根材）もある。

折板葺きの流れ方向納まり

金属製折板は、熱伝導率が高く外気温が直接内部に伝わるので、天井面で断熱する場合でも折板の裏面に発泡ウレタンフォームを吹き付けるのが望ましい。現場で吹き付けるとタイトフレームの部分などでヒートブリッジが生じるので、あらかじめ工場で吹き付けたものや断熱材が施された材料を使用するとよい。

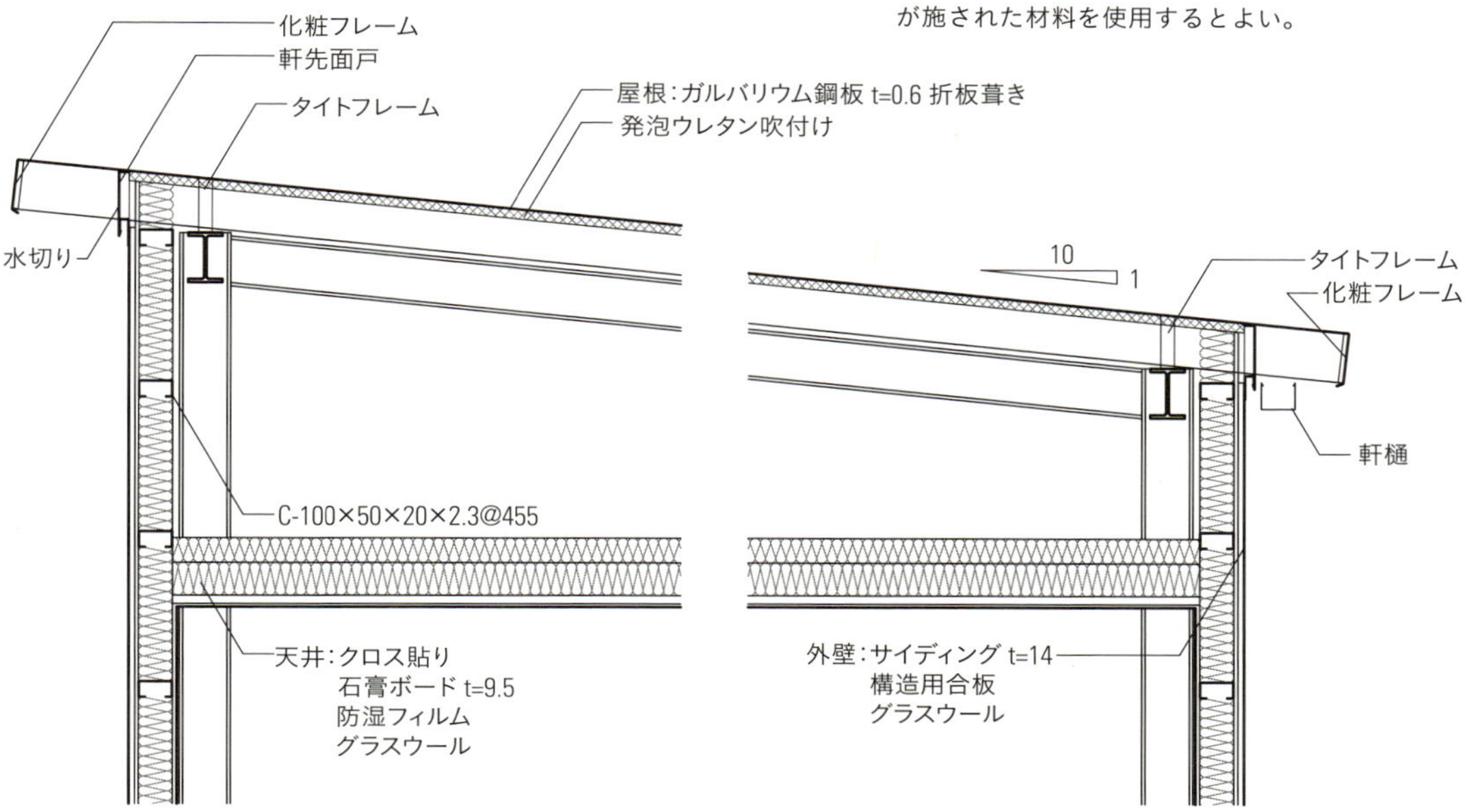

断面 S＝1/30

折板葺きのけらば方向納まり

金属製の屋根は梁に直接取り付けられるので、雨音が響きやすいというデメリットがある。断熱材が裏打ち材が付いている折板や天井面のグラスウールは音対策にも有効であるので、用途や環境に応じて、断熱性と遮音性の両面から断熱材の厚みを決定するのが望ましい。

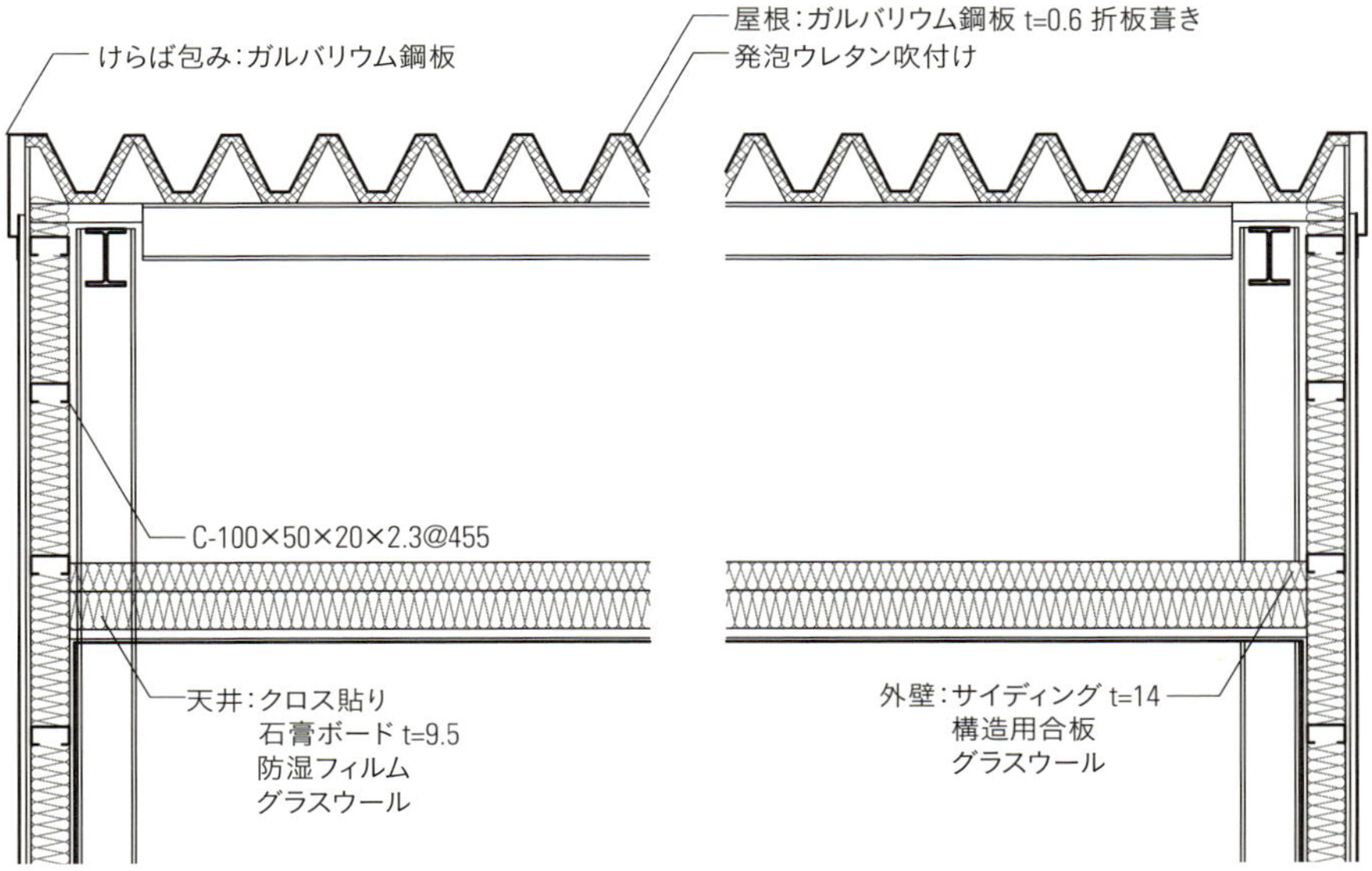

断面 S＝1/30

04 陸屋根の基本的な納まり

陸屋根の構成図

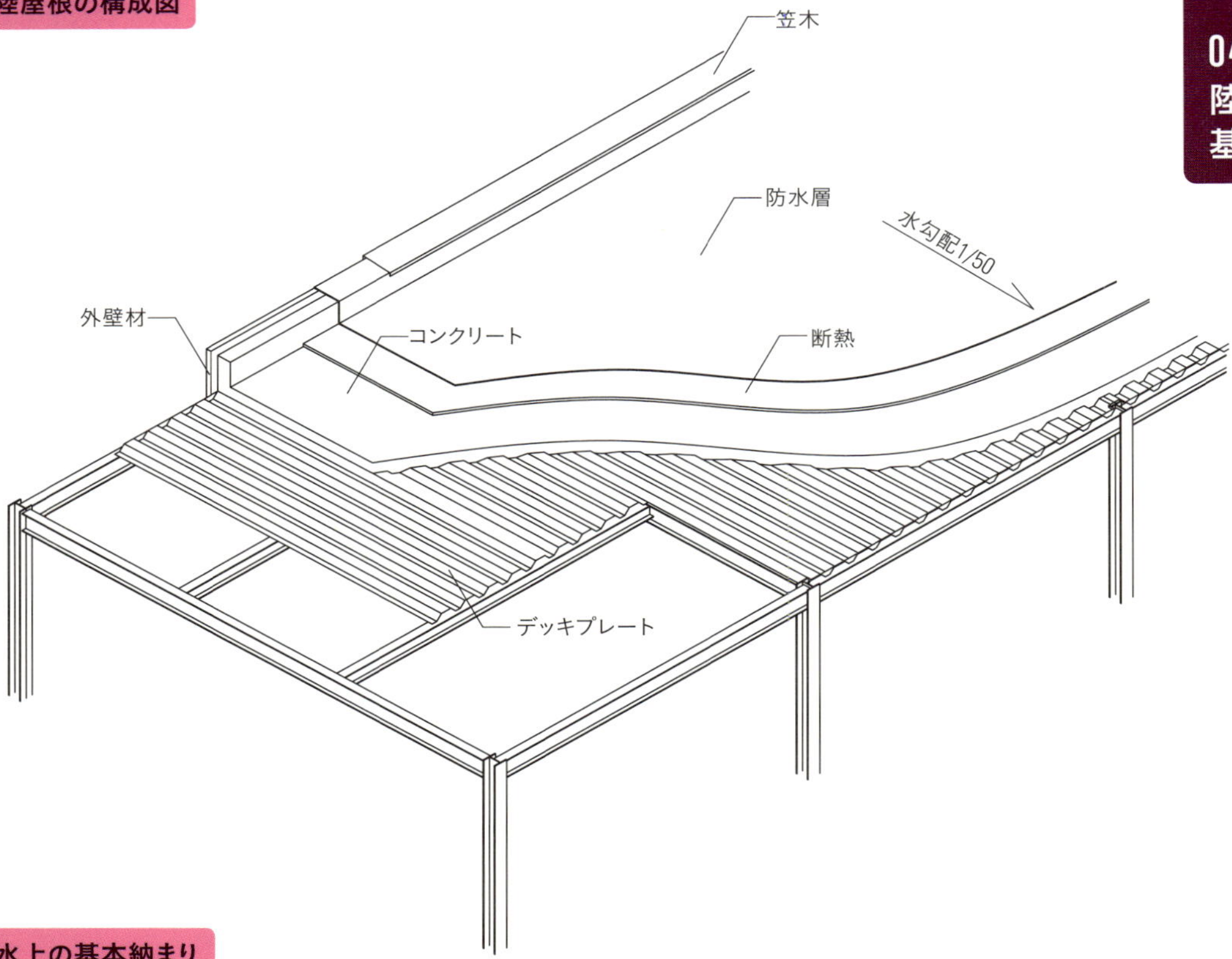

水上の基本納まり

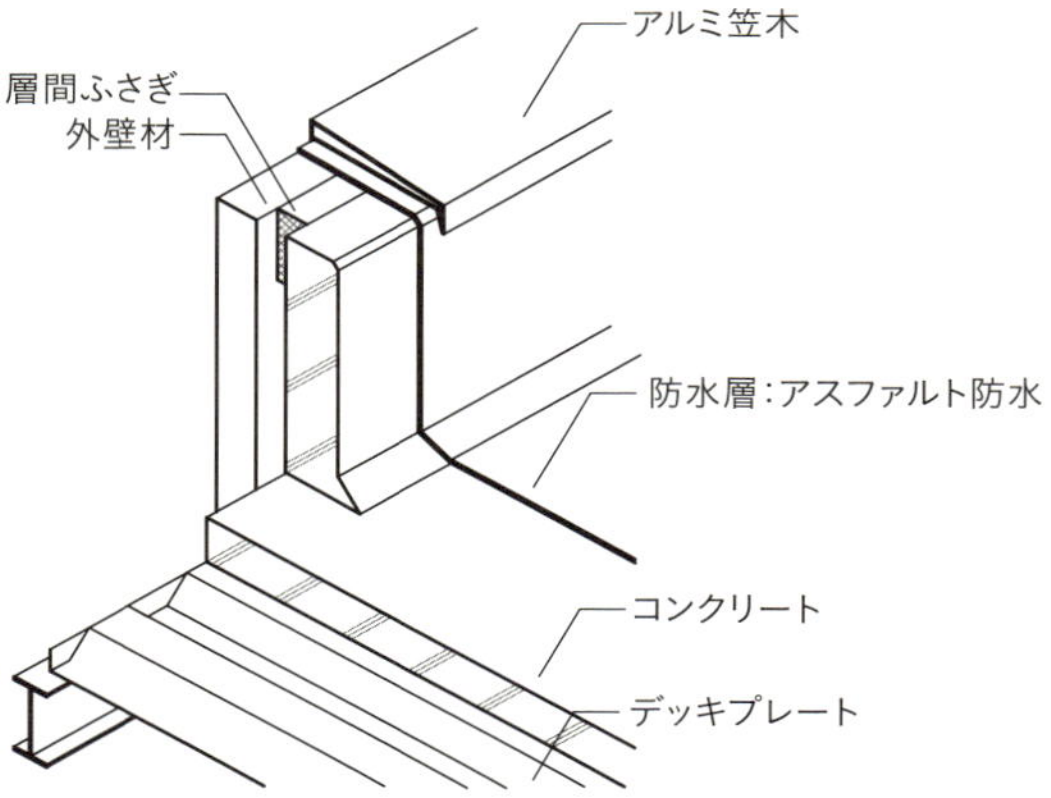

水下の基本納まり

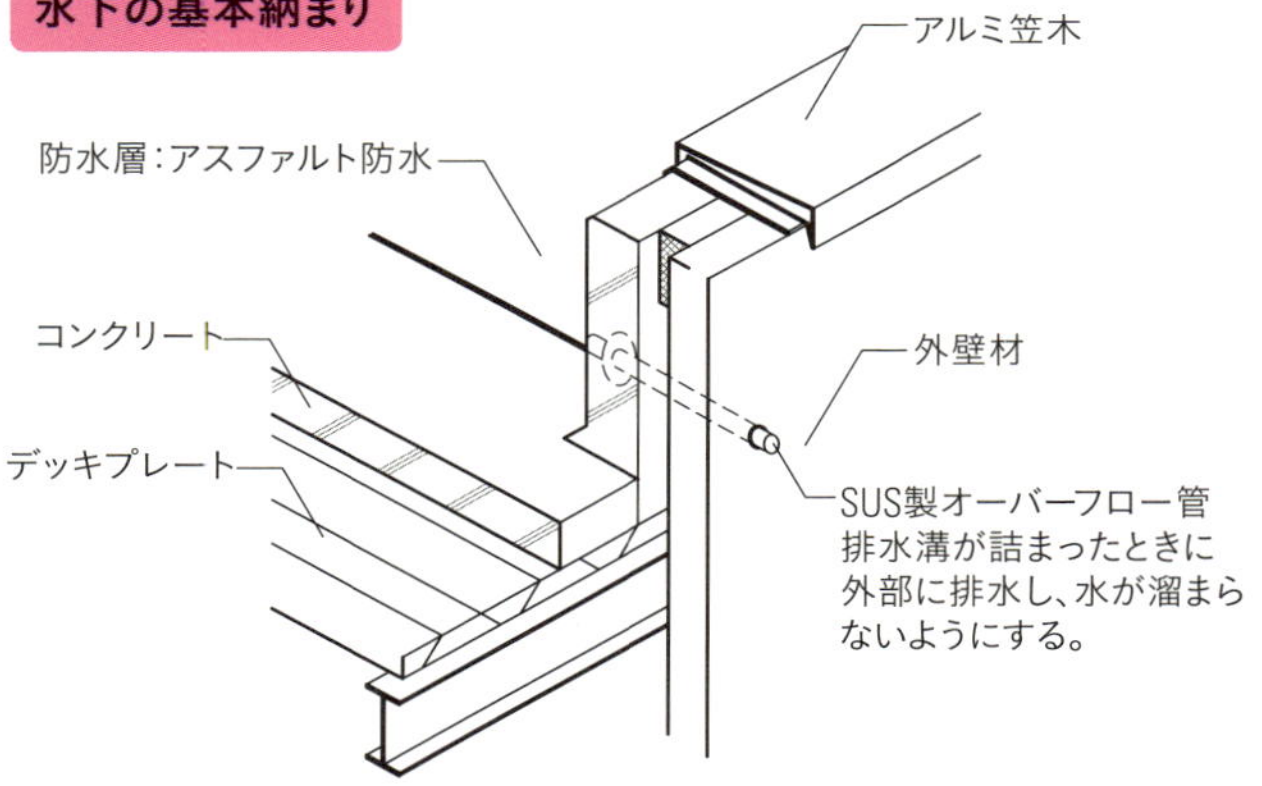

陸屋根の防水には**アスファルト防水**、**シート防水**などが用いられる。床板はデッキプレートの上にコンクリートを打設した合成スラブやALC版が多く採用される。**ALC版**は合成スラブの床に比べて軽量だが、単体では剛性が確保できないので**水平ブレース**を設ける必要がある。シンダーコンクリートでの**水勾配**は避け、**構造躯体でとる**のが原則である。

　パラペットの立上げは、外壁および下地をそのまま立ち上げる方法やコンクリートでつくる方法がある。**合成スラブ**の場合は、**スラブからコンクリートで立ち上げる**と屋根とパラペットが一体になっているので外壁が動いても防水に影響がなく、**確実な工法**といえる。

　防水張り仕舞いは**立上り天端まで**とし、**笠木**で押さえる。壁面の防水は**水切り下まで**とし、金物で押さえて**シーリング**を打つ。

陸屋根の露出アスファルト防水納まり

S造の陸屋根は、デッキプレートにコンクリートを打設する合成スラブが一般的である。露出防水の場合の水勾配は1/50～1/20、保護防水の場合は1/100～1/50をデッキプレート下の鉄骨梁でとる。

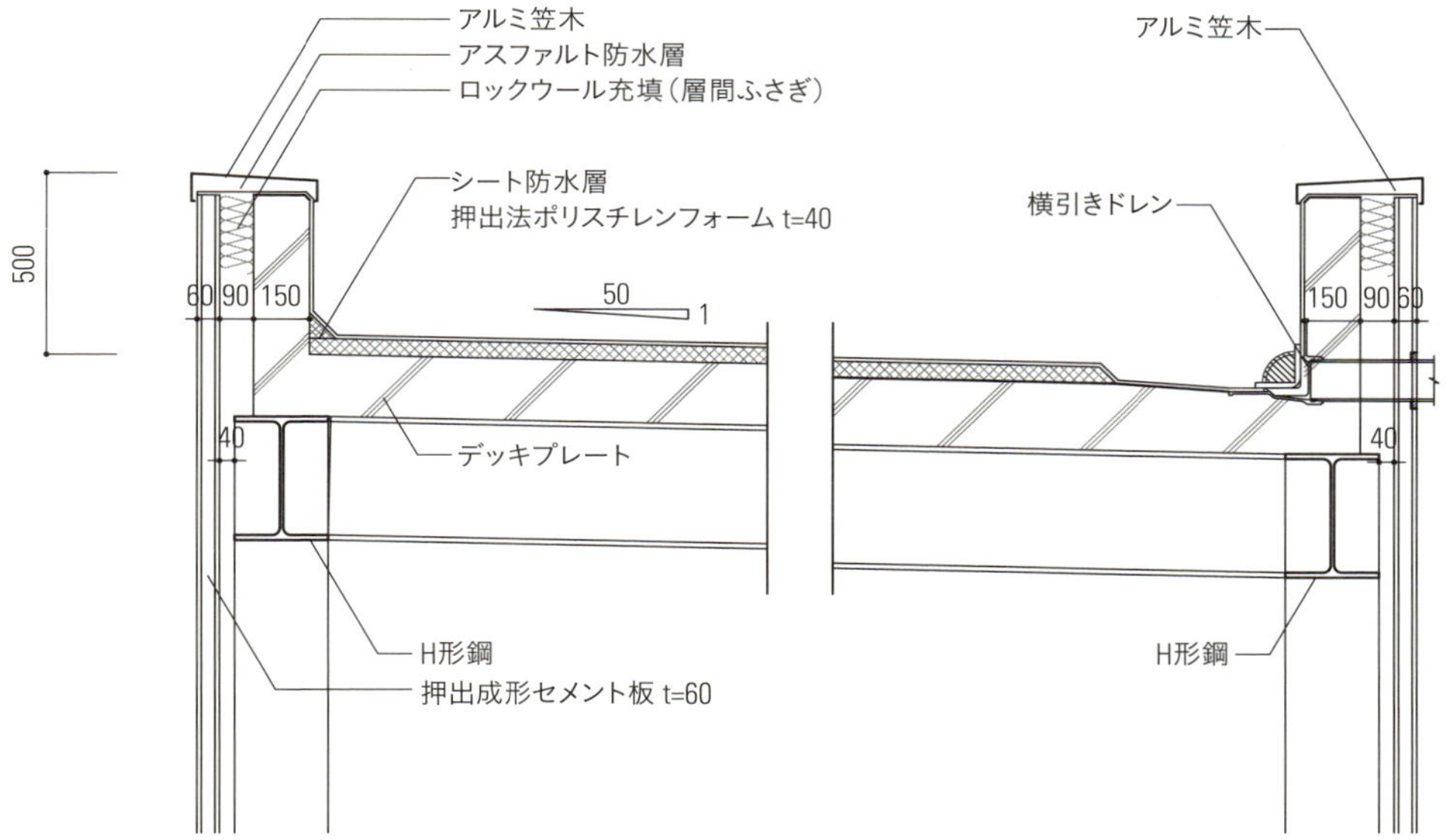

断面 S＝1/30

陸屋根の保護アスファルト防水納まり

コンクリートの動きに追従する防水材が必須である。シート防水も可能であるが、耐久性の観点からアスファルト防水が望ましい。さらには経年変化を考慮して押えコンクリートを打設する保護防水とするとよい。

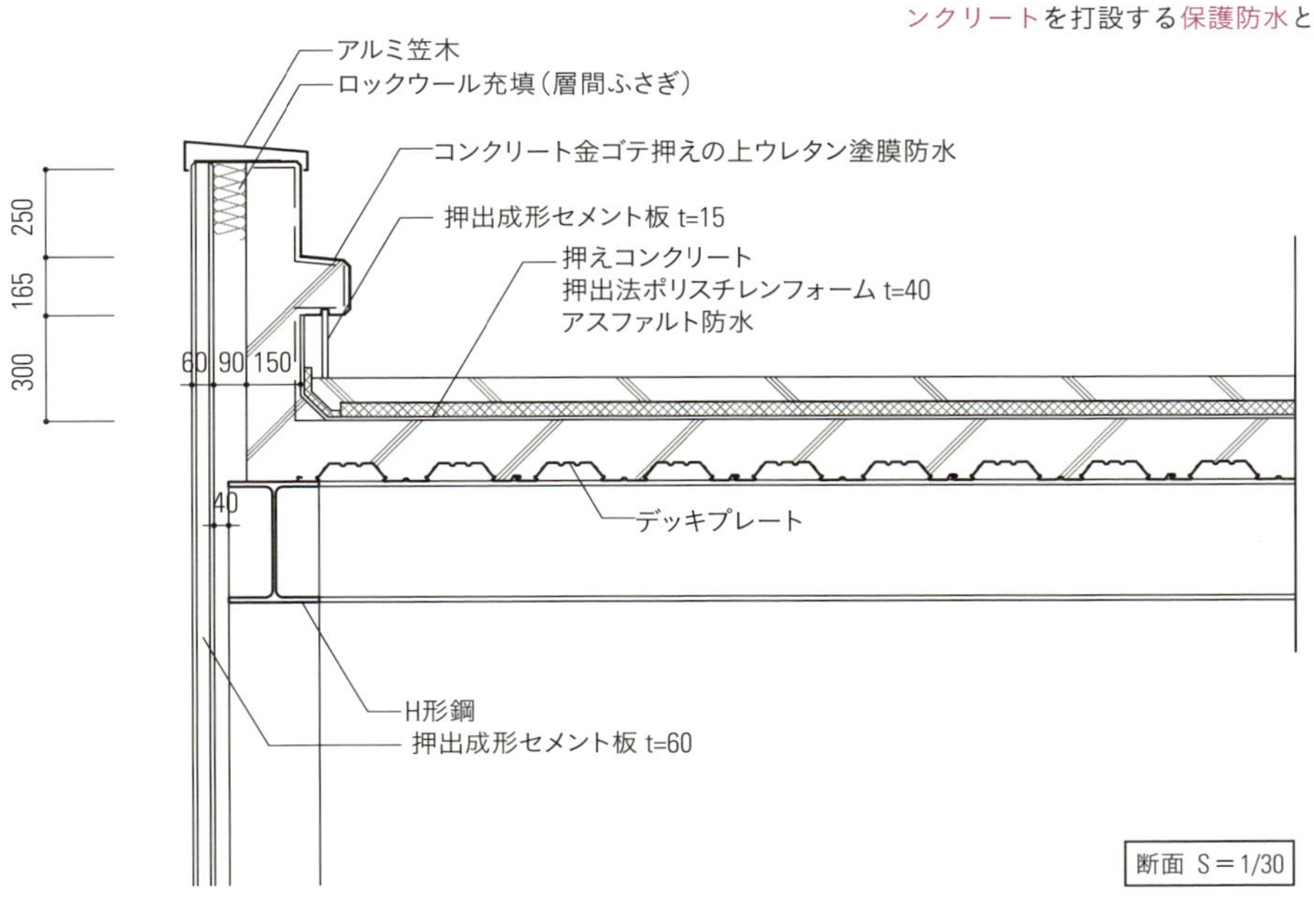

断面 S＝1/30

けらば（断熱材あり）

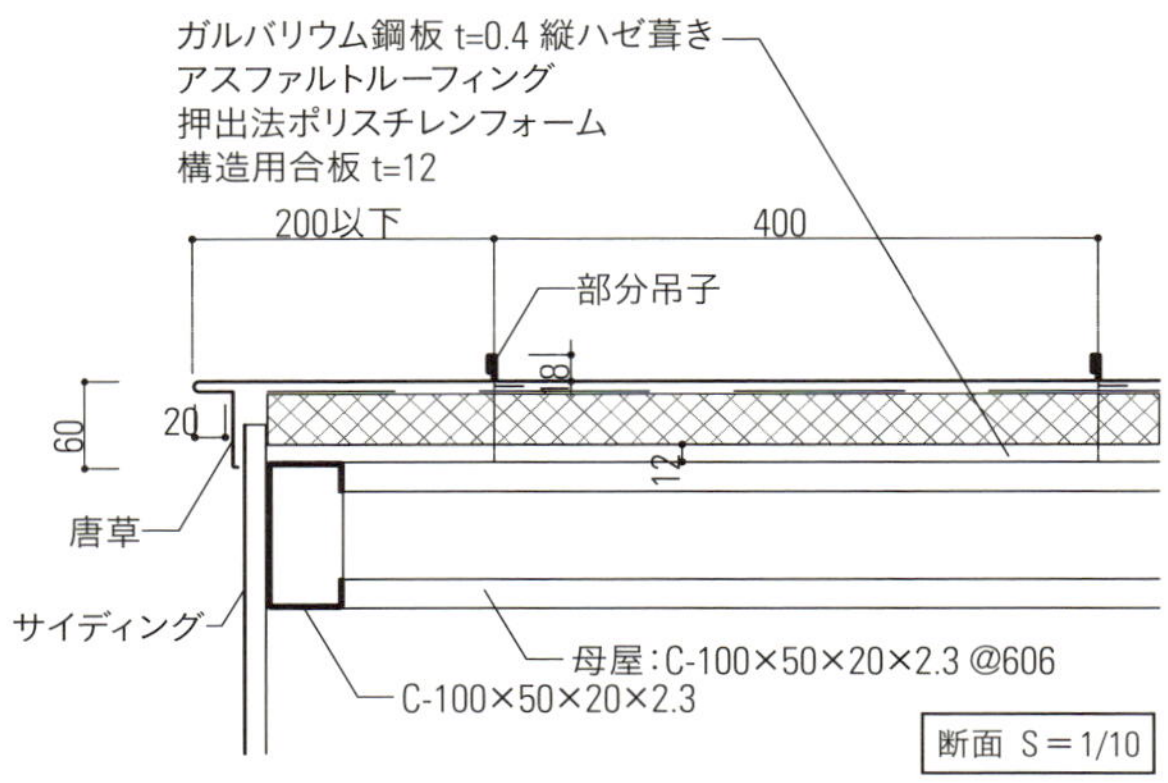
ガルバリウム鋼板 t=0.4 縦ハゼ葺き
アスファルトルーフィング
押出法ポリスチレンフォーム
構造用合板 t=12
200以下
400
部分吊子
18
60
20
12
唐草
サイディング
母屋：C-100×50×20×2.3 @606
C-100×50×20×2.3
断面 S＝1/10

軒先❶

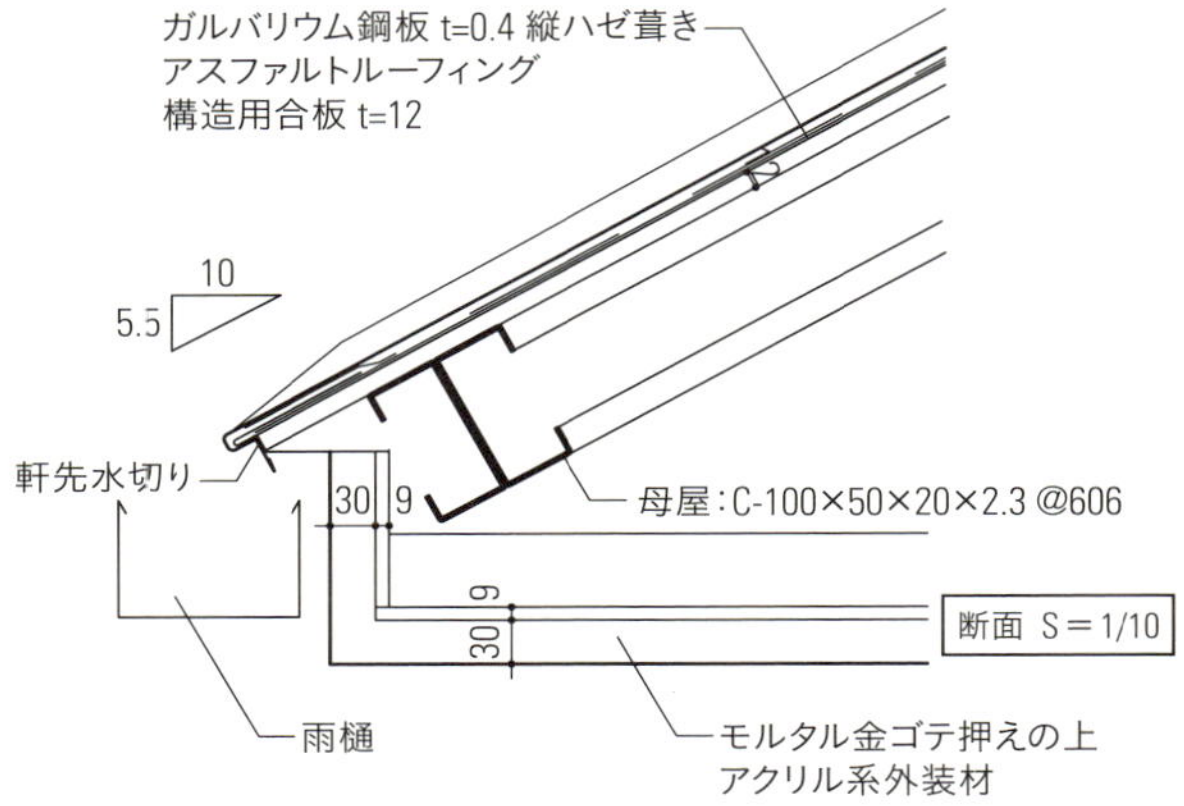
ガルバリウム鋼板 t=0.4 縦ハゼ葺き
アスファルトルーフィング
構造用合板 t=12
10
5.5
12
軒先水切り
30
9
母屋：C-100×50×20×2.3 @606
9
30
断面 S＝1/10
雨樋
モルタル金ゴテ押えの上
アクリル系外装材

棟❶

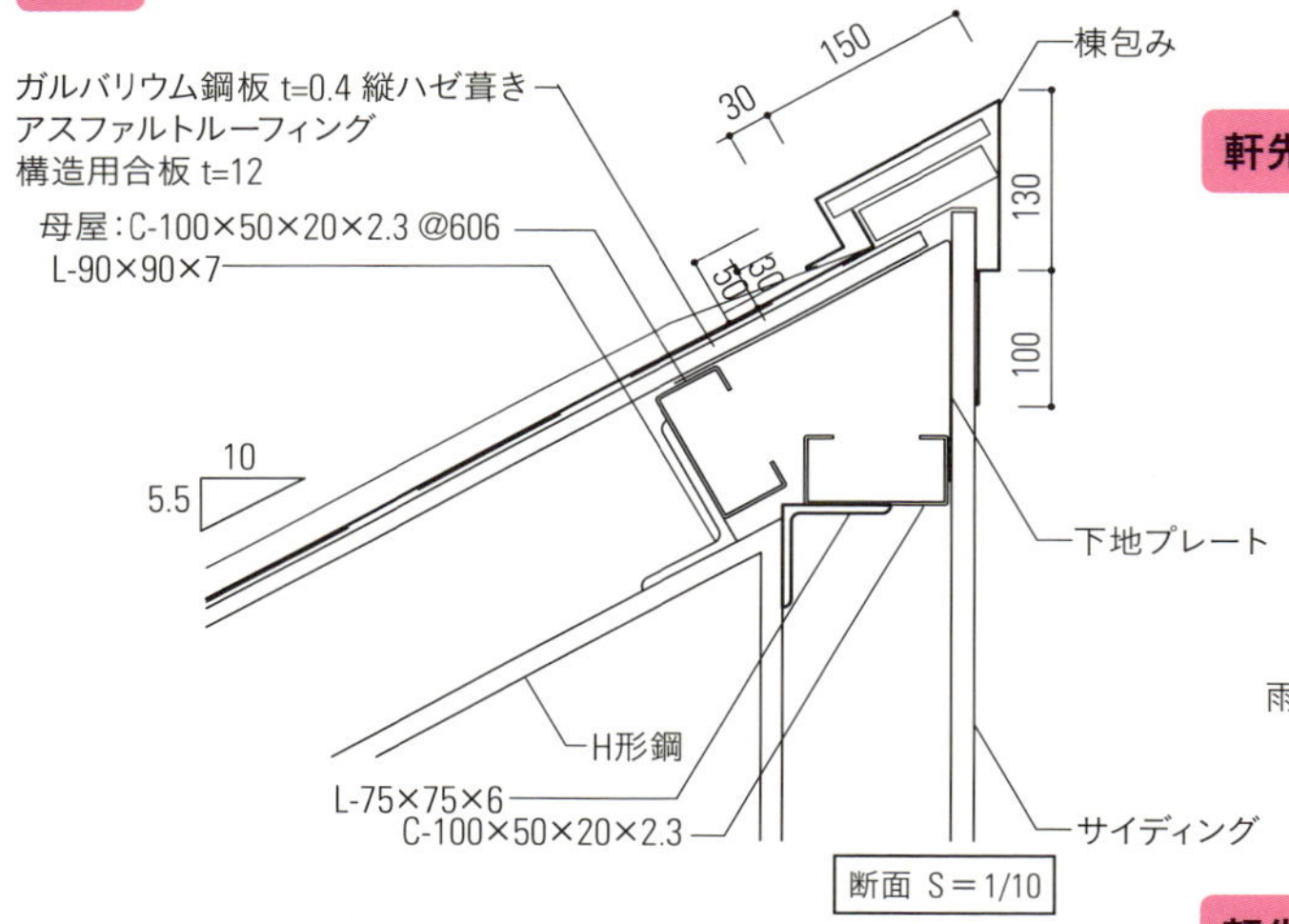
ガルバリウム鋼板 t=0.4 縦ハゼ葺き
アスファルトルーフィング
構造用合板 t=12
母屋：C-100×50×20×2.3 @606
L-90×90×7
30
150
棟包み
130
30
50
100
10
5.5
下地プレート
H形鋼
L-75×75×6
C-100×50×20×2.3
サイディング
断面 S＝1/10

軒先❷（屋根断熱）

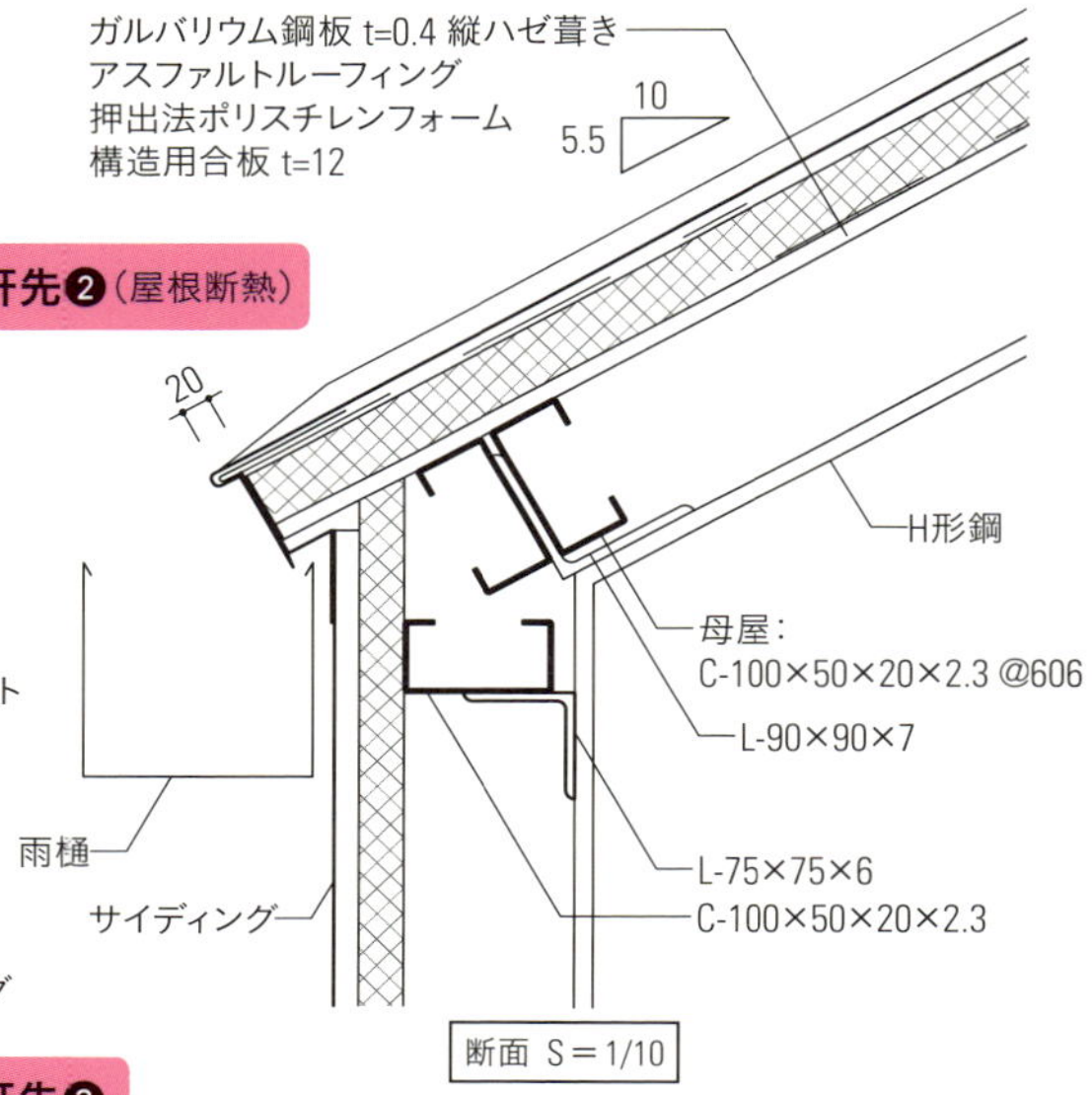
ガルバリウム鋼板 t=0.4 縦ハゼ葺き
アスファルトルーフィング
押出法ポリスチレンフォーム
構造用合板 t=12
10
5.5
20
H形鋼
母屋：
C-100×50×20×2.3 @606
L-90×90×7
雨樋
L-75×75×6
C-100×50×20×2.3
サイディング
断面 S＝1/10

壁面取合い

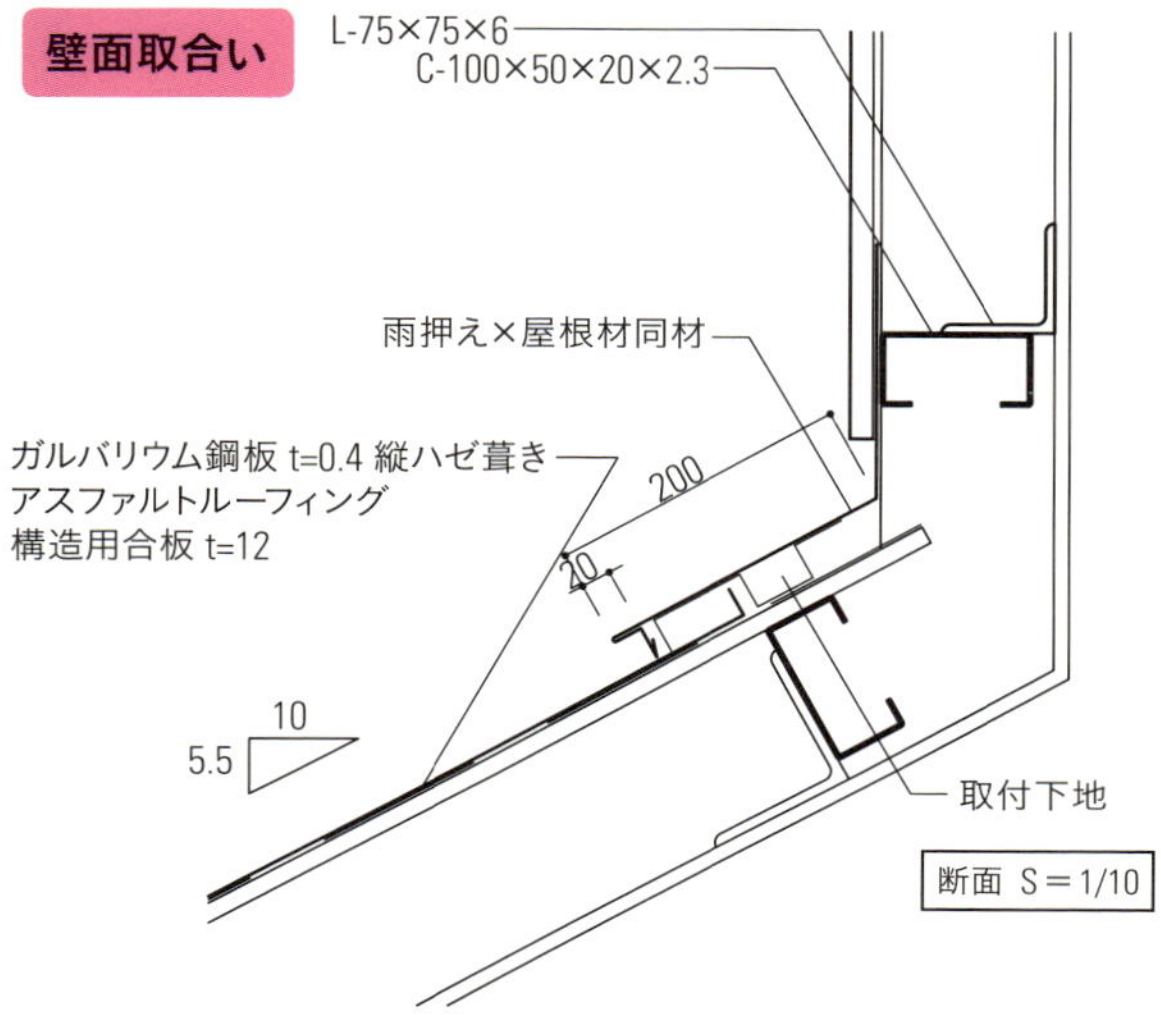
L-75×75×6
C-100×50×20×2.3
雨押え×屋根材同材
ガルバリウム鋼板 t=0.4 縦ハゼ葺き
アスファルトルーフィング
構造用合板 t=12
200
40
10
5.5
取付下地
断面 S＝1/10

軒先❸

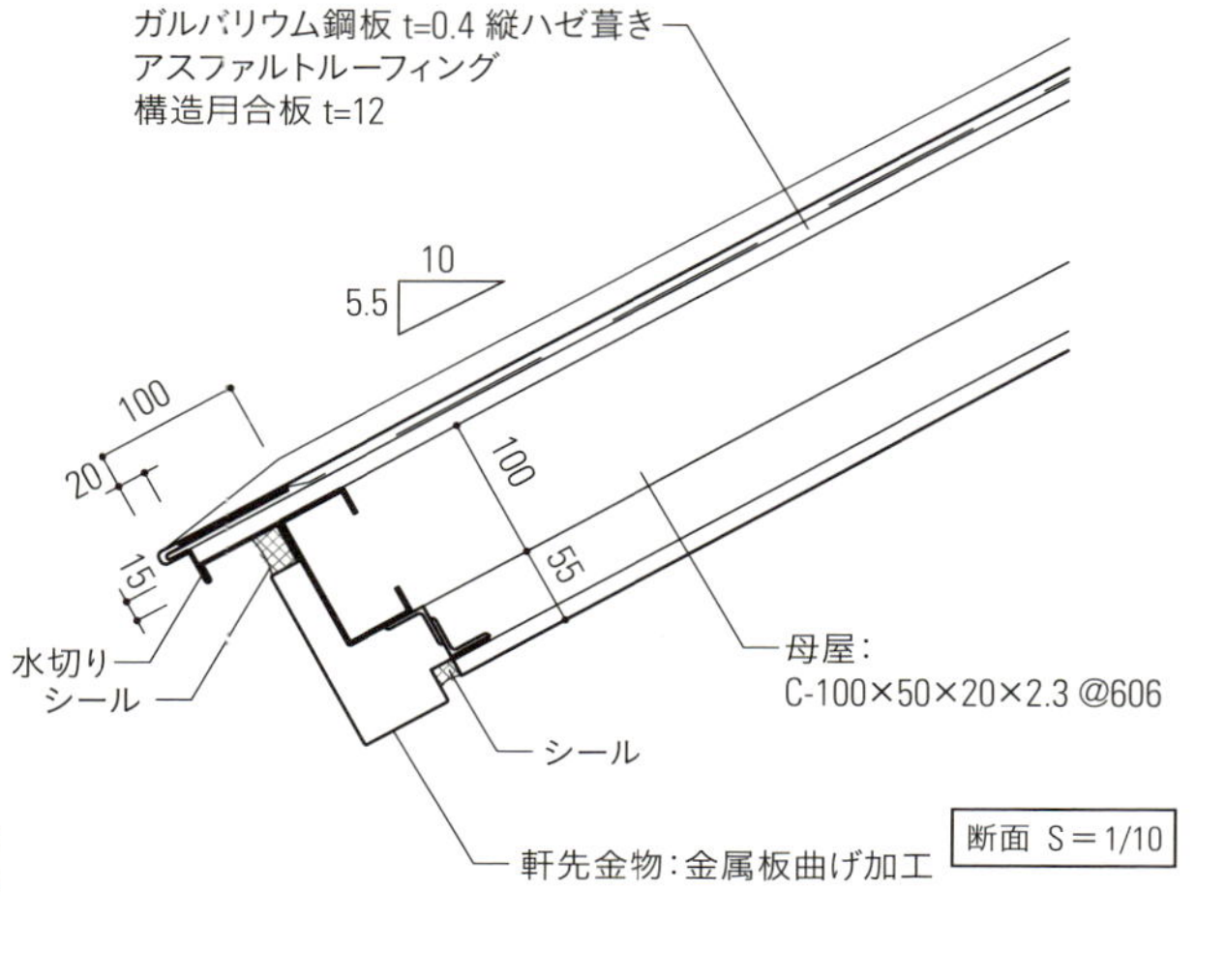
ガルバリウム鋼板 t=0.4 縦ハゼ葺き
アスファルトルーフィング
構造月合板 t=12
10
5.5
100
20
100
15
55
水切り
シール
母屋：
C-100×50×20×2.3 @606
シール
軒先金物：金属板曲げ加工
断面 S＝1/10

金属板葺き（勾配屋根）の軒先納まり

軒先（通気あり）

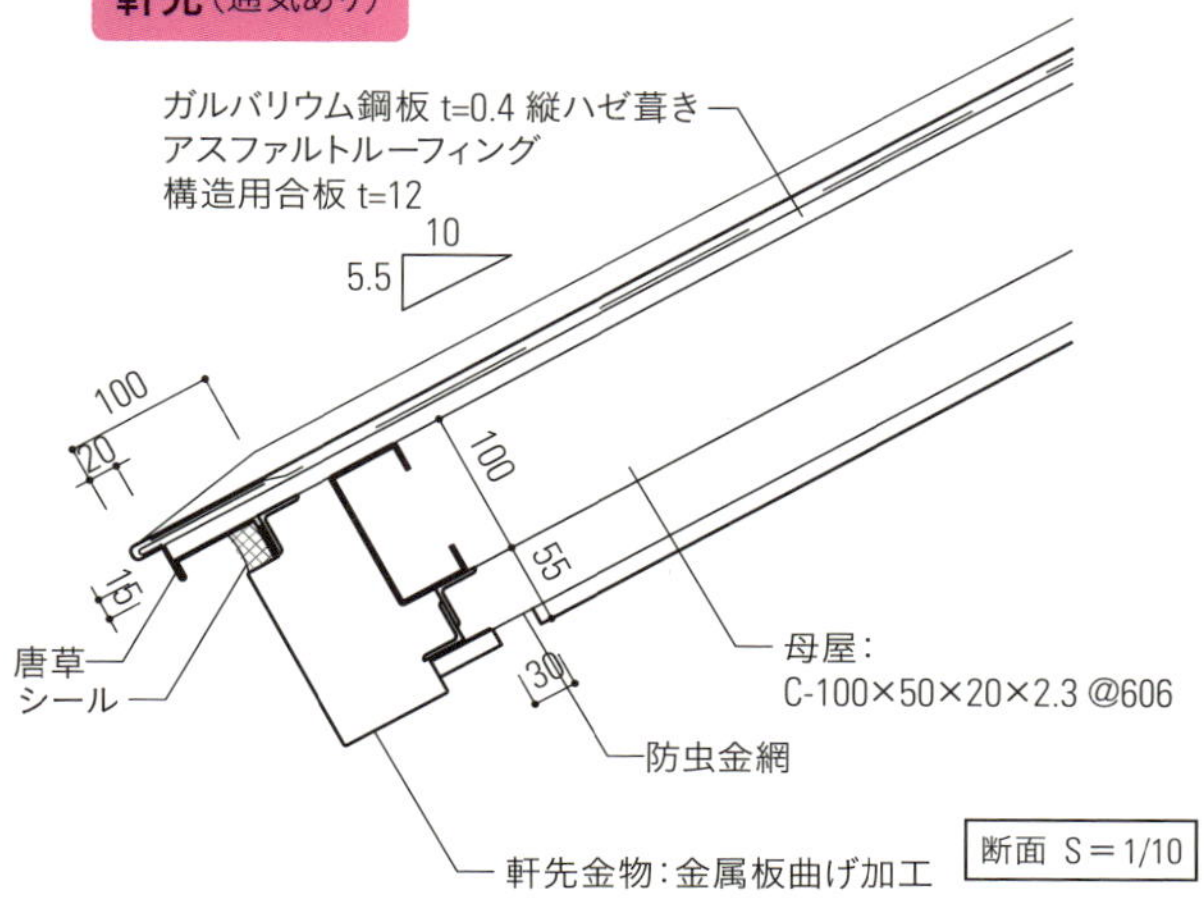

棟❷

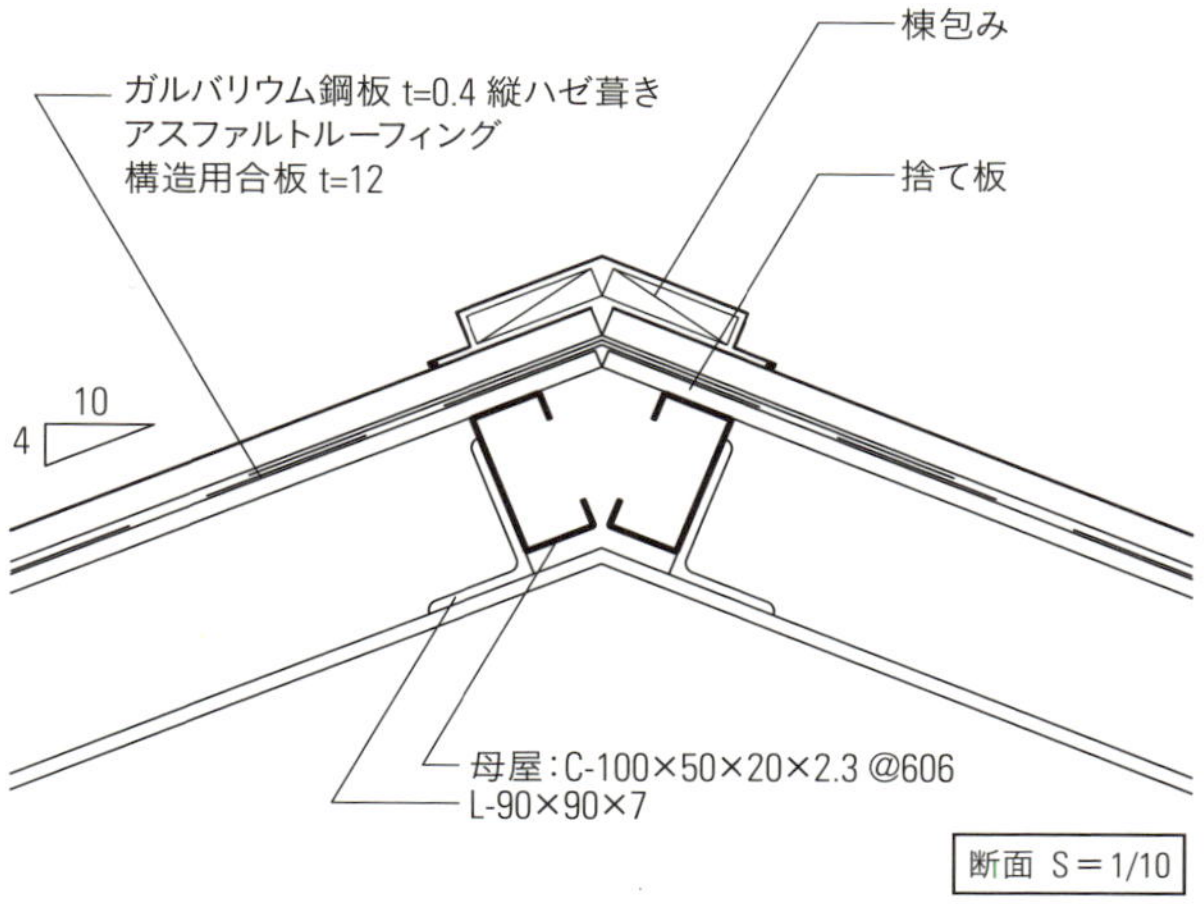

棟（通気あり）

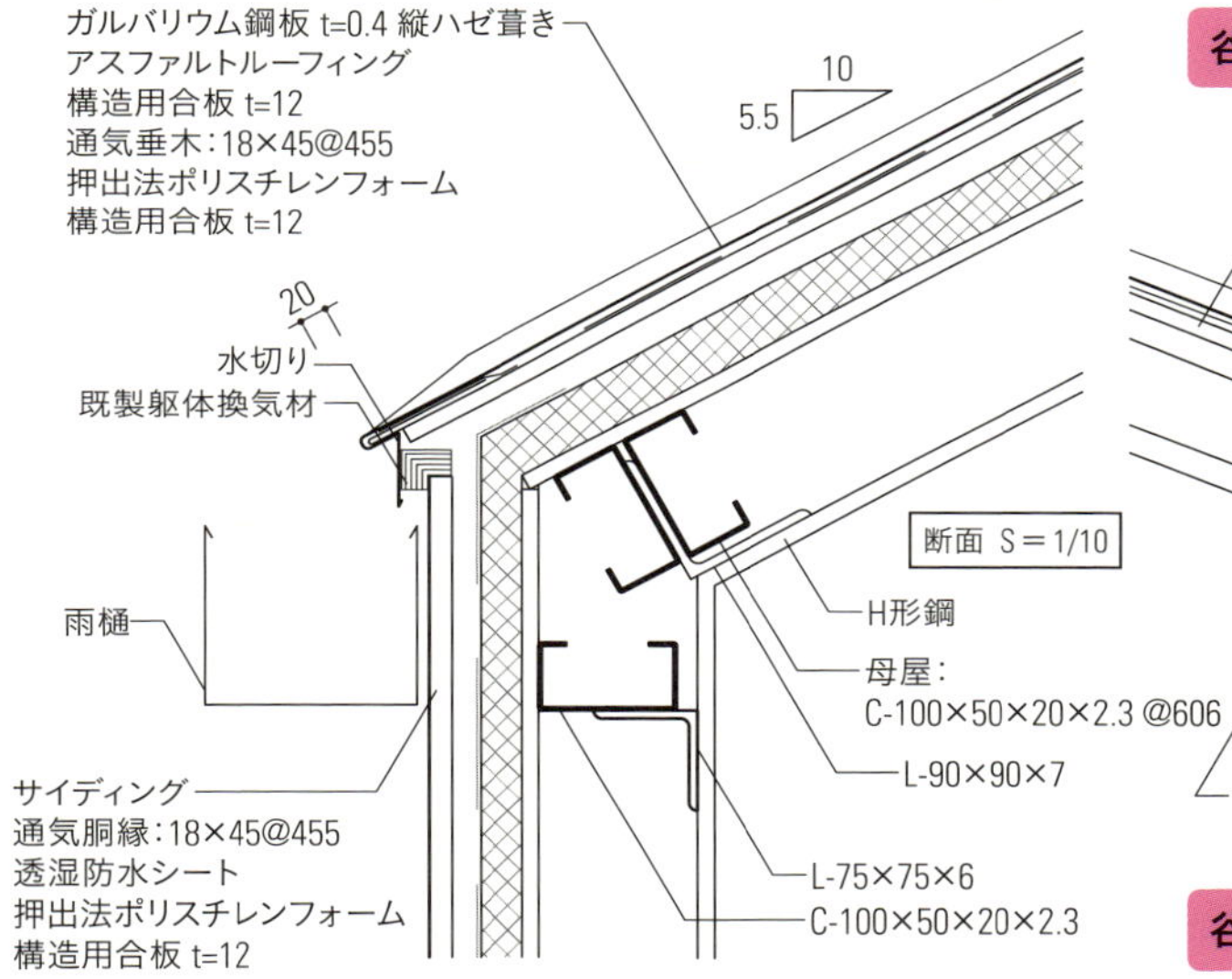

谷❶

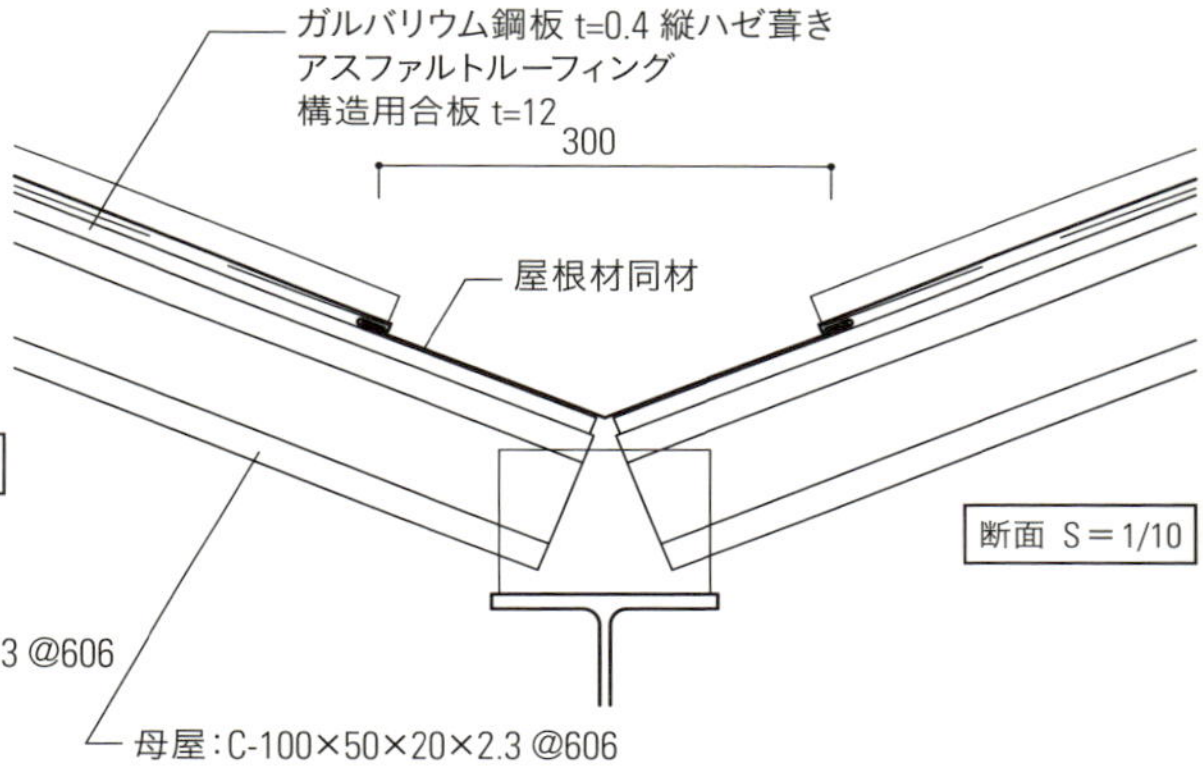

谷❷（断熱材あり）

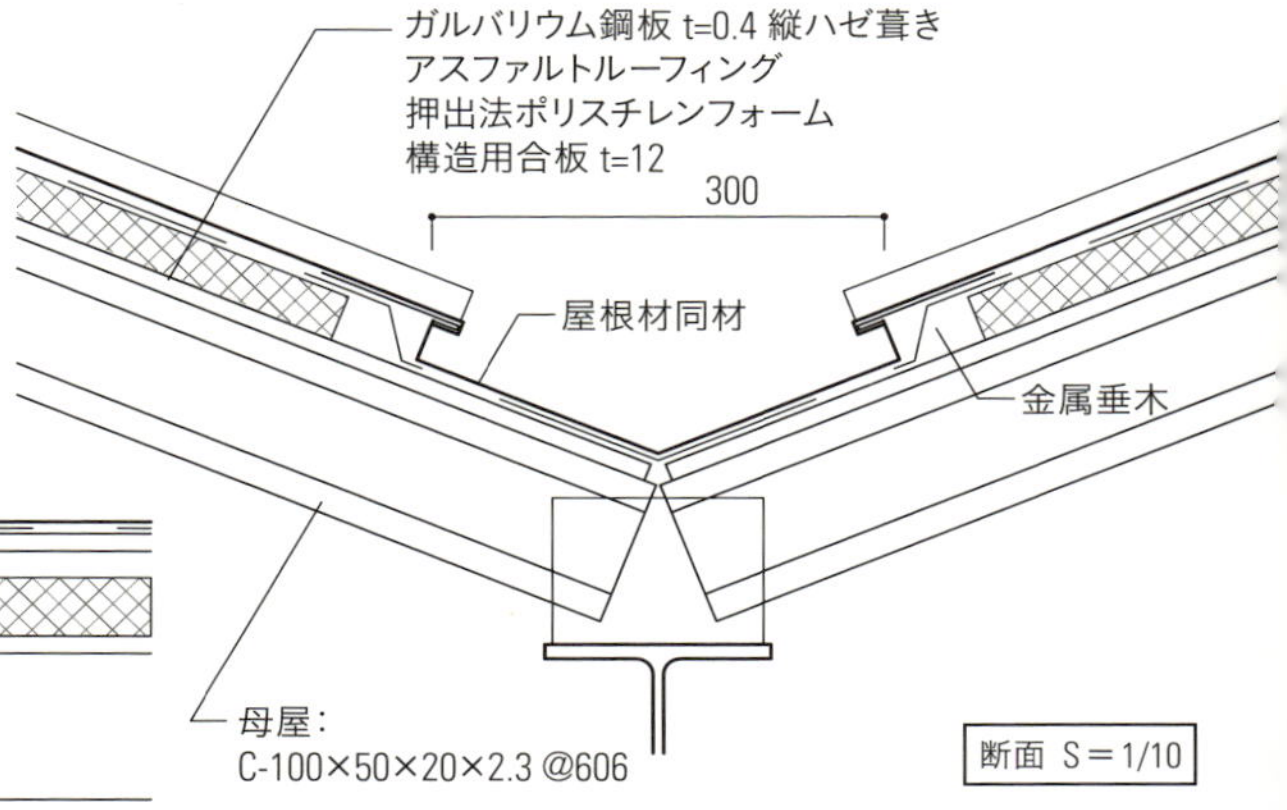

けらば（通気あり）

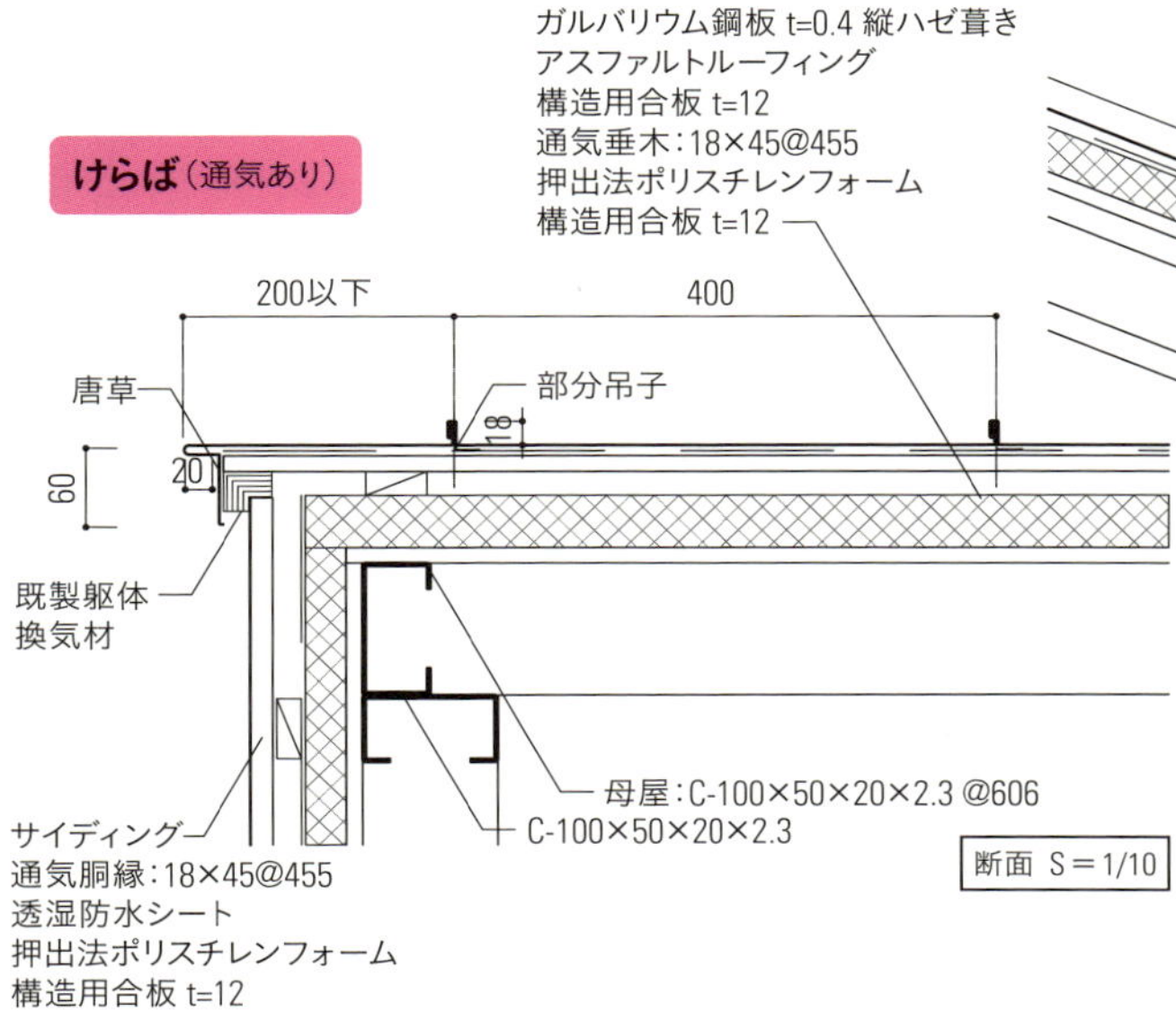

折板葺き(勾配屋根)の軒先納まり

棟❶

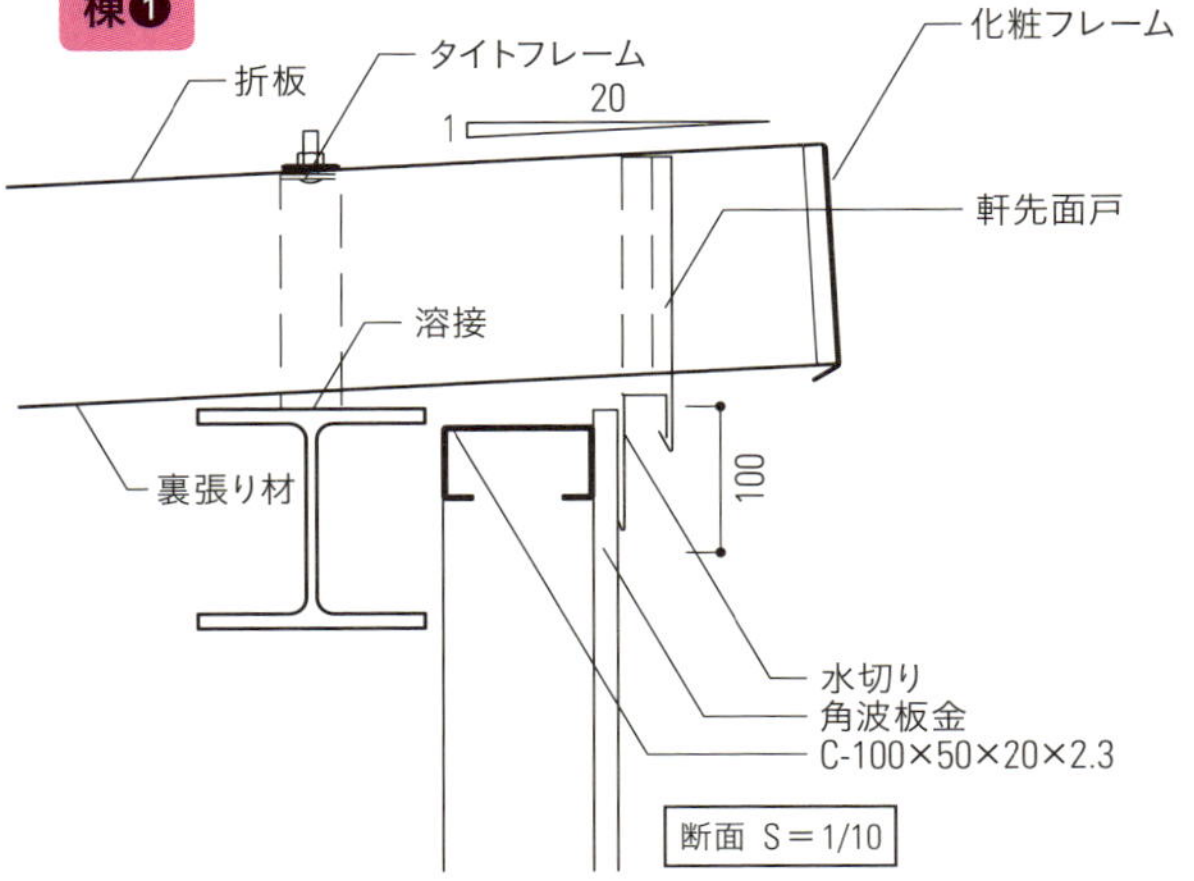

軒先❶

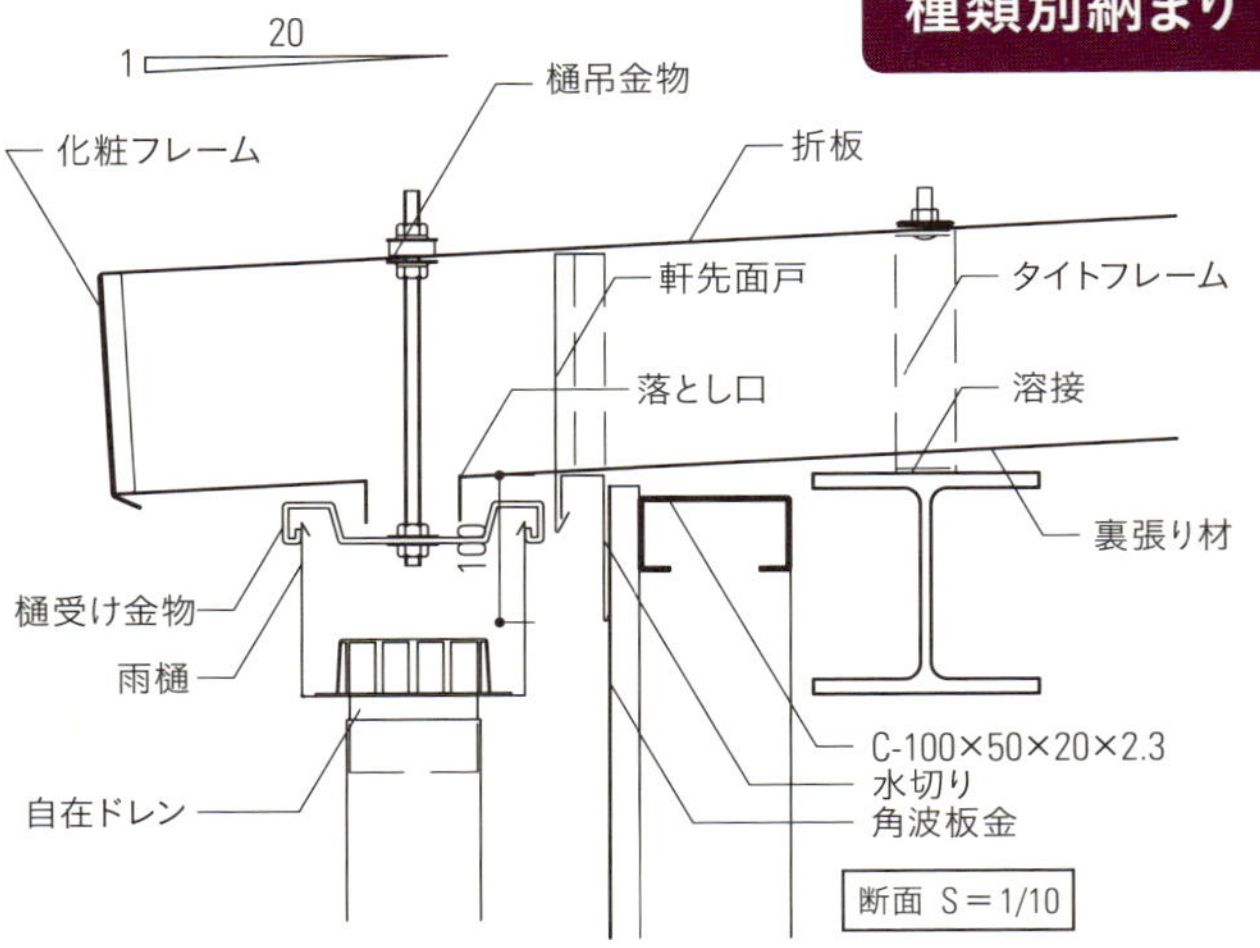

棟❷

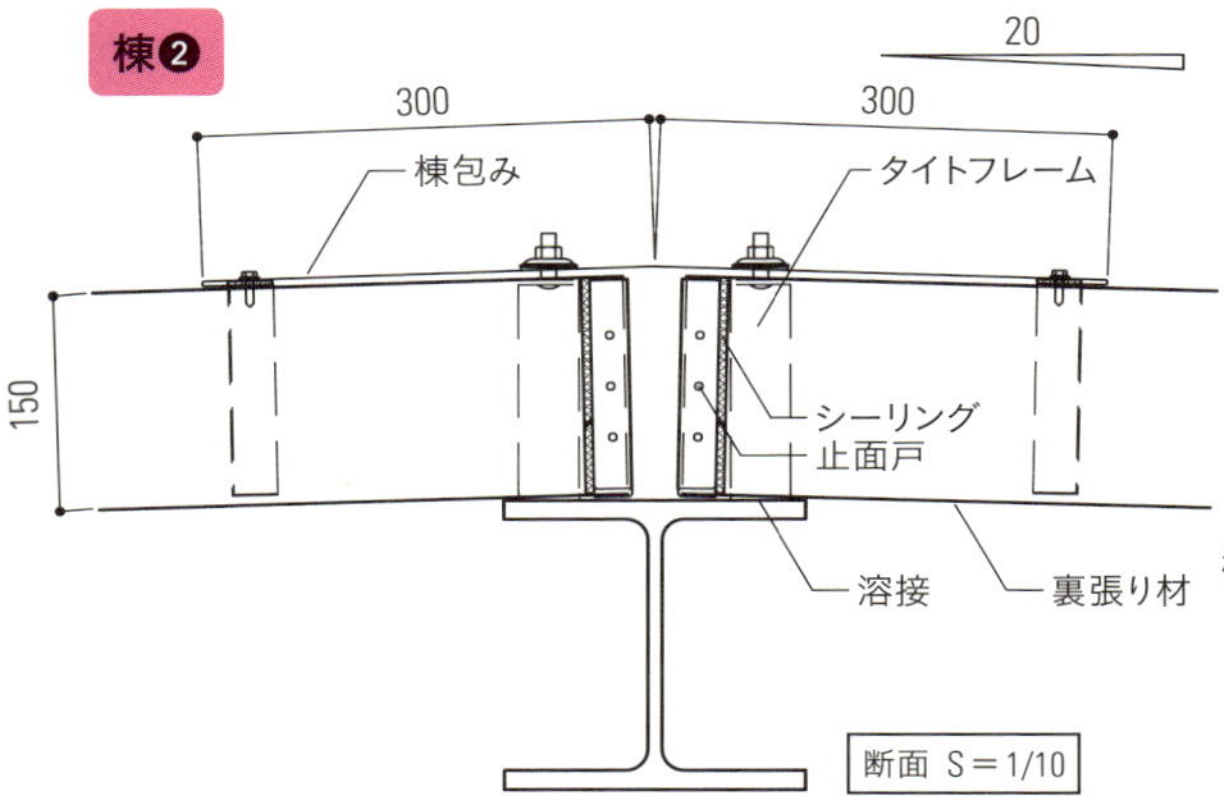

軒先❷

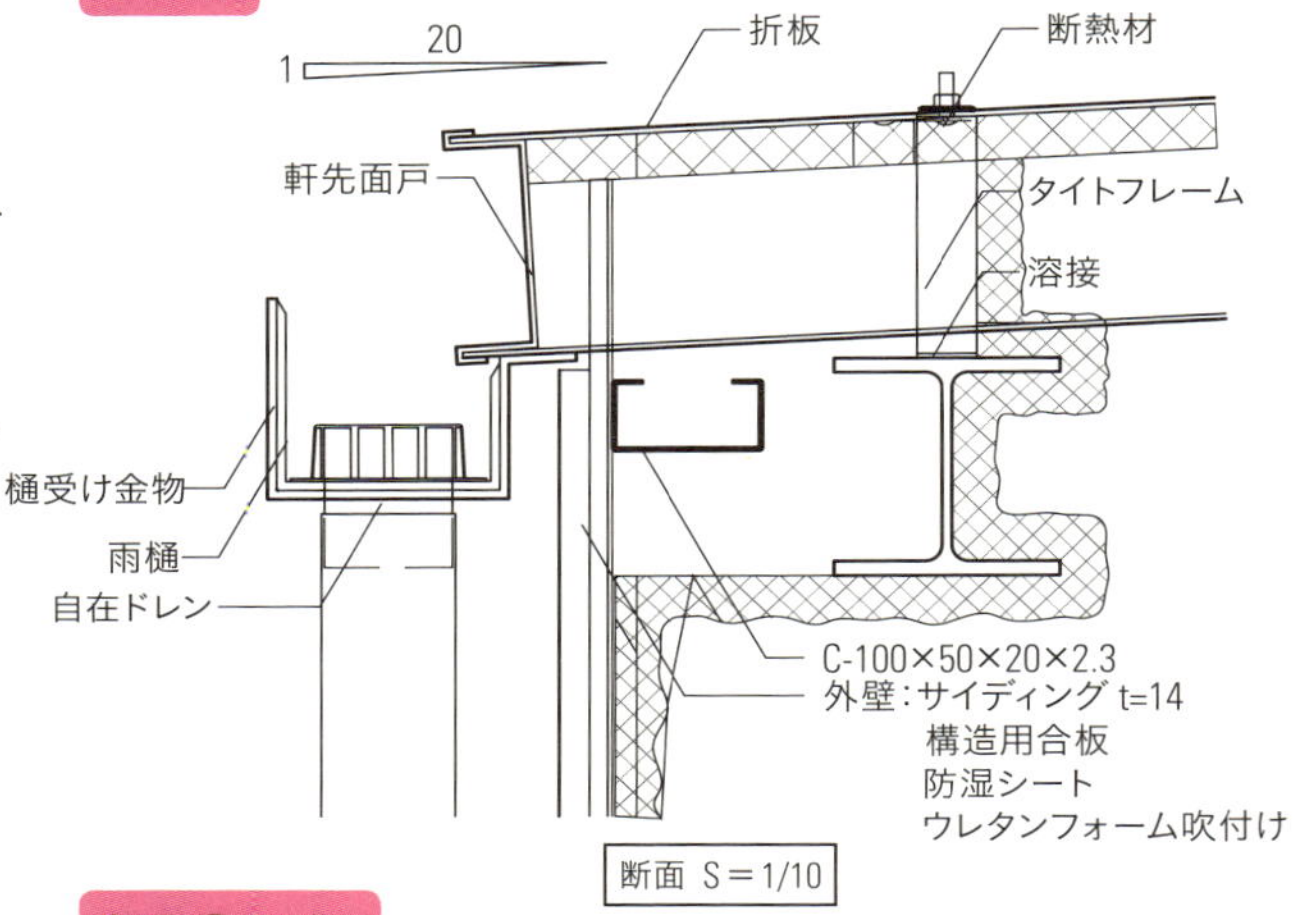

けらば

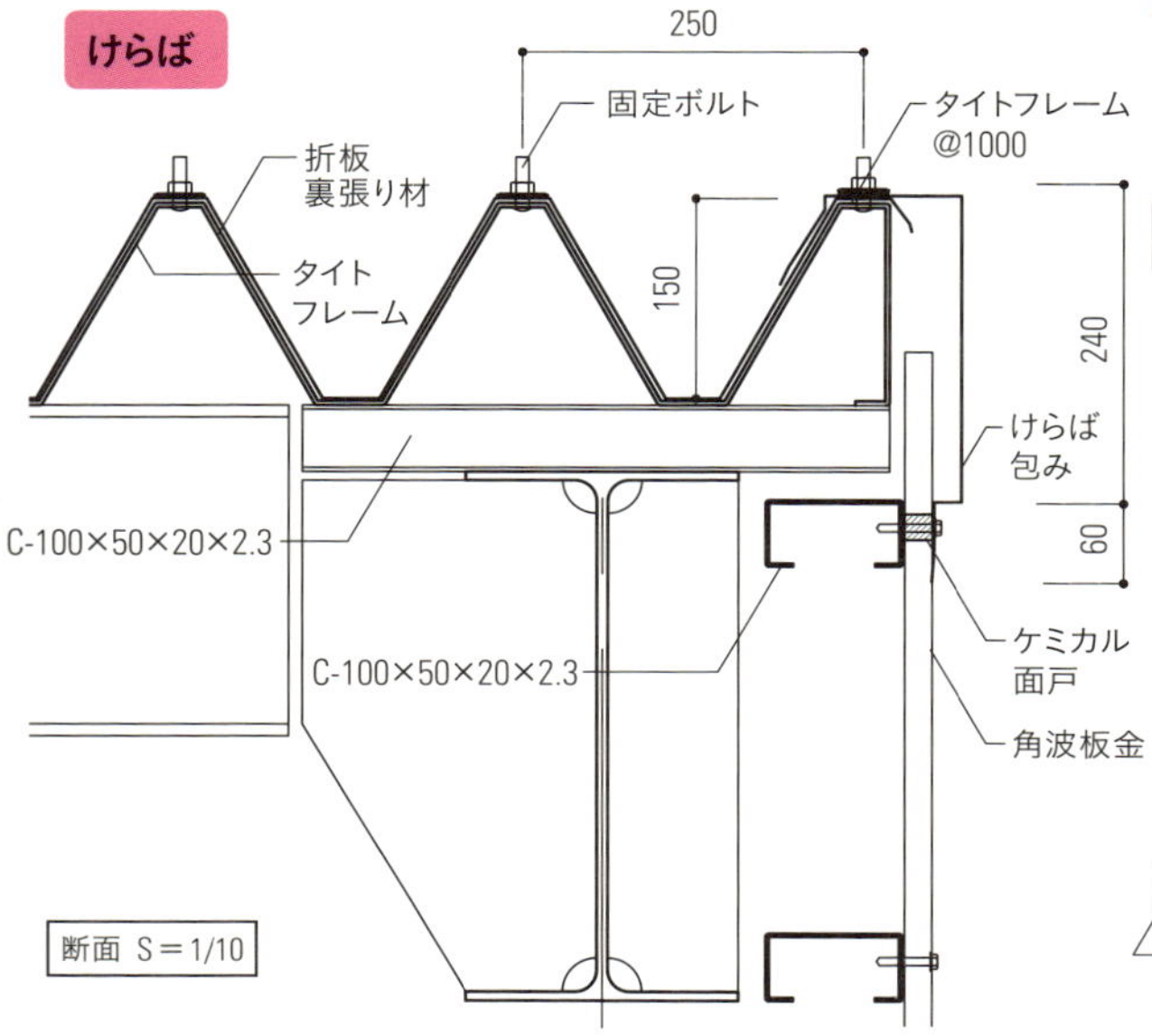

軒先❸(内樋)

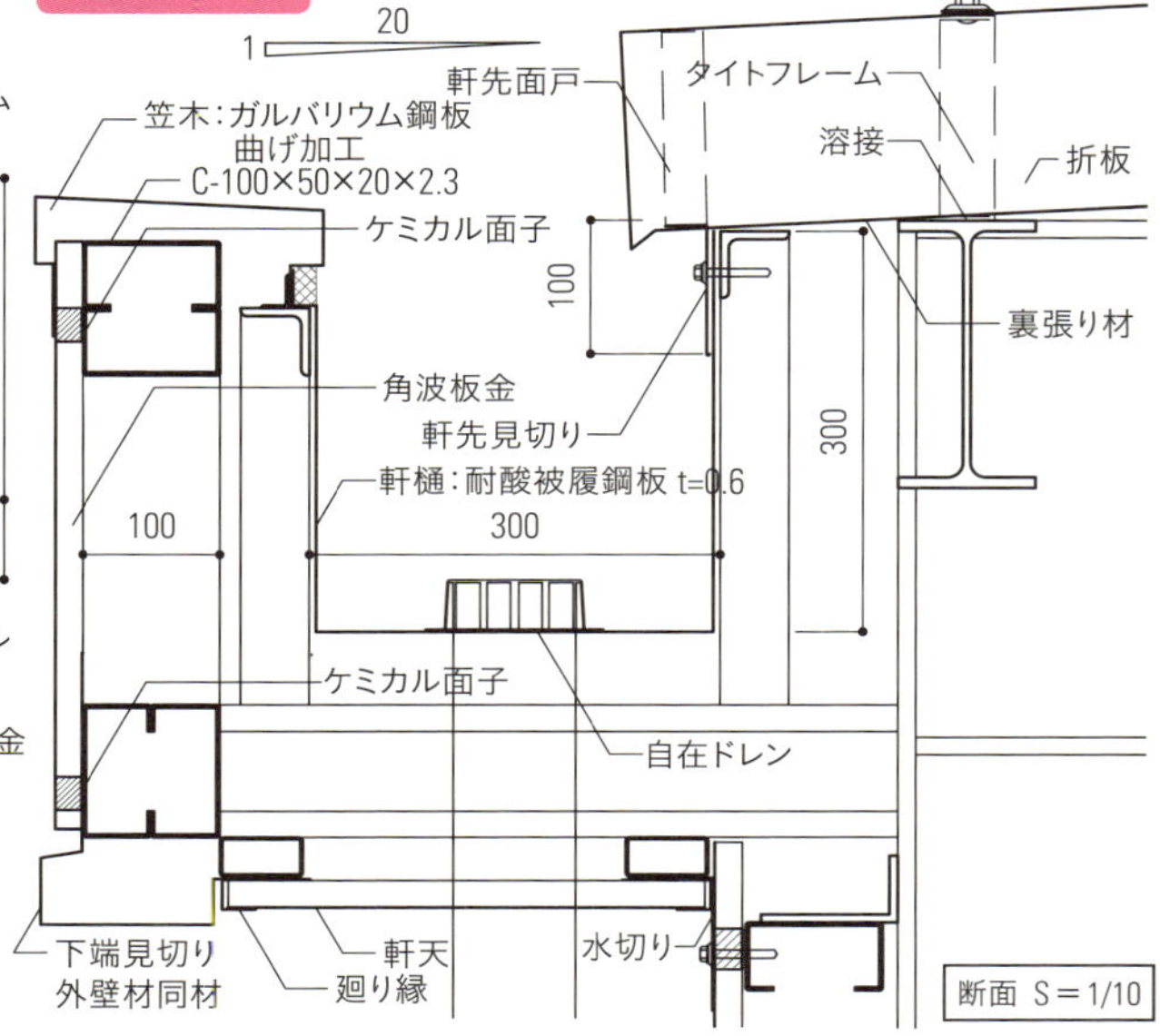

陸屋根の軒先納まり

**アルミ製パラペット
アルミ笠木＋角波板金**

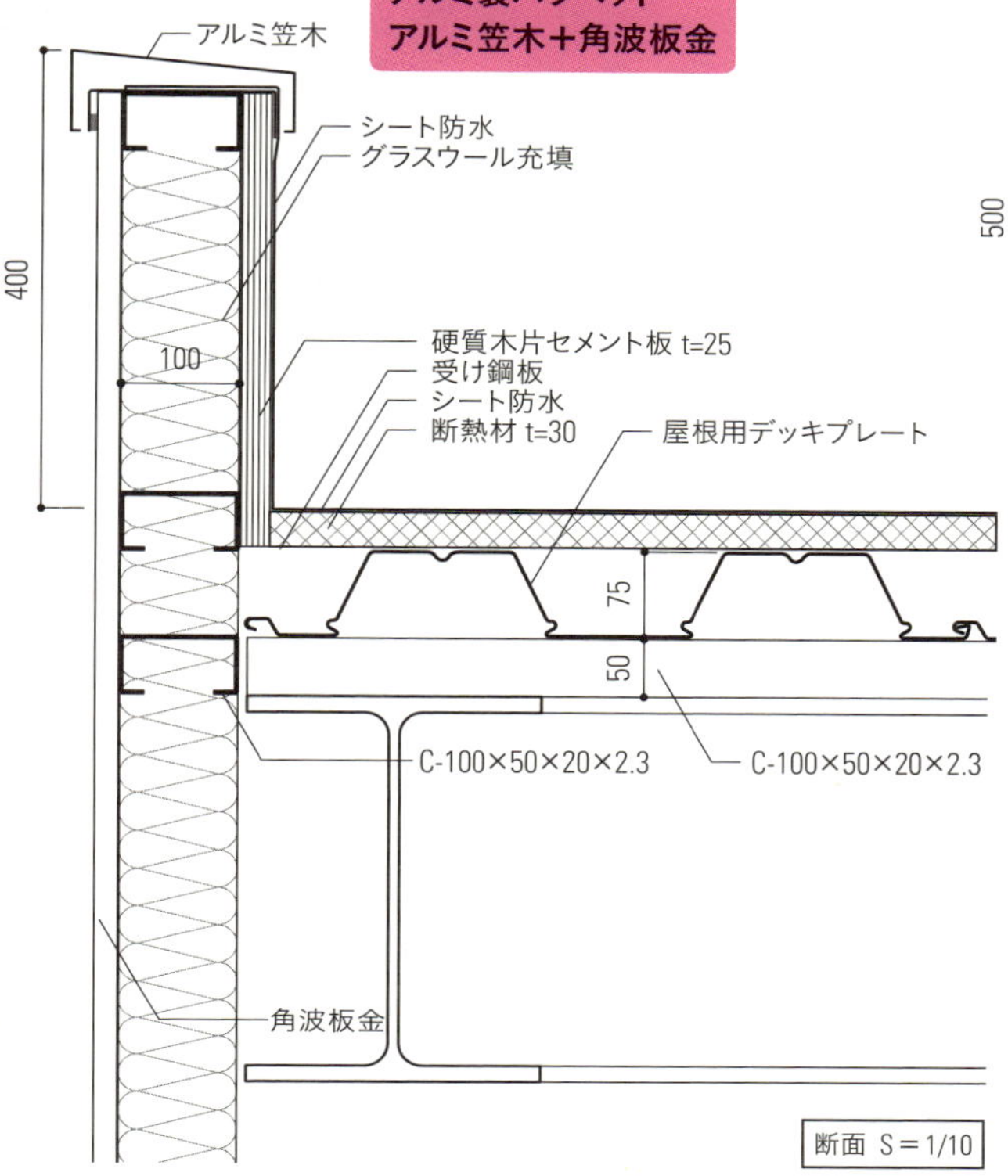
アルミ笠木
シート防水
グラスウール充填
400
100
硬質木片セメント板 t=25
受け鋼板
シート防水
断熱材 t=30
屋根用デッキプレート
75
50
C-100×50×20×2.3
C-100×50×20×2.3
角波板金
断面 S＝1/10

**コンクリート製パラペット
アルミ笠木＋
押出し成形セメント板**

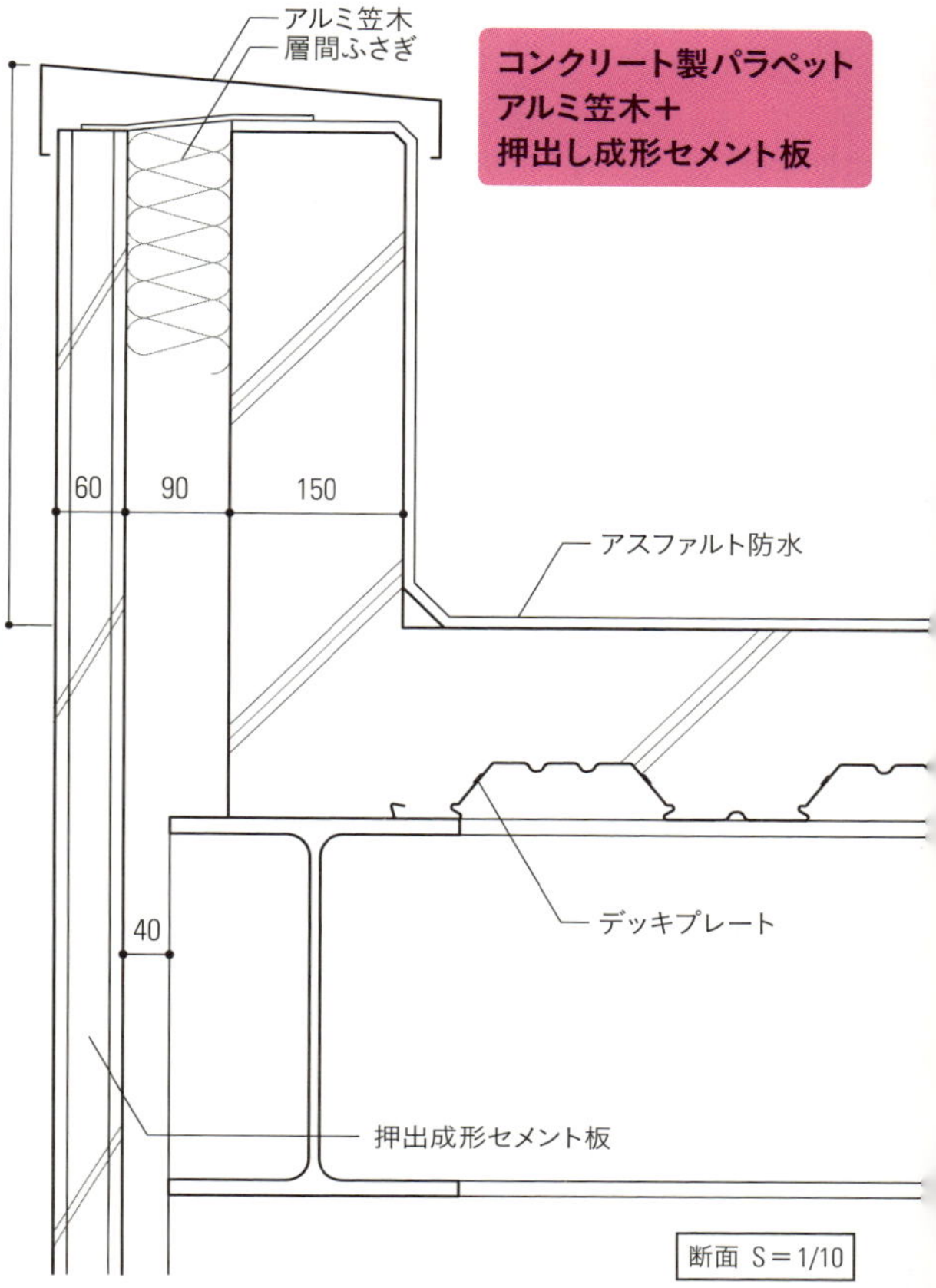
アルミ笠木
層間ふさぎ
500
60
90
150
アスファルト防水
デッキプレート
40
押出成形セメント板
断面 S＝1/10

**コンクリート製パラペット
アルミ笠木＋ALC版**

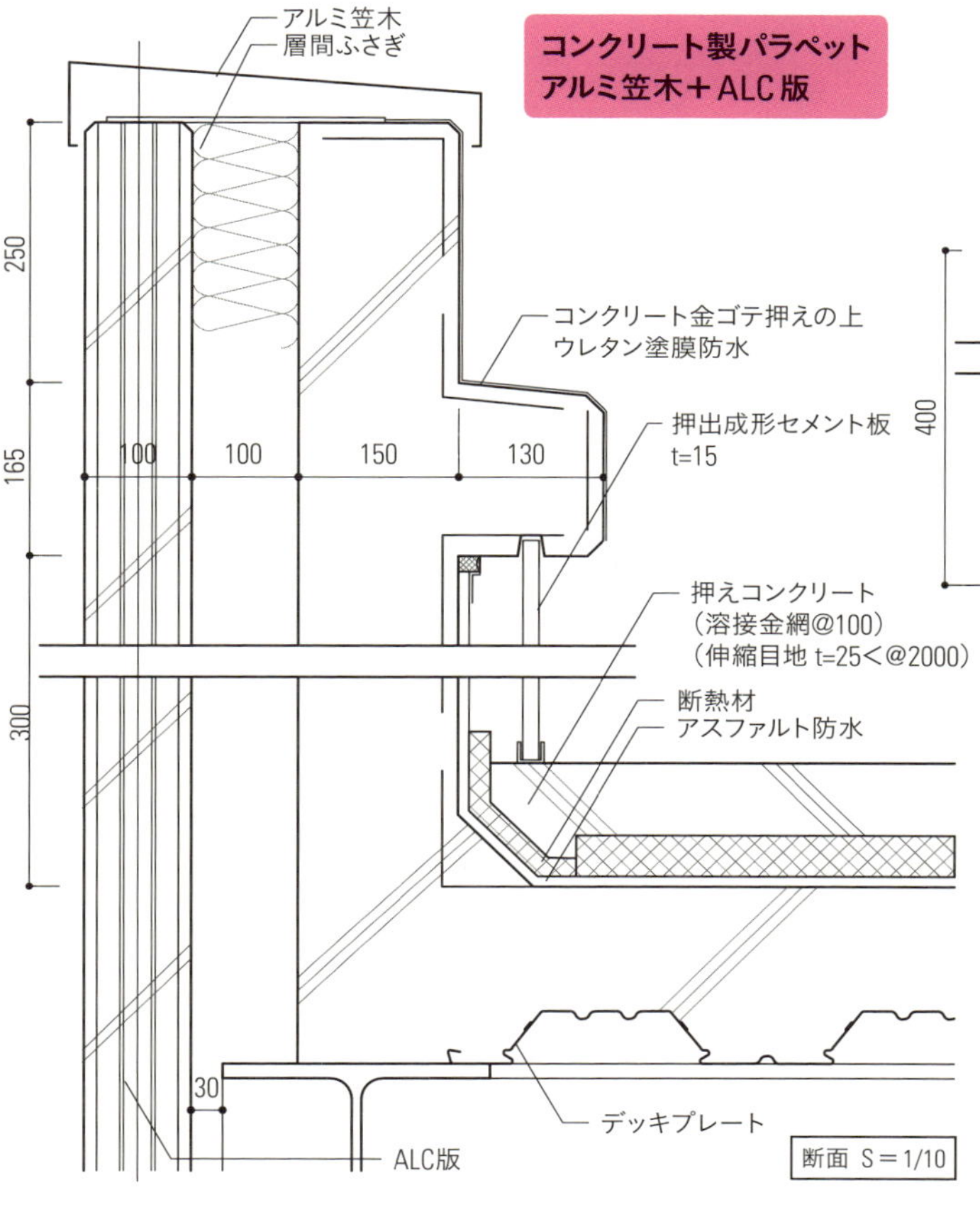
アルミ笠木
層間ふさぎ
250
165
300
100
100
150
130
コンクリート金ゴテ押えの上
ウレタン塗膜防水
押出成形セメント板
t=15
押えコンクリート
(溶接金網@100)
(伸縮目地 t=25＜@2000)
断熱材
アスファルト防水
30
デッキプレート
ALC版
断面 S＝1/10

**コンクリート製パラペット
コンクリート笠木＋ALC版**

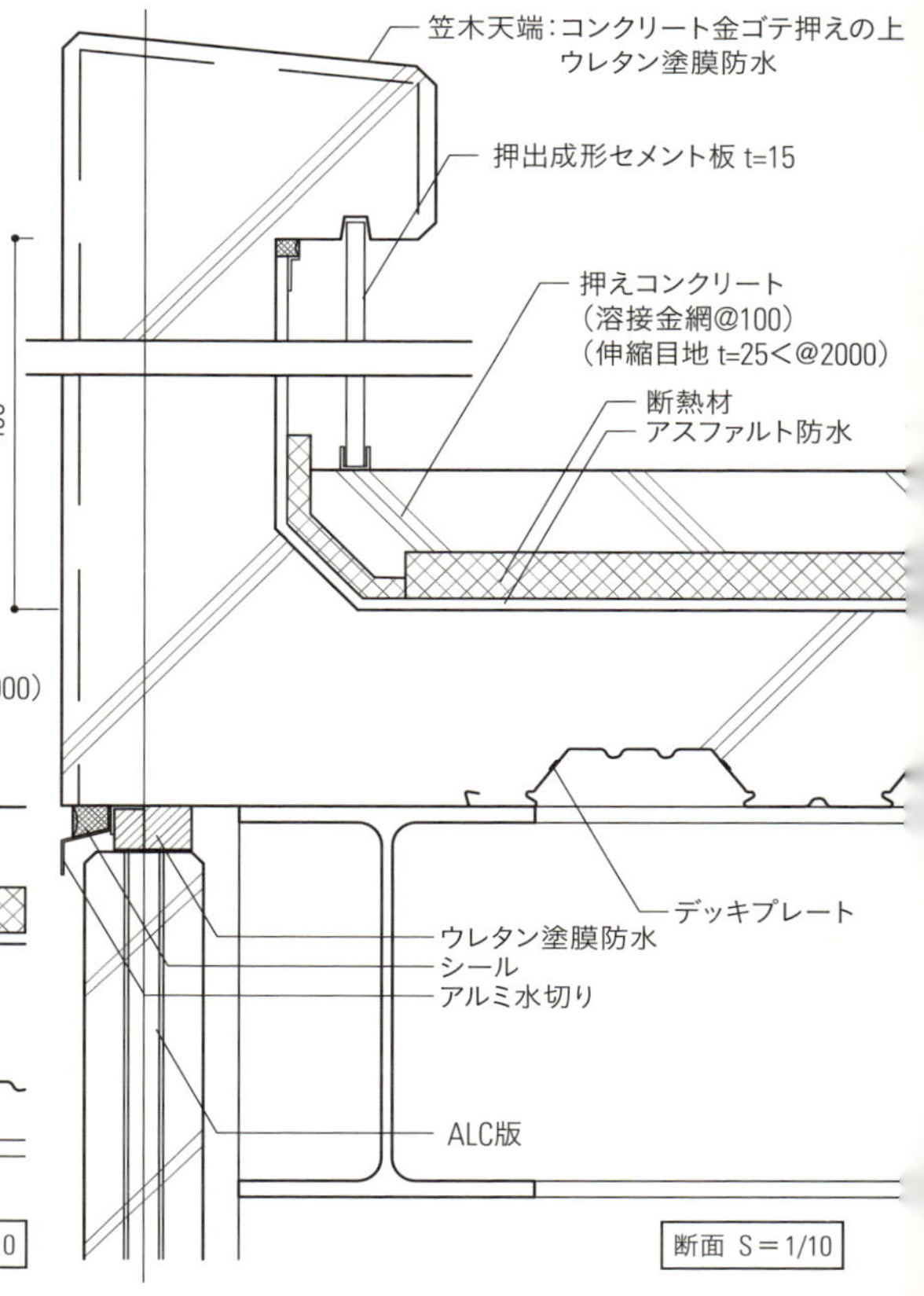
笠木天端:コンクリート金ゴテ押えの上
ウレタン塗膜防水
押出成形セメント板 t=15
押えコンクリート
(溶接金網@100)
(伸縮目地 t=25＜@2000)
断熱材
アスファルト防水
400
デッキプレート
ウレタン塗膜防水
シール
アルミ水切り
ALC版
断面 S＝1/10

01 外壁の基本

サイディング

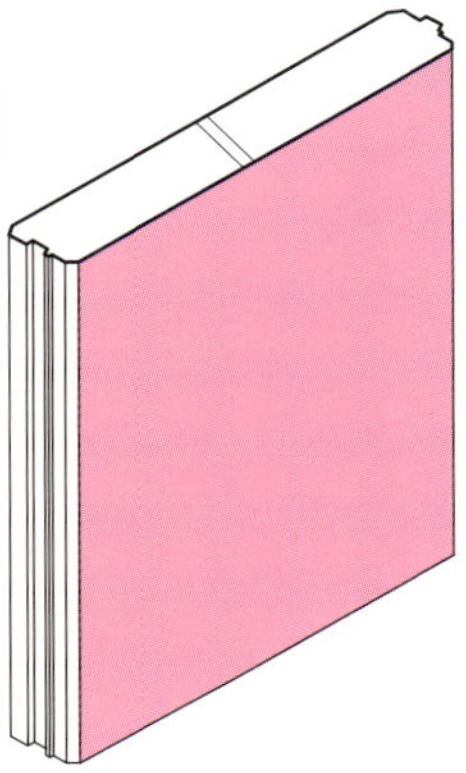
ALC版

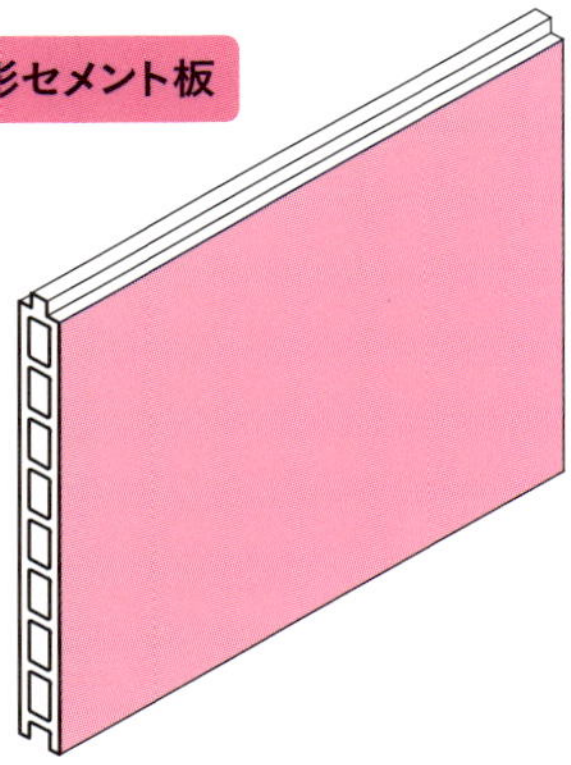
押出成形セメント板

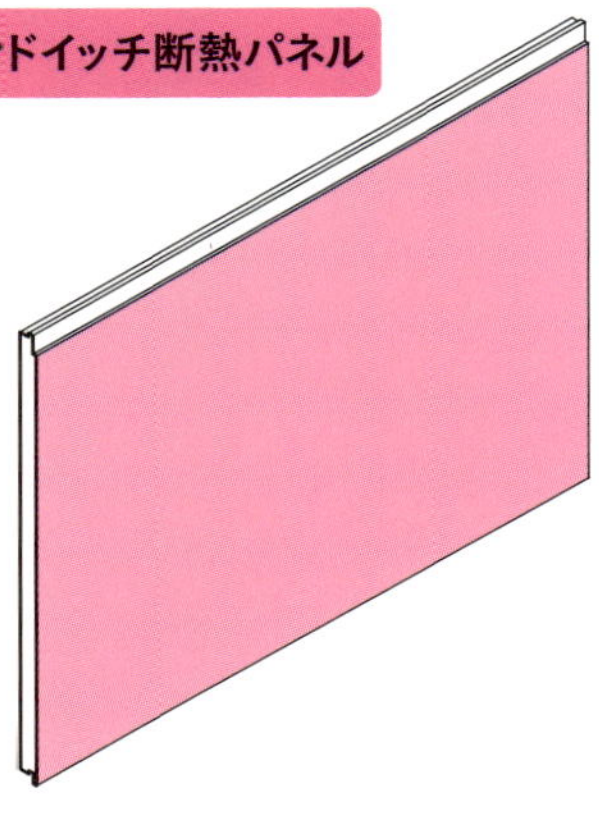
金属サンドイッチ断熱パネル

サイディング

セメント質と繊維質を主な原料にして、板状に形成したものをいう。**住宅の外壁材として代表的なもの**である。軽量かつ防火性能が高い。

ALC版

高温高圧蒸気養生された軽量気泡コンクリートで、板状に成形したものである。住宅以外にも**オフィスビルや商業施設など**、さまざまな建築に用いられている。外壁はもちろん床や屋根、間仕切りに用いられることもあり、**非常に利用頻度が高い**。

押出成形セメント板

セメント・けい酸質原料および繊維質原料を主原料として、中空を有する板状に押出成形したパネルである。中空形状のため、**薄手・軽量で施工が容易**である。

金属サンドイッチパネル

金属板で断熱材を挟み込んだパネルをいう。外壁部で断熱したい場合は使用を検討するとよい。

これらの外壁材は寸法安定性が高く、施工方法が確立されているため扱いやすいといえる。反面、部材の規格以外のデザインに対応させることは難しいため、初期設計段階で十分な検討が必要となる。

外壁（サイディング）**の施工手順**

S造外壁の施工は、**胴縁などの下地をつくり、外壁材を張る**ことが基本となる。外壁（サイディング）の施工手順は、以下の通りである。

❶梁やスラブといった構造体に、❷**縦胴縁**を取り付けるための**アングル**や**Cチャン**をセットする。

❸次に縦胴縁をボルトやビスで取り付け、**下地をつくる**。

❹雨水など水の侵入を防ぐ**防水紙**を張り、サイディングを留め付けるための金具を取り付ける（注：鉄骨の梁やスラブに直接金具を取り付けることは基本的にできない。寸法の調整代などの確保のためである）。

❺**サイディング**を留め付け、**目地**には**シーリング**を充填する。最後に現場塗装や**撥水剤塗布**、コーティングなど種類によって適した**仕上げ**を施せば、**外壁の完成**である。

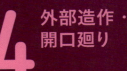

外壁の施工手順

❶柱・梁・スラブの完成後に外壁取付工事となる

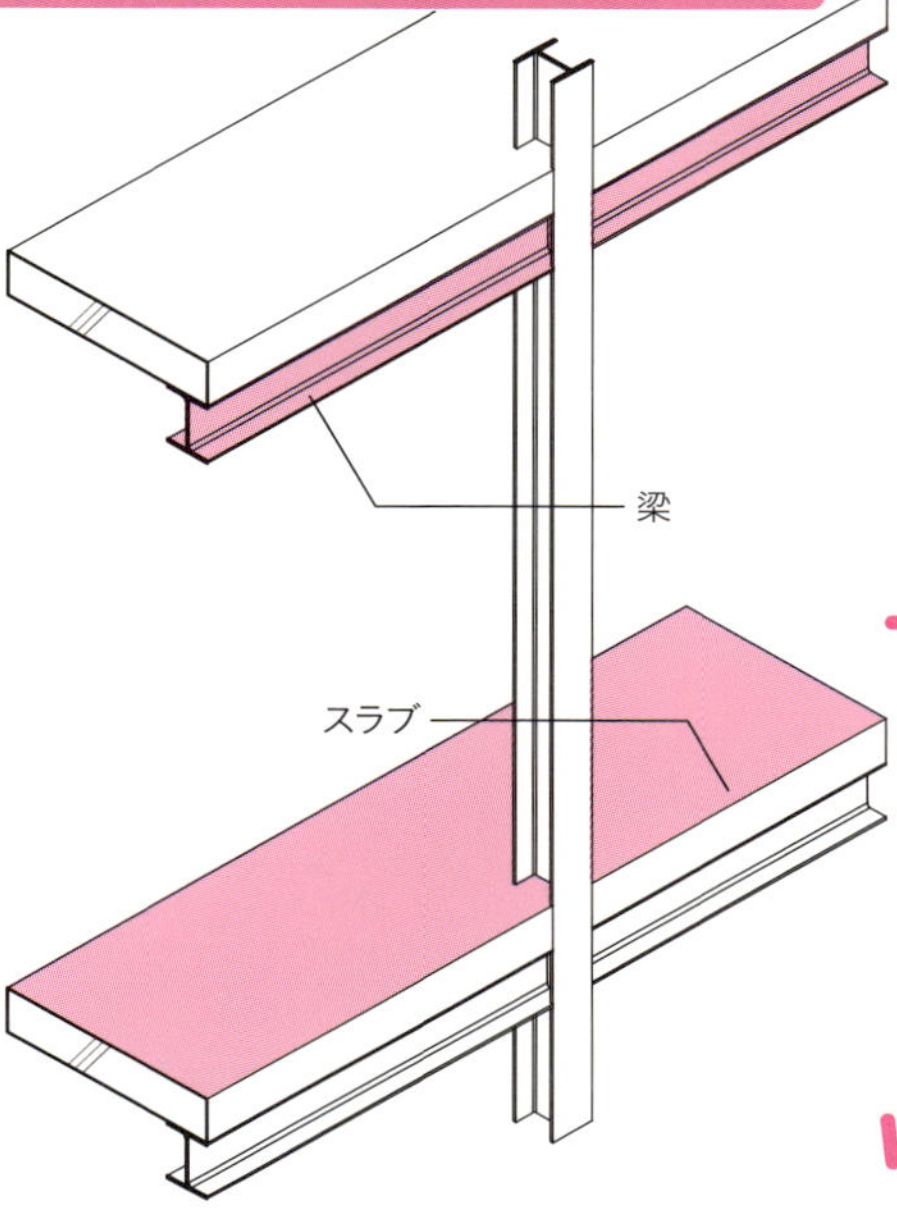

❷胴縁取付のための下地を躯体に取り付ける

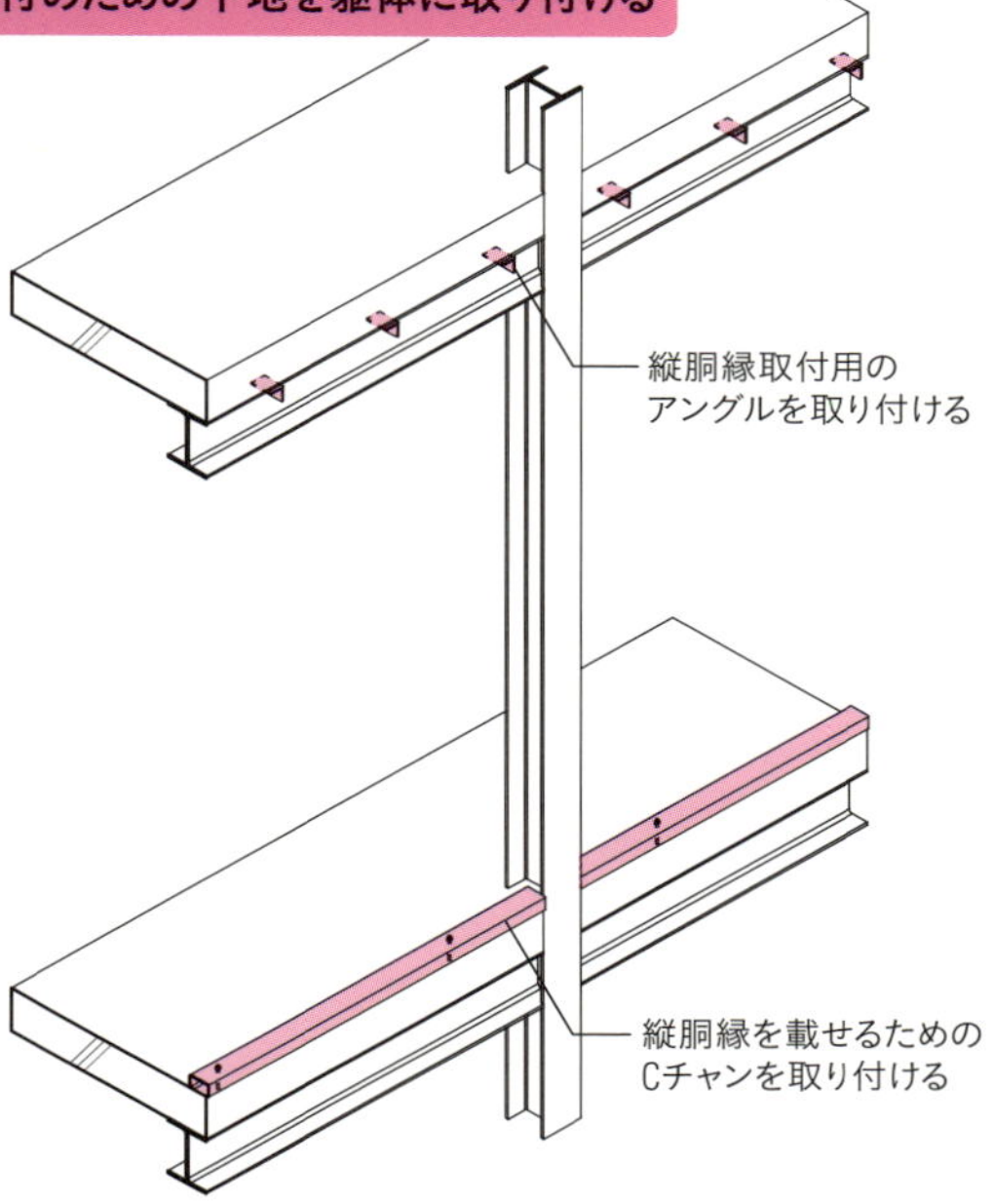

❸下地と胴縁を固定していく

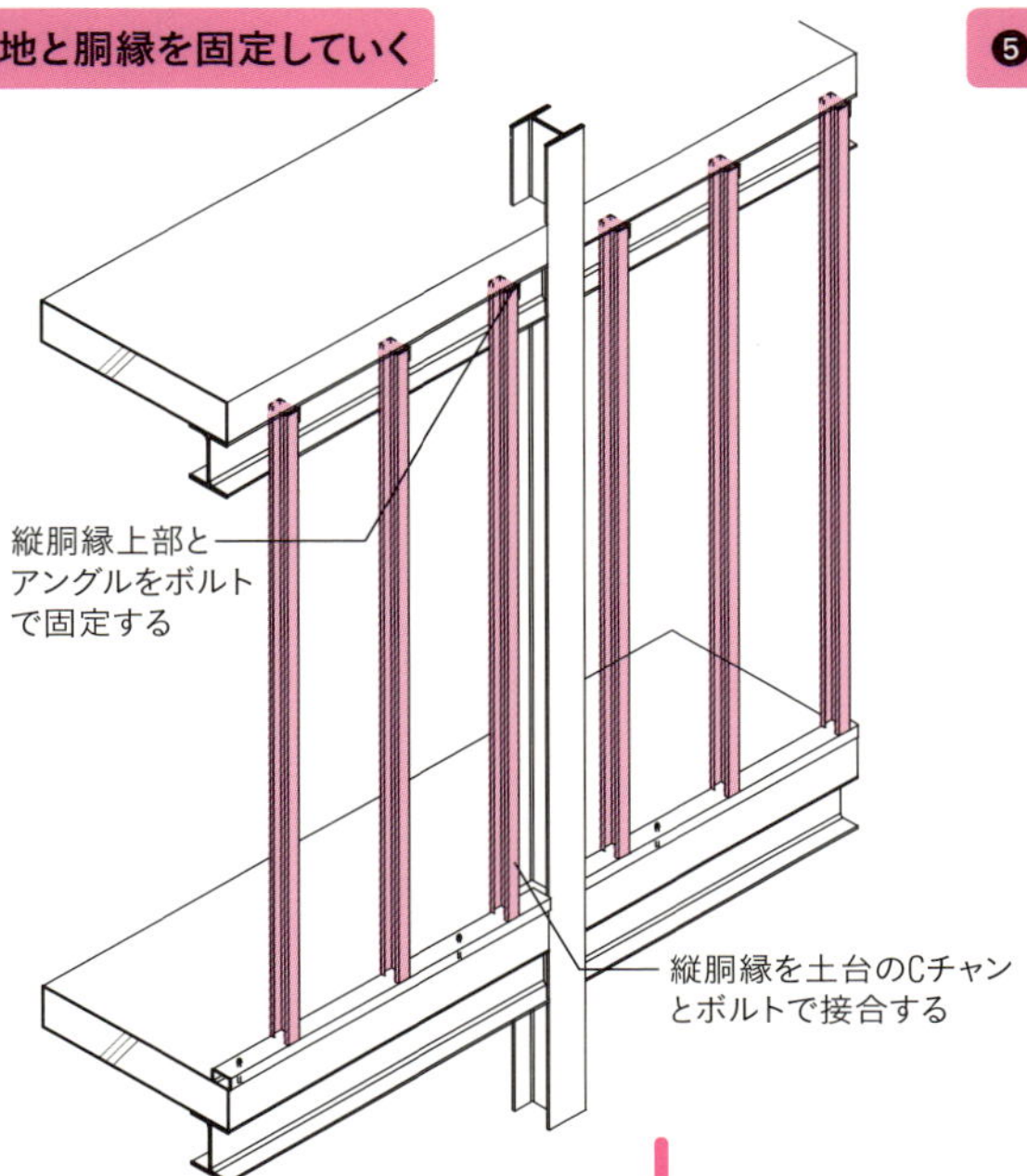

❹防水紙と金物を取り付ける

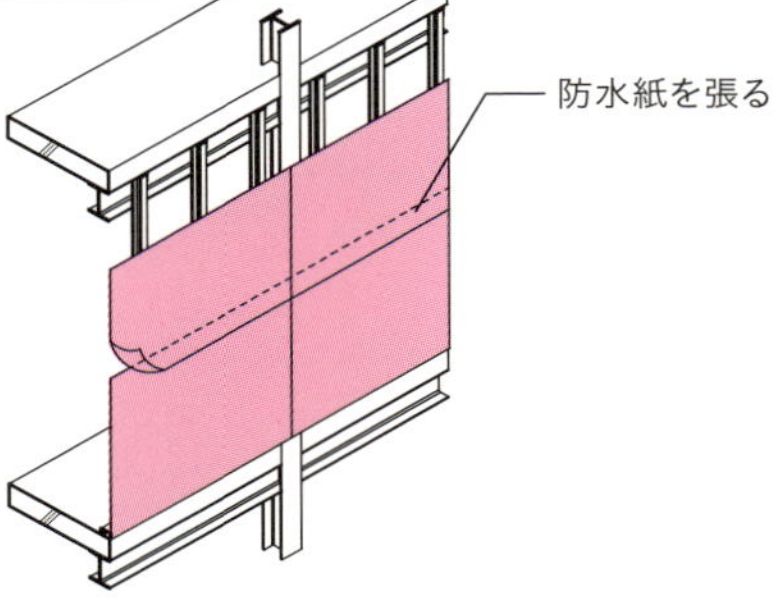

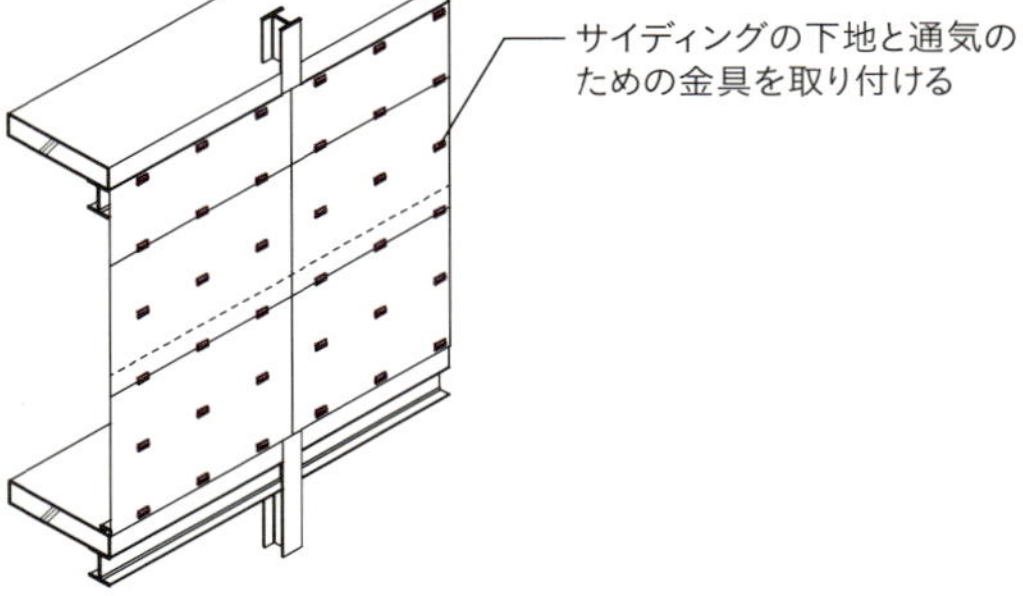

❺サイディングを張り、シーリングを充填して完成

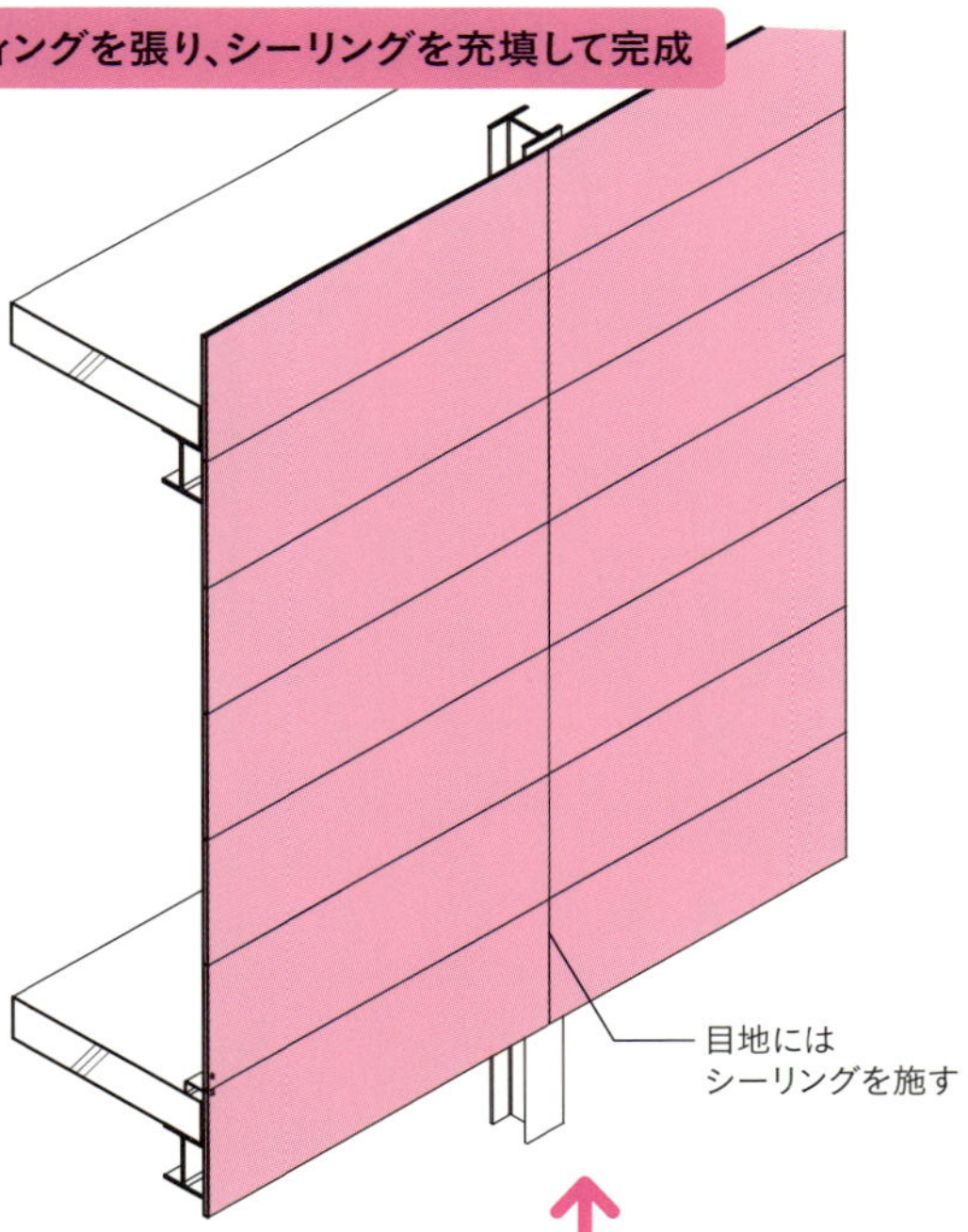

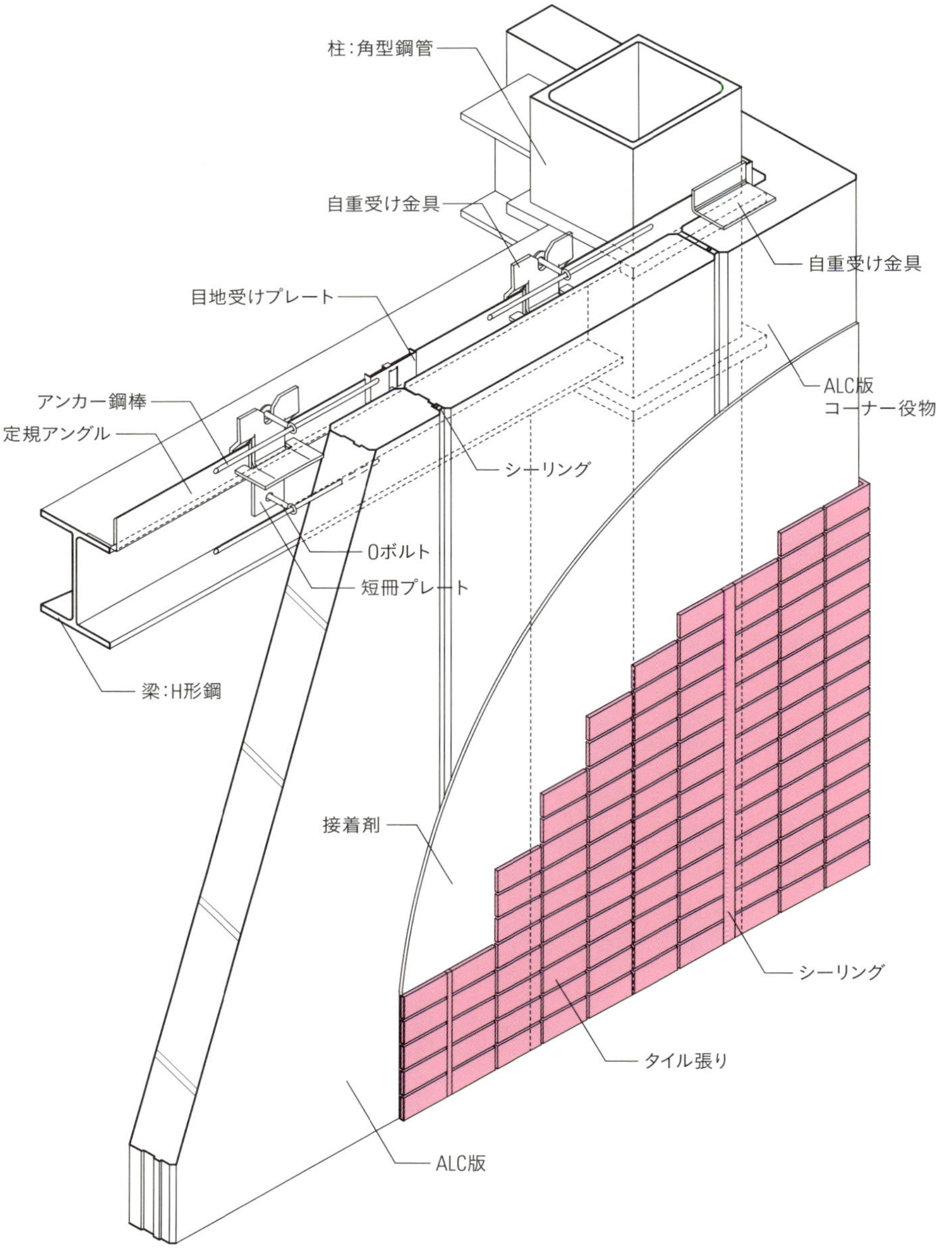

代表的なALC版の仕上げ

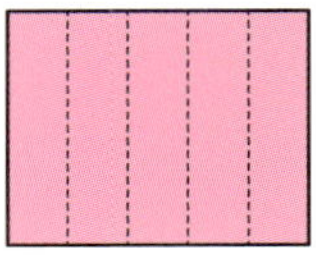

塗装

ALC版保護の観点と変形に対する追従性のある複層塗材（吹付けタイル）が用いられることが多い。

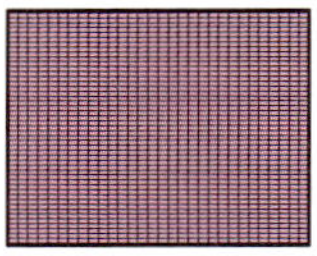

タイル張り

タイル張りも可能で、多様な種類から選択できる。ALC版に適した下地、接着剤の使用が肝要である。

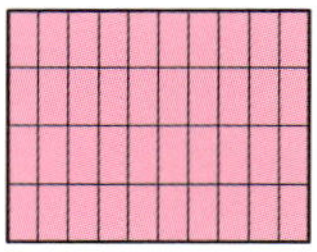

デザインパネル

ALC版に意匠性を追加したもので、彫りの深いタイプで陰影の演出やゆるやかな溝形状など種類が豊富である。

S造の外壁は、基本的に**ALC版**や**サイディング**、**押出成形セメント板**などの**仕上げ材を張る**ことが前提となる。そのため、部材間には**ジョイント**が出てくることをしっかりと認識しておきたい。

ジョイントをきれいに見せるには、**パネル割**が重要となってくる。パネル割をすれば窓の位置も決まってくる上、プランにも影響を大きく与える。そのため**S造の外壁**は**木造やRC造と異なる**という認識をもとに、**設計の初期段階から検討する**ことが重要となる。

乾式外壁材の中でもALC版は、施工速度の早さやコストの安さ、断熱性能が高いなどの理由により特に人気が高い（ALC版であれば**タイル張り**も可能となる）。

実際に使用する際には、内部側にもウレタンフォームなどの断熱を施すことや、**再塗装やシーリングの打ち直し**といったメンテナンスのことも考慮に入れておくことが望ましい。特にシーリングの劣化による**漏水**は、建物の寿命を縮めることにつながるため、十分注意しよう。

S造で主流のALC版

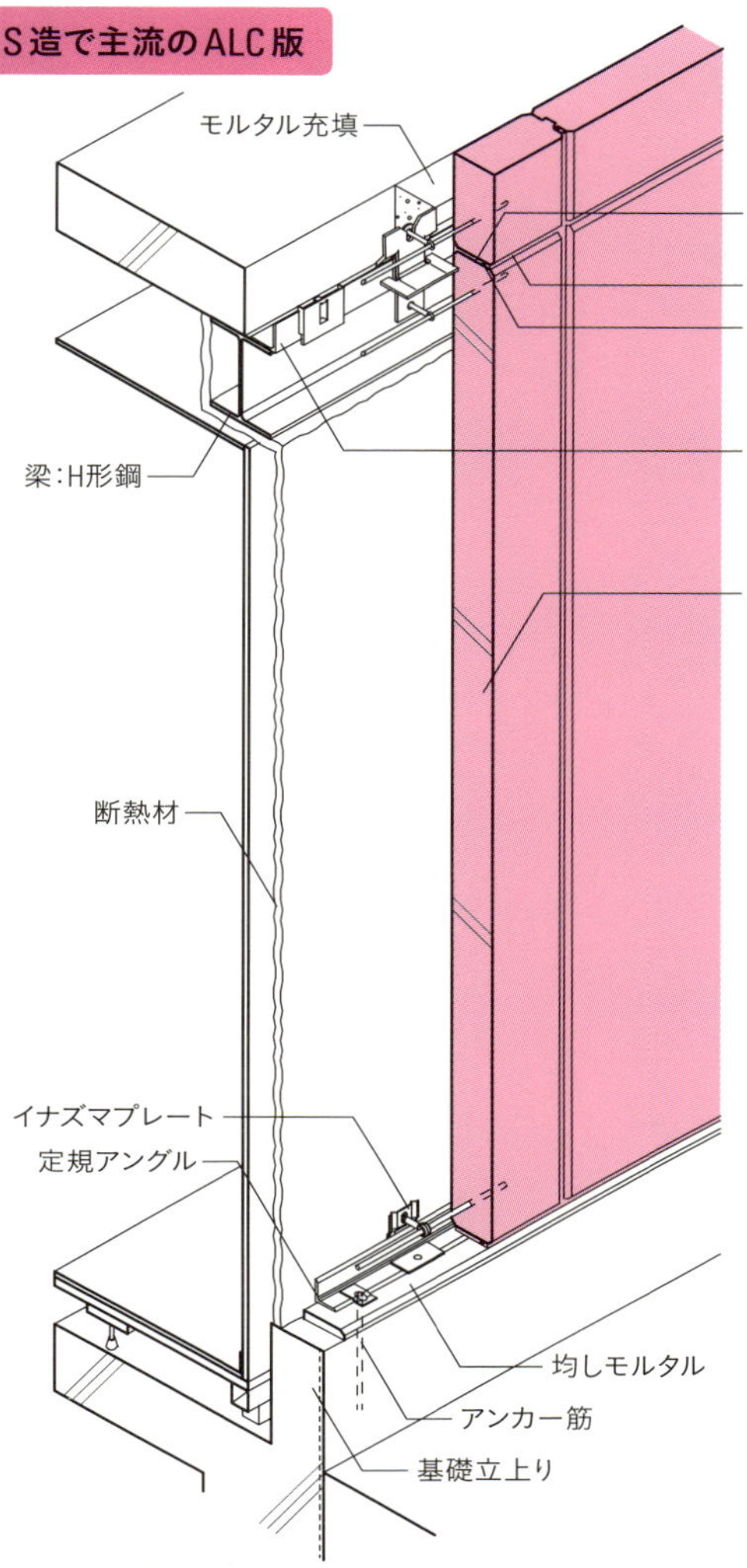

ALC版のメリットは以下の通りである。

気泡のあるコンクリートであるため**軽量**で、構造躯体や施工手間などの負担が軽くなり**工期短縮**も可能である。さらに金属板などに比べると、外壁材の中では**断熱性能が高い**。グラスウールやウレタンフォームなどの断熱材と併用することで、さらに断熱性能を高めることができる。**耐火性能が高い**ことからも、防火地域内の耐火建築物の外壁にも用いることができる。

ALC板の構法と基本

縦壁ロッキング構法

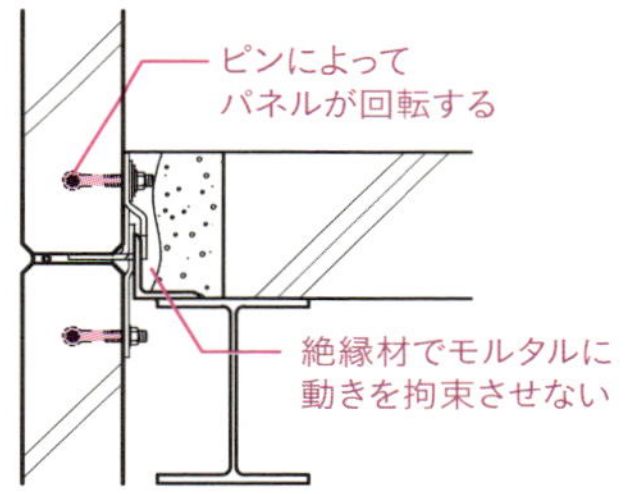

構造躯体の変形に対し、ALCパネルが一枚ごとに微少回転して追従する。

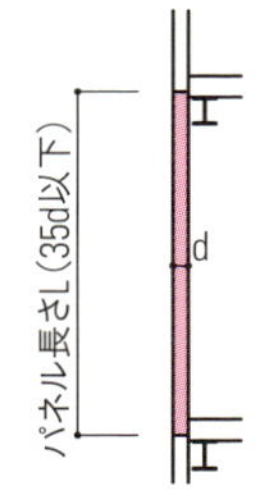

パネルの厚みは壁の必要長さで決まる。

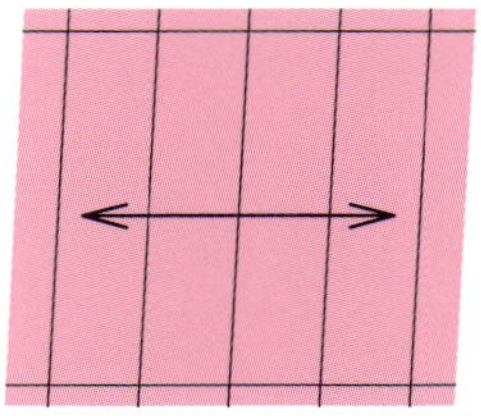

パネルの追従で変形を許容する

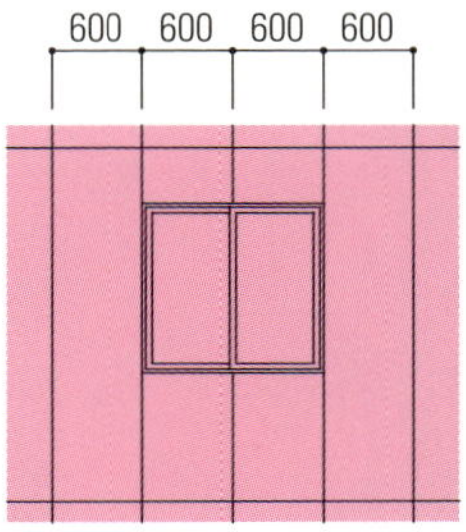

開口はパネル割に合わせる

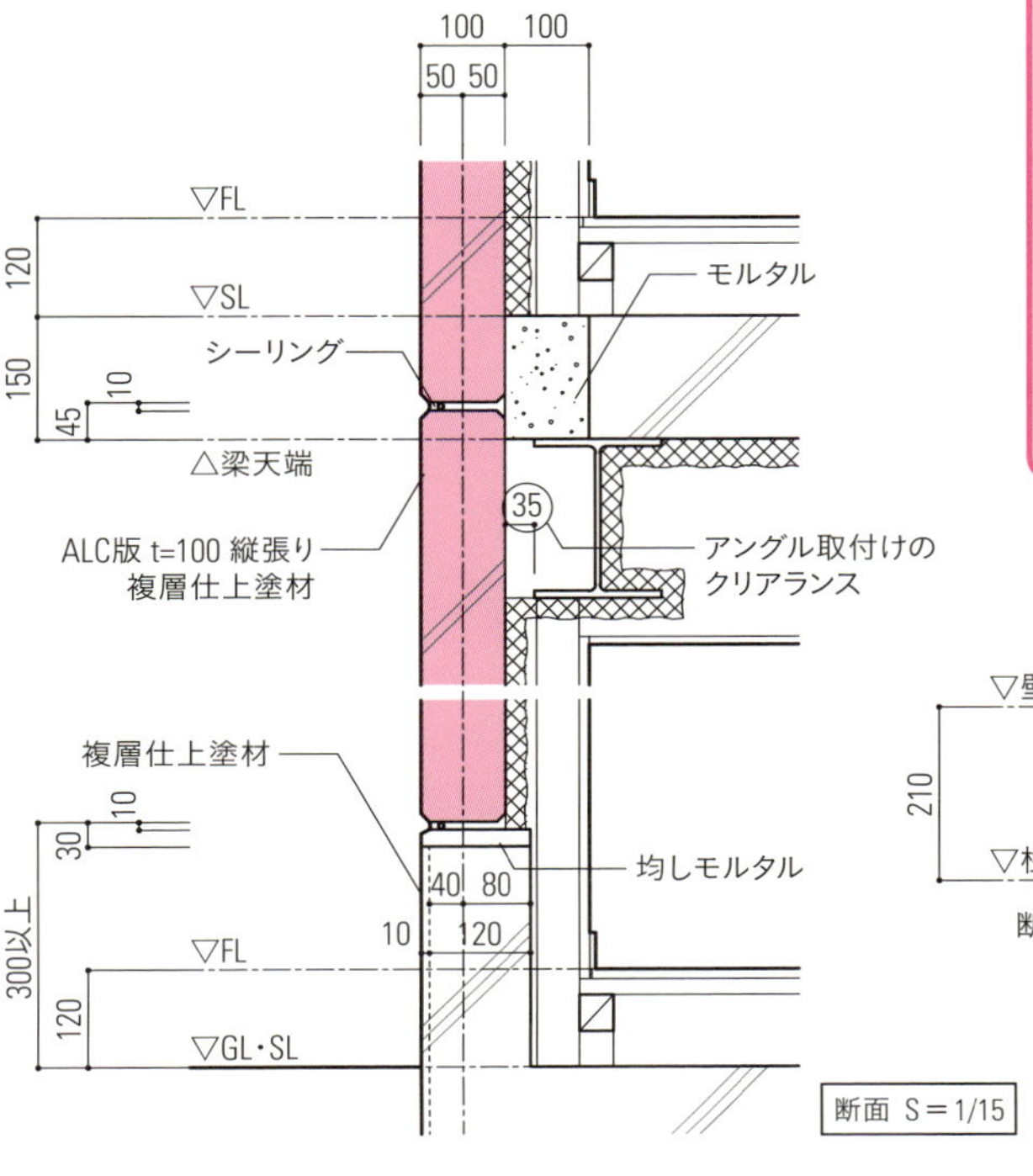

断面 S＝1/15

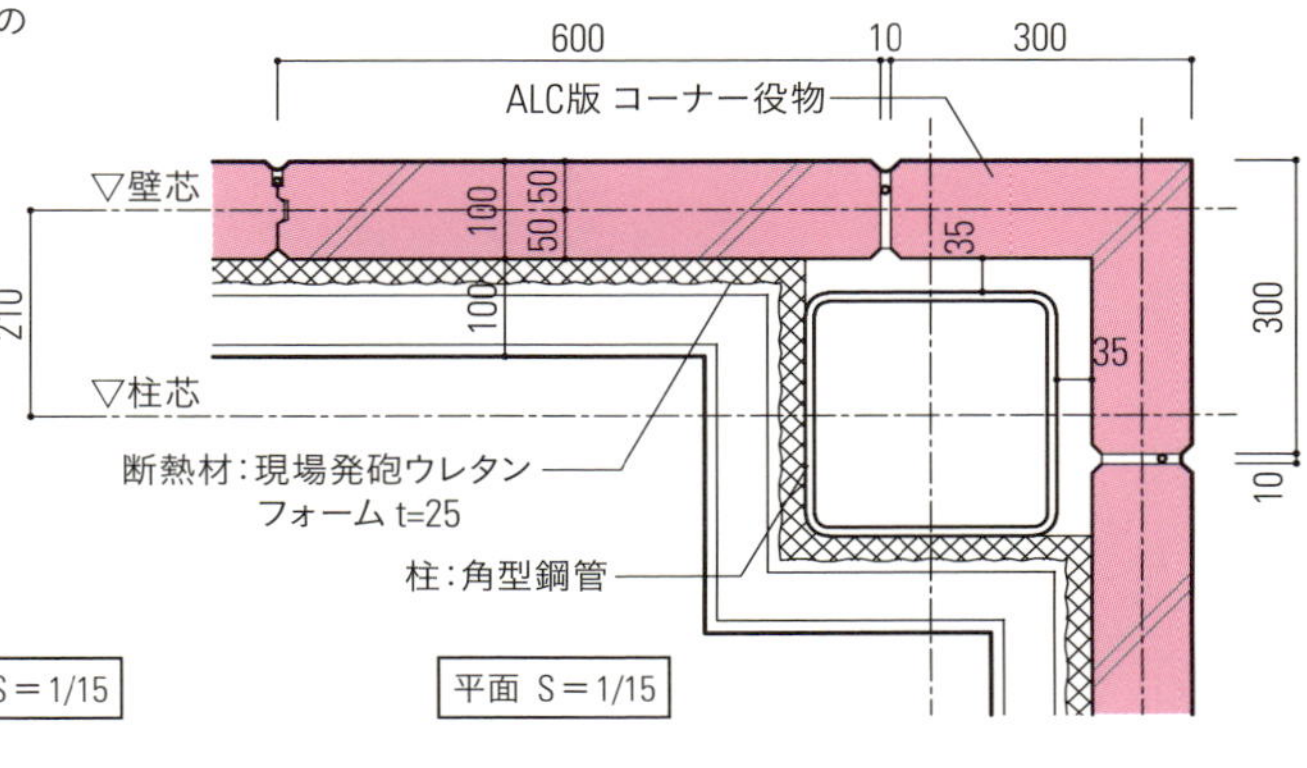

平面 S＝1/15

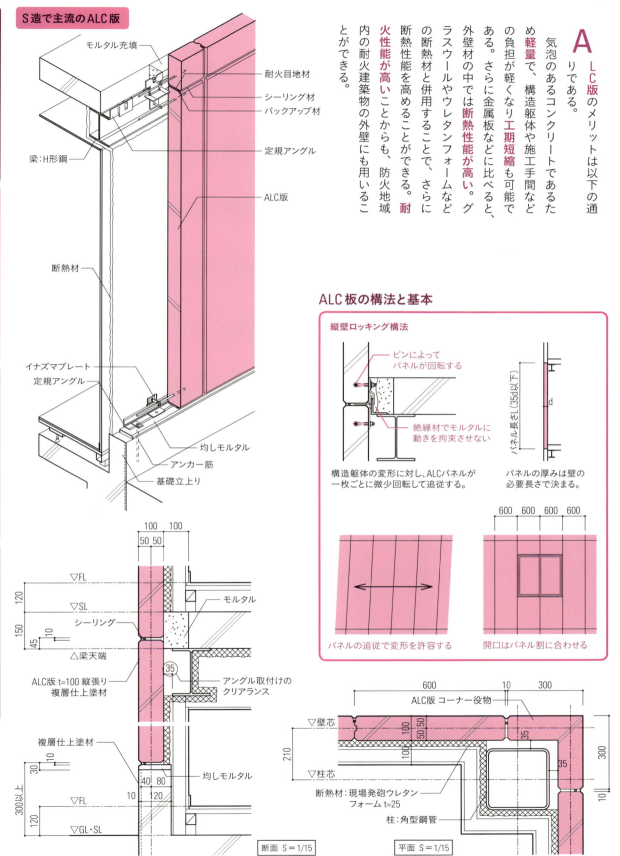

押出成形セメント板は、ALC版と比べてシャープな印象を与えてくれるため、すっきりとしたデザインの外壁材に選ばれることが多い（縦張りか横張りかを選択できる）。窓の位置や寸法は押出成形セメント板の寸法によって決まるため、十分検討する必要がある。

また、層間変位追従機構をもっているため、耐震性も高い。

押出成形セメント板

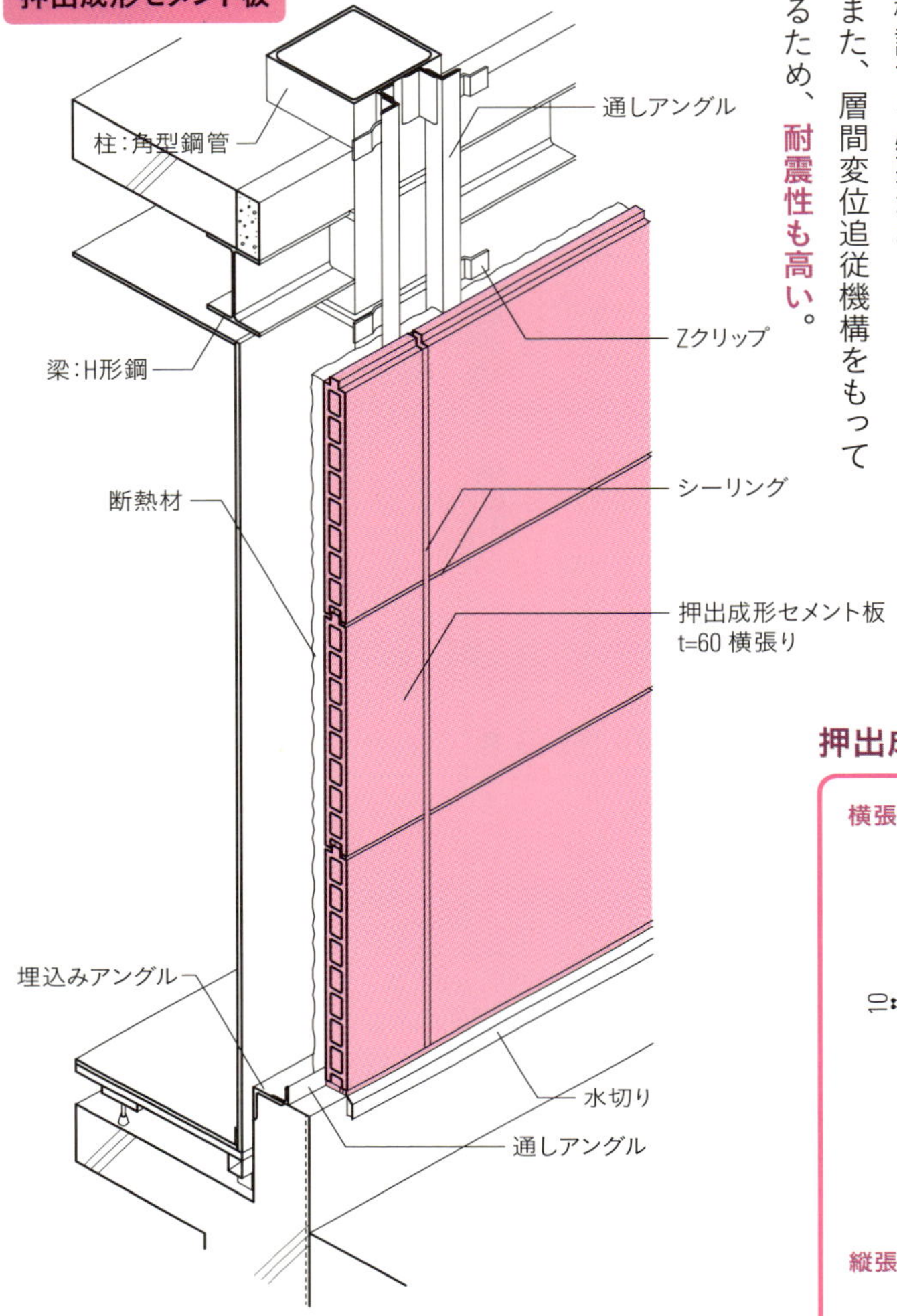

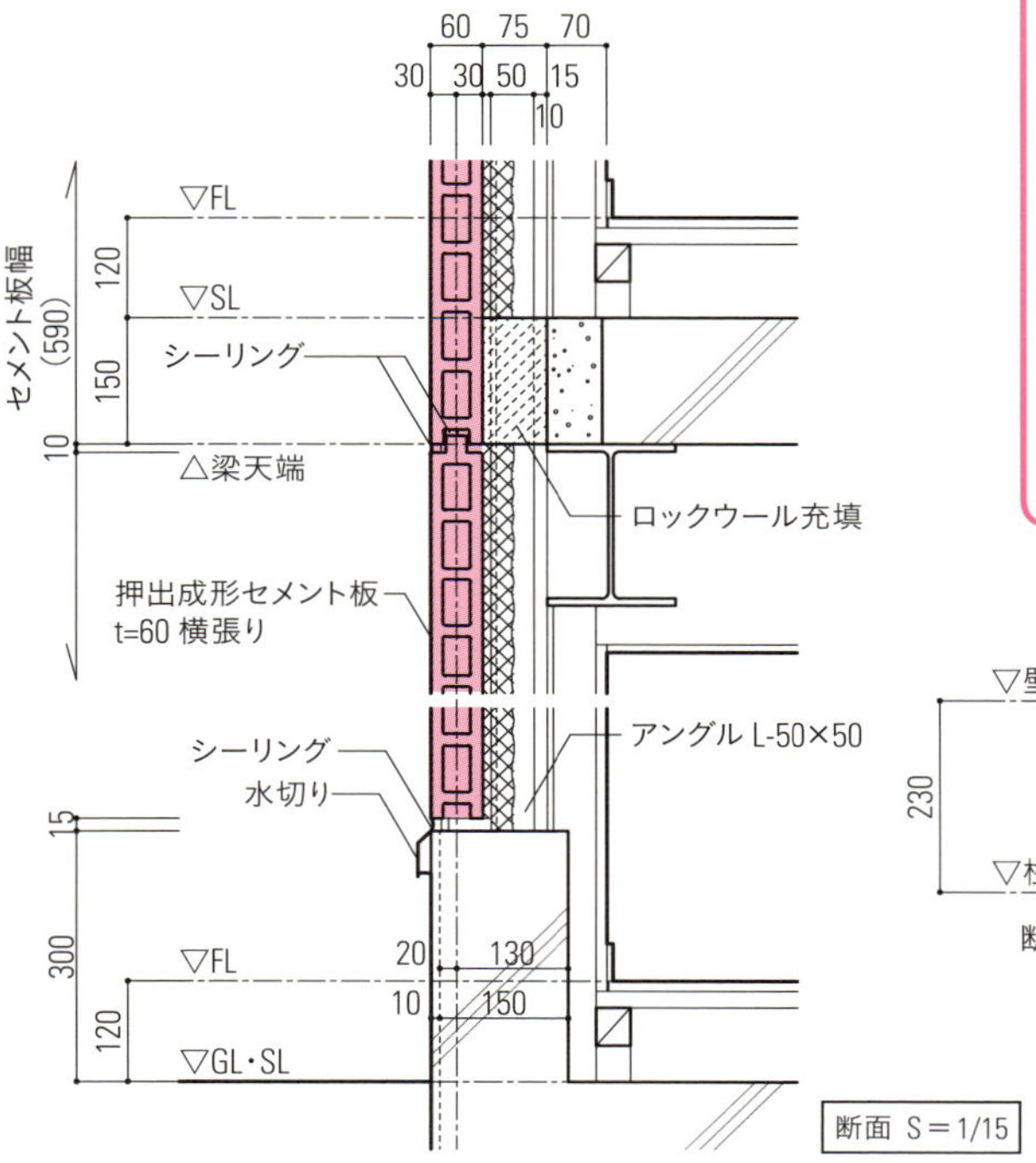

断面 S＝1/15

押出成形セメント板の代表的な構法

横張りスライド構法

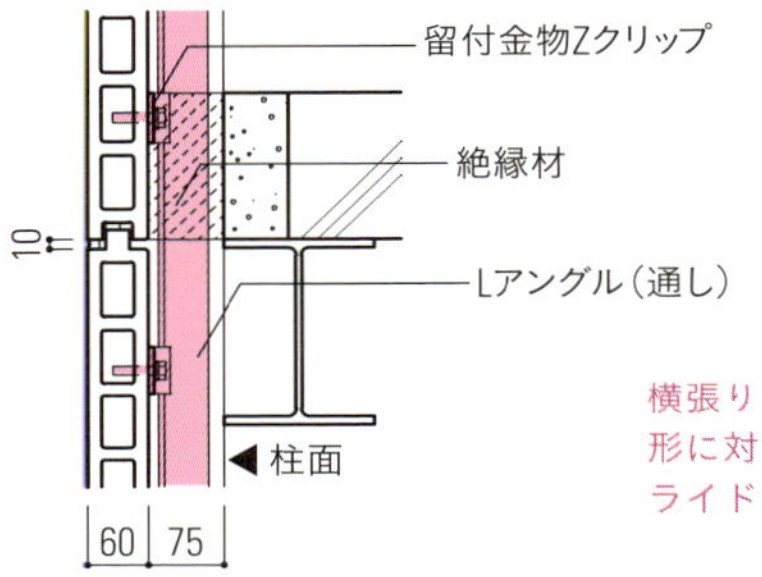

横張りは構造躯体の変形に対し、パネルのスライドで追従する工法。

縦張りロッキング構法

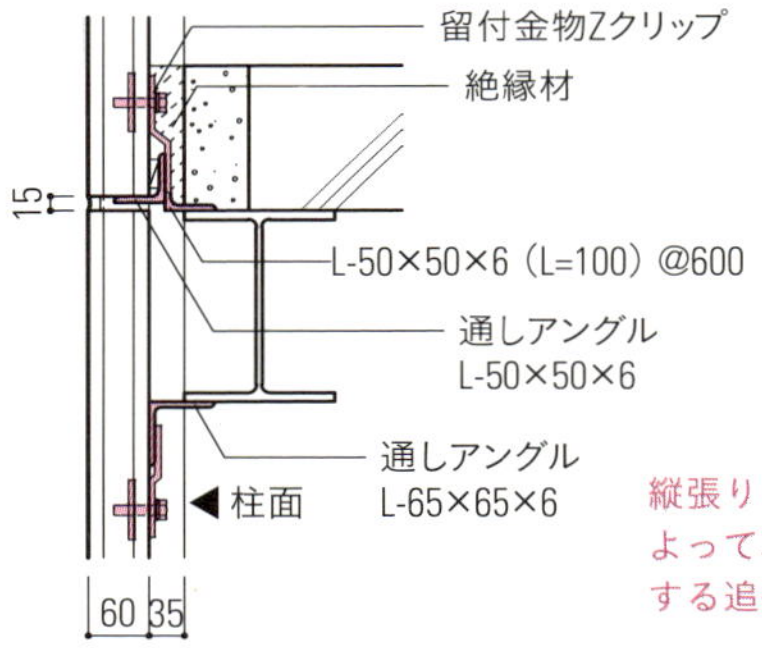

縦張りはロッキングによって、層間変位に対する追従性を確保。

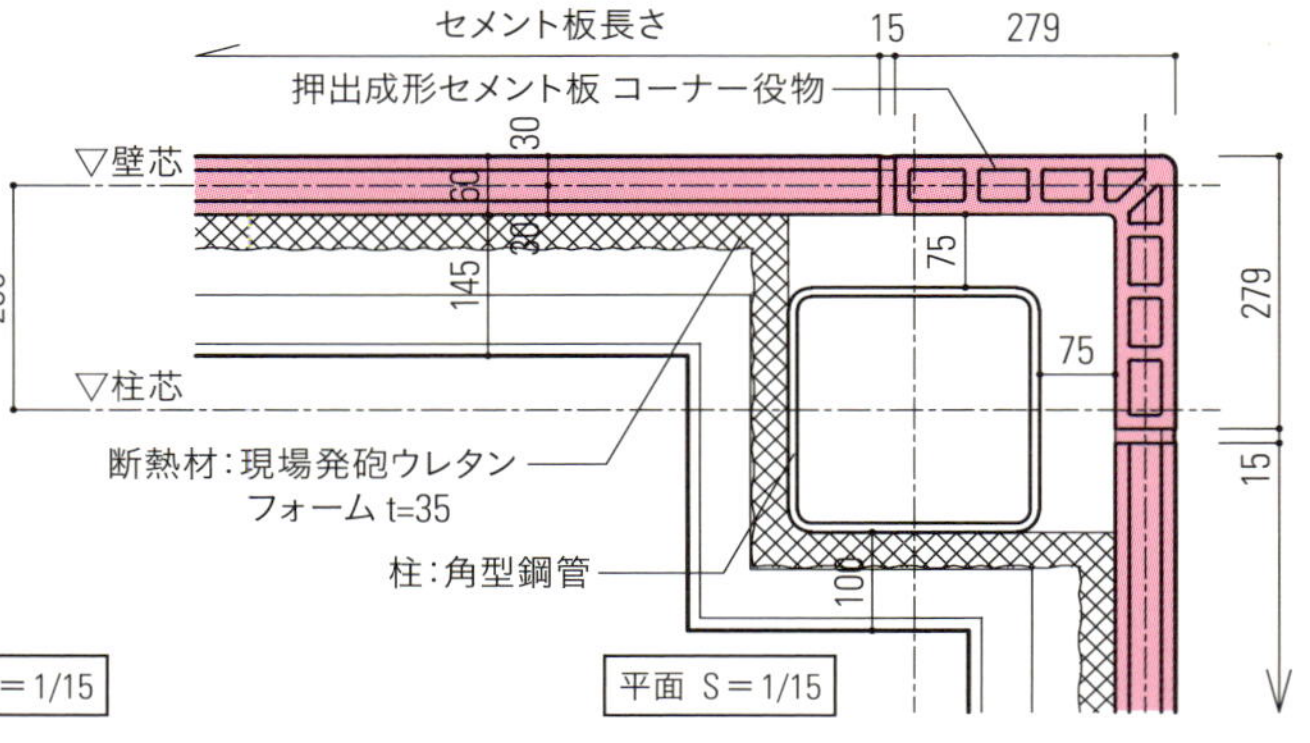

平面 S＝1/15

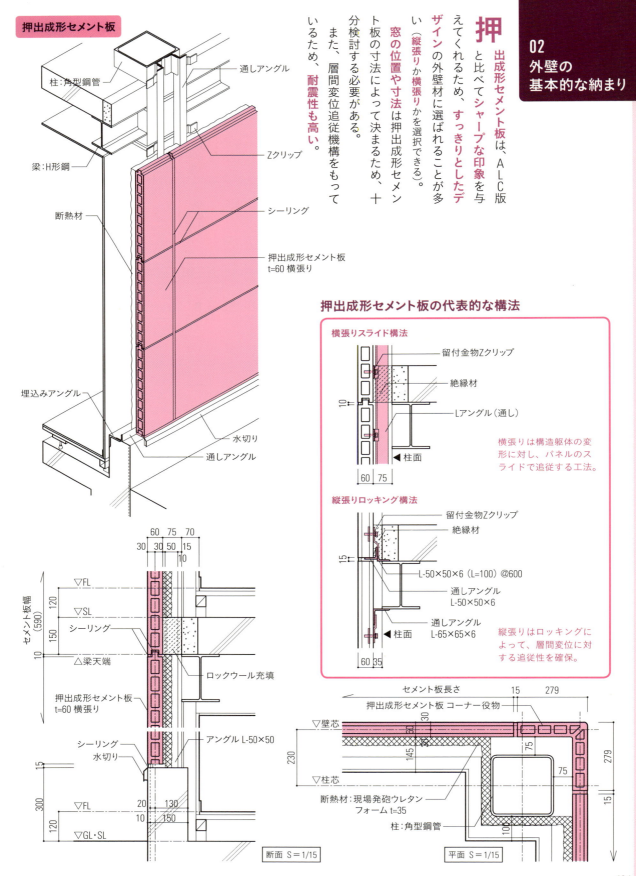

サイディングは、種類の多さや使い勝手のよさからS造のみならず木造でも人気がある。

部材そのものの軽さによって耐震性が高くなるが、断熱性能は期待できない。そのためグラスウールやウレタンフォームなどで断熱をしっかりと施すこと。

S造は構造体が鉄骨のため、どうしても熱を伝えやすい。**ヒートブリッジ対策として鋼製胴縁なら縁を切る、木胴縁を使用する**などの手法を採用したい。

大壁のサイディング

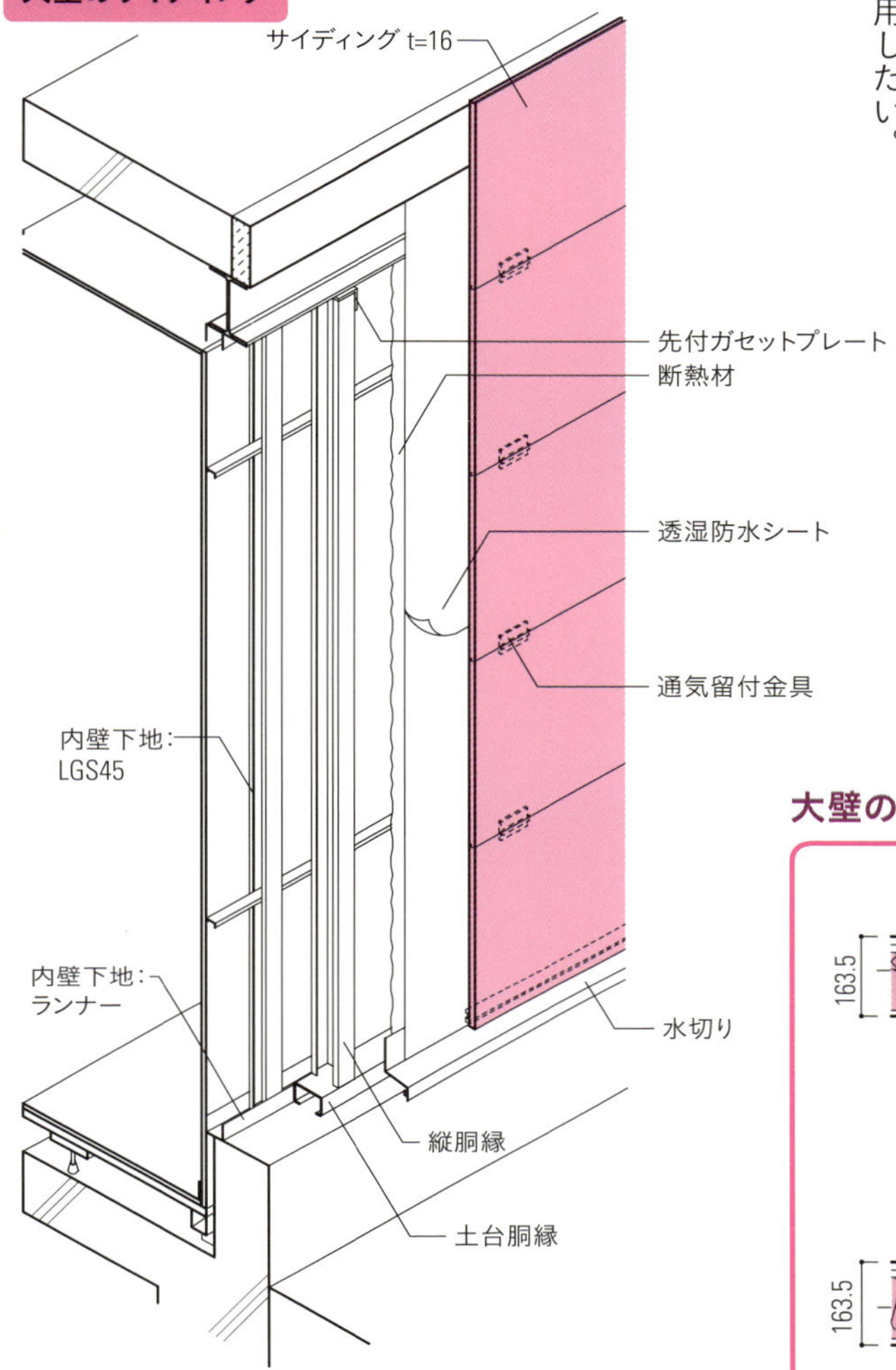

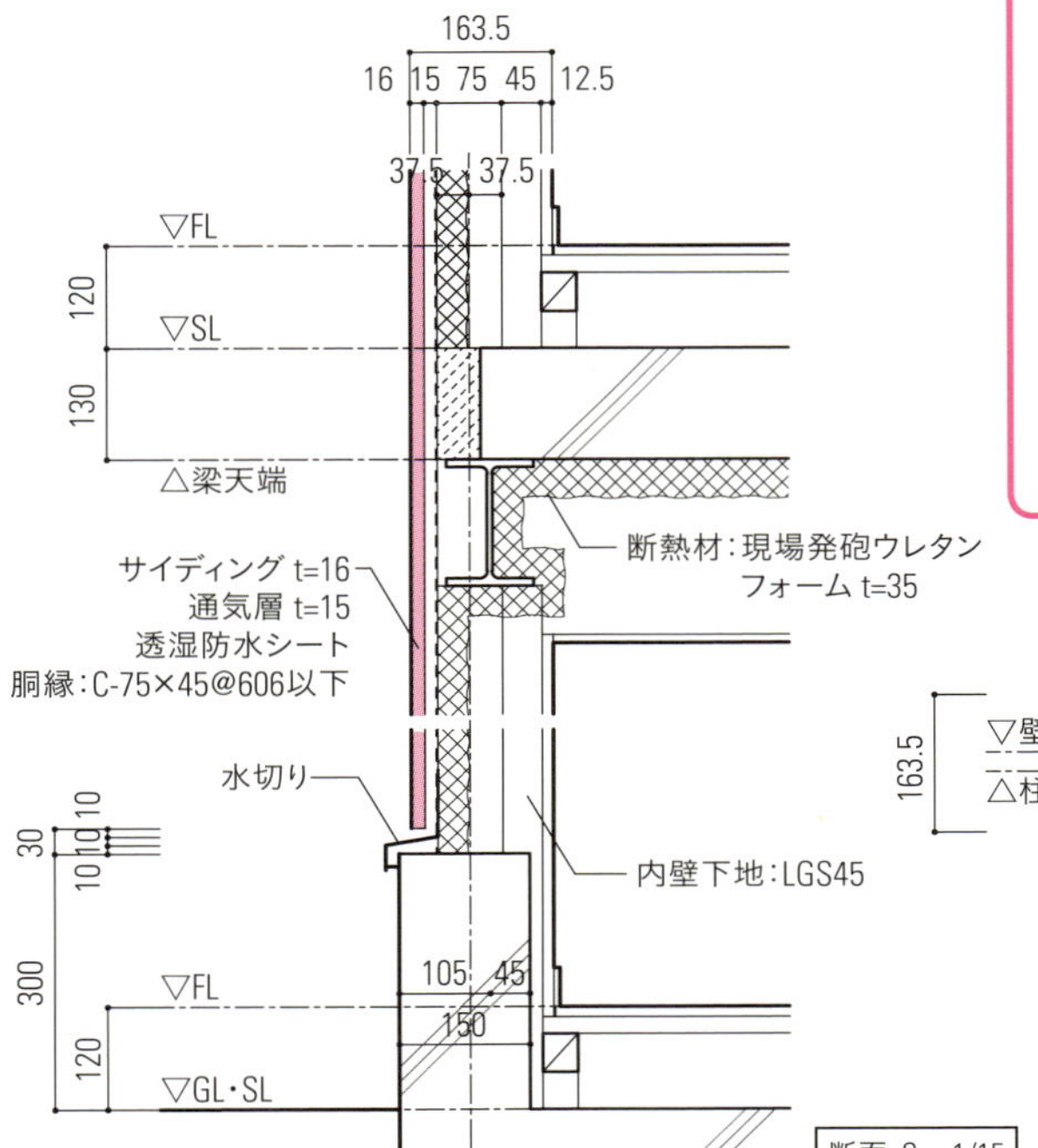

断面 S=1/15

大壁の構成パターン（平面）

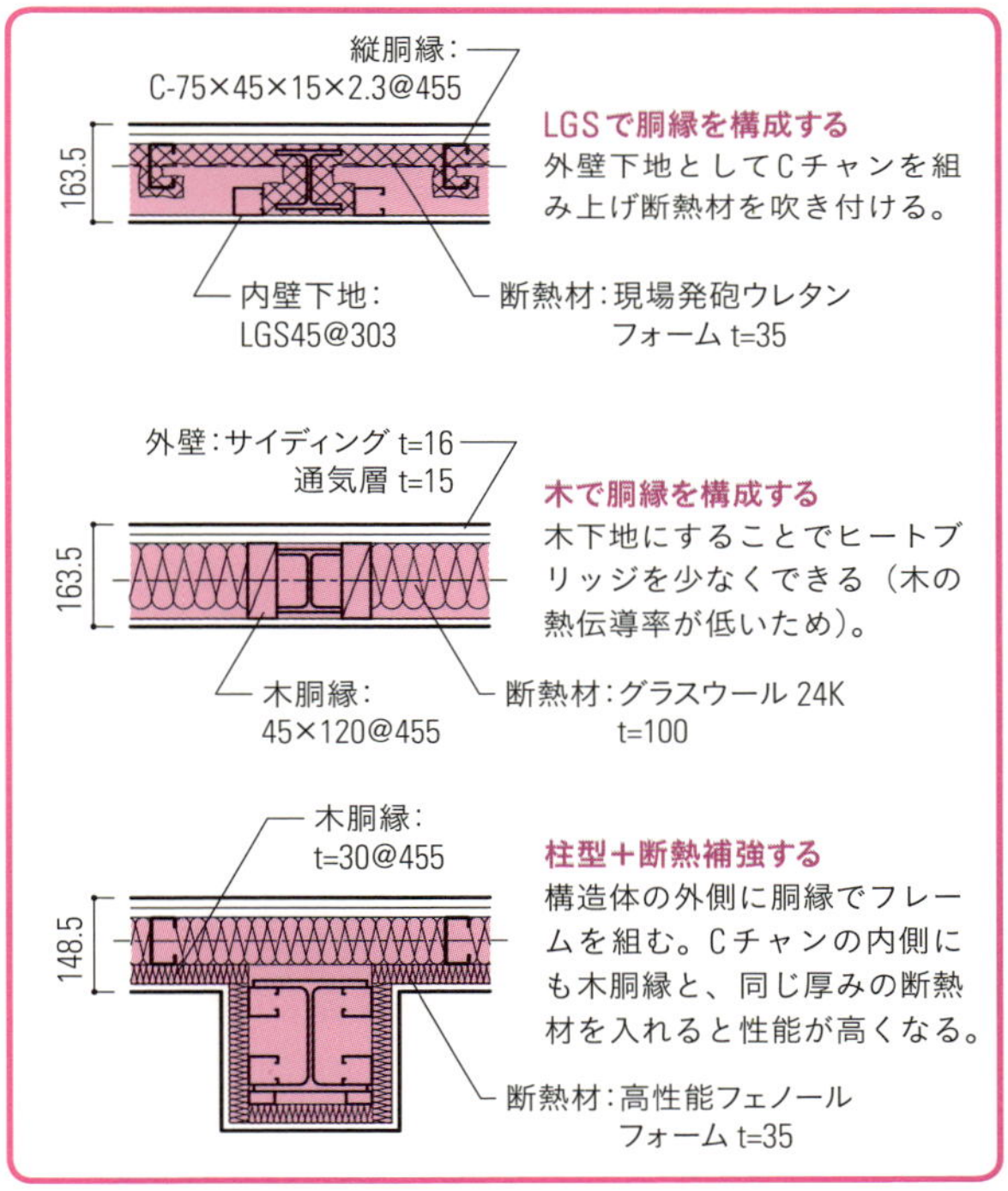

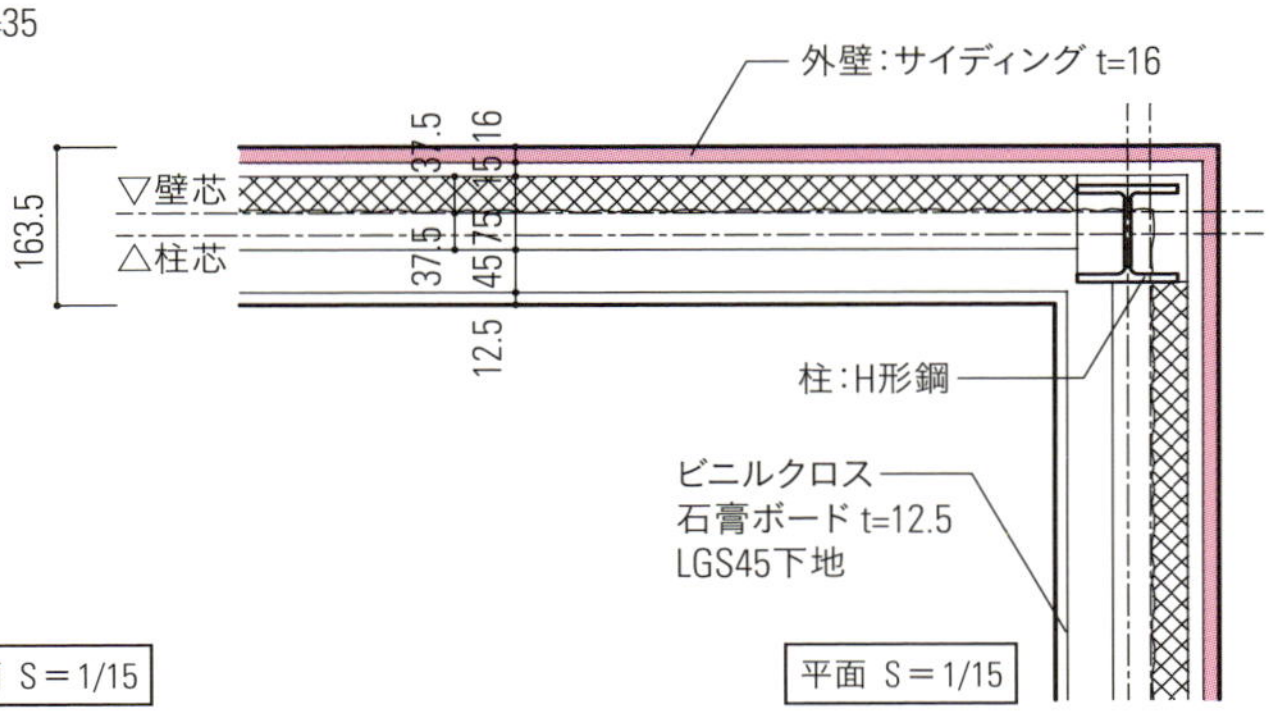

平面 S=1/15

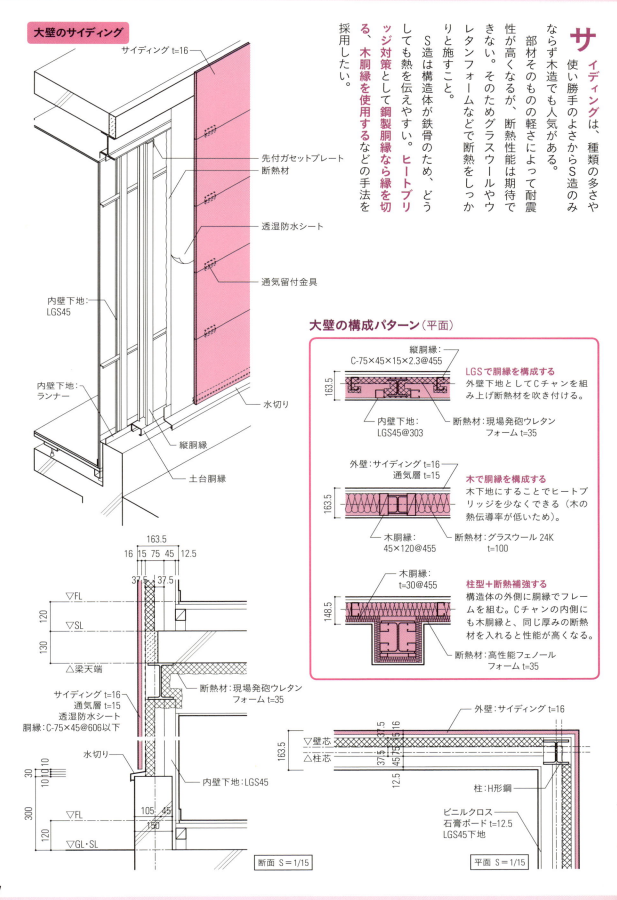

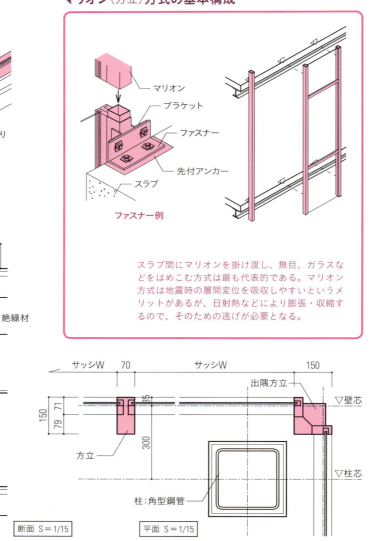

カーテンウォールは、S造の外壁に採用されることが少ない。**外壁一面をカーテンウォール**とすれば、**透明かつ解放的な空間**を創出できる。**方立・無目**の見付け、ピッチやガラス種類によって大きく印象が異なるため、意図するデザインに合わせて部材を選択しよう。外壁部材の軽量化による耐震性が高いこともメリットの一つである。

カーテンウォール

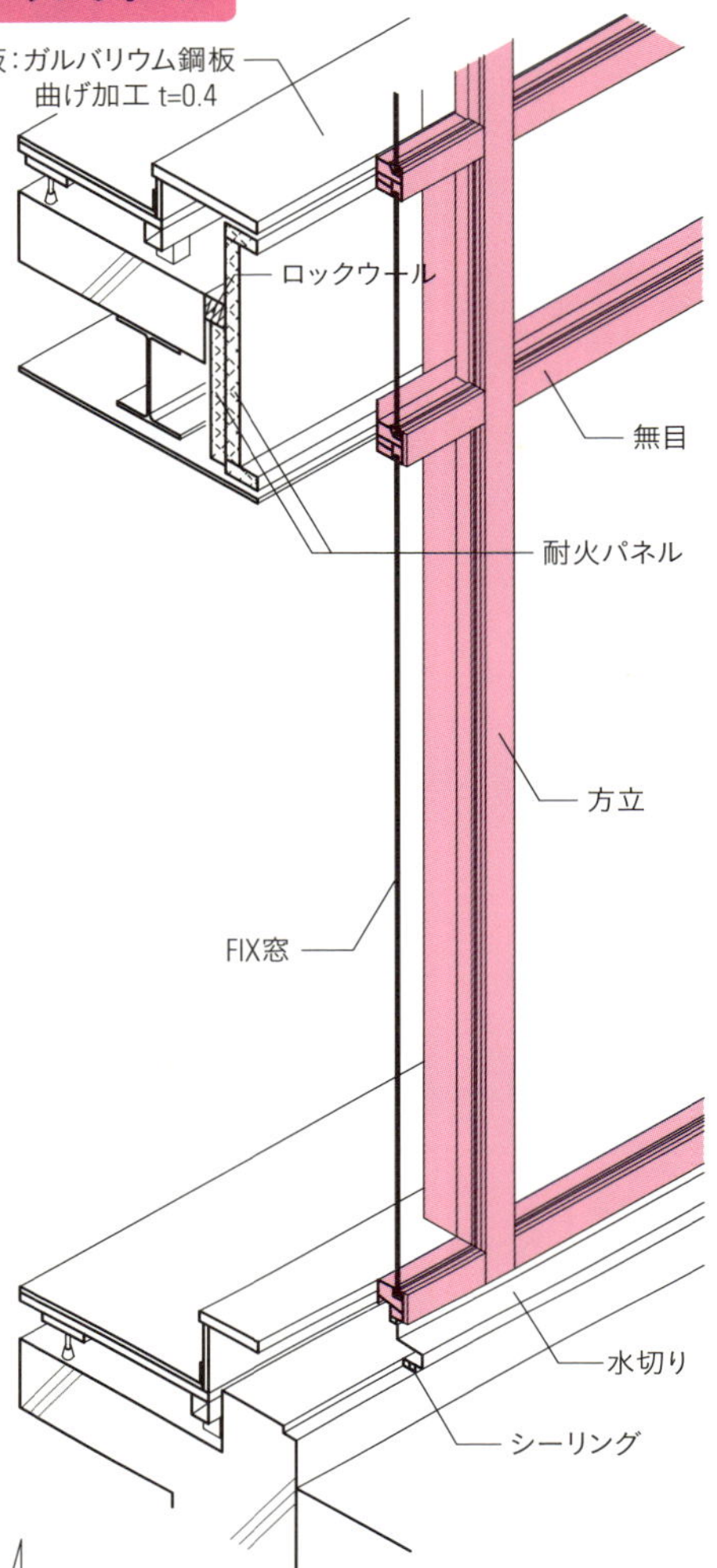
膳板：ガルバリウム鋼板
曲げ加工 t=0.4
ロックウール
無目
耐火パネル
方立
FIX窓
水切り
シーリング

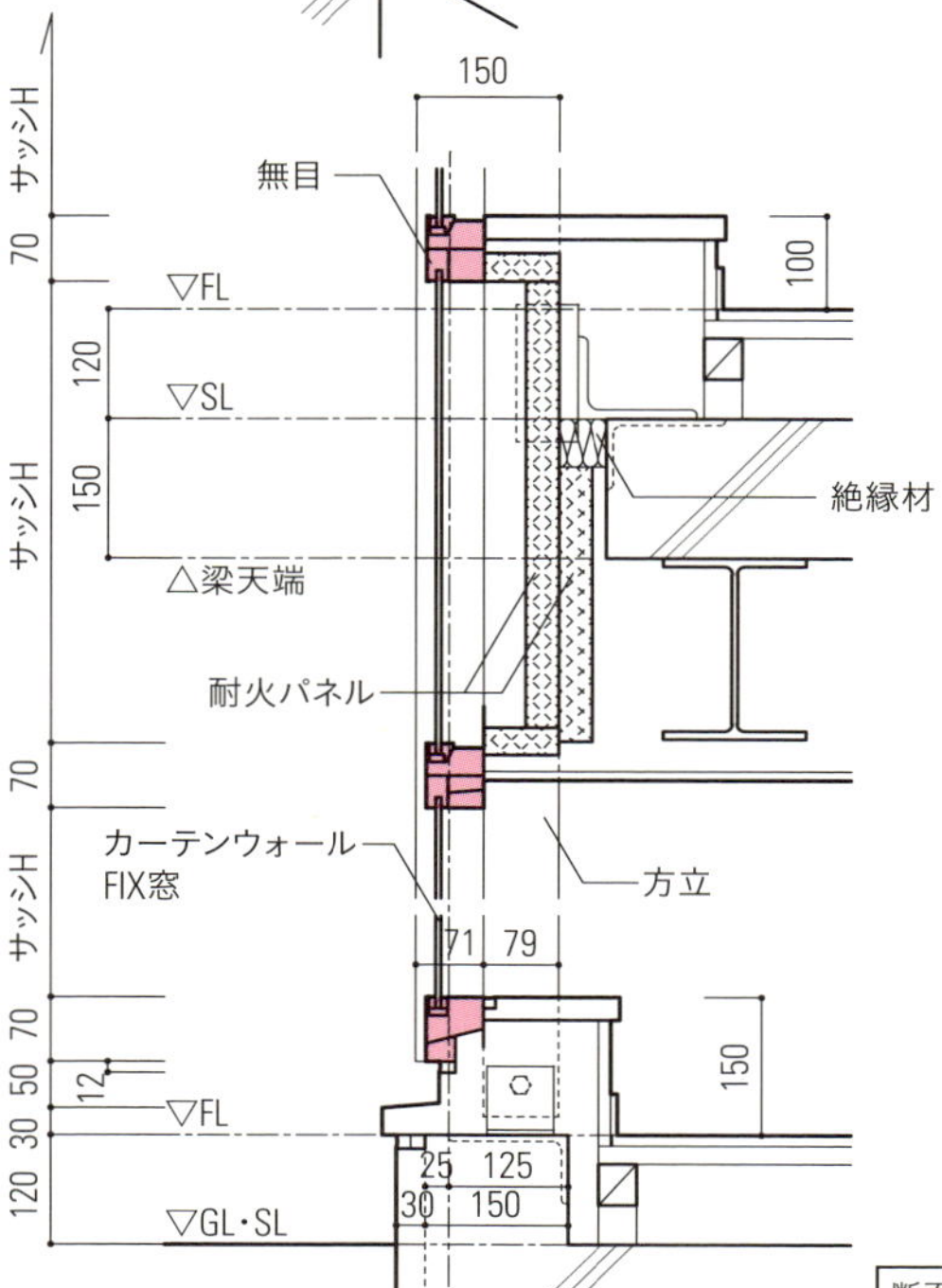
150
サッシH
無目
70
100
▽FL
120
▽SL
150
サッシH
絶縁材
△梁天端
耐火パネル
70
カーテンウォール
FIX窓
方立
サッシH
71
79
70
50
12
150
30
▽FL
25
125
120
30
150
▽GL・SL
断面 S＝1/15

マリオン（方立）方式の基本構成

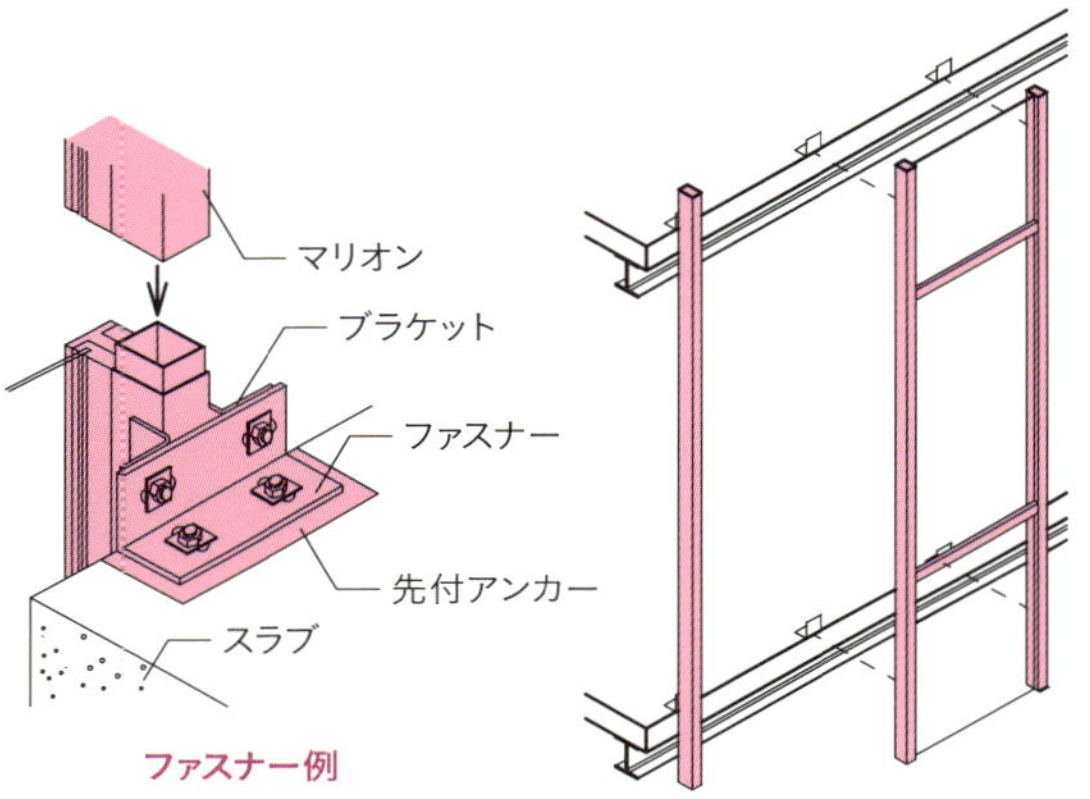
マリオン
ブラケット
ファスナー
先付アンカー
スラブ
ファスナー例

スラブ間にマリオンを掛け渡し、無目、ガラスなどをはめこむ方式は最も代表的である。マリオン方式は地震時の層間変位を吸収しやすいというメリットがあるが、日射熱などにより膨張・収縮するので、そのための逃げが必要となる。

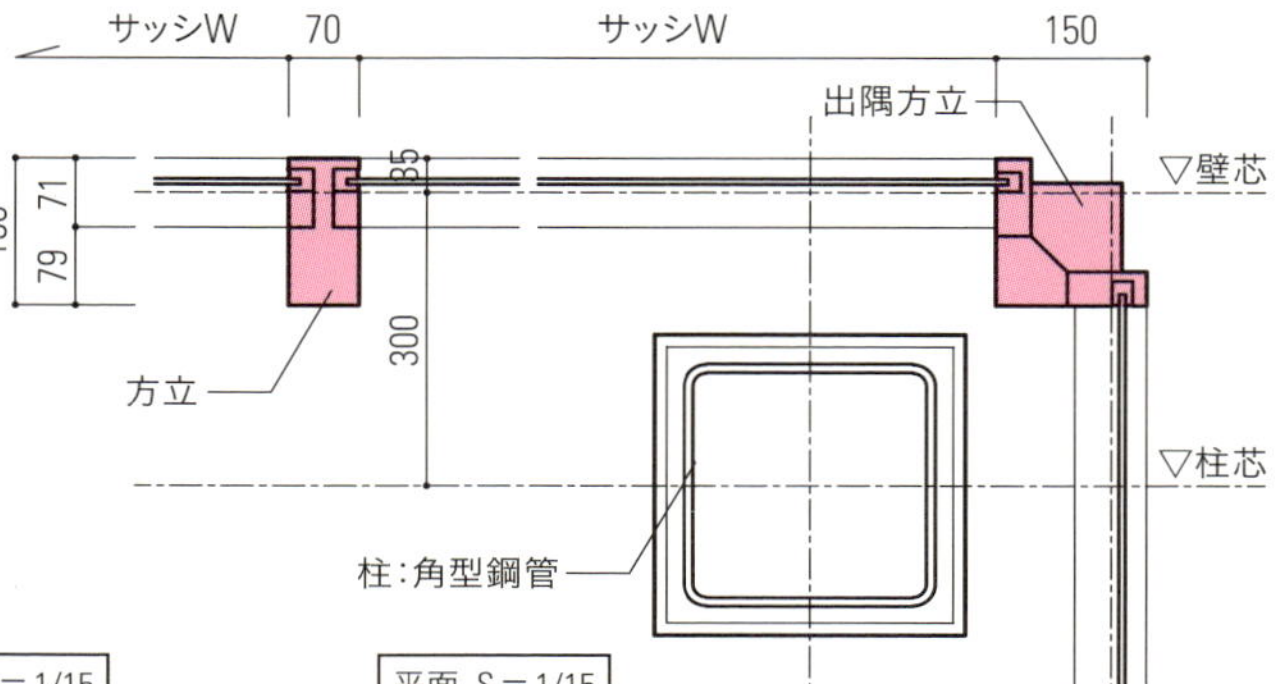
サッシW
70
サッシW
150
出隅方立
▽壁芯
150
71
79
85
方立
300
▽柱芯
柱：角型鋼管
平面 S＝1/15

金属サンドイッチパネルは外壁分で断熱性能を確保できるため、**内部側の断熱材を省略する**ことができる。この特性を利用して、柱や梁といった**構造体を現しで見せる**ことも可能である。

ただし、構造体を現しで見せると、構造材のジョイントや部材を留め付けるための**下地が見えてくる**ため、下地にも神経を行き渡らせた設計をすること。

金属サンドイッチパネル（内壁の省略）

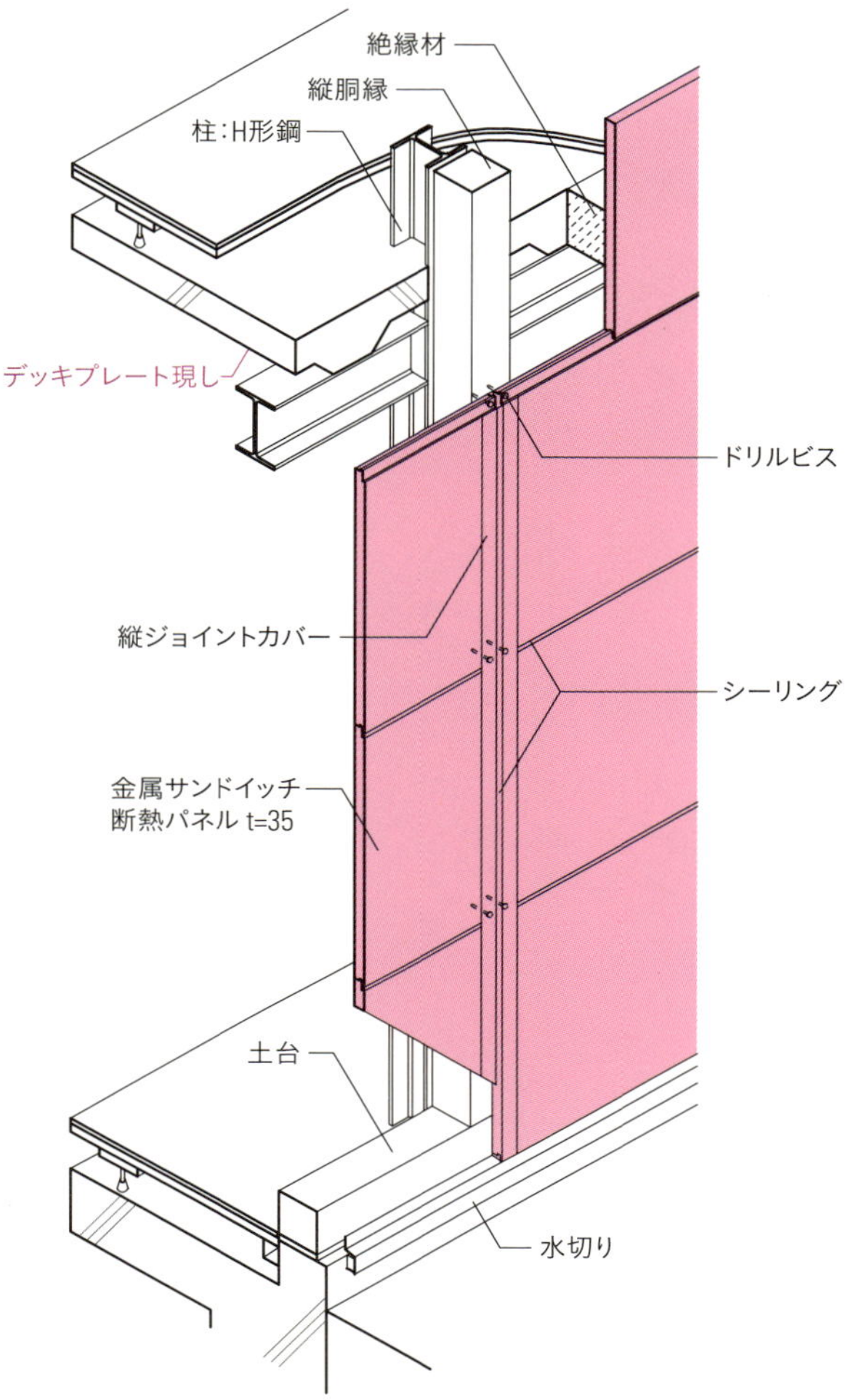

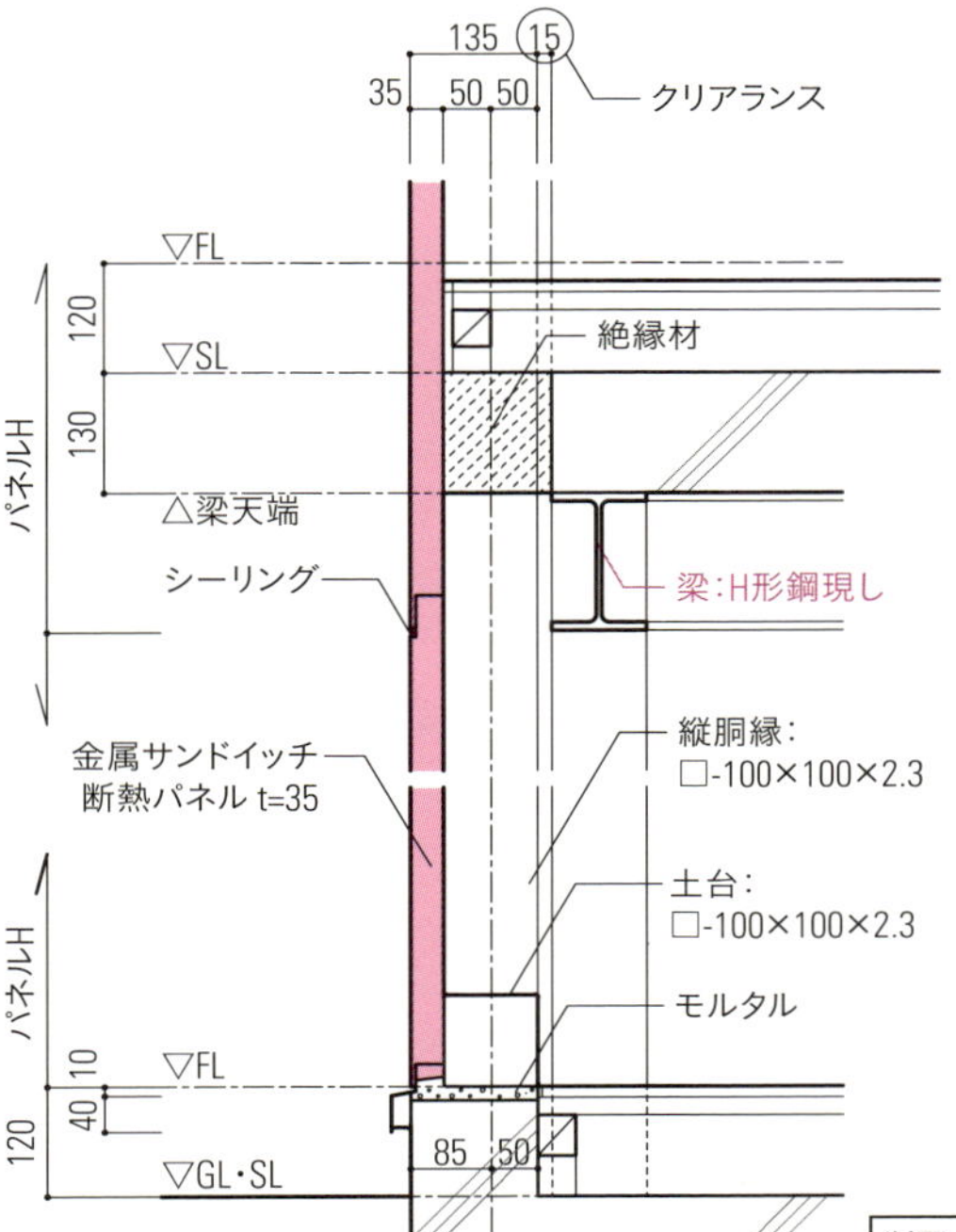

断面 S＝1/15

鉄骨現しの基本

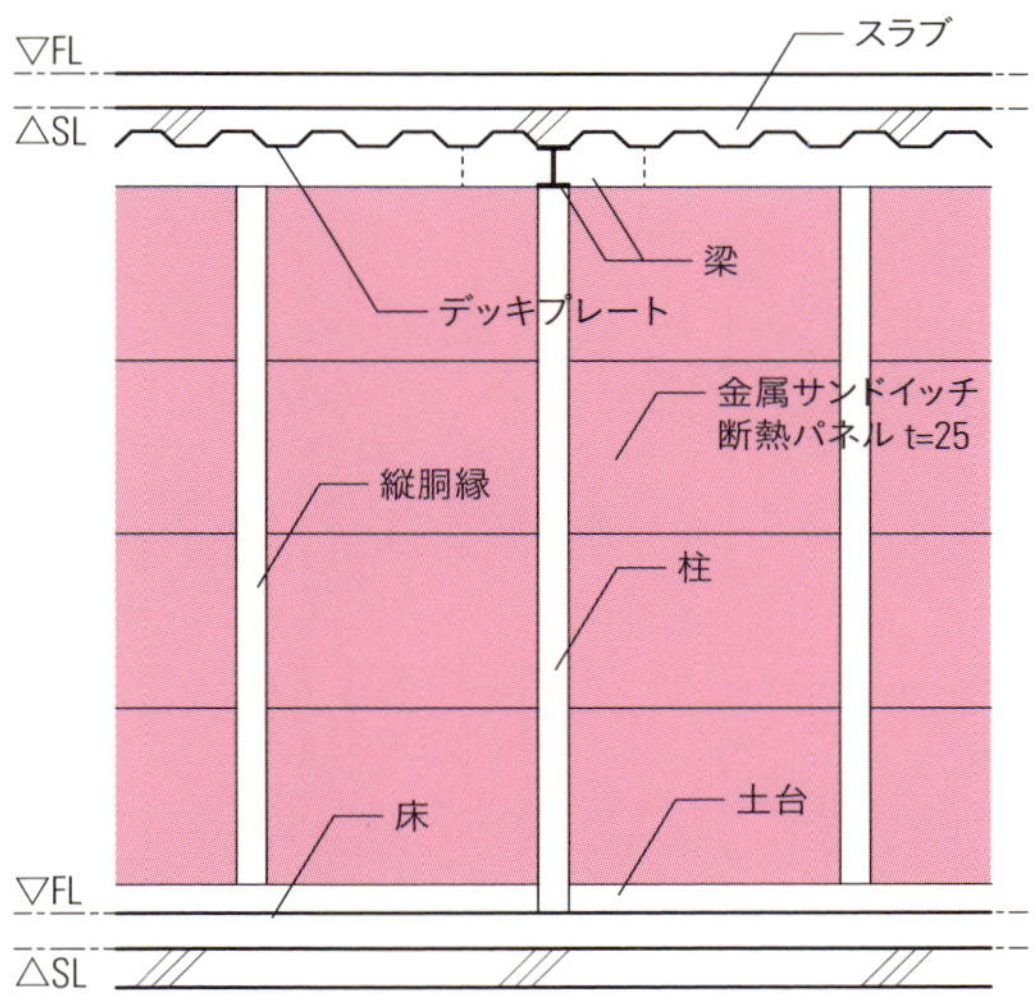

構造体や外壁材、下地材を現しで仕上げるときは割付などの検討が欠かせない。鉄骨梁のジョイントやデッキプレートの位置、縦胴縁のピッチ、隙間のふさぎ方など、見落としがないようにデザインしたい。

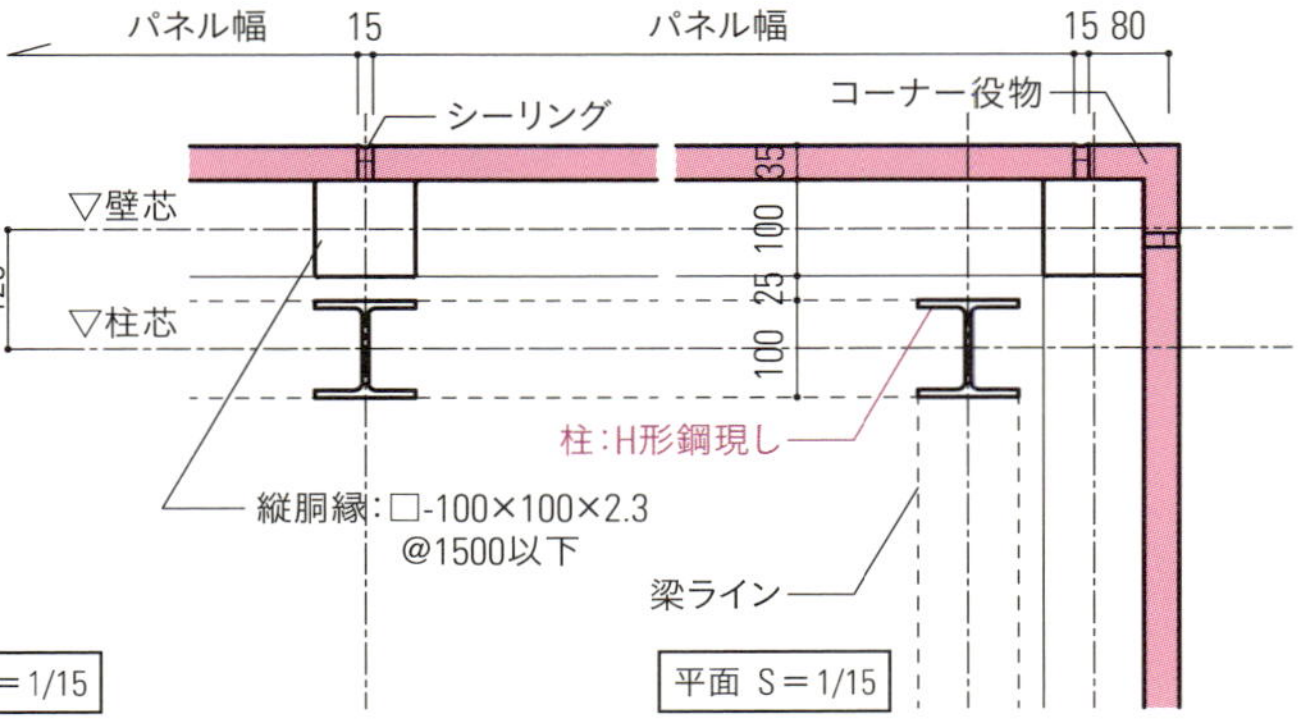

平面 S＝1/15

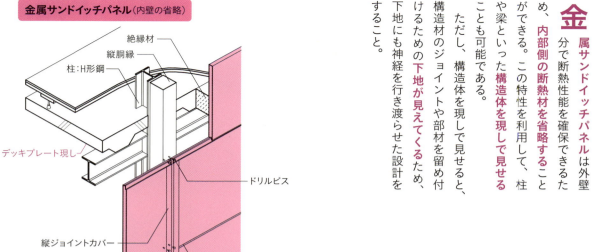

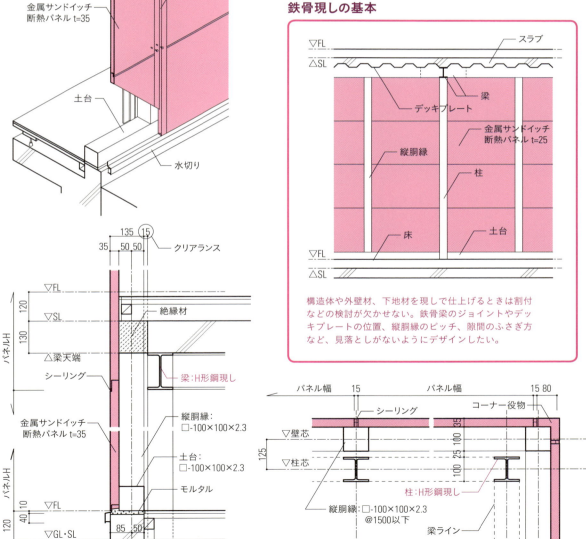

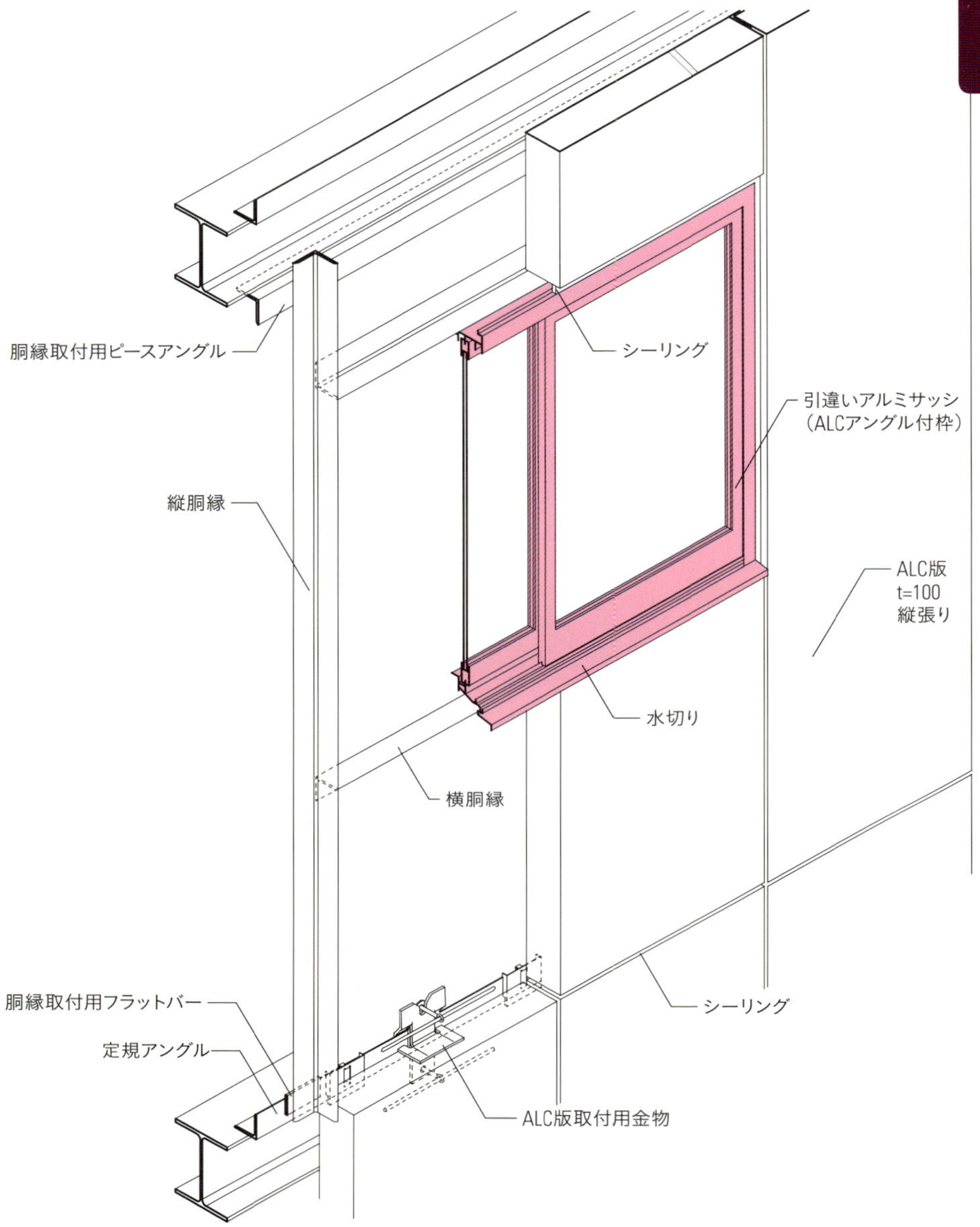
胴縁取付用ピースアングル
シーリング
引違いアルミサッシ
（ALCアングル付枠）
縦胴縁
ALC版
t=100
縦張り
水切り
横胴縁
シーリング
胴縁取付用フラットバー
定規アングル
ALC版取付用金物

サッシの取付けは、外壁と同じように**胴縁などの下地をつくり、取り付ける**ことが基本になる。これは外壁材が異なっても共通なので覚えておこう。

施工手順は以下のようになる。

❶柱・梁・スラブ完成後、窓枠を取り付けるための下地をつくるため、❷梁およびスラブに**アングル**をセットし、**胴縁**を溶接（あるいは**ビス留め**）で取り付ける。さらに窓の高さに合わせて水平材として**開口補強材**を取り付ける。

❸**窓枠**をくさびなどで仮固定し、❹鉄筋などを用いて**胴縁と溶接**し、**固定完了**。**モルタル充填**し、気密・耐久性と強度、水密性を上げる。

❺最後に**障子**を建て込み、外壁材とサッシの間に**シーリングを充填**し雨水対策を施せば、**サッシ工事完了**。

※窓枠と胴縁にはクリアランスが必要。クリアランスがないと窓位置の微調整や窓枠と胴縁の溶接ができない。

外部建具の施工手順

❶柱・梁・スラブの完成後にサッシ取付工事となる

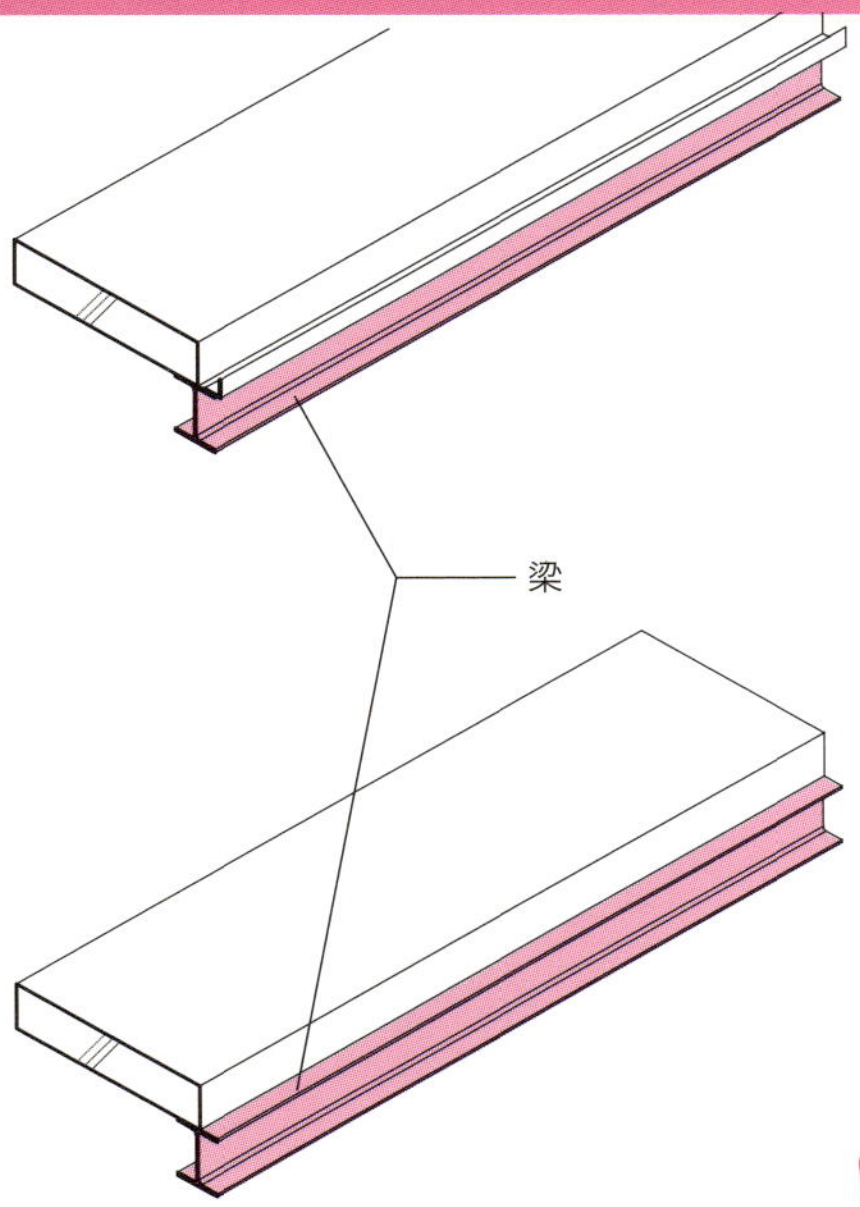

❷胴縁を躯体の梁に取り付ける

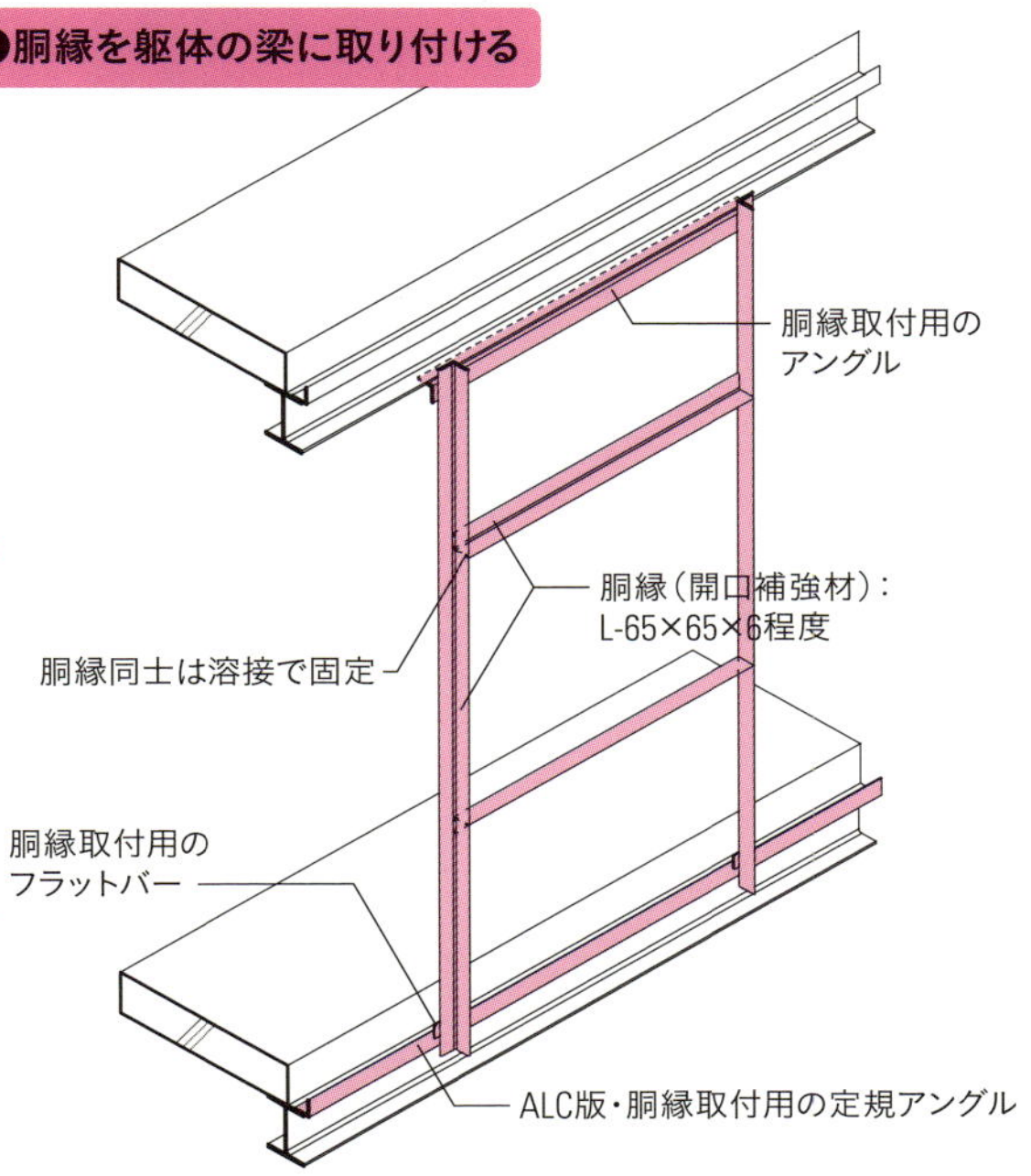

❸ALC版→サッシ枠の順に取り付けていく

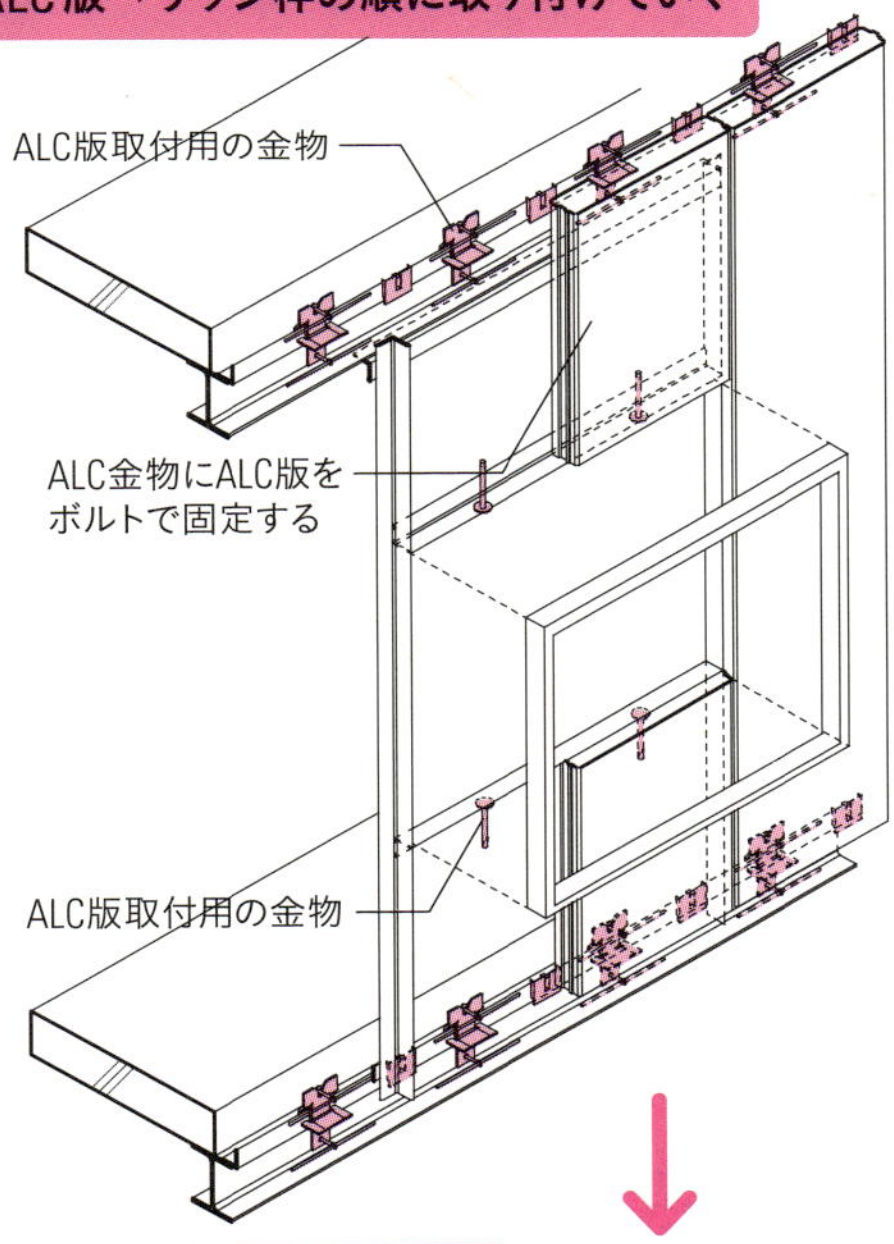

❹サッシ枠は胴縁に溶接する

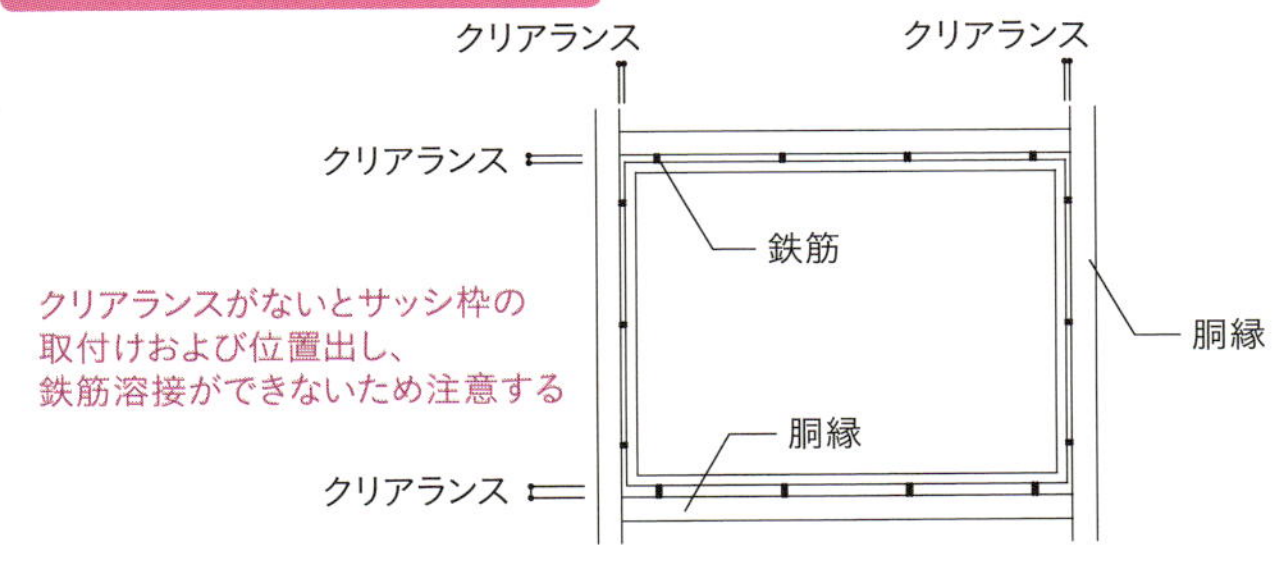

正面から見た開口部

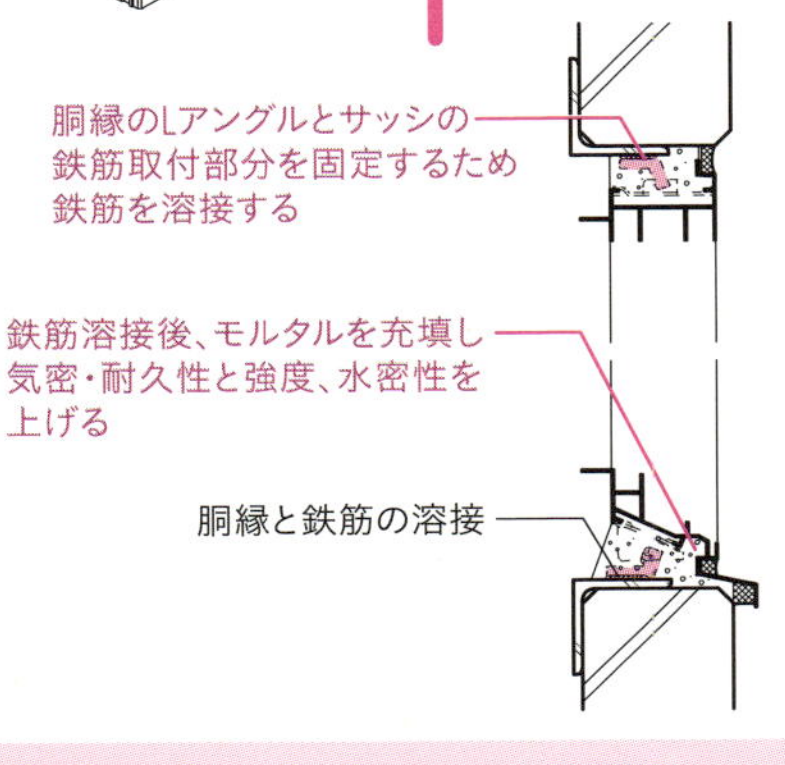

❺サッシの障子を取り付け、シーリングを充填して完成

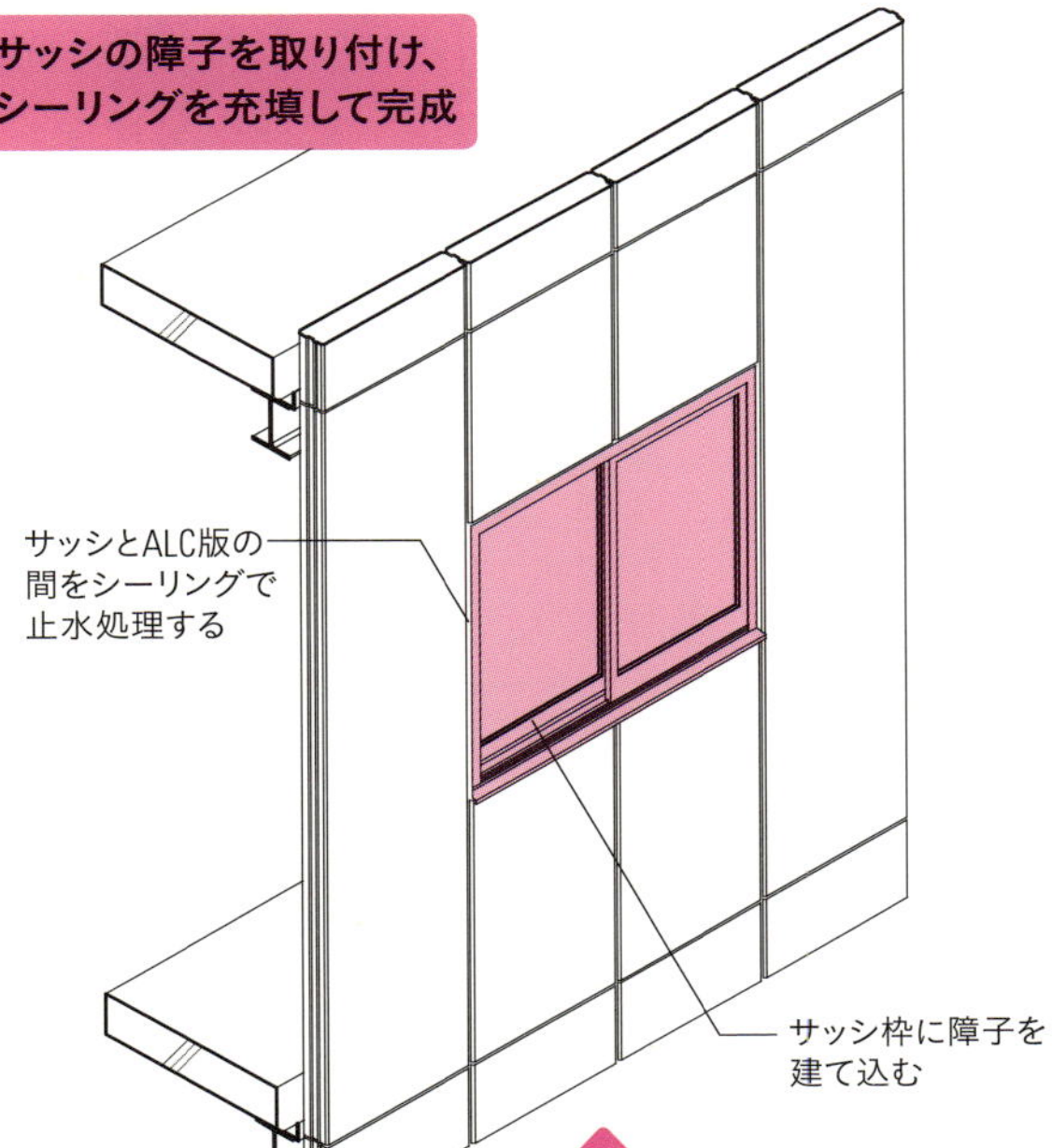

ALC用サッシ

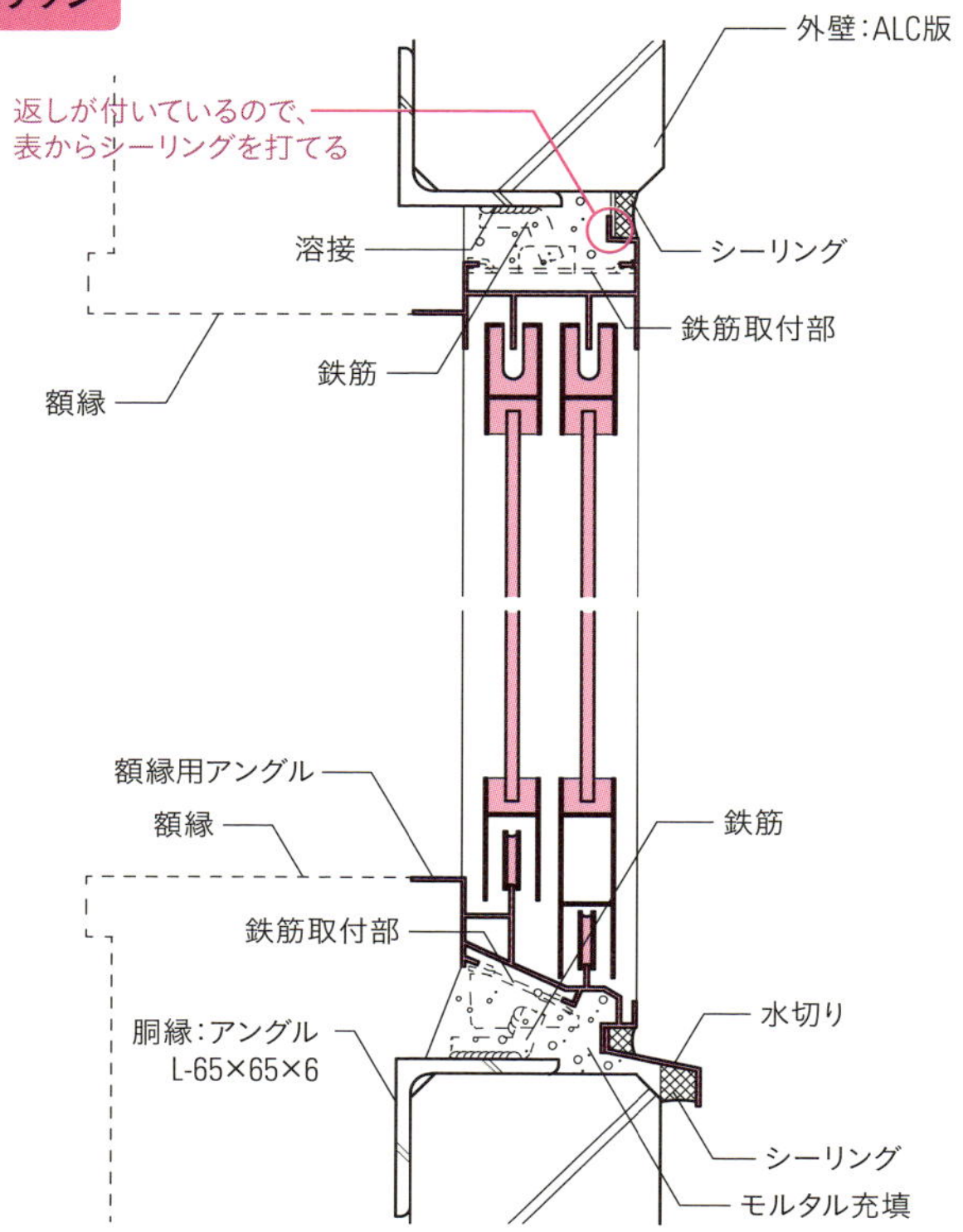

ALC用サッシは、**枠上部に返しが付いている**ところが特徴である。この返しによって**漏水**を防ぎ、シーリングを**表から打つことが可能**となる。下側には**水切り**を設けるが、こちらにもシーリングを打つことを忘れないようにしたい。枠とALC版の間には**モルタルを充填**し、気密・防水性を上げる。

サッシは、枠の金物と窓取付用の**アングル**を**鉄筋**などで所定数溶接して固定する。

面付け枠サッシ

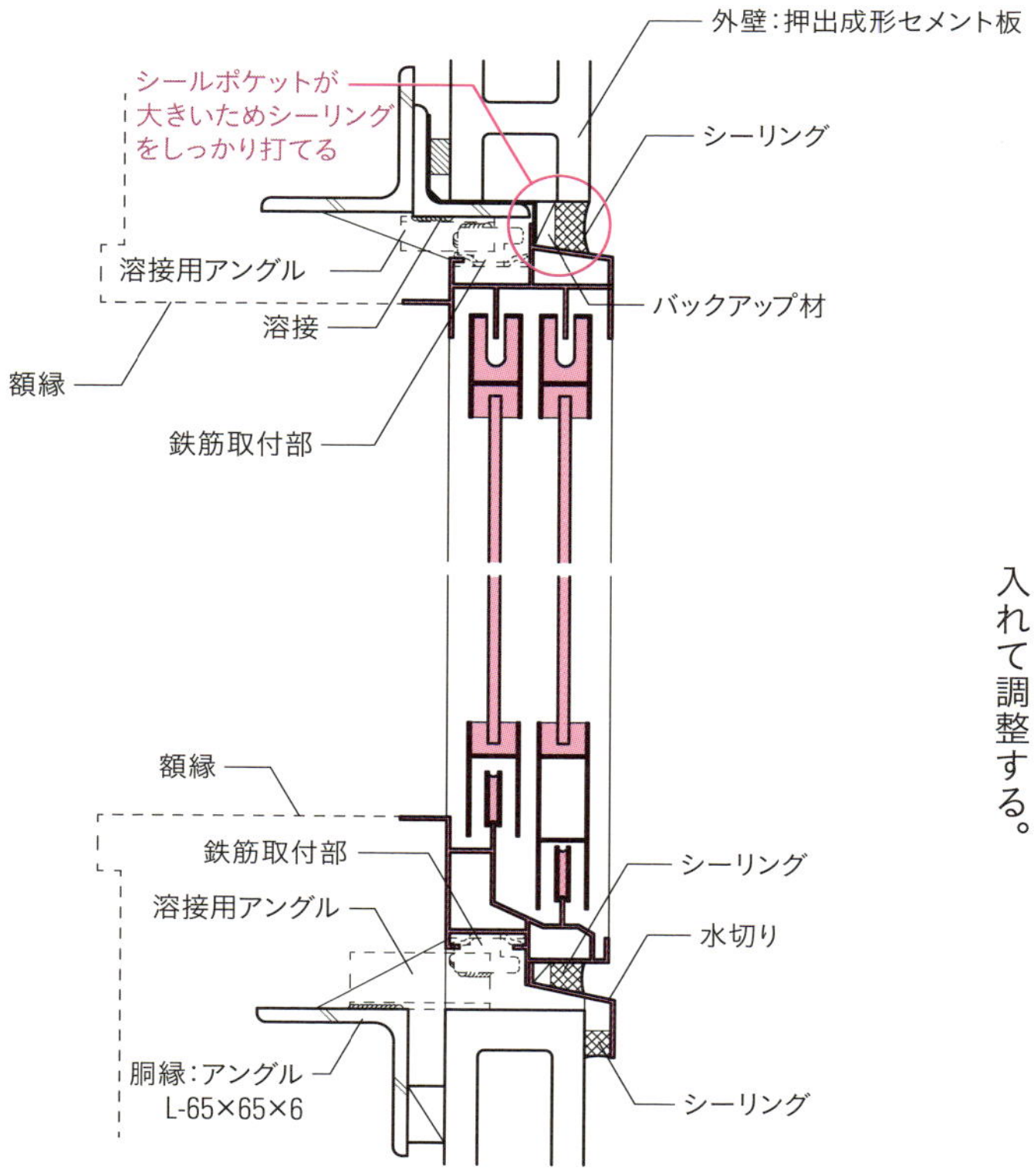

面付け枠サッシは、**押出成形セメント板**などの窓によく用いられる。防水のための**シーリング**をしっかりと打つことができるよう、**ポケット部が大きくなっている**ことがポイントである。**サッシの仕上り面も外壁面と面一となる**ため、納まりがよい。

なお、シーリングの適切な厚みの確保の観点から、**バックアップ材**を入れて調整する。

外部建具の基本的なつくり

半外付けサッシ（木造用）

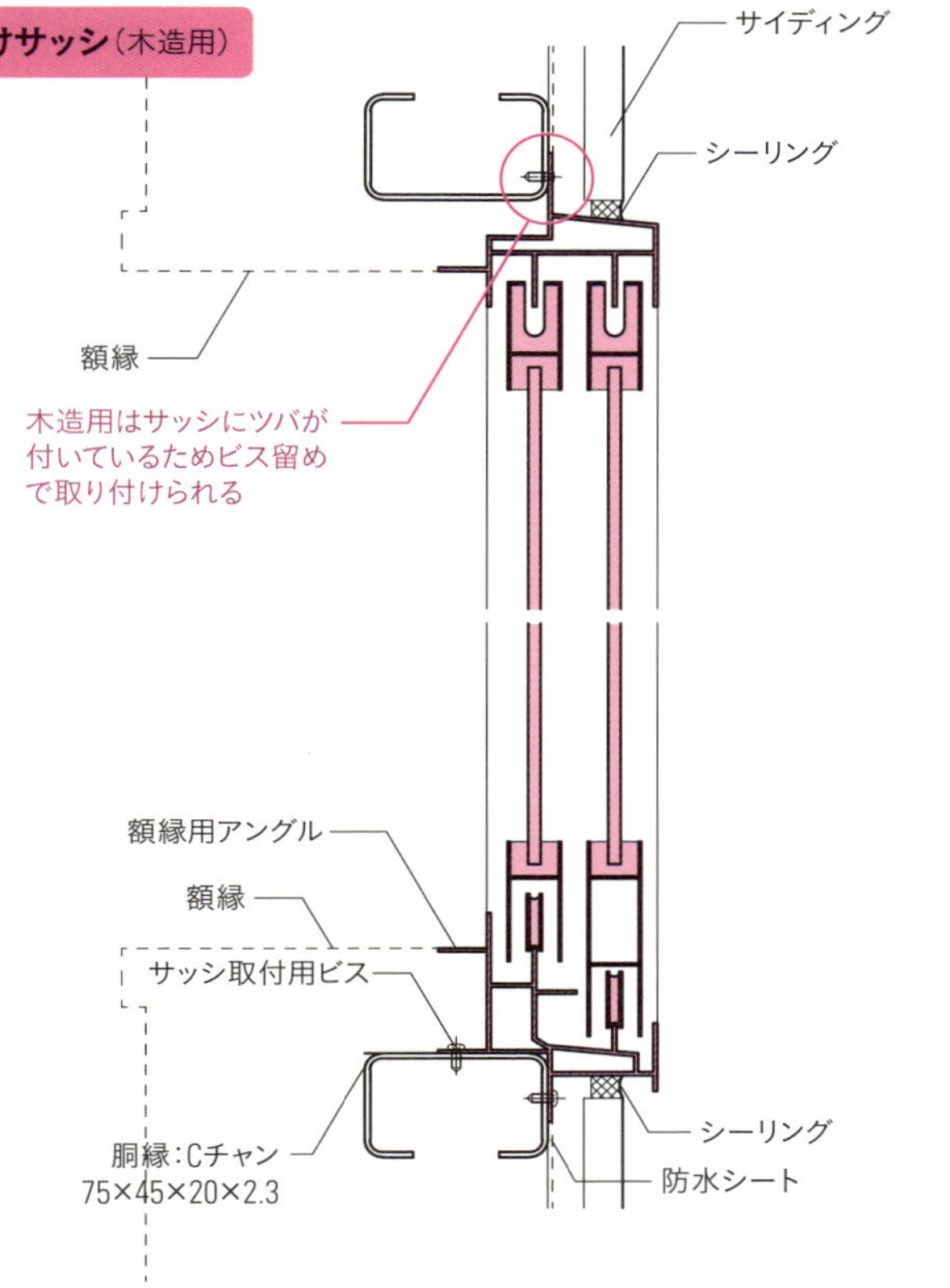
サイディング
シーリング
額縁
木造用はサッシにツバが付いているためビス留めで取り付けられる
額縁用アングル
額縁
サッシ取付用ビス
胴縁：Cチャン 75×45×20×2.3
シーリング
防水シート

木造用の半外付サッシをS造に使用することも可能である。木造用サッシにはサッシ枠を留め付ける**ツバ**が付いている。**窓の下地**として胴縁を取り付け、ツバの上から**ビス留め**すればよい。木造用は既製品が数多くあるためにコストが抑えられ、選択の自由度も高い。

施工の際は、**雨水対策**として**防水シートの設置**やシーリングを施すことも忘れないようにしたい。

外付けサッシ

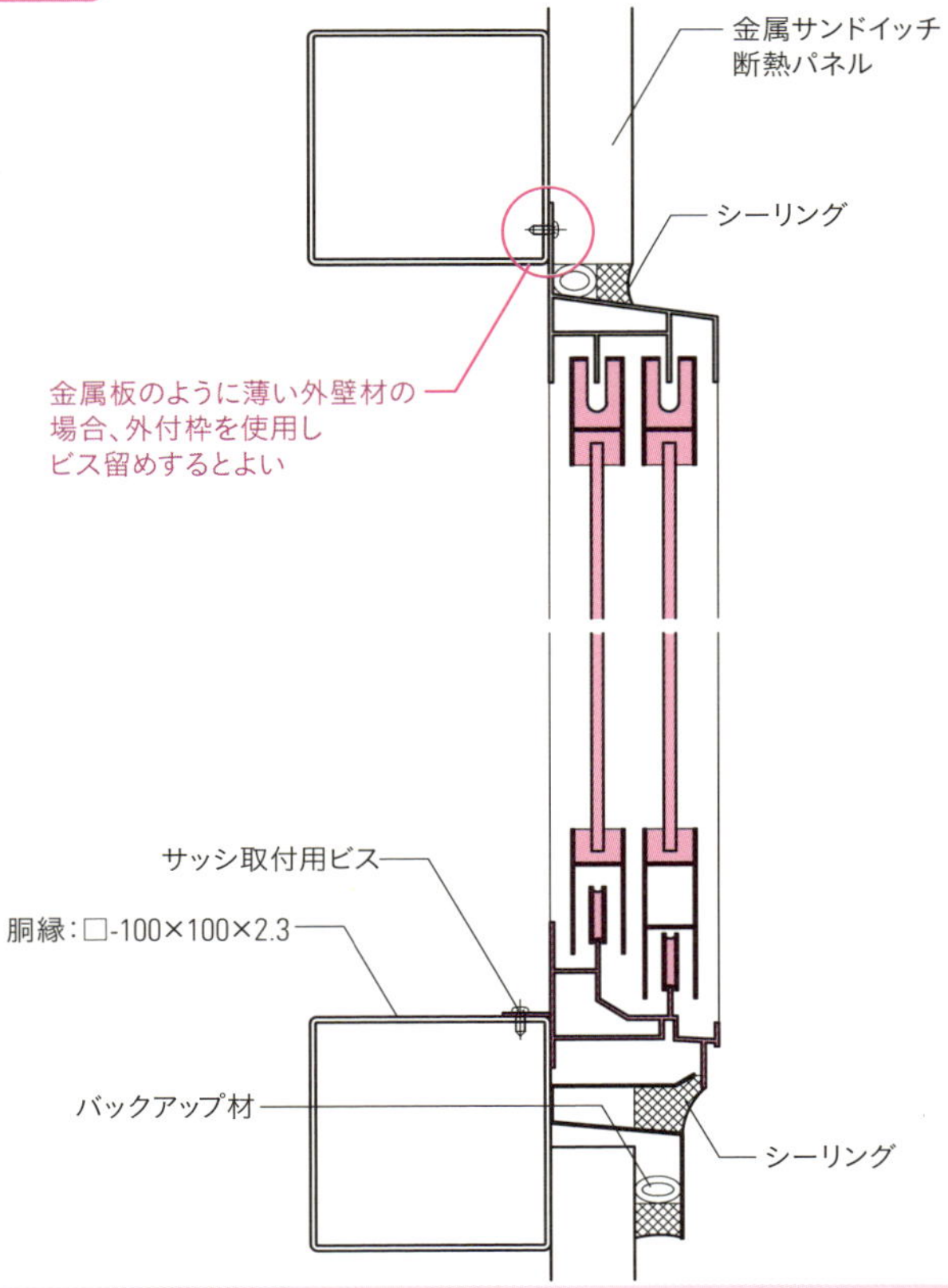
金属サンドイッチ
断熱パネル
シーリング
金属板のように薄い外壁材の場合、外付枠を使用しビス留めするとよい
サッシ取付用ビス
胴縁：□-100×100×2.3
バックアップ材
シーリング

外付けサッシは、**金属サンドイッチパネル**のように**外壁材が薄い場合**に用いるとよい。返しが内部側端部に付いているため、胴縁にビス留めし、その上に外壁材を取り付ければよい。

金属サンドイッチパネル以外にも**サイディング**や**金属板**などにも使えるので、**外壁面からのサッシ面の出寸法**を考慮して採用したい。

ALC用サッシ＋屋根部の納まり

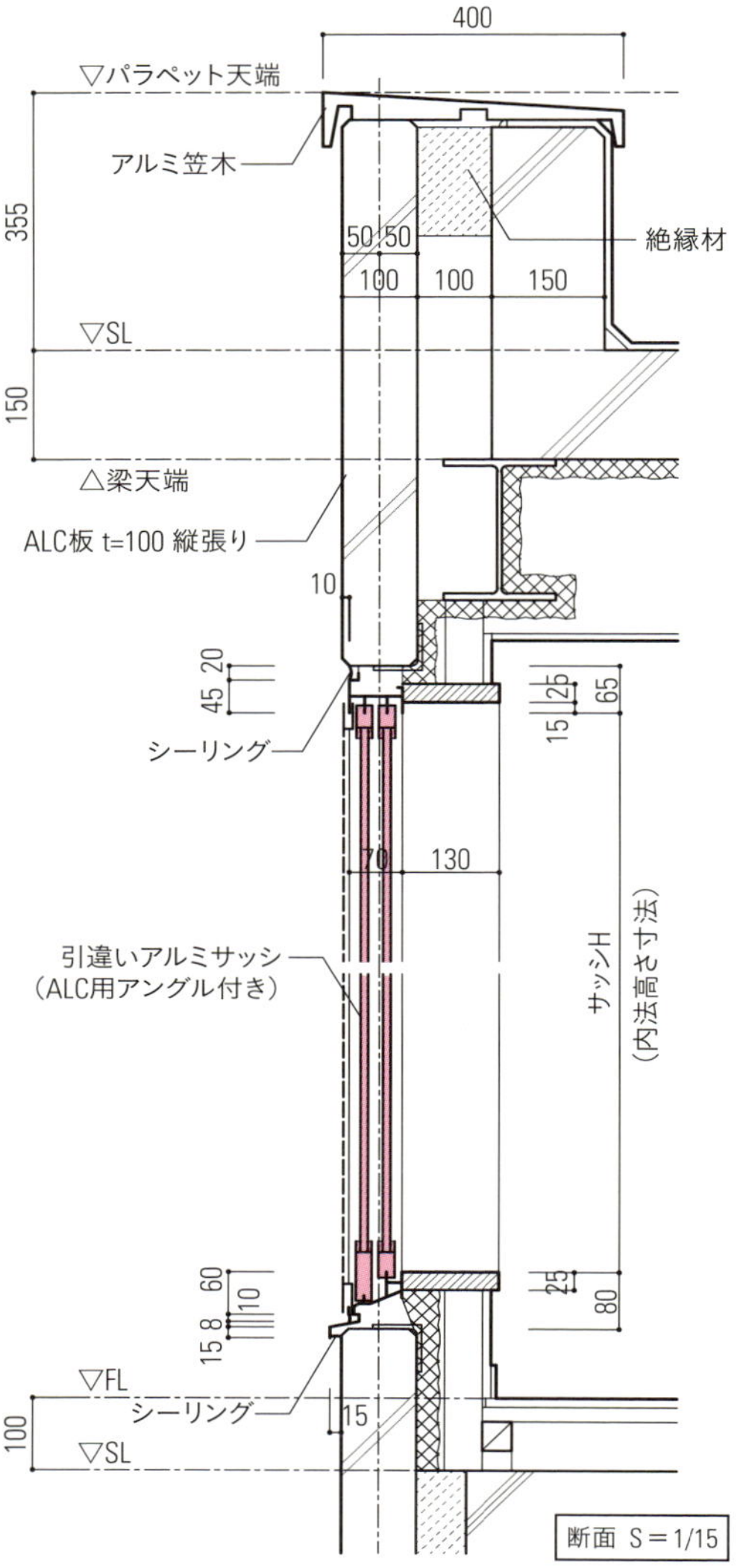

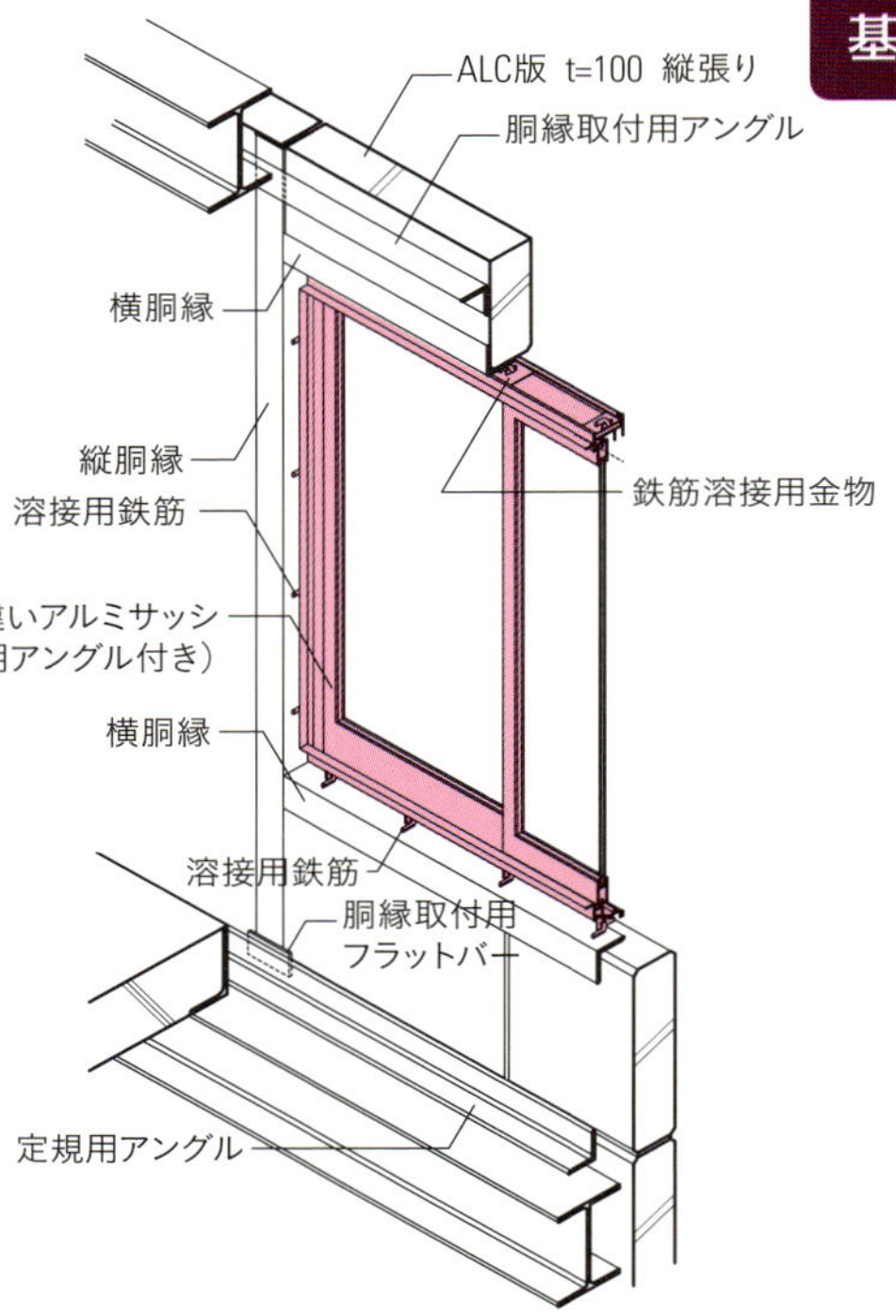

A **LC用サッシ**は**外壁面から10㎜内側**に取り付けることが一般的である。外壁のALC版からサッシの内法有効寸法までの距離は、**上端で65㎜**、**下端で80㎜**確保する。**平面方向では55㎜程度**必要である。

またALCサッシ奥付け専用パネルを用いれば、サッシの奥付けを可能とし、**彫りの深い開口部**も可能となる。

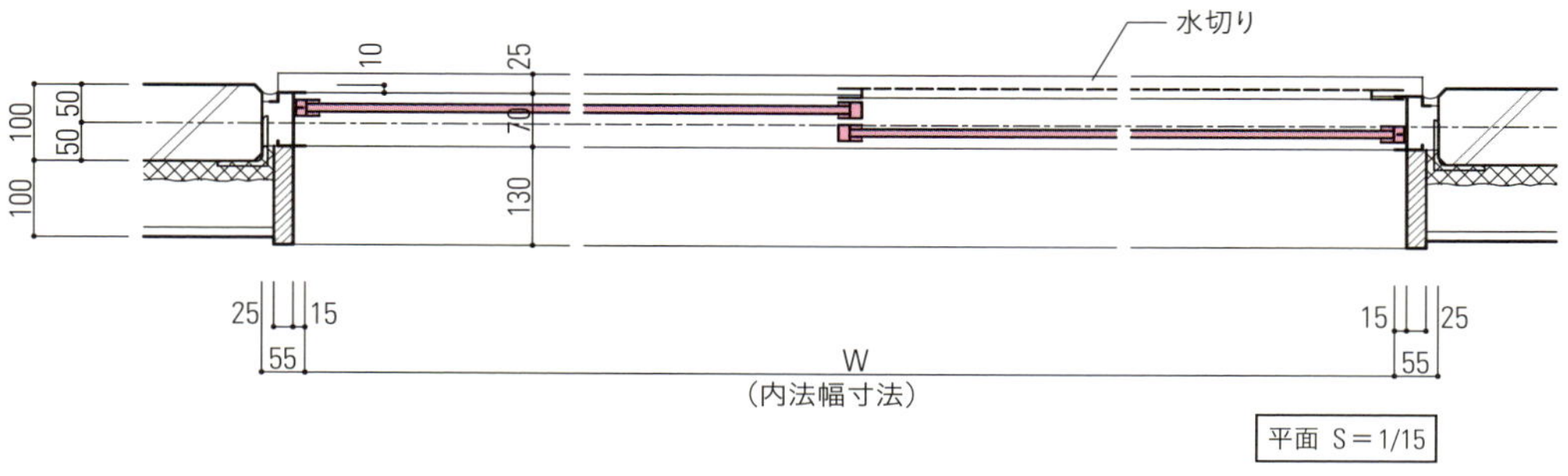

面付けサッシ＋屋根部の納まり

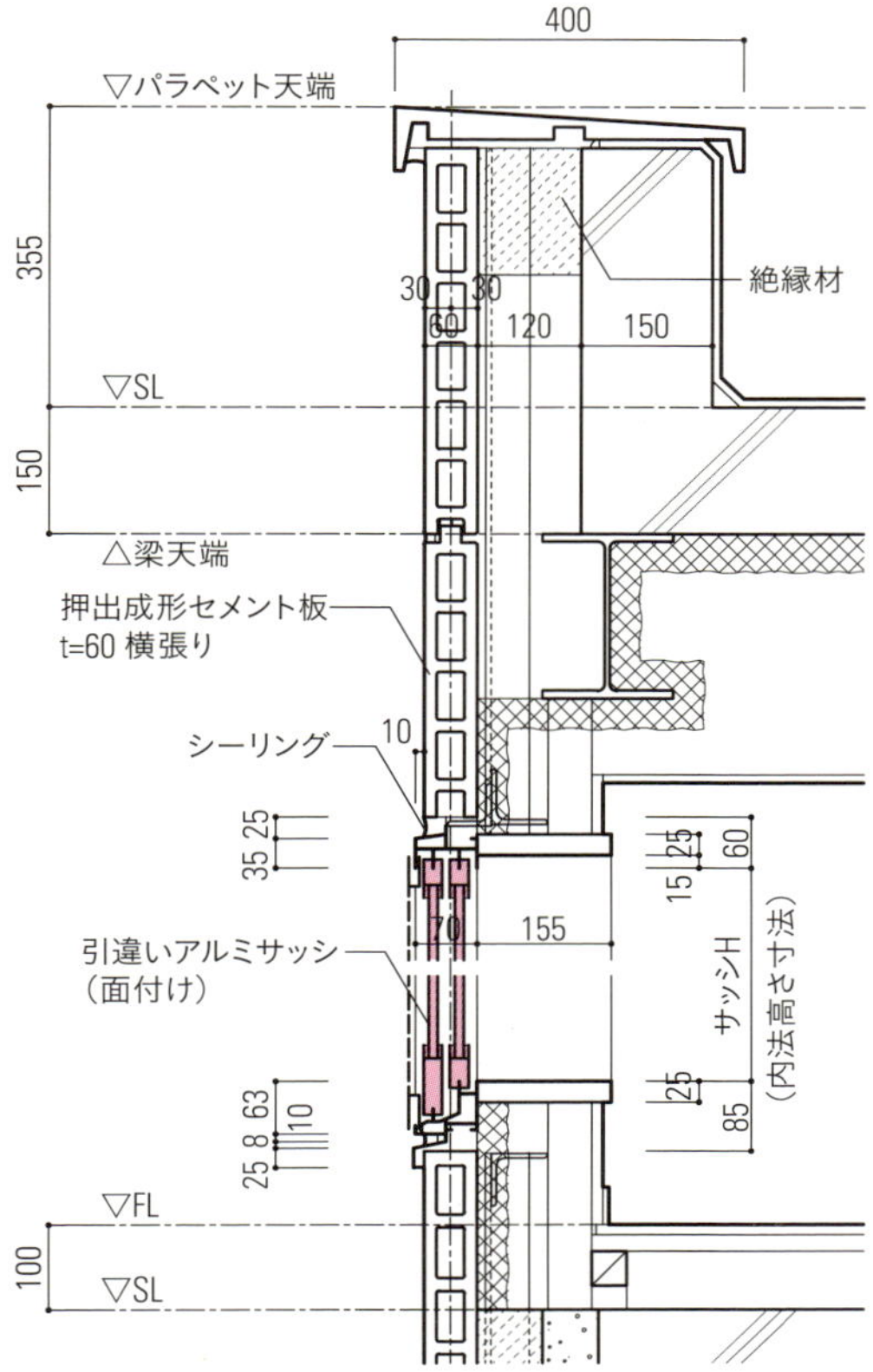

断面 S＝1/15

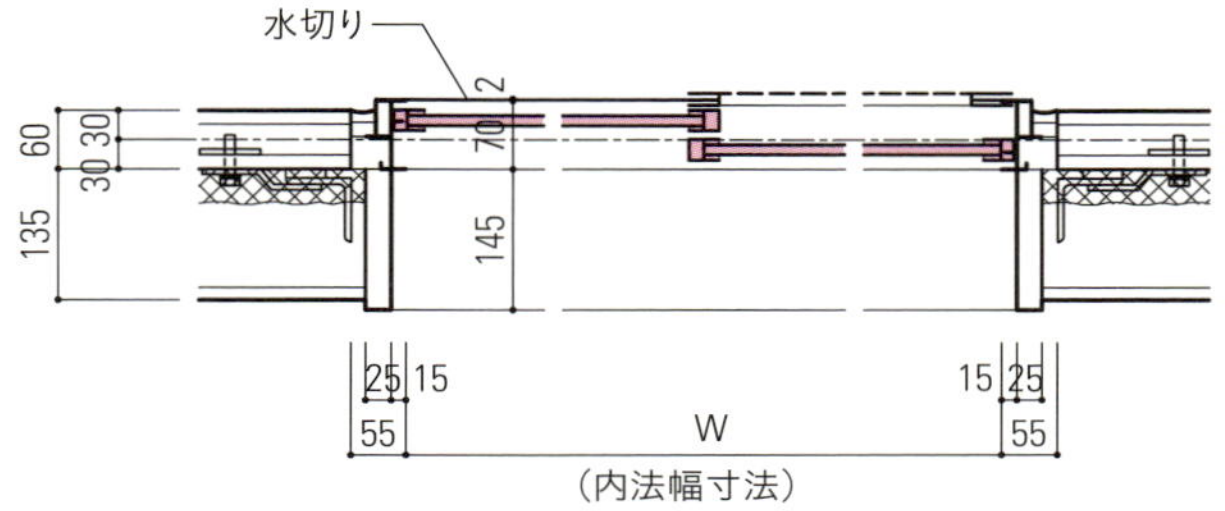

平面 S＝1/15

面付けサッシを押出成形セメント板に取り付ける際の基本は、以下の通りである。

❶**サッシの面**を外壁面から**10㎜**出す。

❷次にサッシの**内法高さ有効寸法**から押出成形セメント板までの距離を**上端で60㎜**、**下端で85㎜**、**平面方向では55㎜程度**とすることである。

この基本さえ押さえれば、あとは窓枠や内壁はその位置に合わせていけばよい。

木造用半外付けサッシ＋屋根部の納まり

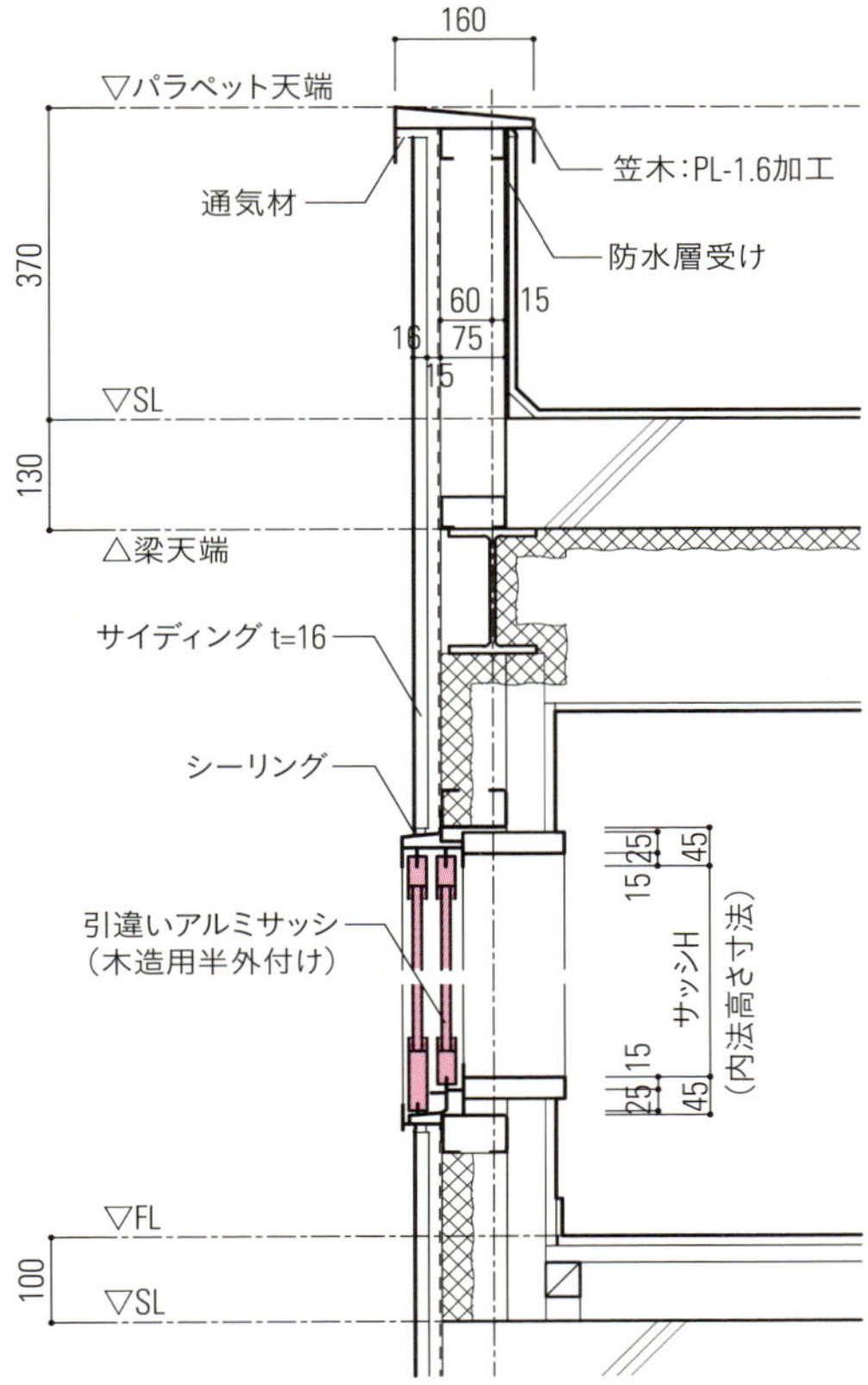

断面 S＝1/15

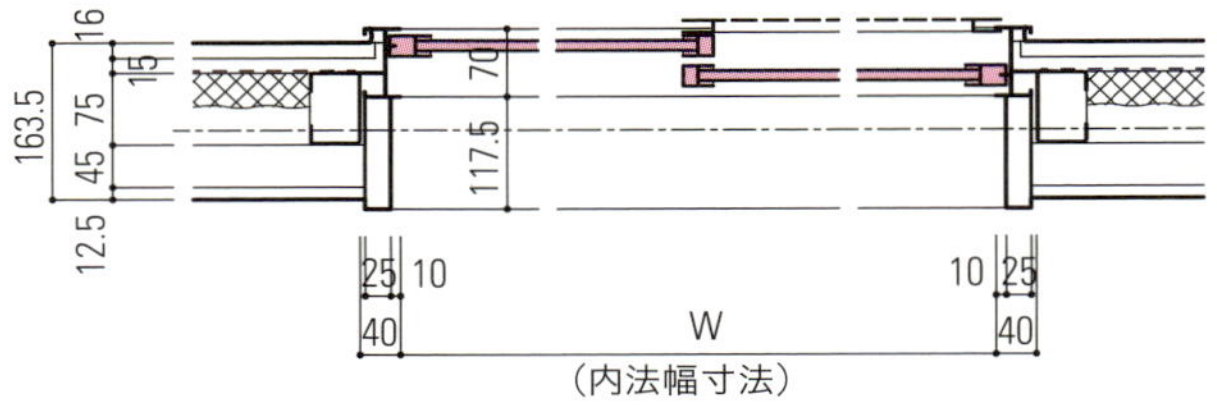

平面 S＝1/15

木造用の半外付サッシを使うときは、**胴縁にサッシツバをビス留めする**という基本を押さえることが重要となる。

サッシの**内法高さ有効寸法**から胴縁までの距離は**上端で45㎜**、**下端で45㎜**、**平面方向では40㎜程度**である。

外付けサッシ＋屋根部の納まり

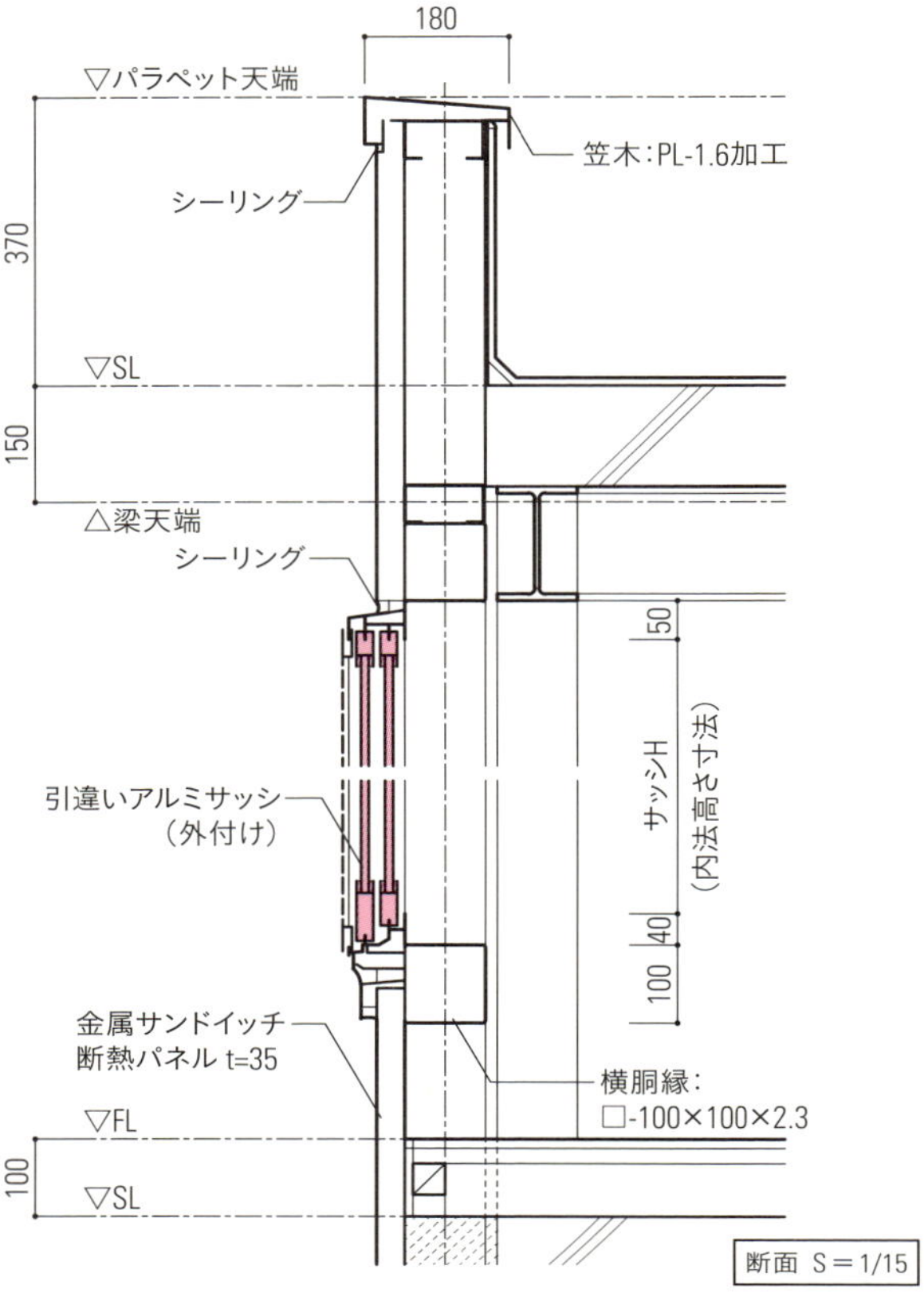

外付けサッシのポイントは、**胴縁にツバを介してビス留めする**という点で木造用半外付けサッシと共通している。このポイントを押さえていれば、どこに取り付けるのかを迷うことは少なくなる。**構造体が現しの場合**は、通常仕上げ材で隠れるサッシ枠が多めに見えてくることも忘れないように。

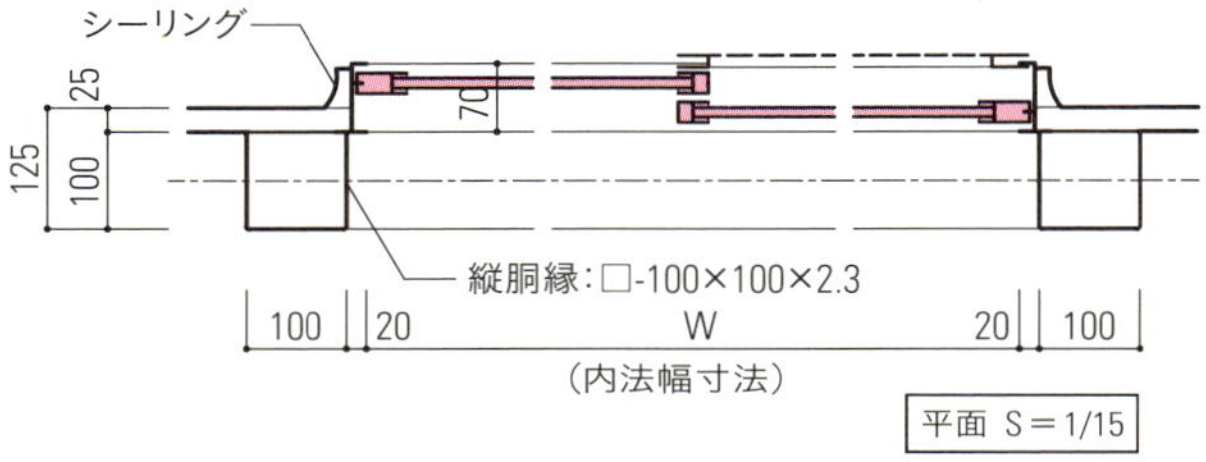

カーテンウォール＋屋根部の納まり

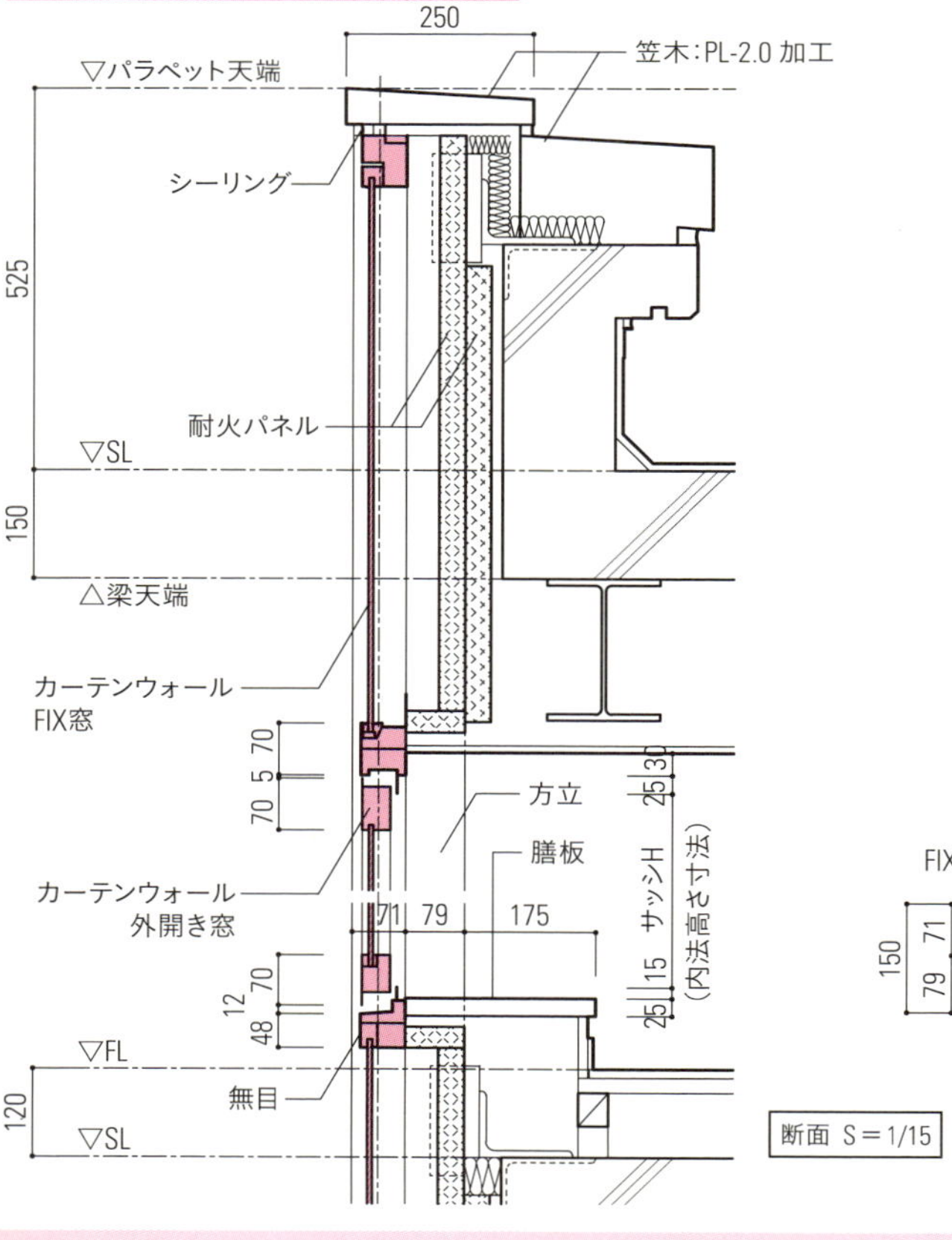

カーテンウォールを取り付ける際のポイントは、他のサッシと異なる。カーテンウォールは外壁でもあるため、柱や梁などの**構造体からどれくらい離れているか**（**離隔距離**）が重要となる。**離隔距離**はカーテンウォールの層間変位や方立と構造体の接触がないように設定したい。

ファスナーを取り付けるスペースはそれなりに大きくなるため、膳板や立上りと接触しないように気を付けたい。

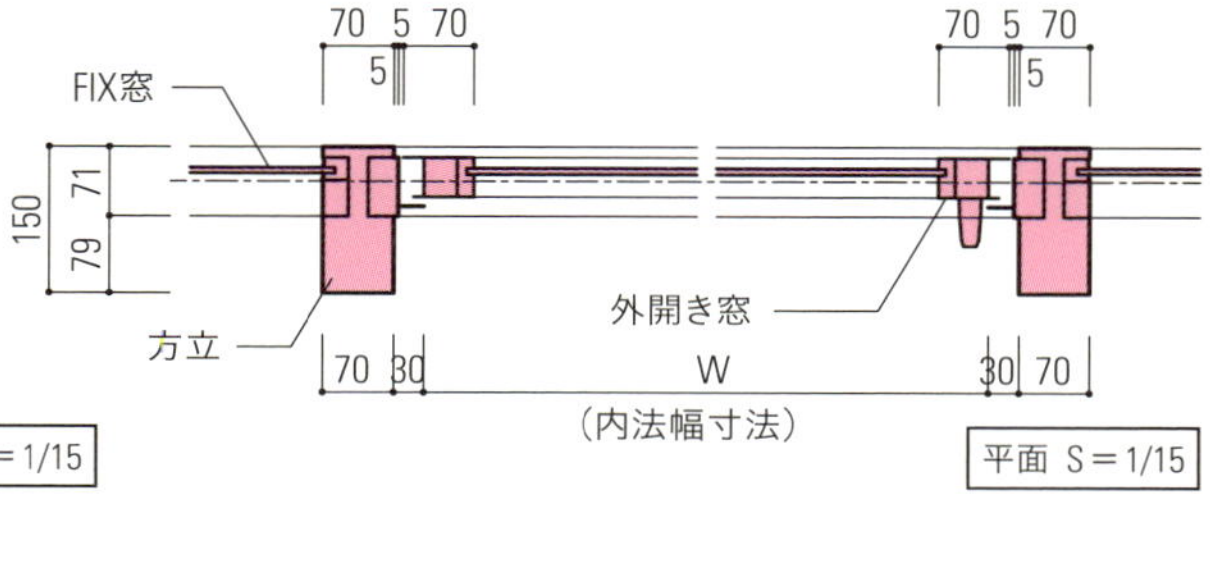

掃出しサッシ

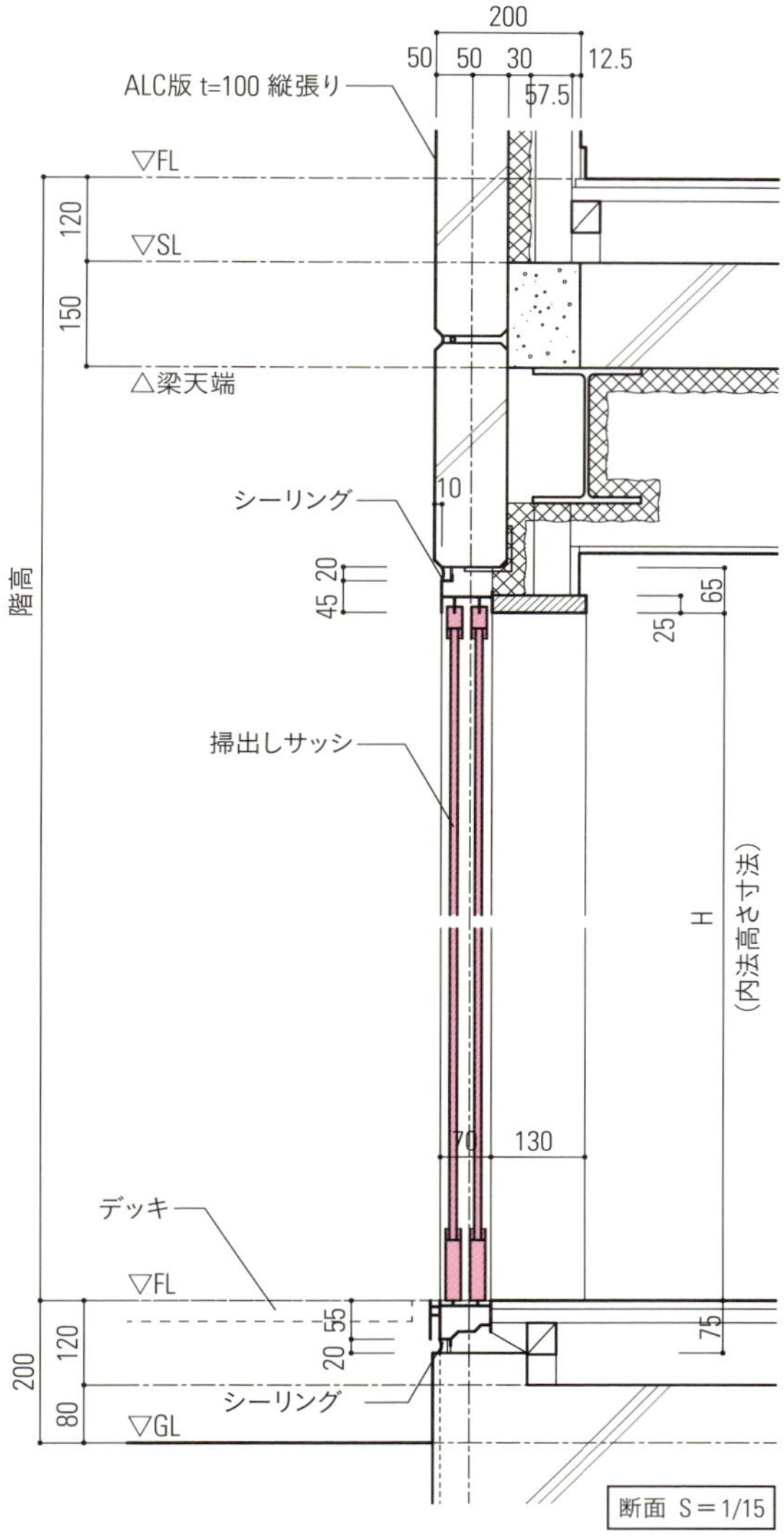

断面 S＝1/15

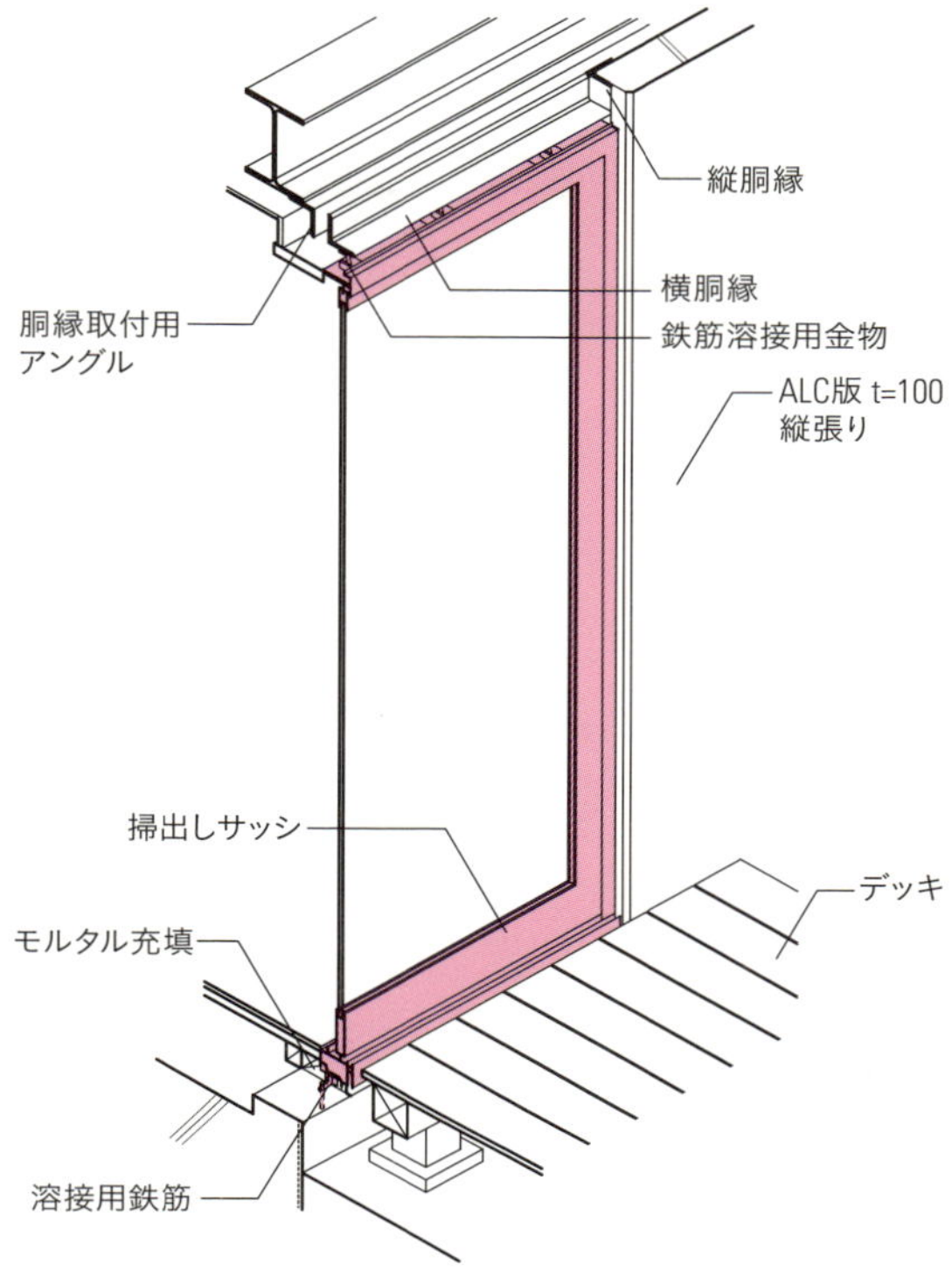

掃出しサッシは、バルコニーやテラス、縁側といった**外部空間との境界**に採用する。

内外を**フラット**にするならば、**ノンレールサッシ**もあるため、選択肢に入れたい。構造体とサッシが接触しないように高さ、平面方向の**クリアランス確保**は必須である。

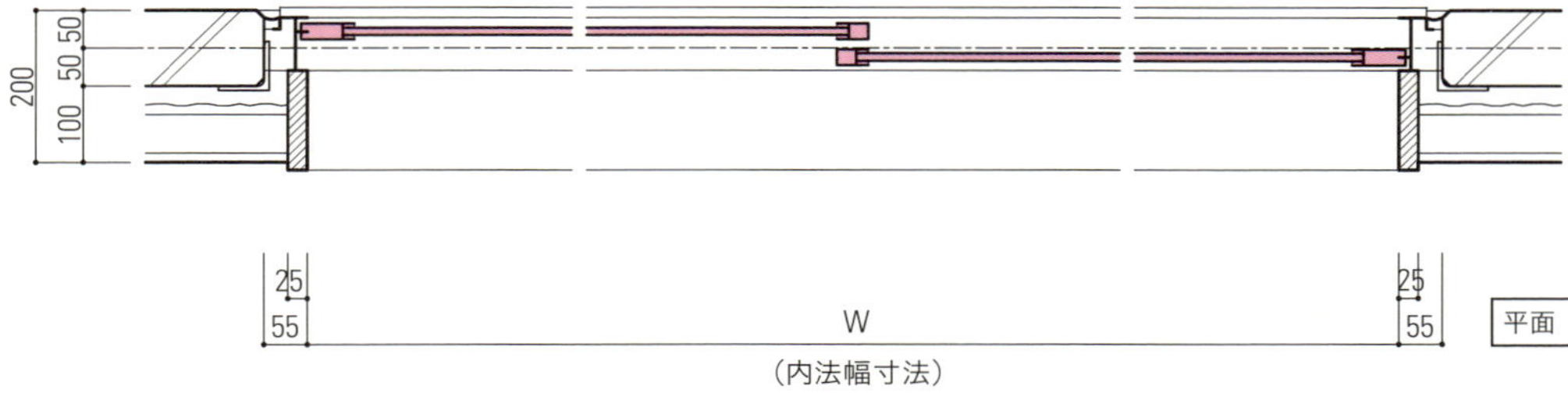

平面 S＝1/15

二重サッシを用いれば、ピアノ室やオーディオルームなどの**防音効果を高める**ことができる。

施工は、**胴縁にサッシ枠を取り付ける**という基本は同じだが、**枠の見込みが大きくなる**ため注意しよう。隙間が少しでもあると音が漏れてしまうため、施工には特段の注意を払いたい。二重サッシを採用したときは、壁も同じように防音仕様にすることが望ましい。

壁もサッシに合わせて厚くなることが多いため、**部屋の内法寸法が不足していないか**の確認を怠らないようにしたい。

二重サッシ

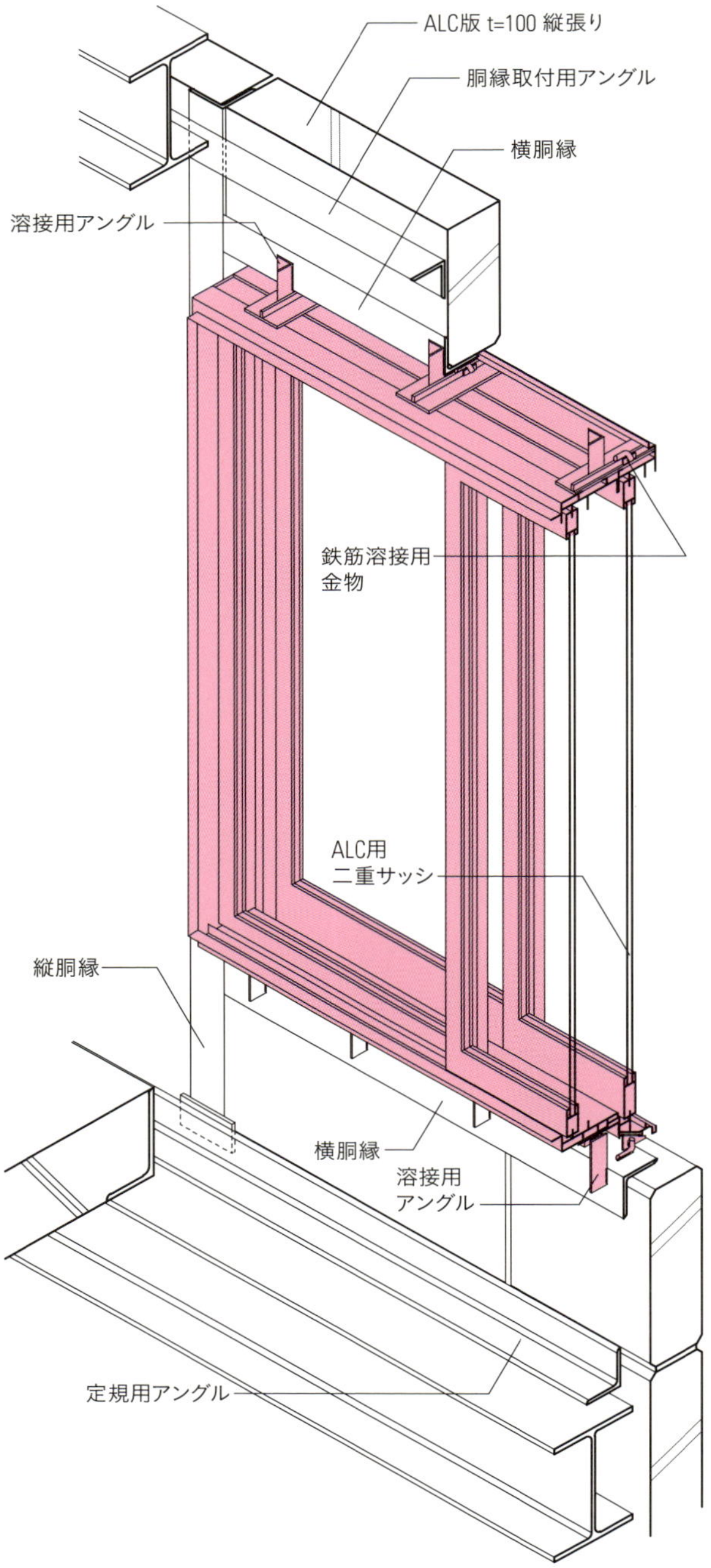

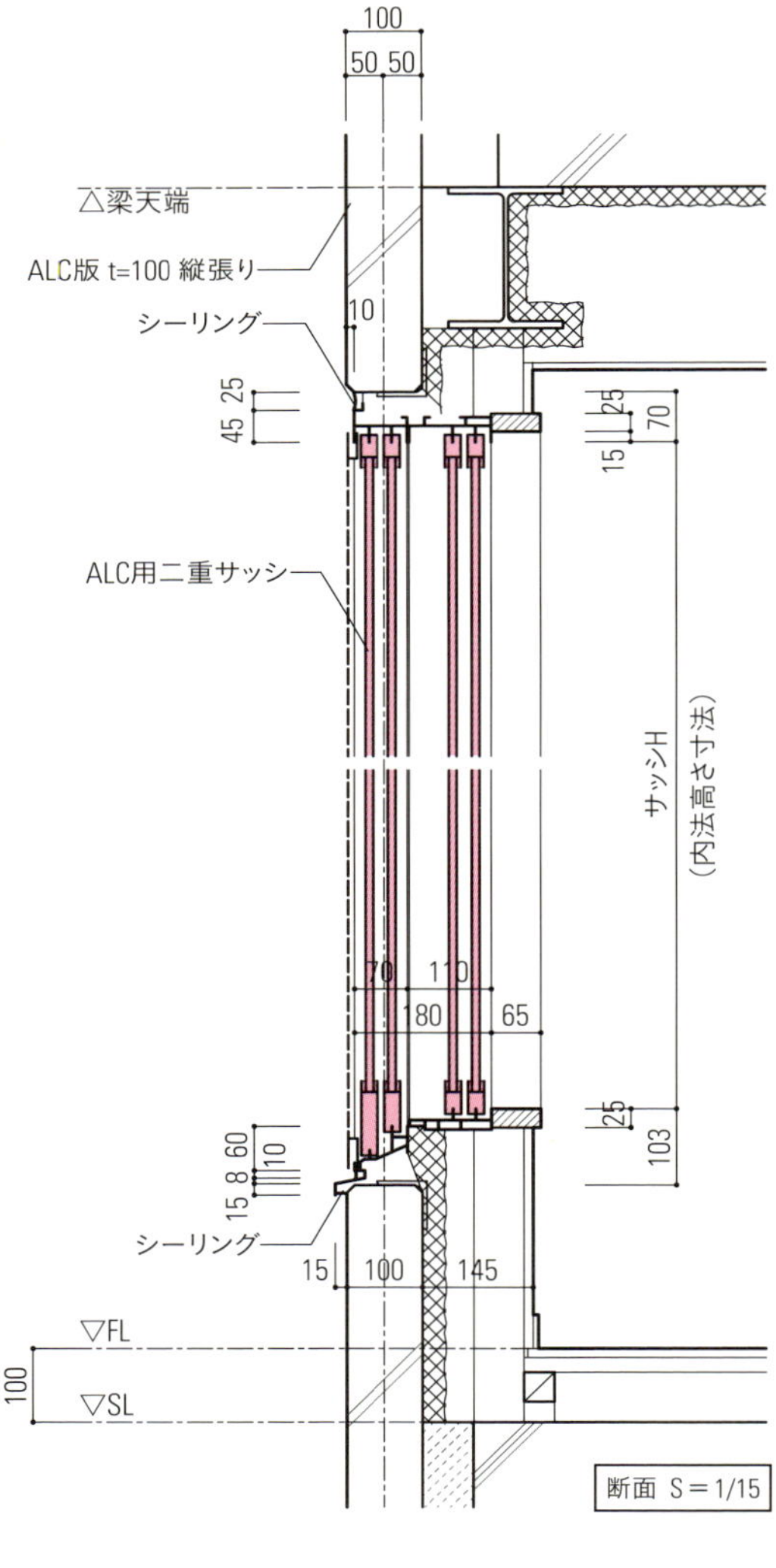

和風空間には、アルミサッシの内側に**障子**を設けるとよい。枠が垂れないように**アングル**などの補強材の取付けを忘れないようにしよう。また、**クレセント**などが可動するため、**150㎜程度**の**クリアランス**をとっておくとよい。

障子は部材の**見付け**や**見込み**、ピッチ、紙の種類によって数多くのデザインが考えられる。設ける空間にあったデザインを心がけたい。

アルミサッシ＋障子

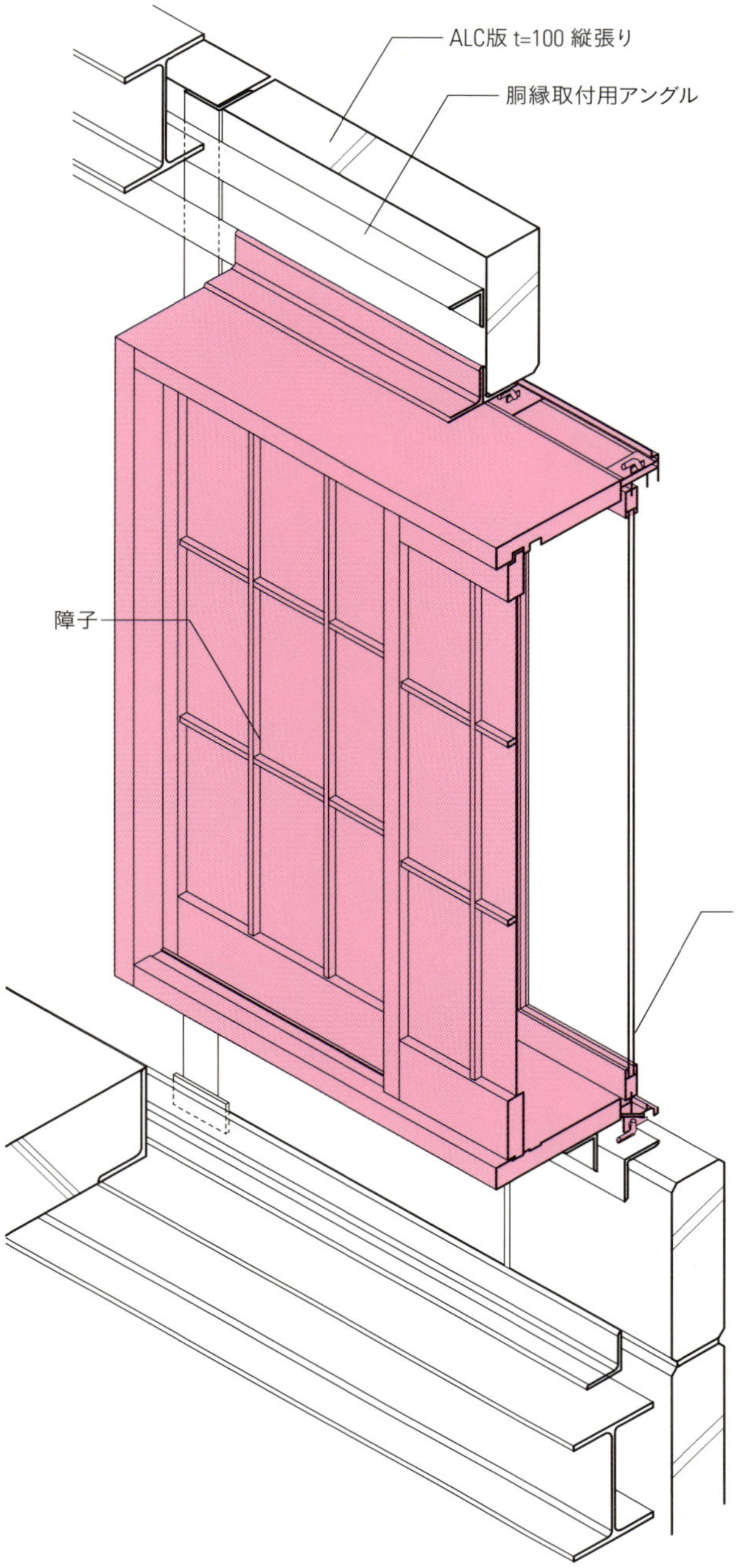

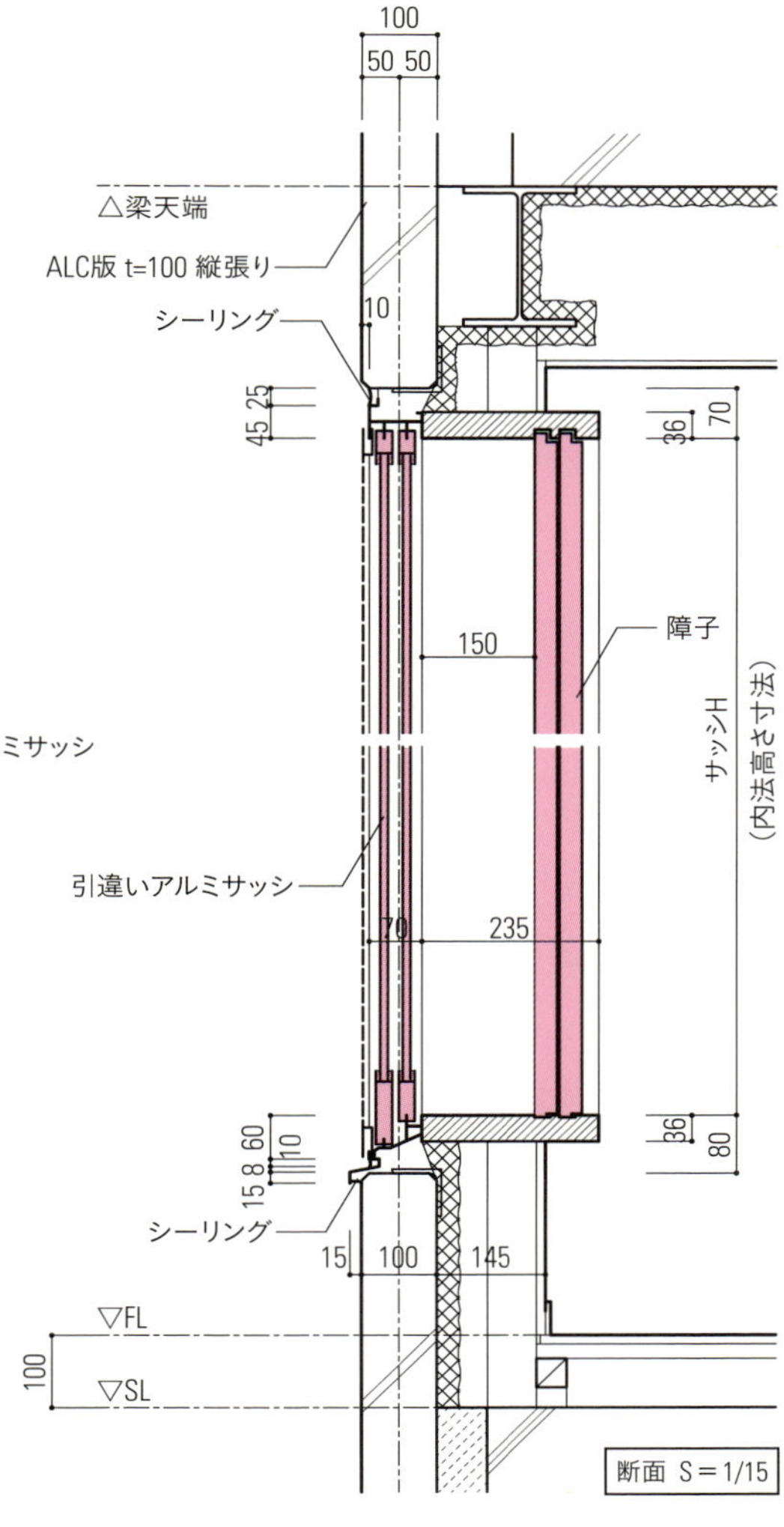

断面 S＝1/15

現在主流のスチールドア

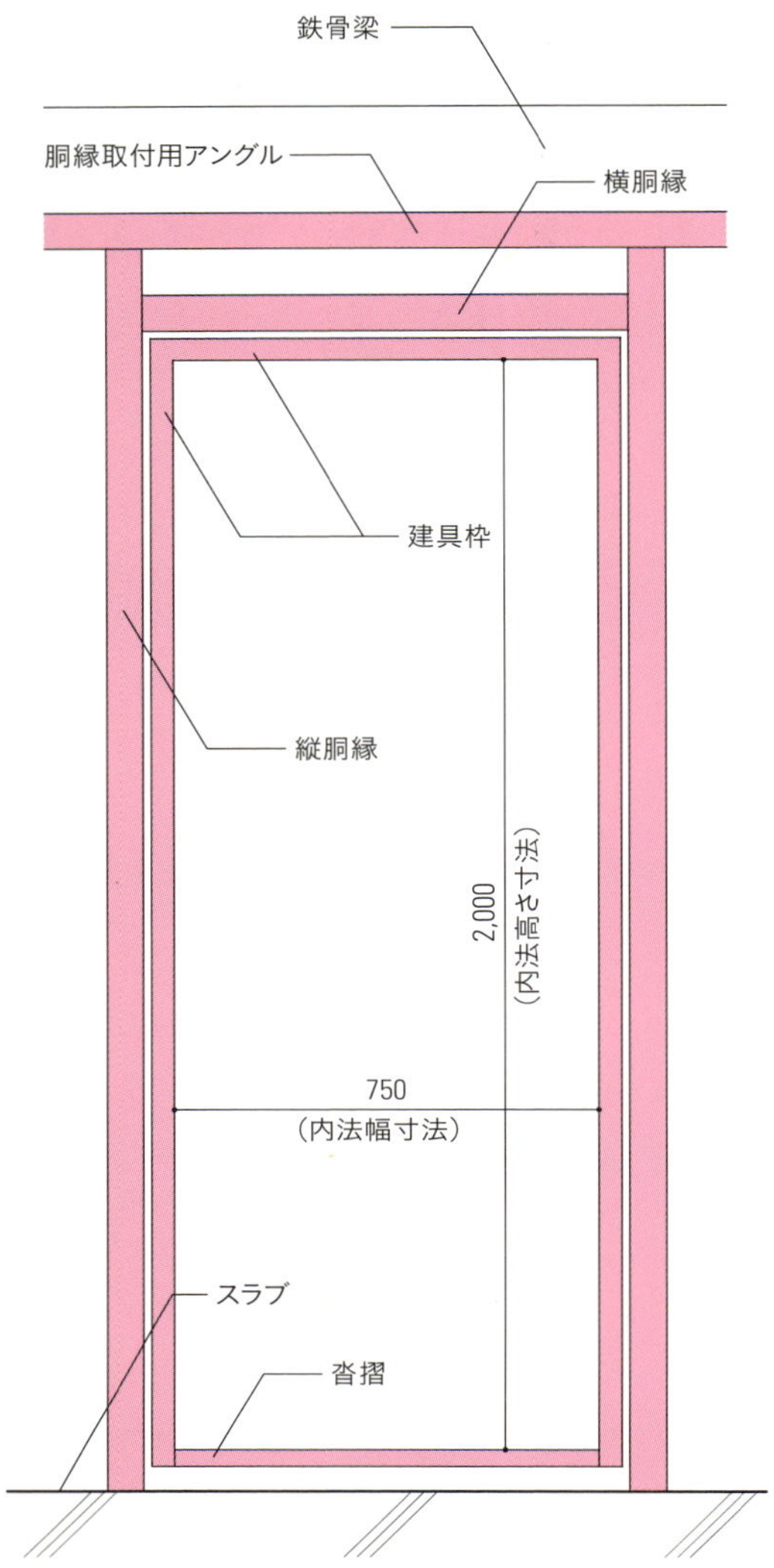

建具枠と下地を正面から見る

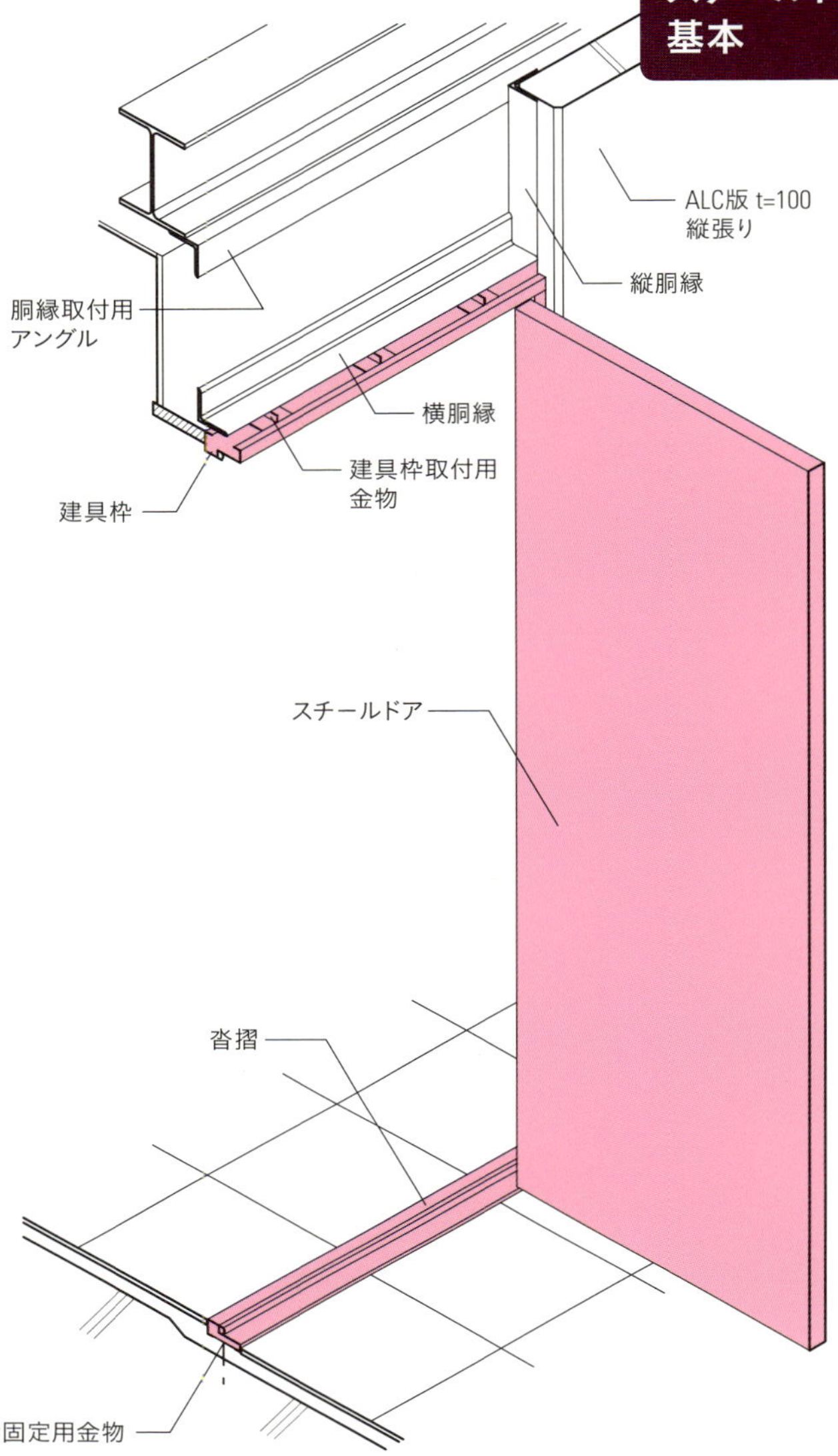

S造住宅のドアには、**スチールドア**がよく用いられる。

スチールドアは**耐久性が高く**、**防火性能も高い**ことがメリットである。現在のスチールドアは**フラッシュ構造**で**鋼板**を張っているため、軽量かつ開きやすい。断熱性能を求めるのであれば、断熱材が充填されているものを選ぶとよいだろう。

施工にあたっては、**開口補強材**に枠を取り付けることと、クリアランスの確保という点でサッシと同様である。ただし、玄関などに設ける場合は毎日土足で通過するため、**高い耐久性**が必要になる。**沓摺**は下足で踏むために**ステンレス製**などがよい。

ポーチの形状などにもよるが、雨対策として**20㎜程度玄関側を高くする**ことが望ましい。沓摺の裏側には強度と防水の観点から、**モルタルの充填**を忘れないようにしたい。

スチールドアの基本的な納まり

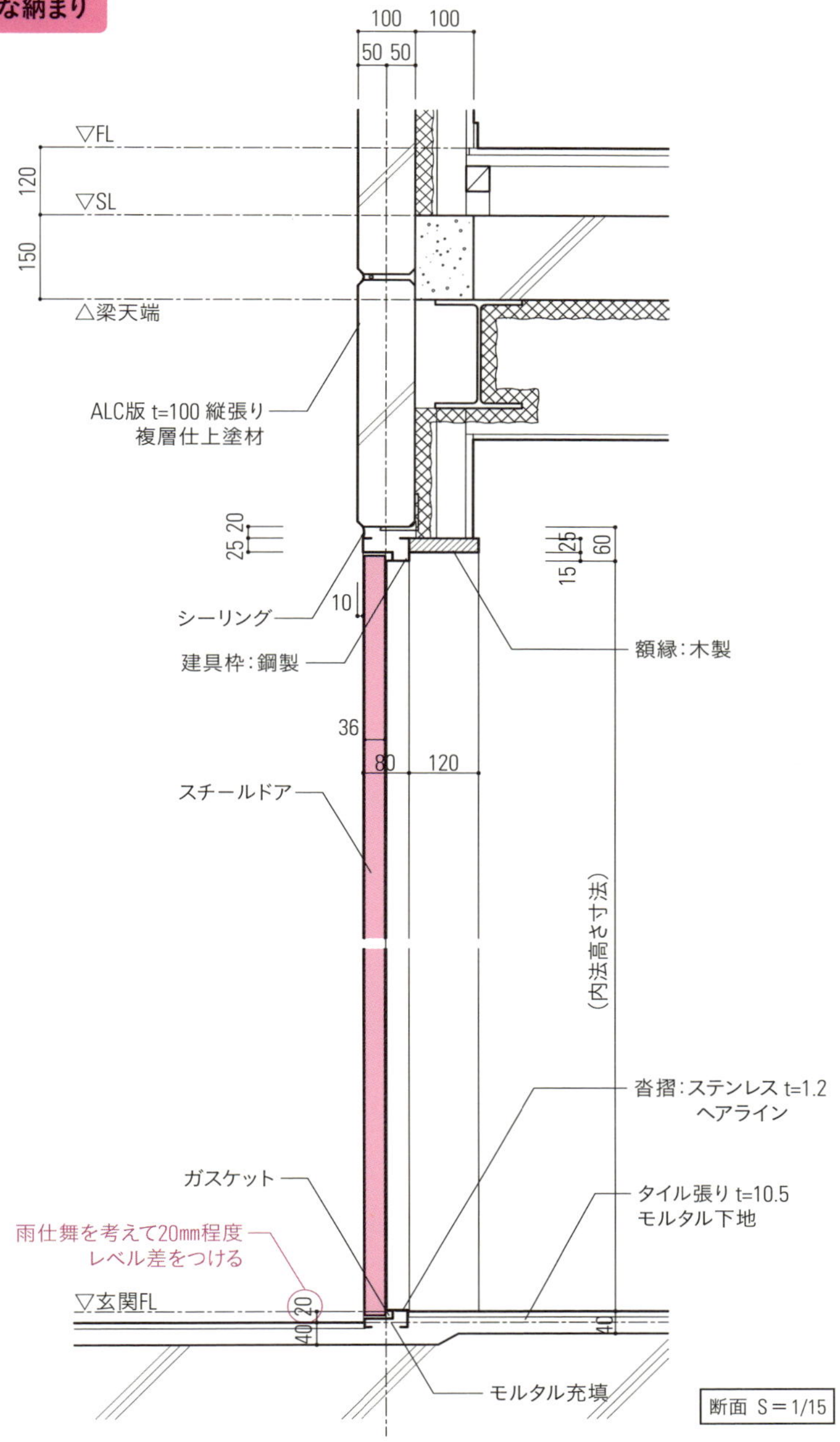

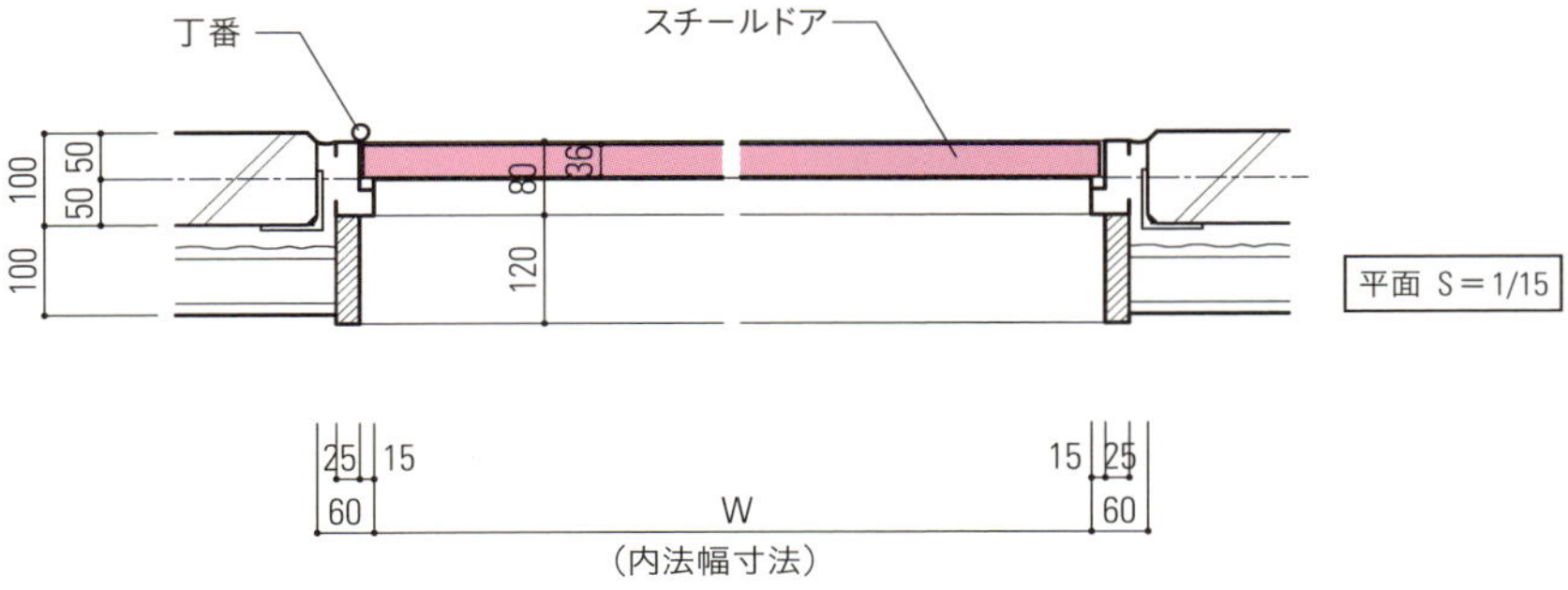

バルコニーを設けるときは、**どのような構造形式とするか**を考えねばならない。

RCで跳ね出す

スラブのコンクリートをそのままバルコニー床にしてよれば、**跳ね出す形式**にすればよい。コンクリート打設後にデッキプレートが見えてくるため、**塗装仕上げ**としたい。跳ね出す長さは構造強度をしっかりと確認すること。

鉄骨で現しで持ち出す

鉄骨を現しで見せたければ、柱から**H形鋼を持ち出す方法**がよい。構造の構成美を活かしたバルコニーとなる。近年は塗装の性能が高いため、屋外に現しても問題ない。

鉄骨で持ち出してコンクリート打設

バルコニーを防水する場合は、**鉄骨梁で持ち出した上にコンクリートを打設**し、**ウレタン塗布防水**などを施したい。防水による安心感も高いため、採用されることが少なくない。

下部居室バルコニー

下部が**居室の場合**は、**梁の上にスラブを打設**し、**アスファルト防水**を施工するとよい。アスファルト防水の信頼性はかなり高く、屋上スラブなどでもよく用いられる。

バルコニーの施工手順

❶構造体の柱・梁を建て込んだ後に型枠を組み、❷スラブを**バルコニー先端まで一体**で打設する。

❸スラブ打設後に開口補強材、**外壁**、**窓枠**と取り付けていく。バルコニースラブが外壁材を貫通する箇所は弱点になりやすいため、慎重に防水する。サッシとの取り合いには**シーリングを充填**する。

❹**手摺**をスラブの立上り部に取り付け、塗装などの**各種仕上げ**を施せば、**バルコニーの完成**。

他にも、立上りに**Cチャン**を組んで、立上り壁を**サイディング**などで仕上げる方法もある。ALC版を立上り壁にすることも可能なので、覚えておくとよいだろう。

RCで跳ね出す

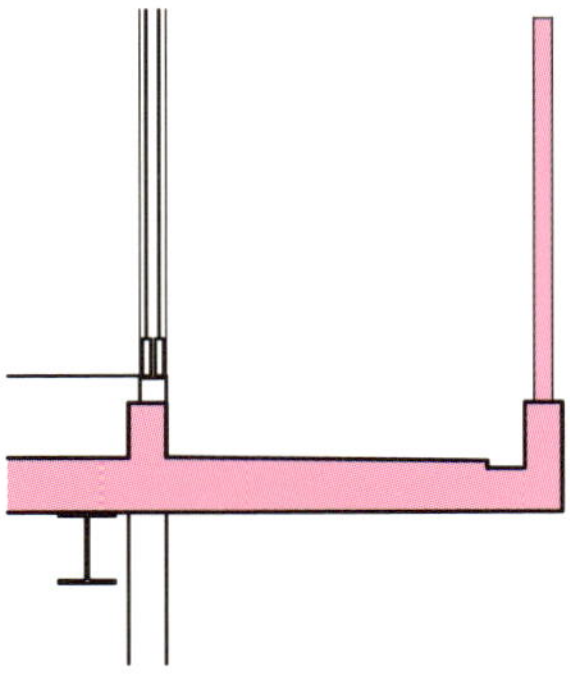

鉄骨現しで持ち出す

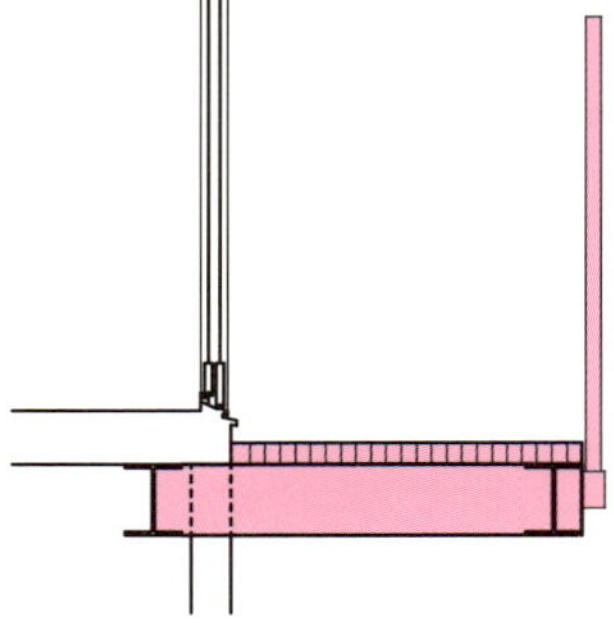

鉄骨で持ち出してコンクリート打設

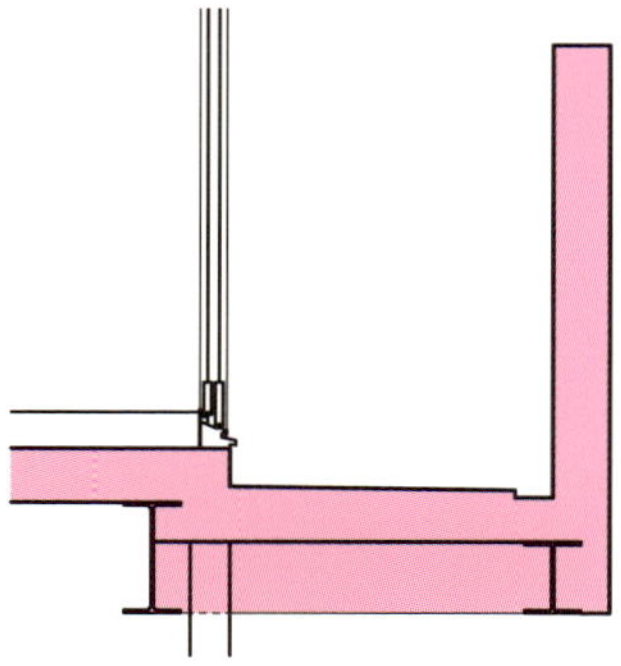

下部居室バルコニー

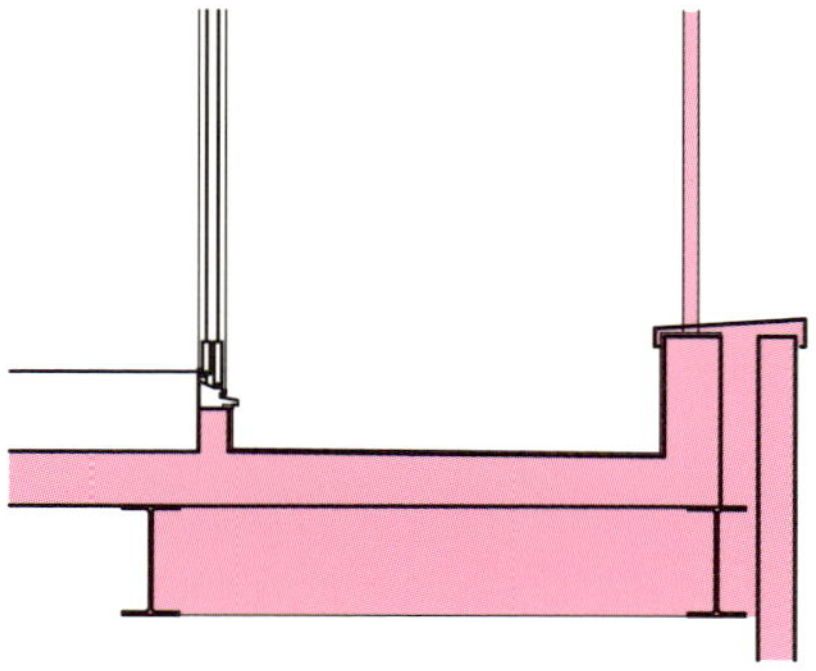

バルコニーの施工手順

❶柱・梁が建て込まれた状態

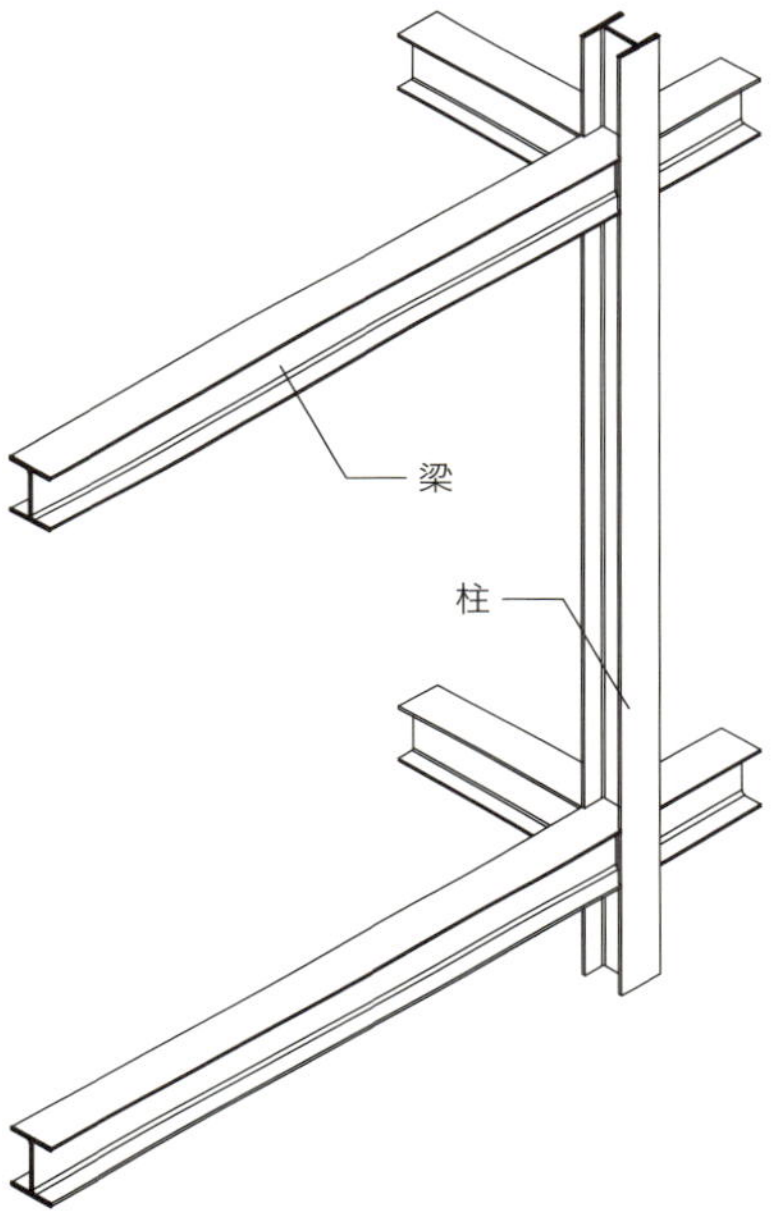

❷バルコニーとスラブのコンクリートを一体で打設する

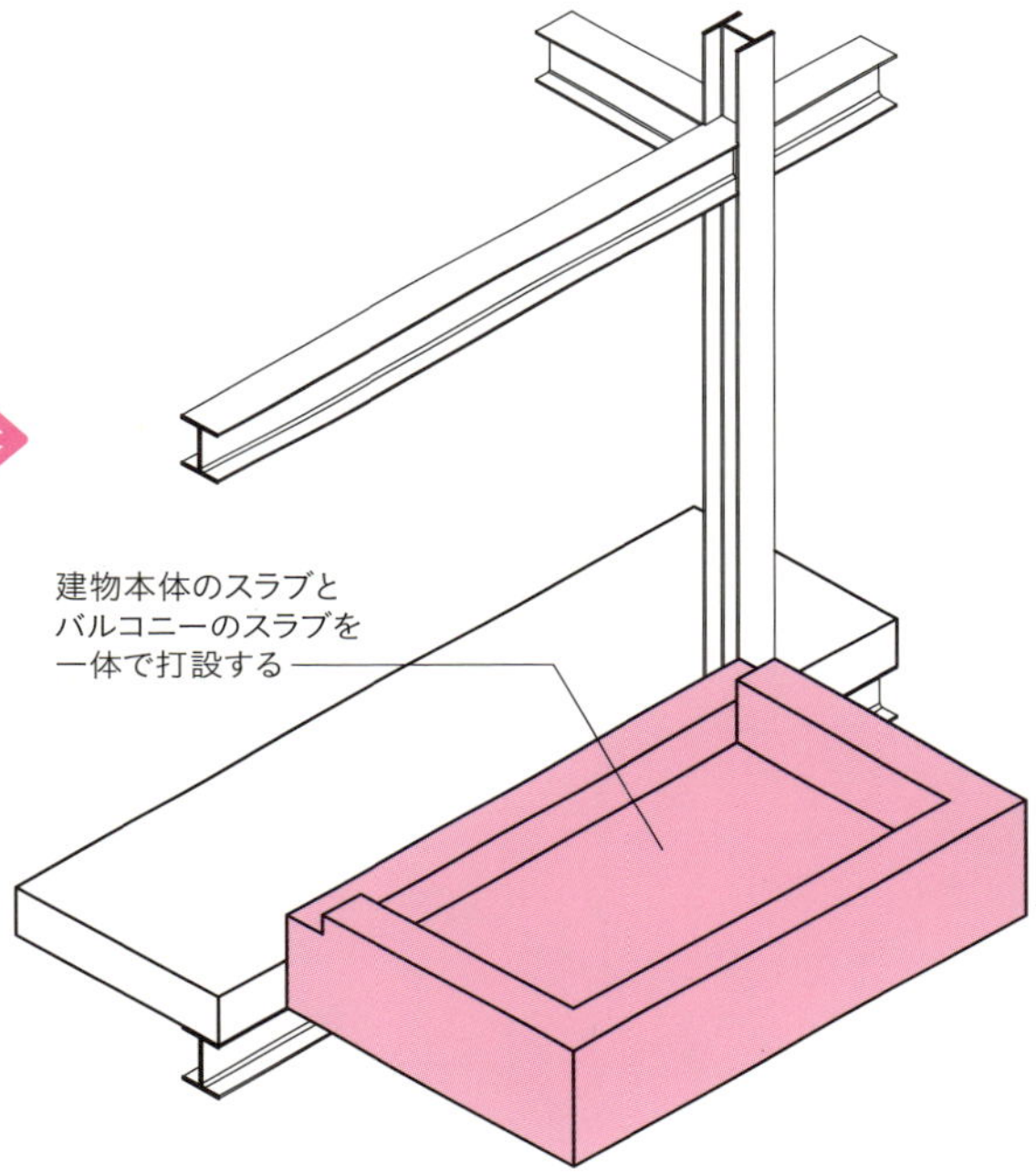

❸外壁とサッシを取り付ける

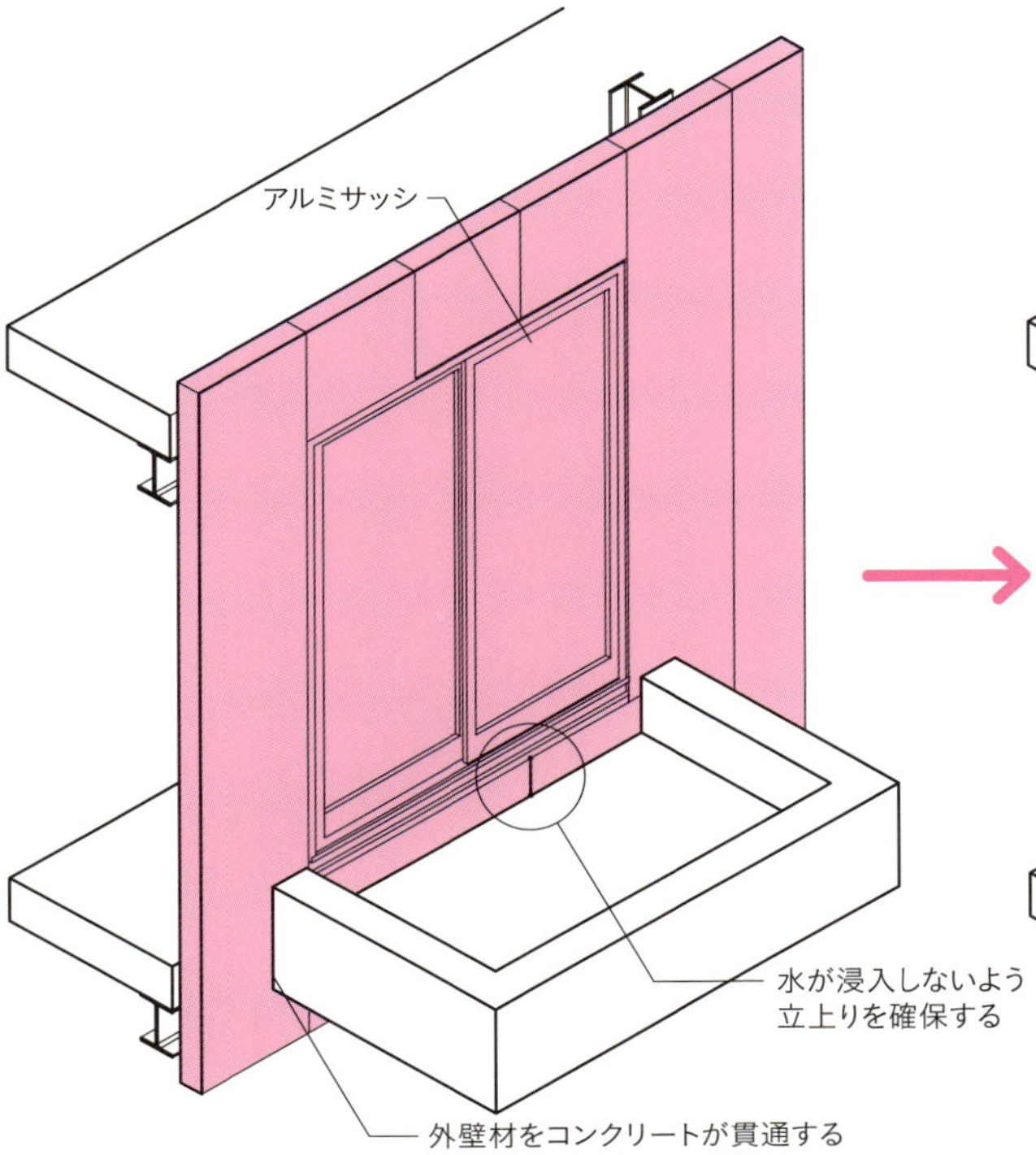
箇所は雨水対策に万全を期す

❹手摺を取り付け、防水層を施工して完成

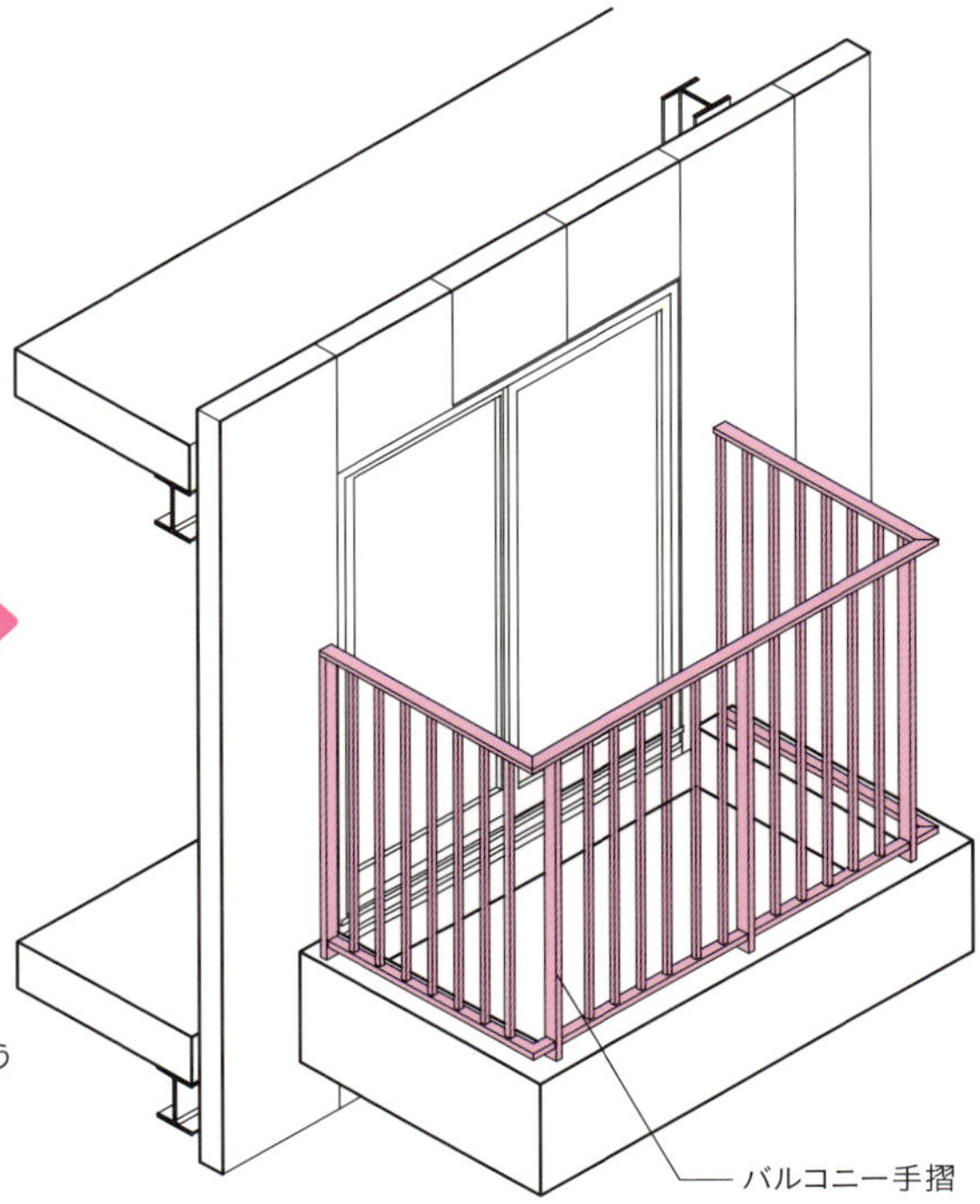

07 バルコニーの基本的な納まり

RCで跳ね出すバルコニー

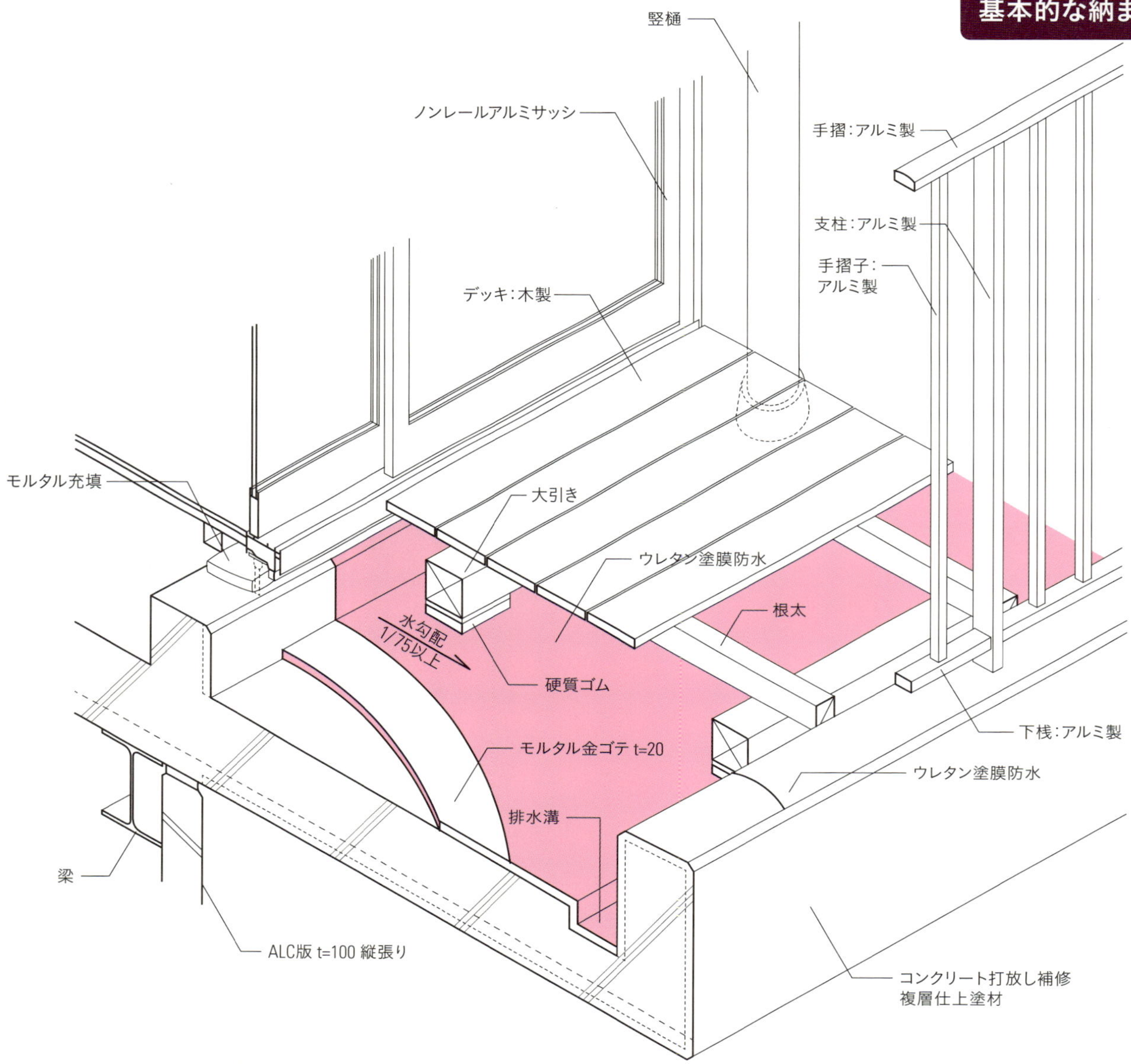

バルコニーの納まりのポイントは、以下の通りである。❶漏水対策として**スラブに立上り**をつけ、スラブに雨水が侵入しないように防水層を施す。❷このとき、**水勾配**はスラブで**1／75以上**とること。**排水溝**は**バルコニーの先端側**に設けること。❸バルコニーの床レベルと室内側床レベルを揃えたい場合は、デッキなどを設けるとよい。❹高さは**下地材で調整**する。

バルコニーなどに使われる防水材として代表的なものは、**ウレタン防水**と**アスファルト防水**である。

ウレタン防水は、液体状のウレタン樹脂を塗り付けたものをいう。複雑な形状になりがちなバルコニーでも、**継ぎ目のない防水層**を形成できる。ただし、性能を維持するためにはトップコートを数年置きに塗り直すことが望ましい。

アスファルト防水とは、コーティングしたシート状の**ルーフィング**を**貼り重ねて形成する**工法である。耐久性が非常に高く、コストも安い。ただし、歩行用ではないため、バルコニーに使用する場合は、保護コンクリートが必要になる。

RCで跳ね出すバルコニーの納まり

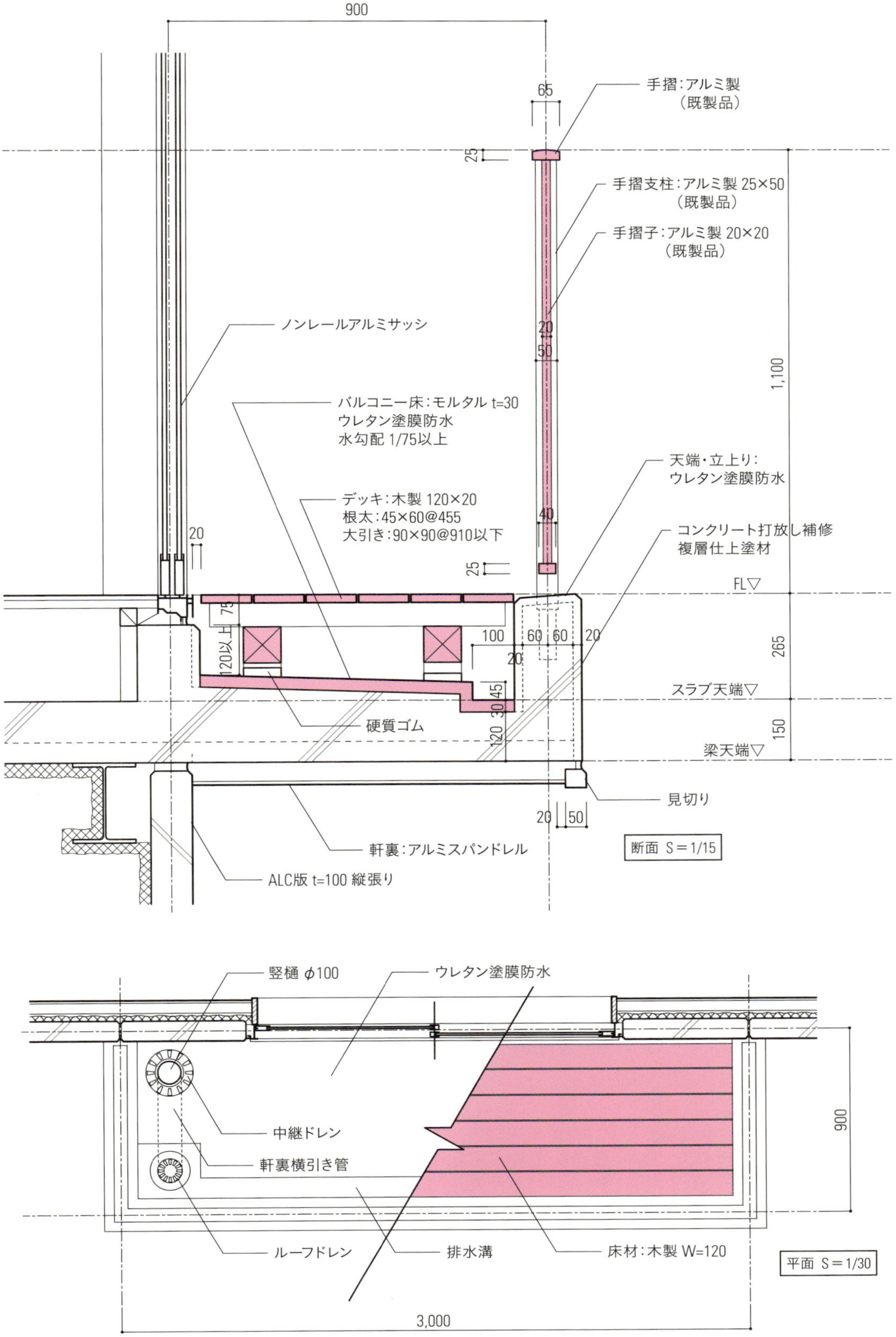

鉄骨現しで持ち出すバルコニーの納まり

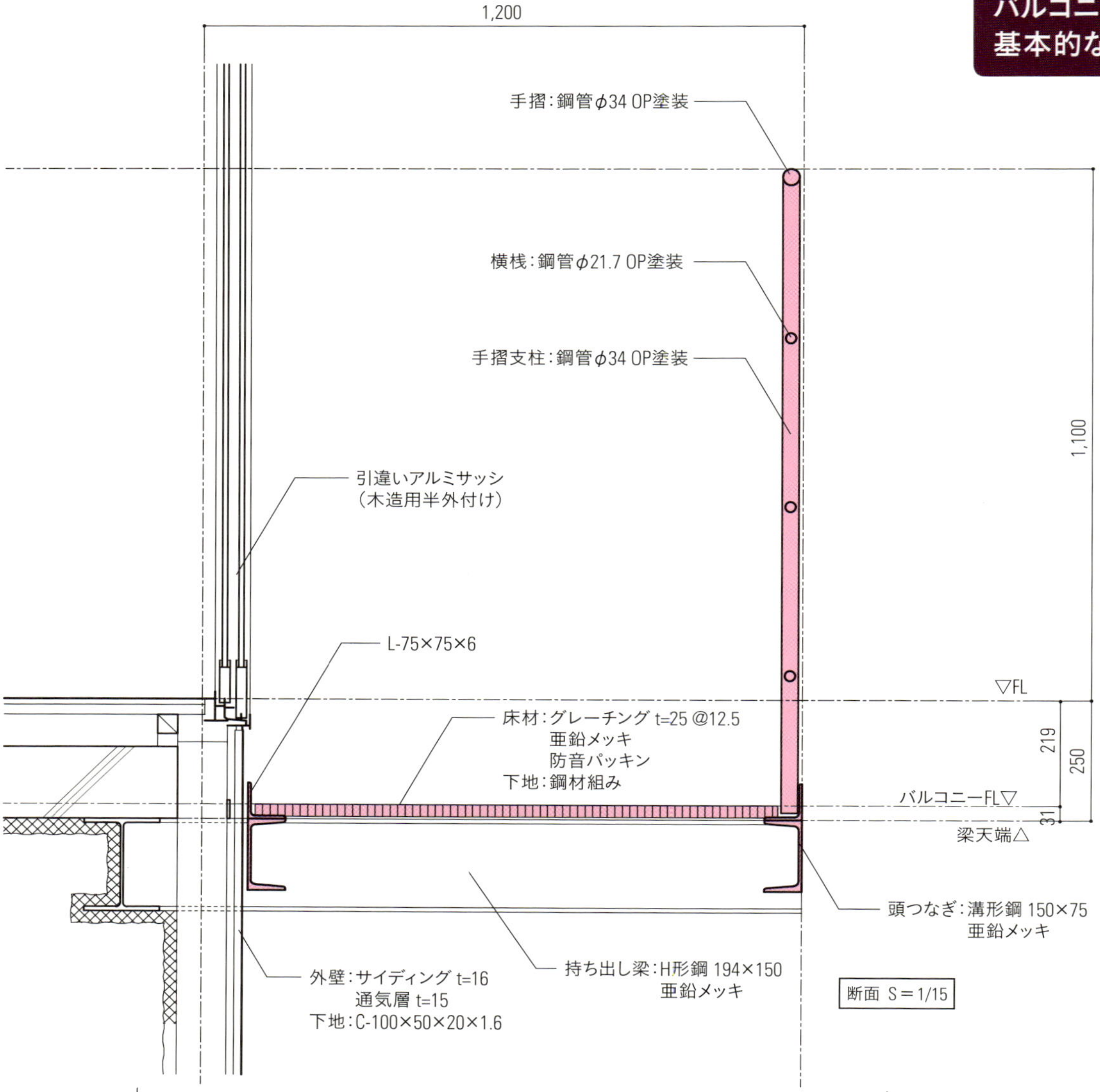

断面 S=1/15

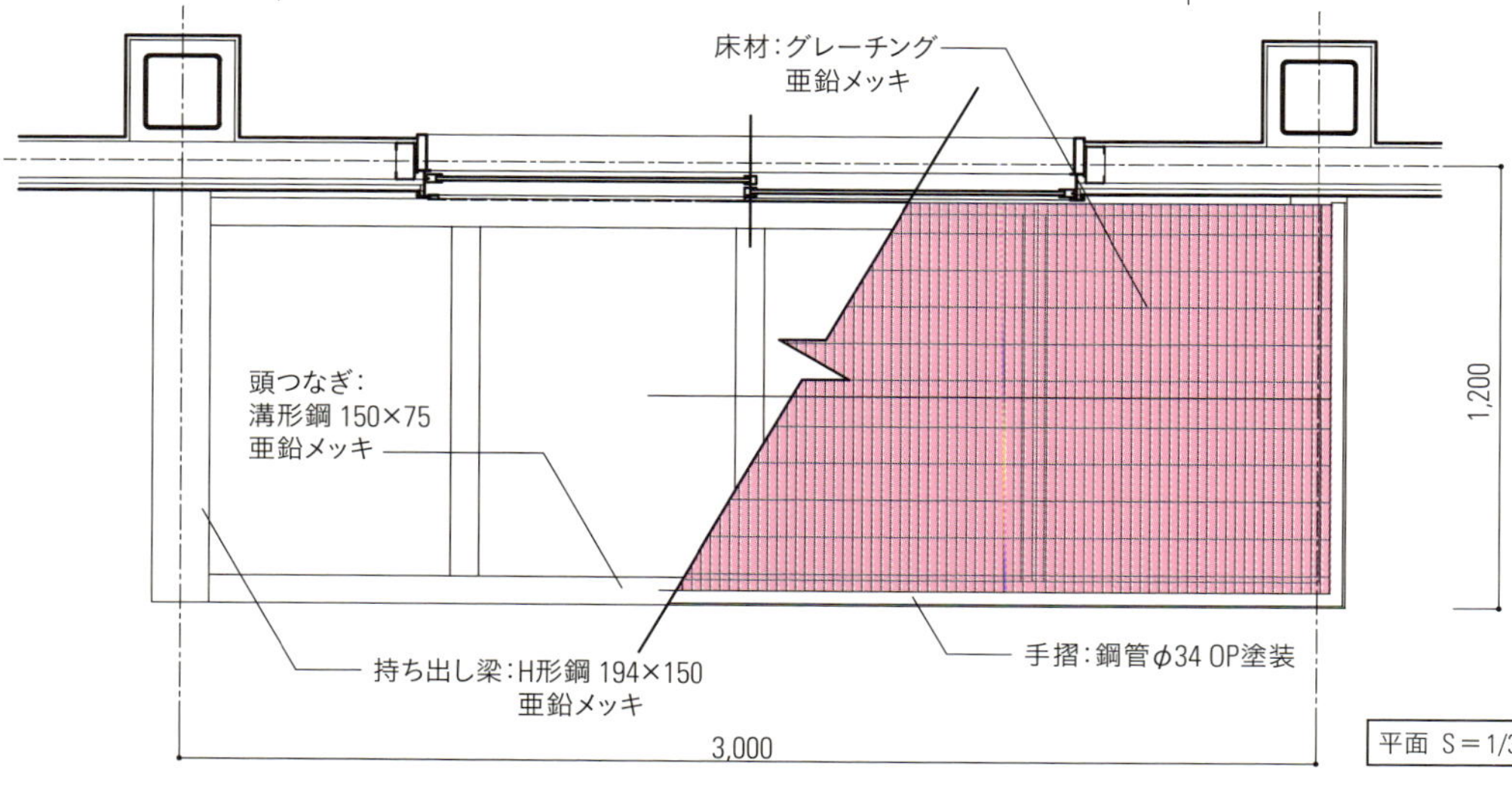

平面 S=1/30

鉄骨で持ち出してコンクリート打設バルコニーの納まり

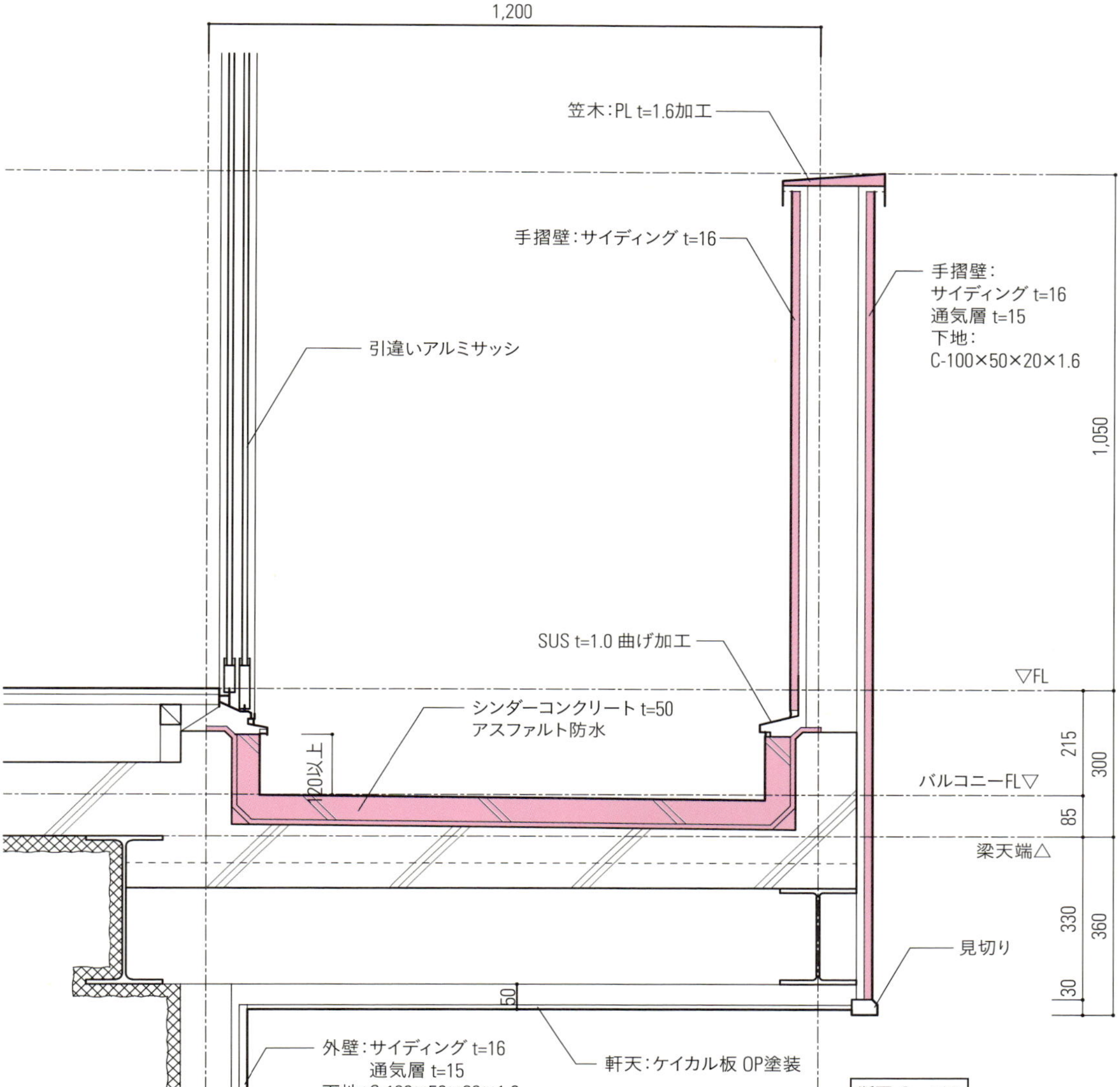

断面 S＝1/15

グレーチング式のバルコニーとする場合、梁や小梁、頭つなぎ、下地材といった**鋼材にさび止め塗装**を施す必要がある。**溶融亜鉛メッキ塗装**は耐久性が高いことからよく用いられており、S造の塗装としてはなくてはならない技術のため、必ず覚えておきたい。

溶融亜鉛メッキ塗装は高温で溶かした亜鉛に鋼材を浸し、**表面に亜鉛皮膜を形成する**技術である。亜鉛メッキ加工を施した鋼材は、**さびや腐食が発生しない**。塗装や電気メッキなどとは異なり、亜鉛と鉄から形成される合金層により、亜鉛と鉄が強く金属結合しているため、長い年月を経てもメッキは剥がれない。

持ち出し梁であっても、**アスファルト防水をバルコニーに用いる場合**、梁高さやスラブの厚み、立上り高さを念頭におくことが重要である。先述の通り、アスファルト防水は歩行用ではないため、保護コンクリートなどが必要になってくるためである。鉄骨現しで持ち出すバルコニーに比べ、**床の厚みは大きく**なる。バルコニー構成要素が多い場合は、計画段階で余裕ある寸法を確保しておきたい。

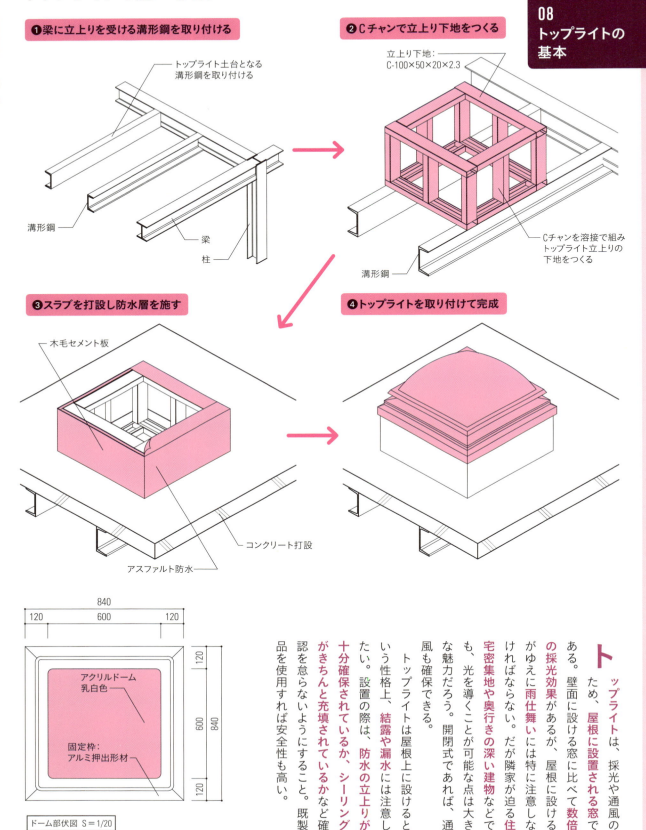

トップライトの施工手順

❶梁に立上りを受ける溝形鋼を取り付ける

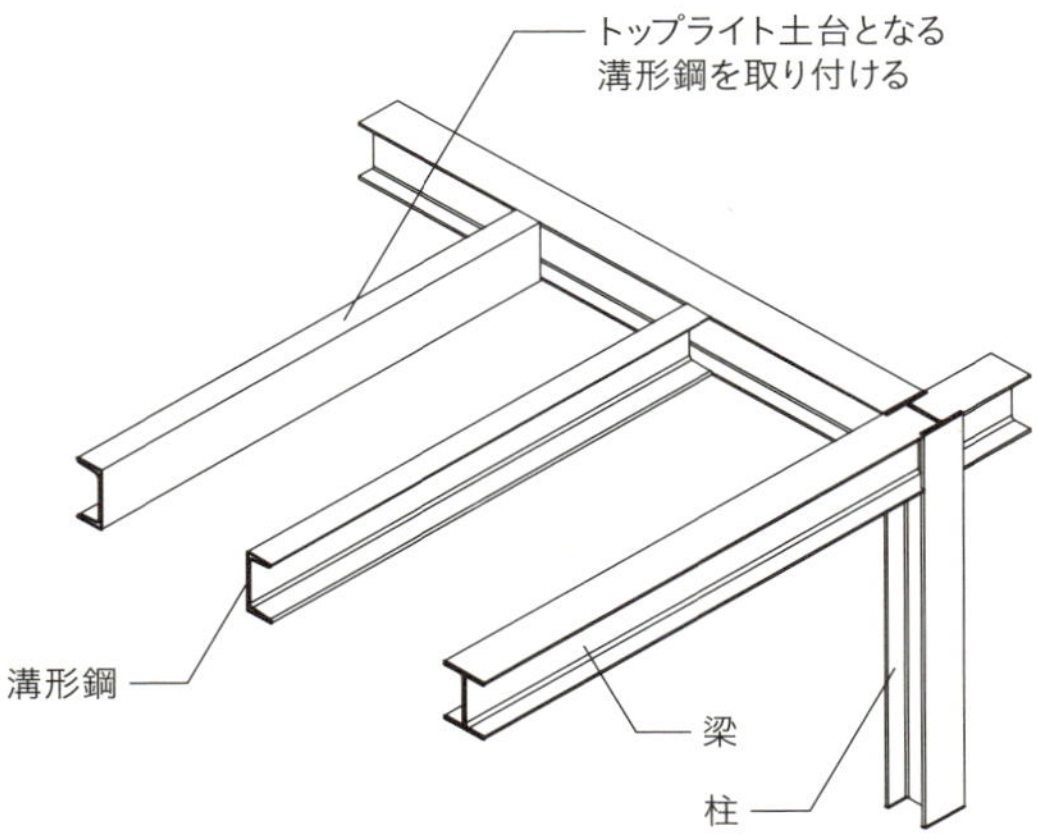
トップライト土台となる
溝形鋼を取り付ける
溝形鋼
梁
柱

❷Cチャンで立上り下地をつくる

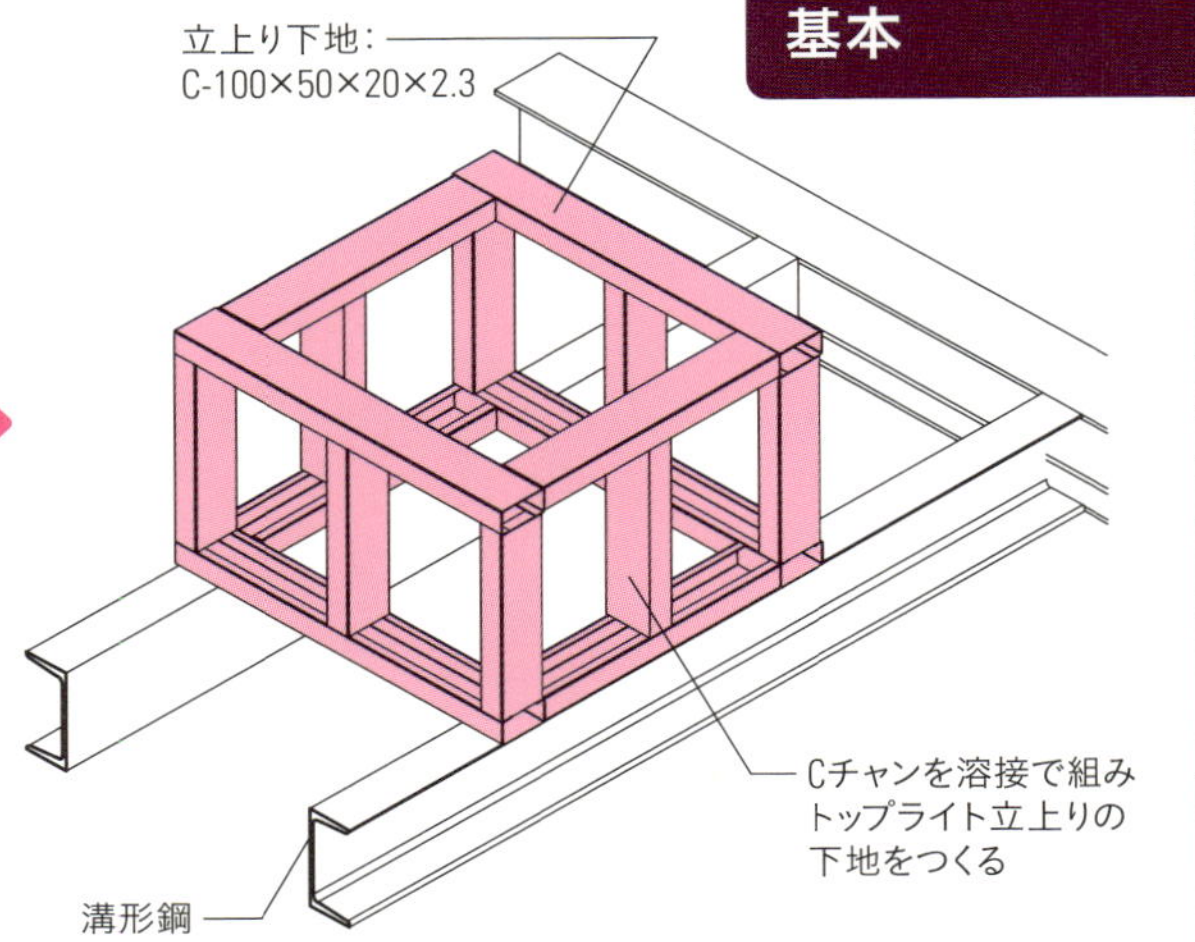
立上り下地：
C-100×50×20×2.3
Cチャンを溶接で組み
トップライト立上りの
下地をつくる
溝形鋼

❸スラブを打設し防水層を施す

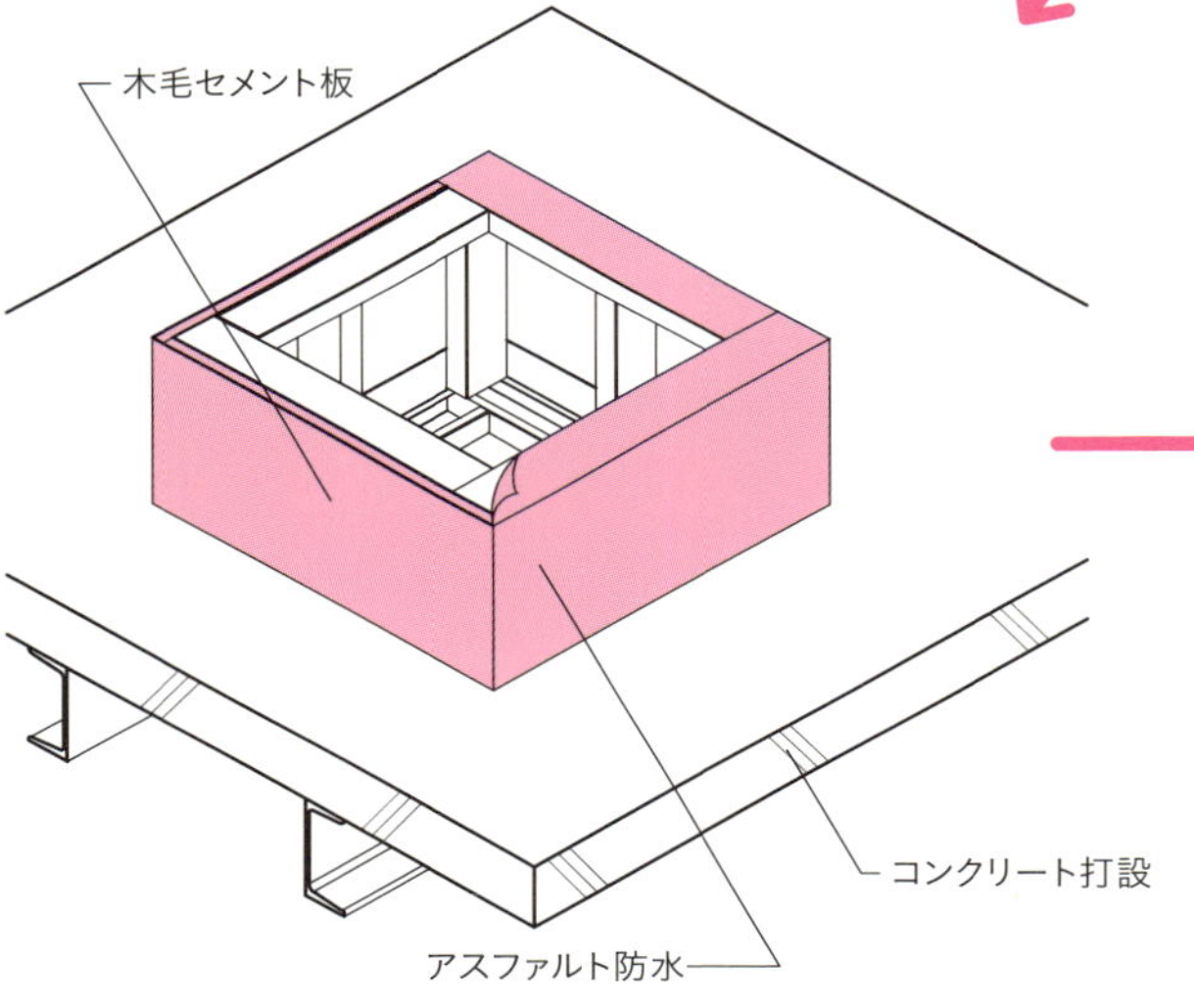
木毛セメント板
コンクリート打設
アスファルト防水

❹トップライトを取り付けて完成

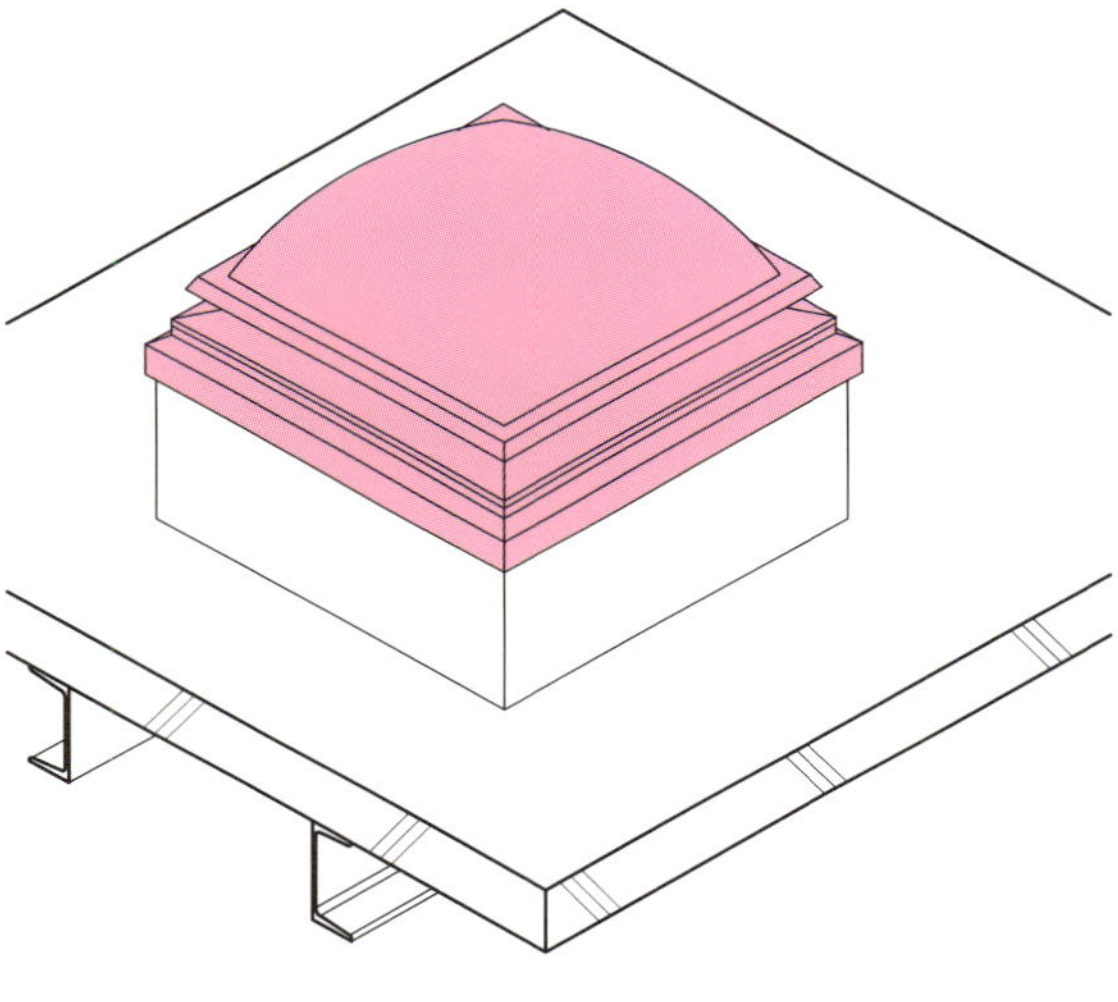

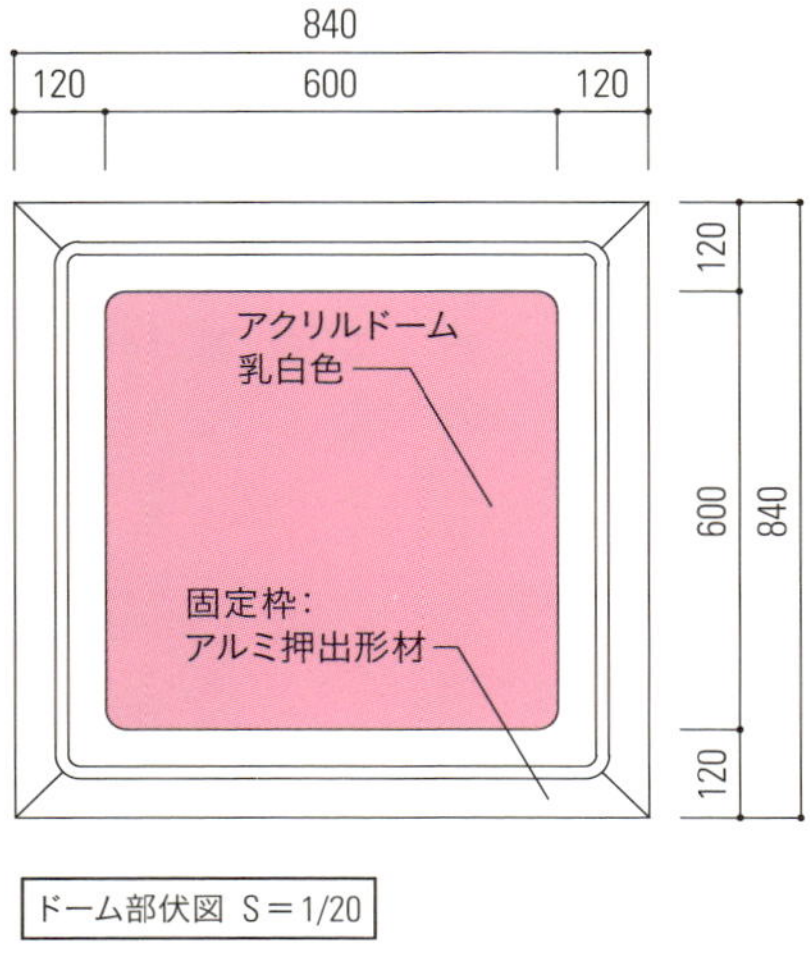
840
120
600
120
120
600
840
120
アクリルドーム
乳白色
固定枠：
アルミ押出形材

ドーム部伏図 S＝1/20

トップライトは、採光や通風のため、**屋根に設置される窓**である。壁面に設ける窓に比べて**数倍の採光効果**があるが、屋根に設けるがゆえに**雨仕舞い**には特に注意しなければならない。だが隣家が迫る**住宅密集地や奥行きの深い建物**などでも、光を導くことが可能な点は大きな魅力だろう。開閉式であれば、通風も確保できる。

トップライトは屋根上に設けるという性格上、**結露や漏水**には注意したい。設置の際は、**防水の立上りが十分確保されているか、シーリングがきちんと充填されているか**など確認を怠らないようにすること。既製品を使用すれば安全性も高い。

既製品のトップライトの基本的な納まり

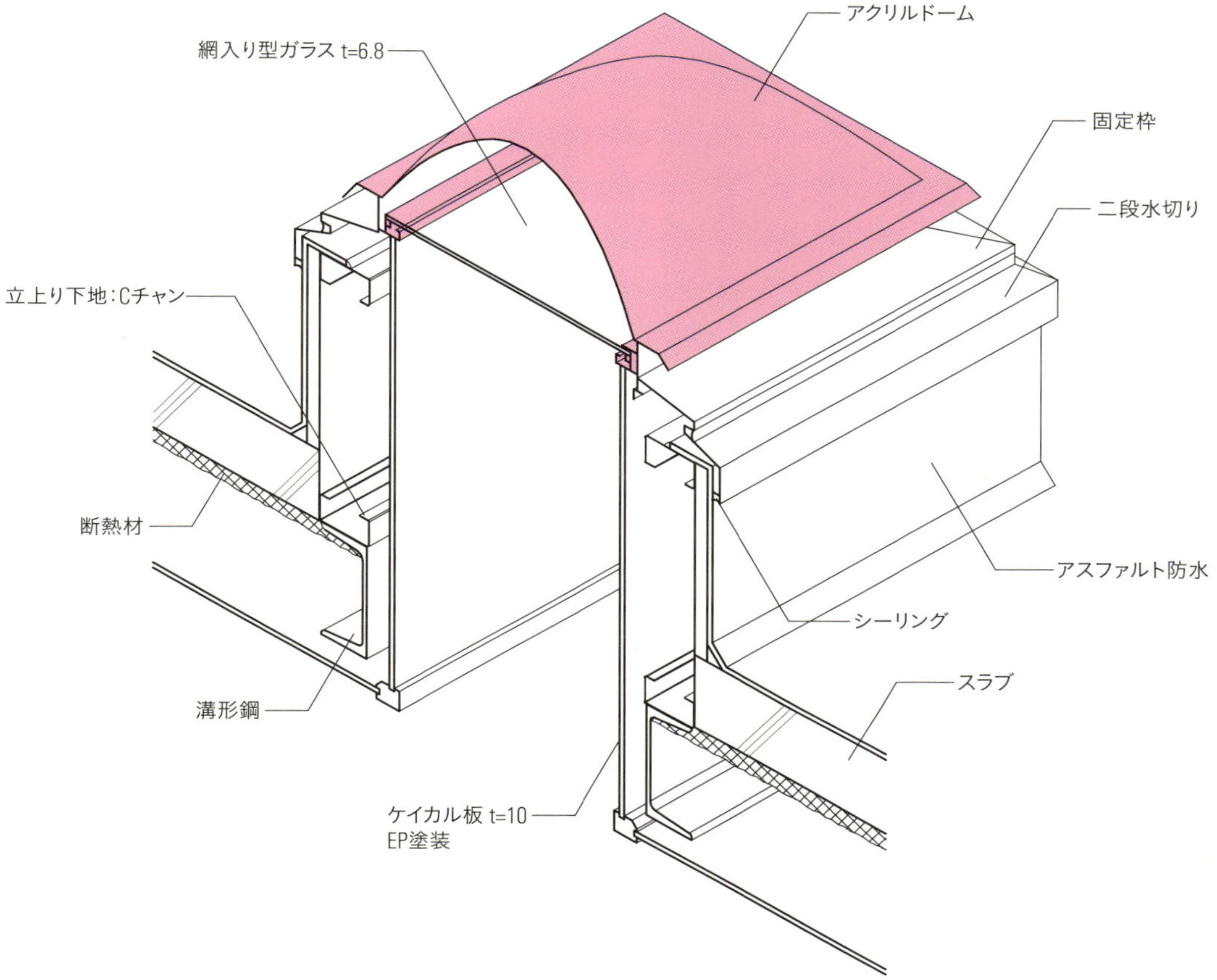

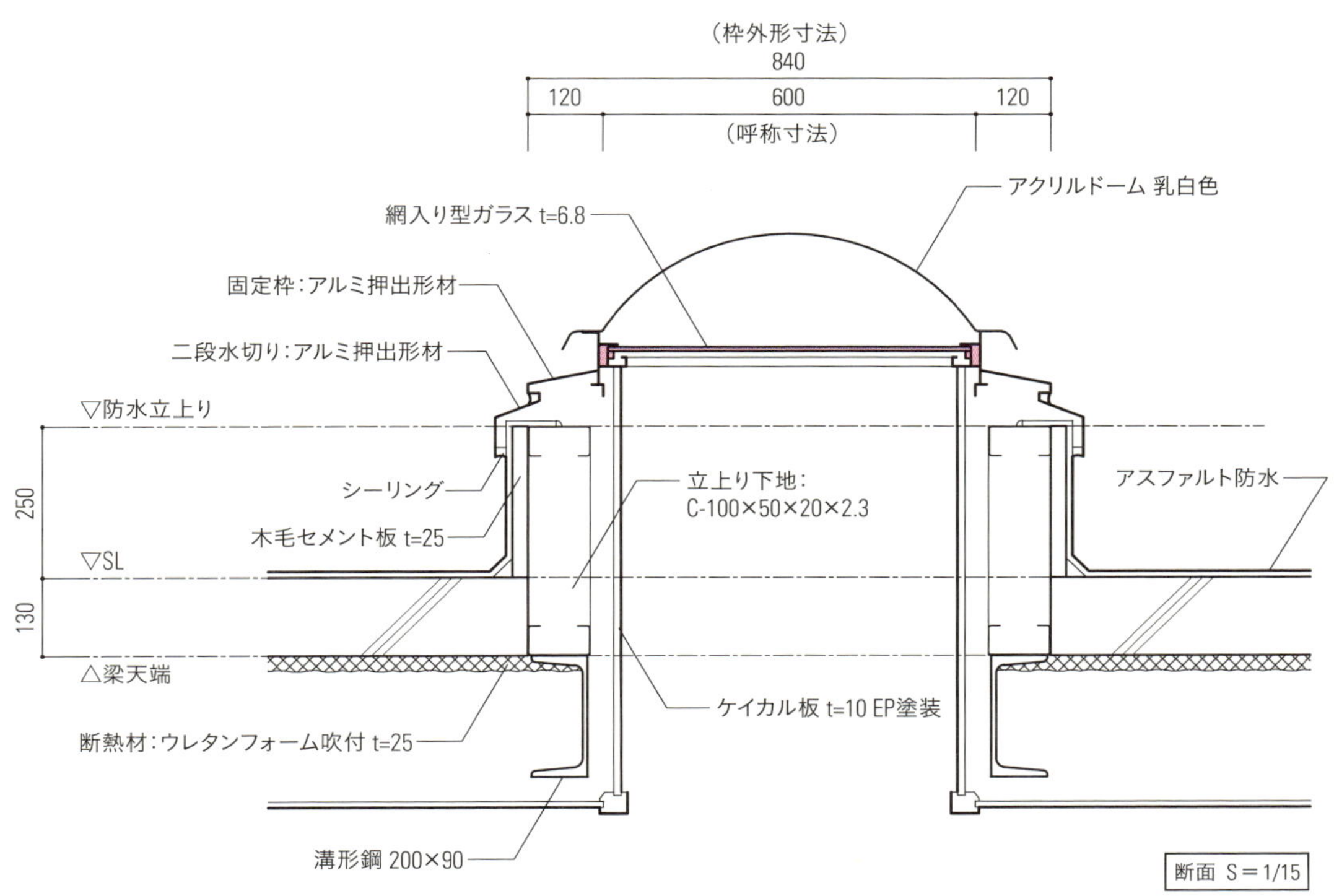

断面 S＝1/15

庇の施工手順

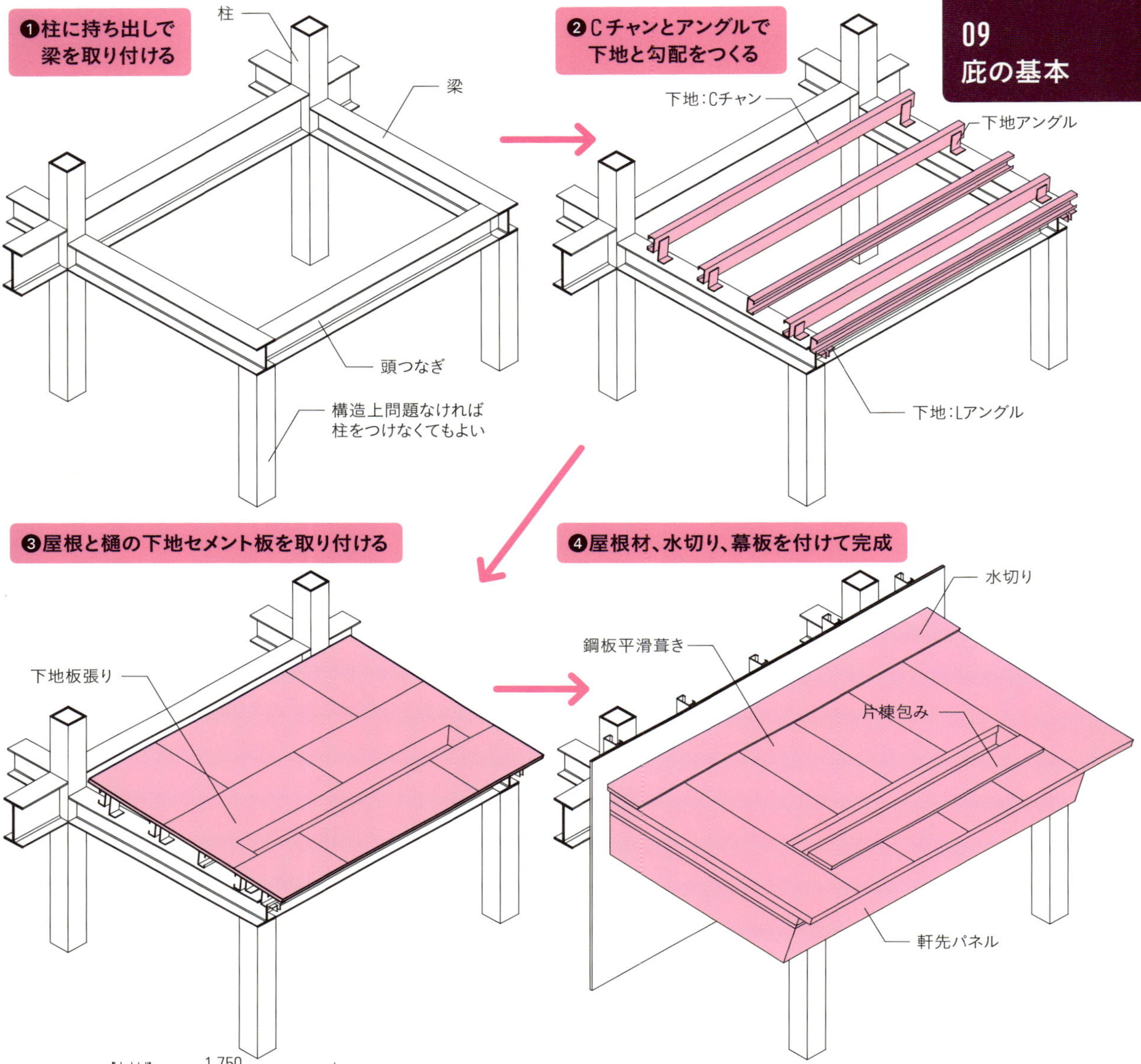

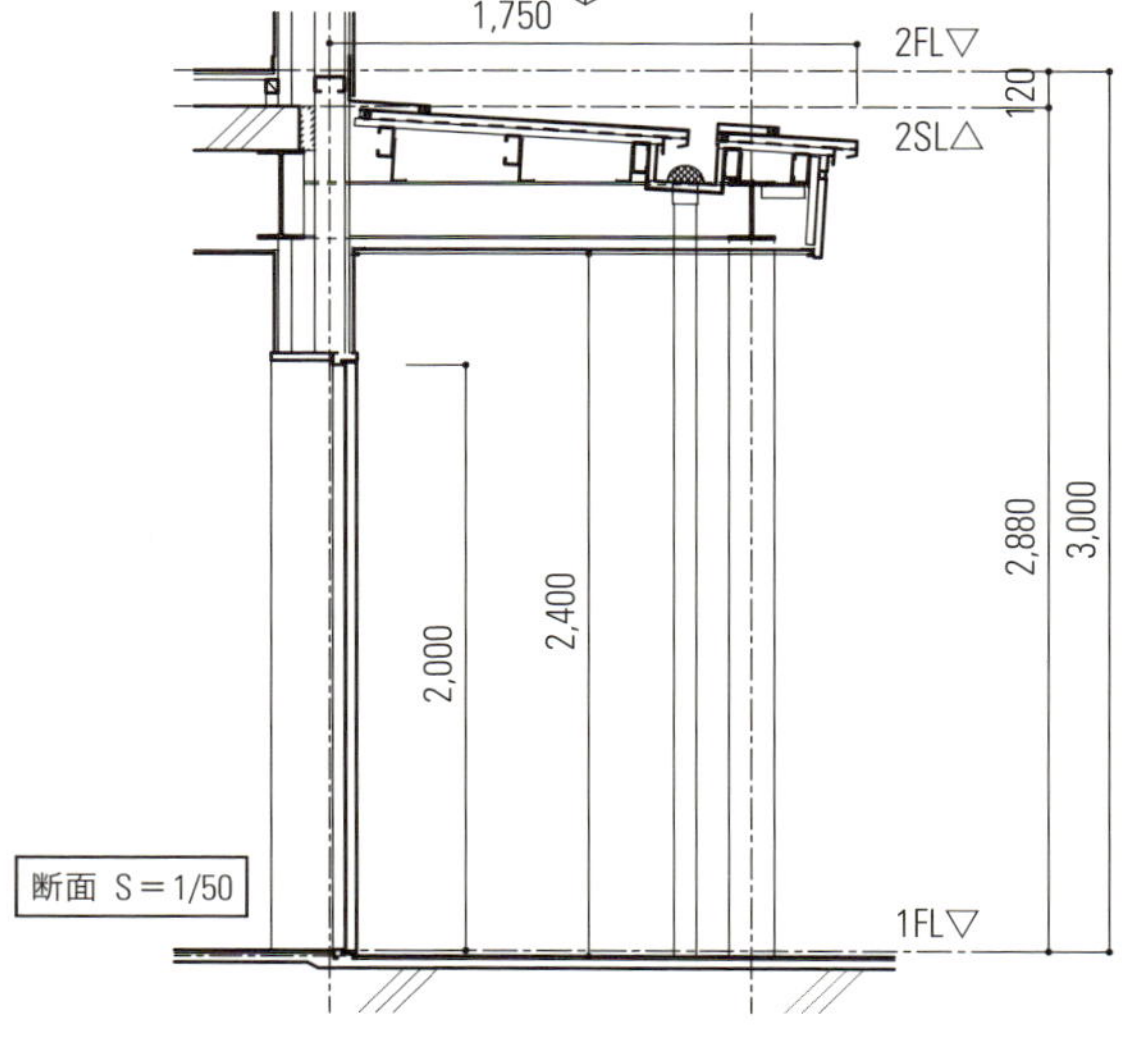

庇は玄関や開口部の上部に設けられ、既製品を採用するほか、**製作**することも少なくない。

鉄骨で製作する庇は、バルコニーと同じように**梁を持ち出す**ことが多い。スパンが大きくなる場合には、荷重を受ける**柱を設けたい**。金属板の庇とするには、**屋根下地**に**勾配**が必要である。アングルと下地の胴縁を組み合わせ、勾配をつくればよい。そこに下地板として**セメント板**を張り、金属板を張れば**庇の完成**である。**樋の位置**によって庇の印象は大きく変わってくるため、建物全体と合わせて**樋までデザイン**したい。

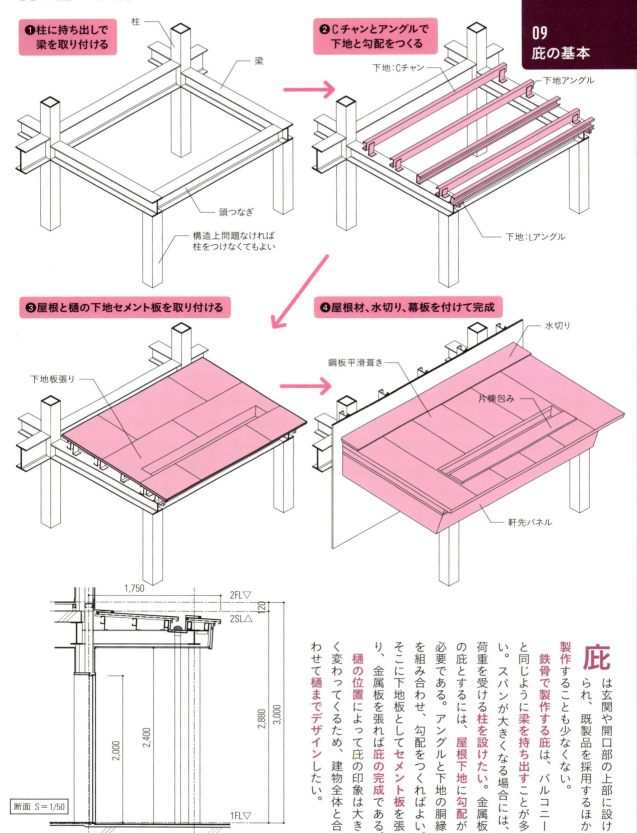

庇と樋のデザイン

A：先端に樋をつくる

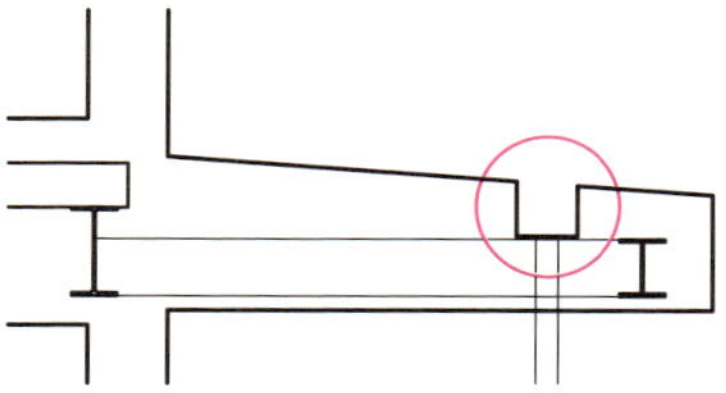

庇の先端に樋を組み込むと、
一体感のあるデザインになる。

C：軒樋を付ける

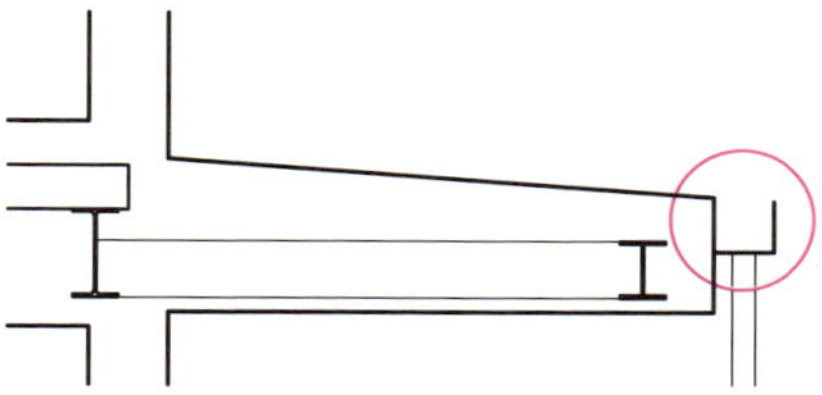

シンプルに樋を付ける手法は施工が容易になる。

B：外壁側に樋をもってくる

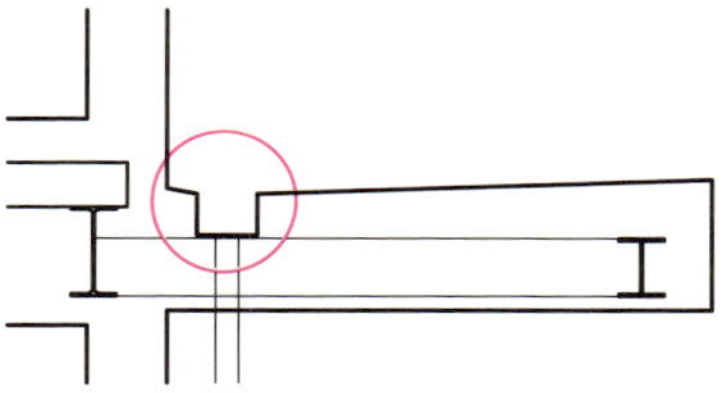

先端に樋を出したくない場合は、
外壁側に樋をもってくる。

D：柱と樋を化粧で一体にして納める

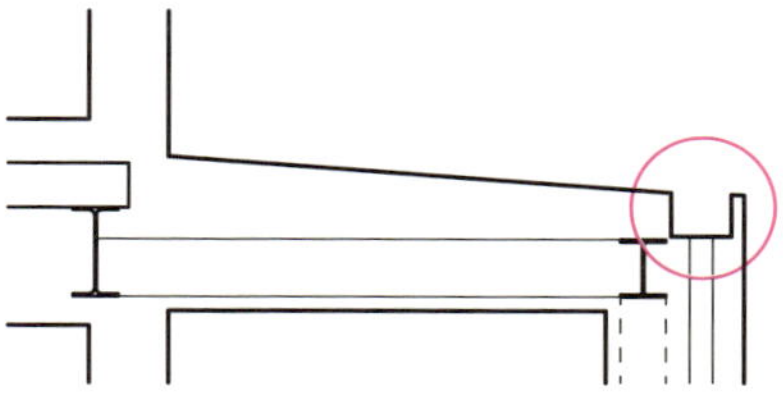

樋の存在を消したいときには、
鋼板などの化粧材で柱と一体にして納めるとよい。

金属板葺き庇の基本的な納まり

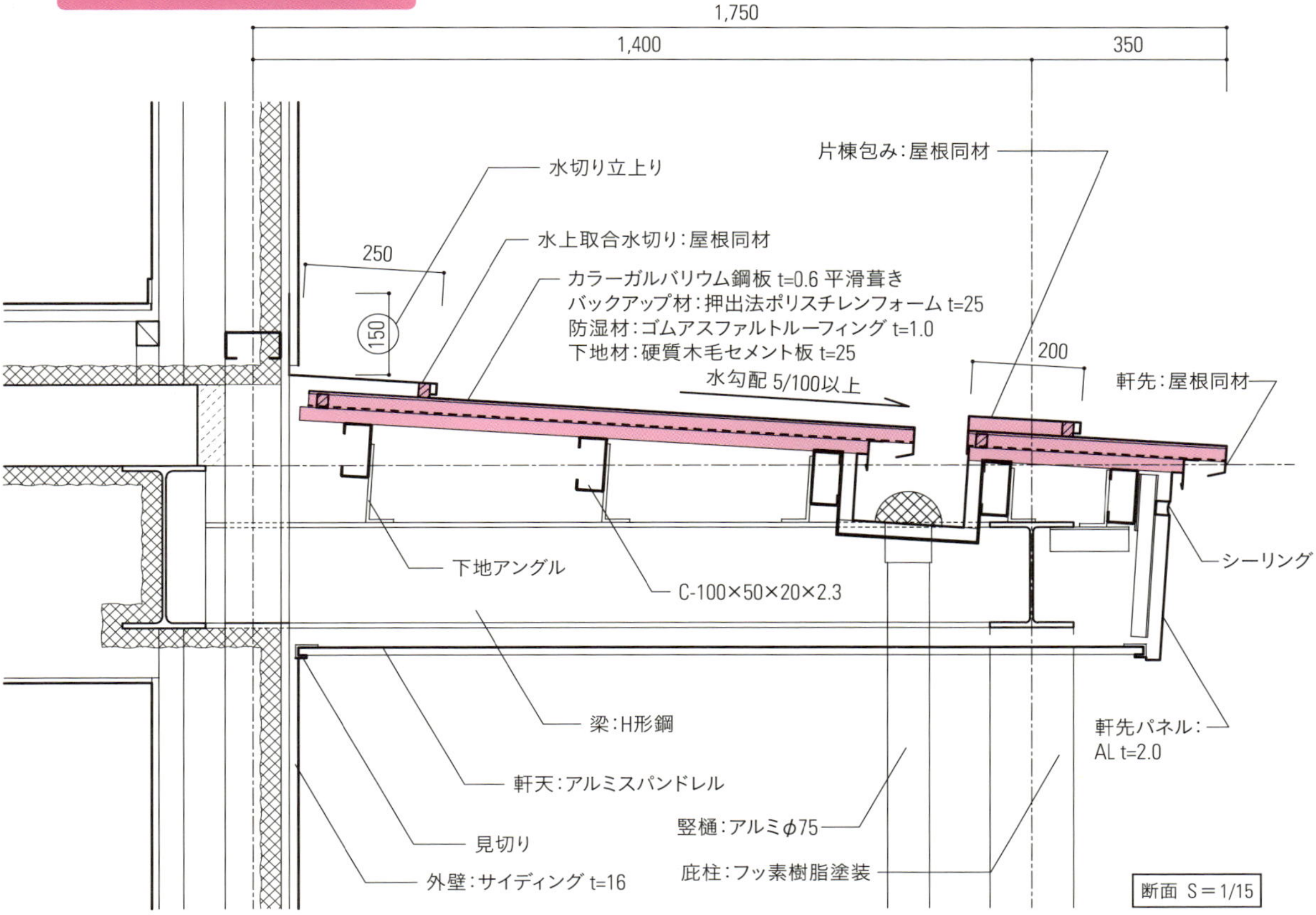

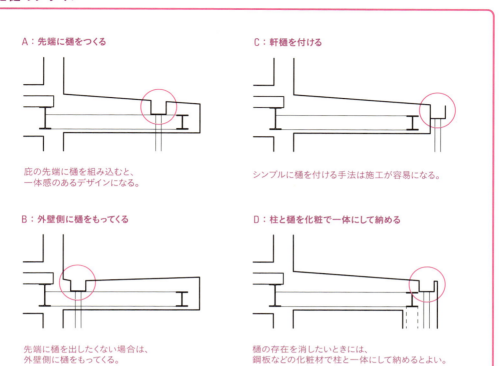

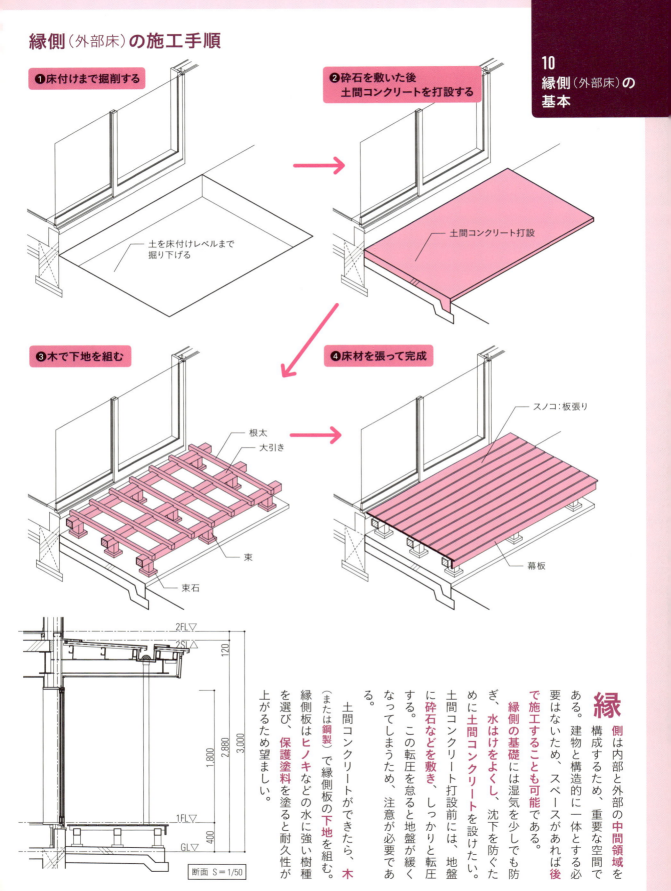

縁側（外部床）の施工手順

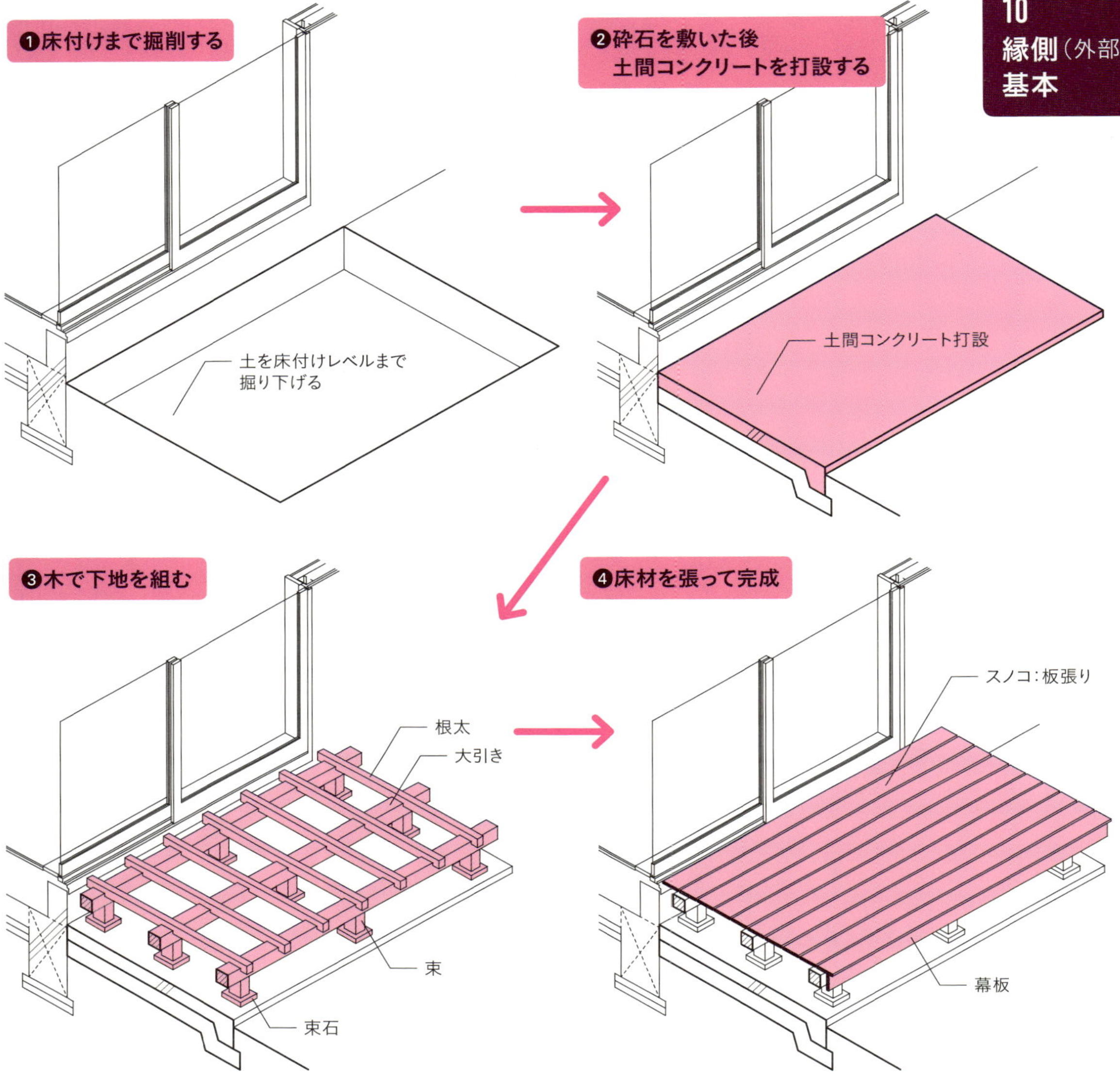
❶床付けまで掘削する
土を床付けレベルまで
掘り下げる
❷砕石を敷いた後
土間コンクリートを打設する
土間コンクリート打設
❸木で下地を組む
根太
大引き
束
束石
❹床材を張って完成
スノコ：板張り
幕板

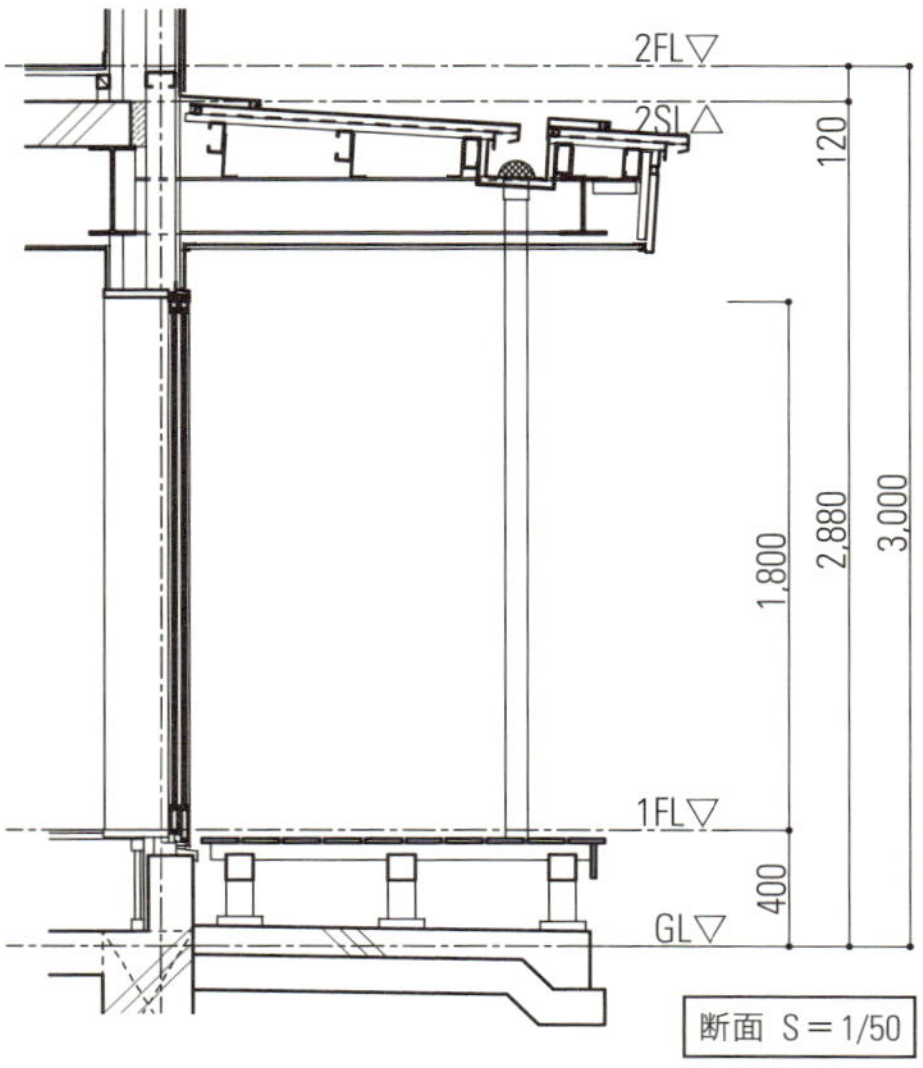
2FL▽
2SL△
1FL▽
GL▽
120
1,800
2,880
3,000
400
断面 S＝1/50

縁側は内部と外部の**中間領域**を構成するため、重要な空間である。建物と構造的に一体とする必要はないため、スペースがあれば**後で施工することも可能**である。

縁側の基礎には湿気を少しでも防ぎ、**水はけをよくし**、沈下を防ぐために**土間コンクリート**を設けたい。土間コンクリート打設前には、地盤に**砕石などを敷き**、しっかりと転圧する。この転圧を怠ると地盤が緩くなってしまうため、注意が必要である。

土間コンクリートができたら、**木**（または**鋼製**）で縁側板の**下地**を組む。縁側板は**ヒノキ**などの水に強い樹種を選び、**保護塗料**を塗ると耐久性が上がるため望ましい。

外部床のデザイン

A：コンクリート＋仕上げ材

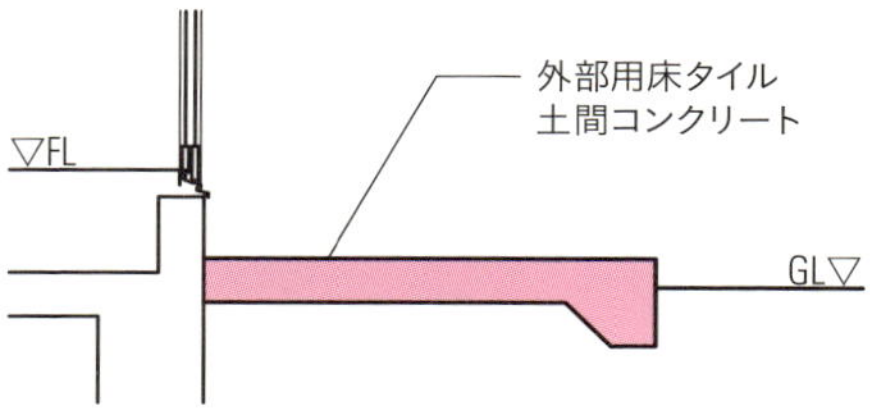

雨がかりなどで、耐久性を重視するのであればコンクリートを下地としたタイル張りが望ましい。

B：インターロッキング

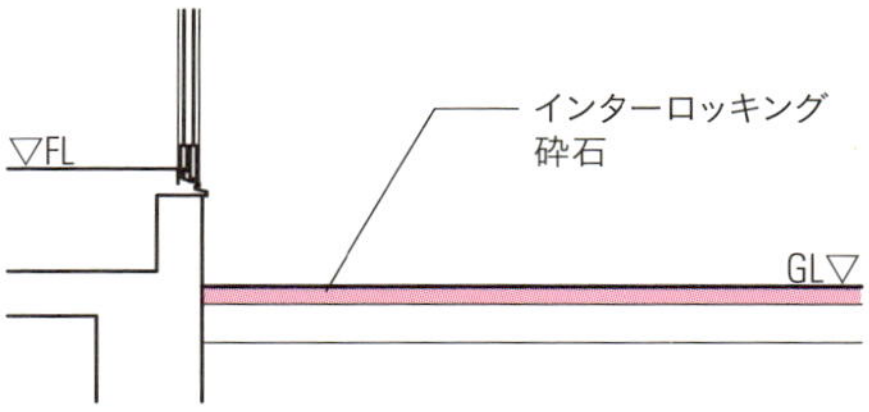

インターロッキングは外部床の仕上げで歩行するアプローチなどに用いられる。駐車場などにも対応可能。

C：軒縁側

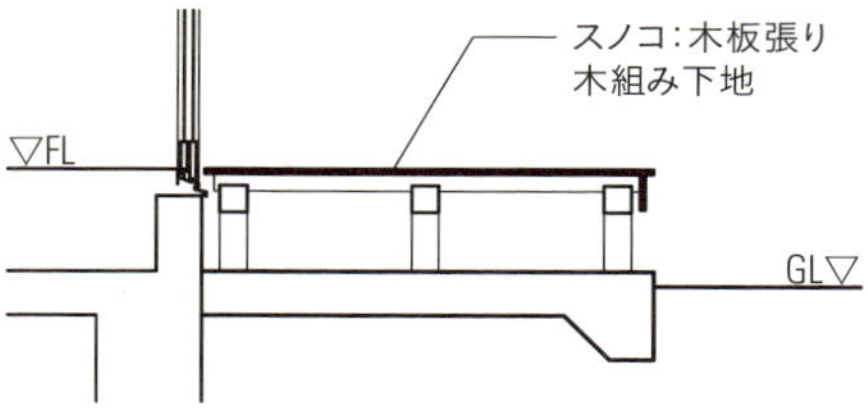

室内の延長として使える領域がほしい場合は、木板などを張った縁側を設ける手法が有効である。

D：デッキ

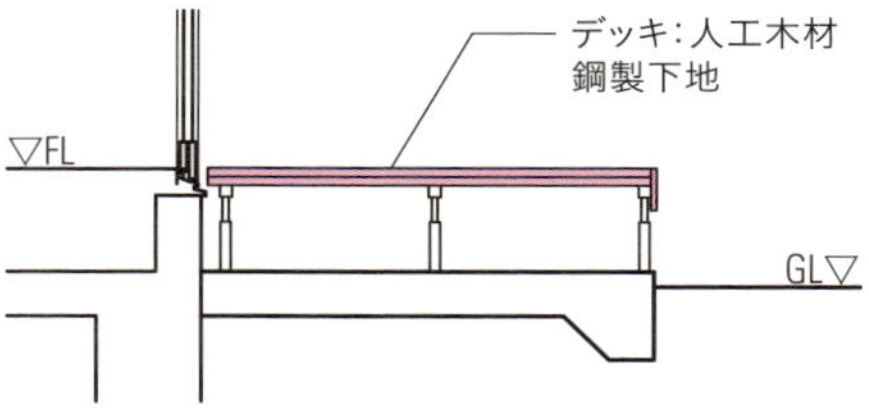

人工木材や鋼製下地としたデッキであれば、湿気などにも強くメンテナンスの手間を減らすこともできる。

縁側の基本的な納まり

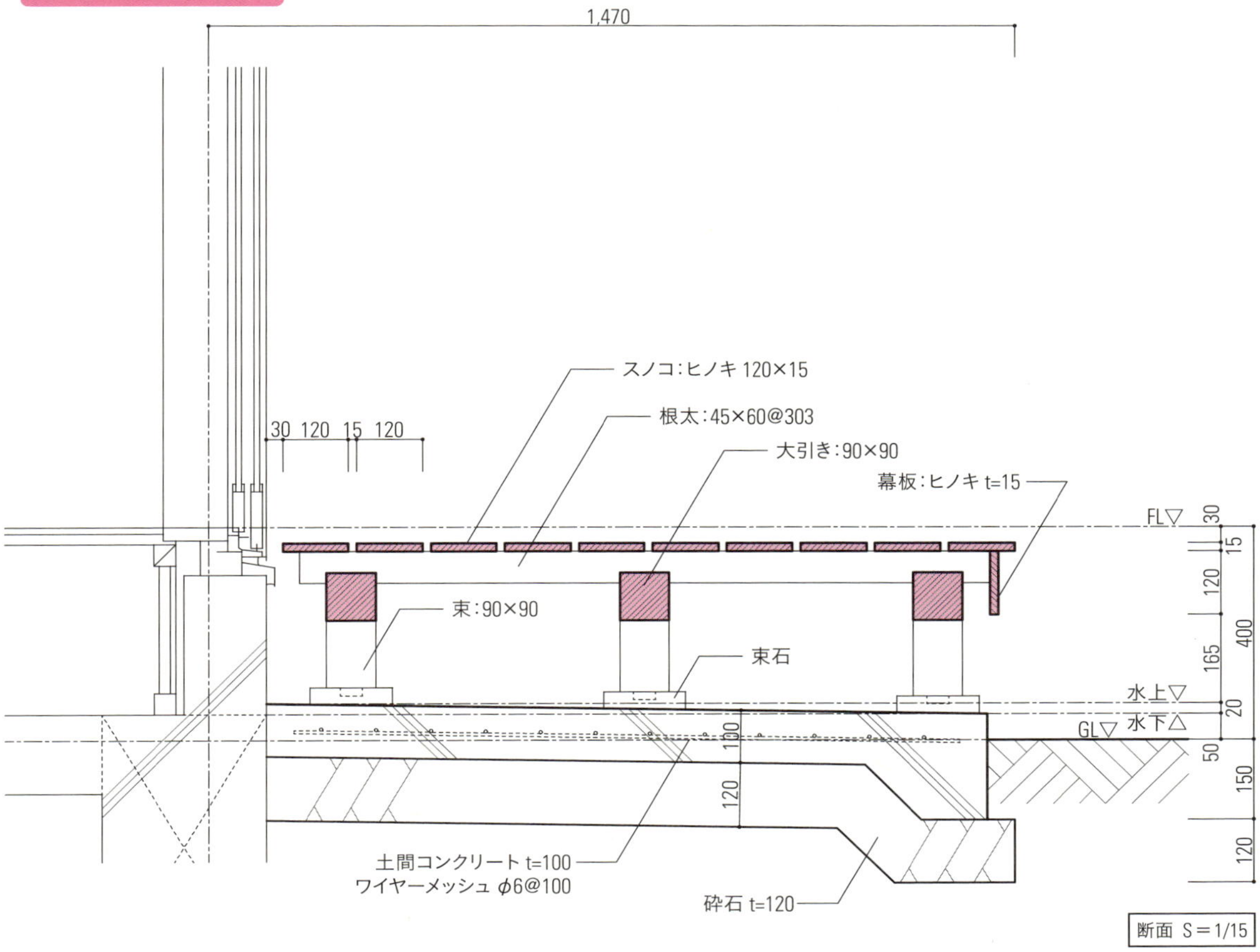

01 内壁の基本

石膏ボード

石膏ボードは、主に原紙と呼ばれる紙と石膏からできている。ビニルクロス、左官壁、塗装などの下地に使える材料で、現在の建築になくてはならないものである。防火性も高いため、住宅はもちろん高層建築まで幅広く使われている。

木

木は、構造材としてはもちろん仕上げ材としても幅広く用いられてきた。自然素材であるため人の身体にも優しく、気分を落ち着かせてくれる効果もあるといわれる。

石

石も自然素材であり、仕上げ材としても実に多様な種類が存在する。よく用いられる御影石は、日本国内よりも安価な外国産の使用が多い。天然大理石は石灰岩であり、水に弱いため屋内の水がかからない箇所に用いられる。

内壁（木下地）の施工手順

内壁の施工手順は以下の通り。

❶建て方・スラブ・外壁の施工後、床と天井のスラブに縦胴縁の土台となる胴縁を固定する（固定は接着剤およびコンクリート釘で行う）。

❷次に土台胴縁と縦胴縁を釘で固定する。さらに横胴縁も組み込み、しっかりとした下地をつくる。外壁側の横胴縁は鉄骨の縦胴縁に固定する。

❸床下地は端部に際根太をセットする。フローリング下地には構造用合板やパーティクルボードを用いる。床下地板の施工後、壁下地の石膏ボードを胴縁にビス留めして、取り付けるビスの凹凸はパテで埋め、サンドペーパーで平滑に仕上げる。

❹最後に床と壁、天井を仕上げ（一般的に床フローリングを先に仕上げる）、巾木を取り付けて内壁の完成。

石膏ボード

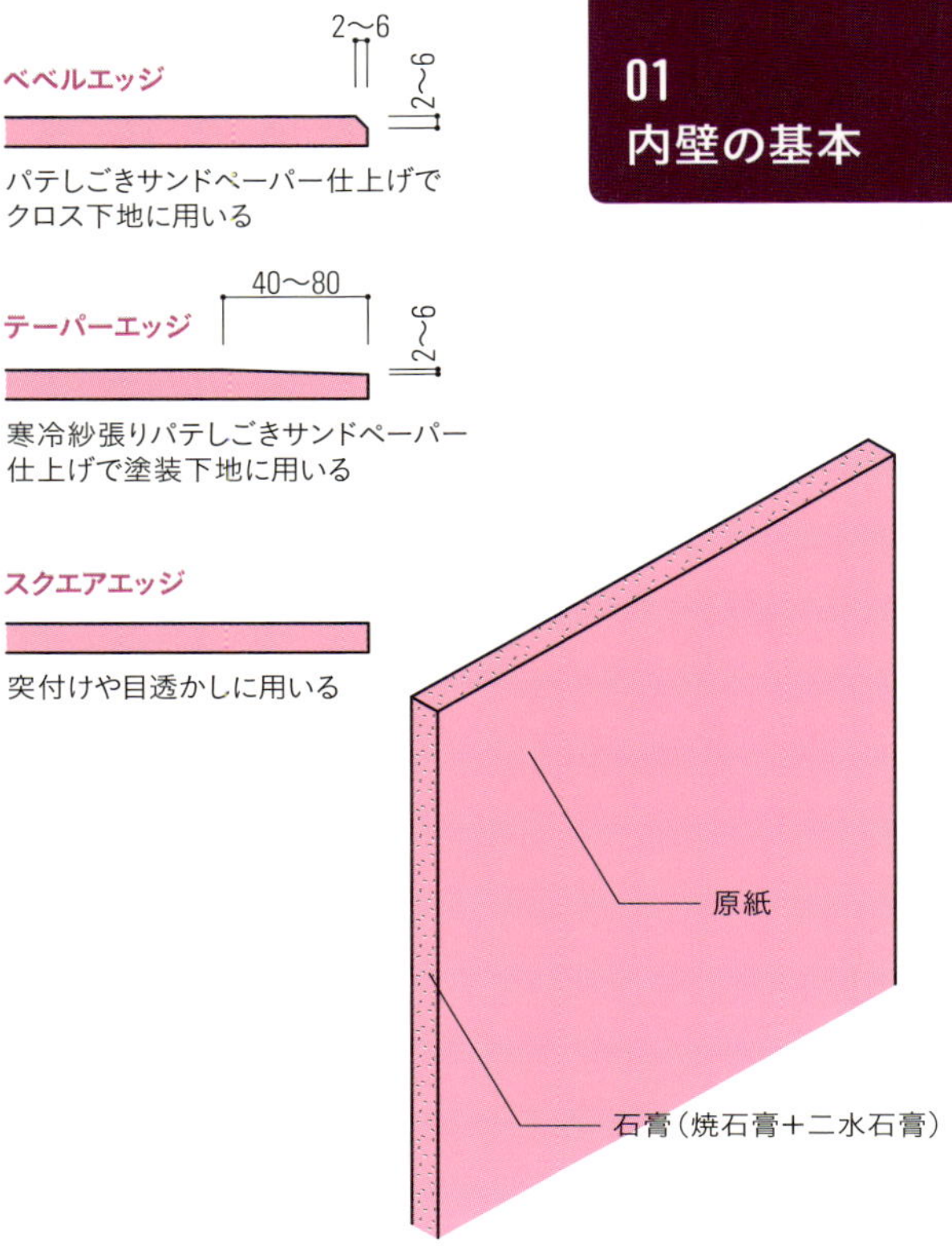
ベベルエッジ
2〜6
2〜6
パテしごきサンドペーパー仕上げでクロス下地に用いる
テーパーエッジ
40〜80
2〜6
寒冷紗張りパテしごきサンドペーパー仕上げで塗装下地に用いる
スクエアエッジ
突付けや目透かしに用いる
原紙
石膏（焼石膏＋二水石膏）

木

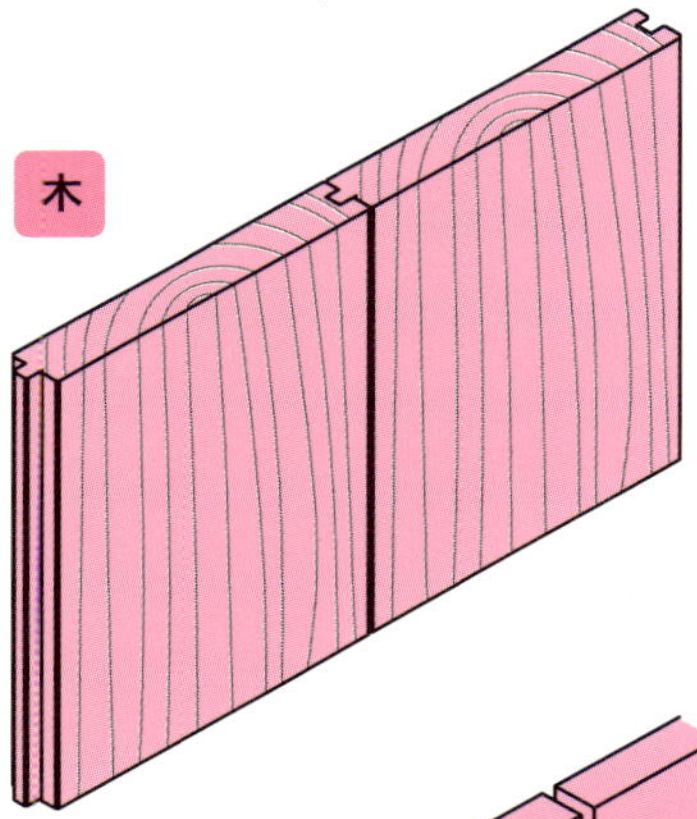

石

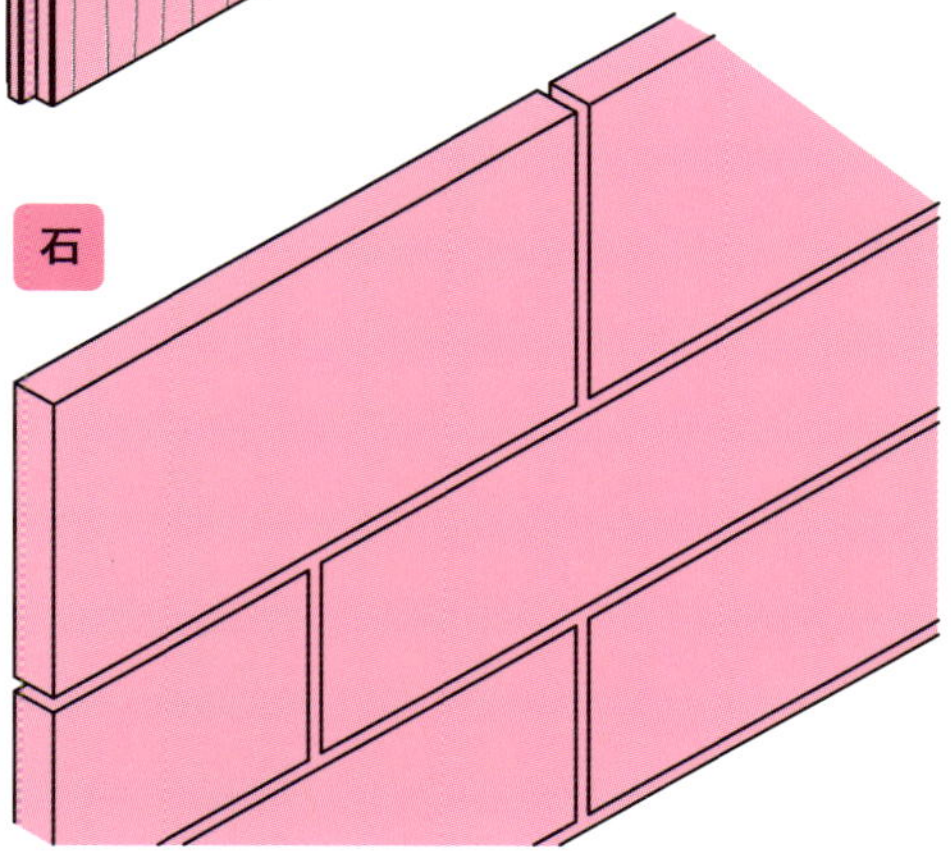

内壁の施工手順

❶建て方・スラブ・外壁の施工が終わった状態

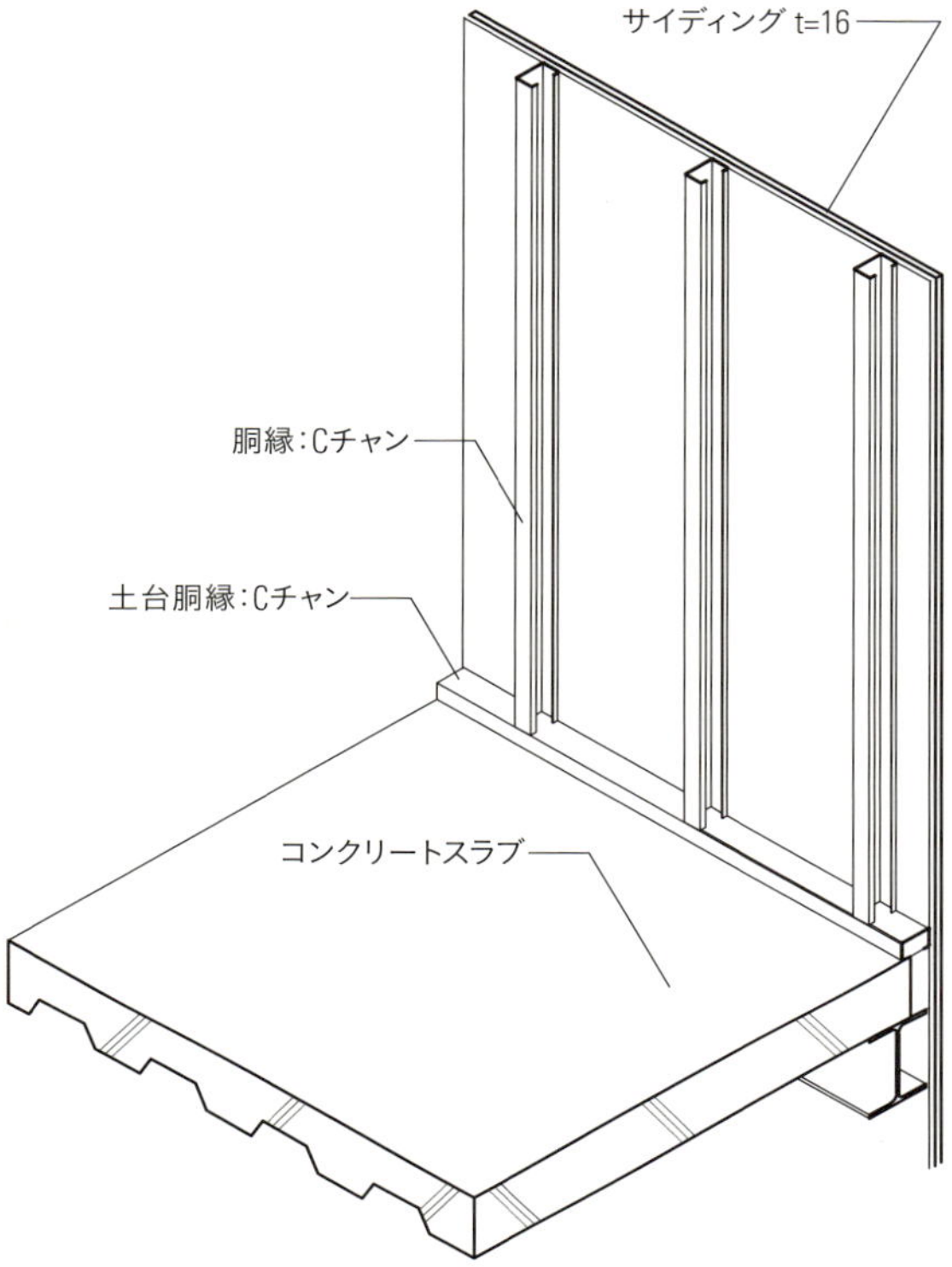
サイディング t=16
胴縁：Cチャン
土台胴縁：Cチャン
コンクリートスラブ

❷外壁の胴縁に木下地をビス留めする

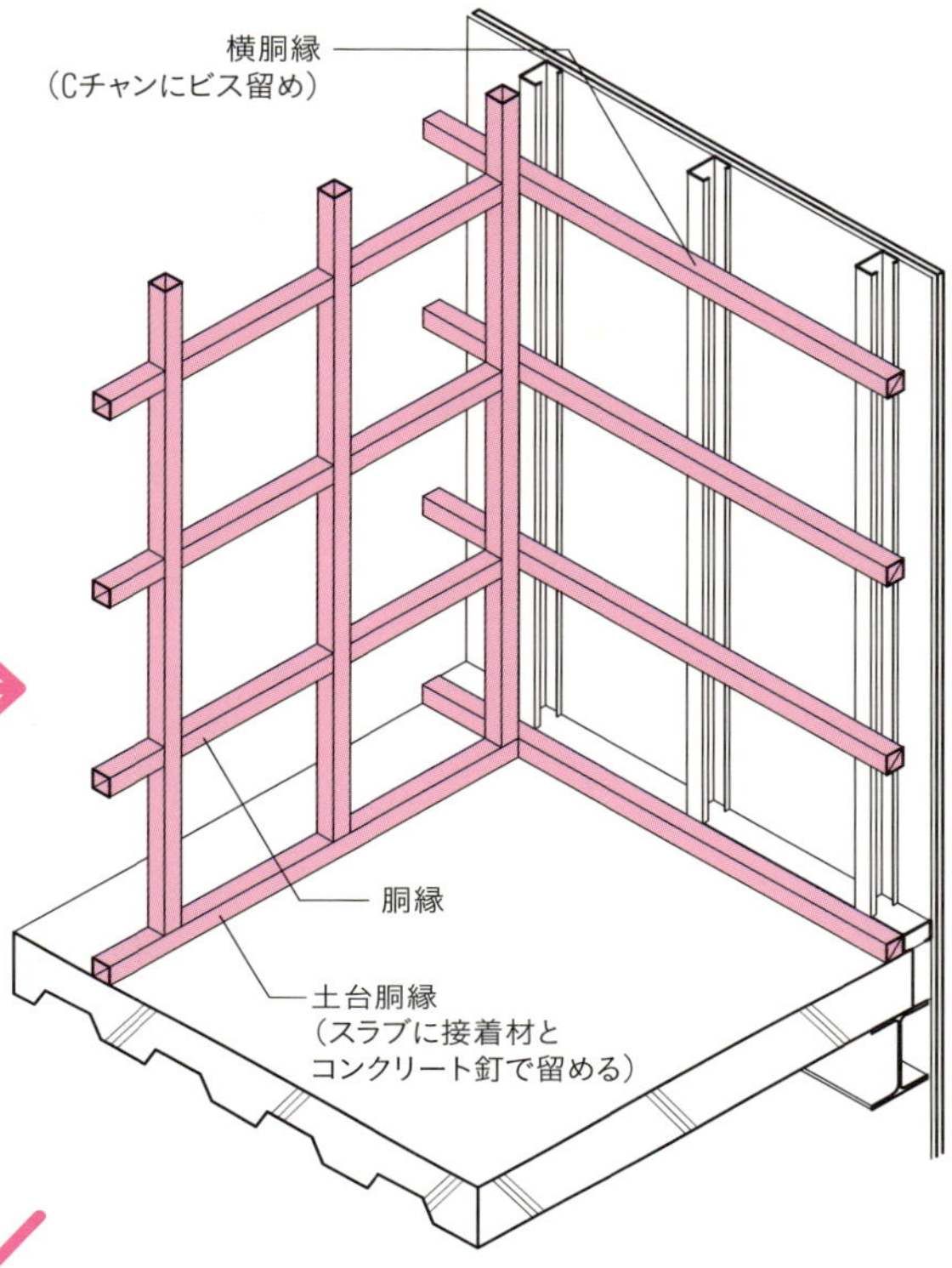
横胴縁
（Cチャンにビス留め）
胴縁
土台胴縁
（スラブに接着材と
コンクリート釘で留める）

❸床の下地、壁石膏ボードを取り付けていく

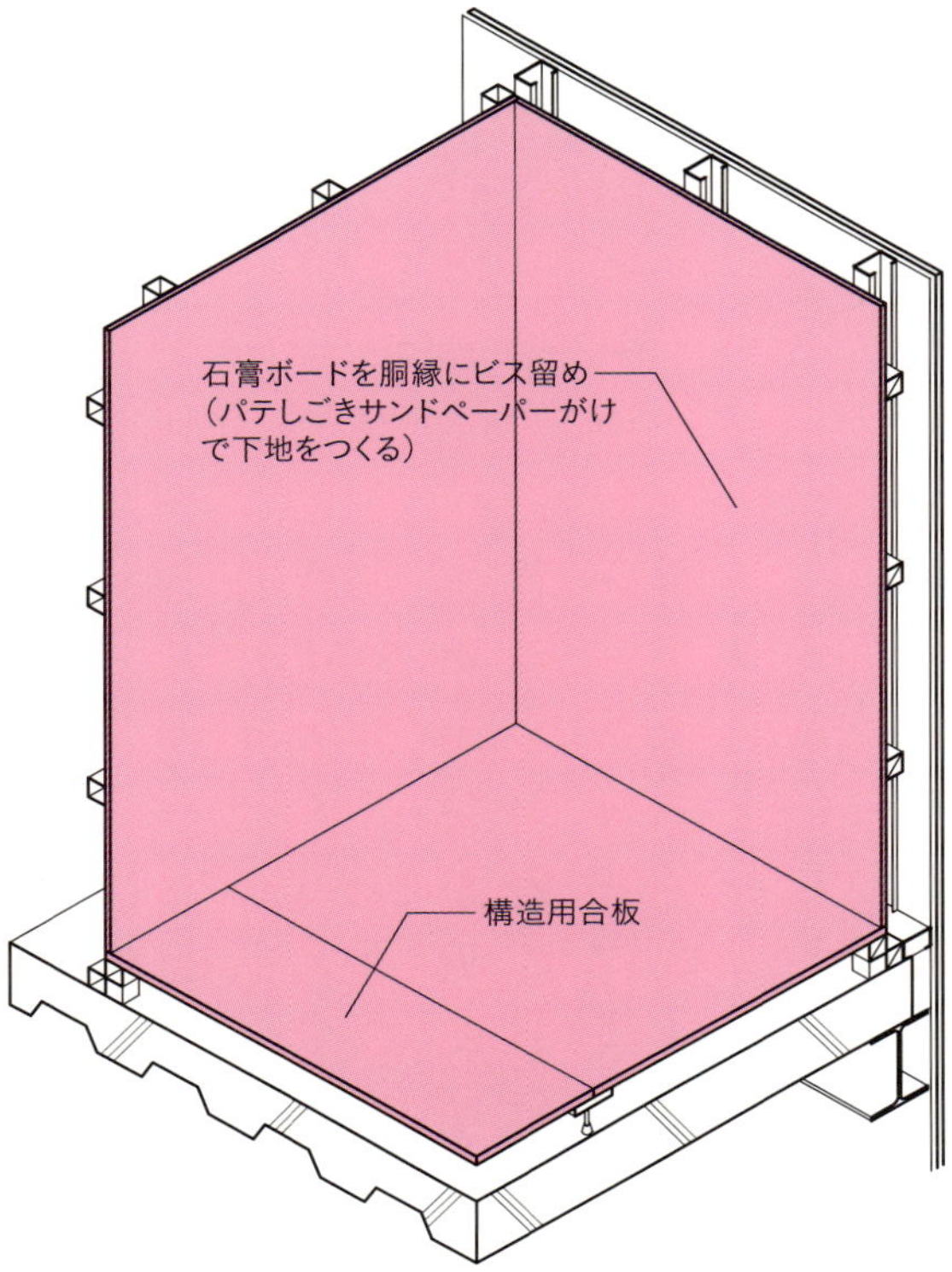
石膏ボードを胴縁にビス留め
（パテしごきサンドペーパーがけ
で下地をつくる）
構造用合板

❹フローリング、クロス、巾木を取り付けて完成

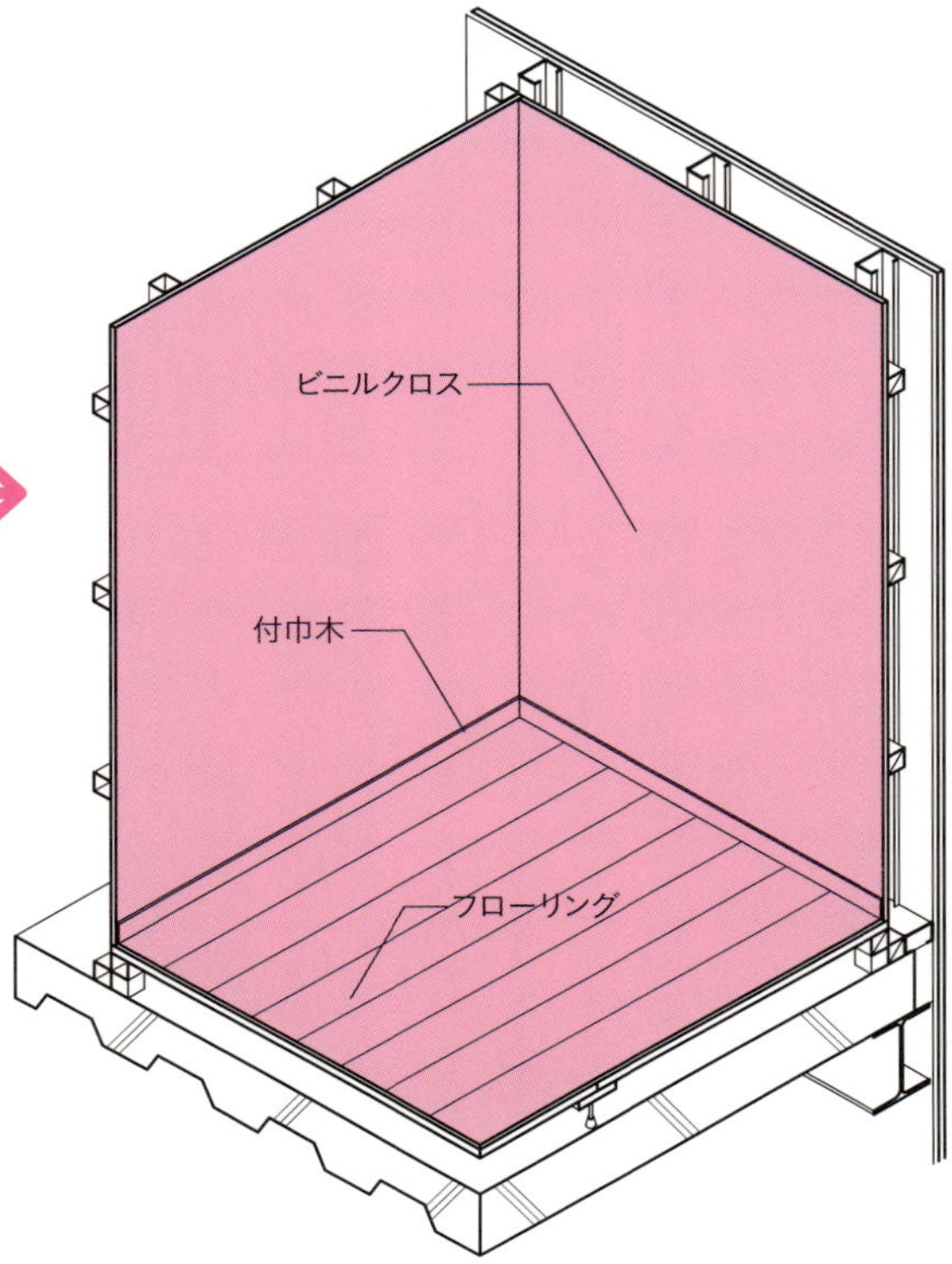
ビニルクロス
付巾木
フローリング

一般的な木構造材の規格（主に柱に用いる）
短辺 × 長辺
90 × 90
105 × 105
120 × 120

一般的な木下地の規格（胴縁や下地材に用いる）
短辺 × 長辺
15 × 45
15 × 90
18 × 45
21 × 90
24 × 90
27 × 90
30 × 60
30 × 90
36 × 45
36 × 75
39 × 39
39 × 45
45 × 45
45 × 60
45 × 90
60 × 60
75 × 75

内壁の下地を木でつくる

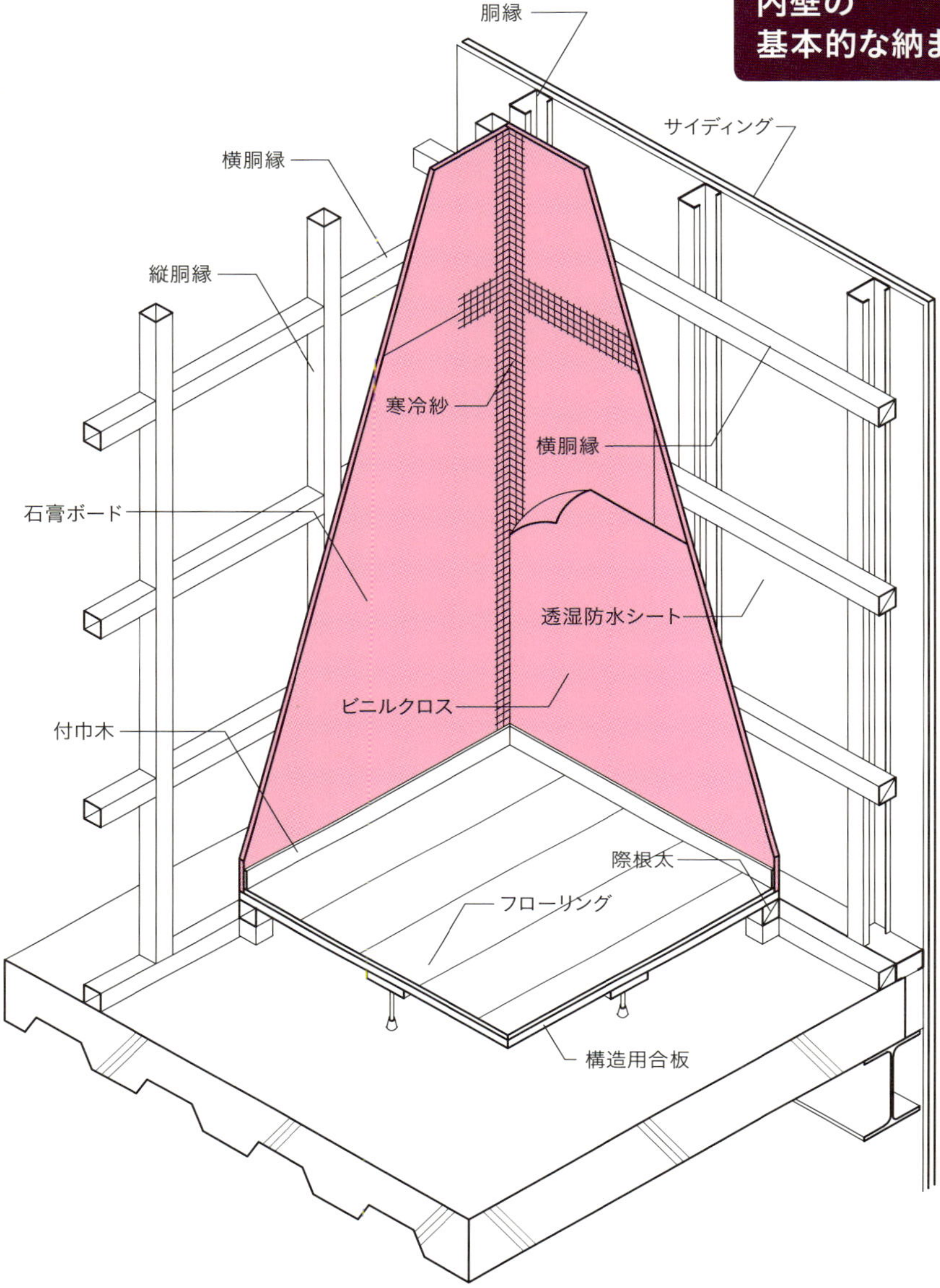

内壁の下地は、**木下地**か**LGS下地**に大別される。住宅では加工のしやすさや自由度の観点から、**木下地**とすることが多い。木材は規格寸法があるため、そこから選ぶことになる。

内壁を考えるときのポイントは、**壁の厚みや部屋の有効寸法をいくつにしたいか**である。なお木下地は一般に、大工や地域によって用いられる寸法が異なる。規格寸法を押さえながら、現場に合わせた設計をすること。

LGS下地は、集合住宅など一定規模以上の建物に採用されることが多い。**施工の早さ**がメリットである。LGS下地は、スラブ間の高さによって必要な寸法がきっちりと分かれている。**LGS50**では**高さ2.7m以下**、**LGS65**では**高さ4m以下**とする必要がある。

木下地でもLGS下地でもスラブに**土台**（**ランナー**）を配し、**縦胴縁**（**スタッド**）を取り付け、**横胴縁**（**振れ止め**）で補強するという構成は同じであることを理解しよう。

内壁の下地をLGSでつくる

スタッド、ランナーの規格

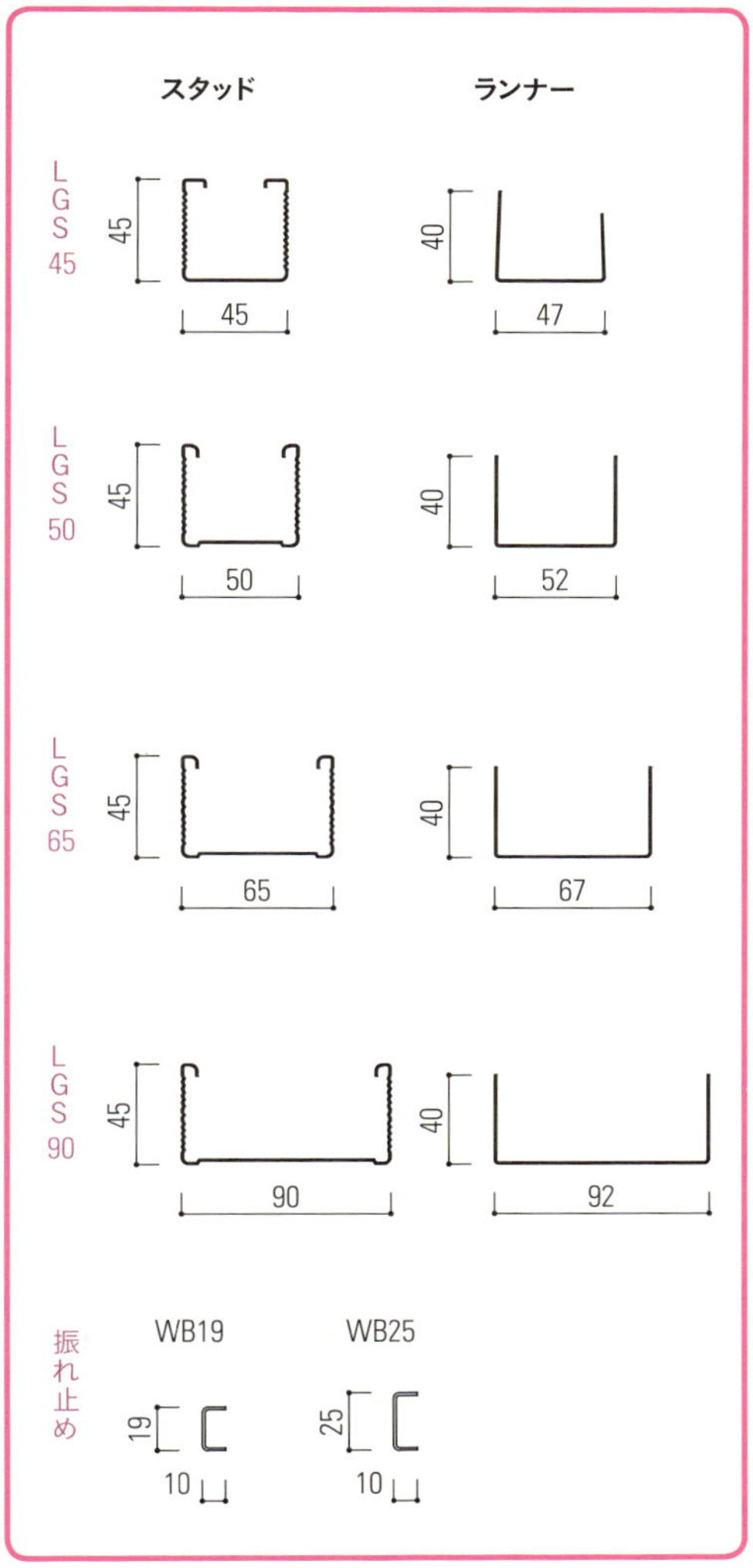

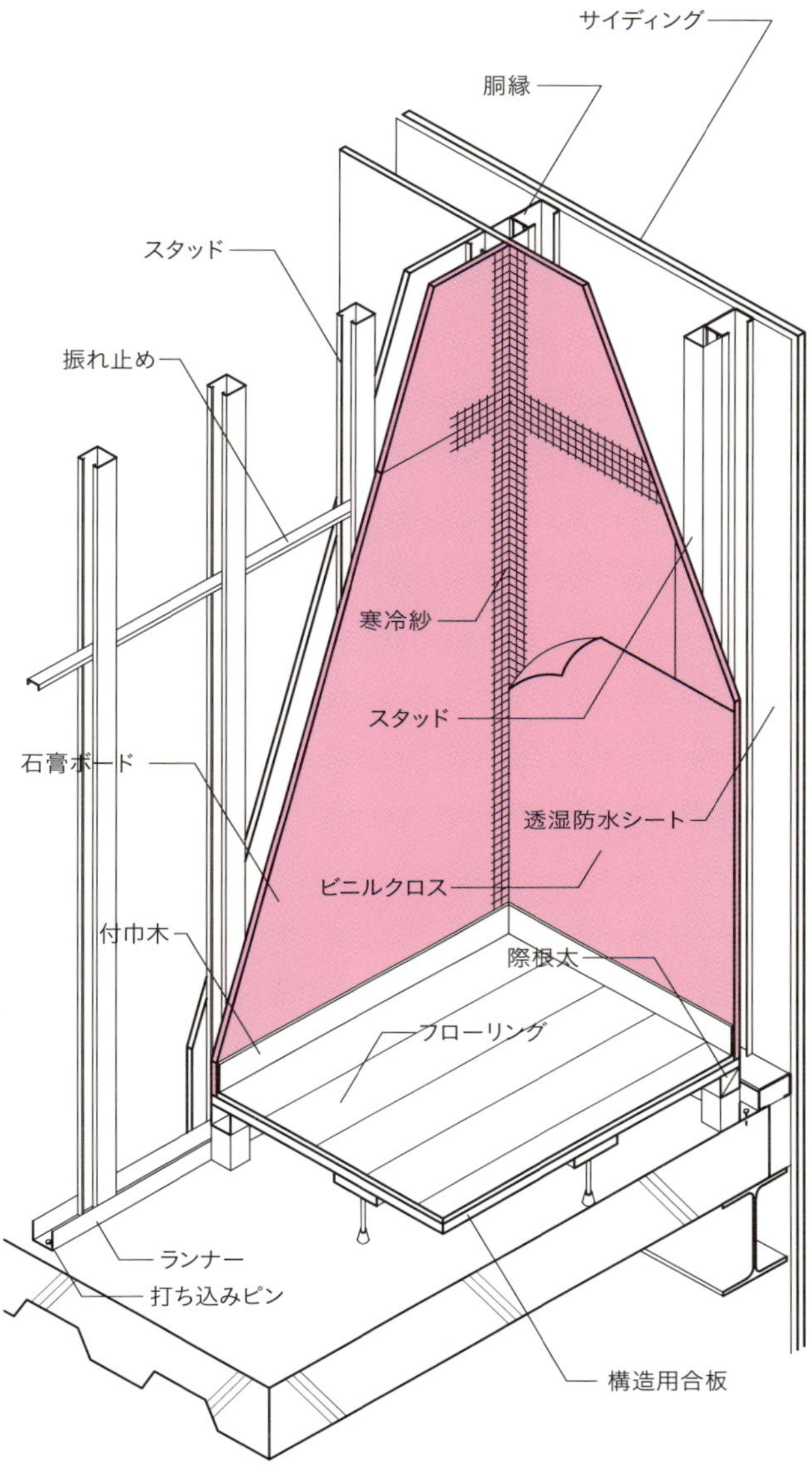

内壁材料別の**仕上げ**を紹介したい。

左官壁は代表的なものに**漆喰**や**珪藻土**がある。漆喰は石灰岩を焼いて生石灰にし、それに水を加えると消石灰となる。それに藁や糊を加えると**漆喰**ができあがる。珪藻土は、珪藻という植物性プランクトン（藻）の死骸が海底や湖底で、長年にわたり化石化し、それが堆積してできた**粘土状の泥土**である。

二つとも**自然素材**がベースであり、手仕事で塗られるため、荒く塗ったり平滑にしたり、コテでムラをつけたりと、希望に合わせた仕上げが可能である。二つを比べると、珪藻土の方が**多孔質**という特性上、**調湿・消臭効果が高い**。歴史は漆喰壁の方が古い。

石材も多様な仕上げが可能である。ツヤがあり、石の色や柄が一番表現される**本磨き**、ツヤがなく石の色調は80％程度表現される**水磨き**、石の表面を高温火炎で焼きザラツキとくすみ感を出した**バーナー仕上げ**などがある。

内壁仕上げの選択によって、建物のイメージが大きく変わることを理解しよう。

内壁（外部側内壁）のバリエーション

ビニルクロスと付巾木（LGS）

施工速度と手間の少なさ、コストの面などからビニルクロス＋付巾木とするケースが主流である。

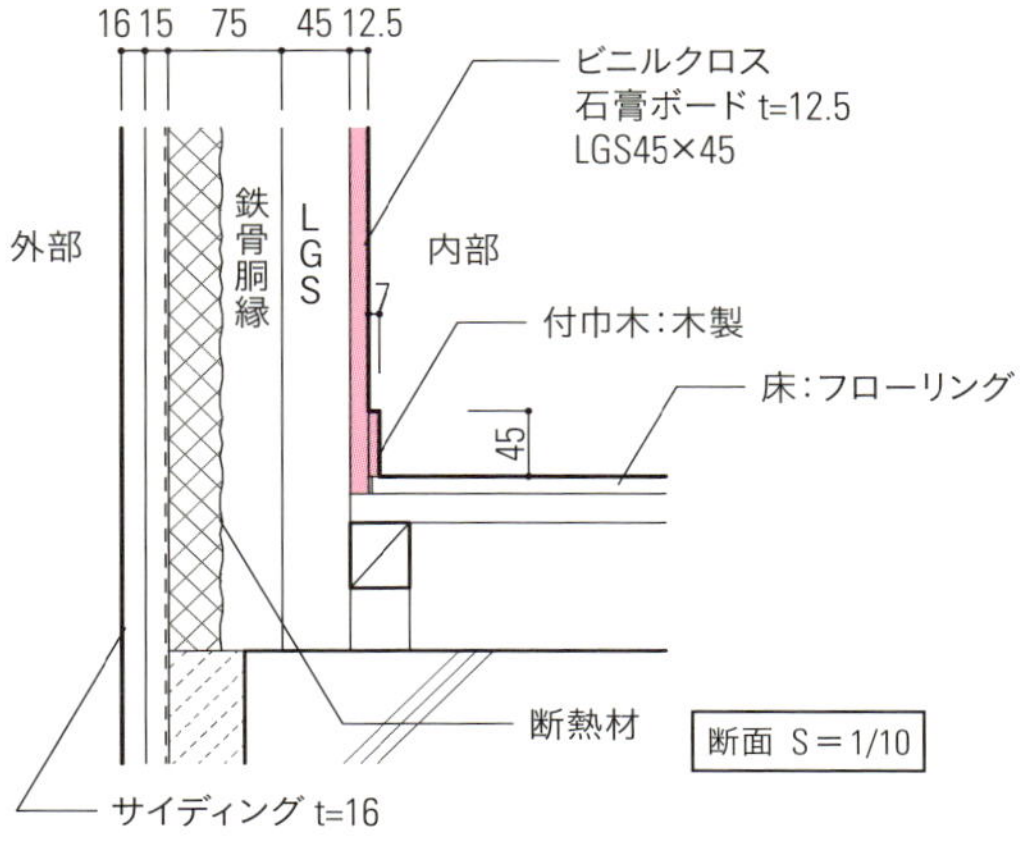

化粧合板仕上げ（木下地）

木板を張ることが難しい場合は、木目の化粧合板を採用するとよい。

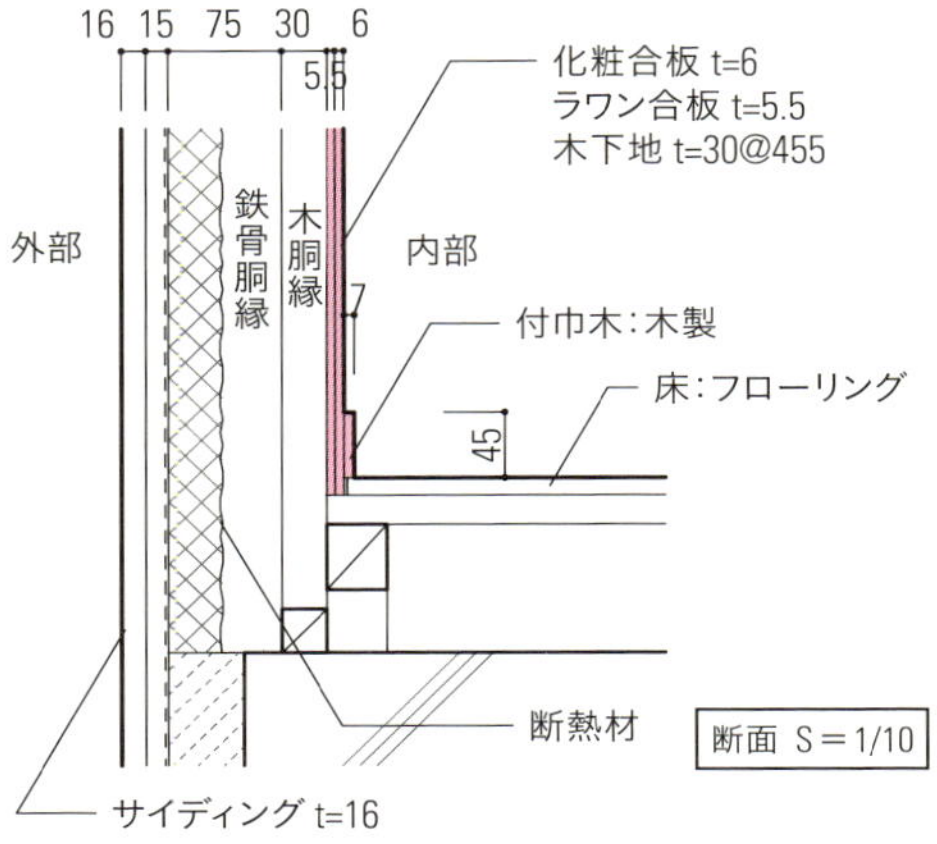

左官壁仕上げ＋出巾木（LGS）

左官壁で仕上げるときは左官材を呑み込める出巾木を選ぶとよい。下地によってはモルタルも不要。

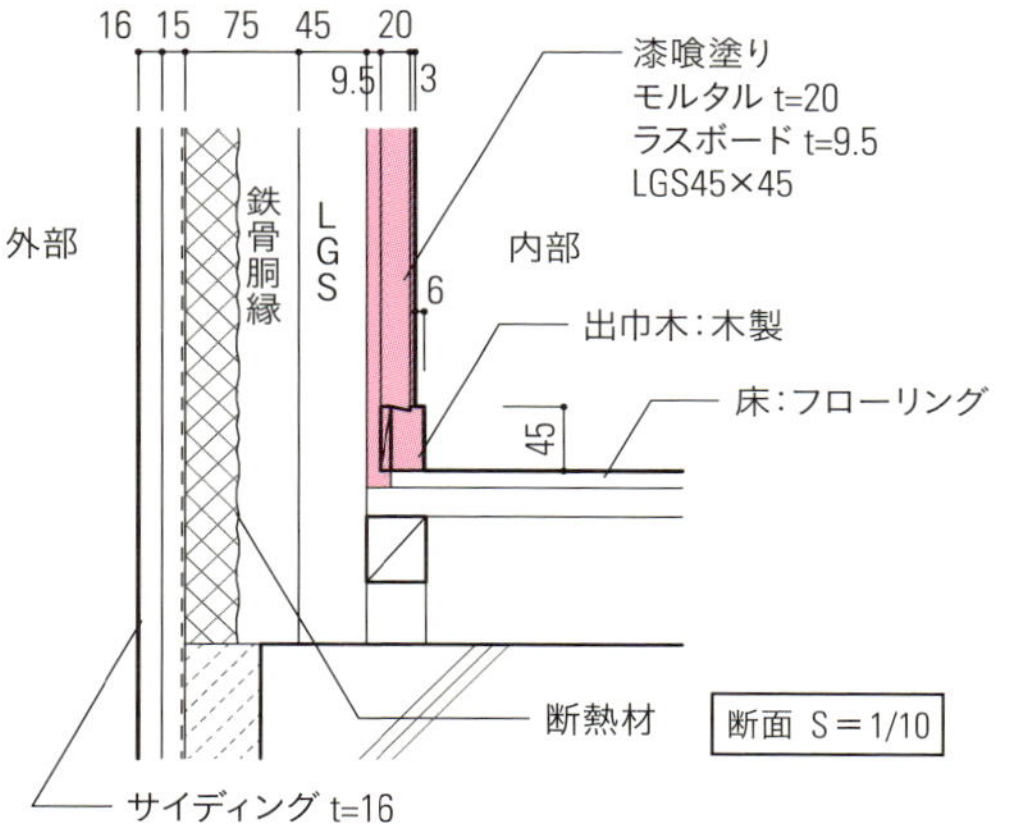

タイル張り仕上げ（木下地）

タイル張りは石膏ボードの上に接着剤を塗り、直に張ることが可能である。

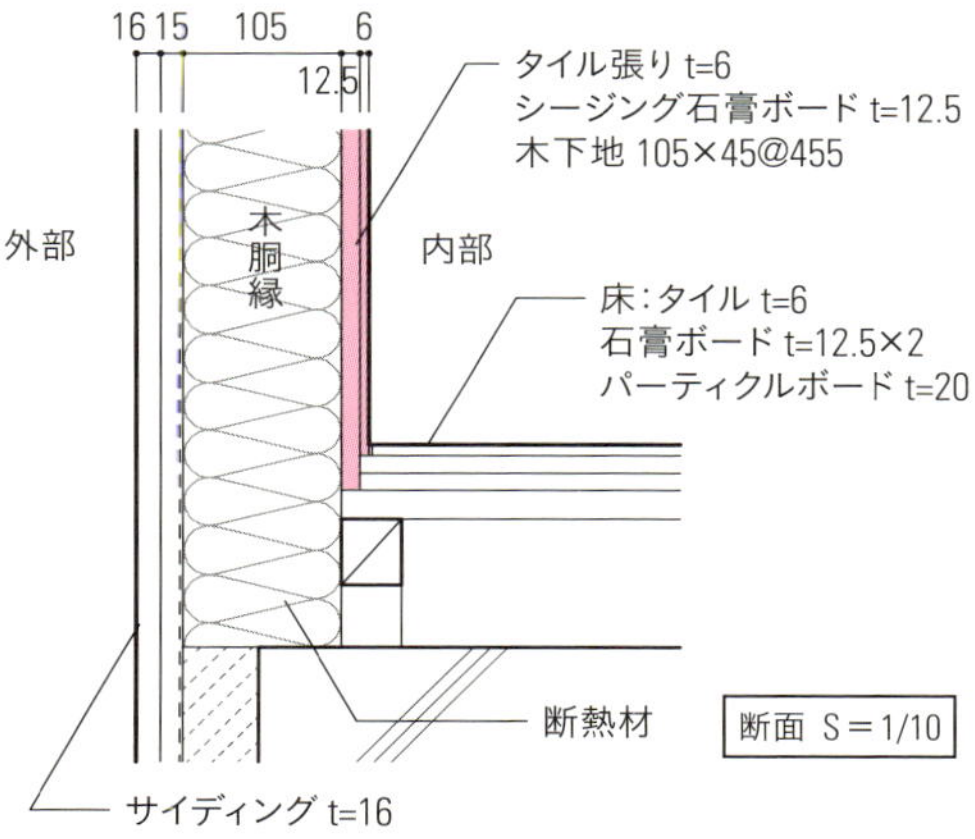

石張り仕上げ（LGS）

石張りは重量があるため、胴縁にアングルで確実に留め付ける必要がある。

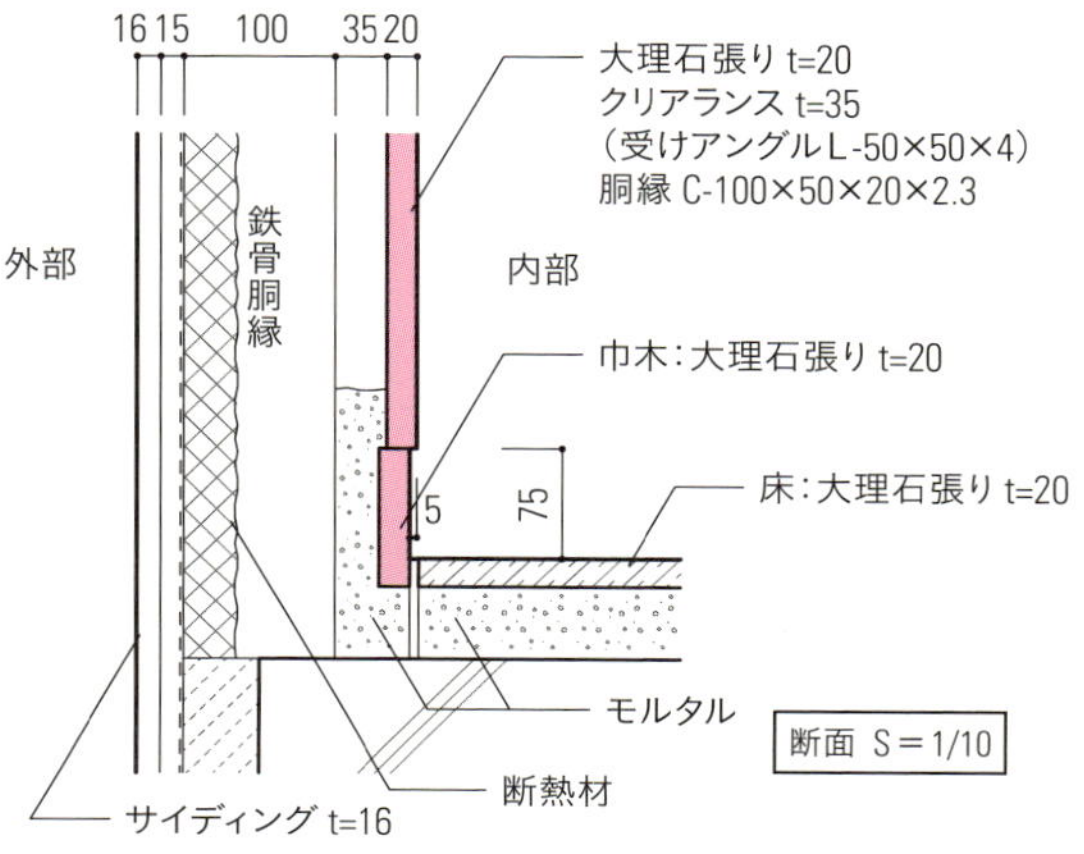

遮音性を上げた内壁（木下地）

オーディオルームやピアノ室で遮音性を高めたい場合は空気層と防震層をとるとよい。

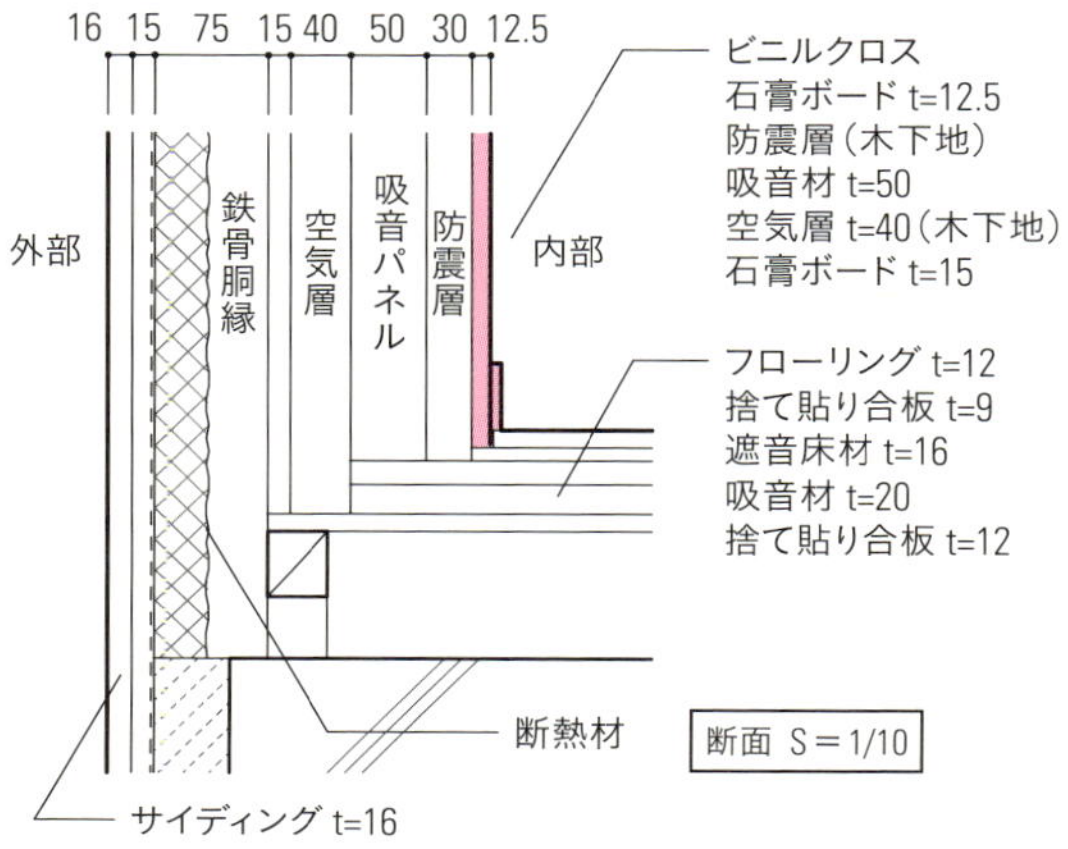

内壁（内部側内壁）のバリエーション

左官壁＋入巾木（LGS）

左官材の割れなどを考慮すると、下地に木胴縁を入れてクッション材とすることが望ましい。

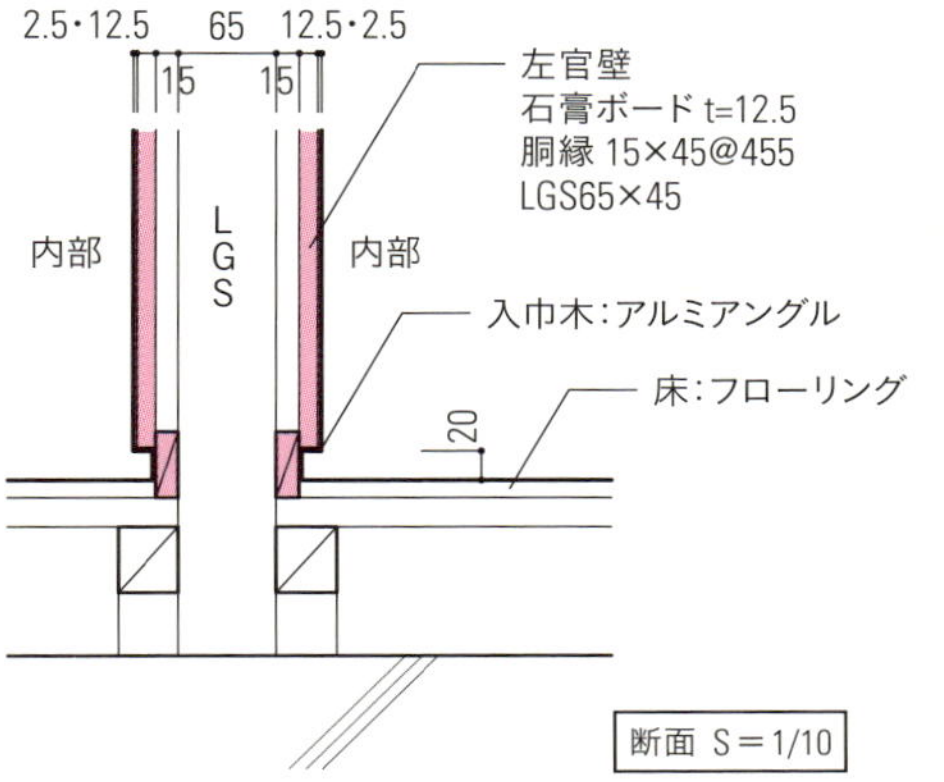

内壁の厚みを抑えたクロス仕上げ（木下地）

壁を薄くしたい場合は45角の胴縁に石膏ボードを張って仕上げるとよい。

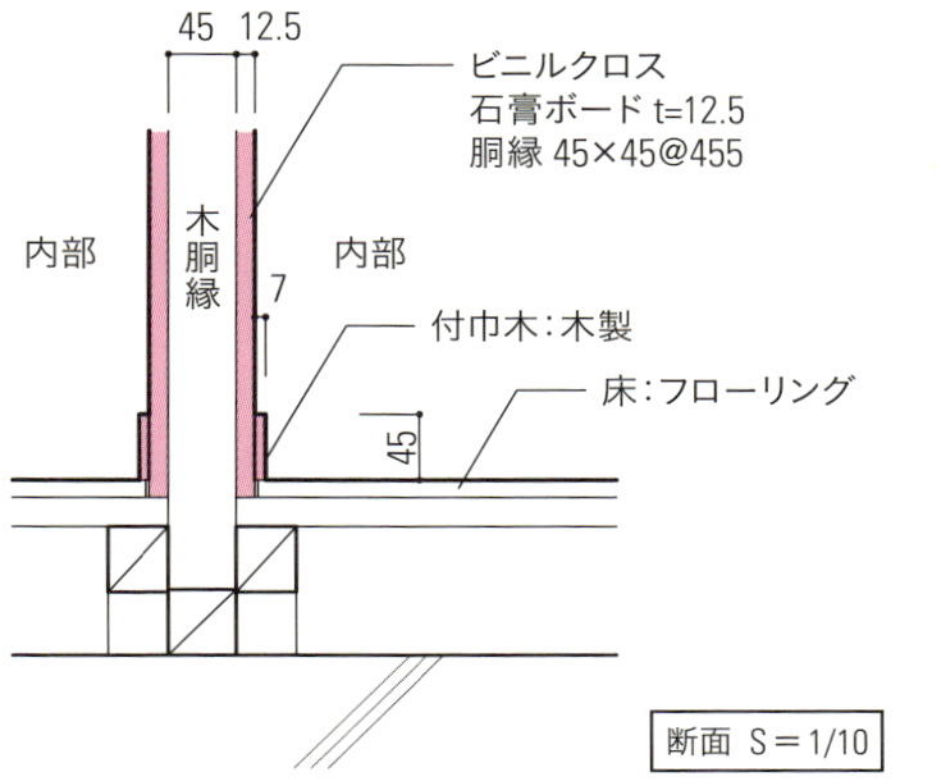

二重張り＋出巾木（LGS）

塗装仕上げも割れを考慮したいが、施工速度を重視するのであれば石膏ボードを二枚張りする手法もある。

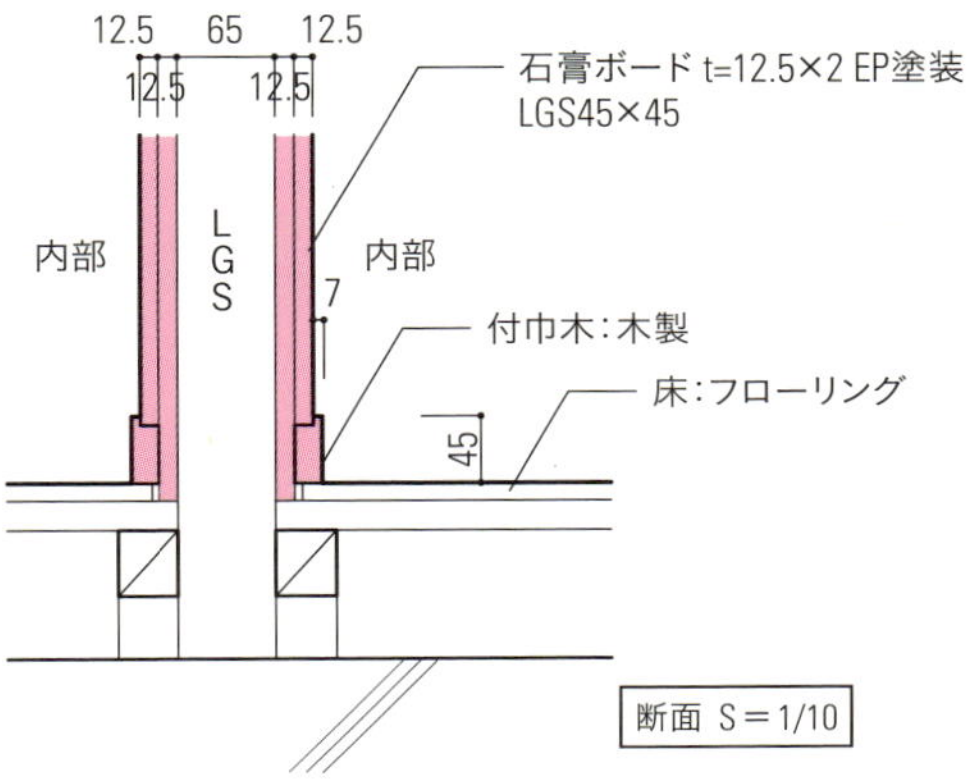

真壁左官＋畳寄せ（木下地）

105角程度の柱を現しにし、左官材で内壁を仕上げれば和風の空間にすることが可能である。

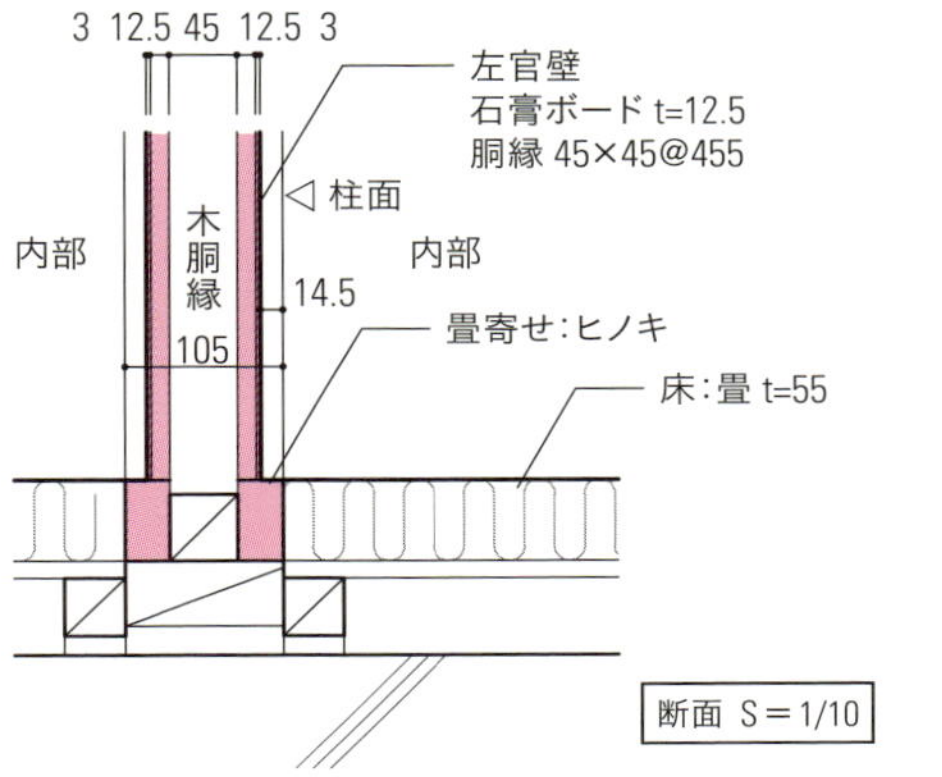

巾木なし（LGS）

シナ合板は仕上げ材として使用可能なため、すっきり見せたい空間に向いているといえる。

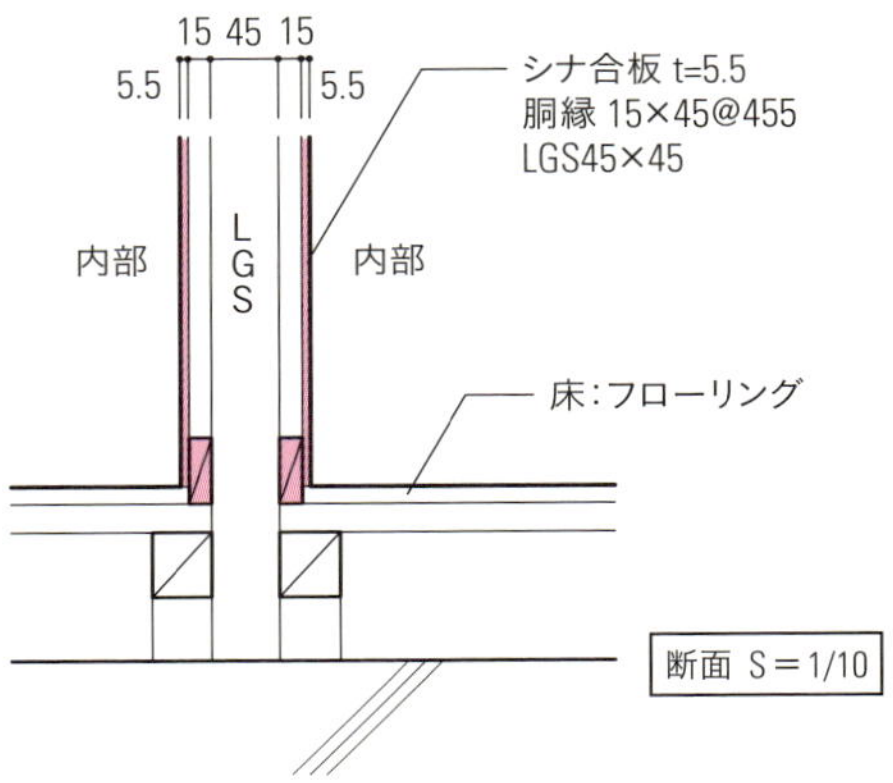

遮音性を上げた内壁（木下地）

内部の室同士の間仕切り壁であっても、遮音性を上げるためには防震＋遮音層をとるとよい。

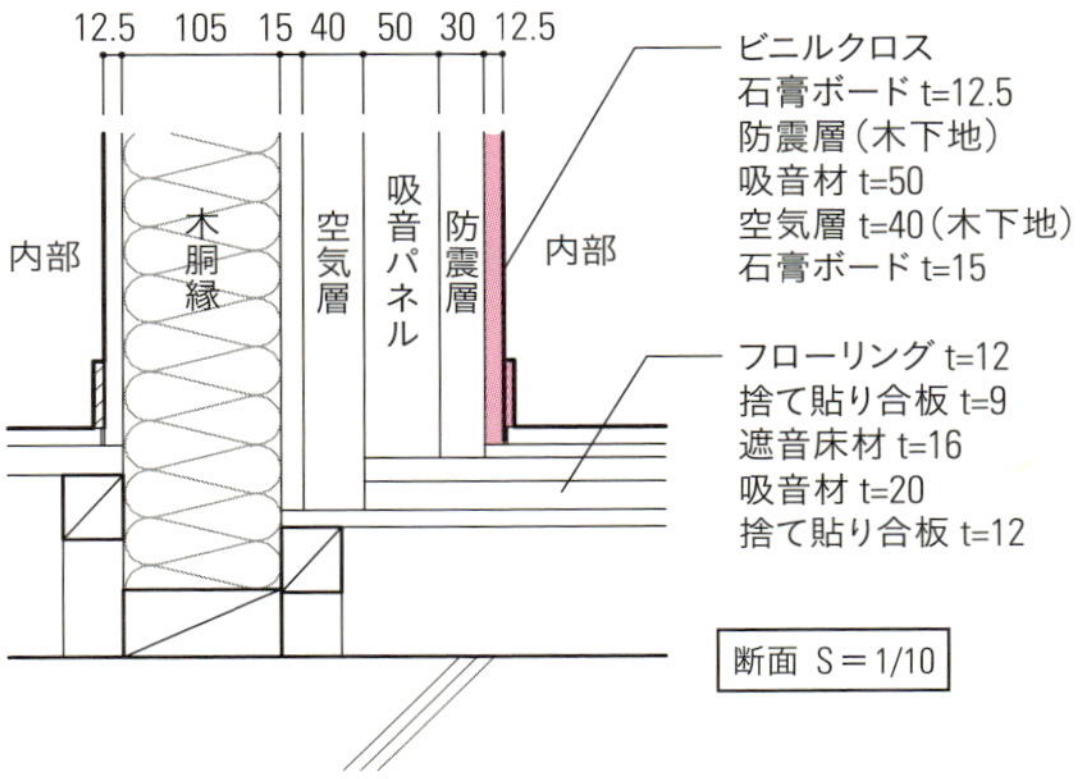

木製フラッシュ戸

内部建具の主流は、**木製のフラッシュ戸**である。フラッシュ戸とは、**框**と**桟**と呼ばれる材料で木の骨組みをつくり、表面材を張り付ける構造である。表面材はコストの安い順に**シナ合板**、**化粧合板**、**突板練付合板**、**無垢材**となる。表面材には樹脂シートは張るケースが少なくない。

一方、**框戸**《かまちど》（143ページ参照）は戸の周囲に框と呼ばれる材料を廻して、中に板材を挟み込むような構造である。コストは上がるが、本物の無垢材にこだわるのであれば使用したい。

障子・襖《ふすま》

障子や**襖**は、木の枠に縦横に多くの細い桟を付けて紙を張った建具である。光を採り入れつつ風を防ぐことが可能であり、和風の空間にしたいときに重宝する。

鋼製建具

鋼製建具も基本は**フラッシュ戸**である。**Cチャン**などを骨組みにし、**鋼板**を張っている。**鋼製建具**は**SD**と略され、外部に面する部分に用いられる。**軽量鋼製建具**は**LSD**と略され、内部の建具に用いられる。

SD、LSDともに、一般的にはビルや集合住宅など一定規模以上の建物に用いられる。

内部建具の施工手順

内部建具の施工手順は以下の通り。

❶上下スラブに縦胴縁下地となる**土台胴縁**を固定する。次に**縦胴縁**、**横胴縁**の順で取り付ける。

❷内壁下地ができた後、**建具枠**を取り付ける。

❸石膏ボードを張り、パテ処理・下地を平滑にしてクロス、巾木を付ける。現場で調整を行うため、**建具幅**と**高さを採寸する**。

❹内壁が仕上がったら、建具を吊り込んで**内部建具の完成**。

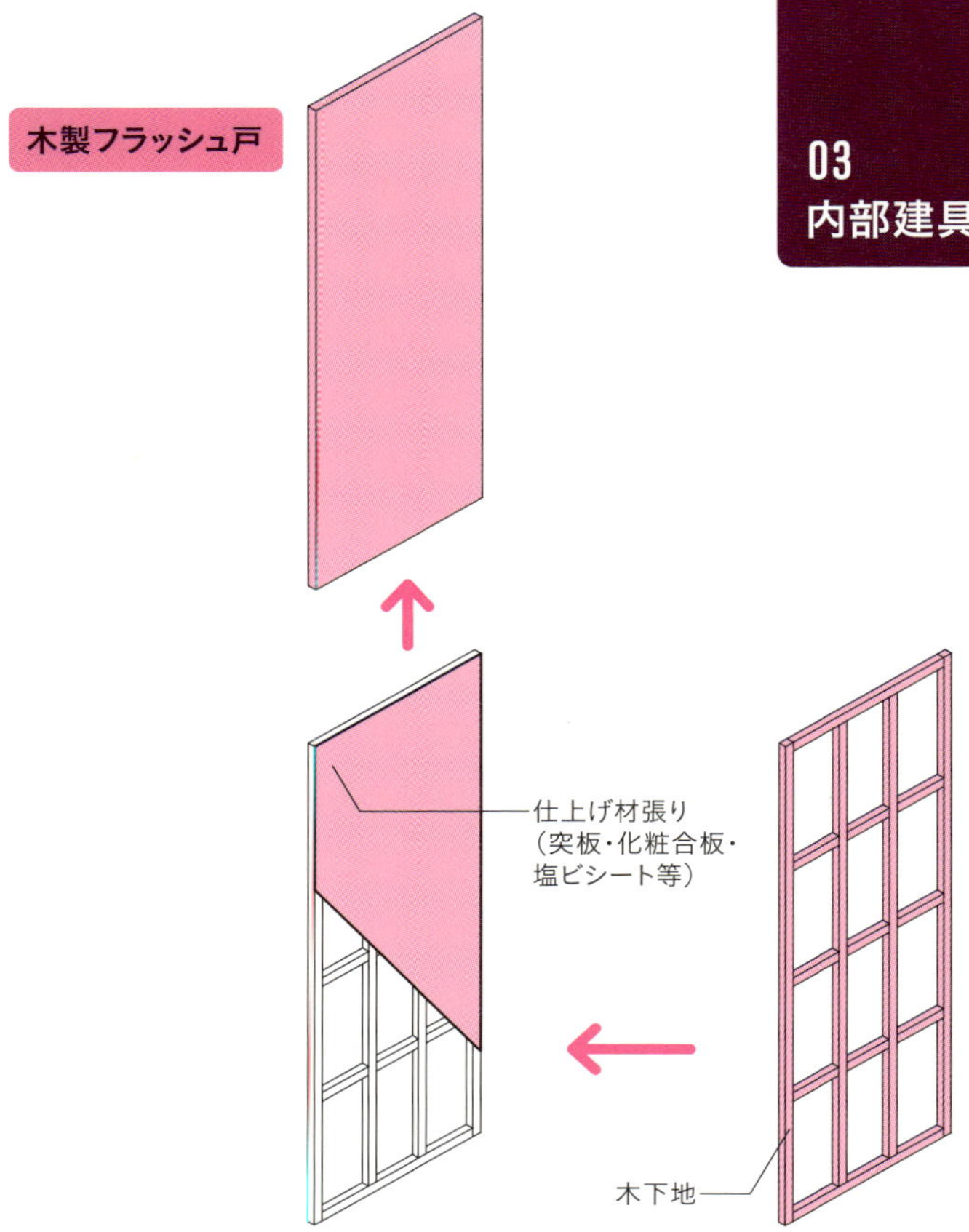
木製フラッシュ戸
仕上げ材張り
（突板・化粧合板・
塩ビシート等）
木下地

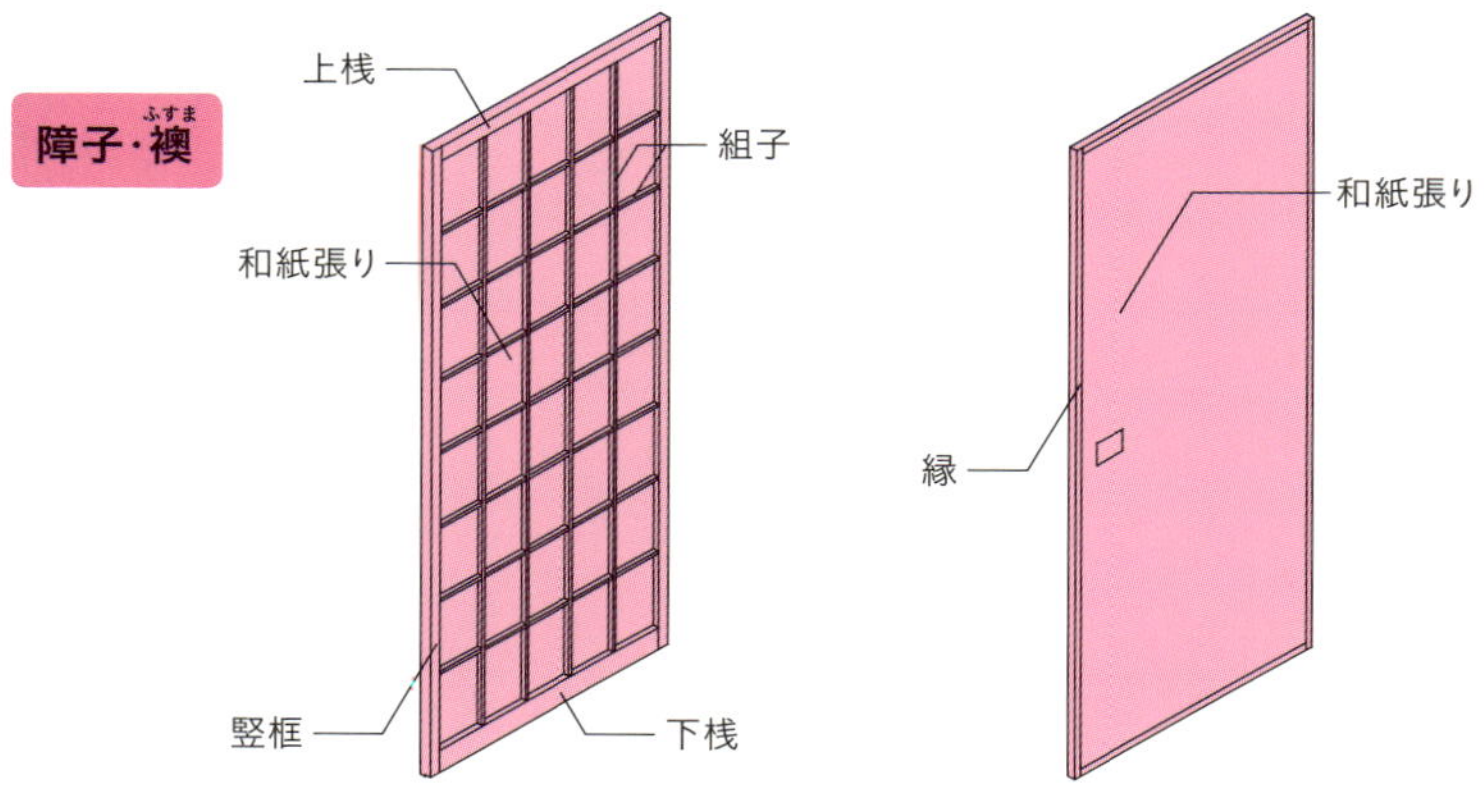
障子・襖《ふすま》
上桟
組子
和紙張り
竪框
下桟
和紙張り
縁

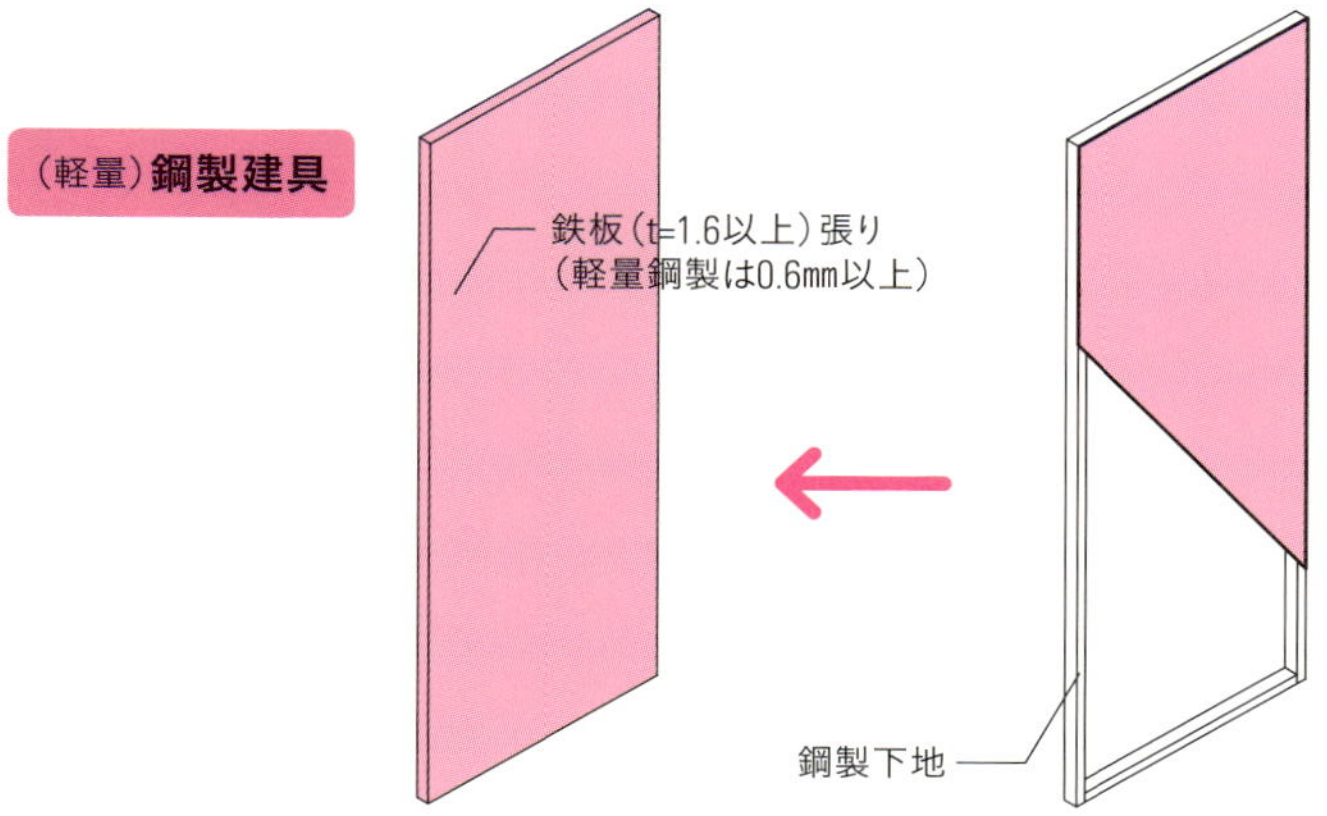
（軽量）鋼製建具
鉄板（t=1.6以上）張り
（軽量鋼製は0.6mm以上）
鋼製下地

内部建具の施工手順

❶木胴縁で建具と内壁の下地をつくる

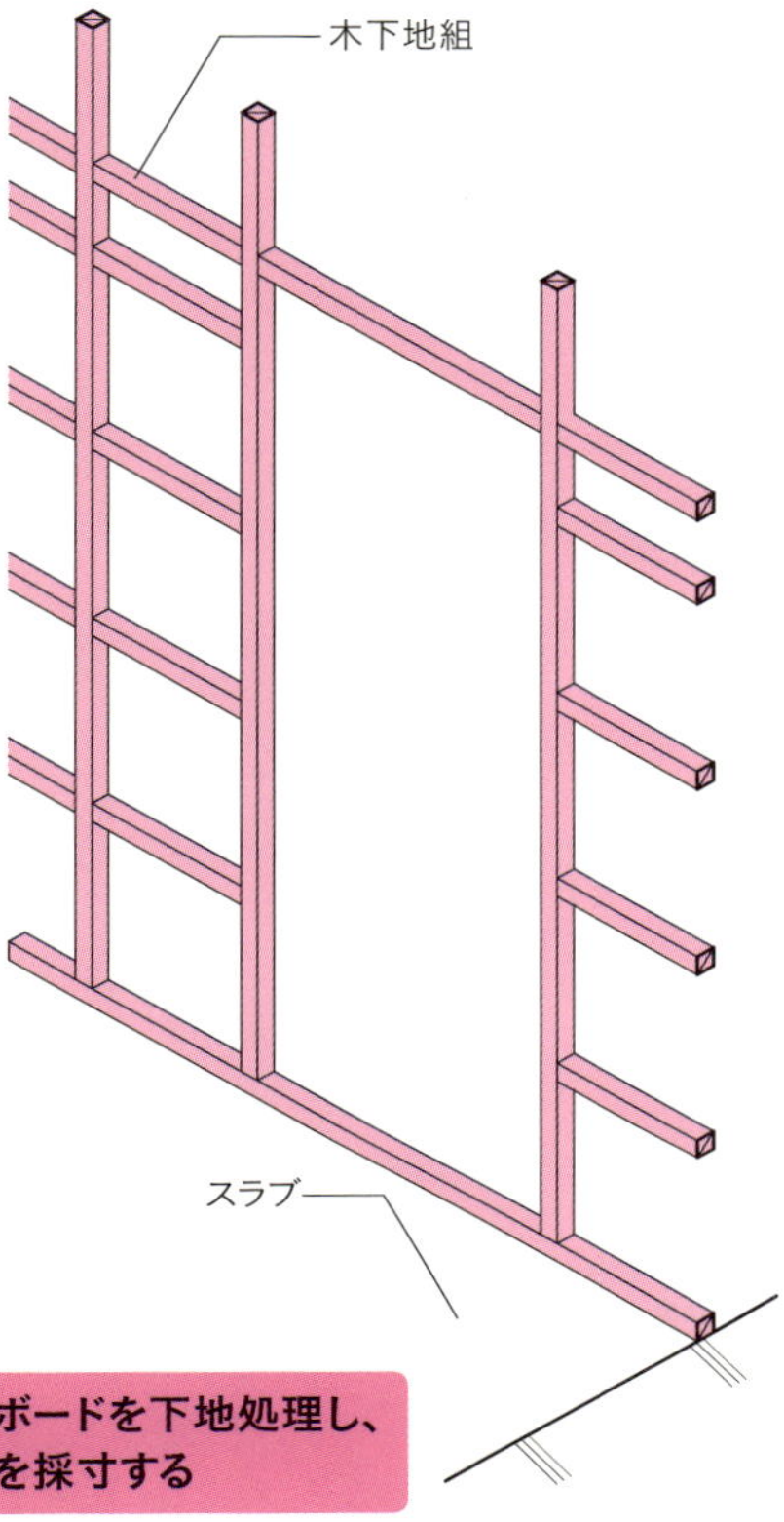

❷建具枠と床の下地合板を取り付ける

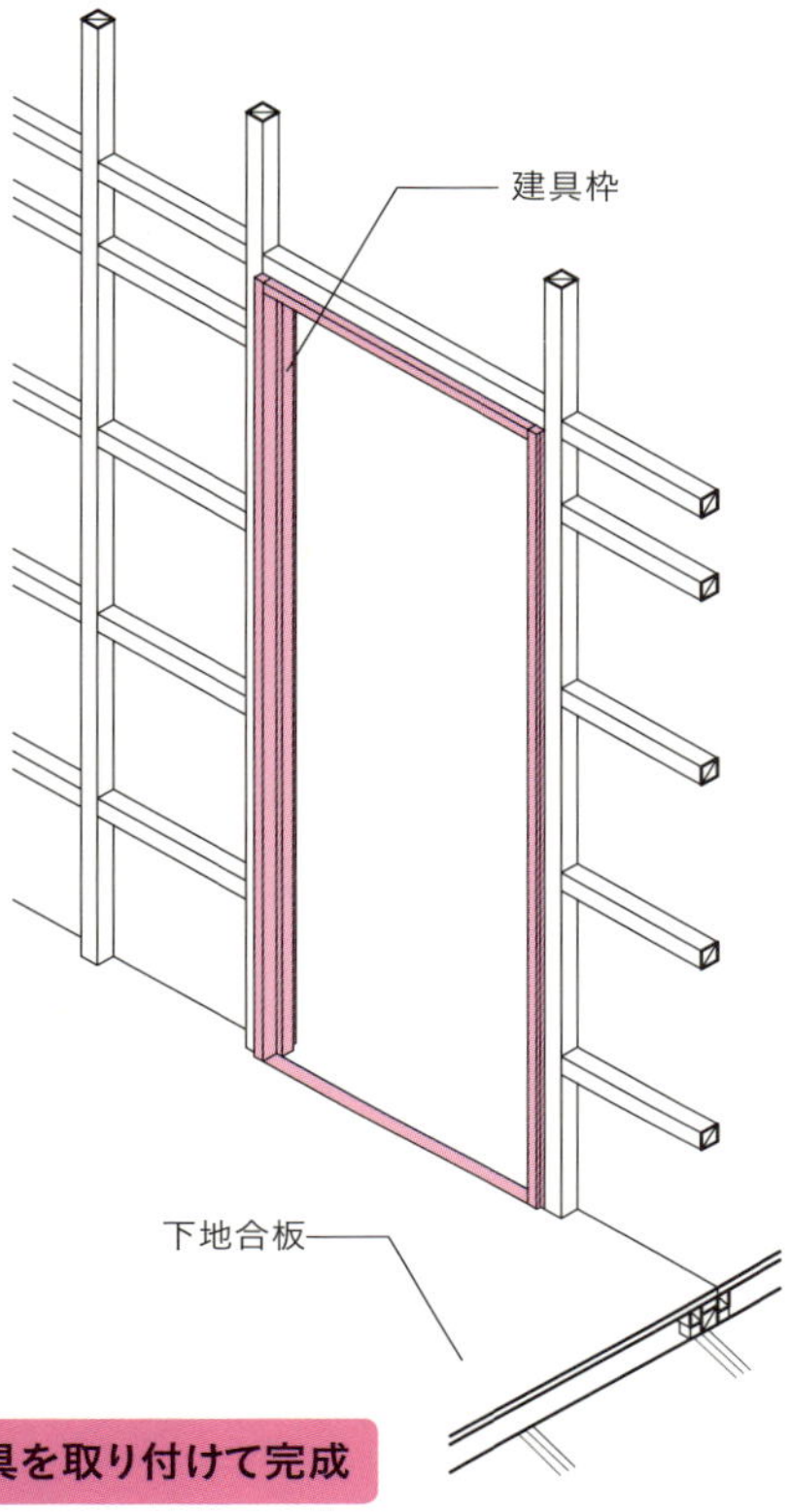

❸石膏ボードを下地処理し、建具を採寸する

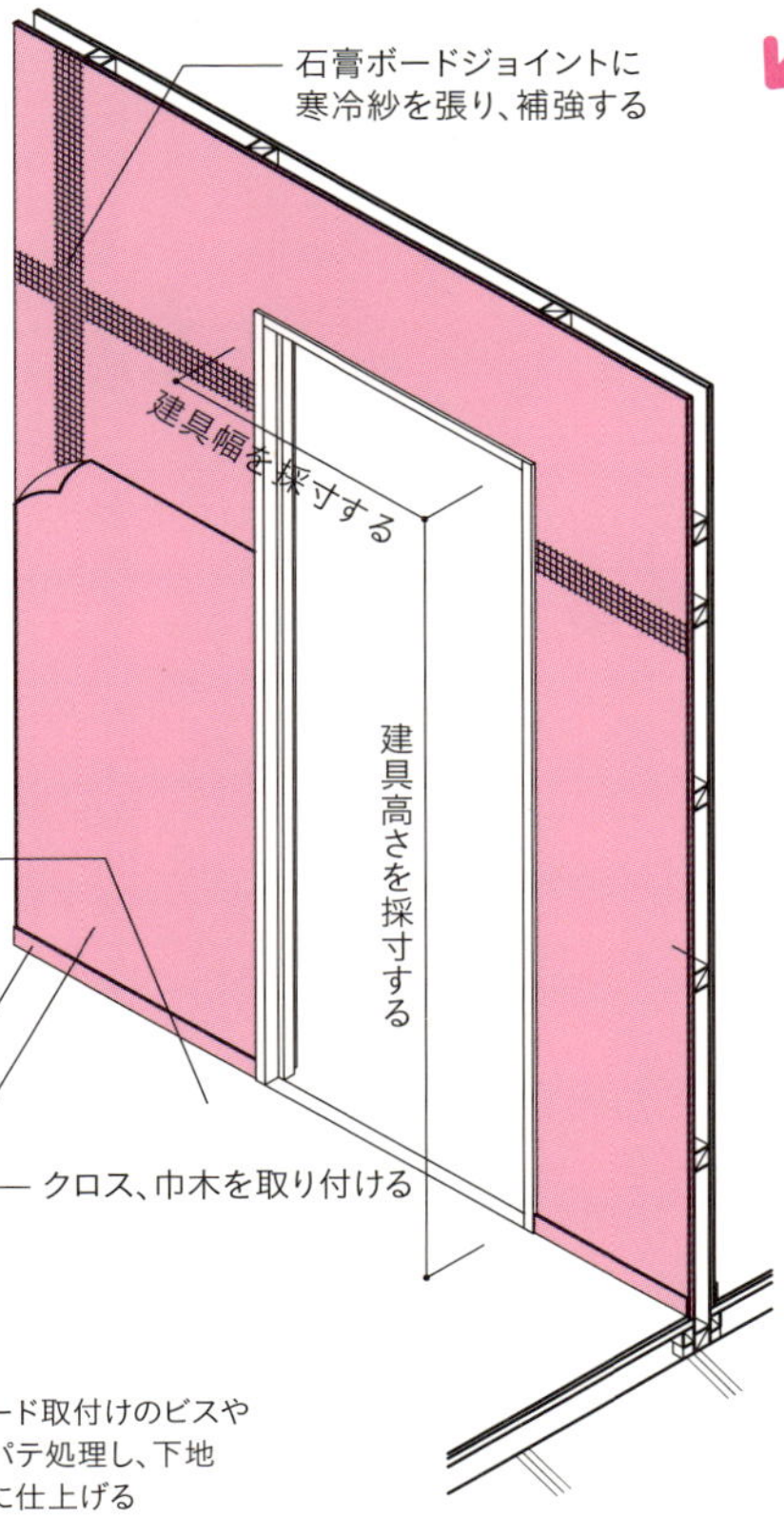

※石膏ボード取付けのビスや
不陸をパテ処理し、下地
を平滑に仕上げる

❹建具を取り付けて完成

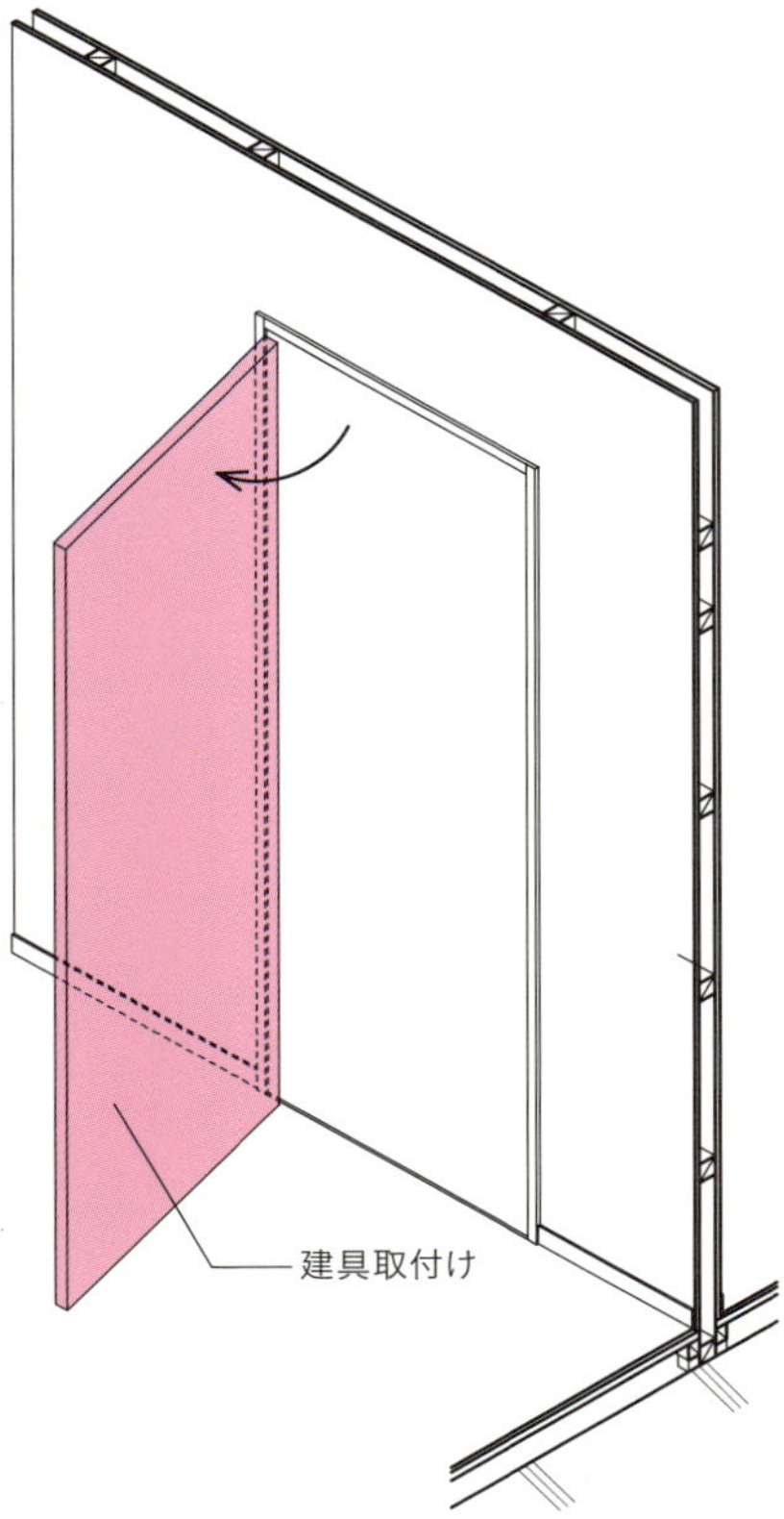

片開き

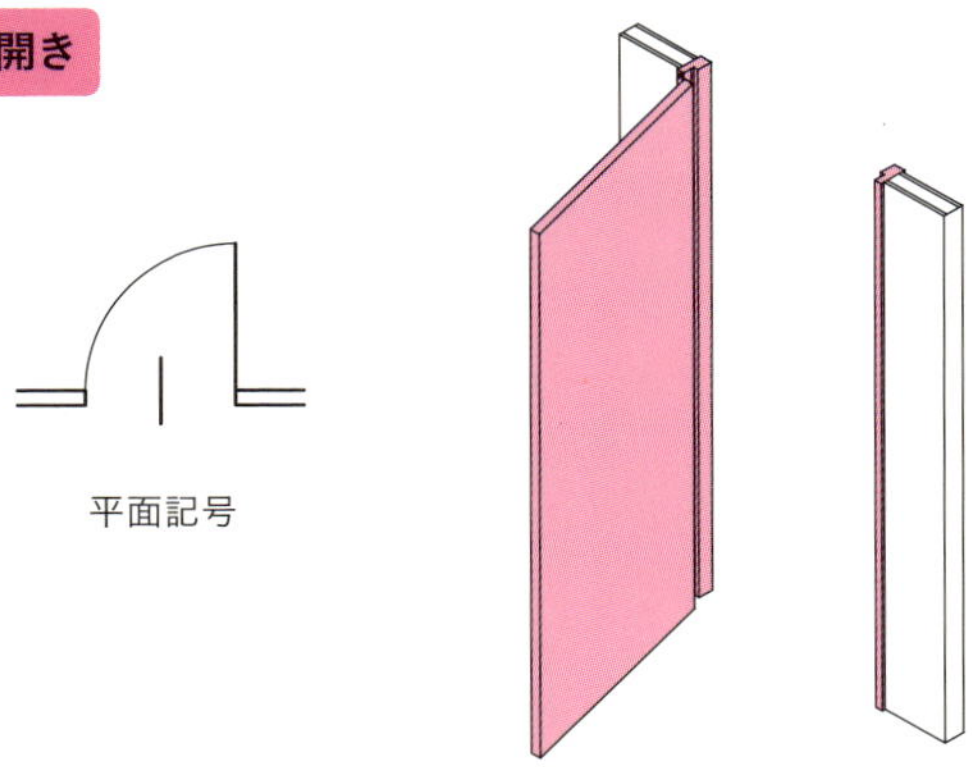
平面記号

片引き戸

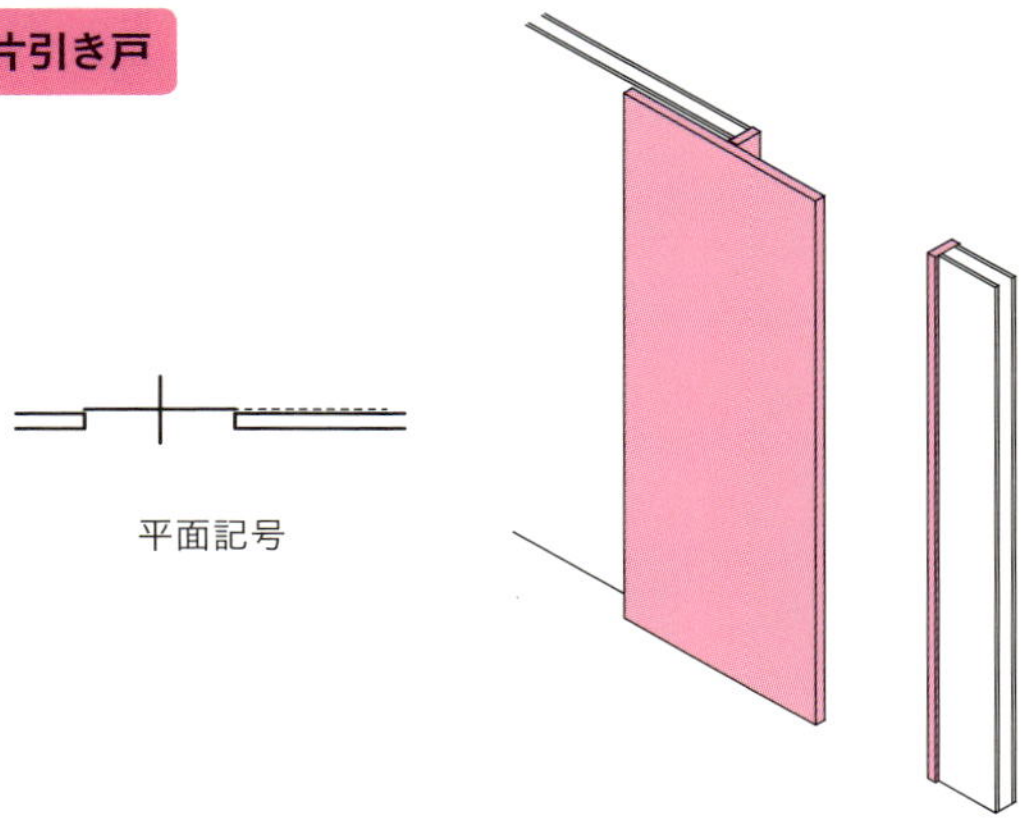
平面記号

引込み戸

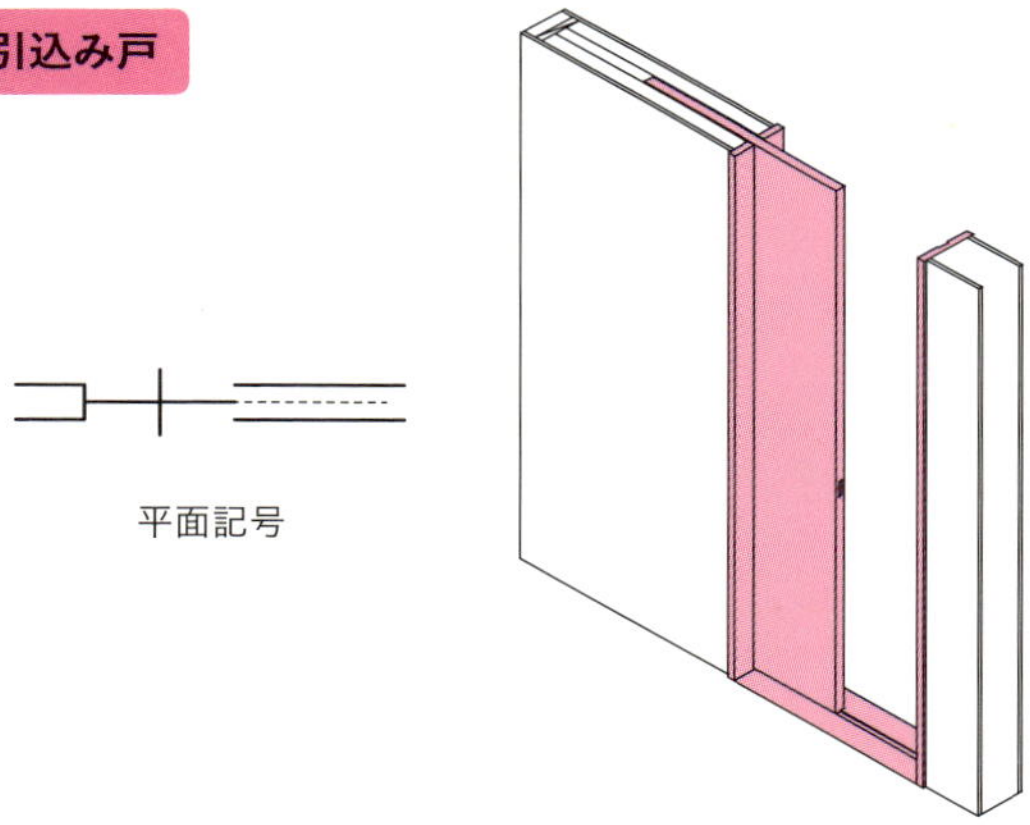
平面記号

引違い戸

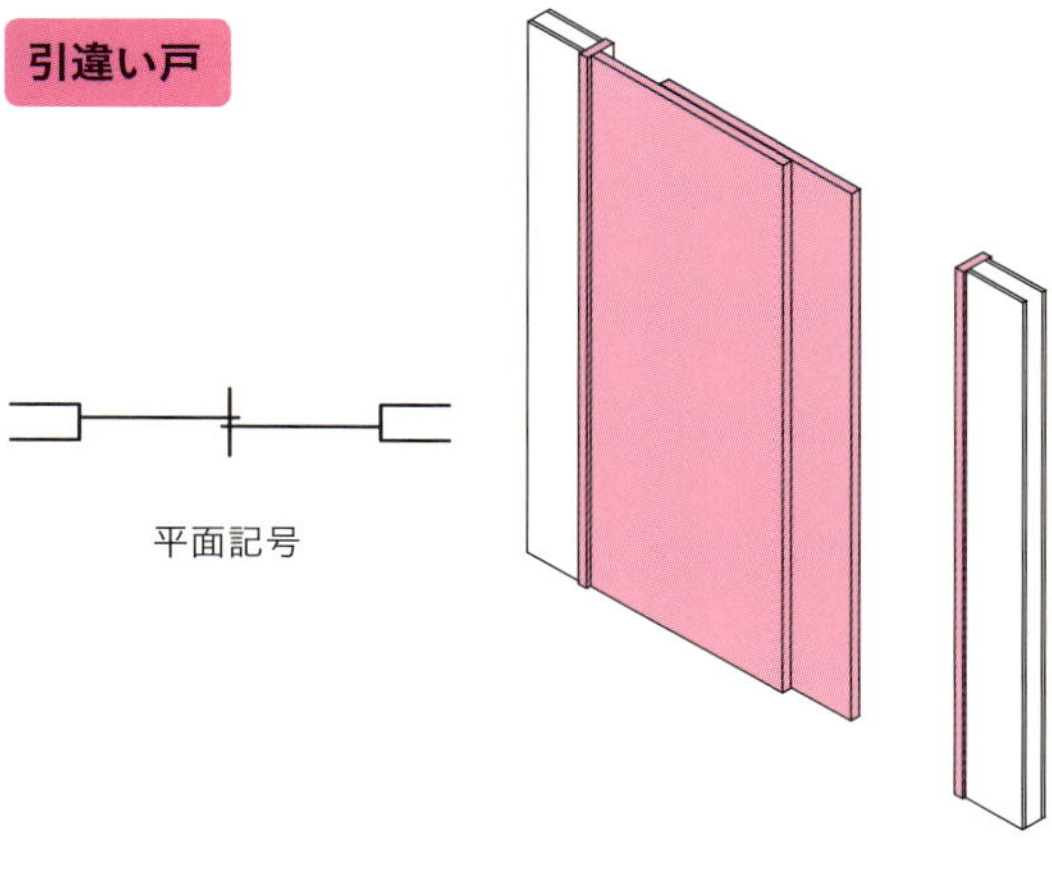
平面記号

内部建具の開閉方式は**開き戸**、**引き戸**に大別される。

開き戸

開き戸とは、**丁番**や**軸受け金物**で止められた部分を軸に、扉が弧を描いて前後に開閉する戸のことをいう。**幅は700~900㎜**程度が一般的である。

引き戸

隣り合う室同士の境界に**引き戸**を設ければ、開け放ったときに一室として大きく利用可能だ。省スペースであることや開放しやすい反面、気密性がとりにくい。引き戸の種類は豊富で、代表的なものに**片引き戸**、**引込み戸**、**引違い戸**がある。

片引き戸は、壁の片側に戸を引く方式である。プラン上、**壁が動かせないなどの制約時**に効果を発揮する。戸を引く分だけのスペースが必要な点も留意されたい。

引込み戸は、壁の中に戸を引き込めるため、**戸の存在を消したい**場合に重宝する。デザインによっては大きな開口部でも建具そのものがないように見せることが可能だ。

引違い戸は、戸の**どちら側からでも開けることができる**利点がある。スペースがあれば戸の枚数は三、四枚と増やすこともできる。

開き戸、引き戸の長所と短所を理解した上で、ふさわしい建具を選択したい。

一般的な障子

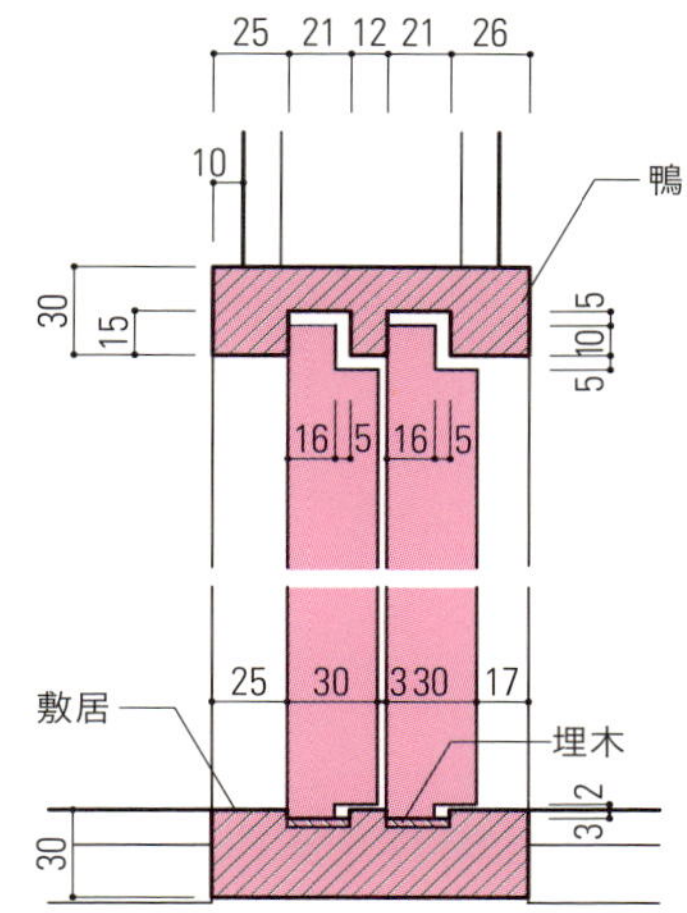

障子幅は30mm、襖幅は21mmを基本とする。枠の強度を考えて厚みは30mm以上とる。

断面 S＝1/10

一般的な引き戸

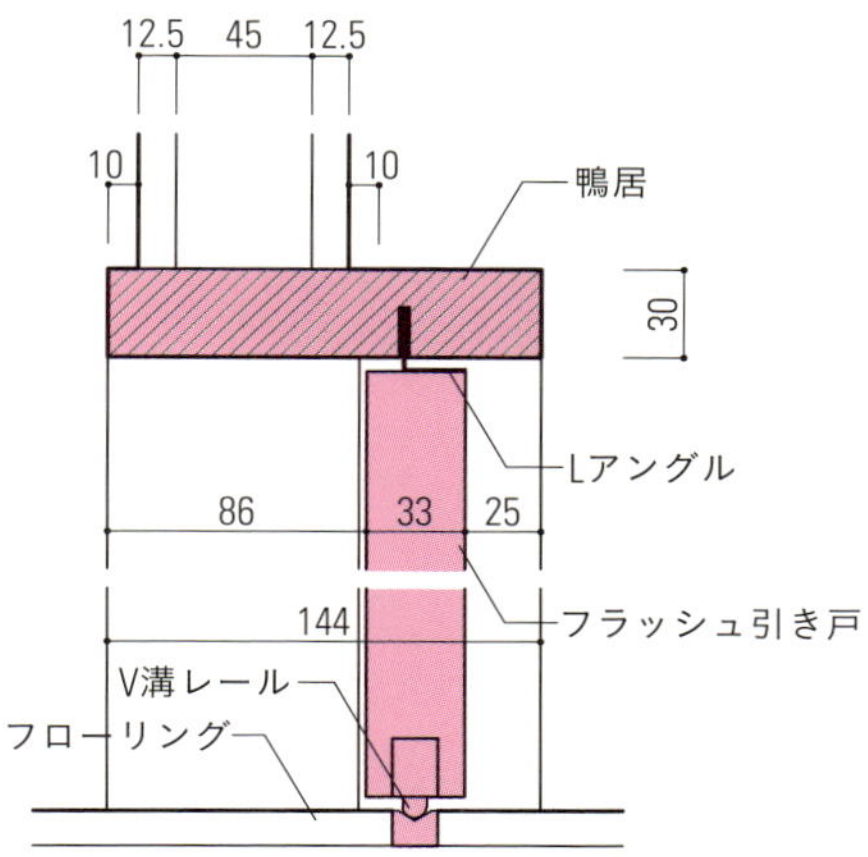

レールとアングルを使ってすっきり見せる。フラッシュ戸の場合、厚さは33mmが基本。

断面 S＝1/10

一般的な開き戸

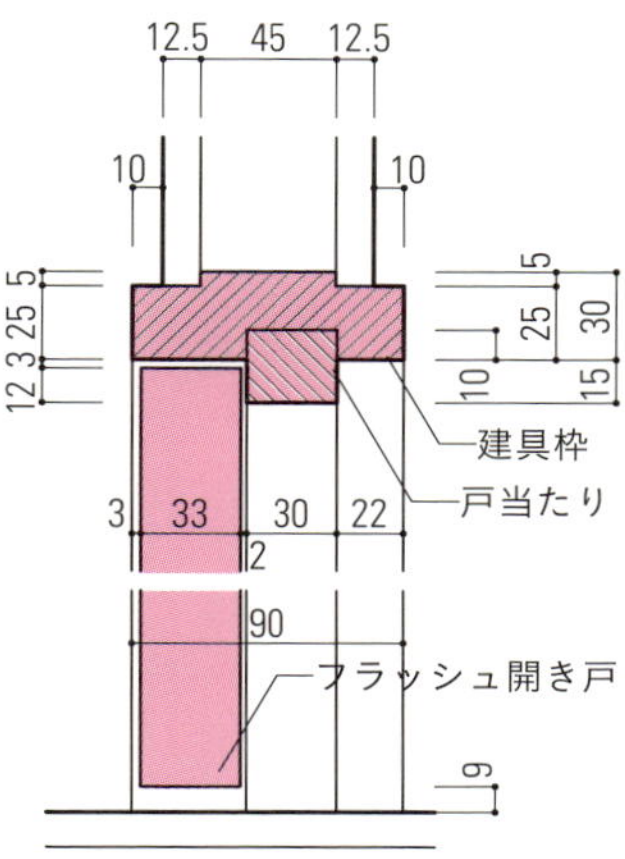

無垢材の場合は枠材厚みを30mm以上とる。チリは10mmが基本である。

断面 S＝1/10

開き戸には**建具枠が必要**である。建具枠を三方に回し、戸が当たる**戸当たり**を設ける。枠の見付けは**25mm以上**、戸当たりの幅は**30mm以上**ほしい。気密性や遮音性を上げたい場合は**沓摺**《くつずり》を取り付ける。**床材が切り替わるとき**は**見切り**を入れるとよい。床材が共通の場合は見切りを設けない方が開放感が高いが、メンテナンス性は落ちる。

引き戸は**鴨居**と**敷居**を設けることが一般的だが、最近はレールを使用することが少なくない。鴨居は**溝を掘る**か、すっきり見える**Lアングル**で可動させる。

和室の建具には**障子**が人気である。枠を切り欠く場合は、強度を考えて**30mm以上**厚みを確保したい。**鴨居は木表が下**、**敷居は木表を上**にしないと、木材が反ったときに建具が動かなくなるため注意しよう。基本的な寸法は溝幅は**七分**（**21mm**）、中樋端は**四分**（**12mm**）、深さは**五分**（**15mm**）である。

框戸《かまちど》
建具四周を枠で囲み、ガラスや無垢の板材、合板をはめこんだもの。

竪格子戸
建具四周を枠で囲み、貫と竪格子でつくられたもの。軽い仕切りや区切りに向いている。

フラッシュ戸
コア材の桟組下地の両面に化粧合板、突板、塩ビシートを張ったもの。

襖
下地骨の組子に紙を下張りして襖紙を張ったもの。襖絵が描かれることもある。

障子
格子の組子の片面に和紙を張ったもの。雪見障子や竪繁組子障子、横組障子などさまざまな種類がある。

舞良戸《まいらど》
建具四周の枠に化粧合板をはめ、横桟で押さえたもの。竪桟としてもよい。

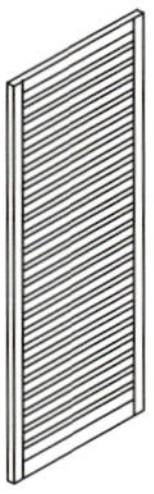

ガラリ戸
建具四周の枠に通気のための部材を取り付けたもの。

ガラス戸
強化ガラスを用いた透明度のある建具。水に強く、水廻りなどに用いられる。

鋼製ドア
1.6mm以上の鉄板でできたもので、頑丈な反面、重量がある。防音が必要な場所や特定防火設備に用いられる。

軽量鋼製ドア
0.6mm以上の鉄板でできたもので、軽く開閉が楽。防火設備が必要な場所に用いられる。

片開き戸＋見切りを入れる（木下地）

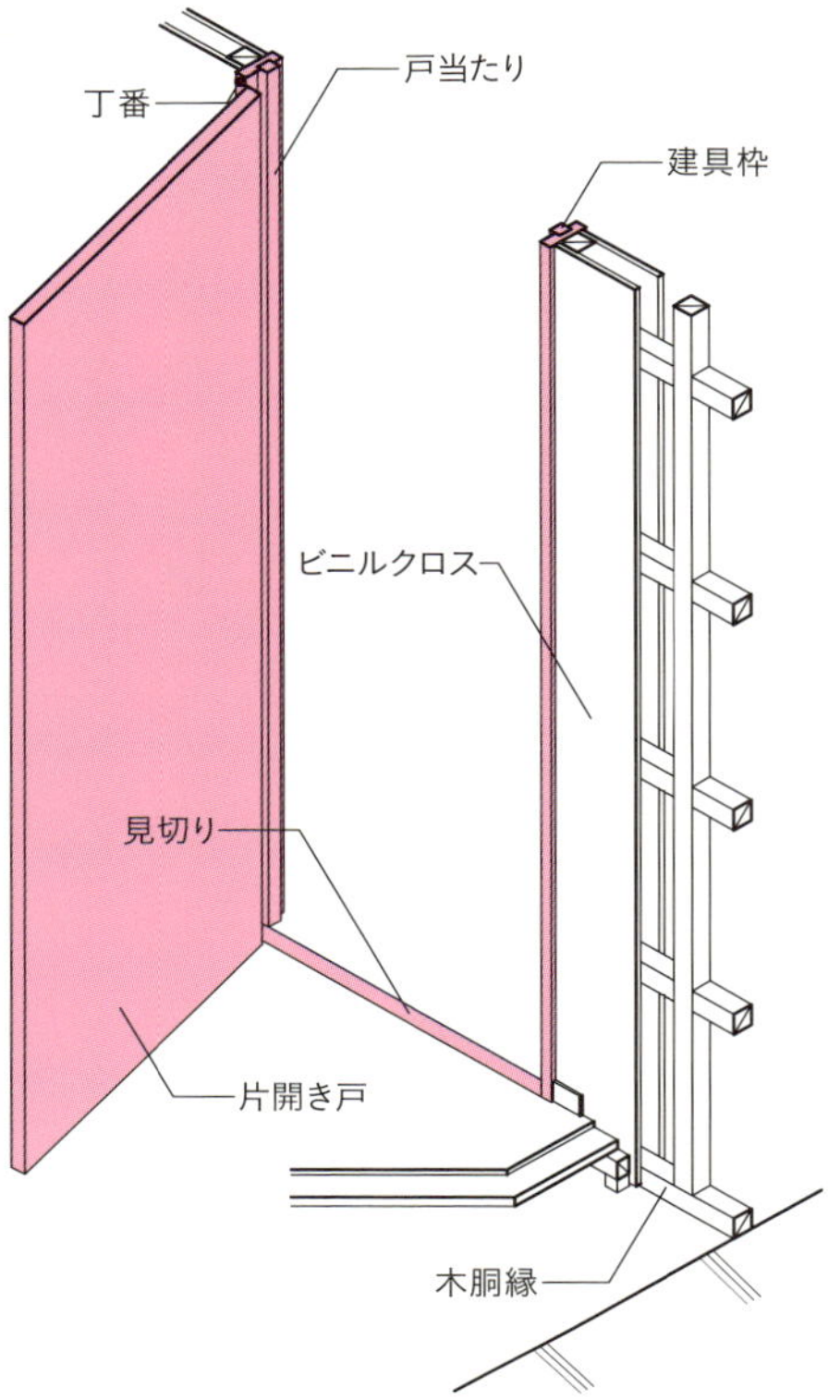

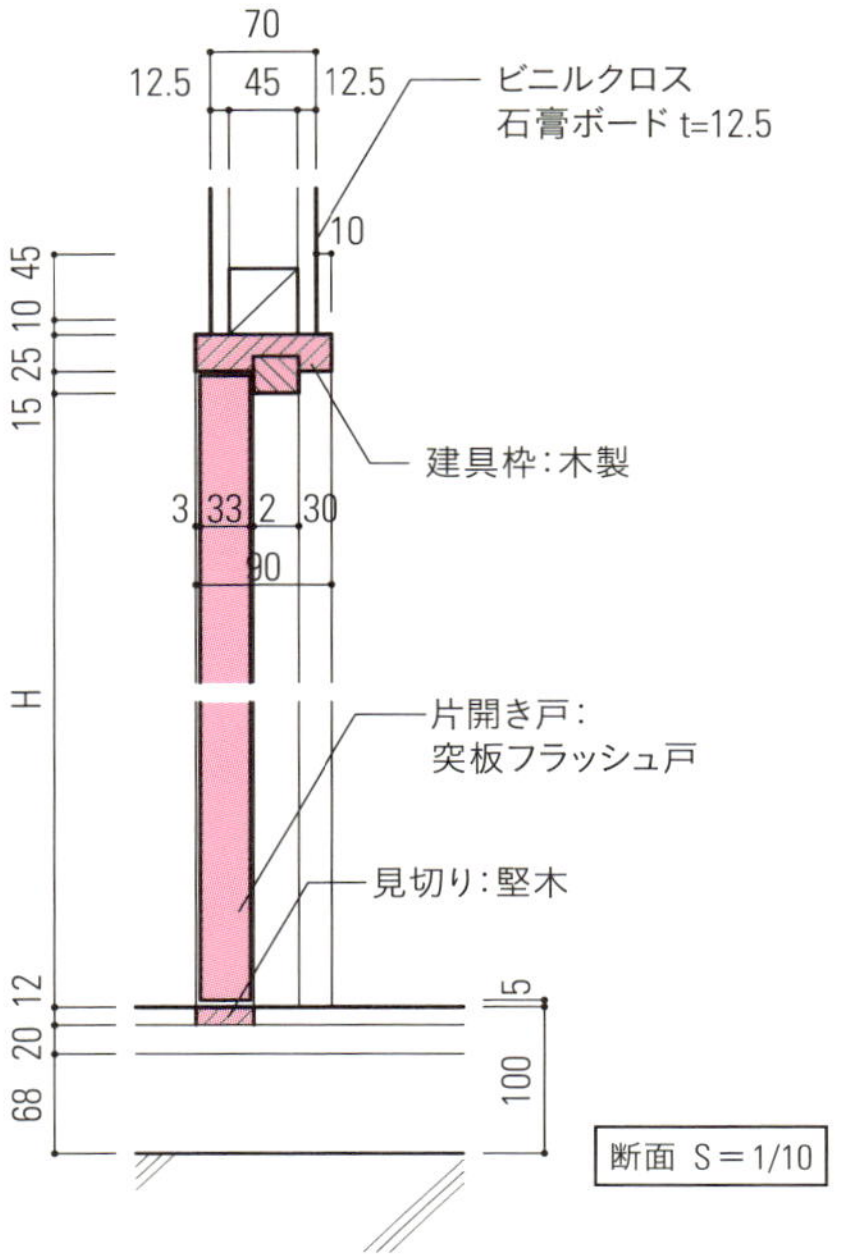

片開き戸＋遮音性を上げる（LGS）

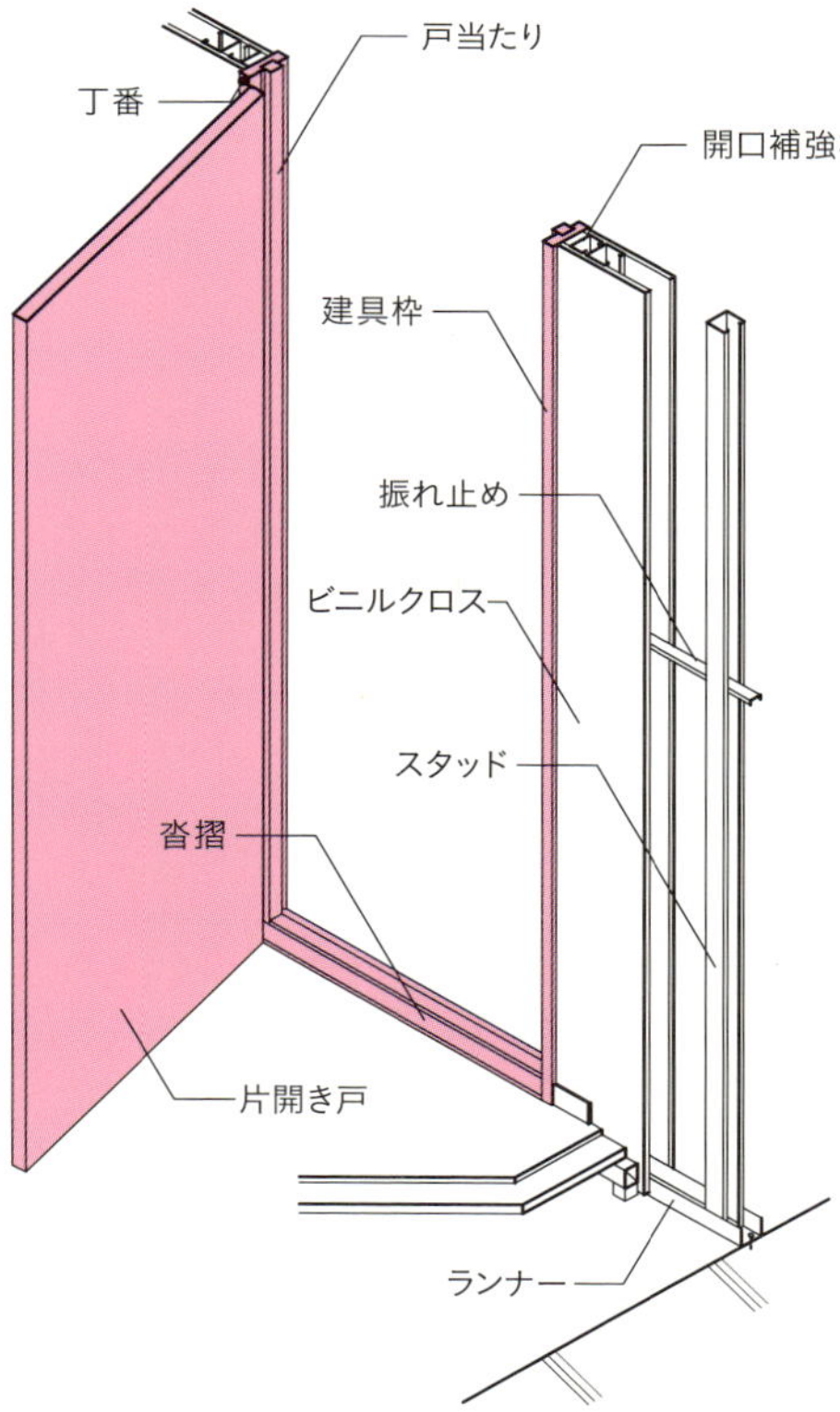

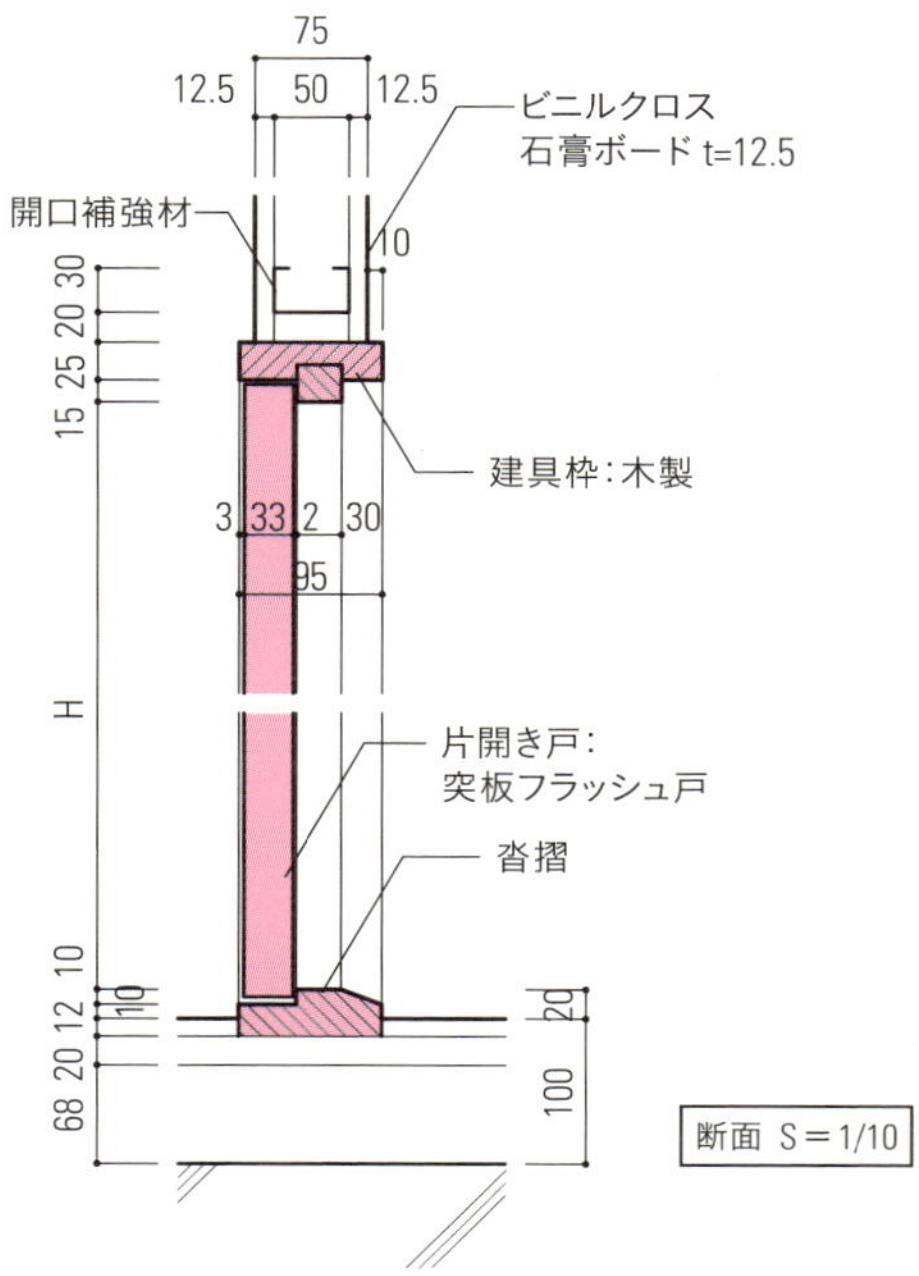

内部建具のバリエーション

引込み戸で建具を見えなくする（木下地）

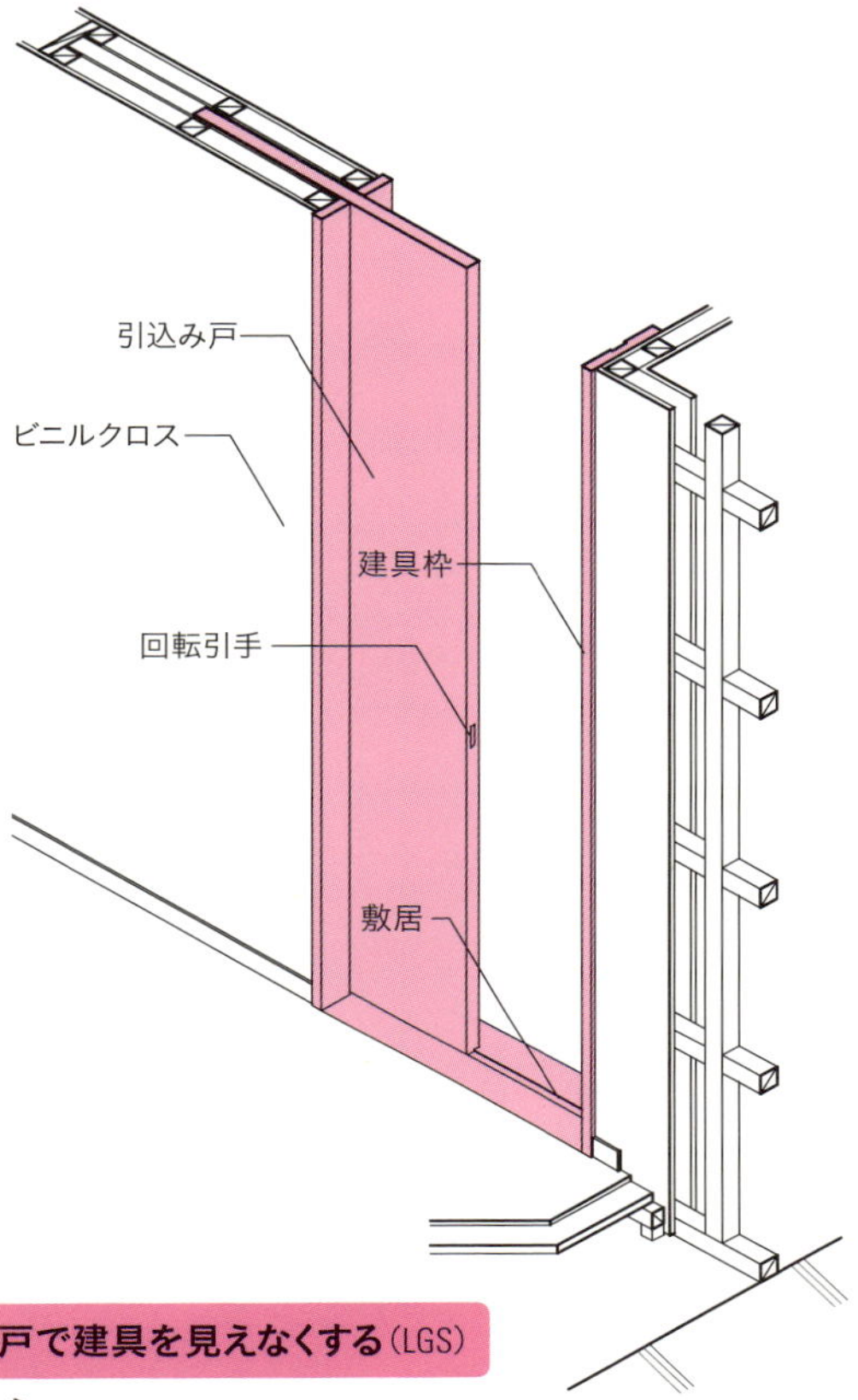

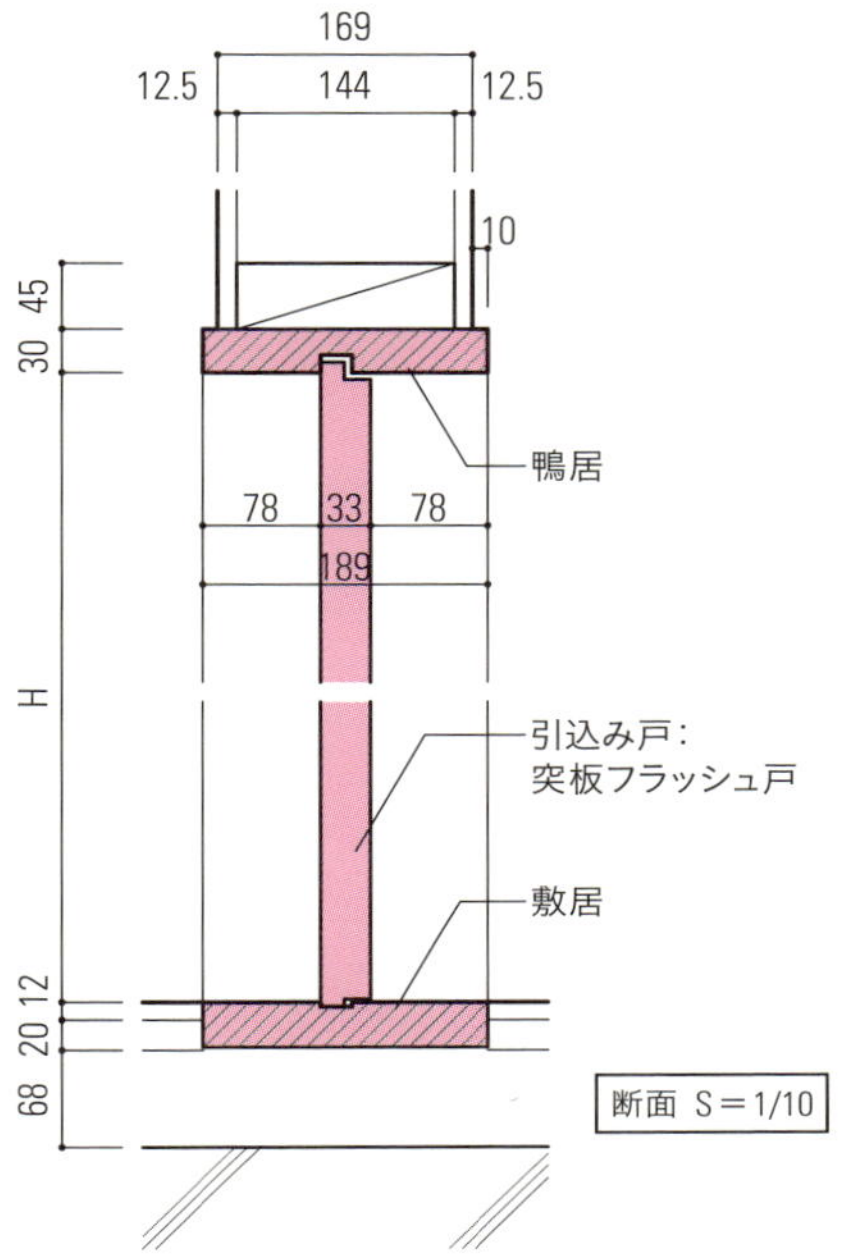

片引き戸で建具を見えなくする（LGS）

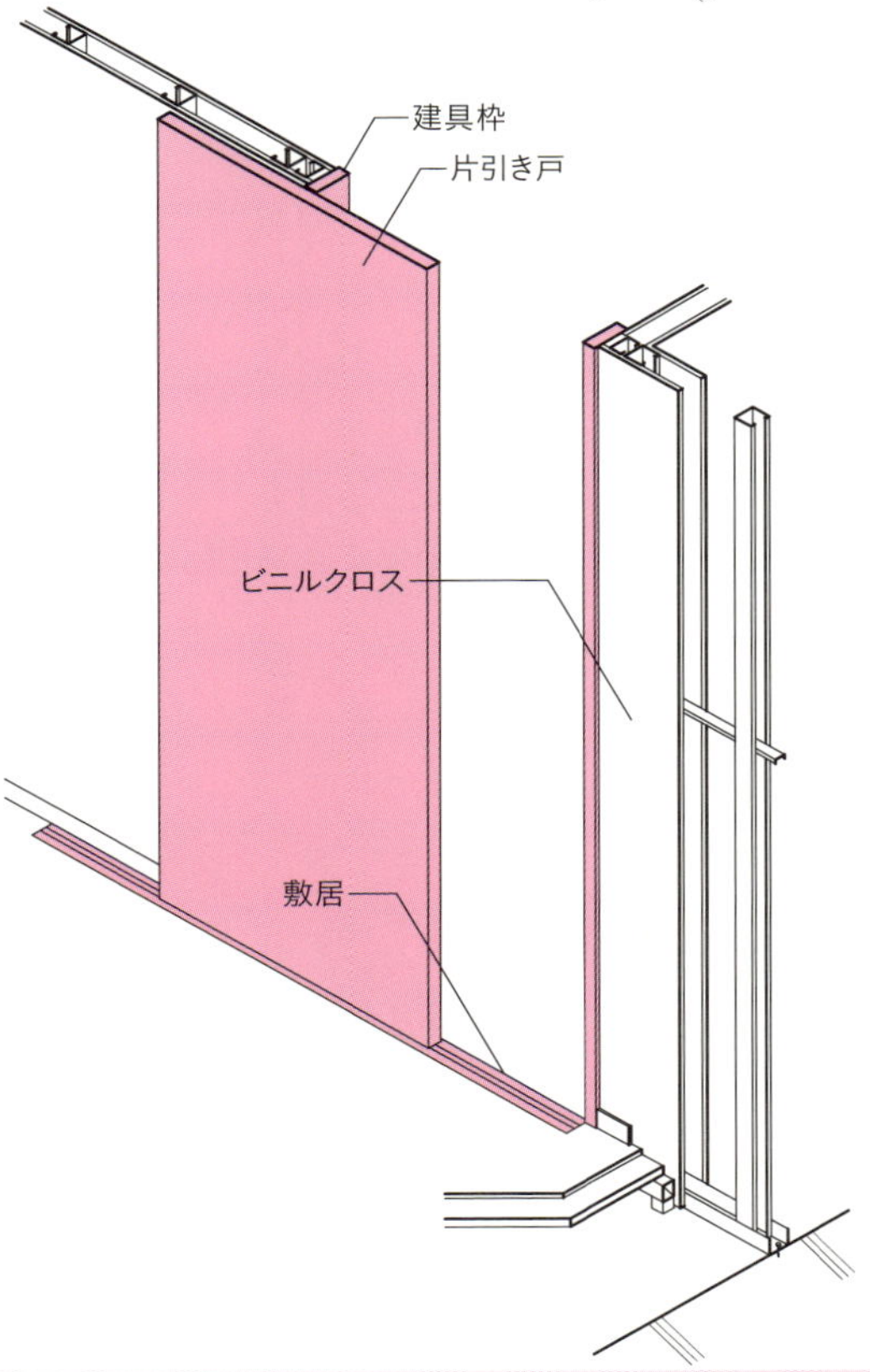

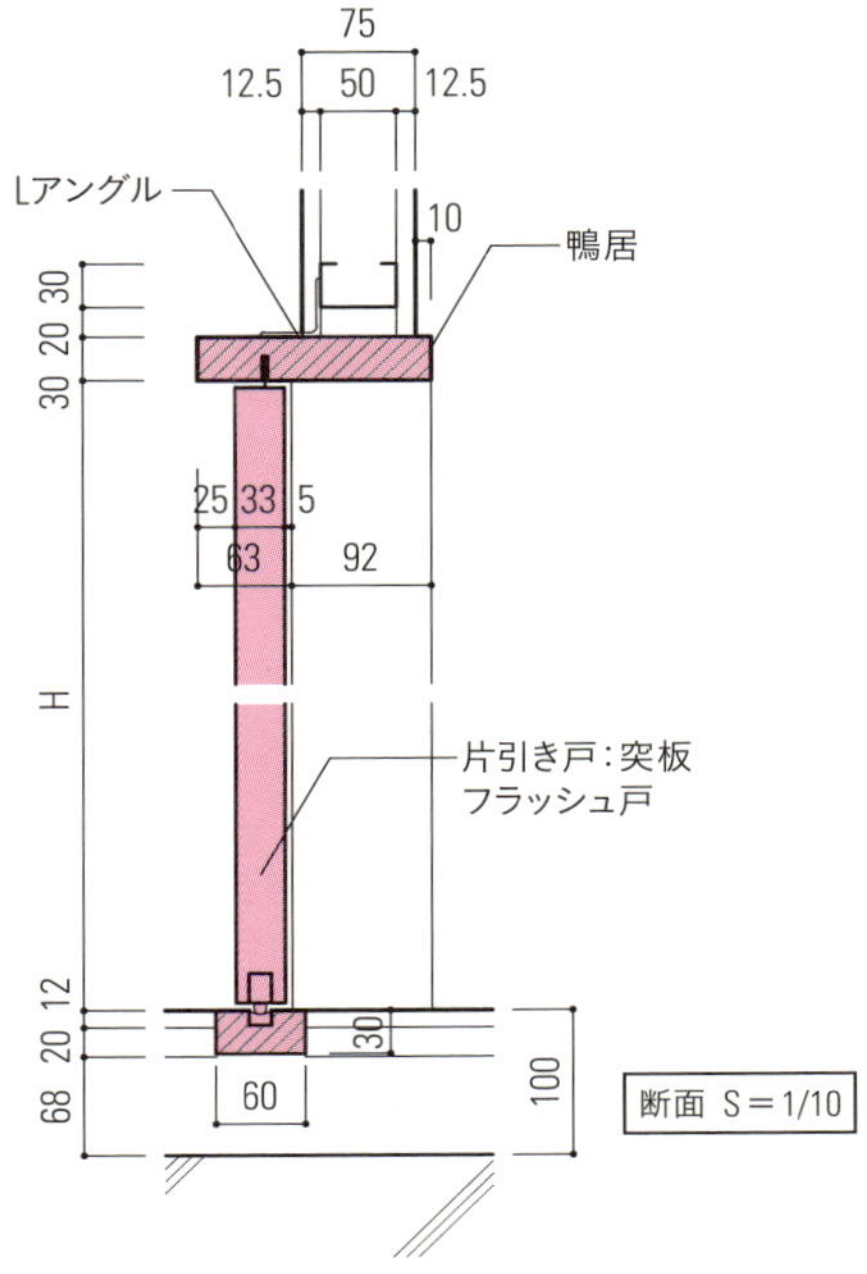

収納棚

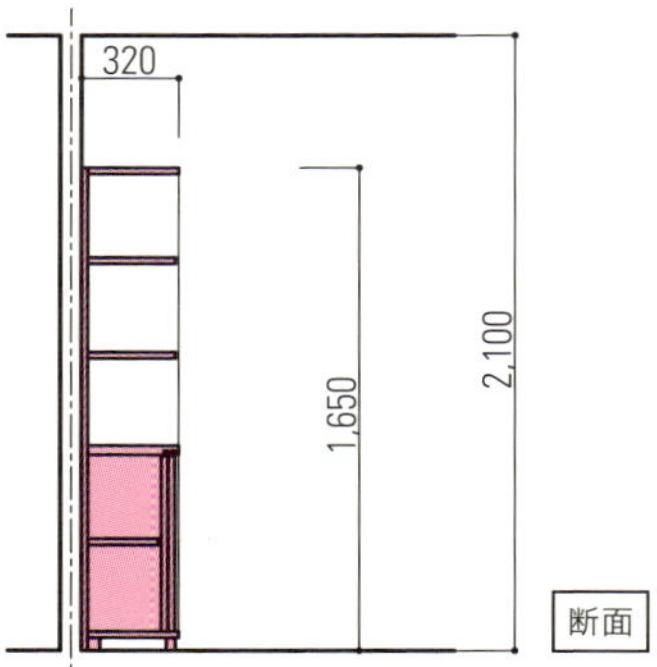
320
1,650
2,100
断面

壁面収納

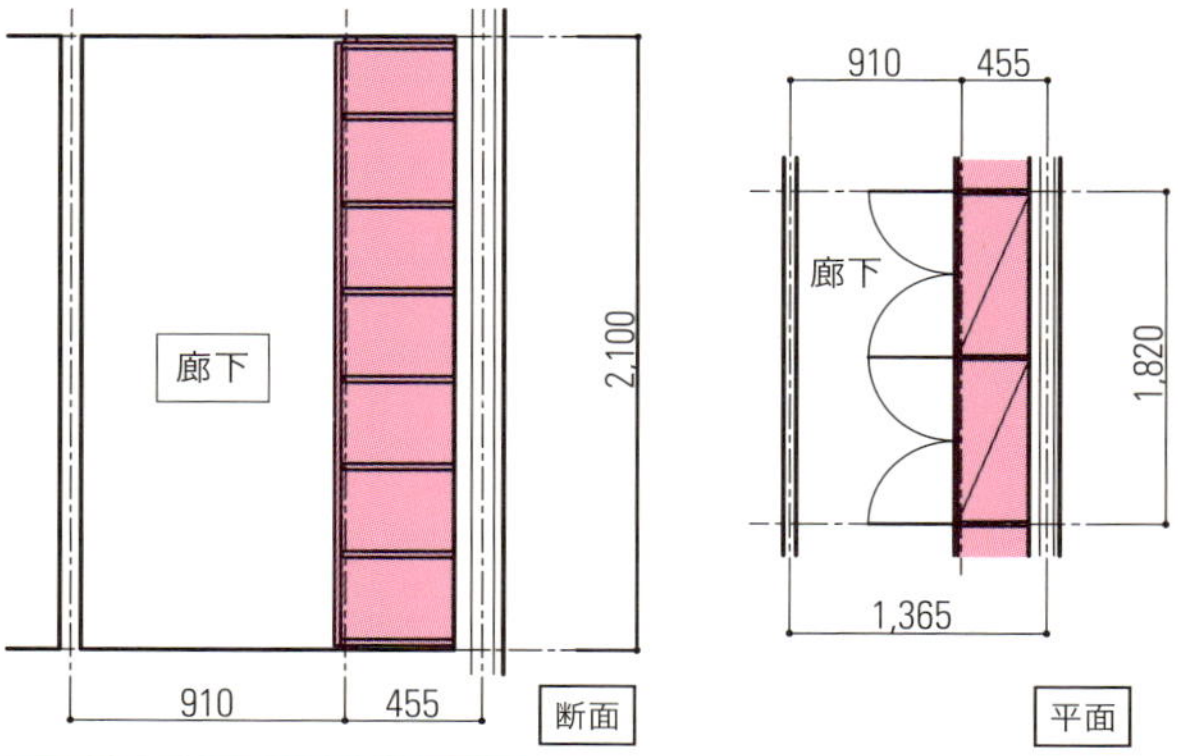
廊下
2,100
910
455
断面
910
455
廊下
1,820
1,365
平面

ウォークインクローゼット

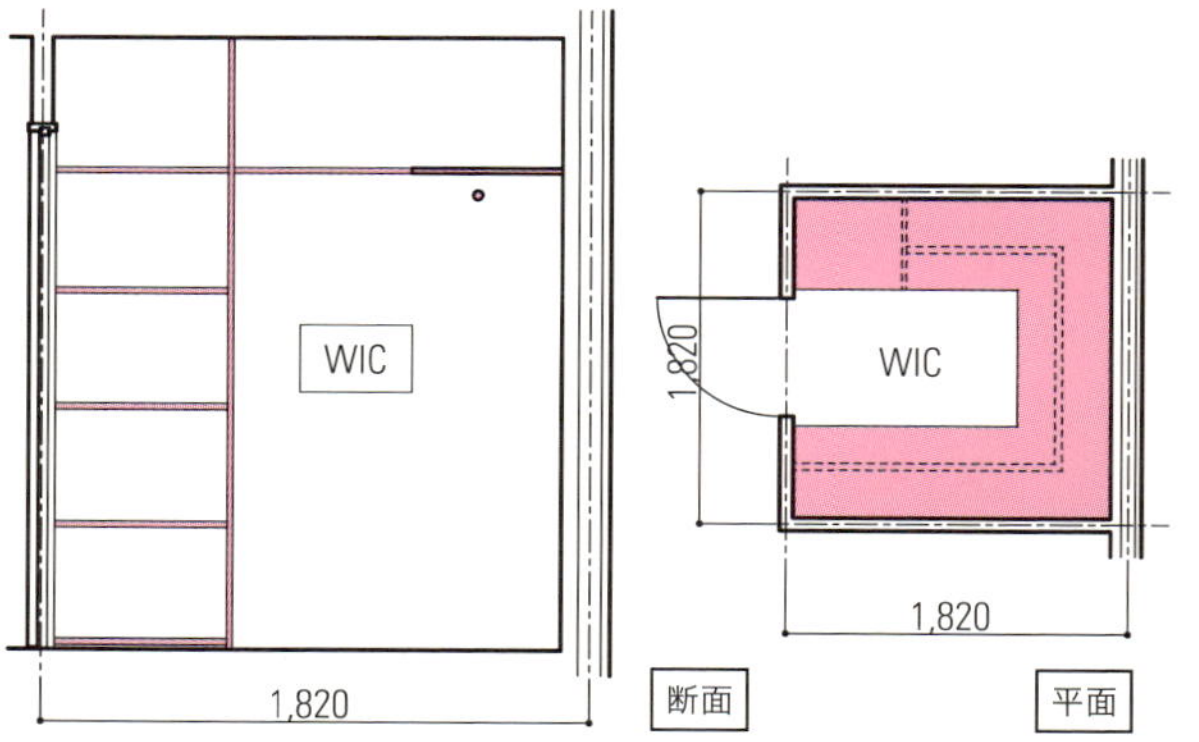
WIC
1,820
断面
1,820
WIC
1,820
平面

押入

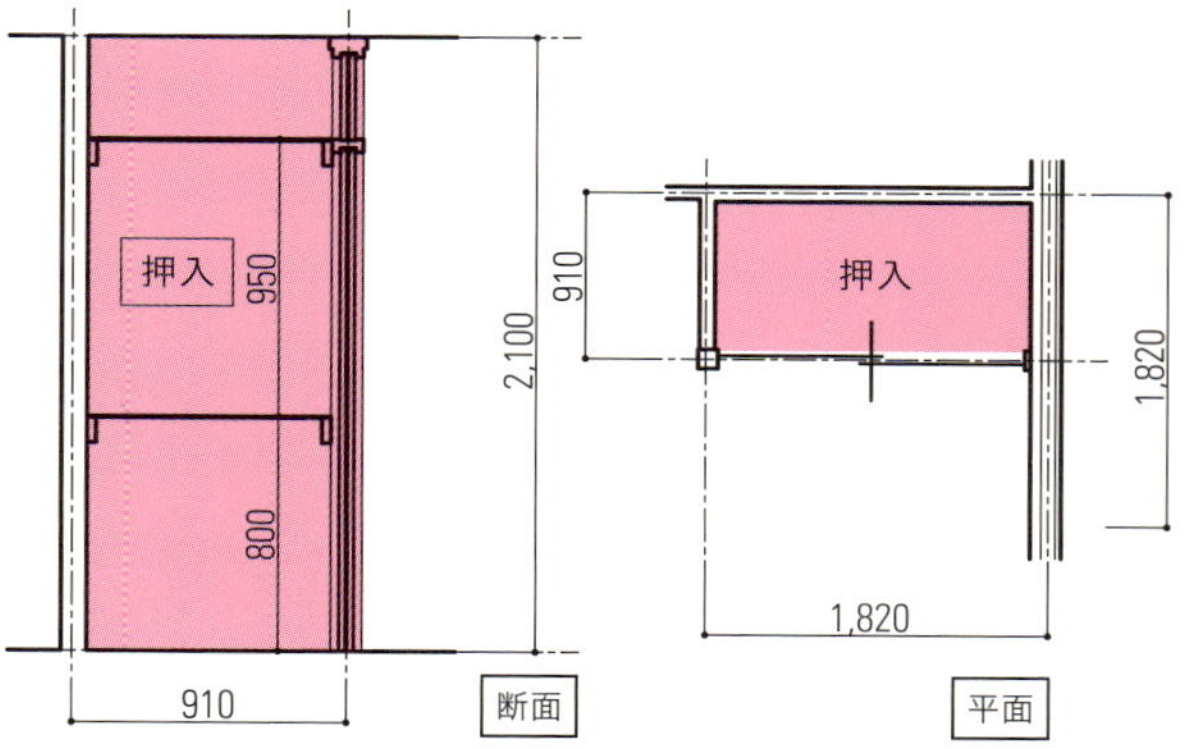
押入
950
800
2,100
910
断面
910
押入
1,820
1,820
平面

収納棚

収納棚は各部屋に適した大きさとデザインにしたい。小物などを見せるための棚であれば、戸を付けなくてもよい。可動棚にする場合は、ダボ孔などが見えてしまうため戸を付けた方がよいだろう。棚をリビングとダイニングの境界につくって、空間をやわらかく区切ることも可能だ。

壁面収納

壁面収納は壁と一体にできる点が魅力である。廊下に設けるなど、工夫すれば大きな容量を確保できる。物を出し入れするスペースを確保したい場合は、引き戸などにするとよい。

ウォークインクローゼット

ウォークインクローゼットは、衣服などをまるごと収納できる点がメリットだ。中に入るスペースが必要なため、壁面収納などに比べると収納力が落ちることは理解しておきたい。

押入

押入は、一般に和室などに設けられる。奥行きがあるため、布団や座布団など大きな物を収納しやすい。

造作家具の材料

造作家具の材料は、軽くて反りや狂いの少ないランバーコアが主流である。ランバーコアとは、両面に単板を張った3層構造の板材のことである。芯材は植林木やシナ、針葉樹材、カツラなどの軽い材が使われる。シナランバーコアであれば塗装して使うこともできる。木目が目立たず、すっきりした印象にしたい場合に効果的だ。

素材感のある木目を出したければ、ナラやタモなどの突板を張ったものを用いればよい。集成材を使うとよい。集成材にも杉やパインなど、多様な種類がある。

棚板は見えるところには突板、見えないところにはシナランバーコアを使うとコストを抑えられる。下足入れなど汚れや湿気が多いところはポリランバーコアを採用するとよい。

耐久性を上げるためには塗装を施したい。木の見た目や手触りを活かすには、薄く透明な塗装のクリアラッカー、着色するのであればオイル塗装、水がかかる部分であれば厚みのあるウレタン塗装がよい。

内部造作の基本的な納まり

造作によく使われる材料

ランバーコア

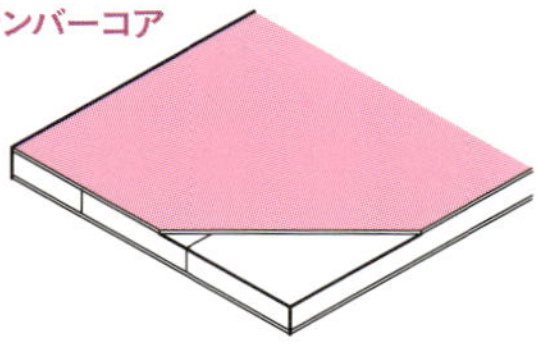

合板の中心を植林木などの木片とした合板である。軽くて丈夫なため、造作家具の主流材。

集成材

無垢の木を接着させたもので強度が高い。一枚板よりコストを抑えることができる。

合板

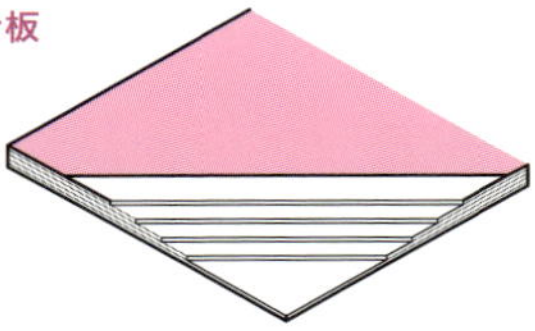

薄い板を何層にも積層し接着剤で固めたものをいう。なお、ベニヤは単板のものをいうため、混同に注意。

フラッシュ

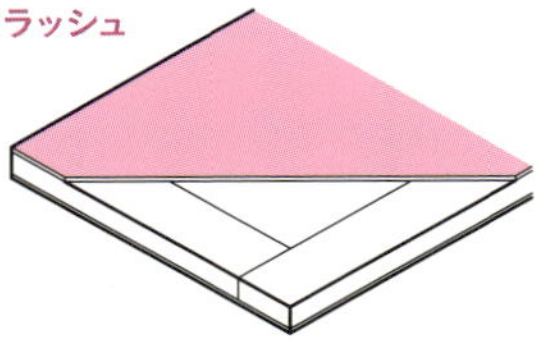

芯材を組み上げて表面材にベニヤや突板、ポリ合板を張ることが多い。戸や扉によく使われる。

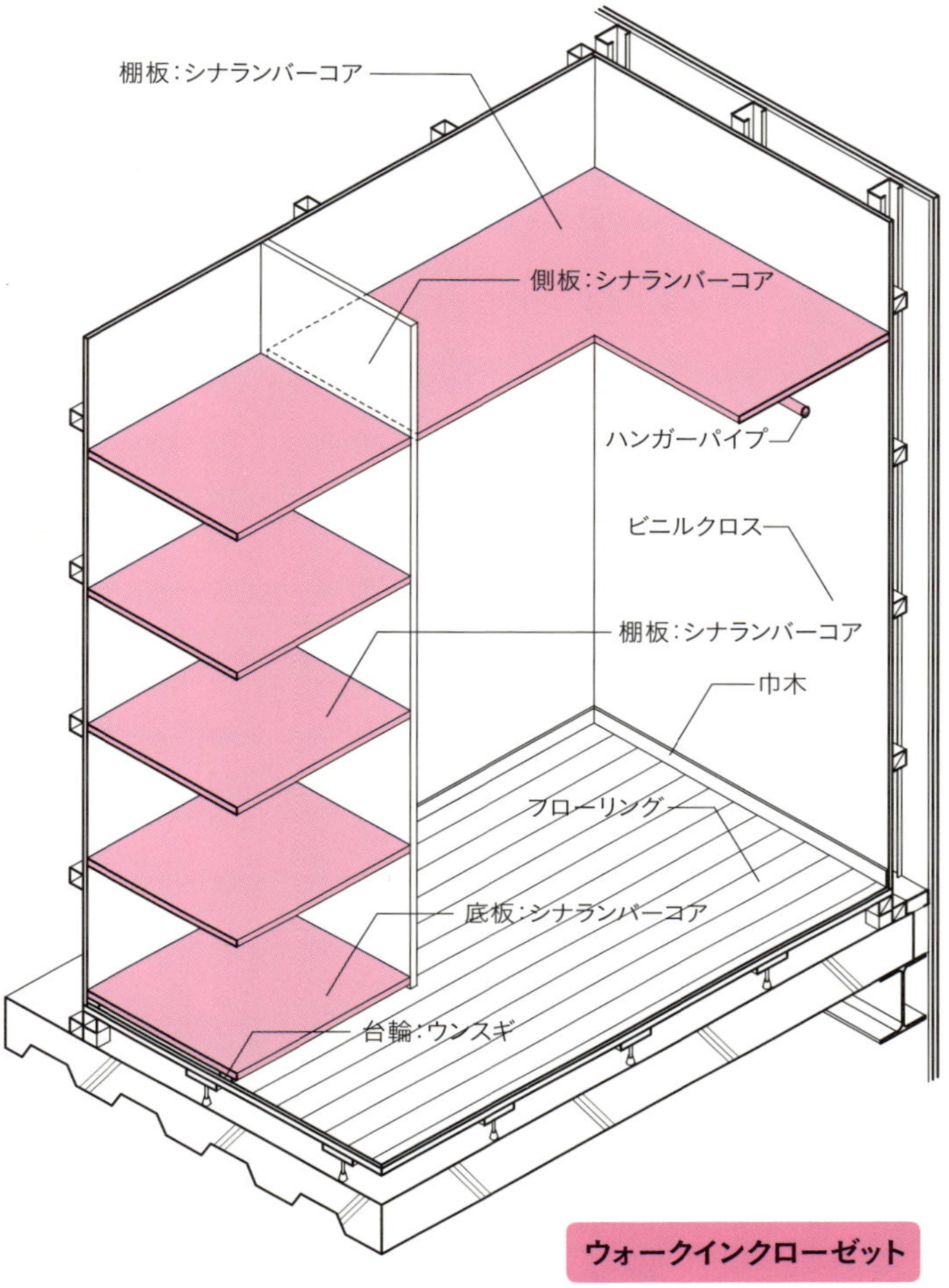

ウォークインクローゼット

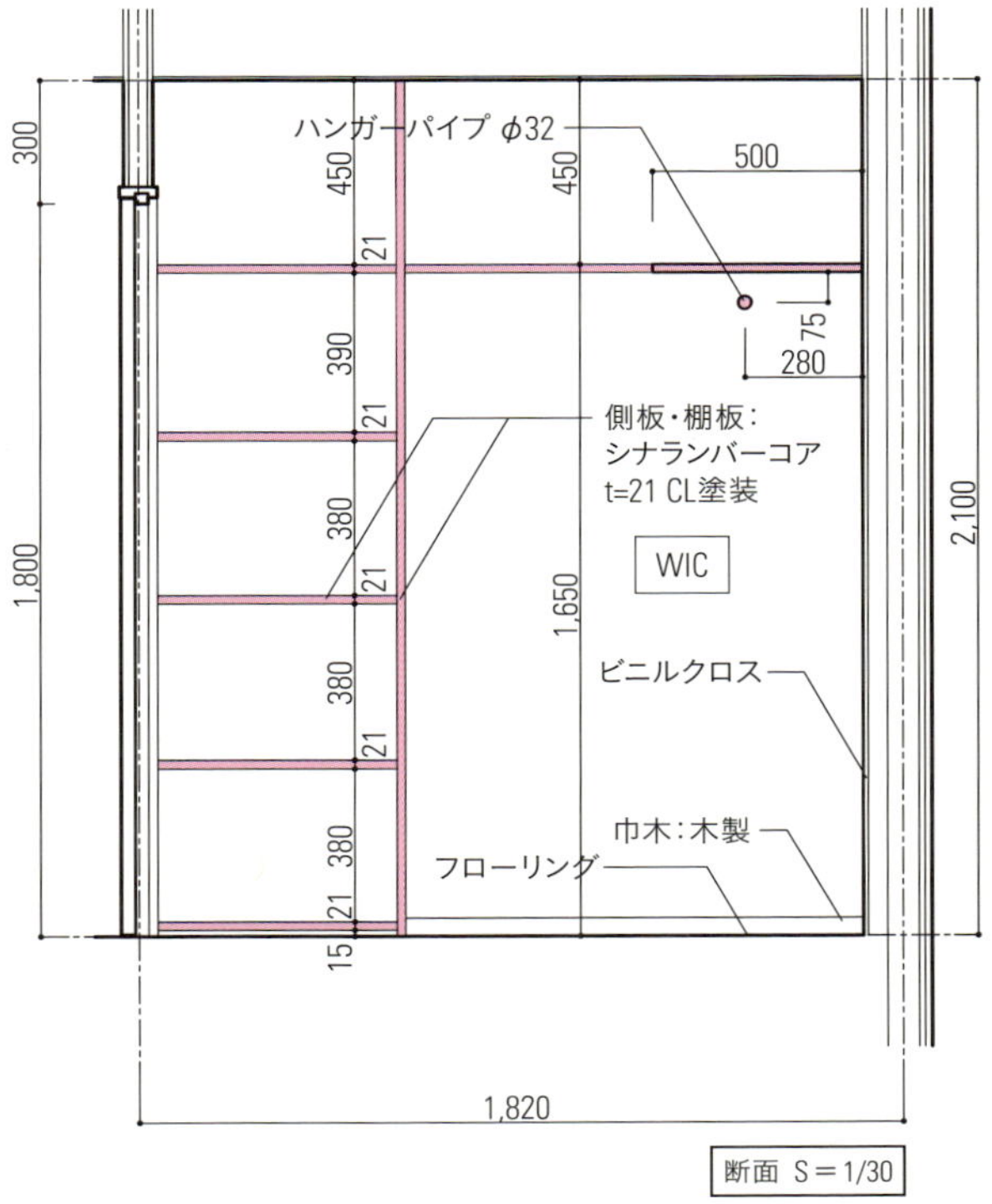

上手な収納スペースを設計するためには、**衣服などの基本的な寸法**を覚えておきたい。

ウォークインクローゼットを想定する場合、**ハンガーパイプ**は内壁から**300㎜程度離したい**。これは衣服が**500〜600㎜程度**のためである。**高さは**衣服を掛けやすい**1500〜1700㎜程度**にする。低いとコートなどが床に接触してしまうし、高いと扱いづらい。パイプ径は強度を考え、**32φ程度**がよい。棚があれば、衣服や小物を分類しやすく、便利である。棚は利用に合わせて高さが変えられる**可動棚**がよい。

キッチンは機器の配置と動線によって、いくつかのパターンに分けられる。

対面型

対面型は、隣り合うダイニングの様子が見られることから、大変人気である。**手元をあまり見せたくない場合**は、**立上り高さを高くする**か、腰壁、垂壁の面積を多くすればよい。冷蔵庫は家族全員の**利用頻度が高い**ため、手前に配置したい。

アイランド型

アイランド型は、ダイニングキッチン内に島のようにシンクやカウンターを配する形式。**回遊できる動線**によって、**数人での同時作業も行いやすい**。コンロもアイランド部に設けてもよいが、油はねなどの汚れが飛びやすいことは知っておこう。

コの字型・L字型

コの字型は作業のためのスペースが大きく、**収納量も多い**。身体を回転させれば作業が可能なため、動きに無駄がなくなる。**横への移動が少ない**ことから車椅子でも使いやすい。

L字型もシンクとコンロが振り分けられているため、わざわざ移動することなく、体を90度変えるだけで両方の作業が可能だ。家具などとうまく組み合わせれば収納を増やしつつ、動きやすいキッチンとなる。

キッチンは**システムキッチン**が用いられることが多いが、家のテイストと合わせたデザインを考えるなら**製作**としたい。ただし、火気の使用や水を使う場所となるため、用途に合わせた材料を選択しよう。

キッチン廻りの材料

コンロ周辺は**耐水石膏ボード**を使いたい。石膏ボードに防水処理を施したもので、温度・湿度による**伸縮や変形が少ない**。タイル接着などの下地として優れている。石膏ボードにレンジフードなどを設けるには、木下地も取り付けておく必要がある。

シンク裏などは**耐水ベニヤ**を用いるとよい。ベニヤが下地となるため、その上に造作家具を取り付けることが可能だ。キッチンパネルを使用する場合は、水が染みないため通常の石膏ボードでよい。

カウンター天板などはさびず、耐久性も高い**ステンレス**がおすすめだ。**人工大理石の仕上げ**にしたい場合は、**人工大理石**などがあり、種類も豊富だ。木を使用したい場合は水に強い**ガラス系塗料**か**ウレタン塗料**を使用したい。

対面型

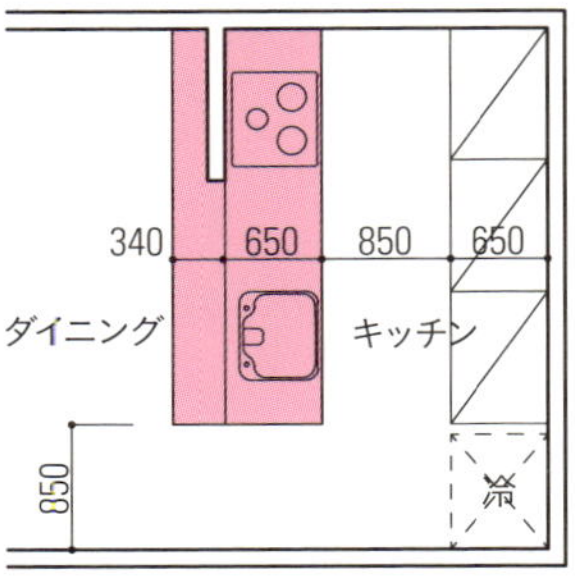

アイランド型

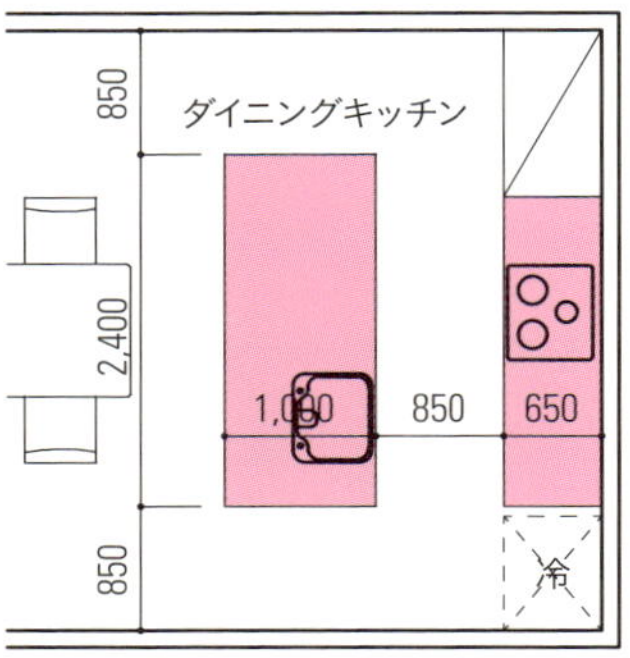

コの字型

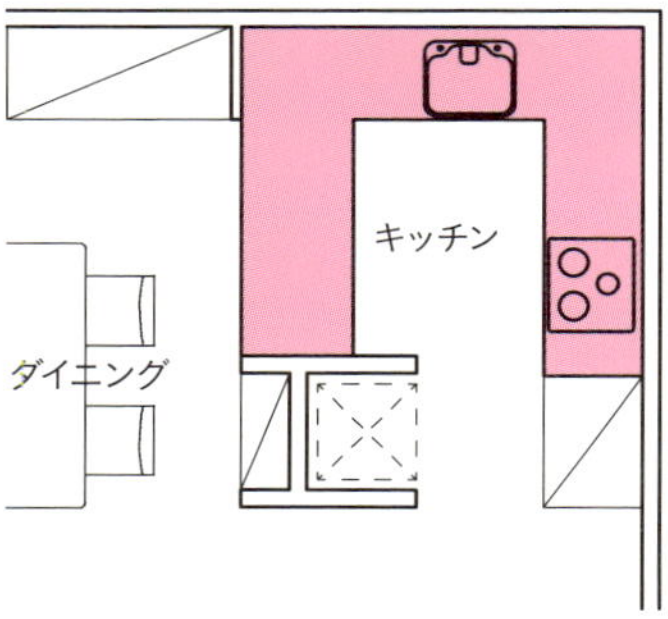

L字型＋回遊性

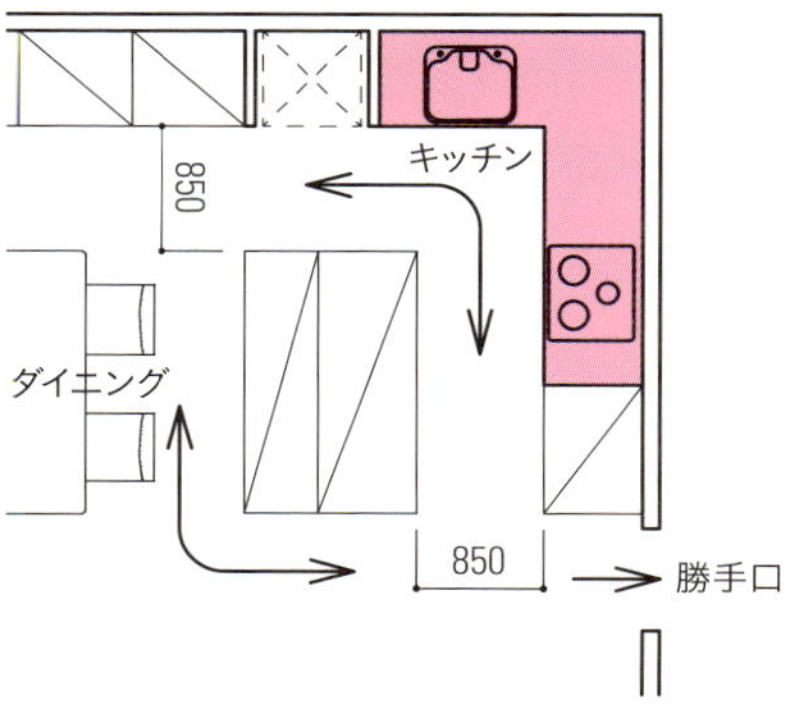

キッチンの基本的な納まり

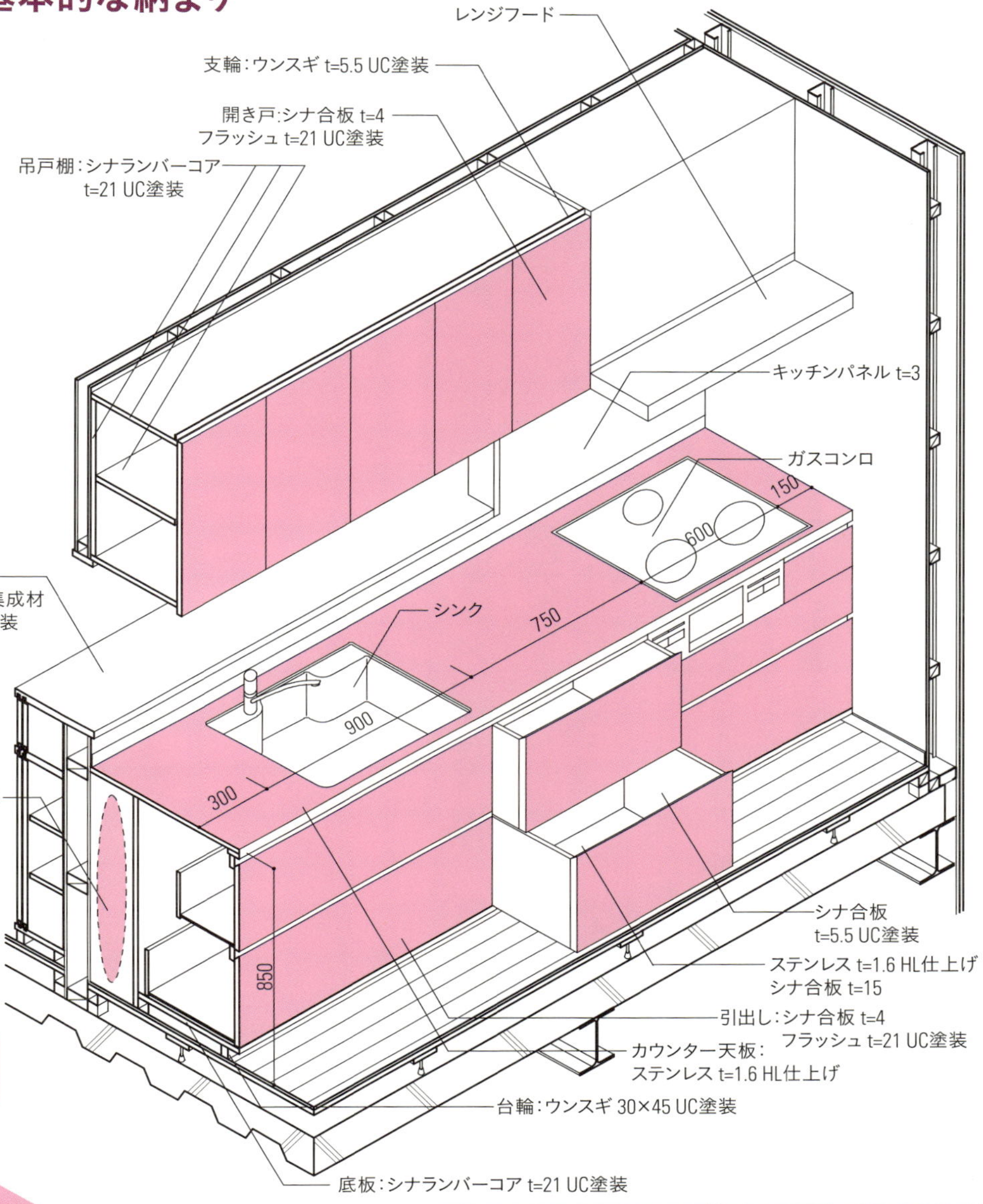

キッチン天板によく使われる材料

ステンレス

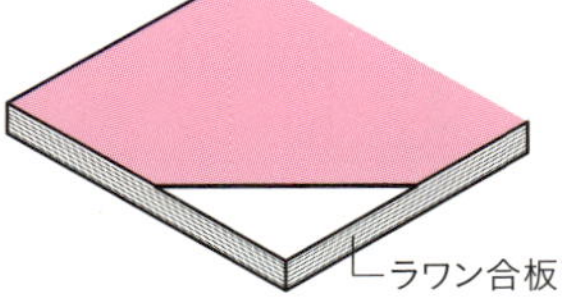

人工大理石

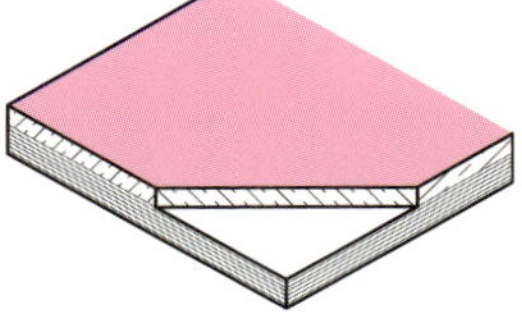

木

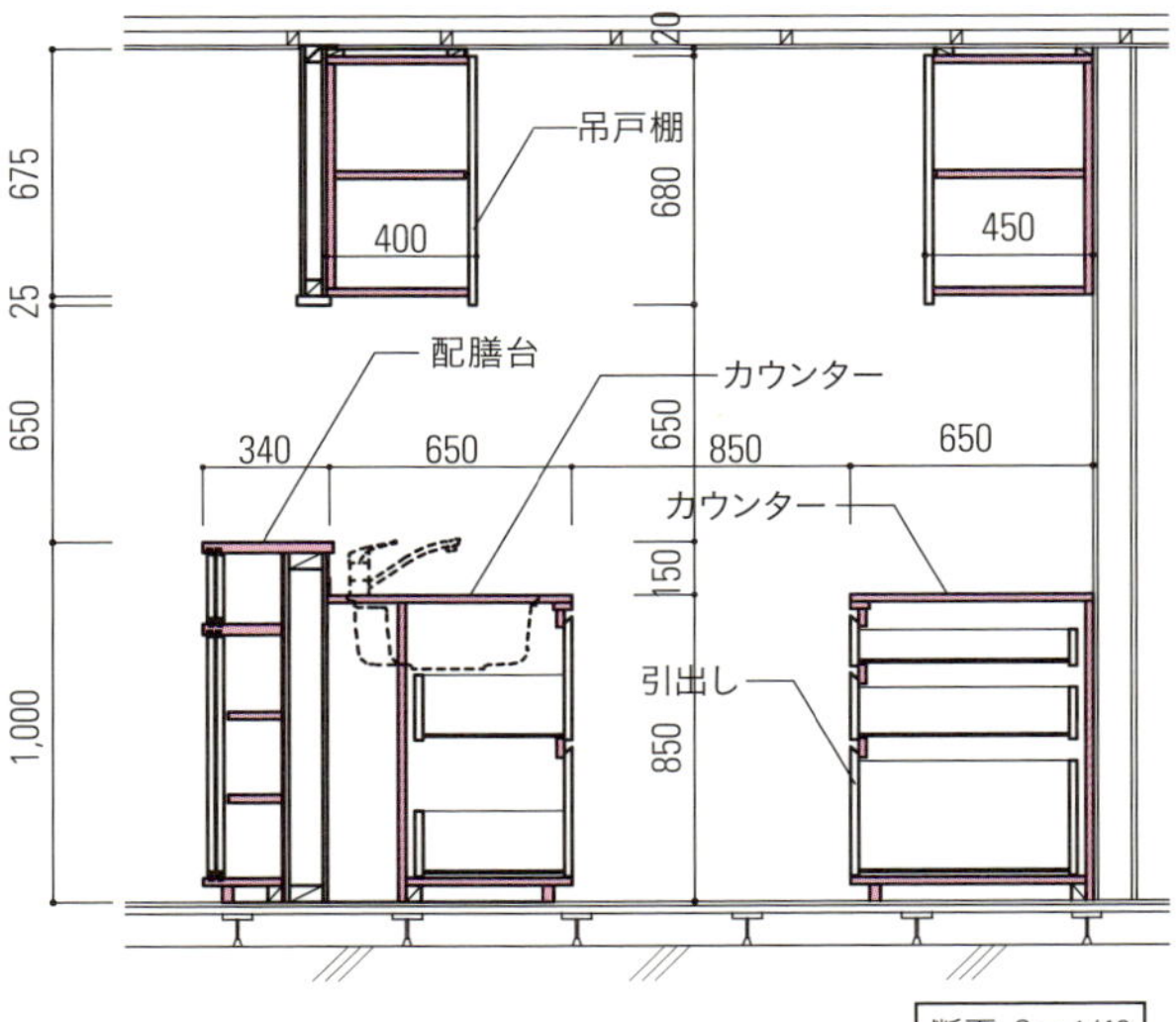

断面 S＝1/40

水廻りのプランは、確保可能な面積と個人のライフスタイルに大きく左右される。

機能を兼用＋省スペース化

機能を兼用化すれば**省スペース化**が可能である。浴槽・洗面・トイレを一つの空間に収めれば、各々を分離させるよりも省スペースとなる。ホテルなどではよく用いられるプランである。なお、ワンルームなどのユニットは1坪以下ですべて収まる。

スタンダードな機能集約プラン

浴室は分離し、**洗濯機を入れたプラン**は、住宅ではスタンダードである。機能が集約されていれば、動線の無駄が省けるため、使いやすい。脱衣室に入って服を脱ぎ、洗濯機に入れて浴室に入るという一連の流れもスムーズだ。

洗濯機分離プラン

洗濯機を分離したプランも考えられる。洗濯機がキッチンに近い方が使いやすい場合は検討したい。脱衣室には**衣服を収納できる棚**を設けておくとよい。

回遊動線＋トイレ独立プラン

トイレを独立させたプランは人気が高い。各々が独立しているため、**同時に使う**ことができる。キッチンと洗濯機、脱衣室の動線をうまくつなげれば、**使いやすい水廻り**となる。トイレを独立させた場合には、内部に**手洗い**を設けたい。

水廻りの材料

水廻りには**水分に強く**、耐久性のある**仕上げ**が求められる。

内壁は木下地ではなく、LGS下地か**コンクリートブロック**などを下地とした方がよい。石膏ボードやベニヤはキッチンと同じく、**耐水石膏ボード**や**耐水ベニヤ**を採用する。

床仕上げ材も耐水性のあるものを選びたい。近年は、アンモニアや水に強い基材や塗装があり、拭き取りも従来品に比べて楽である。**クッションフロア**は耐久性が高く、汚れが付きにくい。さらに弾力性があることもメリットである。

タイルも進化しており、防滑性の高いものや抗菌性のあるものまでラインナップされるようになった。大型タイルで目地を少なくした方が、目地の汚れが少なくなる。

床や壁の仕上げは**統一する**と、水廻り空間が一体となり、**広がりを感じやすく**なる。また、ライフスタイルに合わせた**収納**を確保すると、使いやすい水廻り空間となる。

機能を兼用＋省スペース化

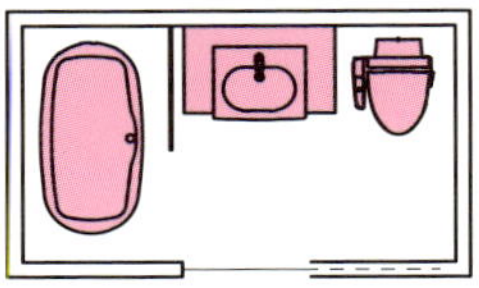

スタンダードな機能集約プラン

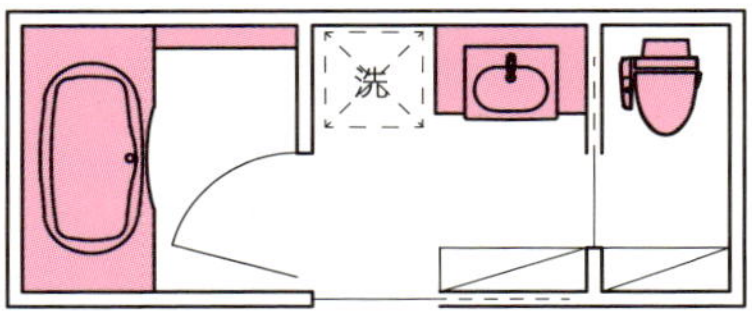

洗濯機分離プラン

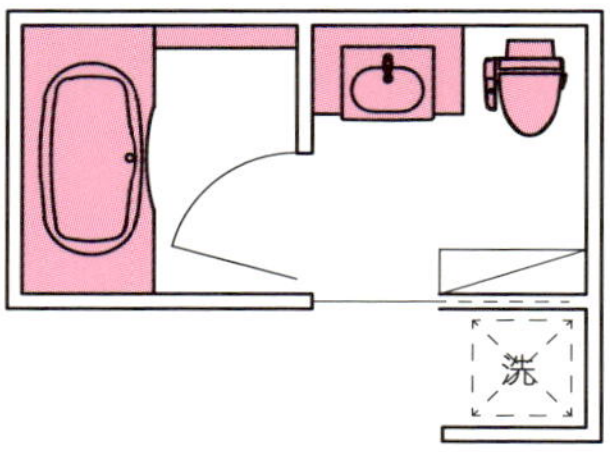

回遊動線＋トイレ独立プラン

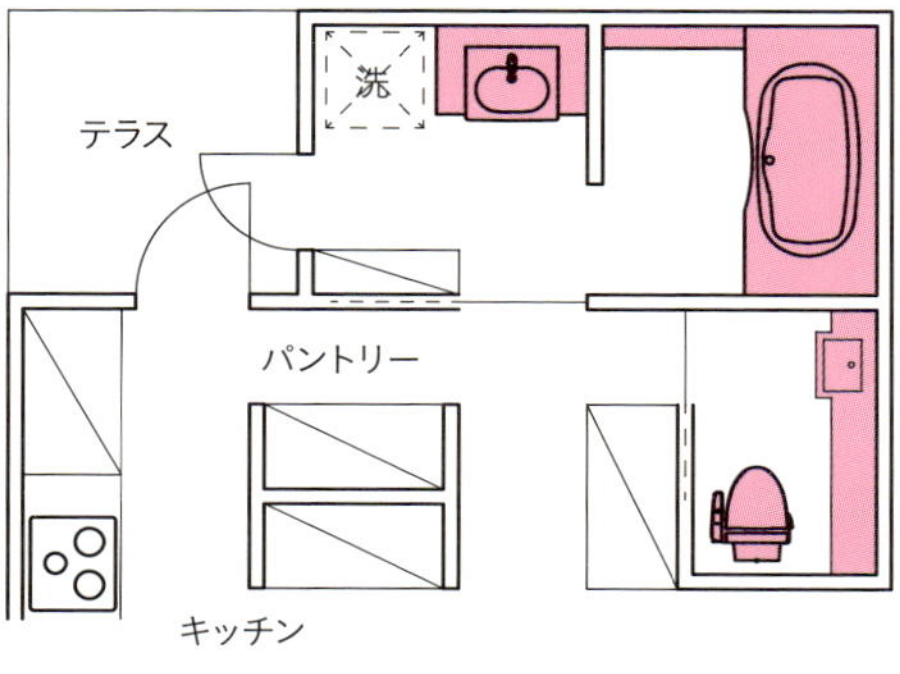

洗面・水廻りの基本的な納まり

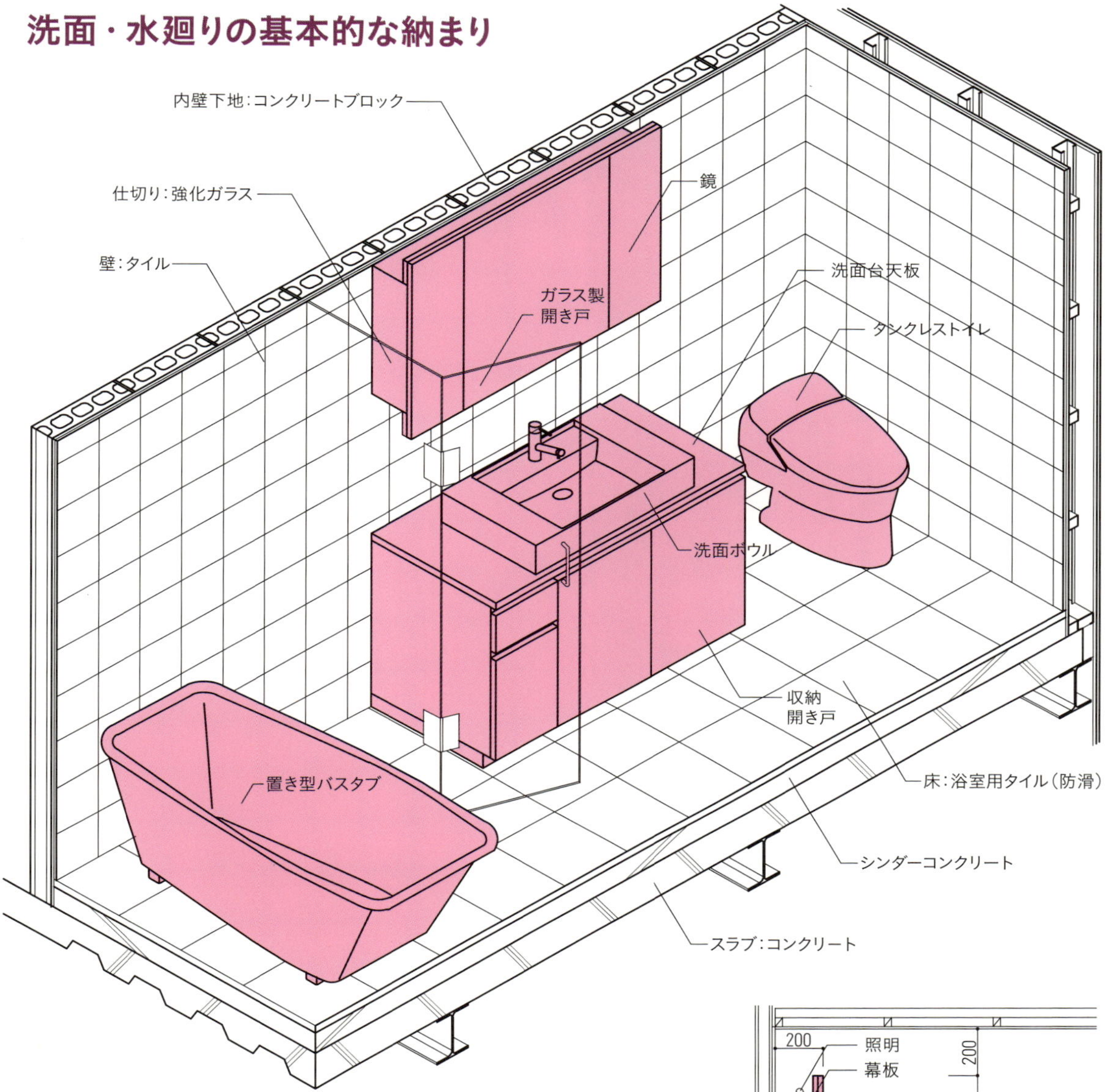

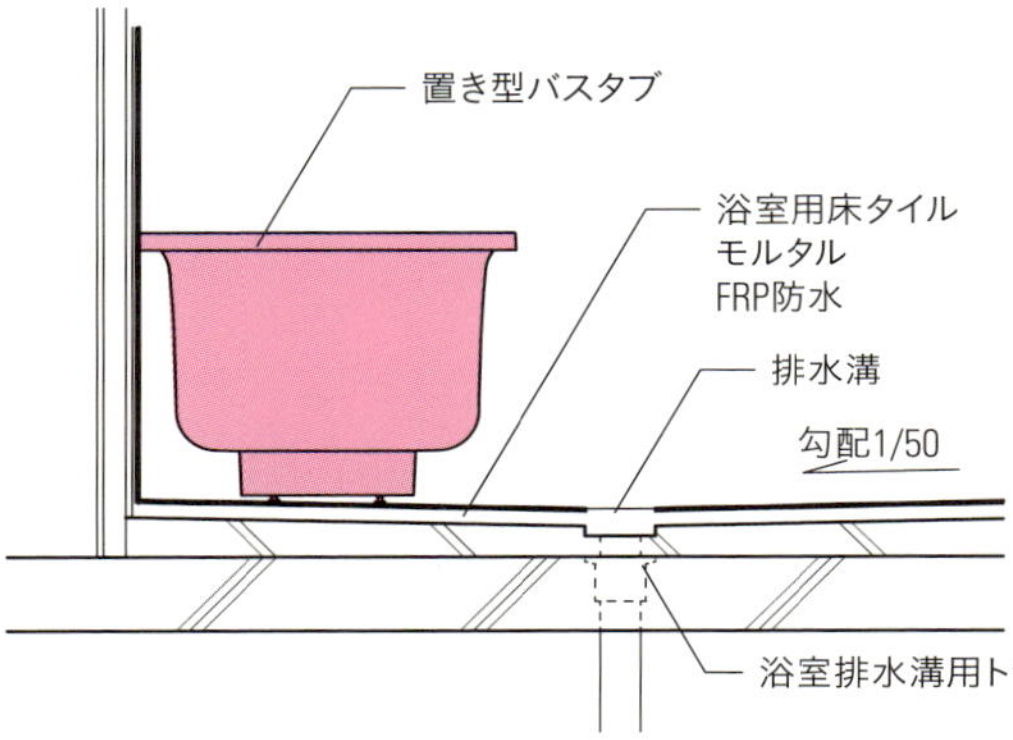

断面 S＝1/30

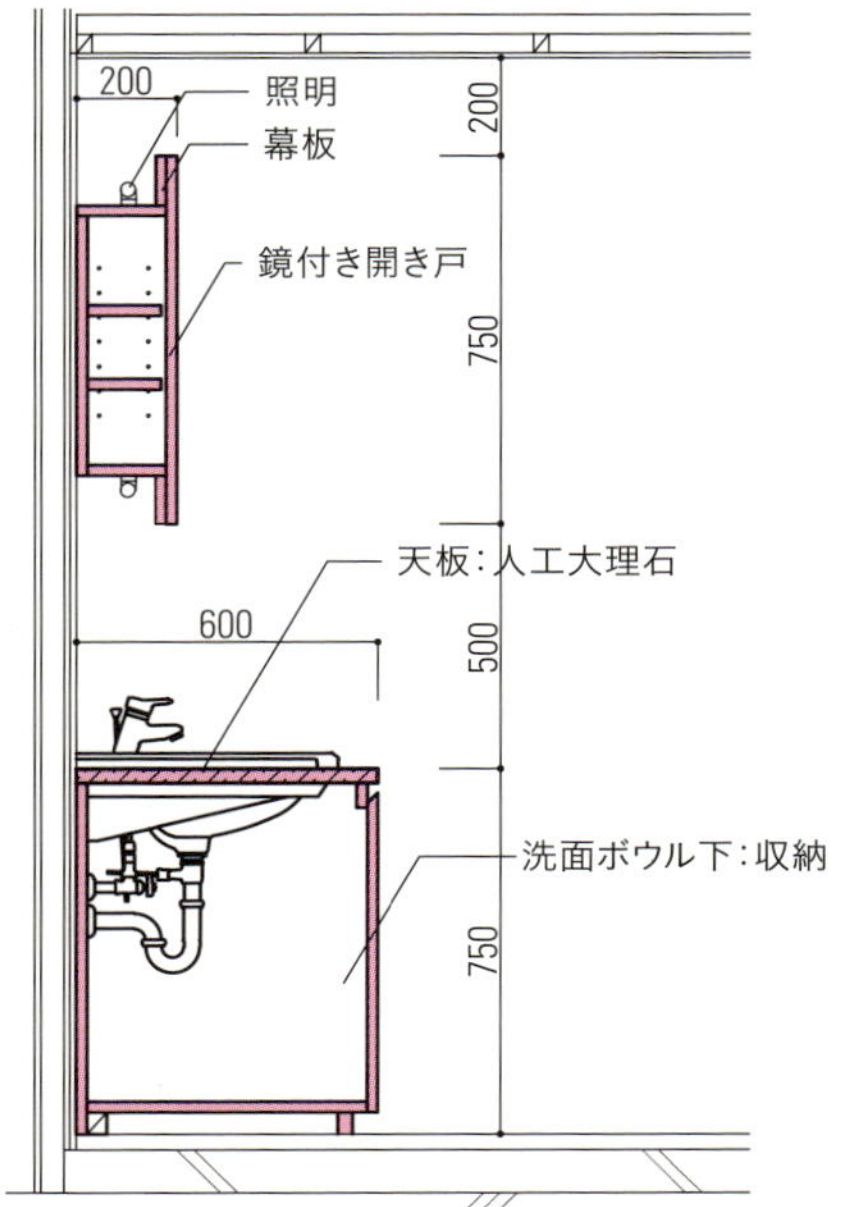

断面 S＝1/30

玄関は靴の脱ぎ履きを行う場所であるため、**使い勝手**を十分考えたものにしたい。

基本的な玄関＋上框

基本的な玄関は玄関ドアを開けると**たたき**があり、一段上がって**ホール**となる形式である。ここでポイントとなるのが**下足入れの位置**である。靴の汚れが気になる場合は、**たたき側**に下足入れを設ける。内部からの使いやすさを重視するのであれば、**ホール側**に設ければよい。スペースに余裕がある場合は**両方にまたいで**つくってもよい。

玄関＋収納＋バリアフリー

収納を別部分に設けるタイプであれば、靴以外の物も収納でき、玄関は格段に**片づけやすく**なる。**バリアフリー**に考慮し、たたきとホールのレベルを**20㎜程度**にするケースが増えてきた（50㎜程度の段差はかえって危険であるため避けること）。

動線を分けた玄関＋納戸

玄関に靴や物を見せたくない場合は、**シューズインクローゼットを設ける**とよい。非常にすっきりとした印象になり、片づけやすく来客者にも慌てなくてすむ。シューズインクローゼットに**下足のまま入るプラン**にすれば、帰宅し靴を脱いで、コートを仕舞い、内部に入るという流れがスムーズに行える。

靴はいろいろなサイズがあるため、下足入れの棚は可動式の棚が望ましい。収納が多ければもちろん使いやすいが、重要なことは建物全体とのバランスである。**無駄のないプランニング**で使いやすい玄関にしたい。

玄関廻りの材料

玄関は靴のまま利用するという性質上、**たたき**には**外部と同等の耐久性**が求められる。

人気の高い**床材**は**タイル**だ。人気の理由は豊富な種類とサイズである。防滑性の高いものや汚れがつきにくいものもある。**和風の住宅**や自然素材を現したい場合には、**洗出し仕上げ**が似合う。洗出し仕上げとは、モルタルに種石を混ぜて塗り、硬化する前に頃合いを見計ってブラシなどで水洗いし、石の頭を現す工法である。**自然石**は重厚な玄関にしたい場合に効果的である。**御影石**や**大谷石**がよく用いられる。

基本的な玄関＋上框

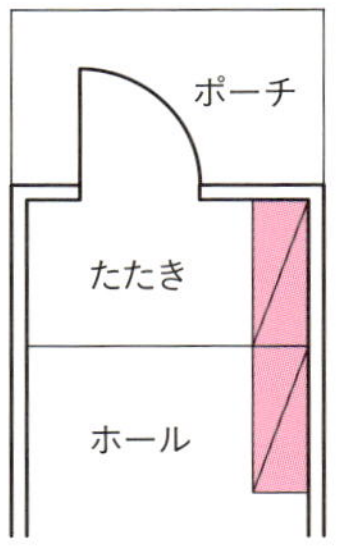

玄関＋収納＋バリアフリー

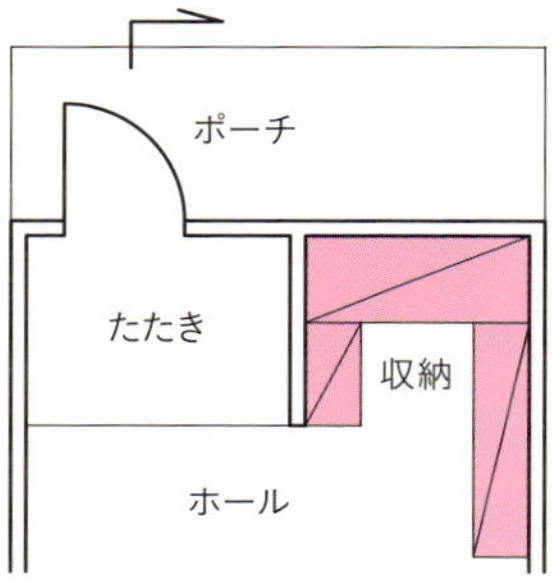

動線を分けた玄関＋納戸

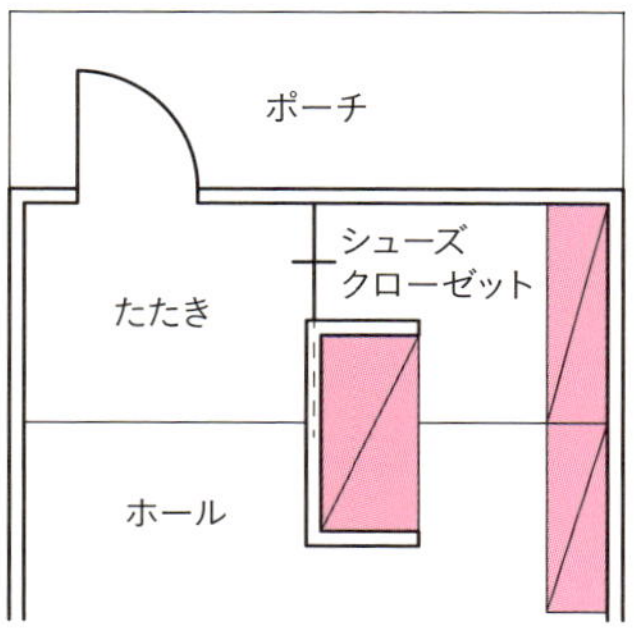

玄関の基本的な納まり

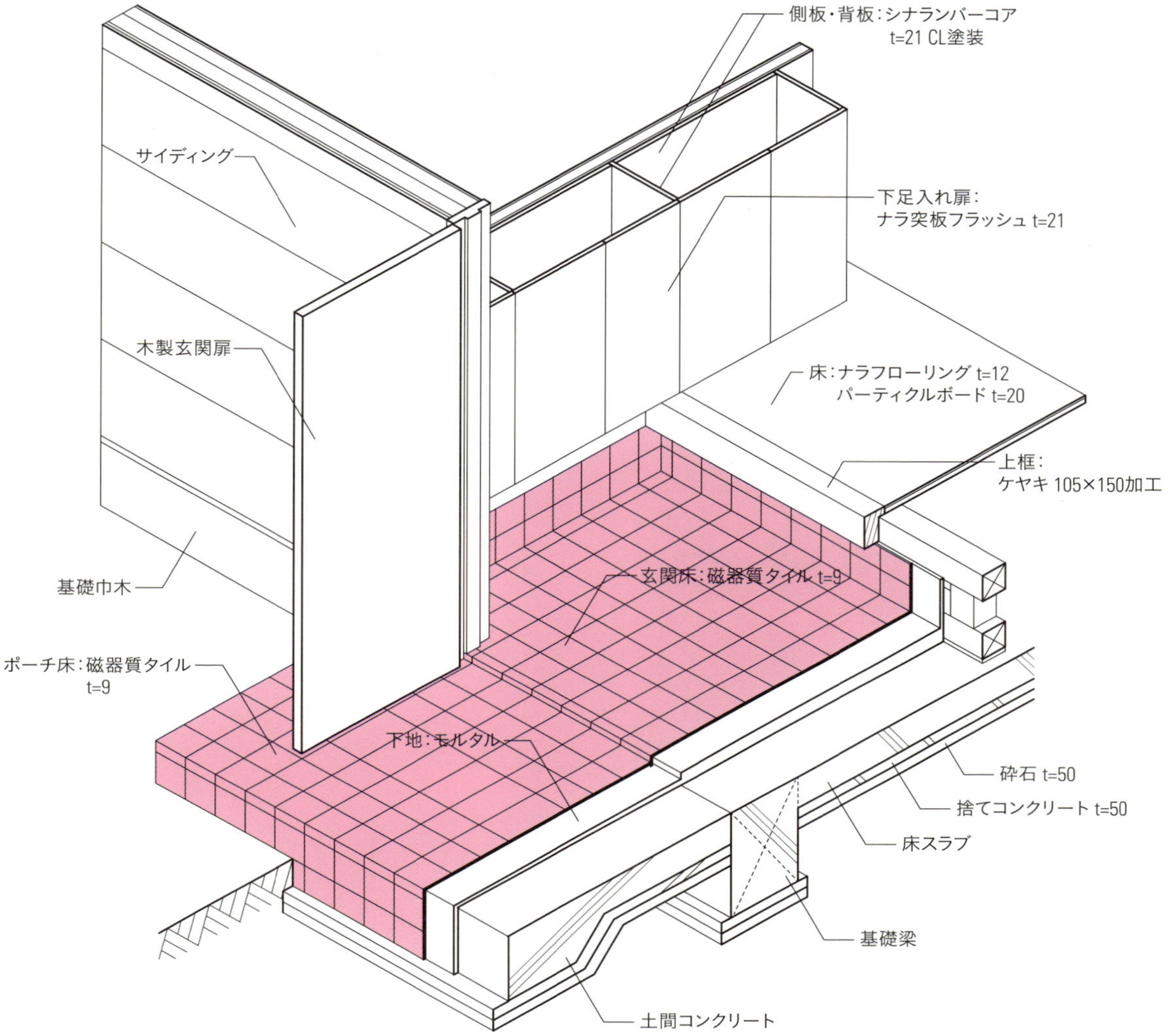

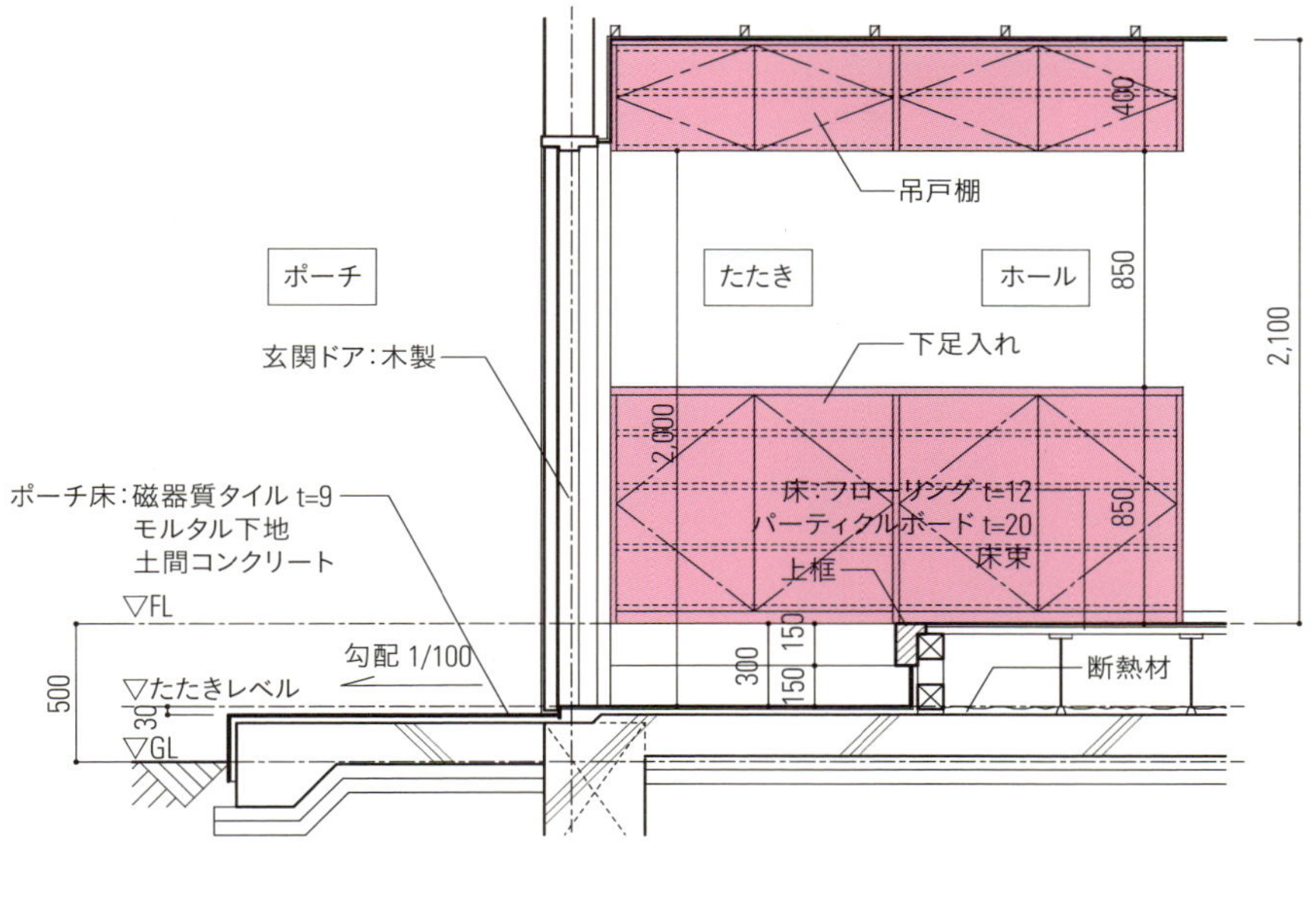

断面 S＝1/40

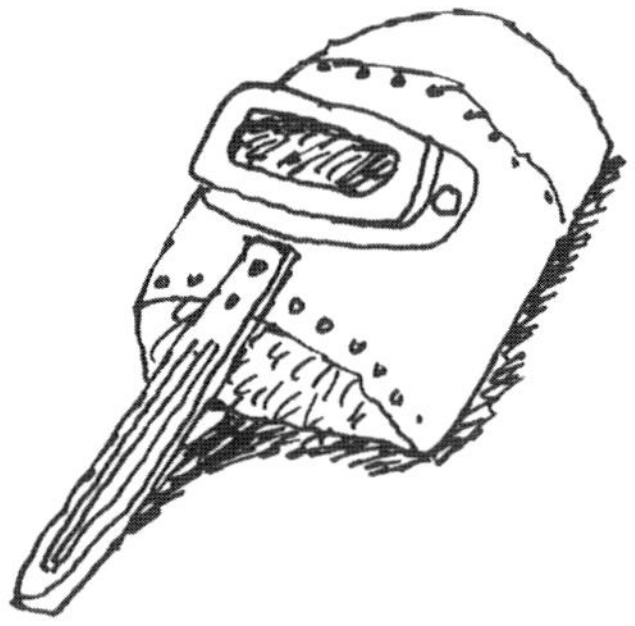

各部位の納まりを前章で学んだ。
それらを、組み合わせて一つの建築にすることは、
さまざまな建築の様式を設計するのに役立つ。
難しそうに見える矩計図も、各部位の納まりを
理解すれば、難しいものではないことがわかるはずである。

第3章 部位別パターンの組み合わせ

※矩計図ページの部位別バリエーションは下記のように対応している。

↓2章の節番-項番号
2-03 2階 直置工法+天井
↑納まりのタイトル

1 矩計図の組み合わせ［基礎編］

矩計図作成までのプロセスを説明したい。

矩計図までのプロセスはさまざまだが、平面図で**プラン**を、断面図で**高さ**を決めた後に作図に入る。**外観**は立面図、**仕上げ**は仕上表に記載されていく。すべては同時並行で、デザインと施主の要求、構造やディテールとの整合性がとれるように考える。これらの要素は幾度も検討され、つなぎ合わされて**矩計図**ができていく。したがって実務における矩計図とは、これらの検討なしに一気に完成するものではない。

なお、本章の矩計図では2章の部位別詳細図をもとに組み合わせている。部分の詳細な内容については該当ページを参照されたい。

解説❶
寝室からは庭の木々が見え、四季折々の変化を楽しむことを考えた。フロアレベルに近い半屋外空間の縁側によって、庭とのつながりが一層強くなる。

解説❷
寝室内に洋服タンスなどを兼ねてウォークインクローゼットを設けた。可動棚により収納するものの寸法が変わっても対応可能である。

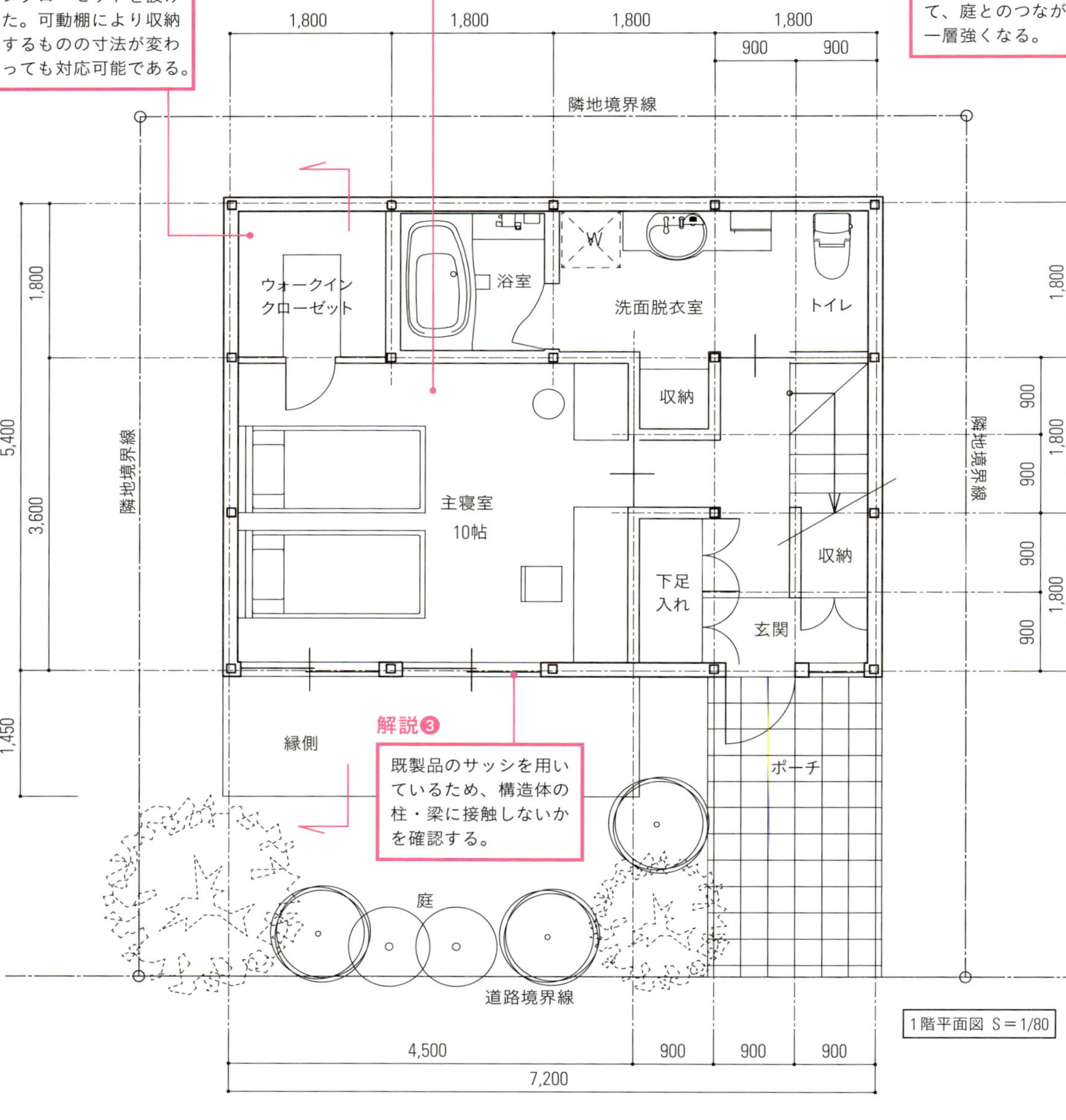

解説❸
既製品のサッシを用いているため、構造体の柱・梁に接触しないかを確認する。

1階平面図 S＝1/80

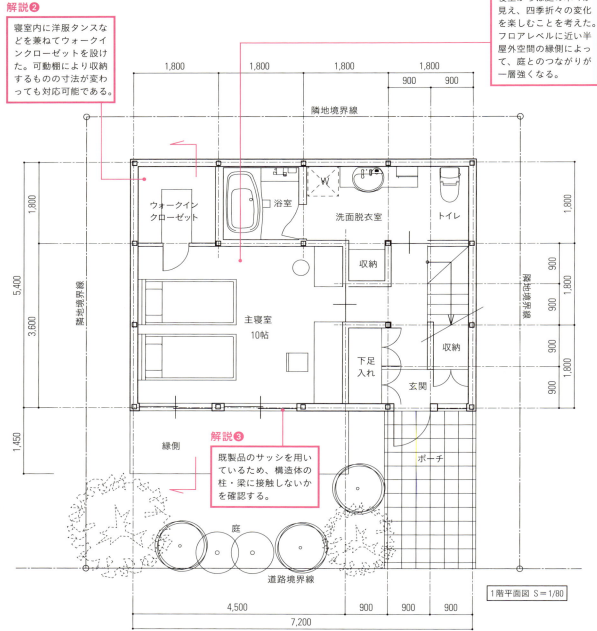

このS造住宅は**夫婦二人**のための住まいであり、**延床面積は80㎡**ほどである。

プランのポイントは、構造部材を小さくし、**スパンを飛ばせる**というS造のメリットを活かした点である。解放感のある空間にするために**露出する柱は最小限**として、間仕切りも少なくしている。内部は柱型が出ないよう**外壁内に納めて**おり、大工の手間軽減とすっきりした見た目を考慮した。

断面構成は、柱を立てて梁を組み、スラブを打設して床と天井を施工するという**シンプルな構成**にしている。梁せいは木造の梁に比べ小さくでき、**天井ふところが確保できる**。そのため設備関係の施工性の向上にも貢献している。

解説❹

内部は大きな一室空間としており、20帖広さがある。露出している柱は少なく、収納以外の壁はない。

解説❺

夏季の通風を考えて窓は二面に設ける。

解説❻

PCコーナーも狭さを感じないよう、リビングの一角に組み込んだ。上部には収納を設ける。

※部位ごとに納まりを検討していく

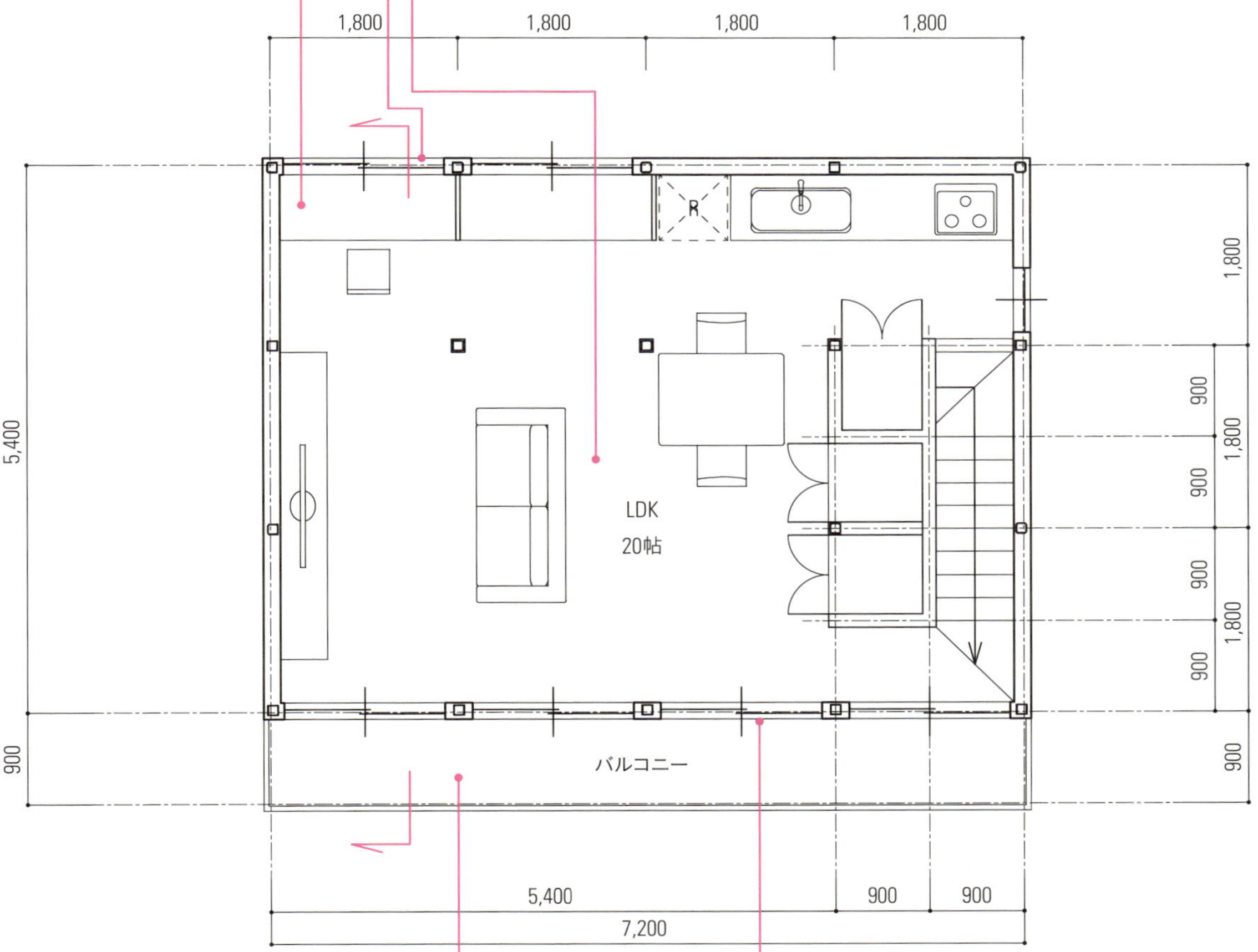

解説❽

バルコニーを一面に配置し、内部からの視覚的な広がりを得ている。

解説❼

窓の寸法と割付を揃え、バランスよい立面にしている。

2階平面図 S＝1/80

各部位の納まりを考え、構造との整合性を確認していく。

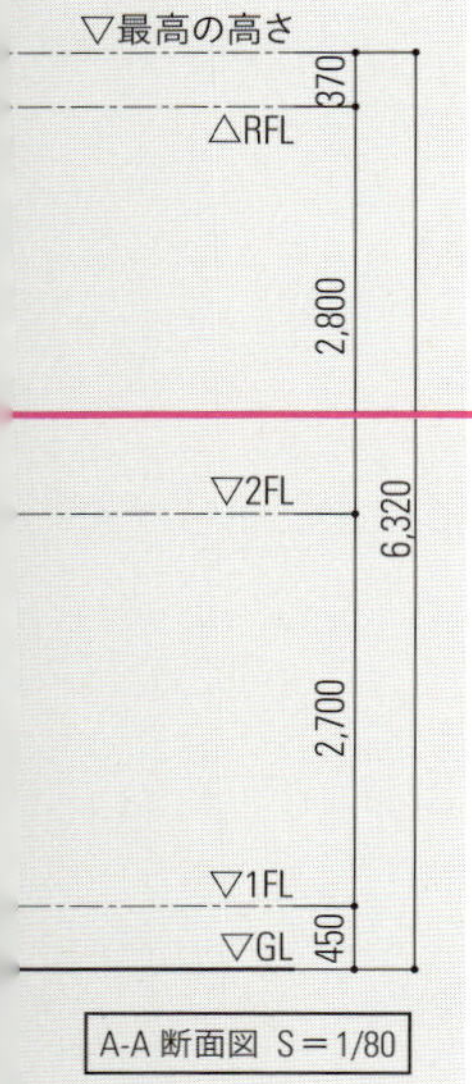

4-07 鉄骨現しで持ち出すバルコニー

バルコニー

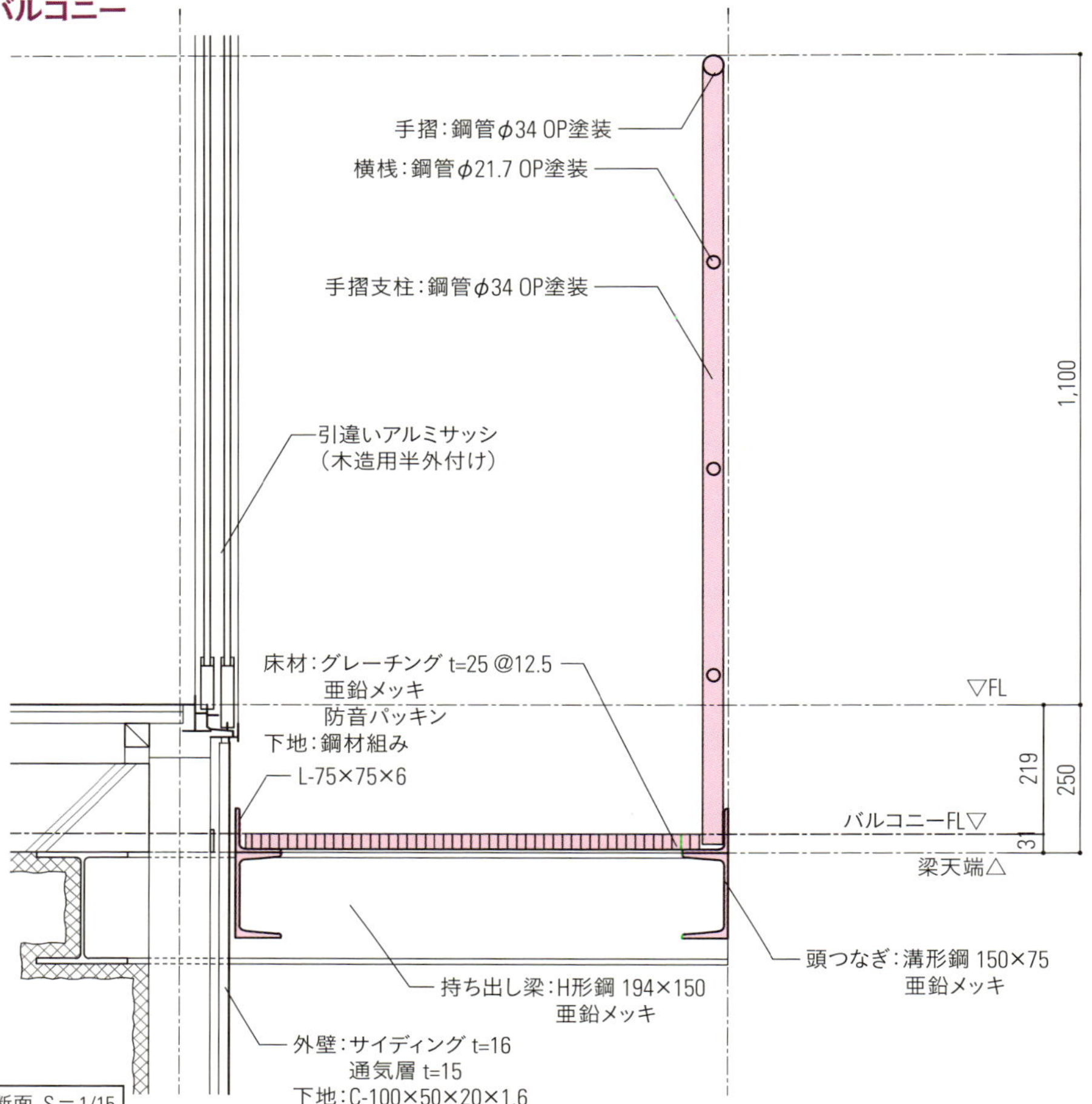

断面 S＝1/15

断面 S＝1/30

4-10 縁側の基本的な納まり

テラス

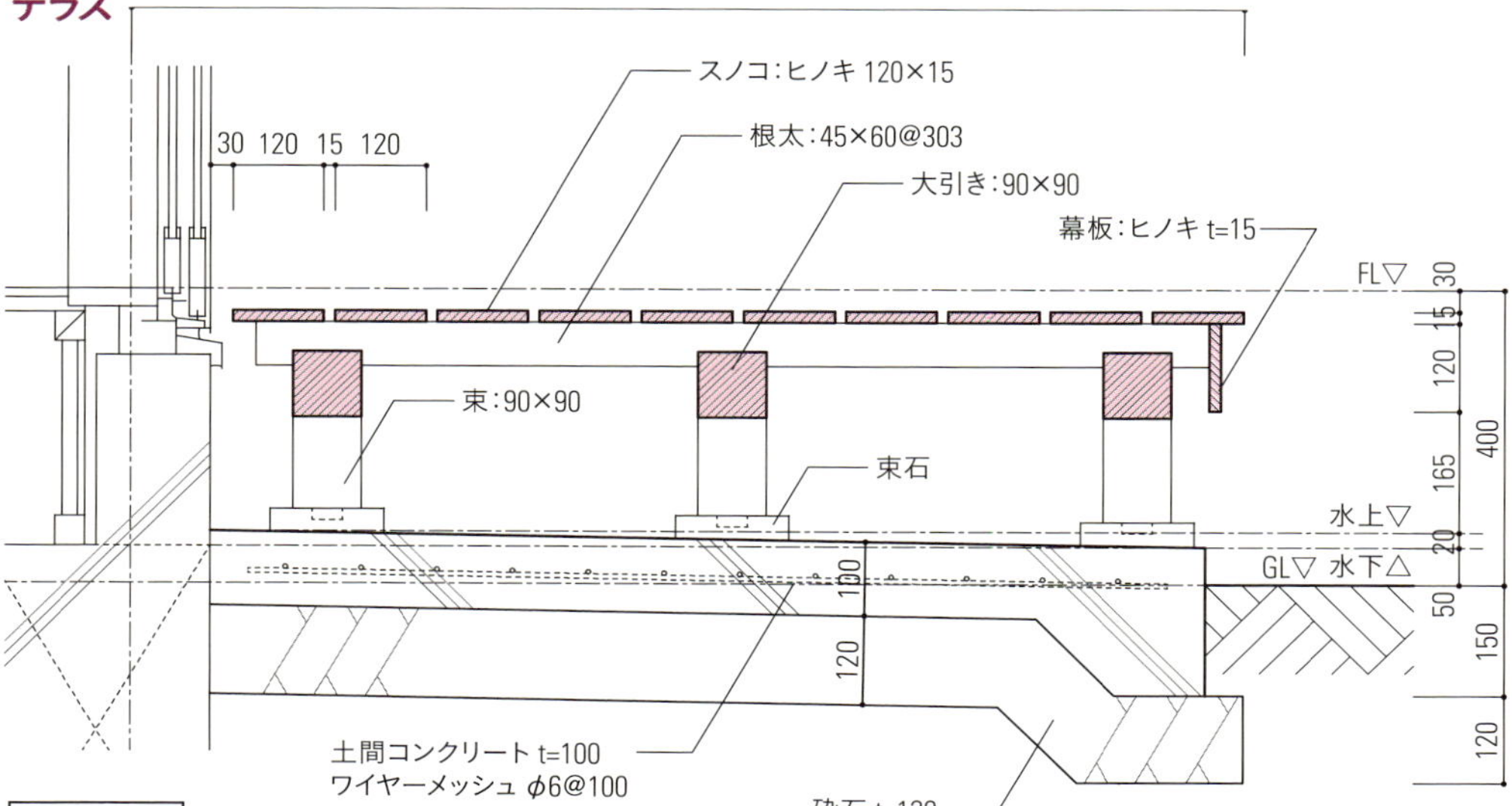

断面 S＝1/15

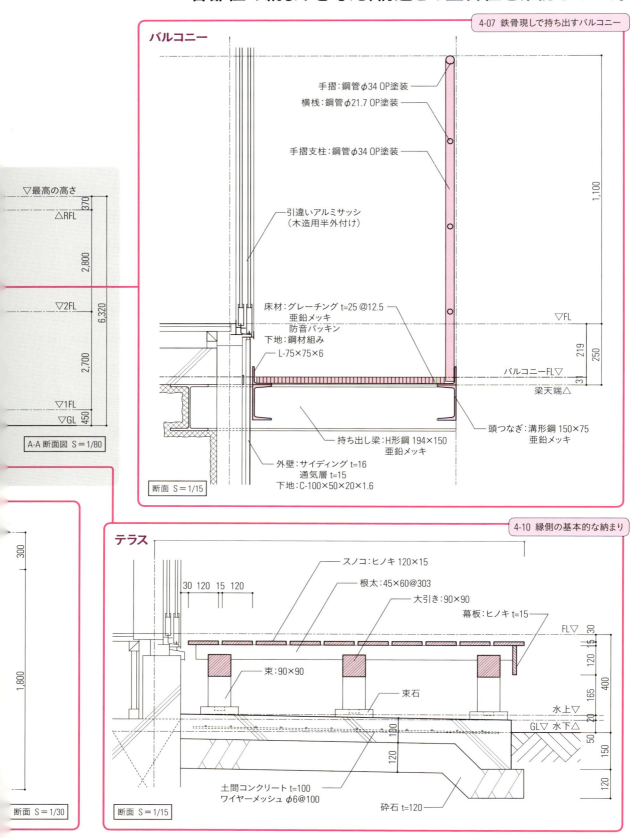

外部開口部と屋根部

4-04 木造用外付けサッシ＋屋根部

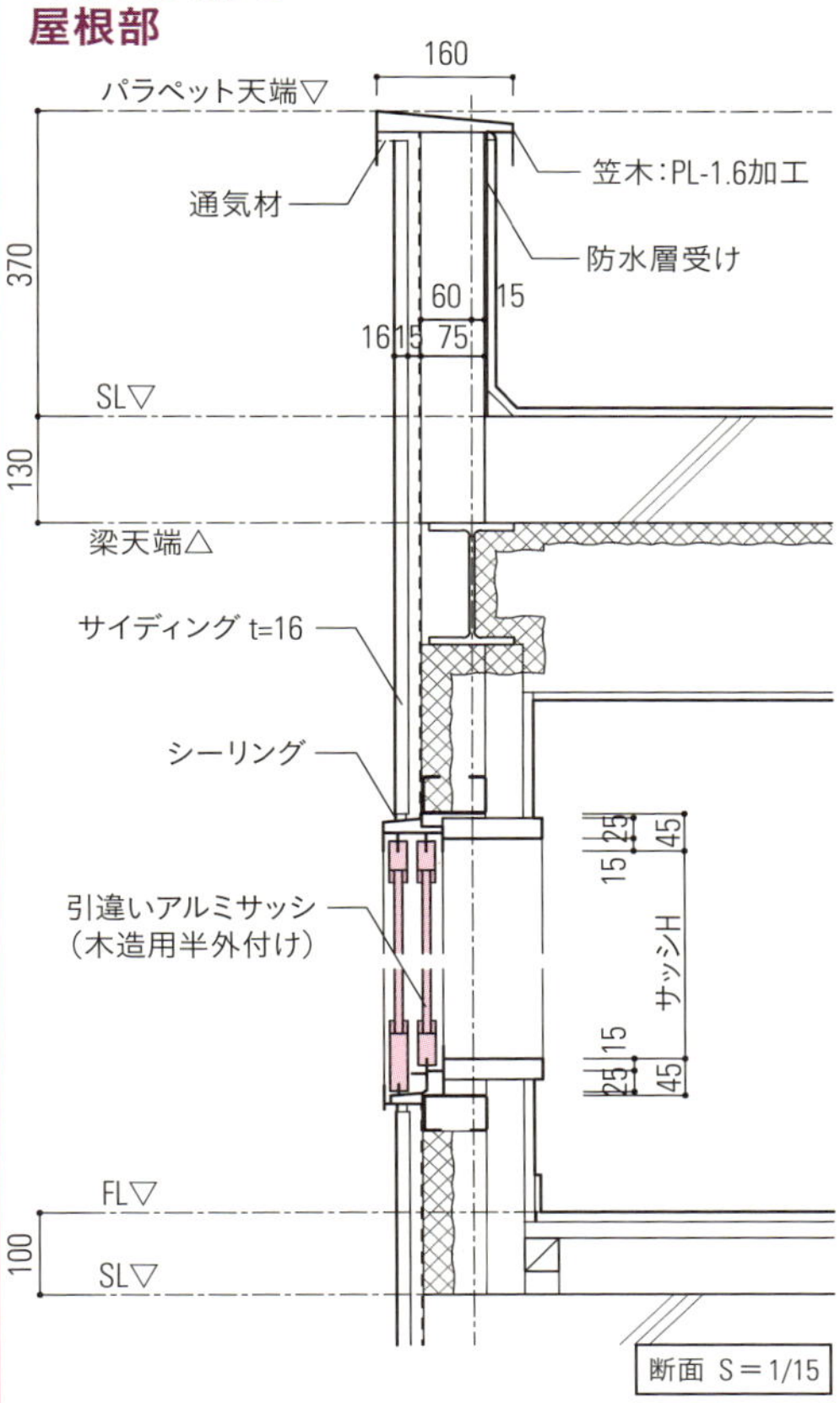

断面 S＝1/15

天井

2-02 ALC版（木下地）

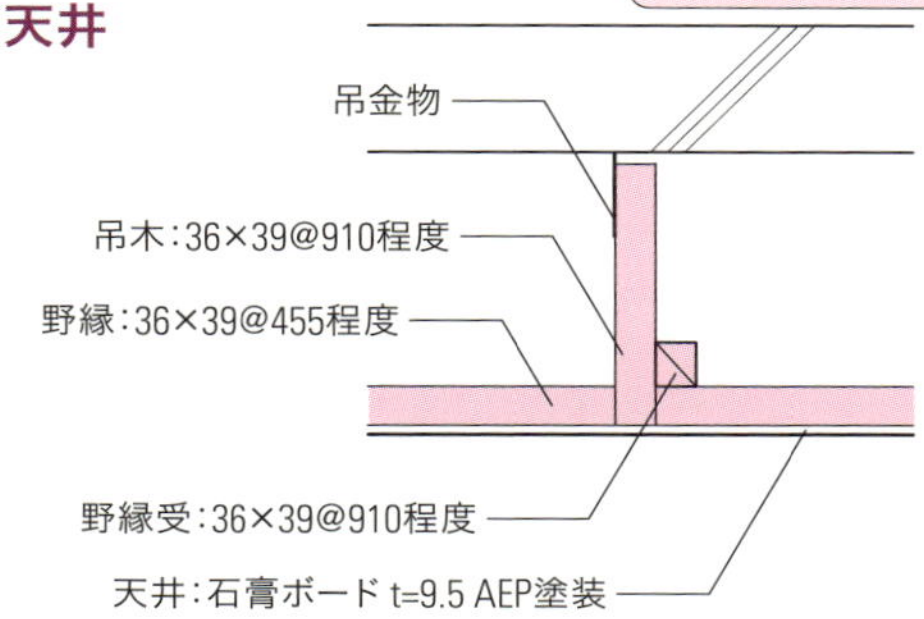

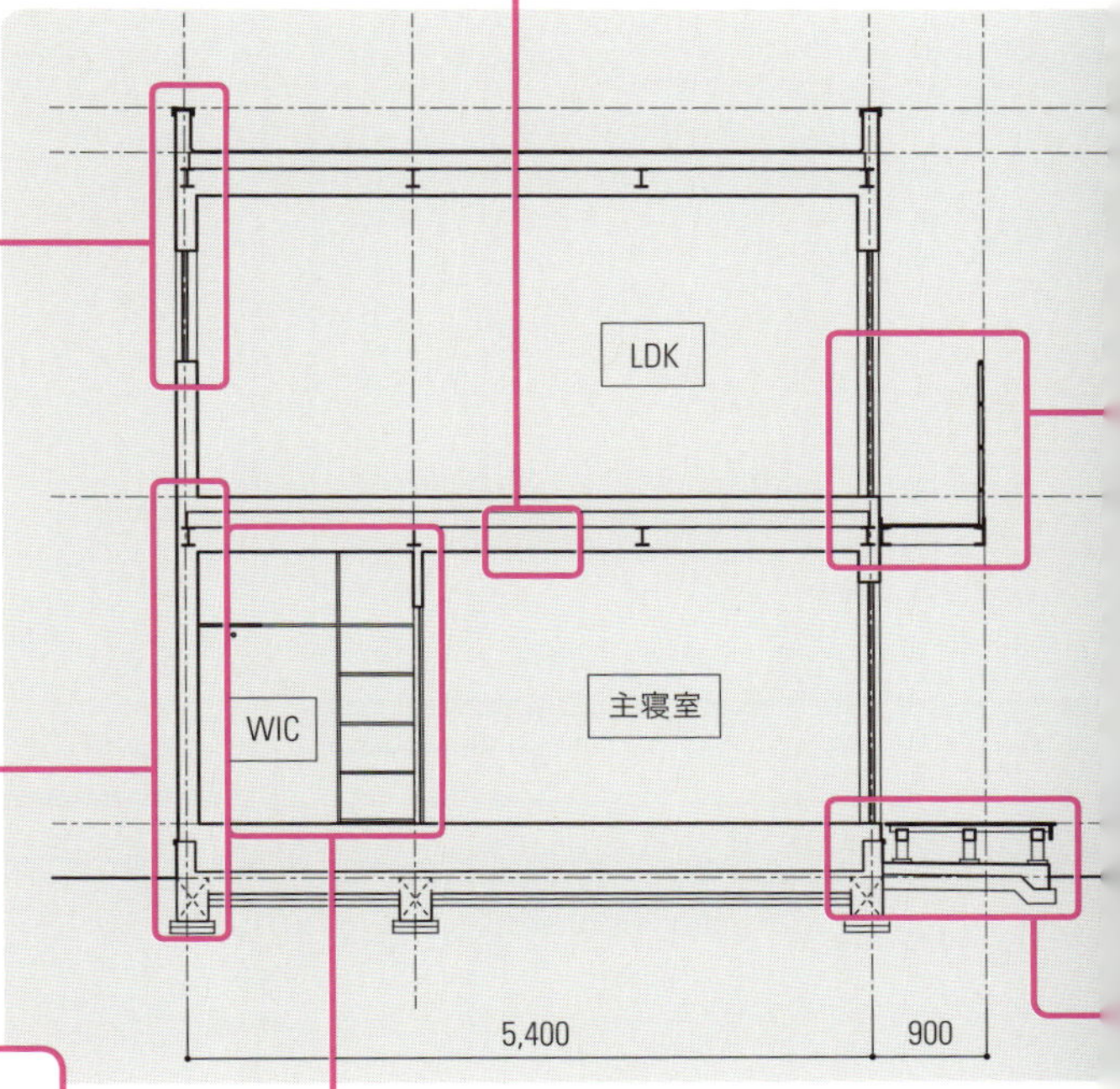

外壁廻り

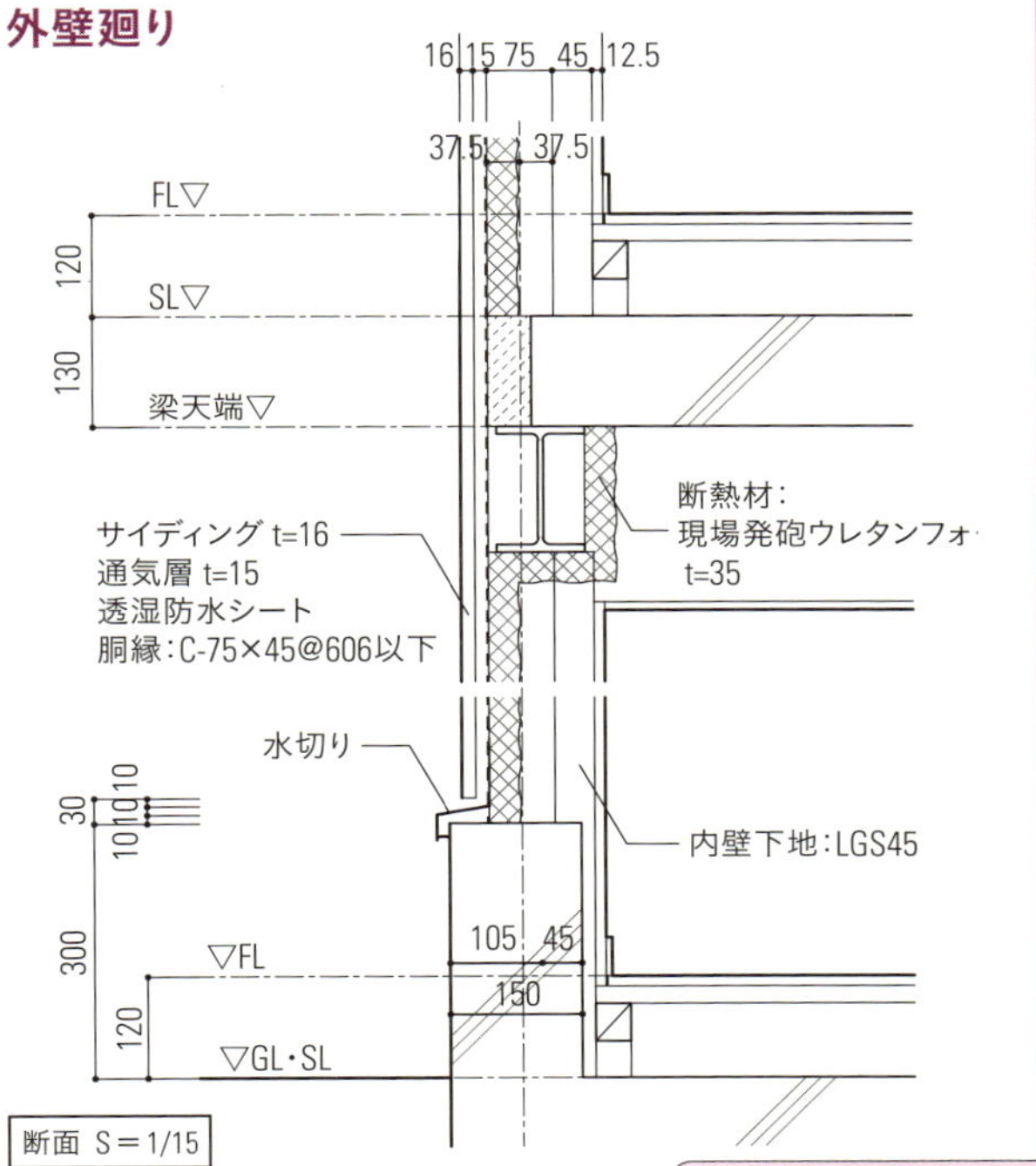

断面 S＝1/15

4-02 大壁のサイディング

内部造作廻り

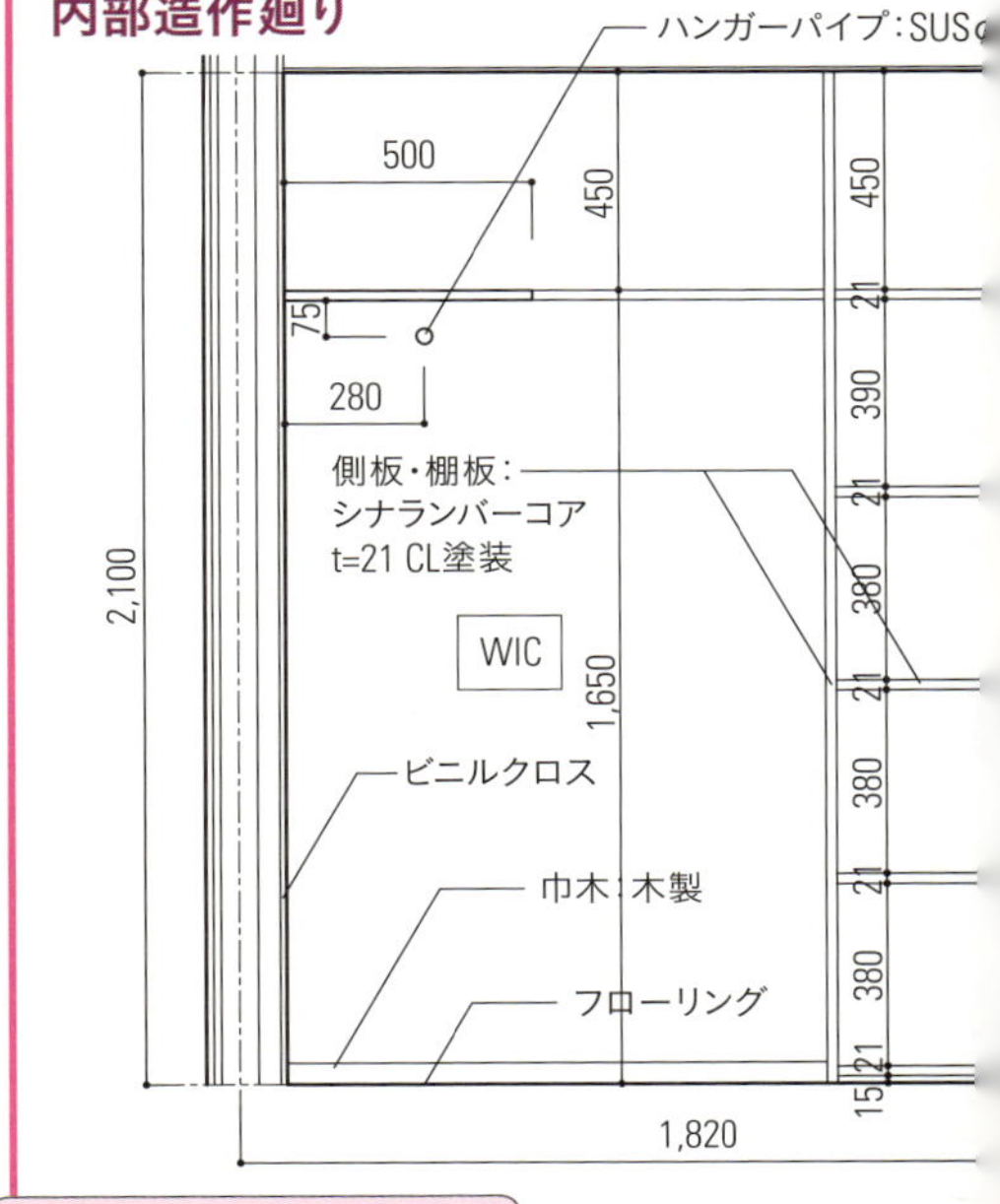

5-05 ウォークインクローゼット

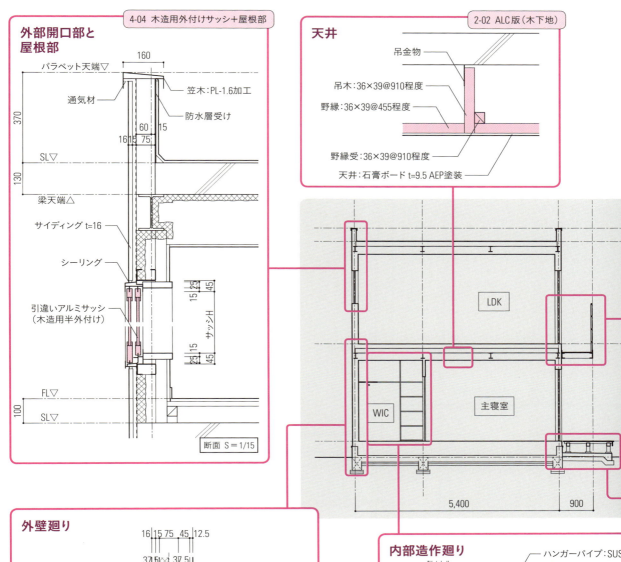

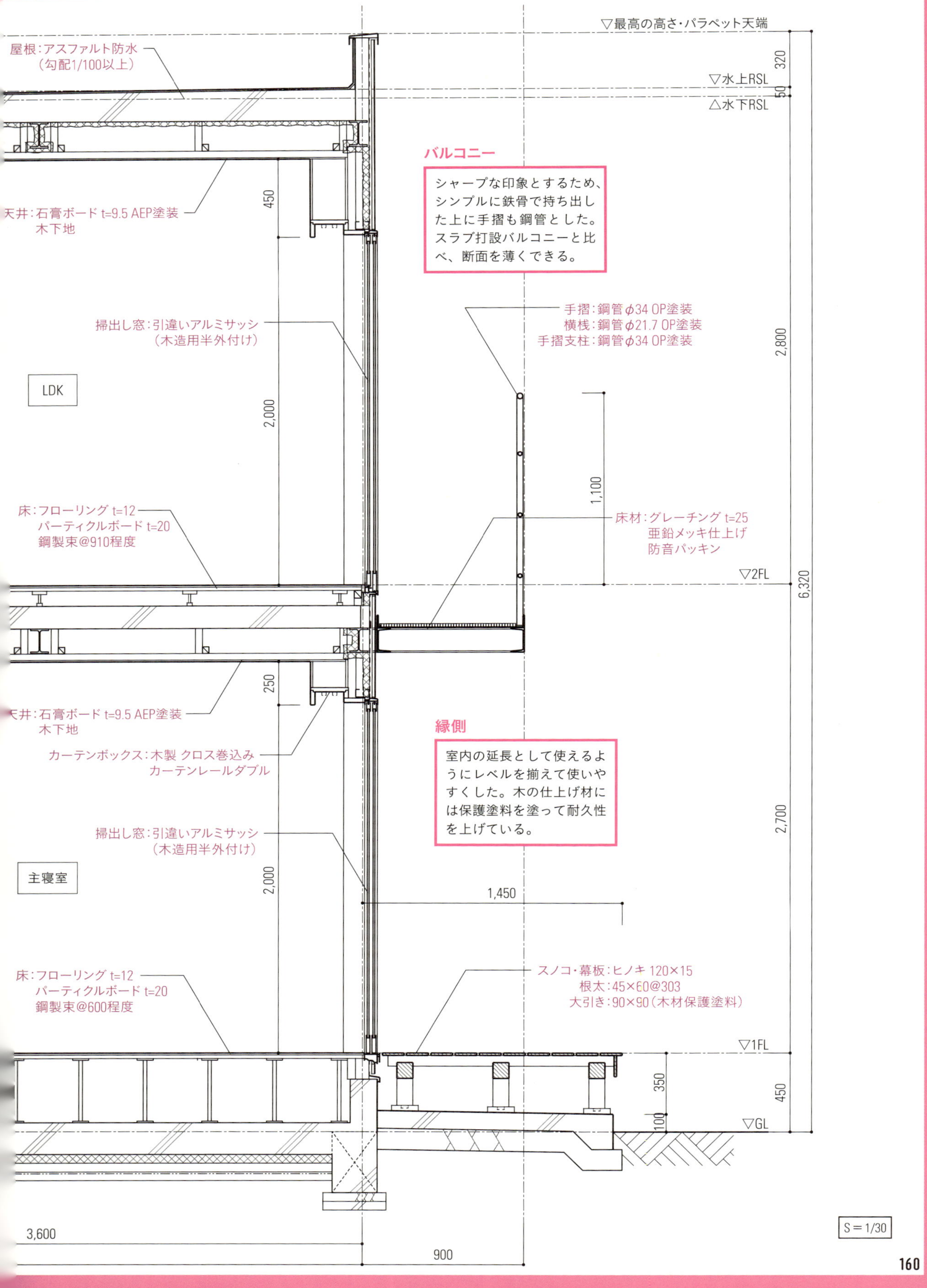
▽最高の高さ・パラペット天端
320
▽水上RSL
50
△水下RSL
屋根:アスファルト防水
(勾配1/100以上)
天井:石膏ボード t=9.5 AEP塗装
木下地
450
バルコニー
シャープな印象とするため、シンプルに鉄骨で持ち出した上に手摺も鋼管とした。スラブ打設バルコニーと比べ、断面を薄くできる。
掃出し窓:引違いアルミサッシ
(木造用半外付け)
手摺:鋼管φ34 OP塗装
横桟:鋼管φ21.7 OP塗装
手摺支柱:鋼管φ34 OP塗装
2,800
LDK
2,000
1,100
床:フローリング t=12
パーティクルボード t=20
鋼製束@910程度
床材:グレーチング t=25
亜鉛メッキ仕上げ
防音パッキン
▽2FL
6,320
250
天井:石膏ボード t=9.5 AEP塗装
木下地
カーテンボックス:木製 クロス巻込み
カーテンレールダブル
縁側
室内の延長として使えるようにレベルを揃えて使いやすくした。木の仕上げ材には保護塗料を塗って耐久性を上げている。
掃出し窓:引違いアルミサッシ
(木造用半外付け)
2,700
主寝室
2,000
1,450
床:フローリング t=12
パーティクルボード t=20
鋼製束@600程度
スノコ・幕板:ヒノキ 120×15
根太:45×60@303
大引き:90×90(木材保護塗料)
▽1FL
350
450
100
▽GL
3,600
900
S=1/30

矩計図

各部位検討の集積が矩計図となる。

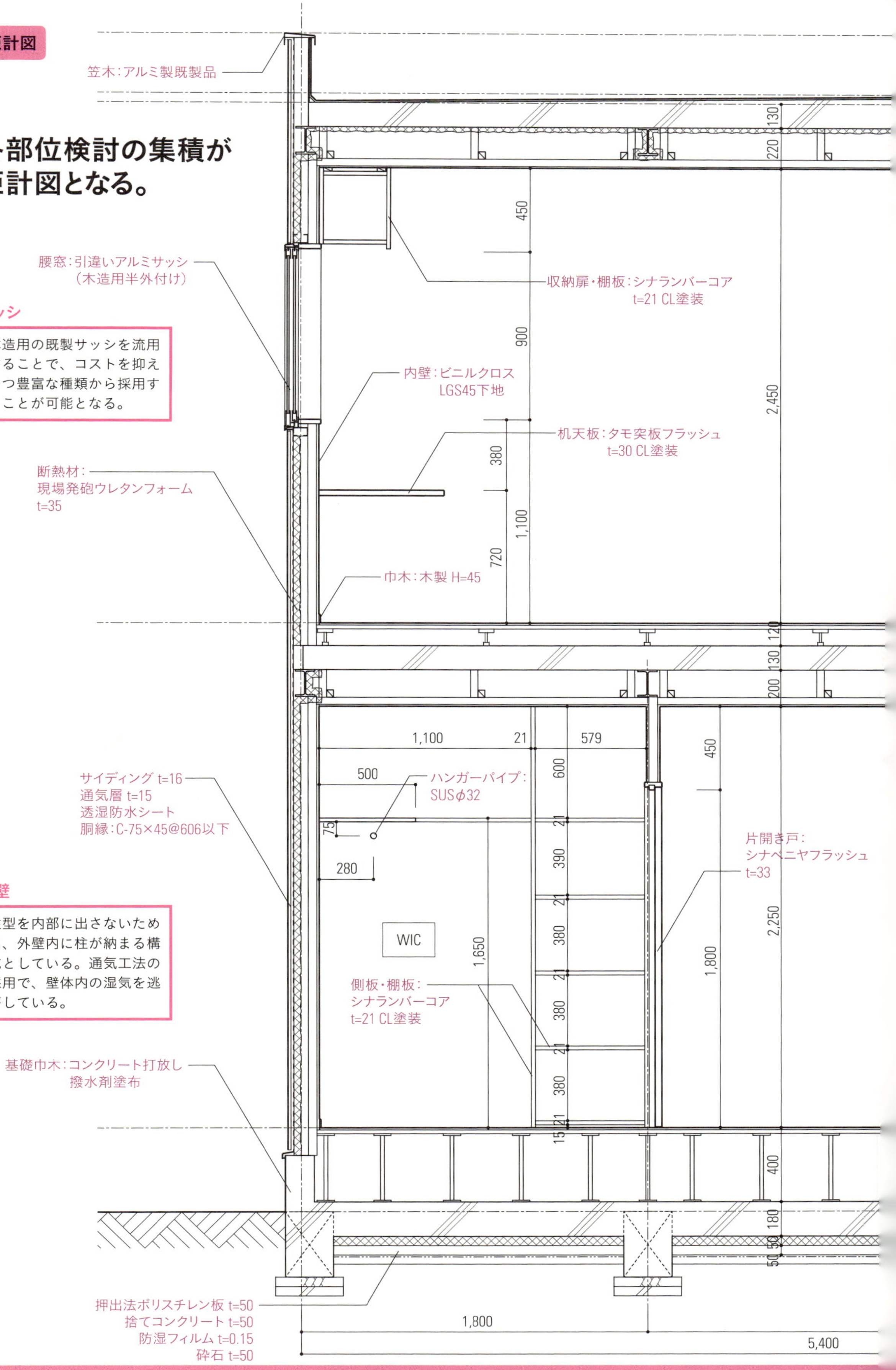
笠木：アルミ製既製品
腰窓：引違いアルミサッシ（木造用半外付け）
断熱材：現場発砲ウレタンフォーム t=35
サイディング t=16
通気層 t=15
透湿防水シート
胴縁：C-75×45@606以下
基礎巾木：コンクリート打放し 撥水剤塗布
押出法ポリスチレン板 t=50
捨てコンクリート t=50
防湿フィルム t=0.15
砕石 t=50
収納扉・棚板：シナランバーコア t=21 CL塗装
内壁：ビニルクロス LGS45下地
机天板：タモ突板フラッシュ t=30 CL塗装
巾木：木製 H=45
ハンガーパイプ：SUSφ32
片開き戸：シナベニヤフラッシュ t=33
側板・棚板：シナランバーコア t=21 CL塗装
WIC
130
220
450
900
2,450
380
1,100
720
120
130
200
1,100
21
579
500
600
450
75
280
390
380
1,650
2,250
1,800
15
400
180
50
50
1,800
5,400

サッシ

木造用の既製サッシを流用することで、コストを抑えつつ豊富な種類から採用することが可能となる。

外壁

柱型を内部に出さないために、外壁内に柱が納まる構成としている。通気工法の採用で、壁体内の湿気を逃がしている。

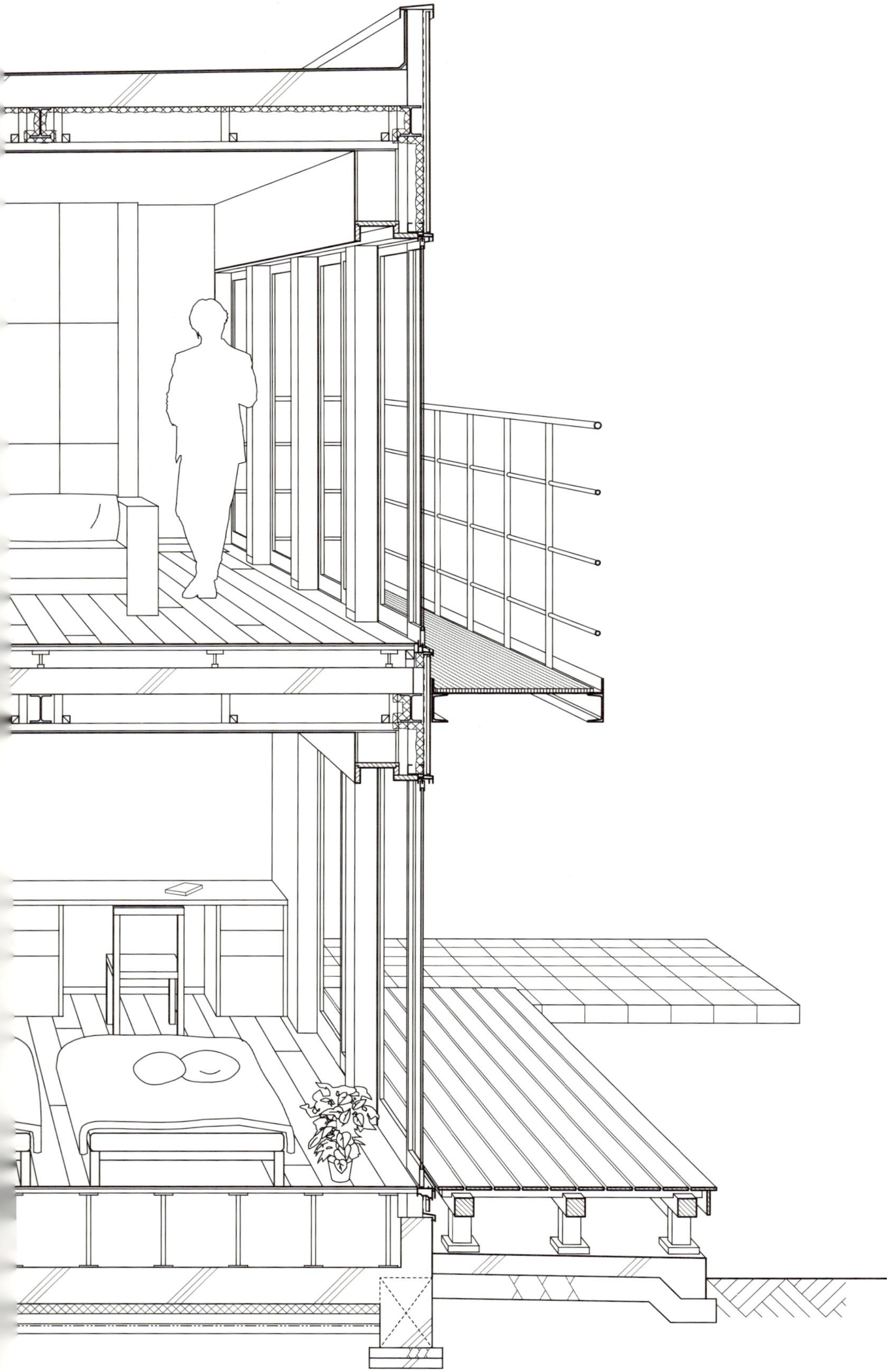

S＝1/40

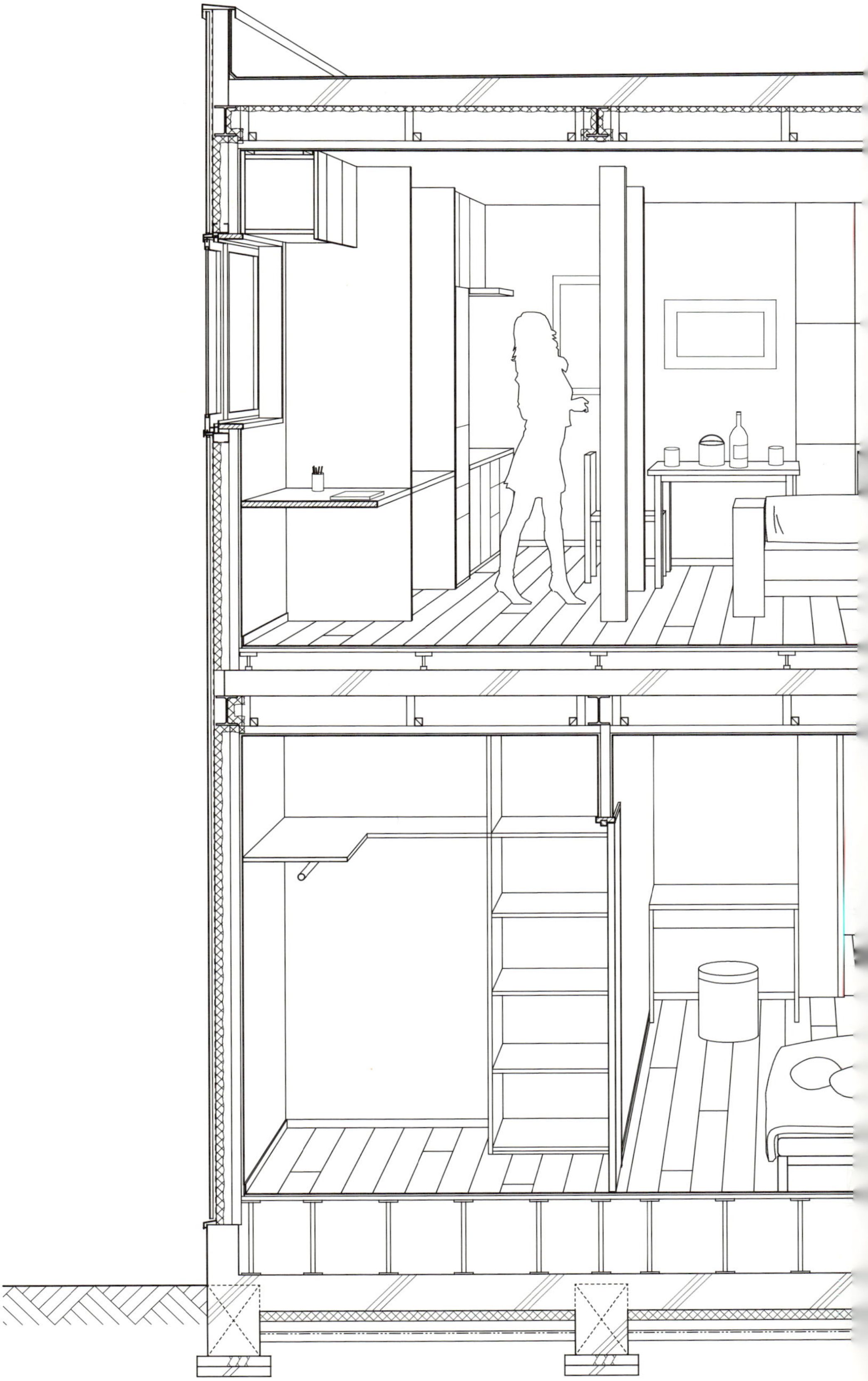

2 矩計図の組み合わせ［応用編］

この住宅は、7.2m×9.0mの平面形で5.4m×3.6mと2.7m×3.6mのグリッド上に鉄骨柱が立っている。S造の大きな特徴は、構造をシンプルに、そして細く薄くできることである。木造よりも**自由な平面、断面**をつくることができる。この住宅でも、木造ならば柱が必要と思われるところにも設けず、**一体感のある空間**をつくっている。

2階建ての1階に**パブリックスペース**を設けている。玄関~キッチン、ダイニング、リビング、階段スペースを通して2階までを一体として感じられるようにしているが、**床に段差**をつけたり、**見え隠れをつくる家具**を設置することにより、空間をゆるやかな分節している。

解説❶

オープンな1階にある個室になる畳室。普段はオープンな居場所の一つとして、来客時の就寝スペースに使うことができる万能空間。

解説❷

ダウンフロアと造り付けのソファにより落ち着いたリビング空間とし ている。家具によりゆるやかに仕切っている。

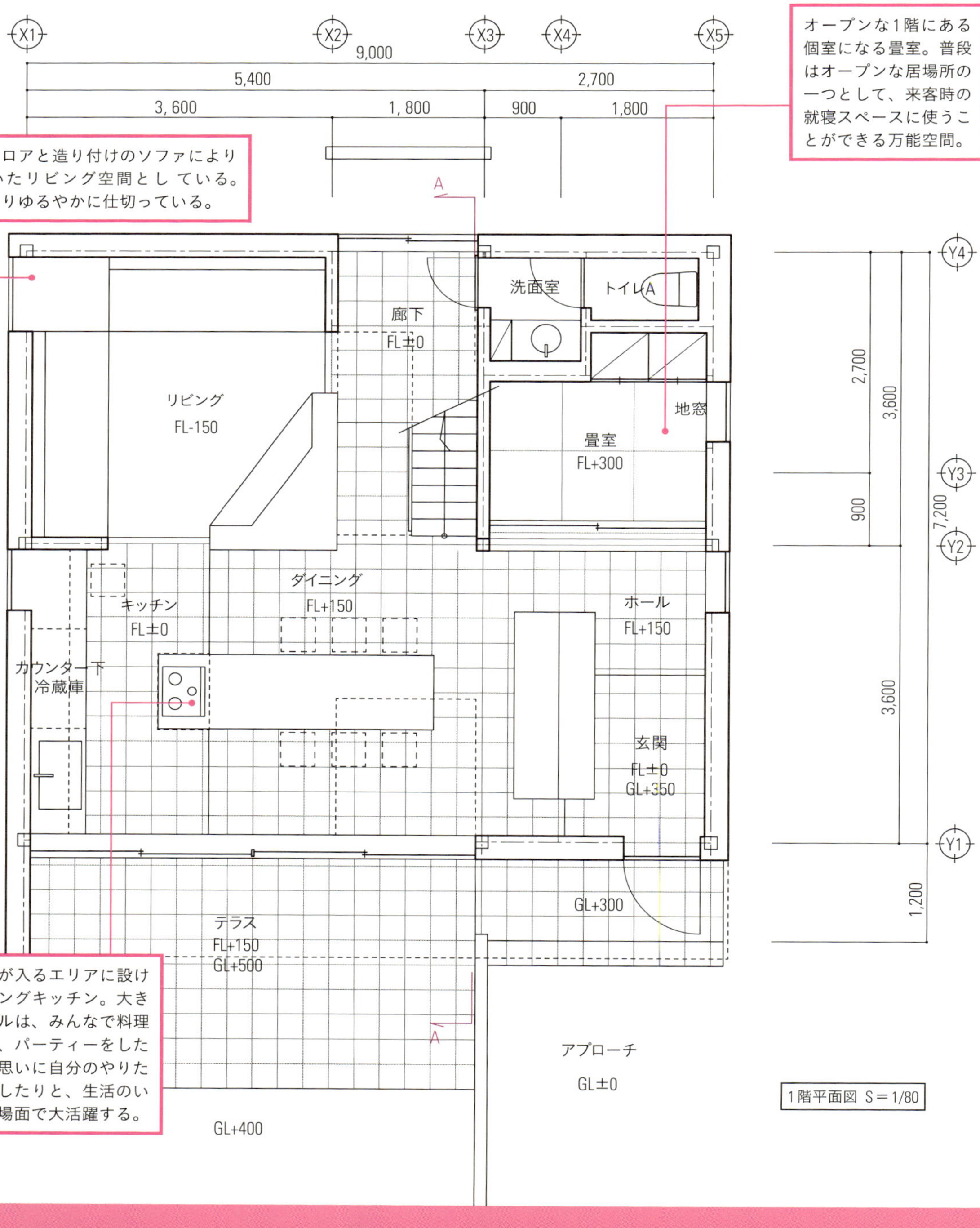

1階平面図 S＝1/80

解説❸

南面の光が入るエリアに設けたダイニングキッチン。大きなテーブルは、みんなで料理をしたり、パーティーをしたり、思い思いに自分のやりたいことをしたりと、生活のいろいろな場面で大活躍する。

オープンすぎる空間は単調で落ち着かない。全体ではつながってるが見え隠れのある**いろいろな居場所**を提供することで、暮らしを楽しむ空間をつくっている。2階は**二つの個室**と**水廻り**をレイアウトしている。1階とつながる**吹抜け空間**には、デスクのある**スタディスペース**を設けている。外壁は、S造では一般的な**ALC版**を用いて、シンプルな箱型のフォルムにしている。屋根は**陸屋根形式**で**露出のシート防水仕上げ**である。一部、チムニー効果を利用し、採光と通風を得るように北側からの天空光を採り入れるため、**ハイサイドライト**となっている。

内装は、鉄の素材感を出すために、構造体をすべて隠さず、一部に**鉄骨の構造体を現しで見せ**、1階の天井も**デッキプレートの現し**に塗装仕上げとしている。個室の壁仕上げと天井仕上げは、**石膏ボード+AEP塗装仕上げ**、床の仕上げは、個室は**フローリング**、リビングはカーペット、その他のパブリック空間は磁器タイルとし、足元の冷えと寒さの対策のために、床暖房を設置している。

解説4

二方向開けるデザインにより風通しをよくしている。ファサード側に洗濯物干しを見せないようにしている。

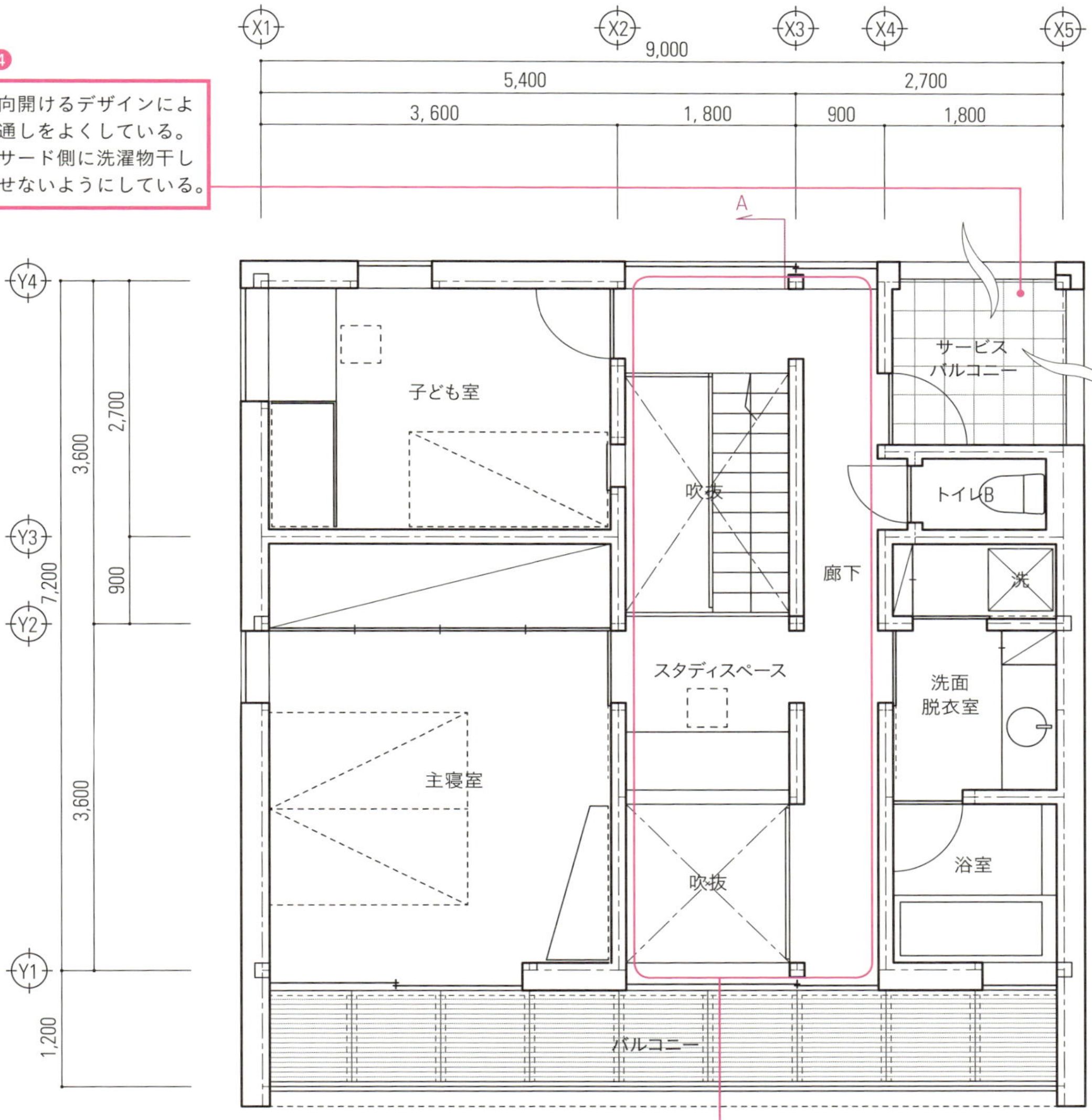

解説5

スタディスペースや窓辺に椅子などを置くことにより気持ちのよい居場所になる。

2階平面図 S＝1/80

※部位ごとに納まりを検討していく

各部位の納まりを考え、構造との整合性を確認していく。

3-05 金属板葺き 棟❶

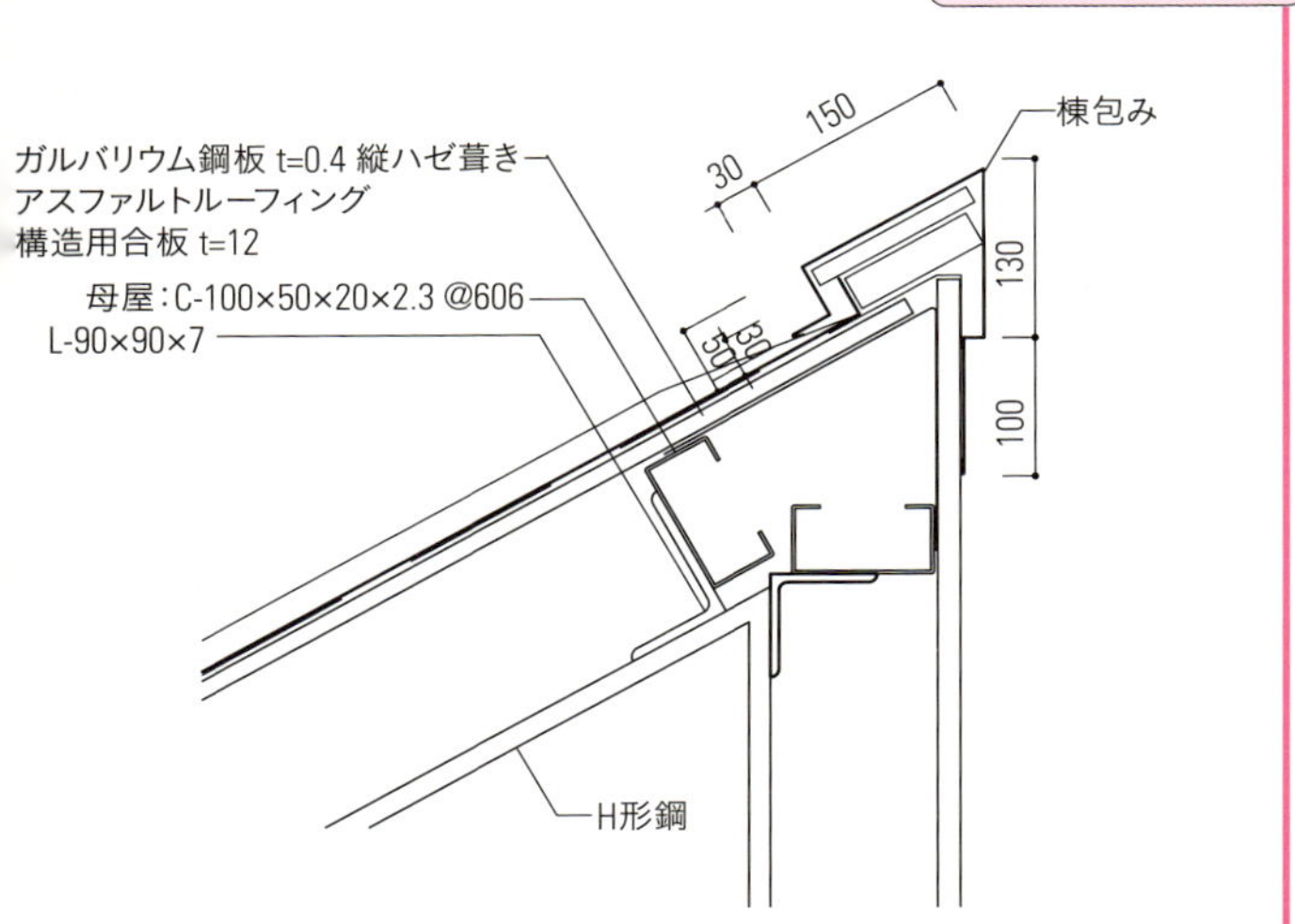
150
30
棟包み
ガルバリウム鋼板 t=0.4 縦ハゼ葺き
アスファルトルーフィング
構造用合板 t=12
母屋：C-100×50×20×2.3 @606
L-90×90×7
130
100
30
50
H形鋼

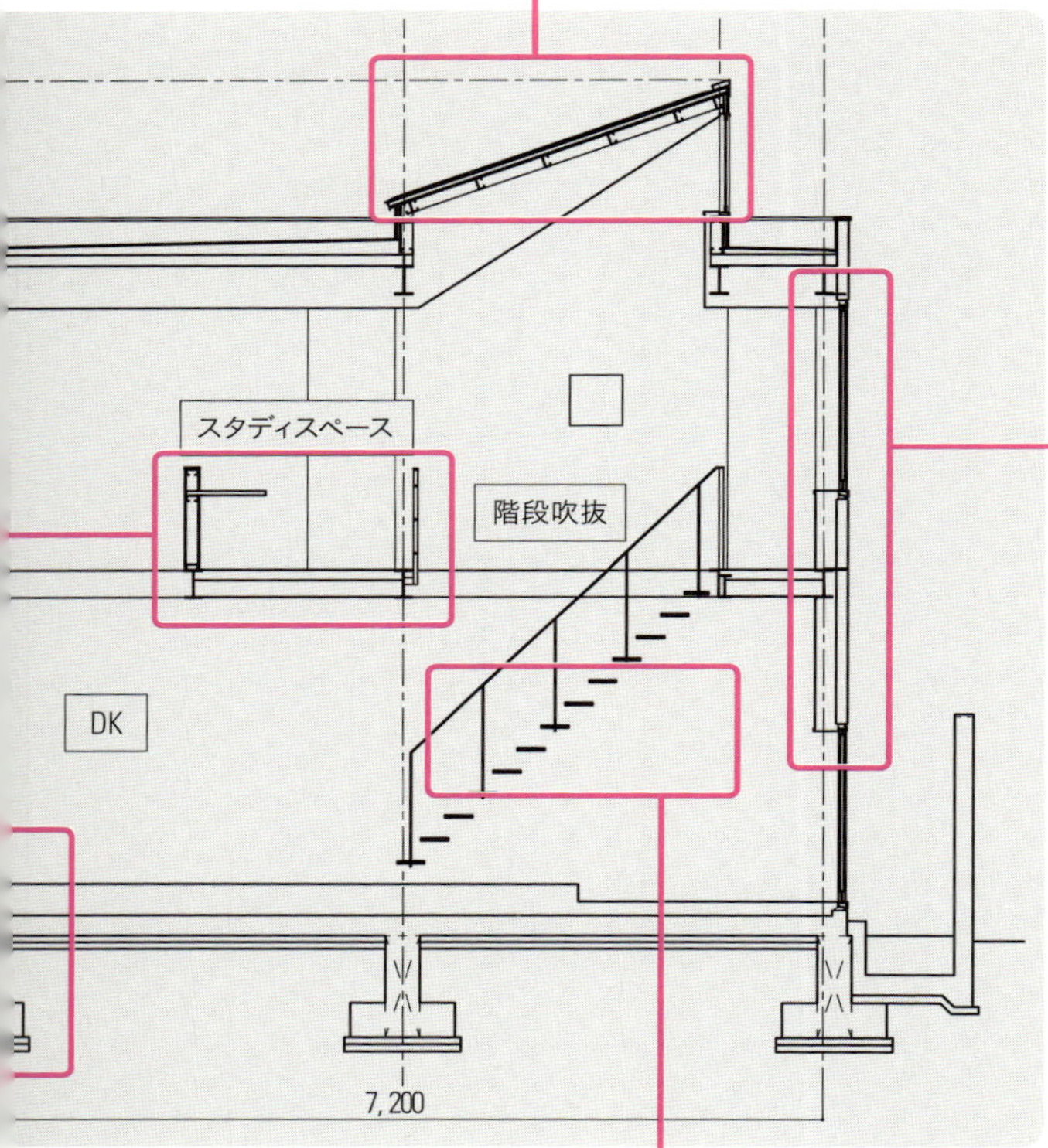
スタディスペース
階段吹抜
DK
7,200

2-10 スチール片持ち階段

階段廻り

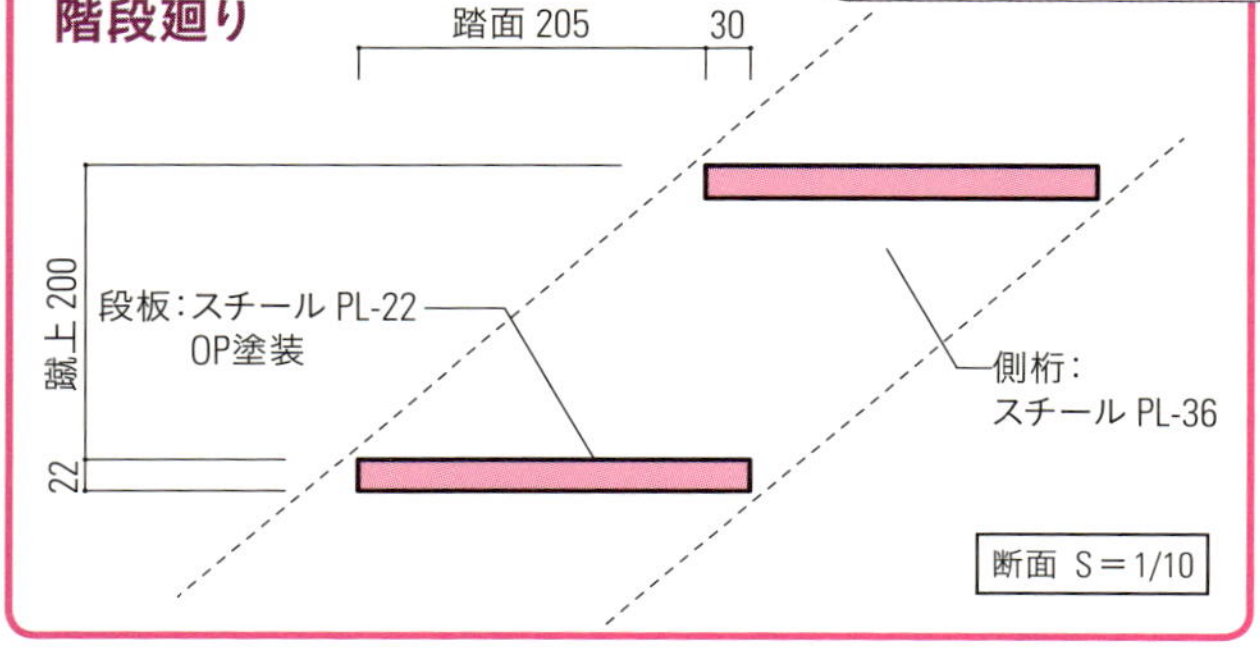
踏面 205
30
蹴上 200
22
段板：スチール PL-22
OP塗装
側桁：
スチール PL-36
断面 S＝1/10

4-03 ALC用サッシ

外壁と外部建具廻り

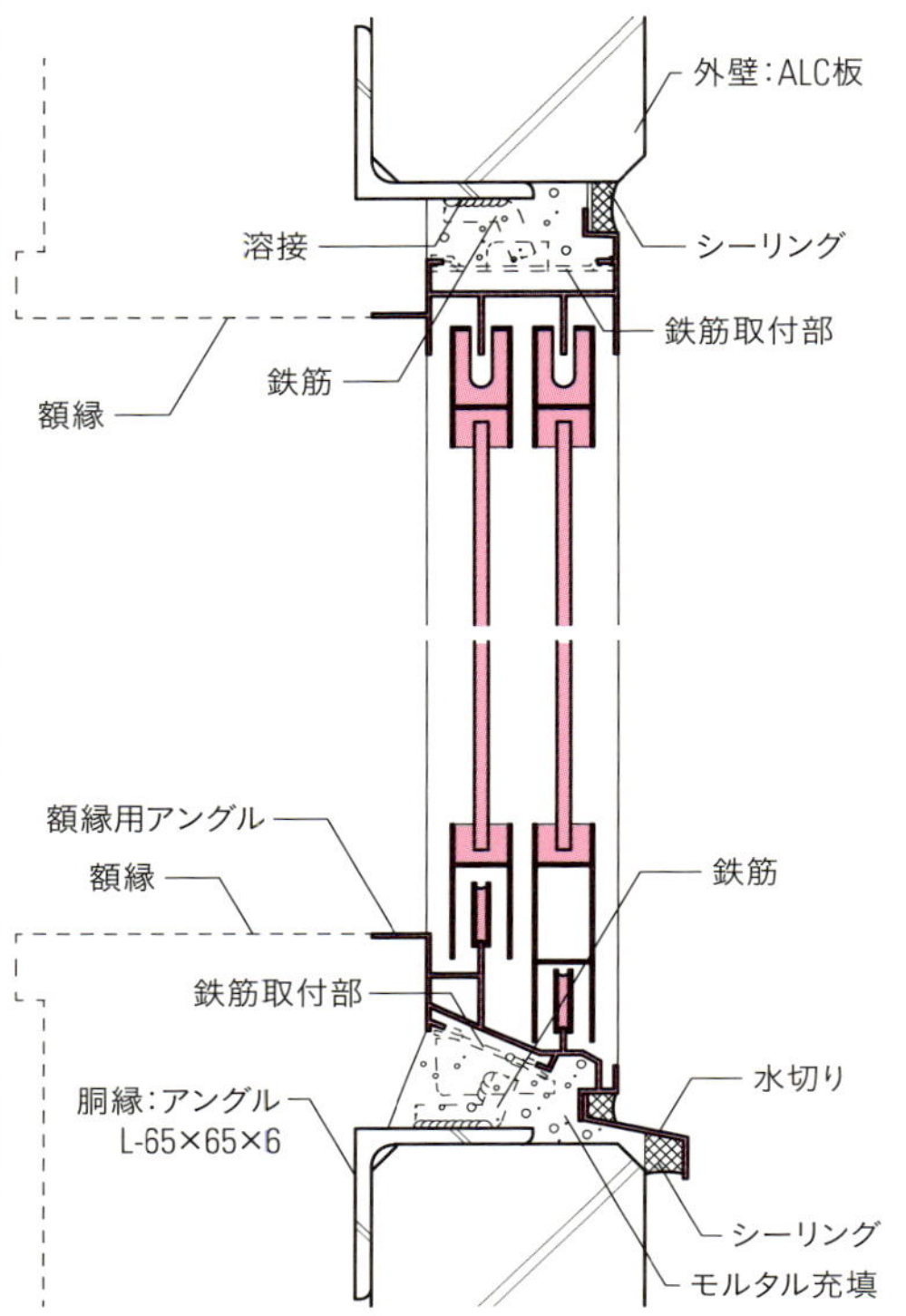
外壁：ALC板
溶接
シーリング
鉄筋取付部
鉄筋
額縁
額縁用アングル
額縁
鉄筋
鉄筋取付部
胴縁：アングル
L-65×65×6
水切り
シーリング
モルタル充填

4-01 S造で主流のALC版

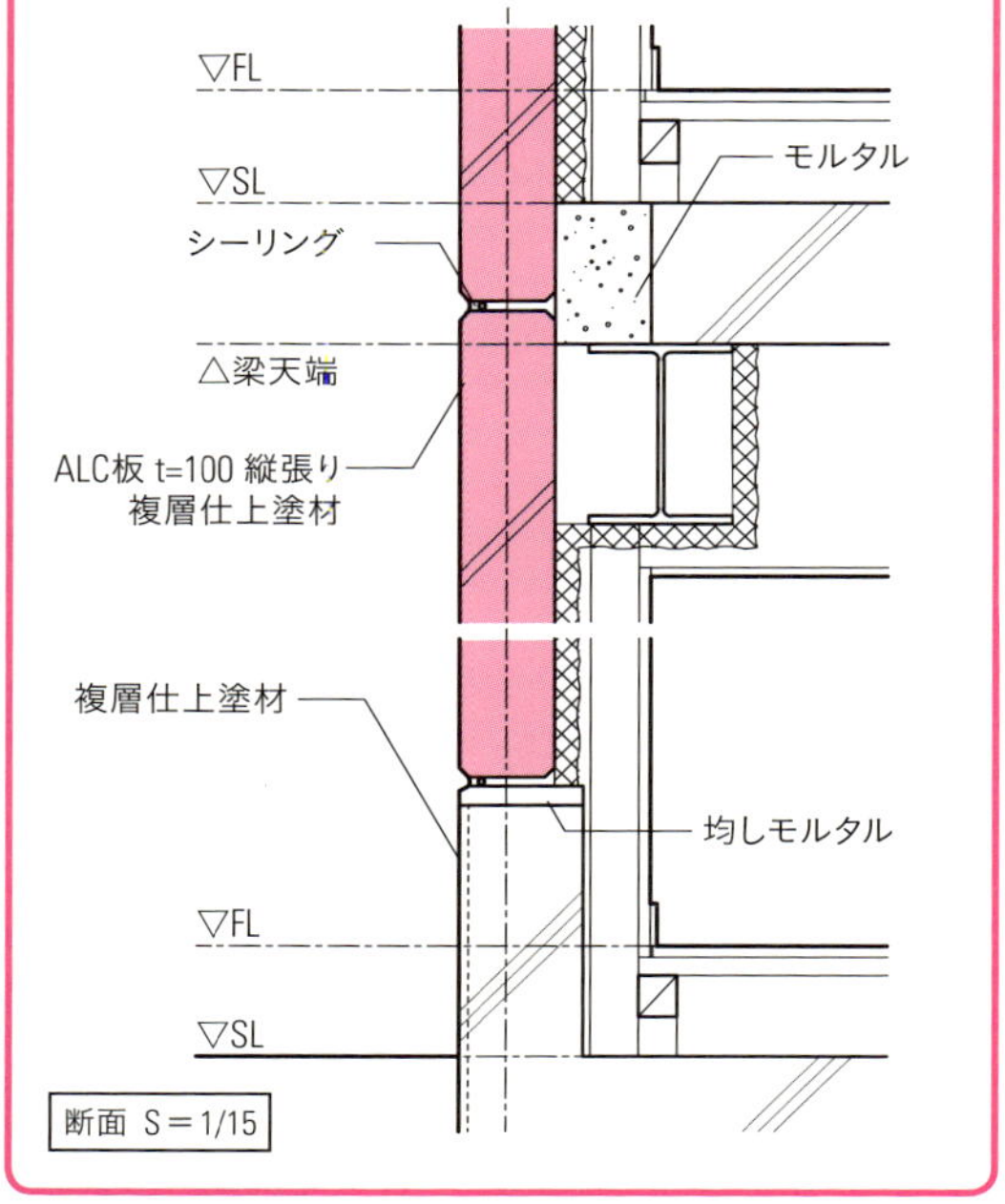
▽FL
▽SL
モルタル
シーリング
△梁天端
ALC板 t=100 縦張り
複層仕上塗材
複層仕上塗材
均しモルタル
▽FL
▽SL
断面 S＝1/15

2-11 吹抜け部等の手摺

吹抜手摺・2階床廻り

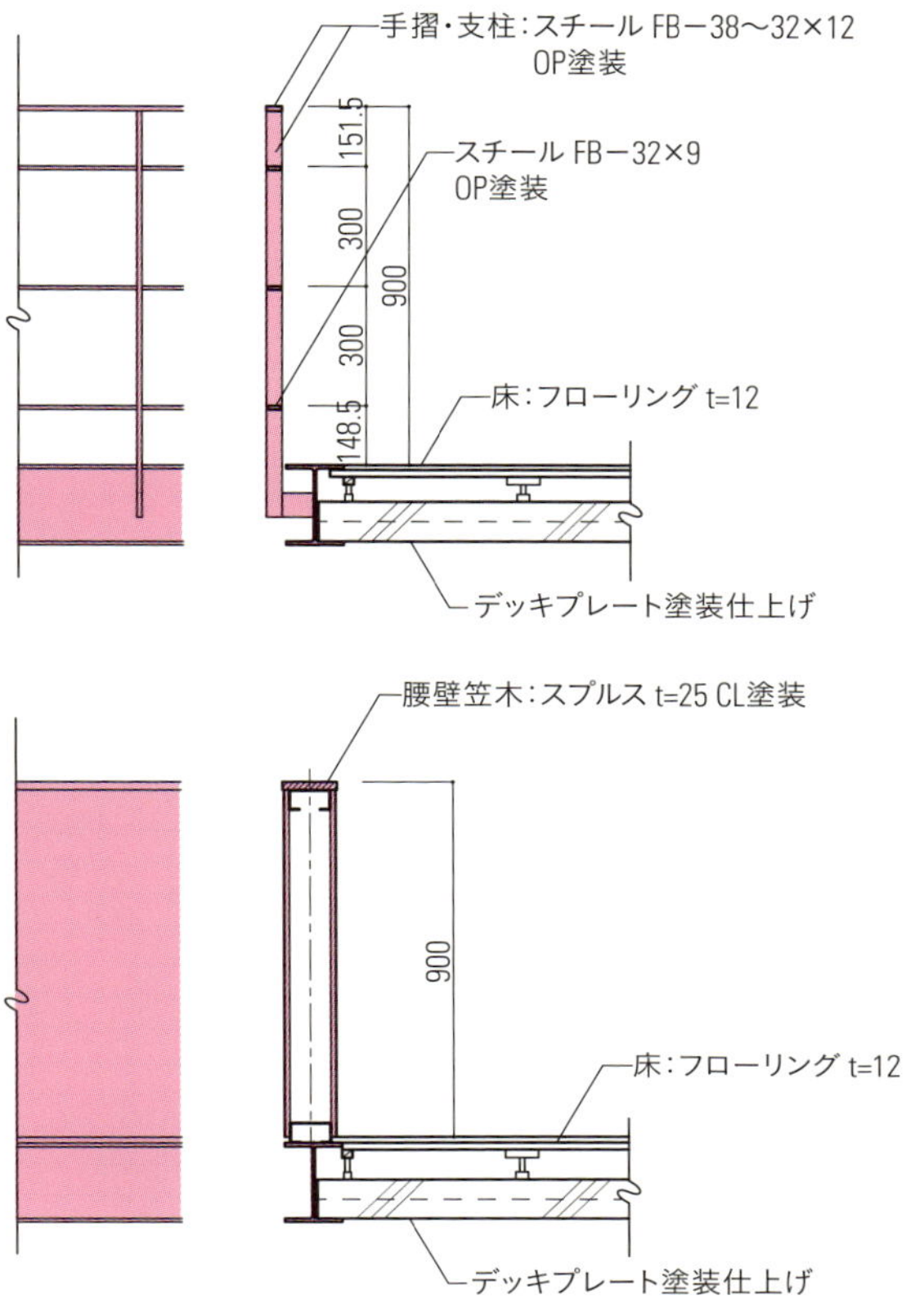

3-05 金属板葺き 軒先❷（屋根断熱）

屋根・軒廻り

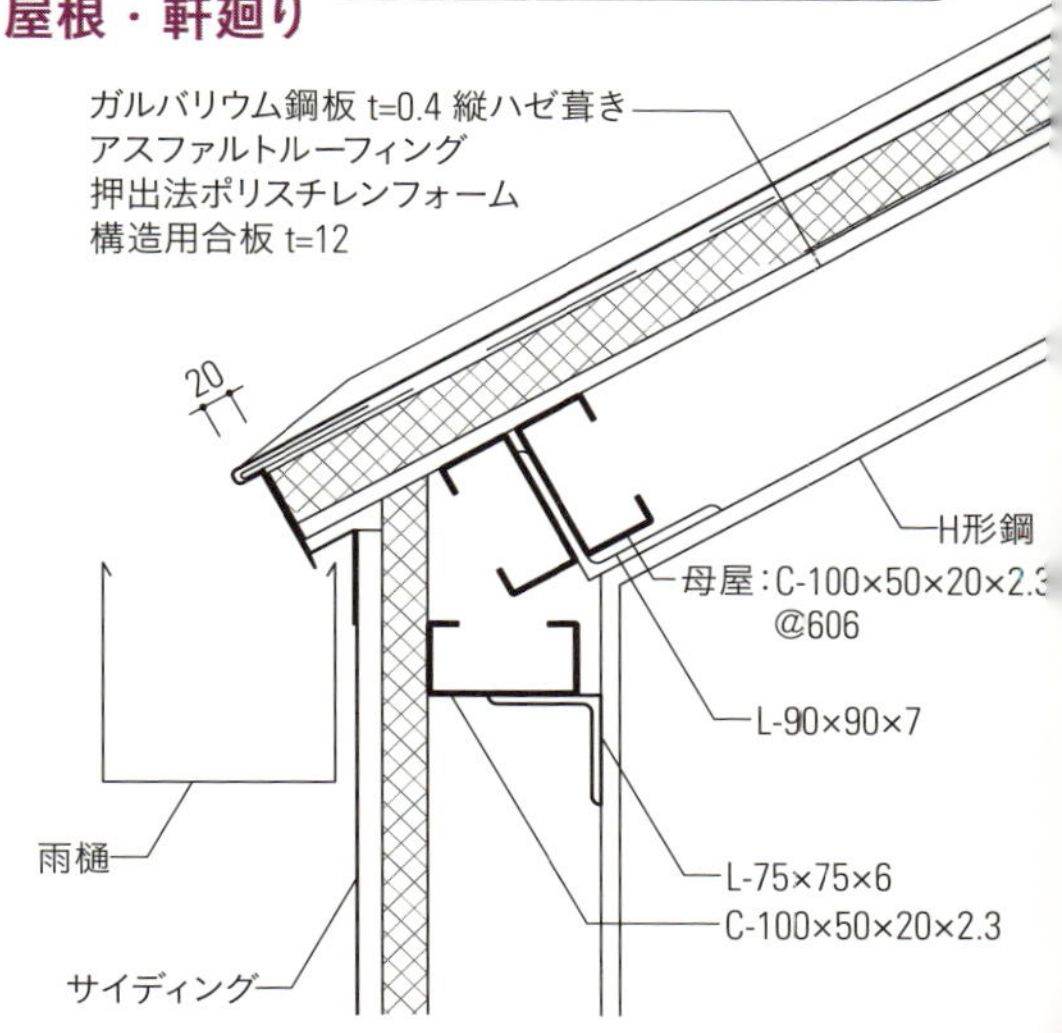

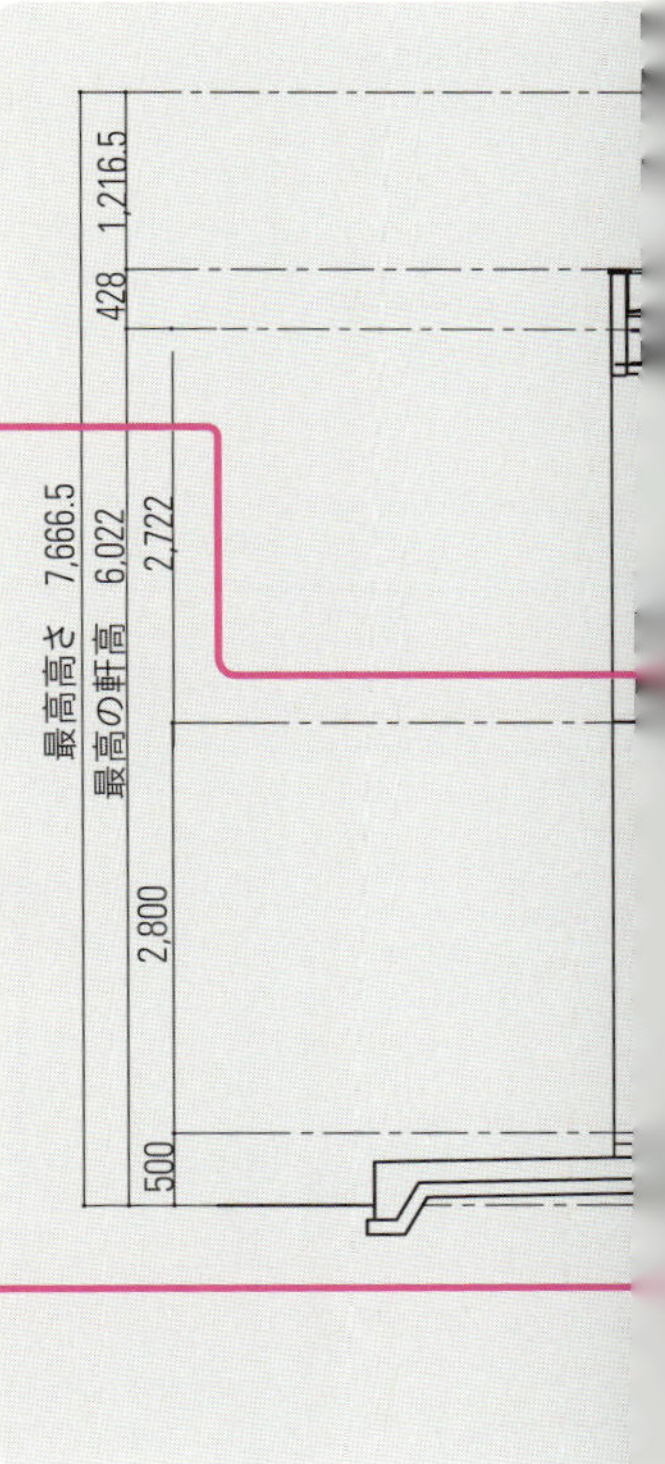

1-04 連続フーチング基礎

基礎廻り

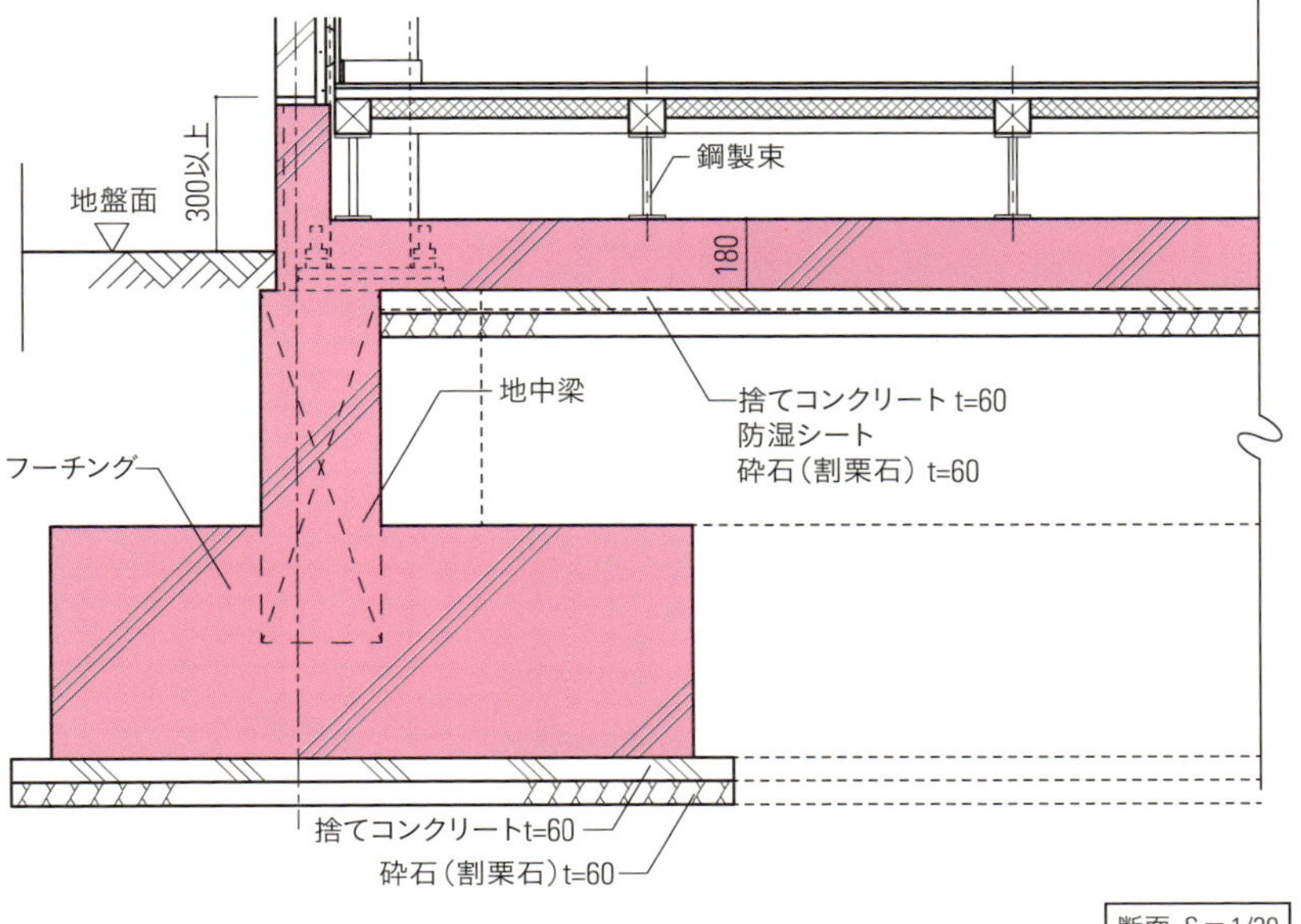

※梁の大きさ、フーチングの寸法は構造設計による

断面 S＝1/30

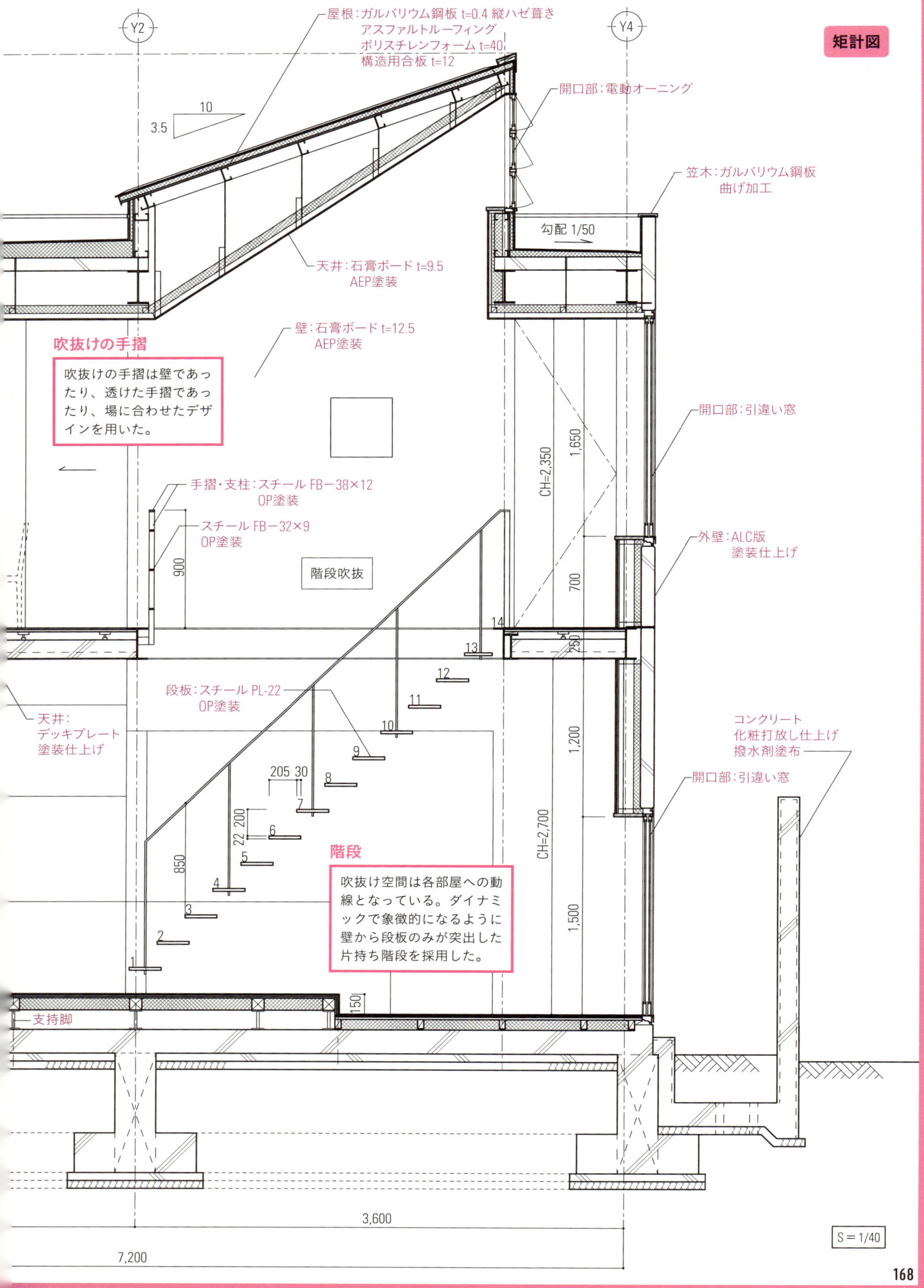

吹抜けの手摺

吹抜けの手摺は壁であったり、透けた手摺であったり、場に合わせたデザインを用いた。

階段

吹抜け空間は各部屋への動線となっている。ダイナミックで象徴的になるように壁から段板のみが突出した片持ち階段を採用した。

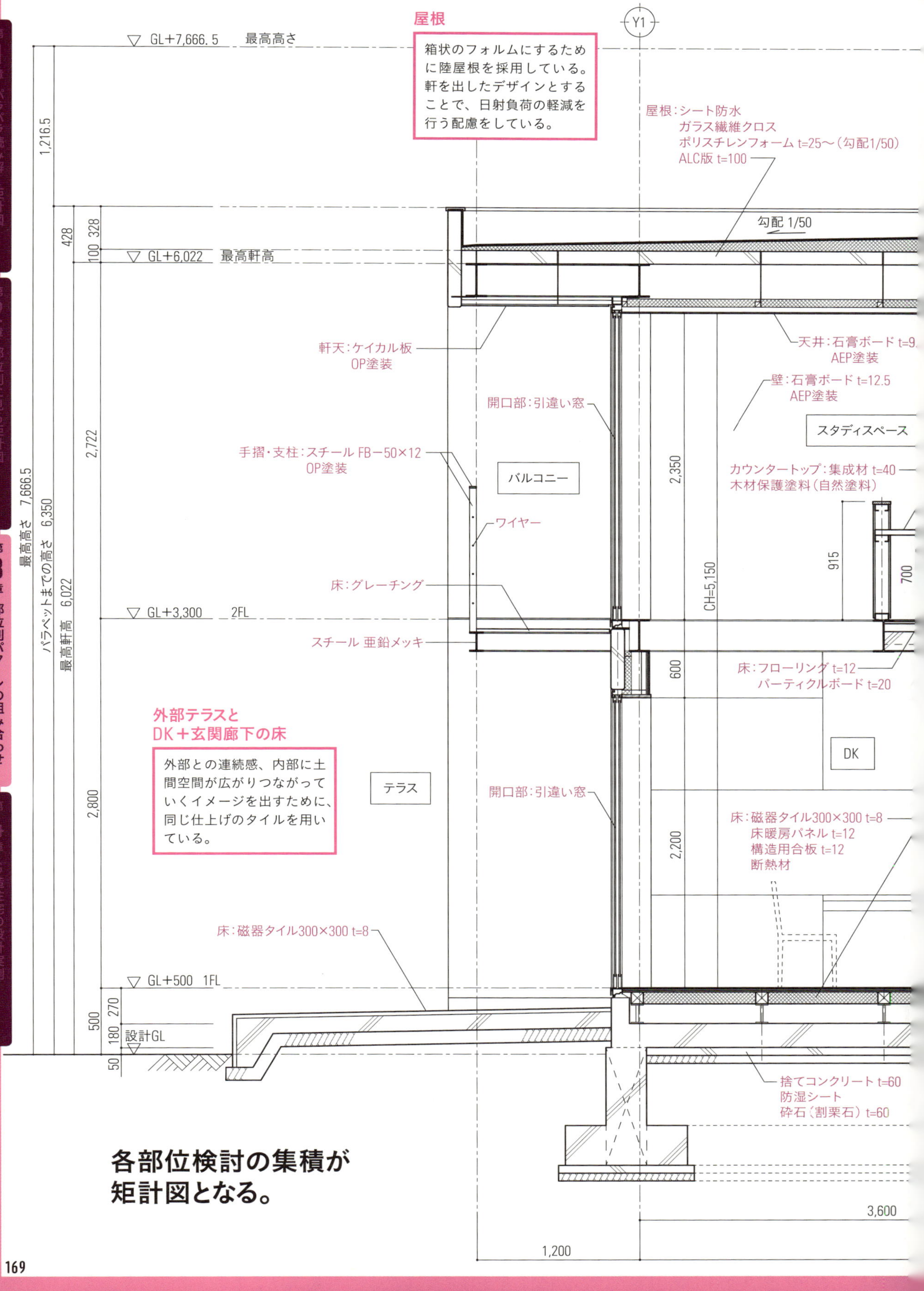

各部位検討の集積が矩計図となる。

S＝1/40

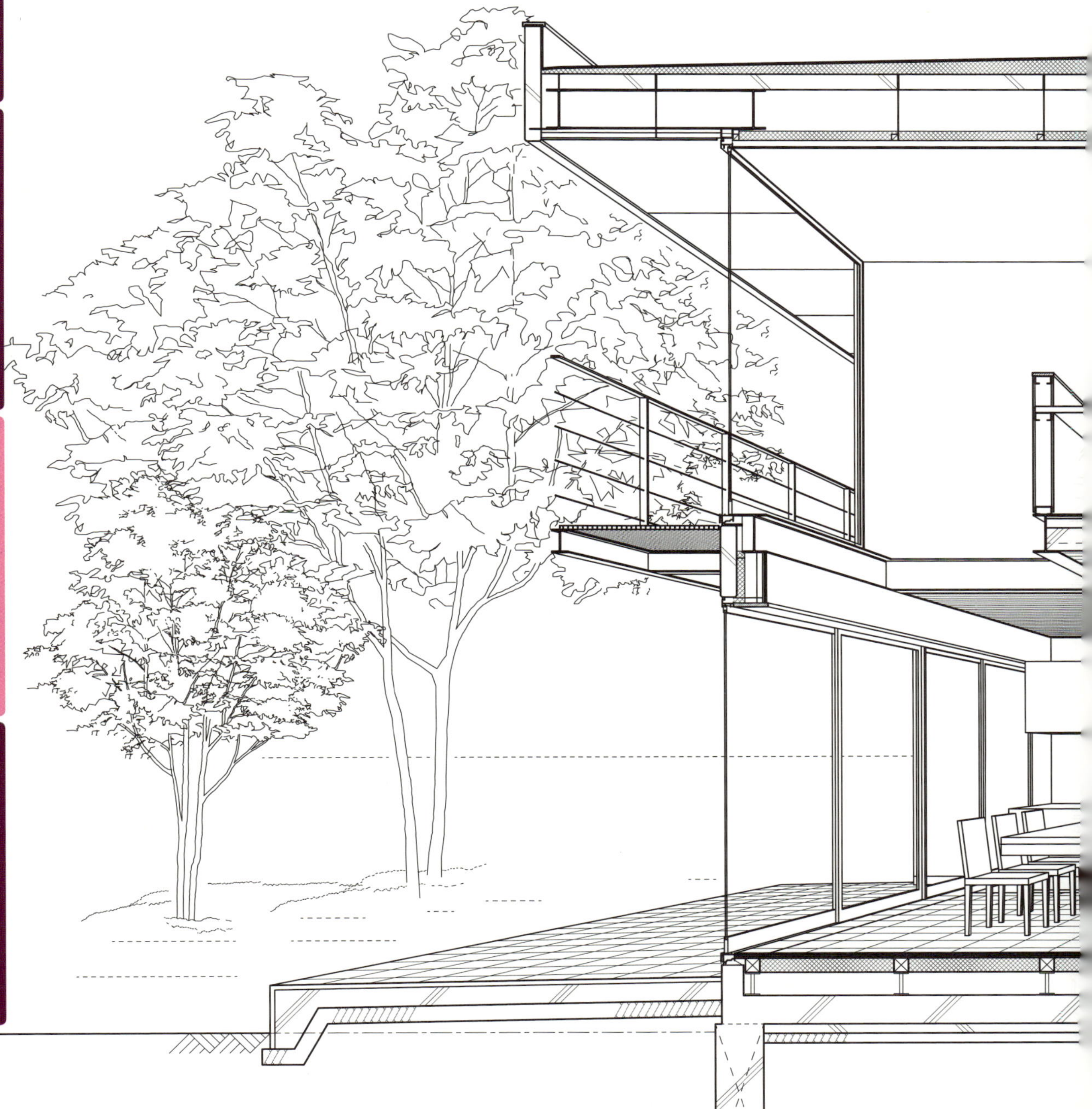

S造住宅の矩計図は、柱梁からなる木造軸組構法住宅の矩計図と似ている。
鋼材は木材に比べて強度が大きいため、各構造材は木造よりも
小さな断面寸法で大きなスパンを飛ばすことが可能となる。
それらの構造部材は構造設計者により決定され、矩計図に反映されるため、
意匠設計者と構造設計者の密な連携が必要である。
この章では、S造のメリットを活かした住宅の実例図面を紹介する。
前半4例が細谷功設計、後半4例が杉浦伝宗設計による住宅である。
これらの住宅は、基本的な納まりをアレンジすることにより、
よりシャープで、より美しく、より機能的な住宅をめざして設計されている。

第4章 S造住宅の設計実例

KARIYAMA HOUSE 設計データ

設計　：建築／細谷功＋スタジオ4設計（細谷功・伊藤良）
　　　　構造／梅沢建築構造研究所（梅沢良三・山田誠一郎）
施工　：直営
構造　：鉄骨造
基礎　：布堀基礎
規模　：地上2階建て
　　　　最高高さ 6,150mm
　　　　最高軒高 5,550mm
敷地面積：101.36㎡（30.66坪）
建築面積：58.12㎡（17.58坪）
延床面積：105.46㎡（31.90坪）

片持柱構造のローコスト住宅

KIRIYAMA HOUSE

首都圏私鉄沿線の閑静な住宅地に建つ**S造2階建て**の**超ローコスト住宅**である。

南北の隣地には**建物が隣接**していたが、東西は道路に接道していたため、**東西方向に風が抜けるプラン**とした。**1階**は個室やバスルームなどの**プライベートスペース**とし、**2階**はダイニングやホールなど家族が団らんできる明るく**開放的なスペース**となっている。

構造的には水平荷重のすべてを建物の南側と北側、各4本ずつの**200角の鉄骨柱**で負担し、1階内部の100×100の**H形鋼の柱**は鉛直荷重のみを支える構造となっている。この200角の柱は地中梁で柱脚を固定された**片持柱構造**となっていて、柱内部には建て方完了後、現場でコンクリートが充填され、剛性が高められている。

屋根は長さ14mの一枚物の**金属折板**を現場に搬入し、吊り工法で施工した。

南側、北側の外壁は**押出成形セメント板**（60mm）を素板仕様で使用している。押出成形セメント板は施工可能距離を最小限にできるメリットがあり、今回は隣地境界より200mmで施工した。また、基礎は木造などでは一般的である布掘り基礎を採用し、型枠などの工程を少なくすることによりコストダウンも図られた。

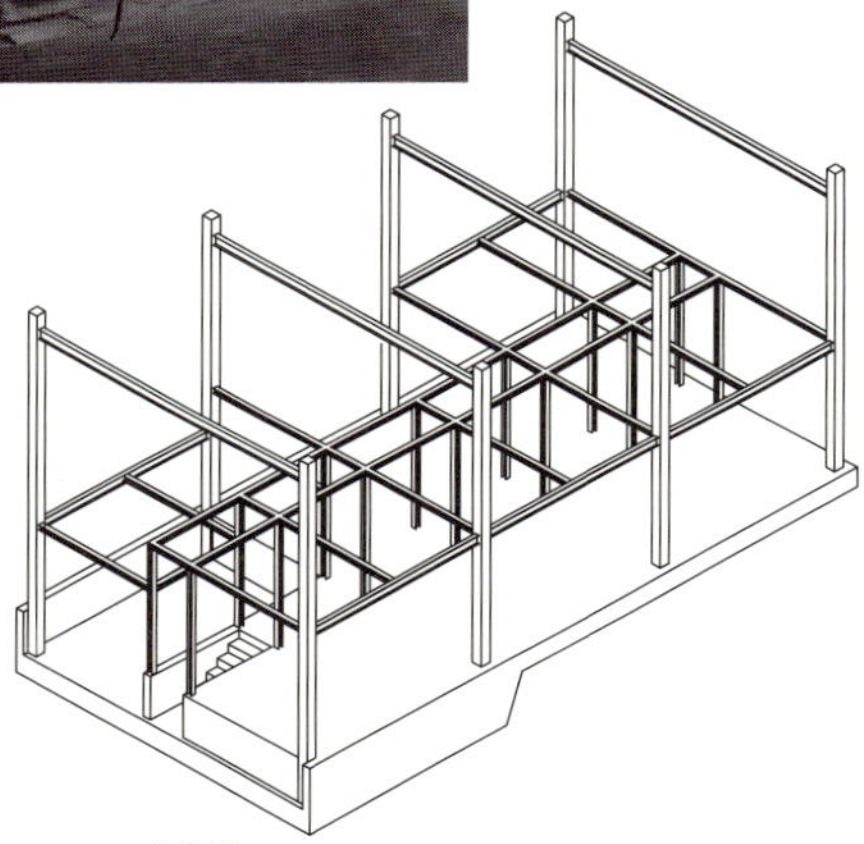

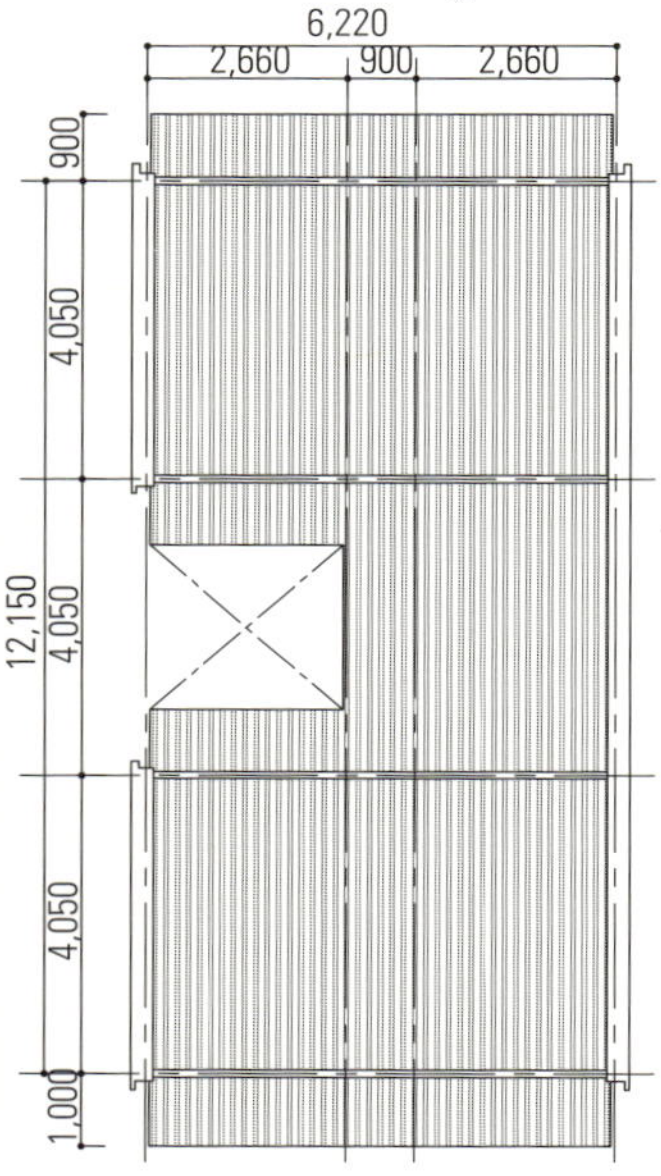

屋根伏図 S=1/200

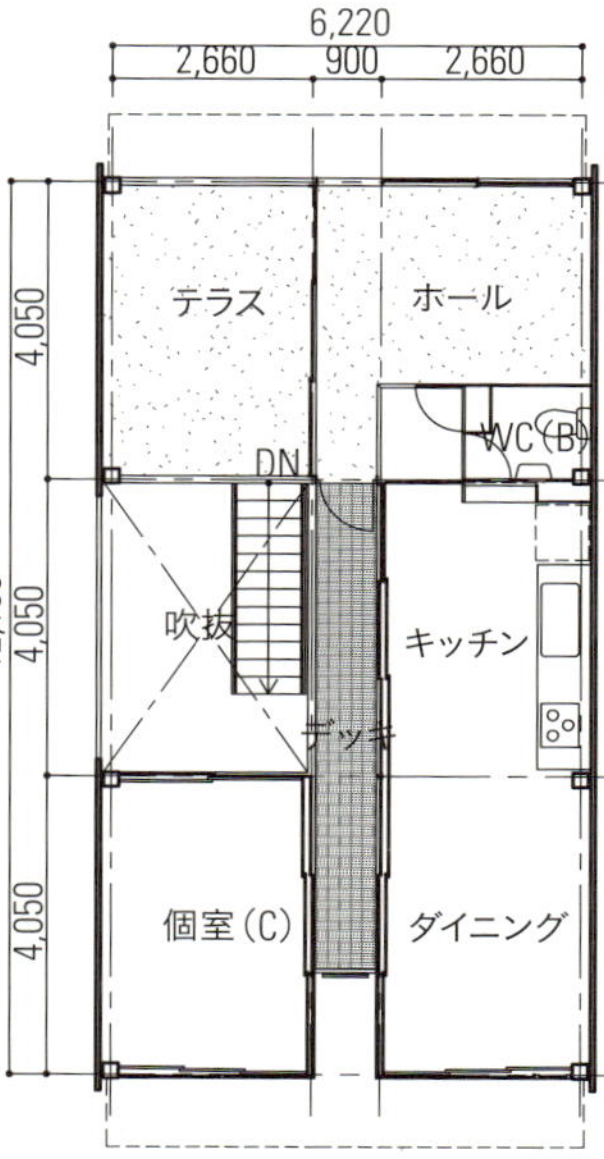

2階平面図 S=1/200

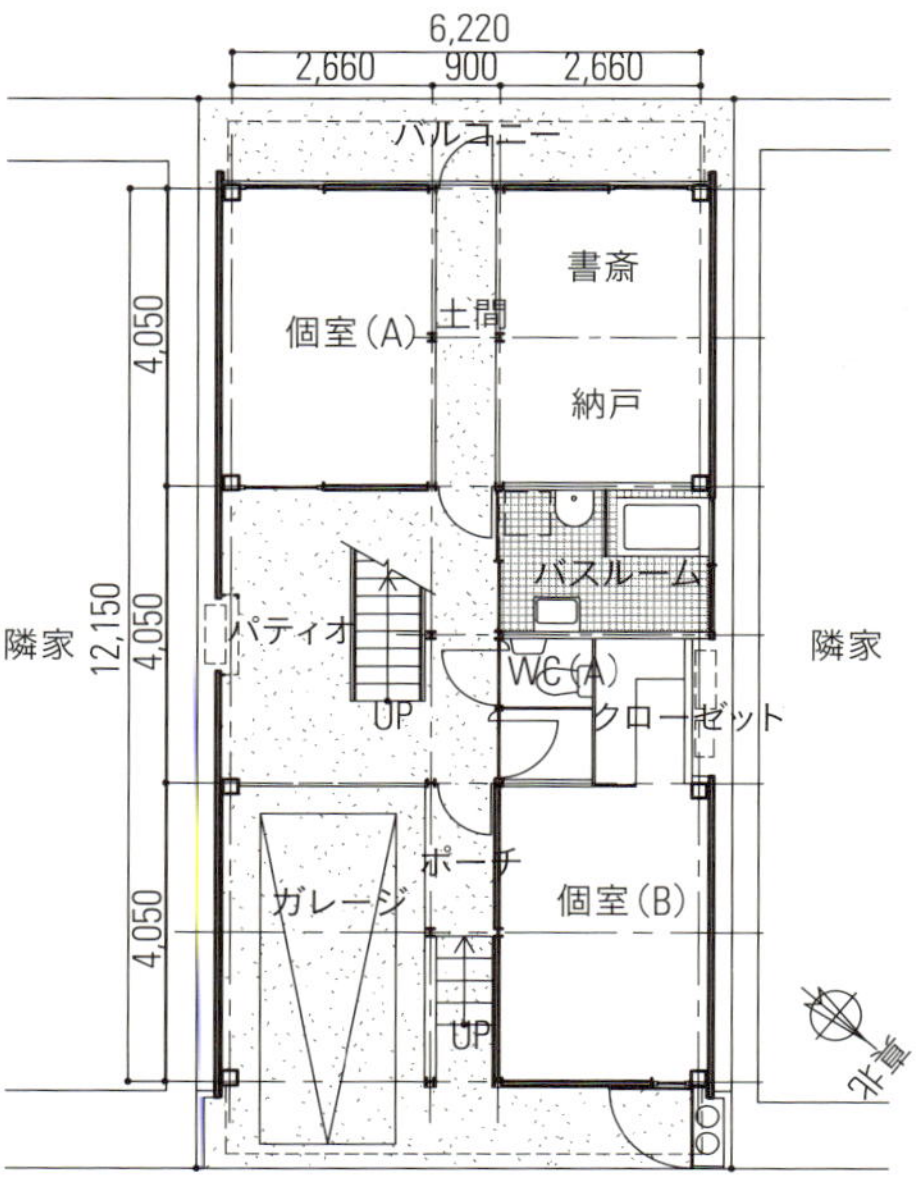

1階平面図 S=1/200

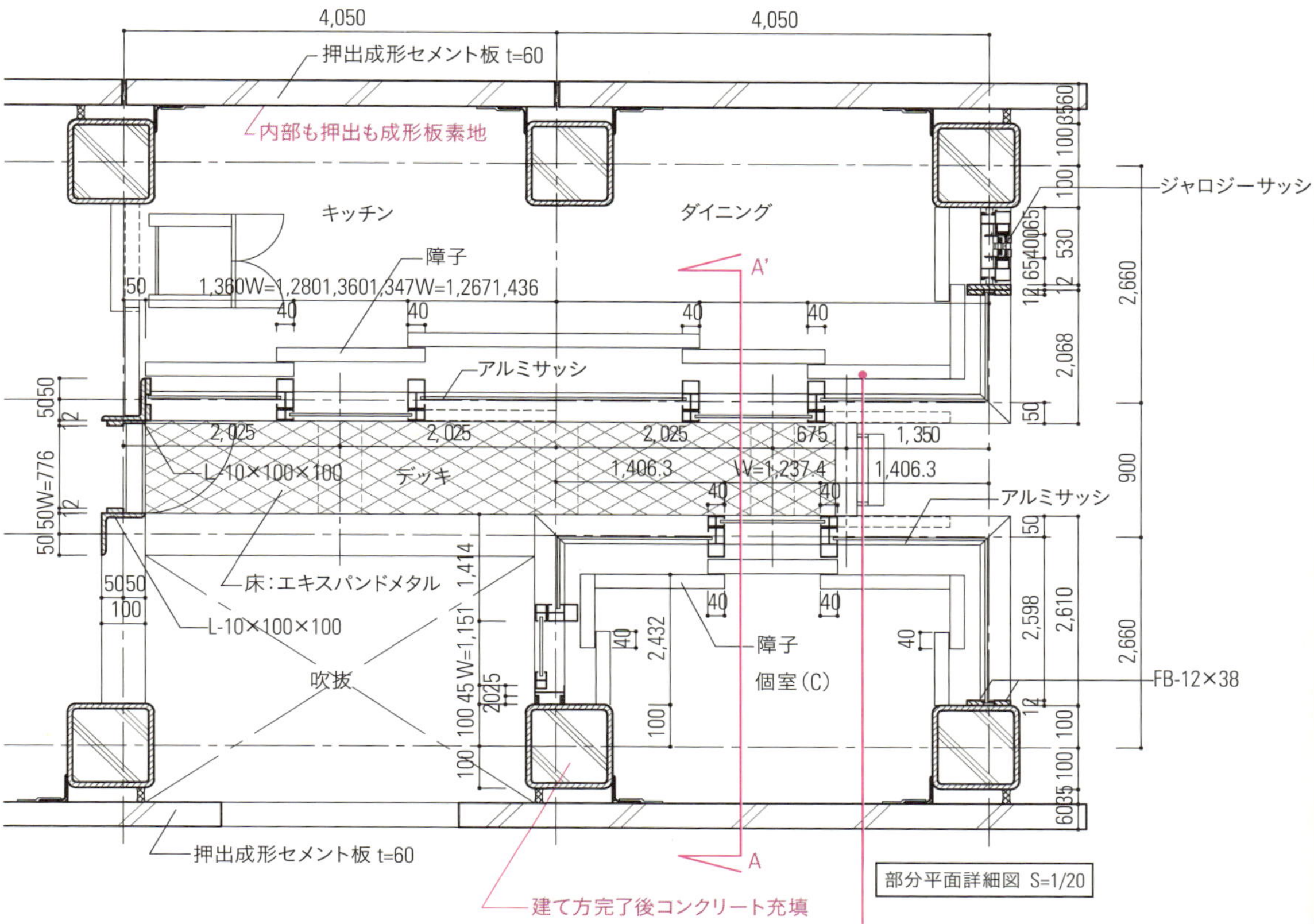

部分平面詳細図 S=1/20

アルミサッシ内側に障子を建て込むことにより、断熱性の向上を図っている

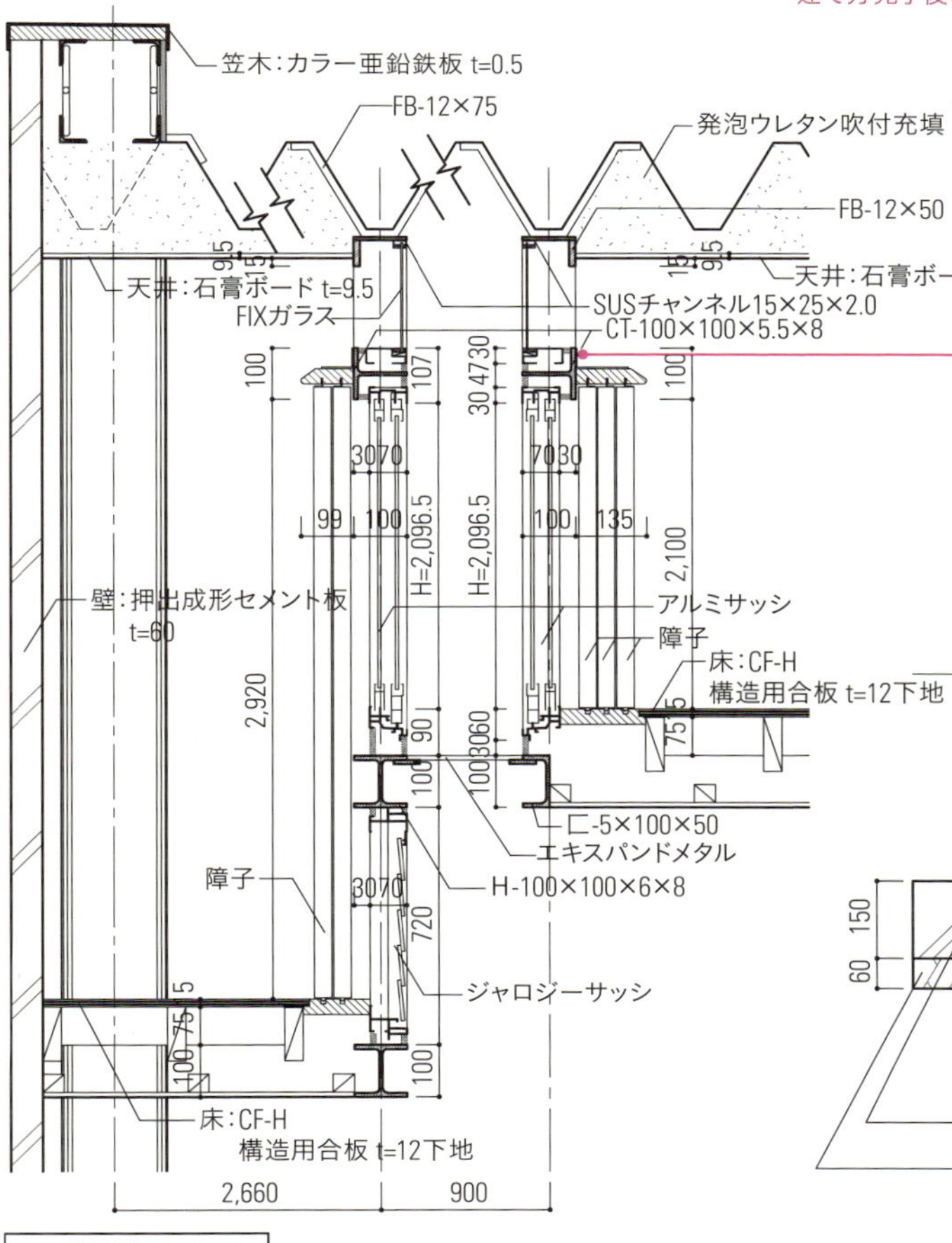

A-A' 断面詳細図 S=1/20

CT材を無目に使うことにより、外観はよりシャープな見えがかりとなる

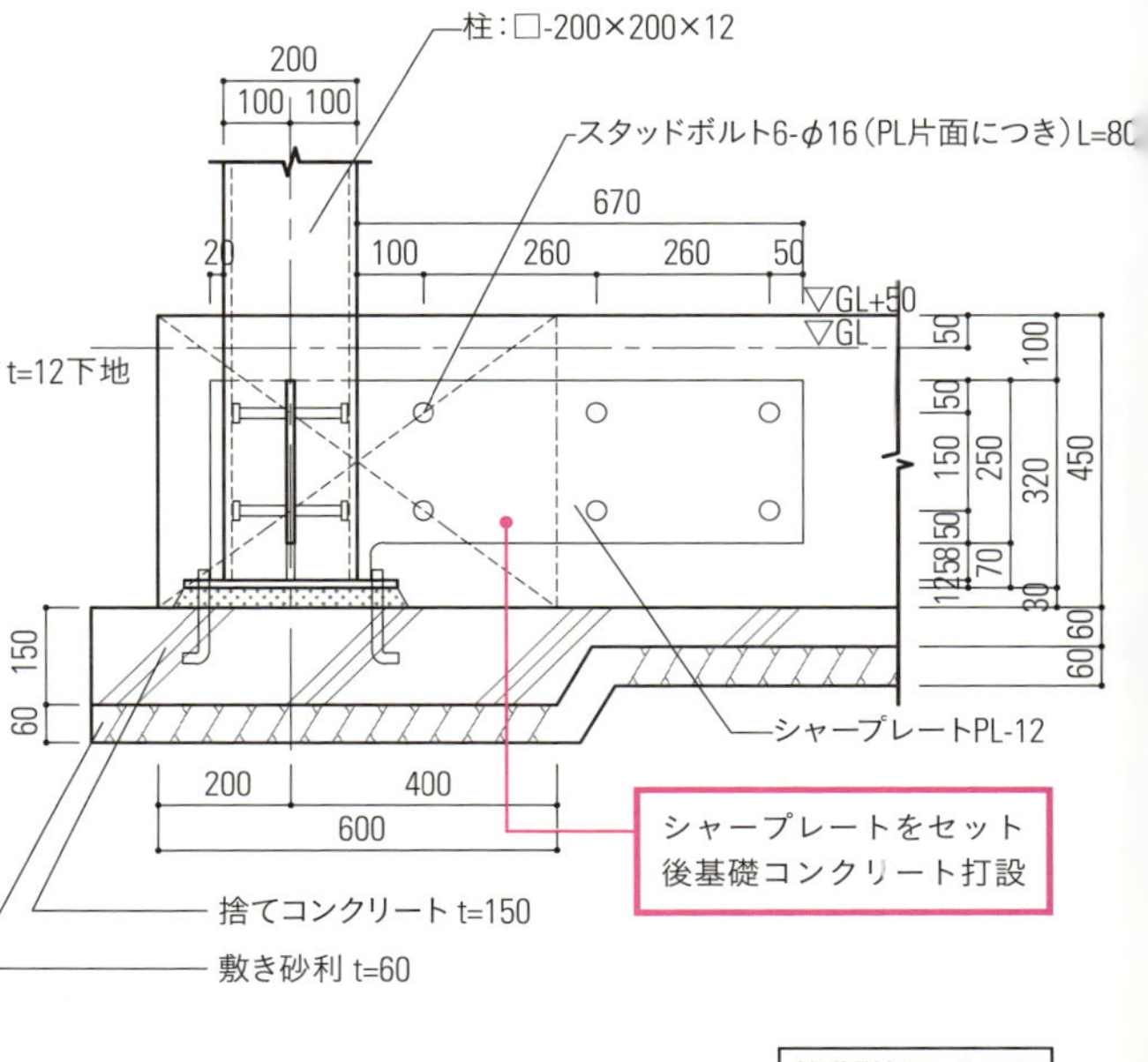

基礎詳細図 S=1/20

シャープレートをセット後基礎コンクリート打設

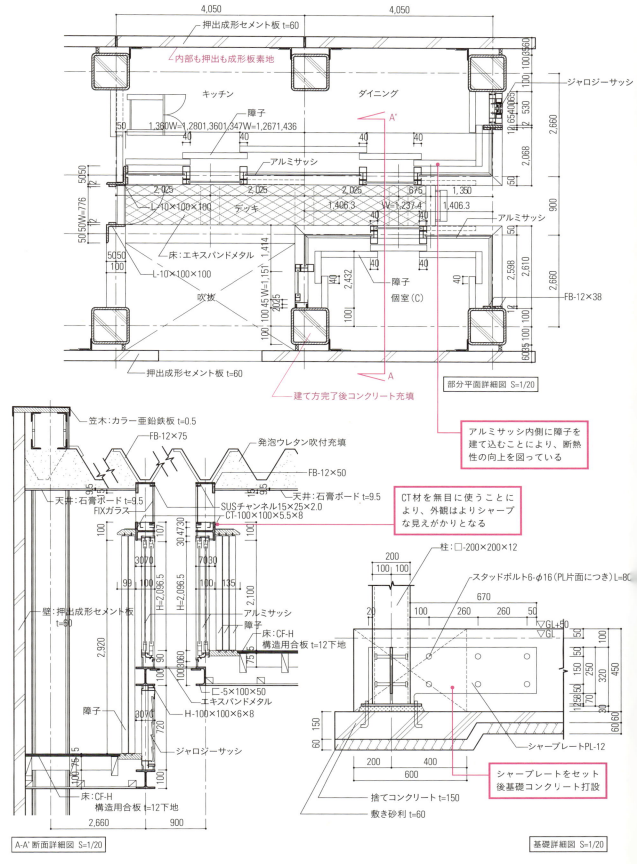

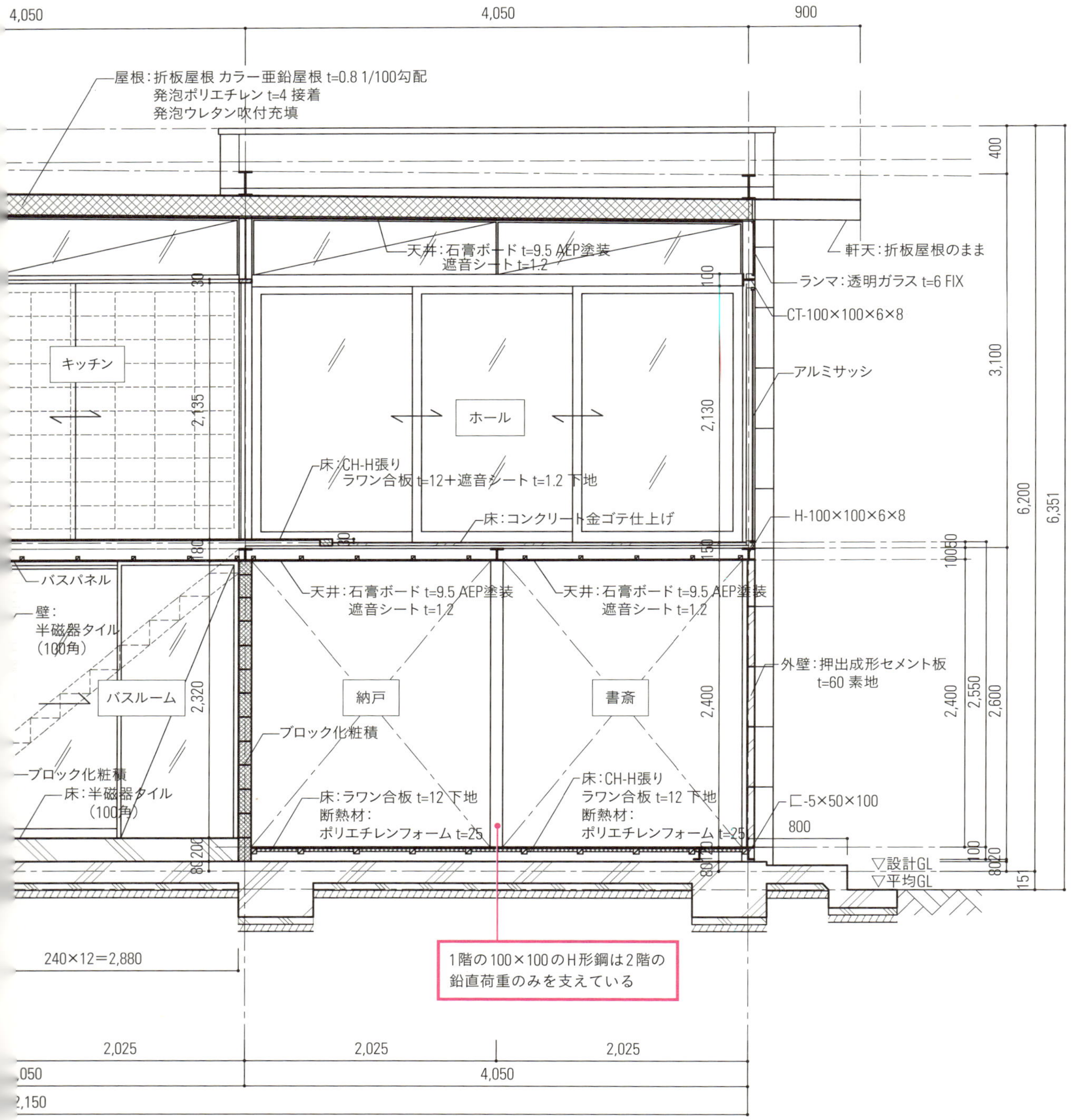

4,050
4,050
900
屋根：折板屋根 カラー亜鉛屋根 t=0.8 1/100勾配
発泡ポリエチレン t=4 接着
発泡ウレタン吹付充填
天井：石膏ボード t=9.5 AEP塗装
遮音シート t=1.2
軒天：折板屋根のまま
ランマ：透明ガラス t=6 FIX
CT-100×100×6×8
アルミサッシ
キッチン
ホール
床：CH-H張り
ラワン合板 t=12＋遮音シート t=1.2 下地
床：コンクリート金ゴテ仕上げ
H-100×100×6×8
バスパネル
天井：石膏ボード t=9.5 AEP塗装
遮音シート t=1.2
天井：石膏ボード t=9.5 AEP塗装
遮音シート t=1.2
壁：
半磁器タイル
（100角）
外壁：押出成形セメント板
t=60 素地
バスルーム
納戸
書斎
ブロック化粧積
ブロック化粧積
床：半磁器タイル
（100角）
床：ラワン合板 t=12 下地
断熱材：
ポリエチレンフォーム t=25
床：CH-H張り
ラワン合板 t=12 下地
断熱材：
ポリエチレンフォーム t=25
匚-5×50×100
800
▽設計GL
▽平均GL
400
3,100
6,200
6,351
2,400
2,550
2,600
2,135
2,130
2,320
2,400
240×12＝2,880
1階の100×100のH形鋼は2階の
鉛直荷重のみを支えている
2,025
2,025
2,025
4,050
4,050
12,150

S=1/50

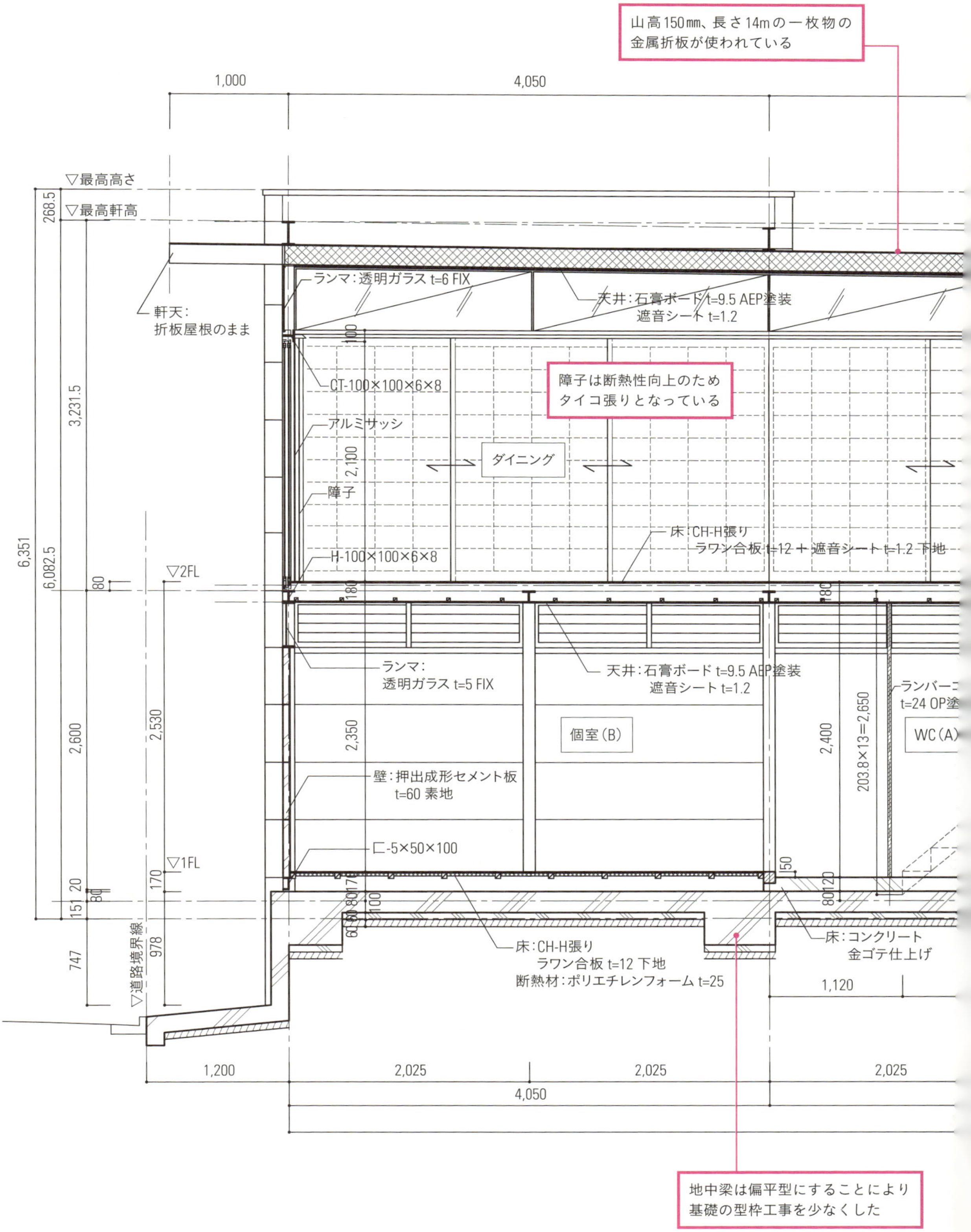
山高150㎜、長さ14mの一枚物の金属折板が使われている
1,000
4,050
▽最高高さ
▽最高軒高
268.5
ランマ：透明ガラス t=6 FIX
天井：石膏ボード t=9.5 AEP塗装
遮音シート t=1.2
軒天：
折板屋根のまま
100
3,231.5
CT-100×100×6×8
障子は断熱性向上のため
タイコ張りとなっている
アルミサッシ
ダイニング
2,100
障子
6,351
6,082.5
床：CH-H張り
ラワン合板 t=12 ＋ 遮音シート t=1.2 下地
H-100×100×6×8
▽2FL
80
180
ランマ：
透明ガラス t=5 FIX
天井：石膏ボード t=9.5 AEP塗装
遮音シート t=1.2
ランバーコ
t=24 OP塗
2,600
2,530
2,350
個室(B)
2,400
203.8×13=2,650
WC(A)
壁：押出成形セメント板
t=60 素地
[-5×50×100
▽1FL
170
20
151
80
50
120
▽道路境界線
978
747
床：CH-H張り
ラワン合板 t=12 下地
断熱材：ポリエチレンフォーム t=25
床：コンクリート
金ゴテ仕上げ
1,120
1,200
2,025
2,025
2,025
4,050
地中梁は偏平型にすることにより
基礎の型枠工事を少なくした

短スパンの鉄骨狭小住宅

MAEDA HOUSE

地盤のあまりよくない、敷地面積53㎡という狭い敷地に建つ**S造3階建て狭小住宅**である。

前面道路も**4m**と狭く、住宅系用途地域のため、**厳しい高さ制限**を受けざるを得ない敷地であった。その厳しい道路斜線制限をクリアするため、梁せいが小さく天井ふところ寸法が小さくてすむS造が採用された。

木造レベルの柱間とすることにより、柱は100角鋼管、梁も100×100のH形鋼とすることが可能となり、2階以上の床を木造床とすることにより、建物の軽量化、工期短縮化によりコストダウンを図っている。また、ブレースのない**ラーメン構造**とすることにより、将来の**間仕切りの変更**にも対応可能とした。

MAEDA HOUSE 設計データ

設計　：建築／細谷功＋スタジオ4設計
　　　（細谷功・山口雄治）
　　　構造／梅沢建築構造研究所
　　　（梅沢良三・磯生由佳）
施工　：宍戸工務店
構造　：鉄骨造
基礎　：柱状地盤改良＋ベタ基礎
規模　：地上3階建て
　　　最高高さ 8,950mm
　　　最高軒高 7,850mm
敷地面積：53.54㎡（16.19坪）
建築面積：29.70㎡（8.98坪）
延床面積：84.42㎡（25.54坪）

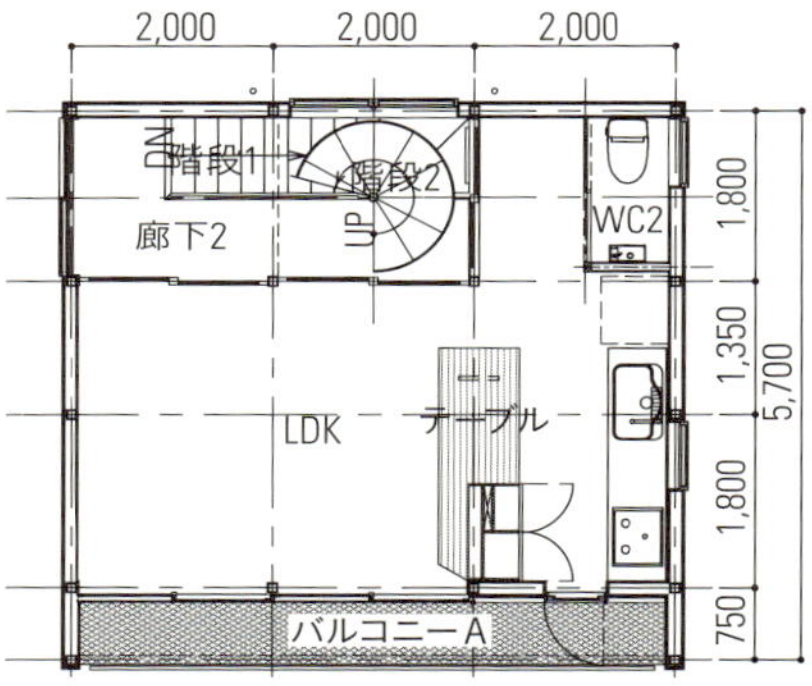

2階平面図 S=1/150

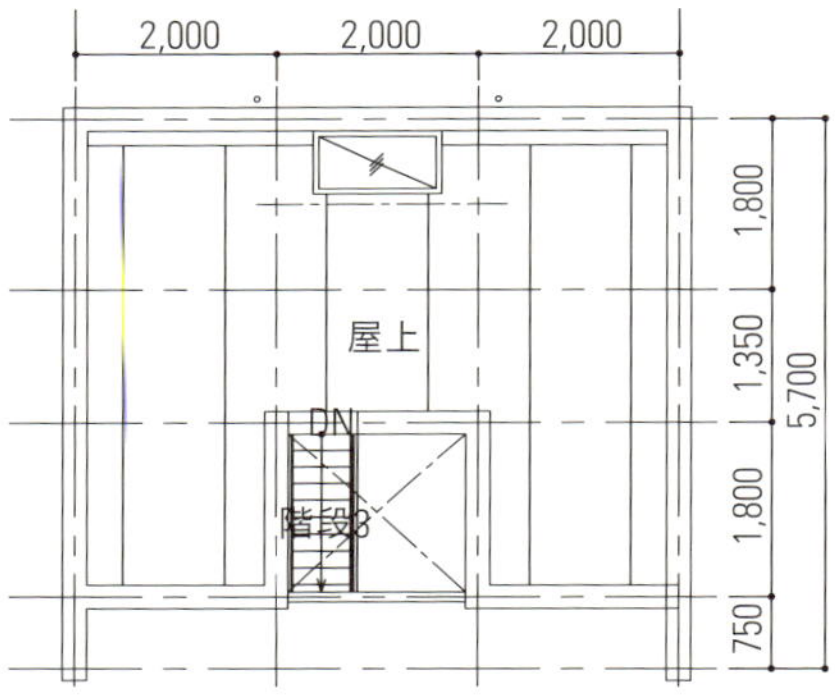

屋根伏図 S=1/150

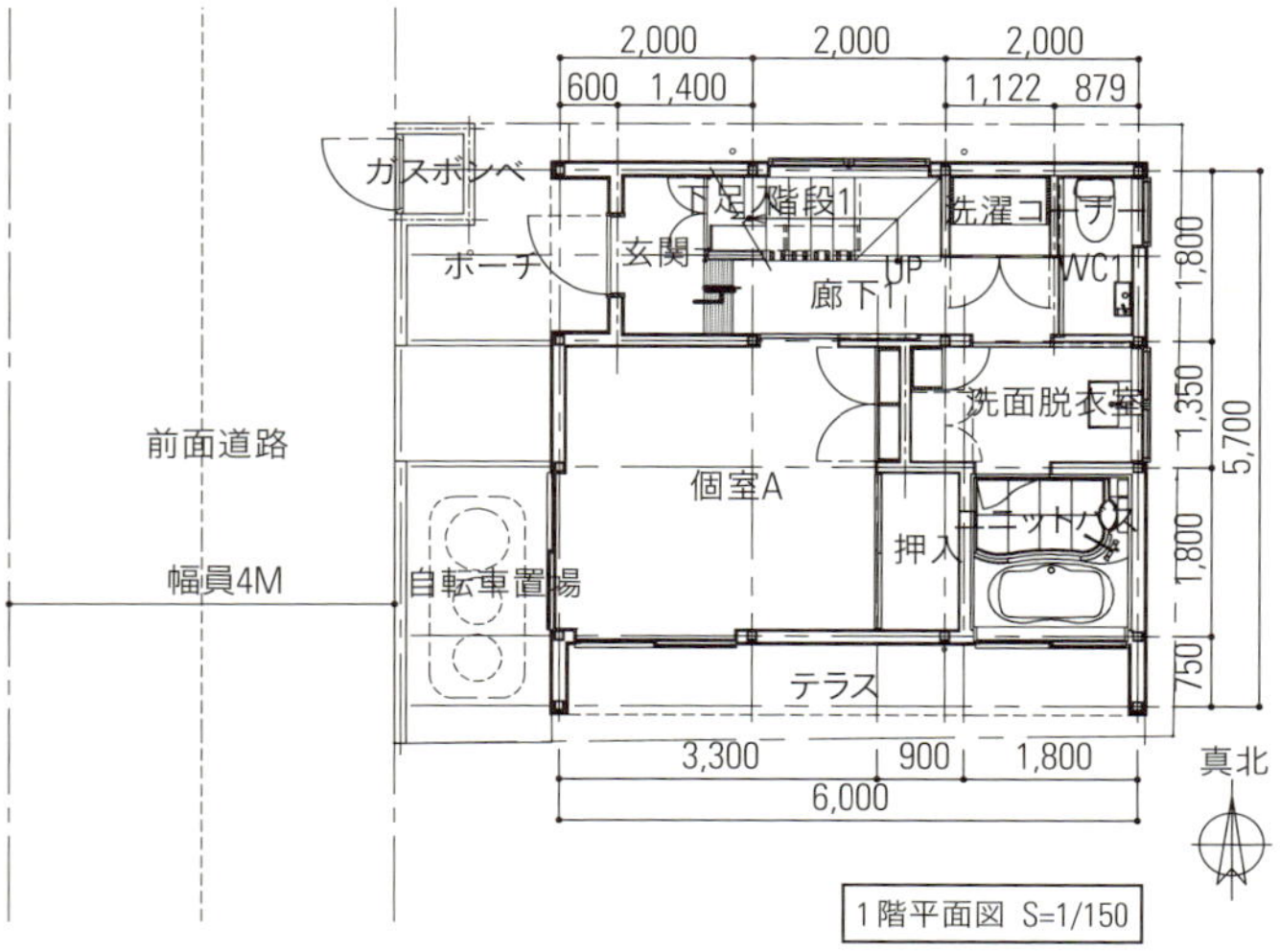

1階平面図 S=1/150

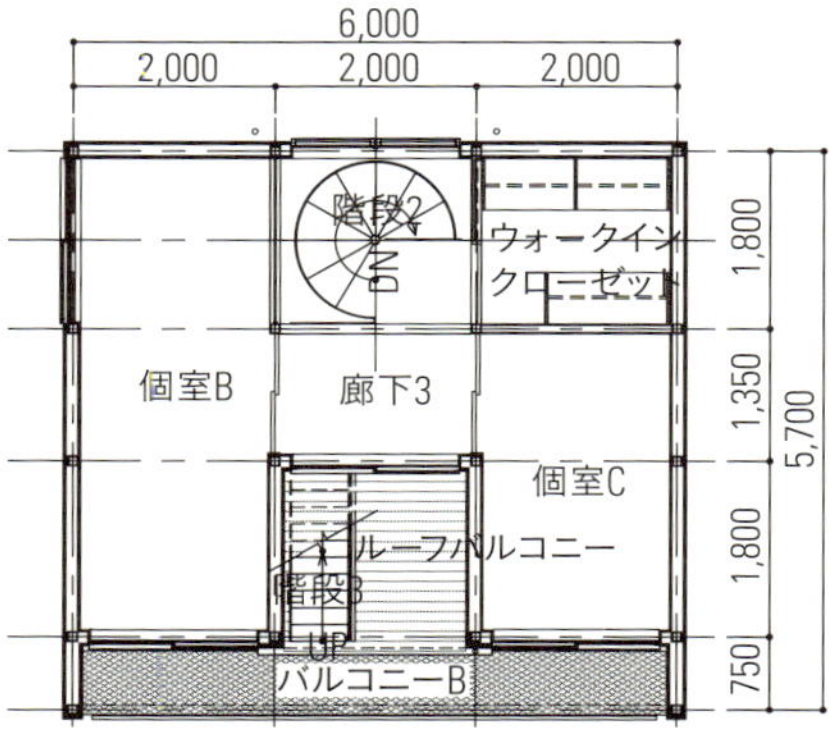

3階平面図 S=1/150

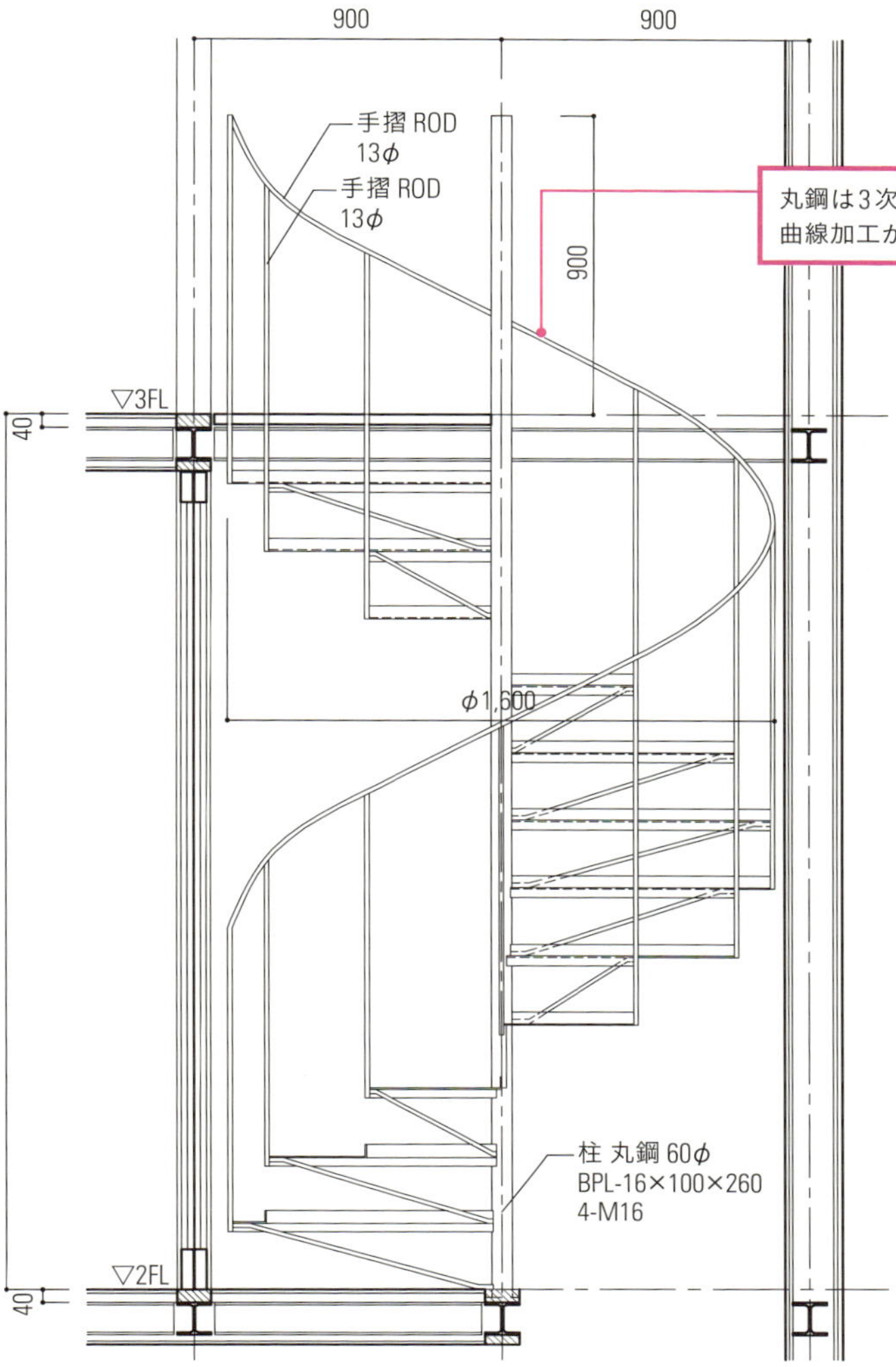

らせん階段詳細図 S=1/30

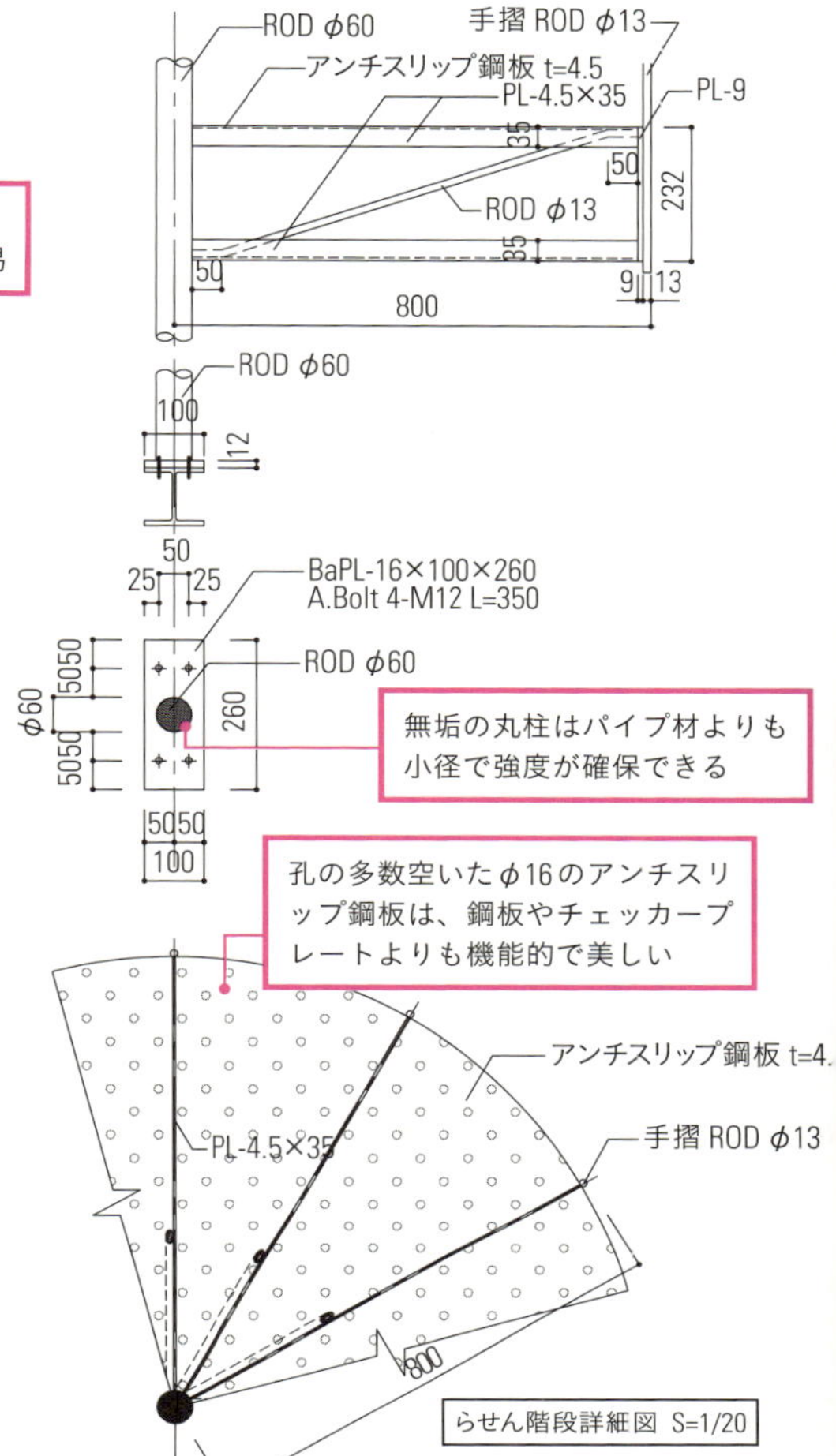

らせん階段詳細図 S=1/20

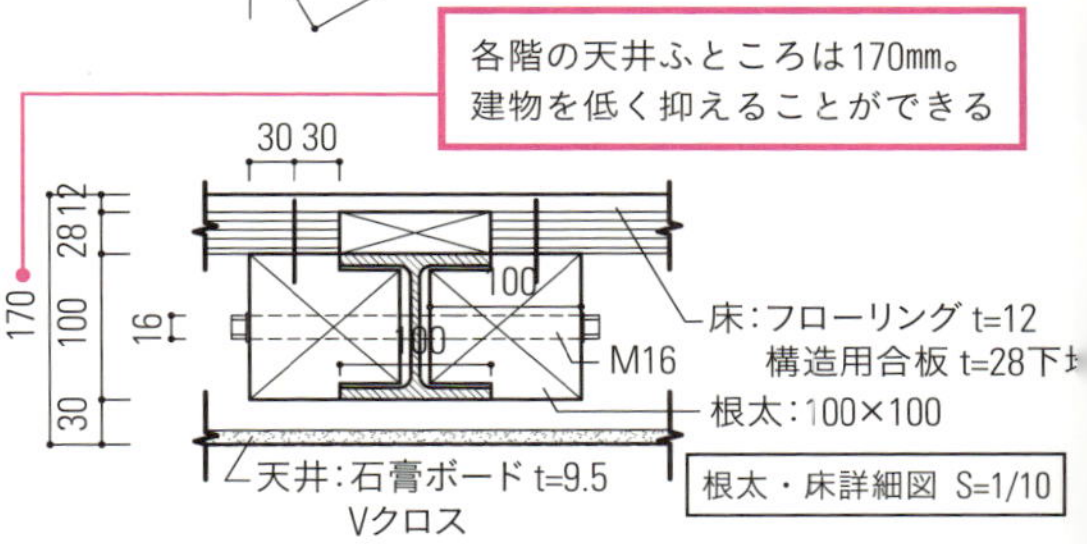

根太・床詳細図 S=1/10

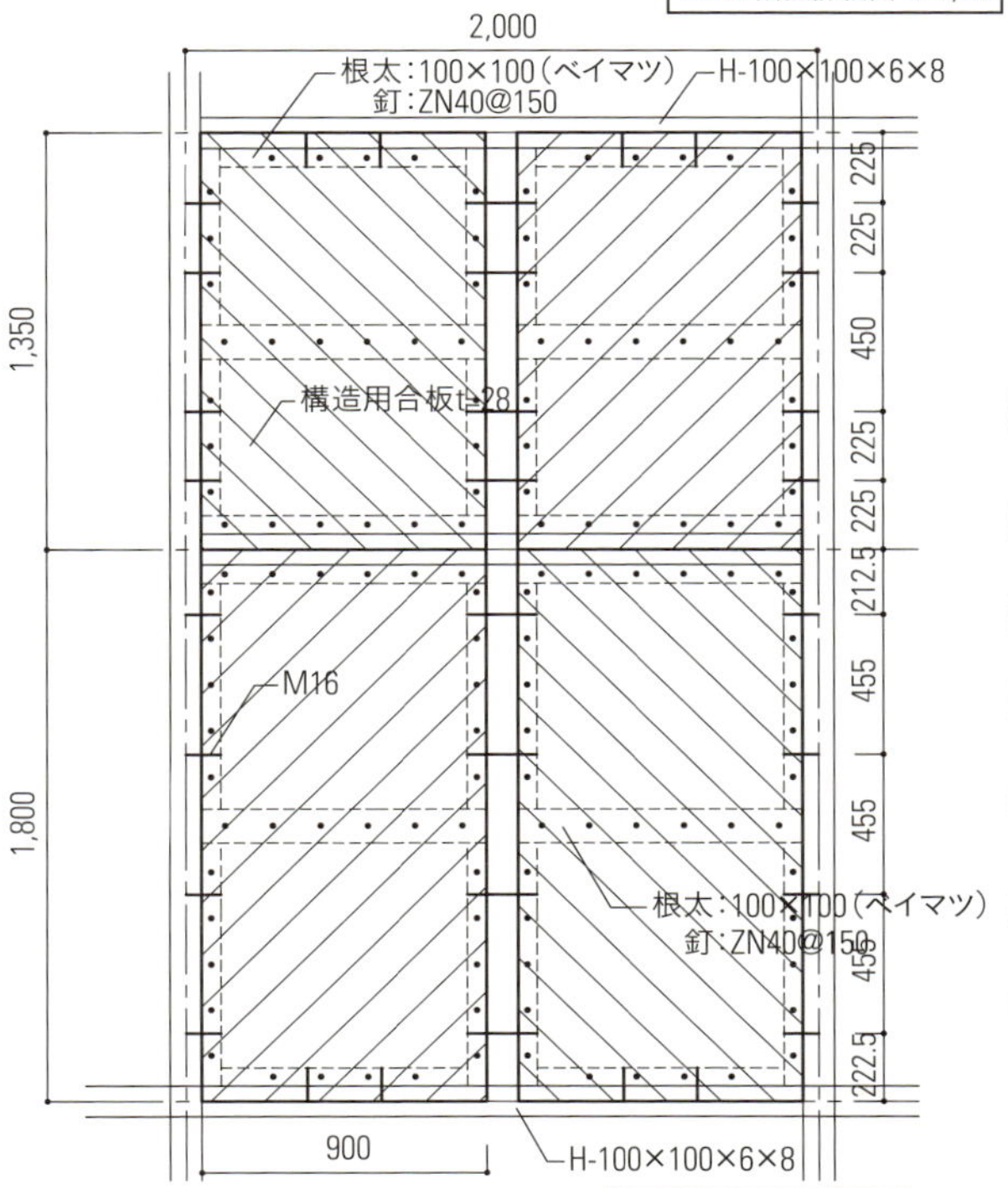

床・根太 伏図 S=1/40

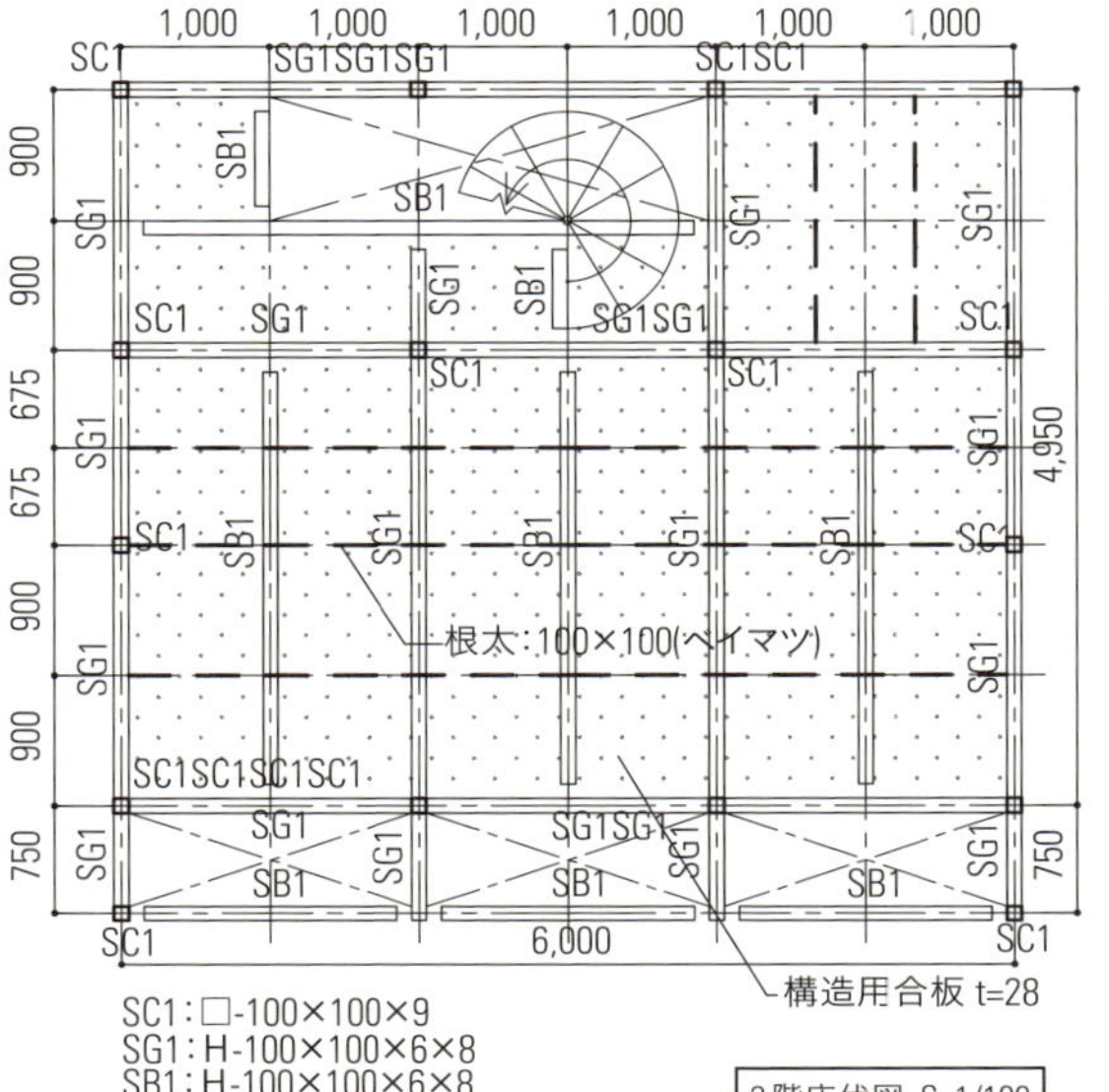

2階床伏図 S=1/100

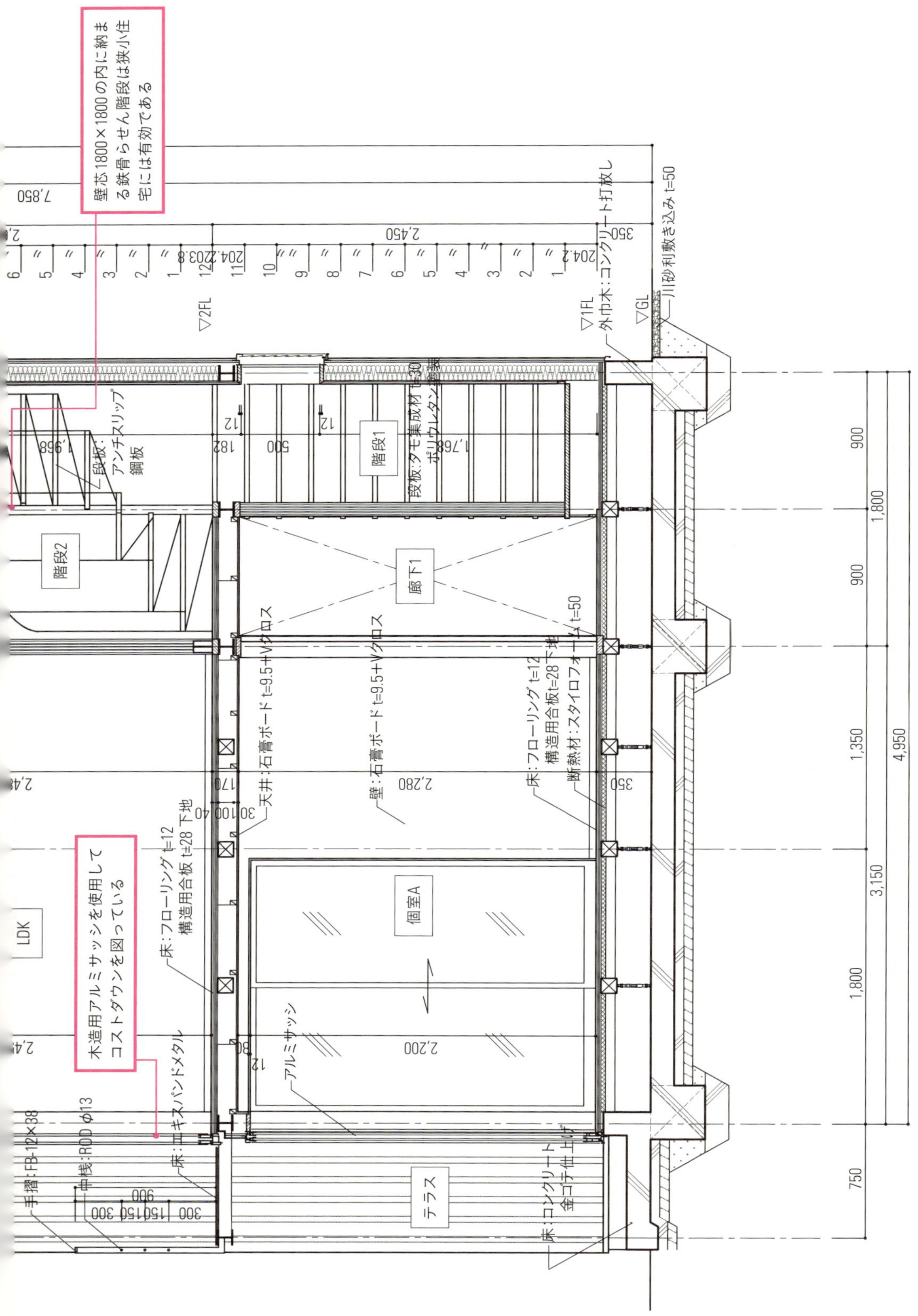
壁芯1800×1800の内に納まる鉄骨らせん階段は狭小住宅には有効である
木造用アルミサッシを使用してコストダウンを図っている
階段1
階段2
廊下1
個室A
LDK
テラス
段板:タモ集成材 t=30 ポリウレタン塗装
段板:アンチスリップ鋼板
天井:石膏ボード t=9.5+Vクロス
壁:石膏ボード t=9.5+Vクロス
床:フローリング t=12 構造用合板 t=28 下地 断熱材:スタイロフォーム t=50
床:フローリング t=12 構造用合板 t=28 下地
床:エキスパンドメタル
手摺:FB-12×38
中桟:RDD φ13
アルミサッシ
床:コンクリート 金ゴテ仕上げ
外巾木:コンクリート打放し
川砂利敷き込み t=50
▽2FL
▽1FL
▽GL
7,850
2,450
2,280
2,200
900
1,800
1,350
3,150
4,950
750
350

S=1/40

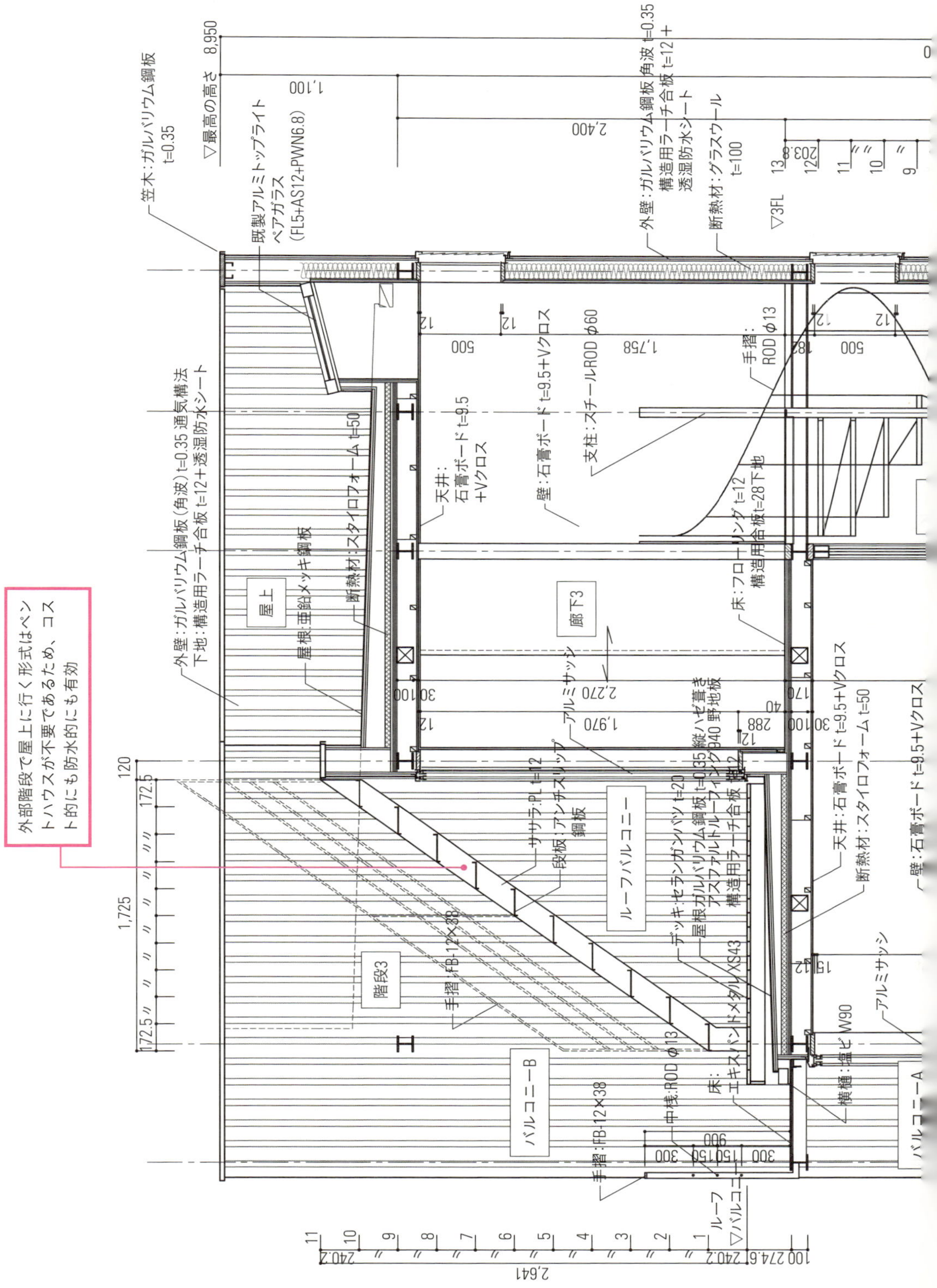
外部階段で屋上に行く形式はペントハウスが不要であるため、コスト的にも防水的にも有効
▽最高の高さ 8,950
笠木:ガルバリウム鋼板 t=0.35
既製アルミトップライト ペアガラス (FL5+AS12+PWN6.8)
外壁:ガルバリウム鋼板 角波 t=0.35 構造用ラーチ合板 t=12＋透湿防水シート
断熱材:グラスウール t=100
▽3FL
外壁:ガルバリウム鋼板(角波)t=0.35 通気構法 下地:構造用ラーチ合板 t=12＋透湿防水シート
屋根:亜鉛メッキ鋼板
断熱材:スタイロフォーム t=50
屋上
天井:石膏ボード t=9.5 +Vクロス
壁:石膏ボード t=9.5+Vクロス
支柱:スチールROD φ60
手摺:ROD φ13
床:フローリング t=12 構造用合板 t=28 下地
廊下3
アルミサッシ
ルーフバルコニー
ササラ:PL t=12
段板:アンチスリップ鋼板
デッキ:セランガンバツ t=20
屋根:ガルバリウム鋼板 t=0.35 縦ハゼ葺き アスファルトルーフィング940 野地板 構造用ラーチ合板 t=12
天井:石膏ボード t=9.5+Vクロス
断熱材:スタイロフォーム t=50
壁:石膏ボード t=9.5+Vクロス
階段3
手摺:FB-12×38
エキスパンドメタル XS43
横樋:塩ビ W90
床:
中桟:ROD φ13
手摺:FB-12×38
バルコニーB
バルコニーA
▽ルーフバルコニー
2,641

Jungle Gym 2250 設計データ

設計　：建築／細谷功＋スタジオ４設計（細谷功・山口雄治）
　　　　構造／梅沢建築構造研究所（梅沢良三・五十嵐有紀）
施工　：暁建設
構造　：鉄骨ラーメン構造（２階床・ロフトは可動パネル式）
基礎　：ベタ基礎
規模　：地上３階建て
　　　　最高高さ 9,370㎜
　　　　最高軒高 6,870㎜
敷地面積：120.09㎡（36.33坪）
建築面積：60.75㎡（18.38坪）
延床面積：115.62㎡（34.98坪）

立体格子フレームの家
Jungle Gym 2250

最小居住空間単位を２２５０㎜として、タテ・ヨコ・奥行き方向に**２２５０モジュール**を連続させたジャングルジムのような**立体格子状フレーム**のＳ造住宅である。

平面的に２２５０㎜四方の空間はベッドやキッチンカウンターも収容でき、高さ方向に関しても各フレームの高さ２２５０㎜は、梁材を含む床仕上げ材、天井ふところを１５０㎜とすれば、建築基準法の最低居室**天井高２１００㎜**を確保できる。

この住宅では、２２５０㎜のフレームを高さ方向に**４層**、間口方向**３スパン**、奥行方向**５スパン**とした。また、間仕切りの変更の際の妨げとなる垂直ブレースは一切なくした。

床は梁材の**Ｈ形鋼の梁せい内**で納まる**木製**とし、特にロフトの床は簡単に脱着可能なパネル組立て方式とすることにより、将来の家族構成の変化にともなう増床、減床にも対応できる**ユニバーサルシステム**となっている。

ペントハウスを入れると、**４層を高さ10ｍ以内で実現できる**このフレームは、各層高さが２２５０㎜と低いものの、自由に設けられる**大開口**や、随所に**吹抜け**や**バルコニー**が配置されているため、開放的で変化に富んだ空間が展開している。

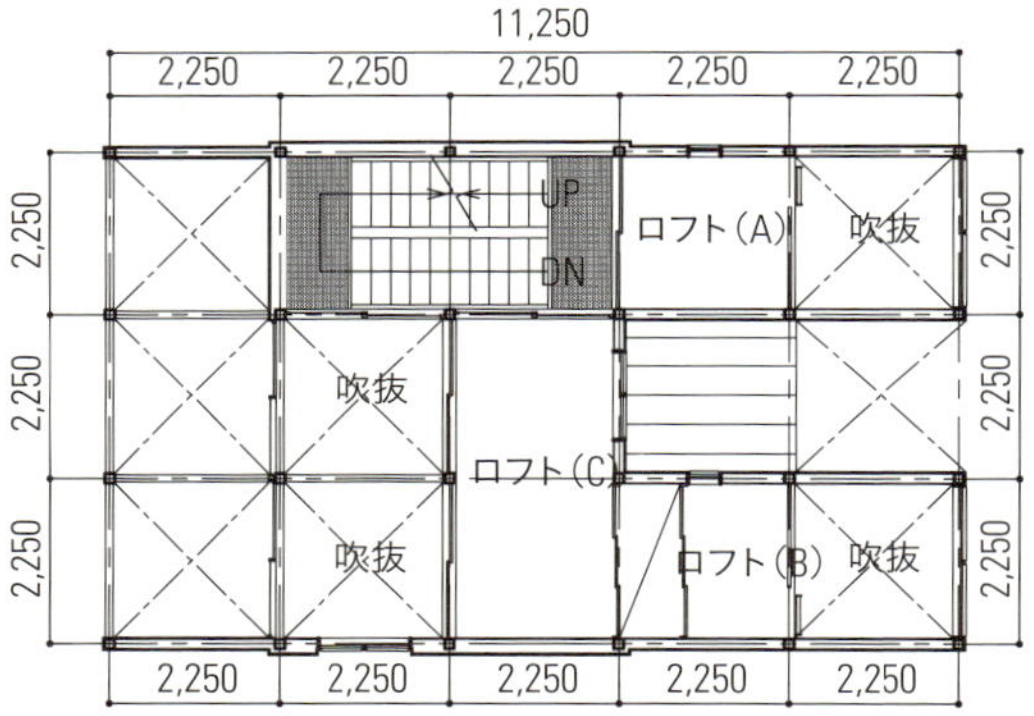

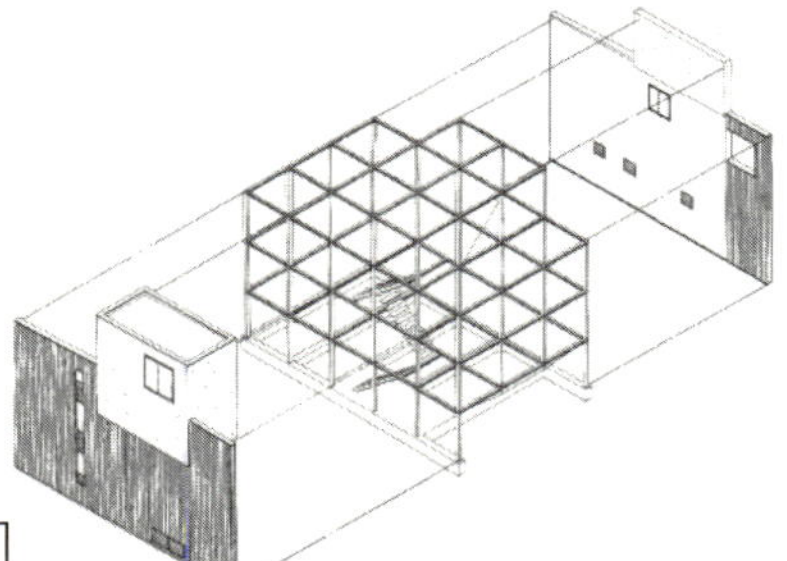

ロフト階平面図 S=1/200

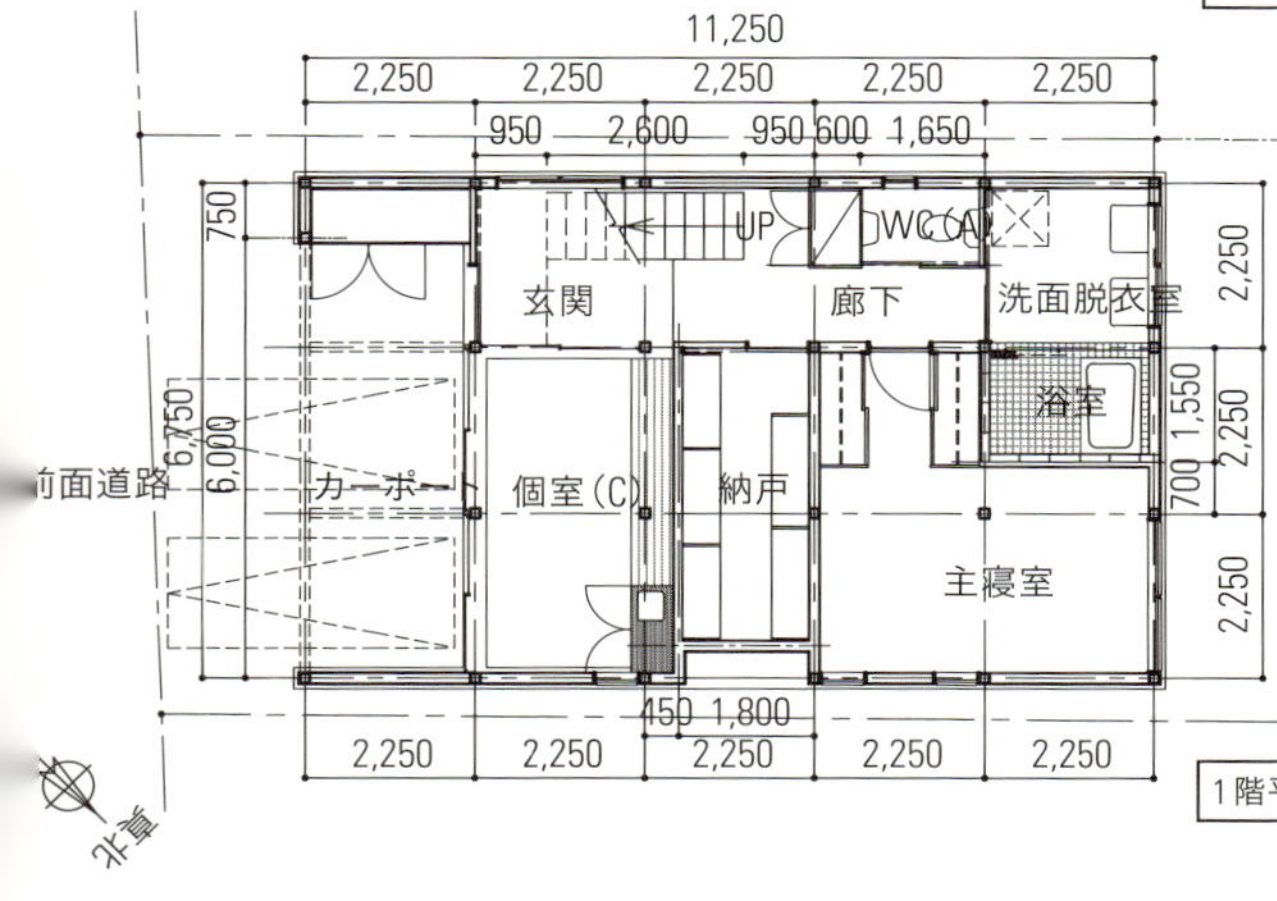

1階平面図 S=1/200

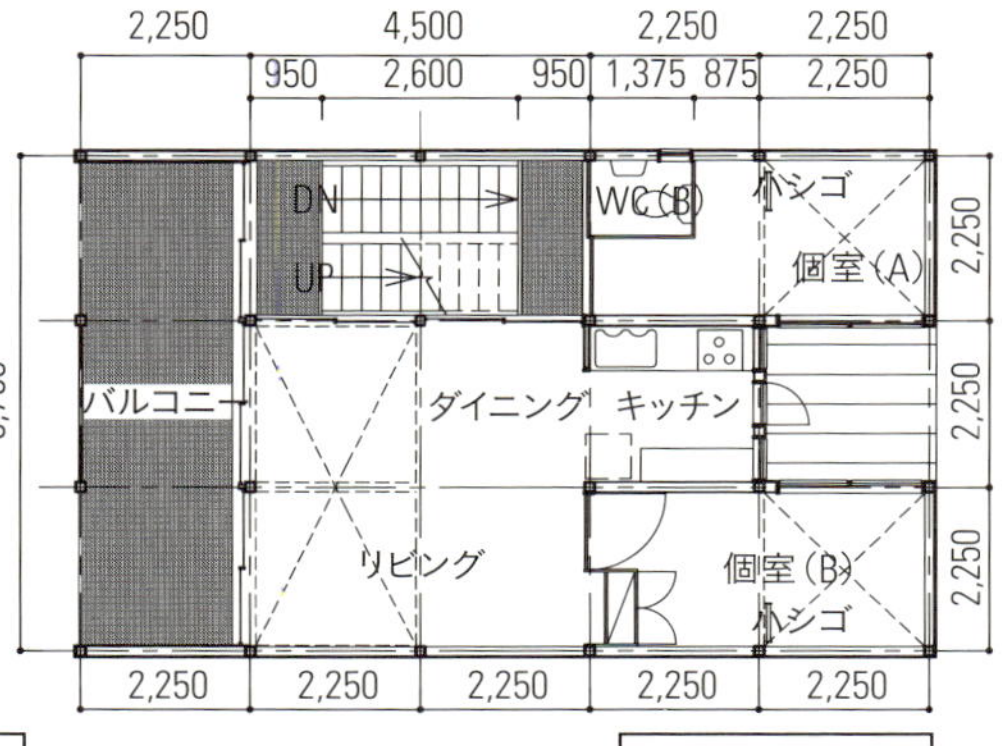

2階平面図 S=1/200

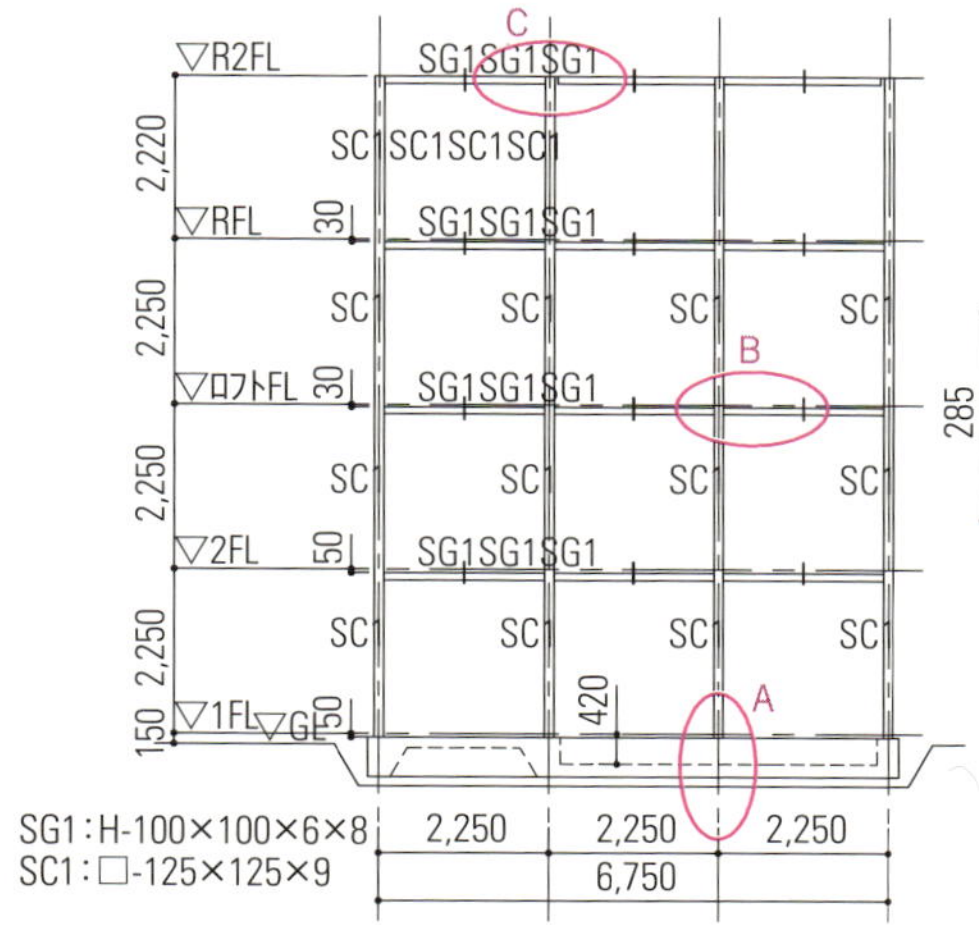

軸組図 S=1/200

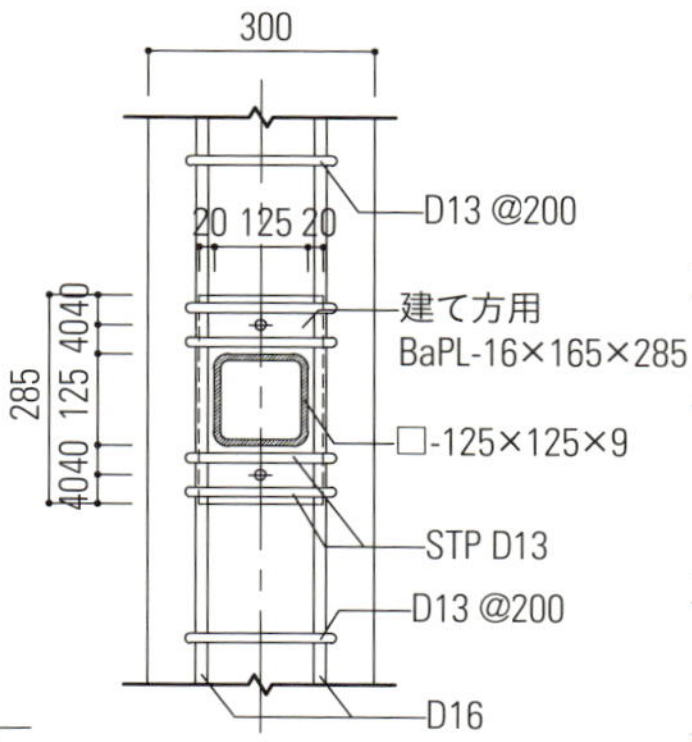

a-a' 断面図

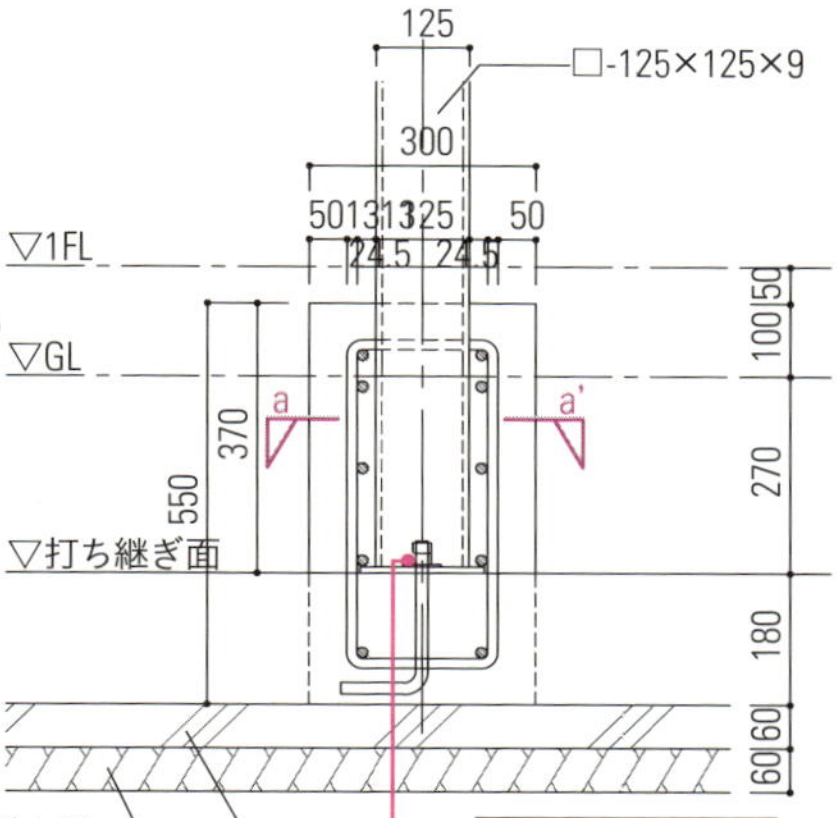

A部詳細図 S=1/20

地中梁コンクリート打設前にアンカーボルトをセットし、下部コンクリート打設後、鉄骨建て方を行い、地中梁上部のコンクリート打設を行う

ウェブのみのジョイントで、フランジ上部をフラットにすることにより仕上げ材の施工が容易となる

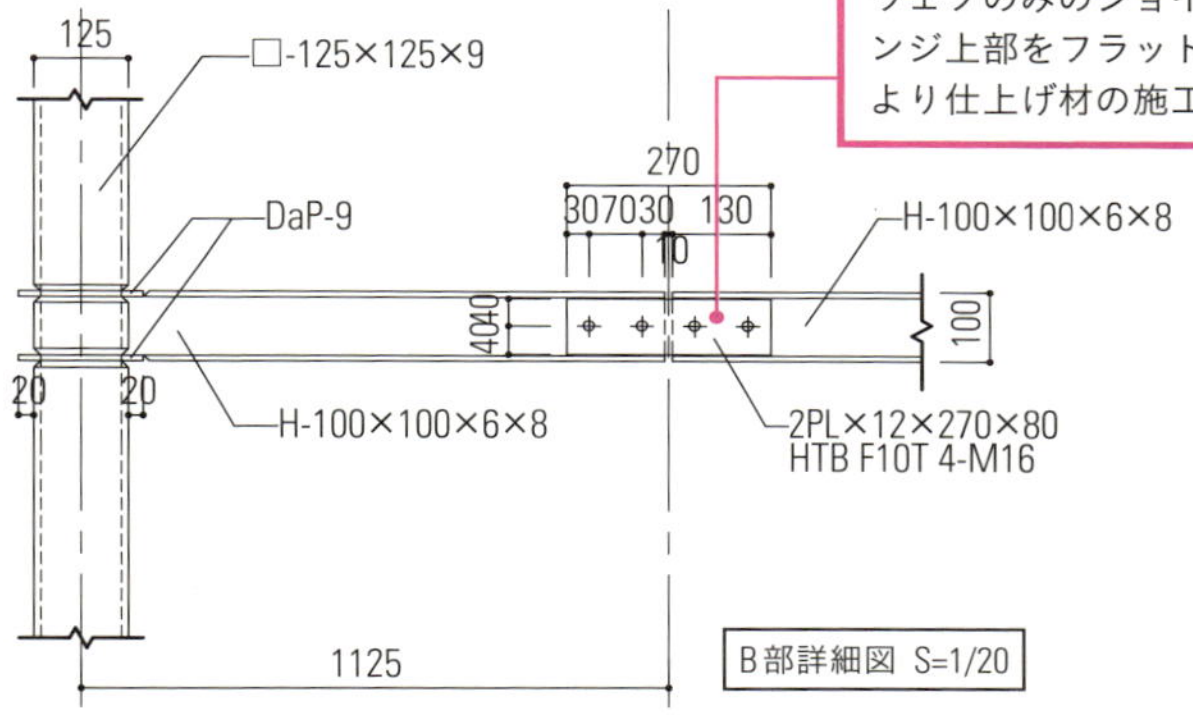

B部詳細図 S=1/20

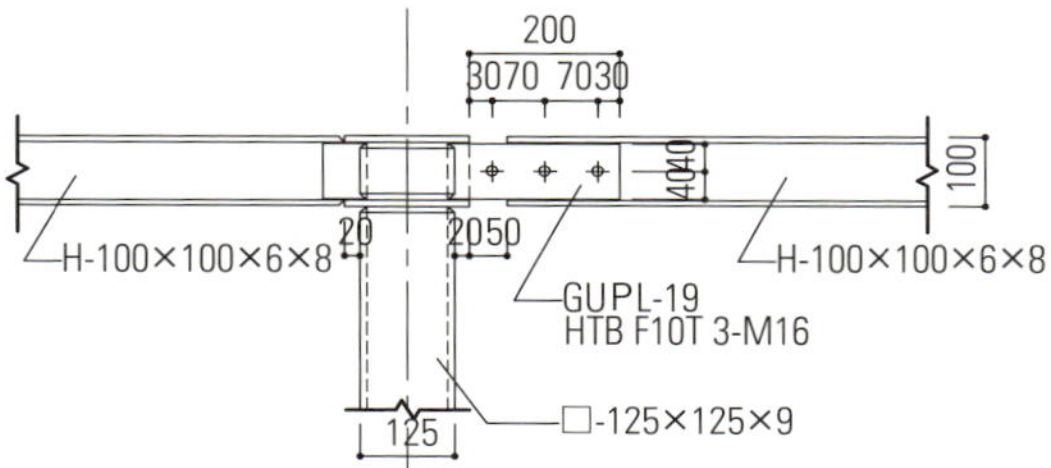

C部詳細図 S=1/20

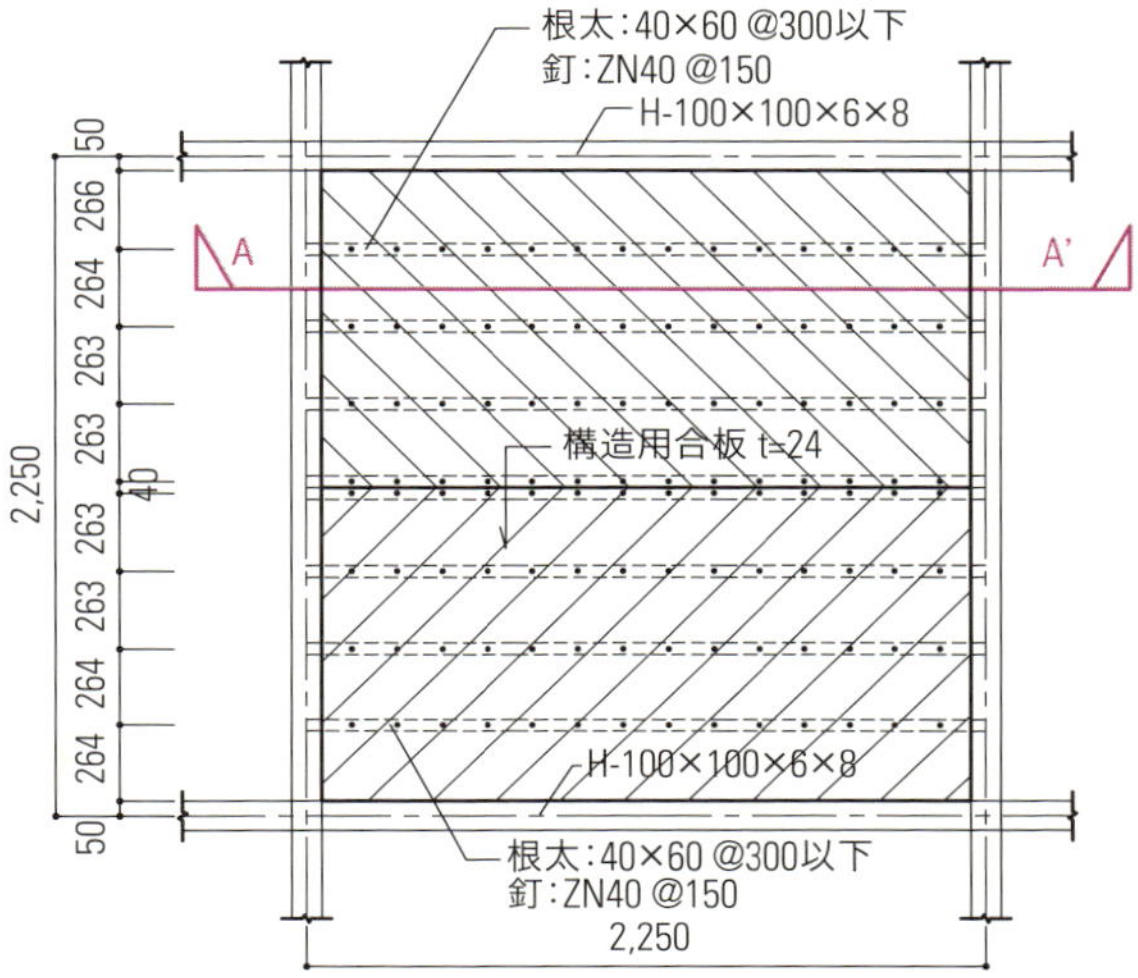

床詳細図 S=1/50

根太は簡単に取り外すことができる

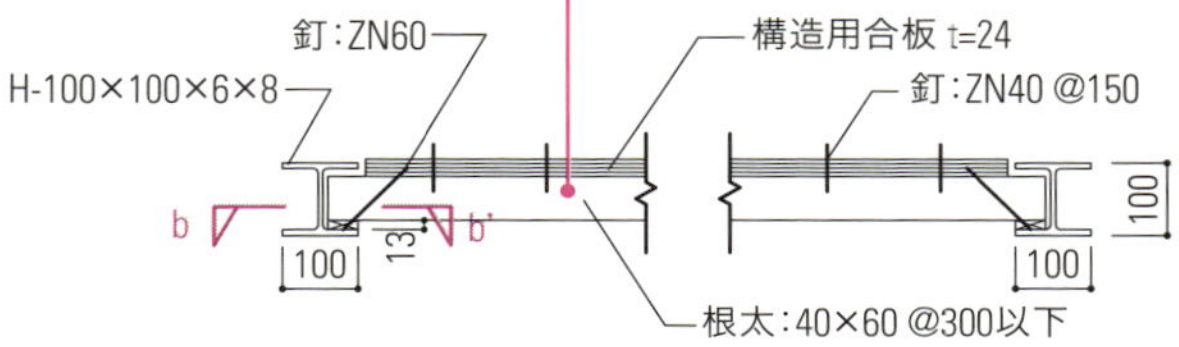

A-A' 断面詳細図 S=1/20

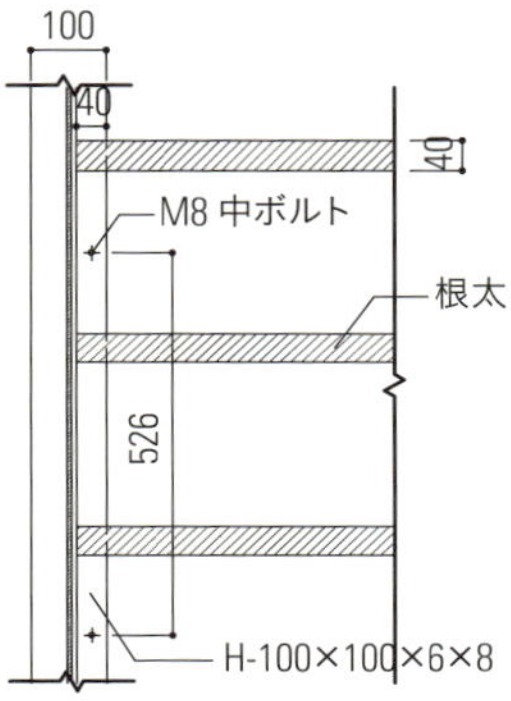

b-b' 断面詳細図 S=1/20

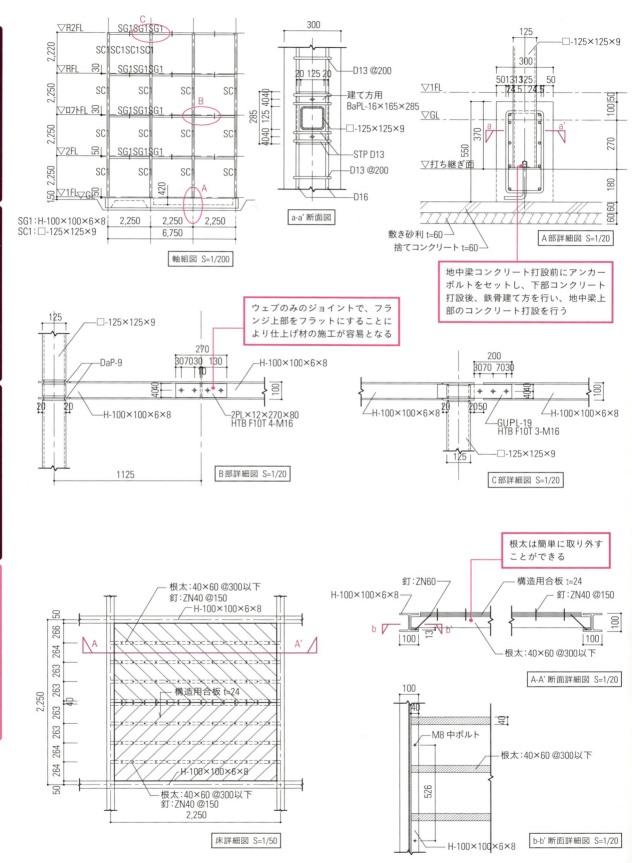

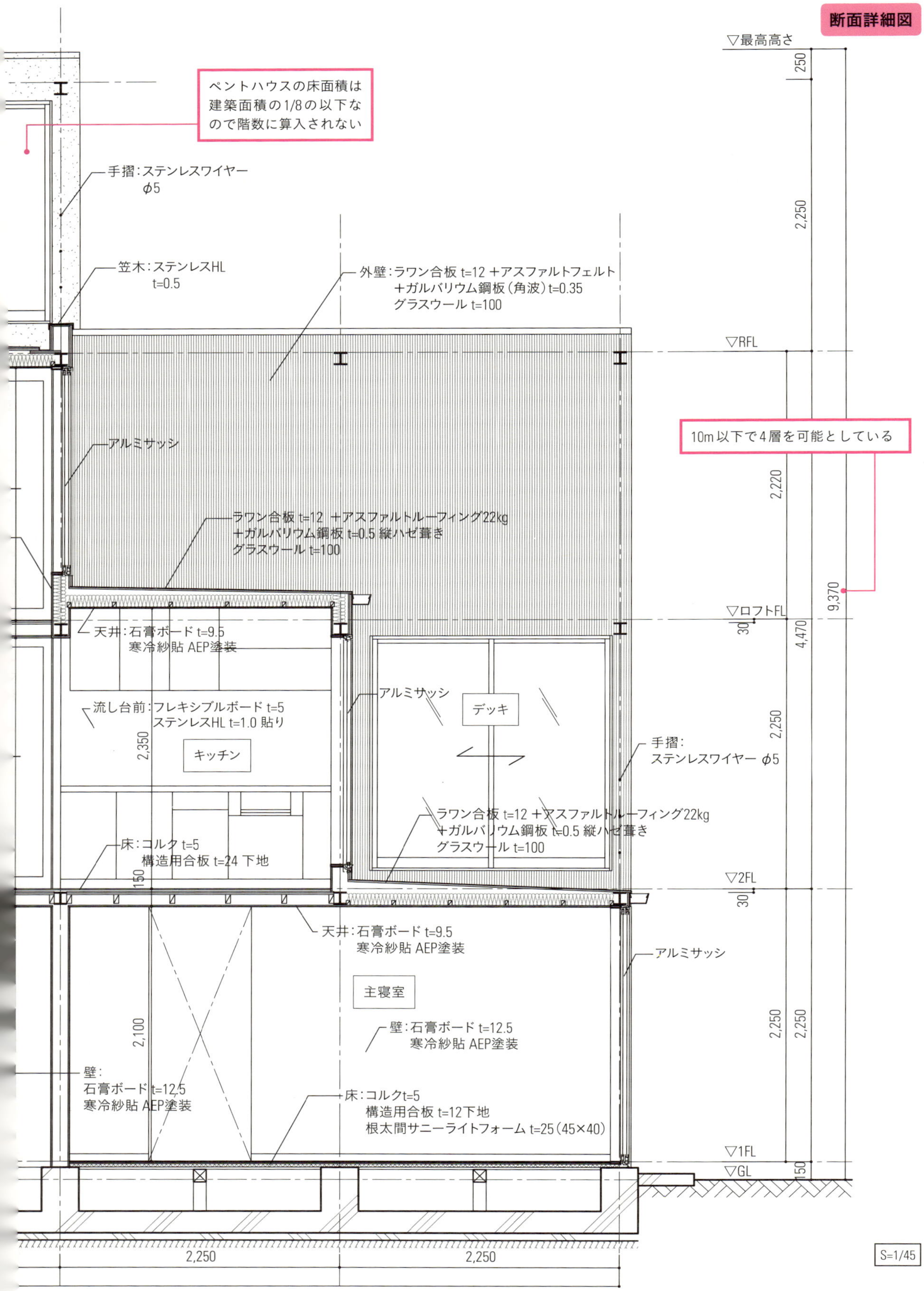

ペントハウスの床面積は建築面積の1/8の以下なので階数に算入されない
▽最高高さ
250
2,250
手摺:ステンレスワイヤー φ5
笠木:ステンレスHL t=0.5
外壁:ラワン合板 t=12 +アスファルトフェルト +ガルバリウム鋼板(角波)t=0.35 グラスウール t=100
▽RFL
10m以下で4層を可能としている
アルミサッシ
2,220
ラワン合板 t=12 +アスファルトルーフィング22kg +ガルバリウム鋼板 t=0.5 縦ハゼ葺き グラスウール t=100
9,370
▽ロフトFL
30
4,470
天井:石膏ボード t=9.5 寒冷紗貼 AEP塗装
アルミサッシ
デッキ
流し台前:フレキシブルボード t=5 ステンレスHL t=1.0 貼り
2,350
キッチン
2,250
手摺:ステンレスワイヤー φ5
ラワン合板 t=12 +アスファルトルーフィング22kg +ガルバリウム鋼板 t=0.5 縦ハゼ葺き グラスウール t=100
床:コルク t=5 構造用合板 t=24 下地
150
▽2FL
30
天井:石膏ボード t=9.5 寒冷紗貼 AEP塗装
アルミサッシ
主寝室
2,100
壁:石膏ボード t=12.5 寒冷紗貼 AEP塗装
2,250
2,250
壁:石膏ボード t=12.5 寒冷紗貼 AEP塗装
床:コルクt=5 構造用合板 t=12下地 根太間サニーライトフォーム t=25(45×40)
▽1FL
▽GL
150
2,250
2,250
S=1/45

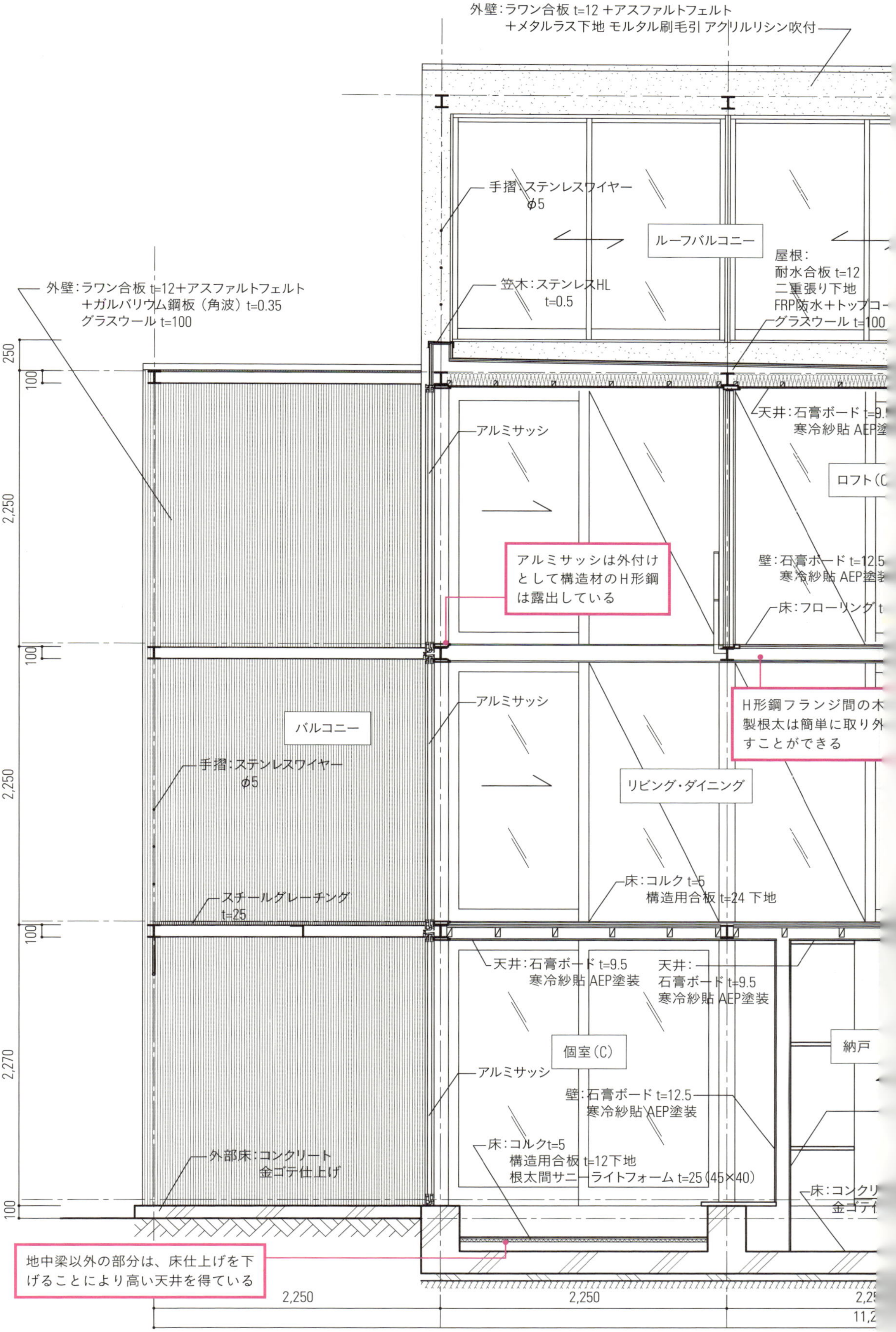
外壁:ラワン合板 t=12 ＋アスファルトフェルト ＋メタルラス下地 モルタル刷毛引 アクリルリシン吹付
手摺:ステンレスワイヤー φ5
ルーフバルコニー
屋根: 耐水合板 t=12 二重張り下地 FRP防水＋トップコー グラスウール t=100
笠木:ステンレスHL t=0.5
外壁:ラワン合板 t=12＋アスファルトフェルト ＋ガルバリウム鋼板（角波）t=0.35 グラスウール t=100
天井:石膏ボード t=9.5 寒冷紗貼 AEP塗
アルミサッシ
ロフト（C
アルミサッシは外付けとして構造材のH形鋼は露出している
壁:石膏ボード t=12.5 寒冷紗貼 AEP塗装
床:フローリング t
H形鋼フランジ間の木製根太は簡単に取り外すことができる
バルコニー
手摺:ステンレスワイヤー φ5
リビング・ダイニング
床:コルク t=5 構造用合板 t=24 下地
スチールグレーチング t=25
天井:石膏ボード t=9.5 寒冷紗貼 AEP塗装
天井: 石膏ボード t=9.5 寒冷紗貼 AEP塗装
個室（C）
納戸
壁:石膏ボード t=12.5 寒冷紗貼 AEP塗装
床:コルクt=5 構造用合板 t=12下地 根太間サニーライトフォーム t=25（45×40）
外部床:コンクリート 金ゴテ仕上げ
床:コンクリ 金ゴテ
地中梁以外の部分は、床仕上げを下げることにより高い天井を得ている
250
100
2,250
100
2,250
100
2,270
100
2,250
2,250
2,25
11,2

WAKABAYASHI HOUSE 設計データ

設計　：建築／細谷功＋スタジオ４設計
（細谷功・山口雄治）
構造／梅沢建築構造研究所
（梅沢良三・関口洋平）
施工　：前田技建
構造　：鉄骨造
基礎　：布基礎
規模　：地上３階建て アンカープレート工法
最高高さ 6.250mm
最高軒高 5.850mm
敷地面積：148.77㎡（45.00坪）
建築面積：94.70㎡（28.65坪）
延床面積：145.69㎡（44.08坪）

アンカープレート工法の家

WAKABAYASHI HOUSE

郊**外の住宅地**に建つ、愛犬家夫婦のための**S造3階建て**の住宅である。

敷地の**南側のみ眺望**が開けていたため、他の方位は閉鎖的にし、LDKのある2階南側は**全面開口**とした。各柱のスパンは3mで、壁内に納まる100角柱とし、柱脚部分は**アンカープレート工法**を採用した。平鋼12×100、もしくは9×90の**ブレース**は壁内に**バランスよく配置**し、柱脚部はアンカープレートに固定する工法である。

ロフトのブリッジ部は屋根梁より100角の柱材とφ40の丸鋼の斜材により吊られている。このブリッジからルーフテラス廻りは回遊可能な愛犬の遊び場となっている。2階LDKの大開口は鉄骨構造フレームに直に**ビル用アルミサッシ**を取り付けたシャープなデザインとした。

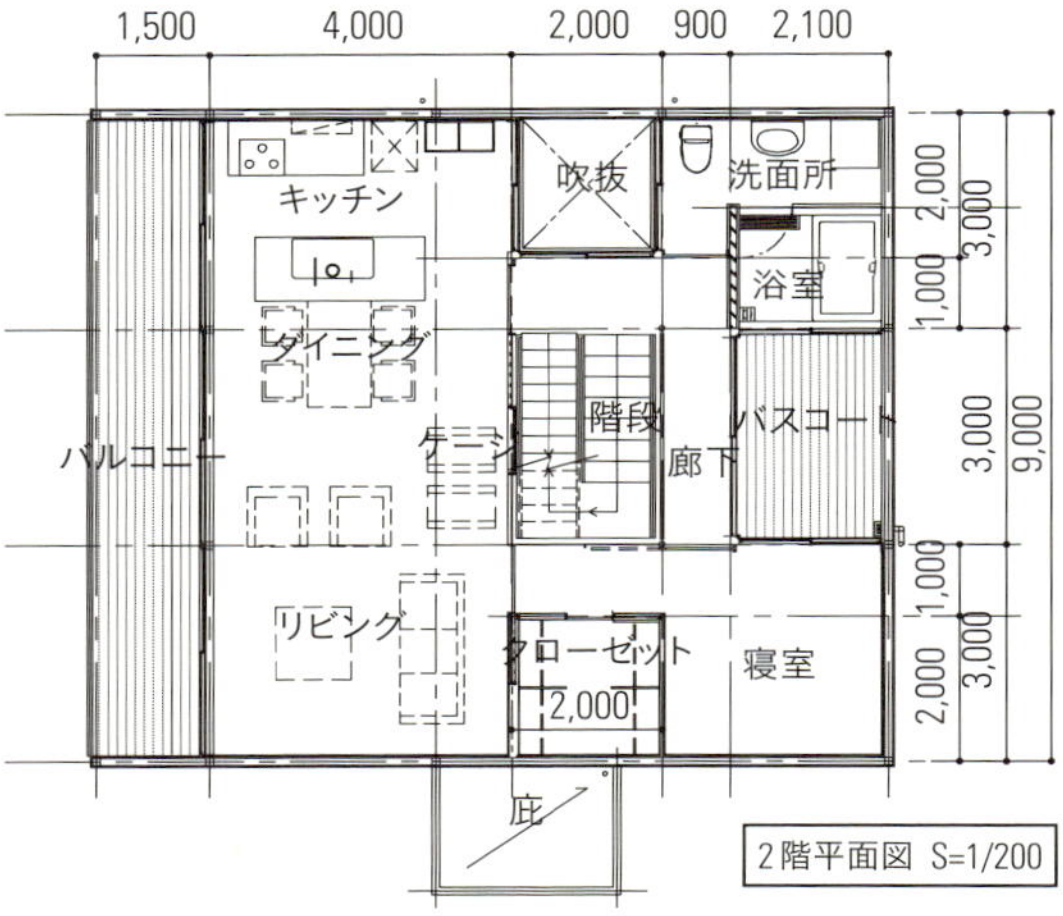

2階平面図 S=1/200

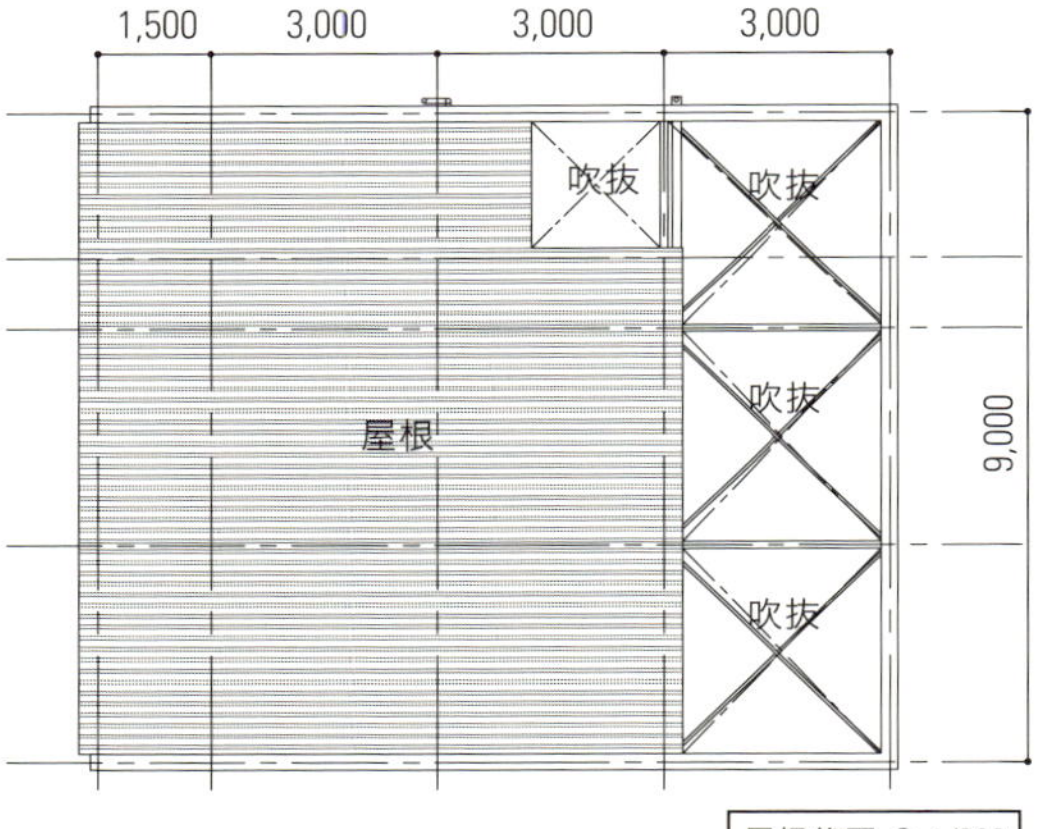

屋根伏図 S=1/200

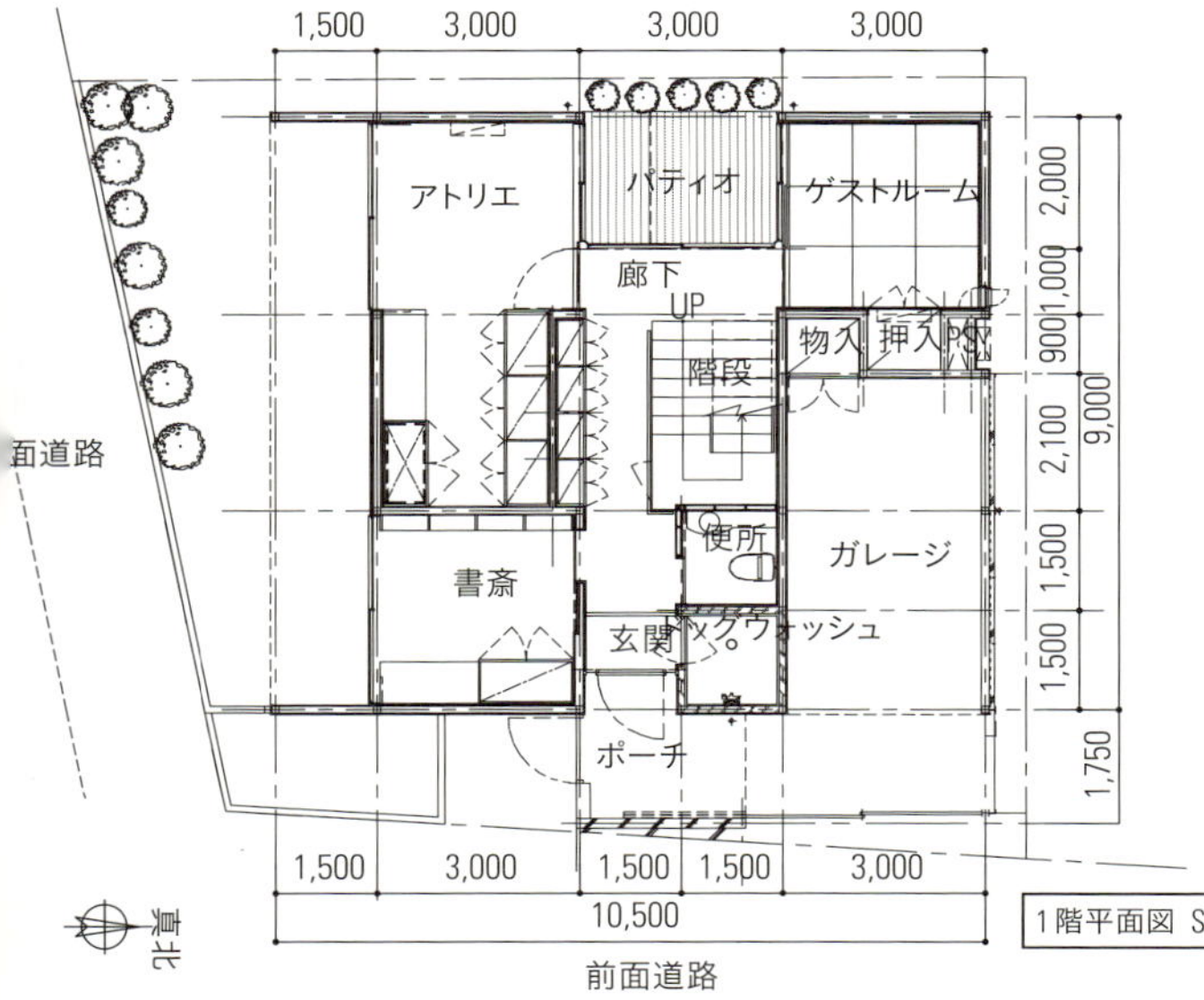

1階平面図 S=1/200

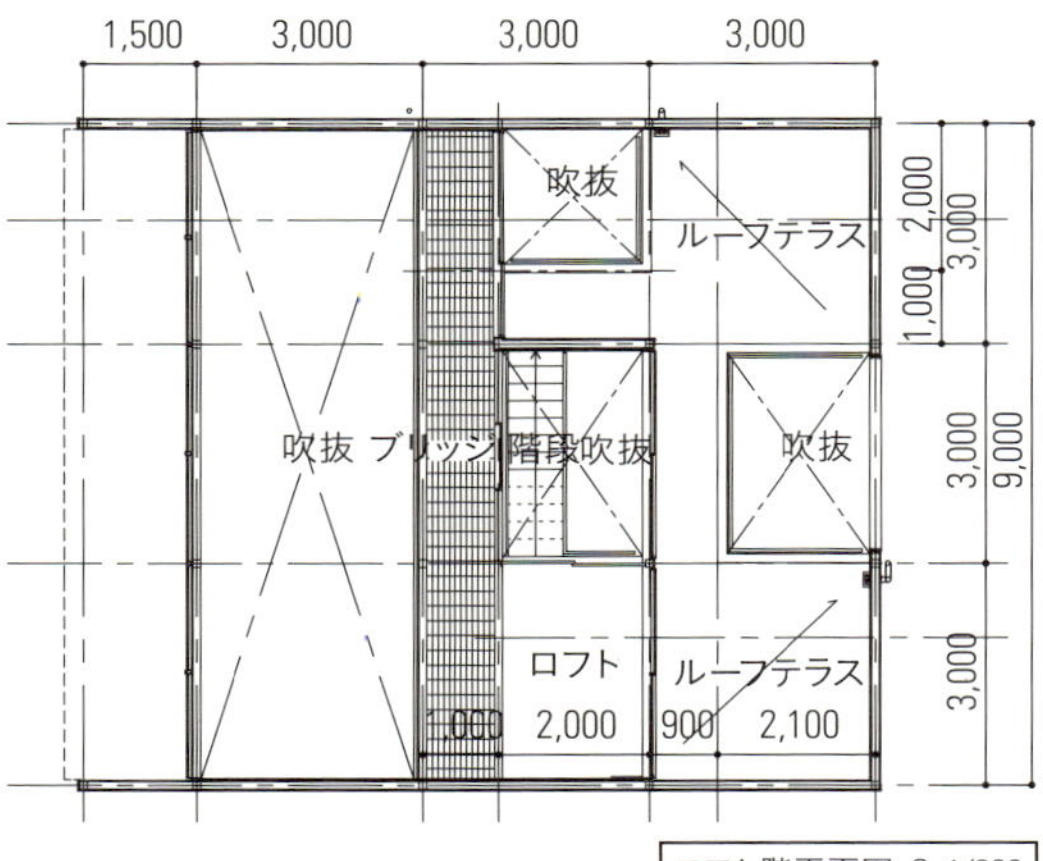

ロフト階平面図 S=1/200

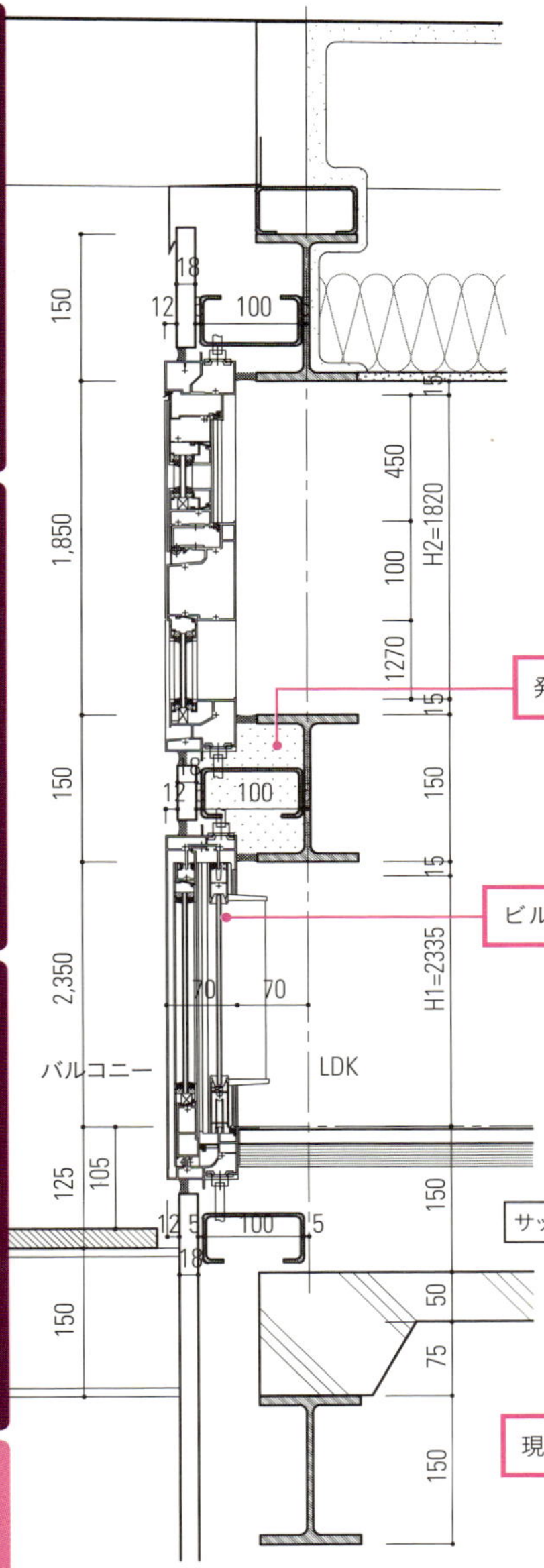

サッシ詳細断面図 S=1/10

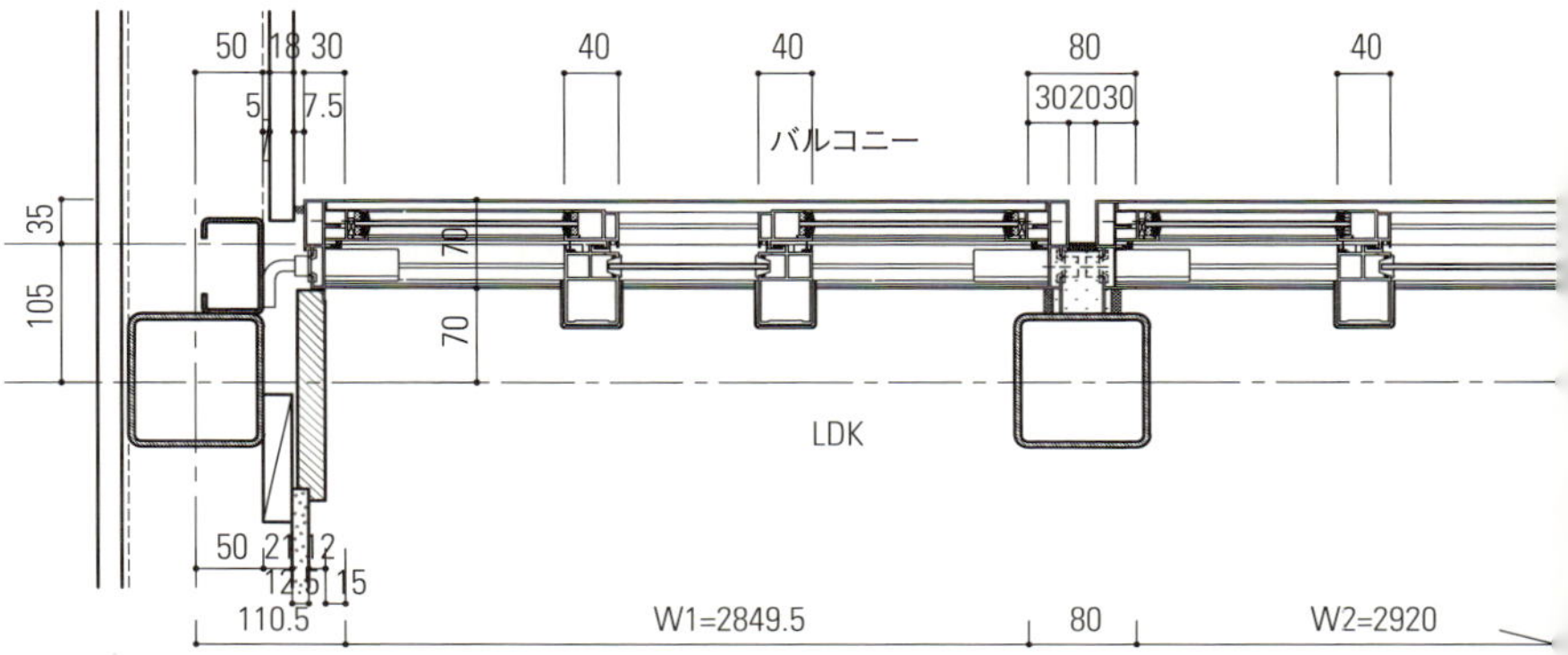

サッシ詳細平面図 S=1/10

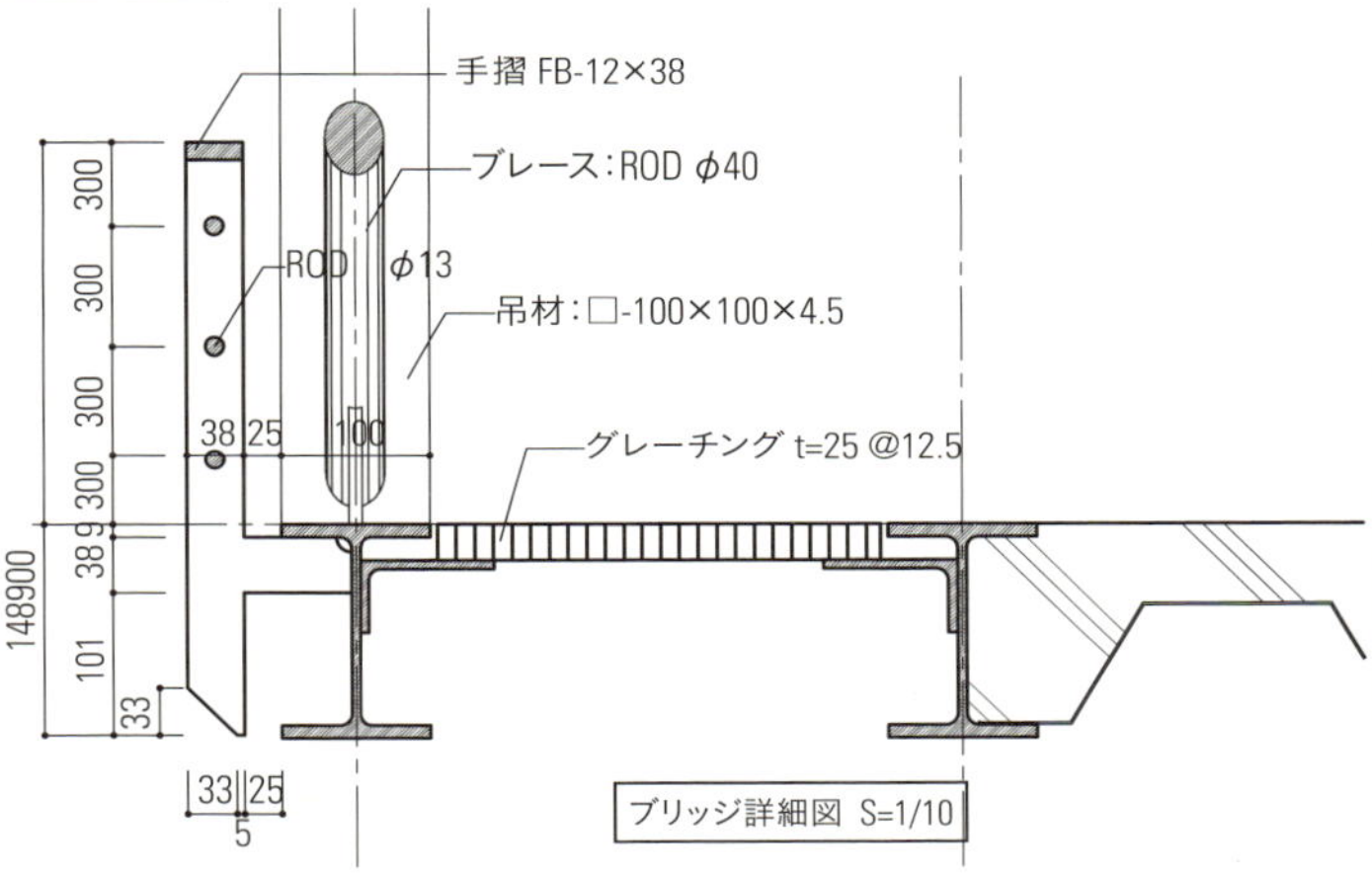

ブリッジ詳細図 S=1/10

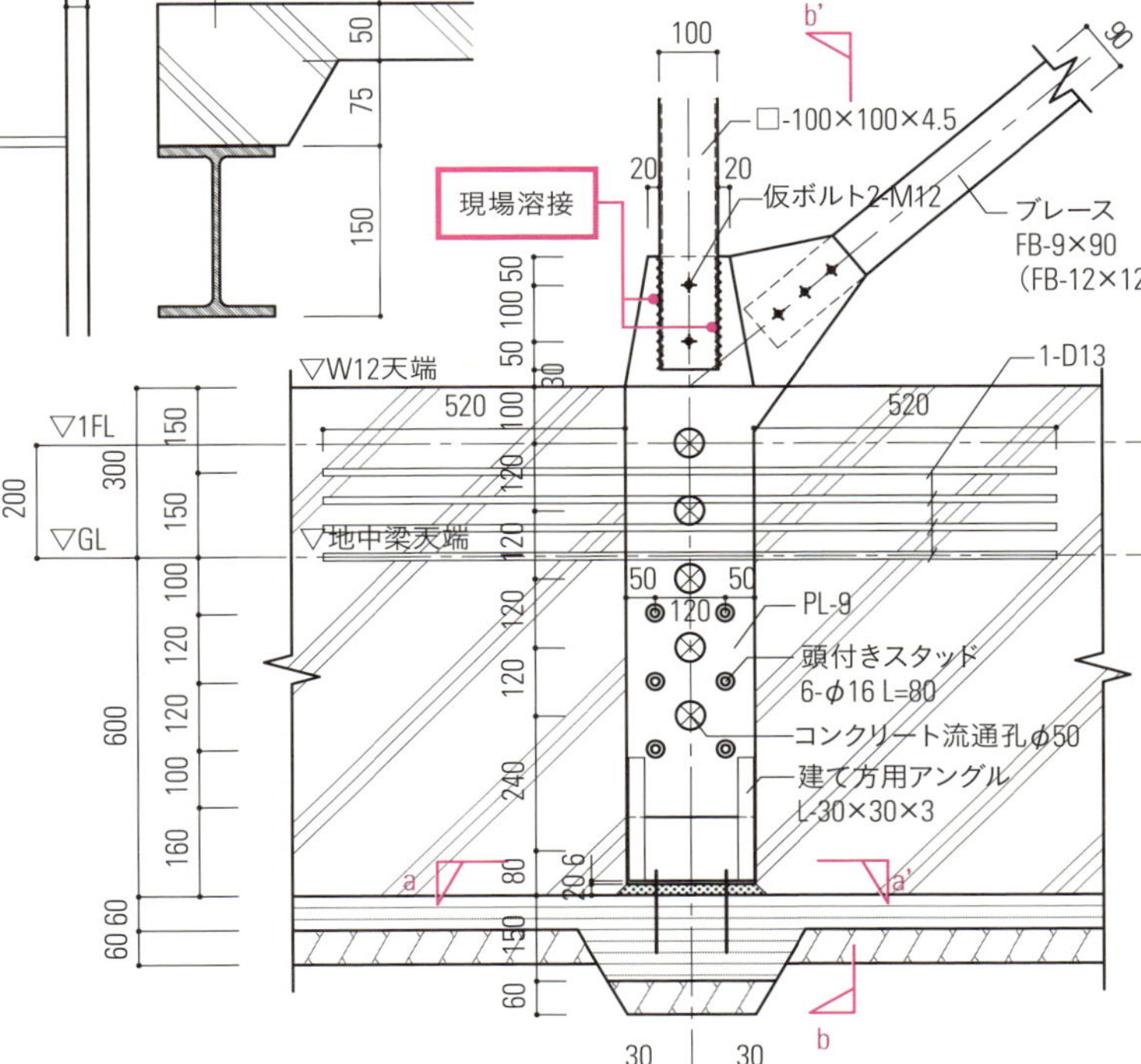

アンカープレート詳細図 S=1/20

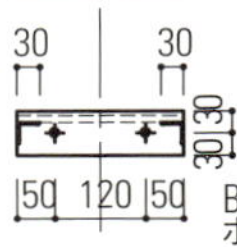

a-a' 詳細図 S=1/20

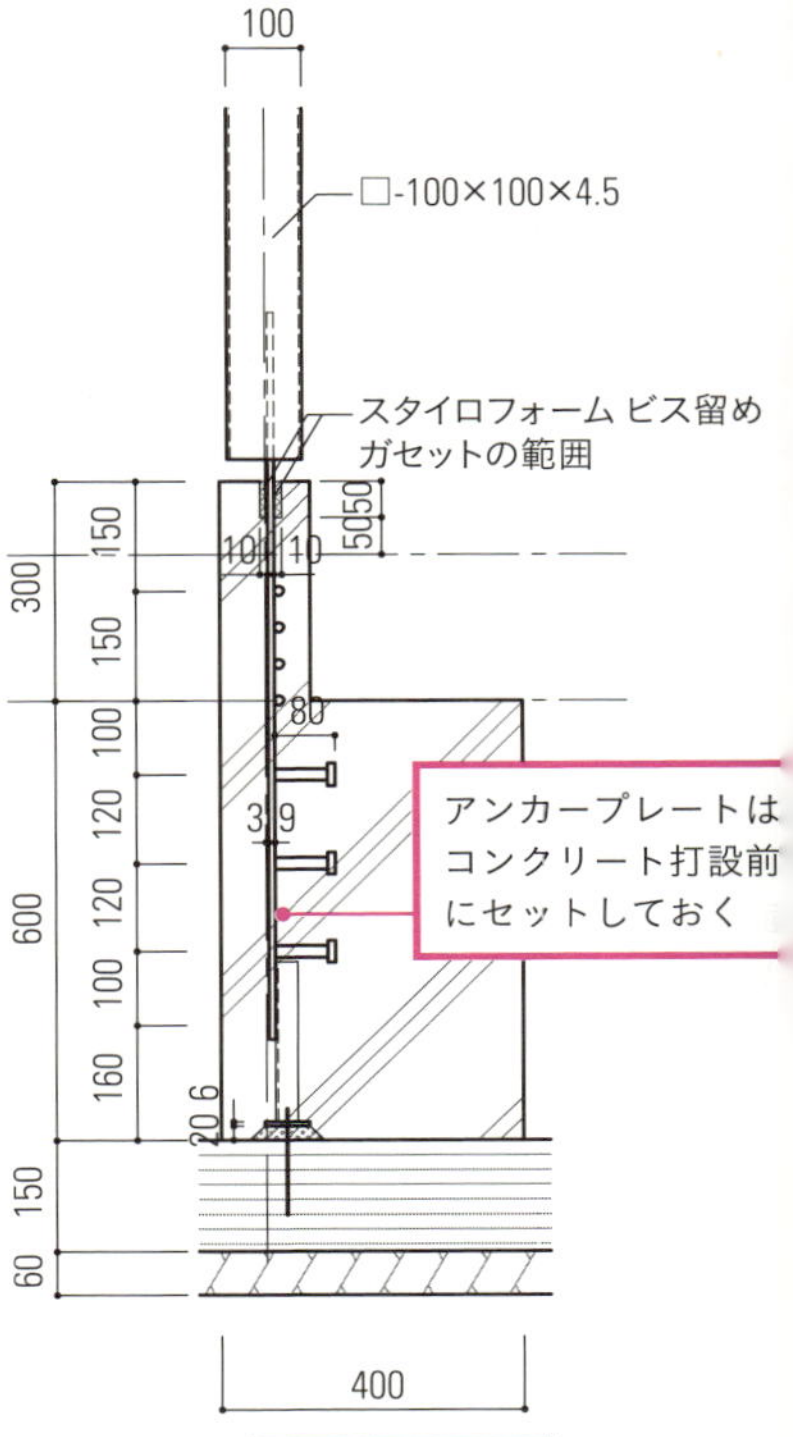

b-b' 詳細図 S=1/20

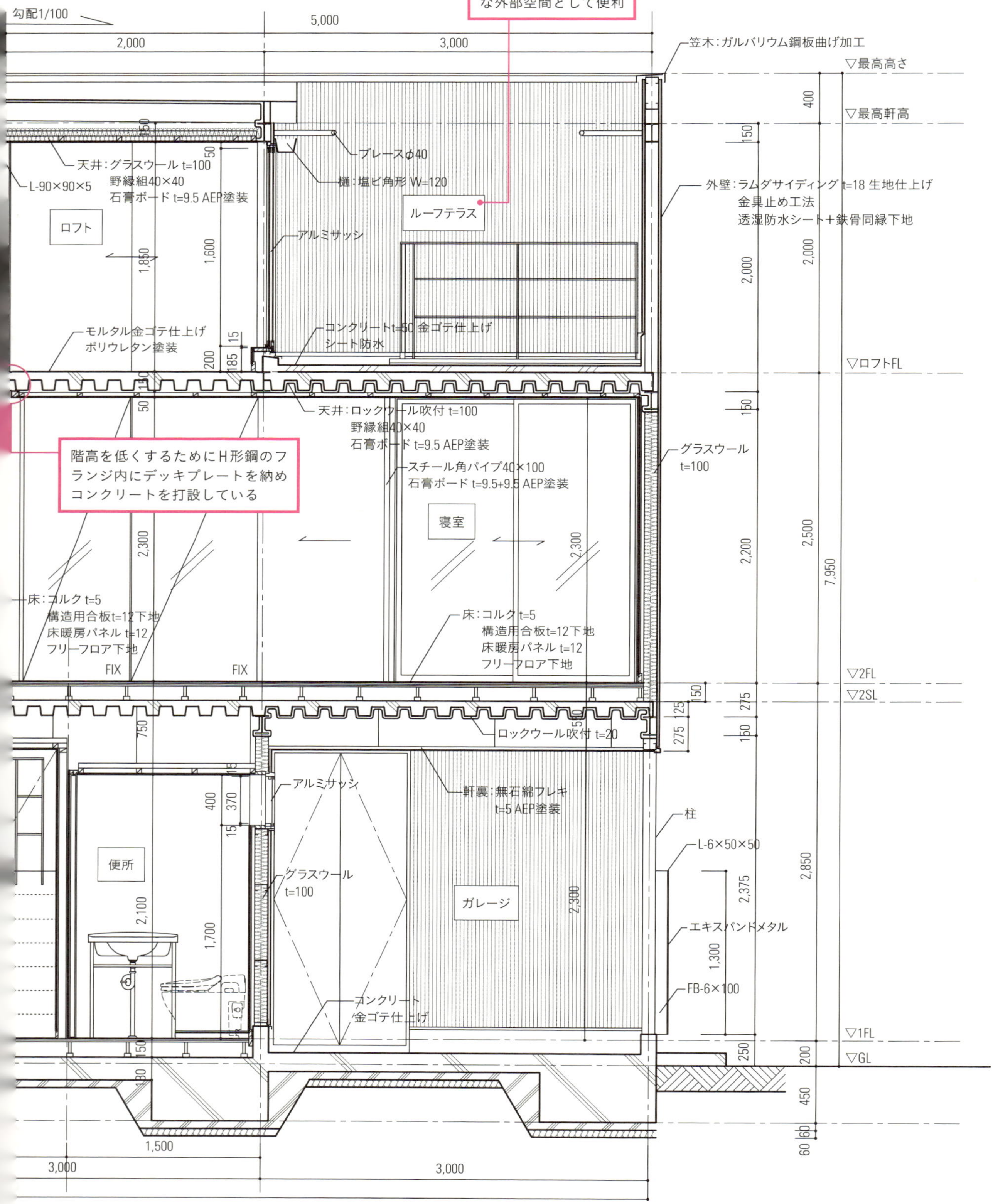
ロフトレベルのルーフテラスはプライベートな外部空間として便利
勾配1/100
5,000
2,000
3,000
笠木:ガルバリウム鋼板曲げ加工
▽最高高さ
▽最高軒高
ブレースφ40
天井:グラスウール t=100
野縁組40×40
石膏ボード t=9.5 AEP塗装
L-90×90×5
樋:塩ビ角形 W=120
ルーフテラス
外壁:ラムダサイディング t=18 生地仕上げ
金具止め工法
透湿防水シート+鉄骨同縁下地
ロフト
アルミサッシ
モルタル金ゴテ仕上げ
ポリウレタン塗装
コンクリートt=50 金ゴテ仕上げ
シート防水
▽ロフトFL
天井:ロックウール吹付 t=100
野縁組40×40
石膏ボード t=9.5 AEP塗装
階高を低くするためにH形鋼のフランジ内にデッキプレートを納めコンクリートを打設している
スチール角パイプ40×100
石膏ボード t=9.5+9.5 AEP塗装
グラスウール
t=100
寝室
床:コルク t=5
構造用合板t=12下地
床暖房パネル t=12
フリーフロア下地
FIX
FIX
床:コルク t=5
構造用合板t=12下地
床暖房パネル t=12
フリーフロア下地
▽2FL
▽2SL
ロックウール吹付 t=20
アルミサッシ
軒裏:無石綿フレキ
t=5 AEP塗装
柱
L-6×50×50
便所
グラスウール
t=100
ガレージ
エキスパンドメタル
FB-6×100
コンクリート
金ゴテ仕上げ
▽1FL
▽GL
1,500
3,000
3,000
7,950

S=1/45

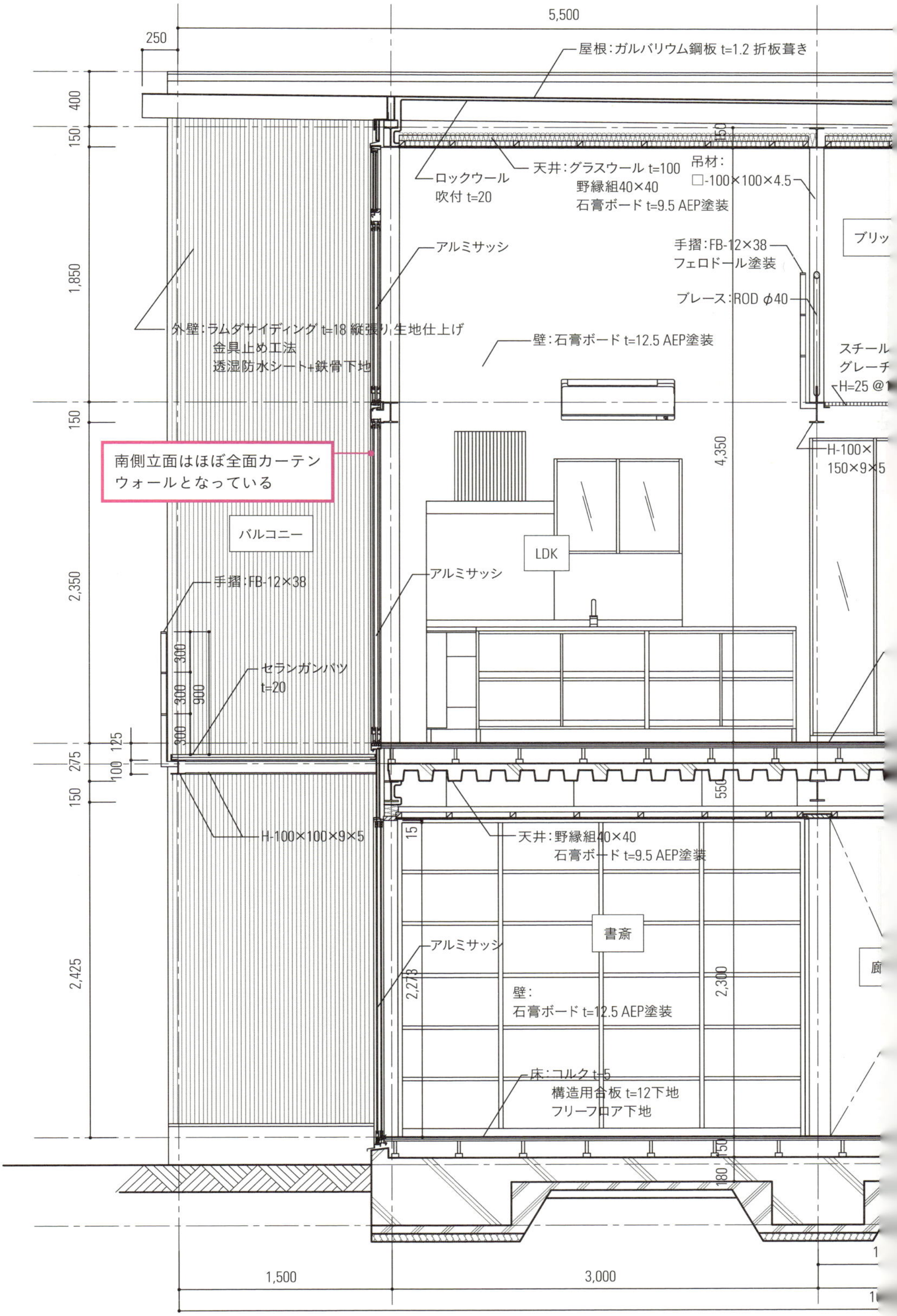
5,500
250
400
150
1,850
150
2,350
125
275
100
150
2,425
屋根：ガルバリウム鋼板 t=1.2 折板葺き
ロックウール
吹付 t=20
天井：グラスウール t=100
野縁組40×40
石膏ボード t=9.5 AEP塗装
吊材：
□-100×100×4.5
アルミサッシ
手摺：FB-12×38
フェロドール塗装
ブレース：ROD φ40
外壁：ラムダサイディング t=18 縦張り生地仕上げ
金具止め工法
透湿防水シート+鉄骨下地
壁：石膏ボード t=12.5 AEP塗装
スチール
グレーチ
H=25 @
H-100×
150×9×5
南側立面はほぼ全面カーテンウォールとなっている
4,350
バルコニー
LDK
アルミサッシ
手摺：FB-12×38
300
300
300
900
セランガンバツ
t=20
550
H-100×100×9×5
天井：野縁組40×40
石膏ボード t=9.5 AEP塗装
15
書斎
アルミサッシ
2,273
壁：
石膏ボード t=12.5 AEP塗装
2,300
床：コルク t=5
構造用合板 t=12下地
フリーフロア下地
150
180
1,500
3,000

ちっちゃな家#1 設計データ

設計　：建築／アーツ＆クラフツ建築研究所（杉浦伝宗）
　　　　構造／久保田設計（久保田康之）
施工　：古里建設工業
構造　：鉄骨造
基礎　：布基礎
規模　：地上3階建て
　　　　最高高さ 9,340mm
　　　　最高軒高 7,550mm
敷地面積：31.2㎡
建築面積：18.45㎡
延床面積：49.91㎡

いろいろな空間を「兼ねる」

ちっちゃな家 #1

敷地面積わずか**9・4坪**。子供が独立し、これからの第2の人生をはじめるための**都市型の狭小住宅**である。設計のテーマは、当然限られた空間をいかに有効に使うかであった。

1階に寝室、2階がLDK、3階に和室、それらを階段でつなぐ単純な空間構成とした。各階ではそれぞれ広く有効に使う方法として、1階**テラスは外玄関**として利用され、2階の**バルコニーはLDKと一体的**に、3階の**和室は浴室と一緒**にし、脱衣室や湯上りの休憩場、ときには客室になるよう、**空間を「兼ねる」**ことを図っている。

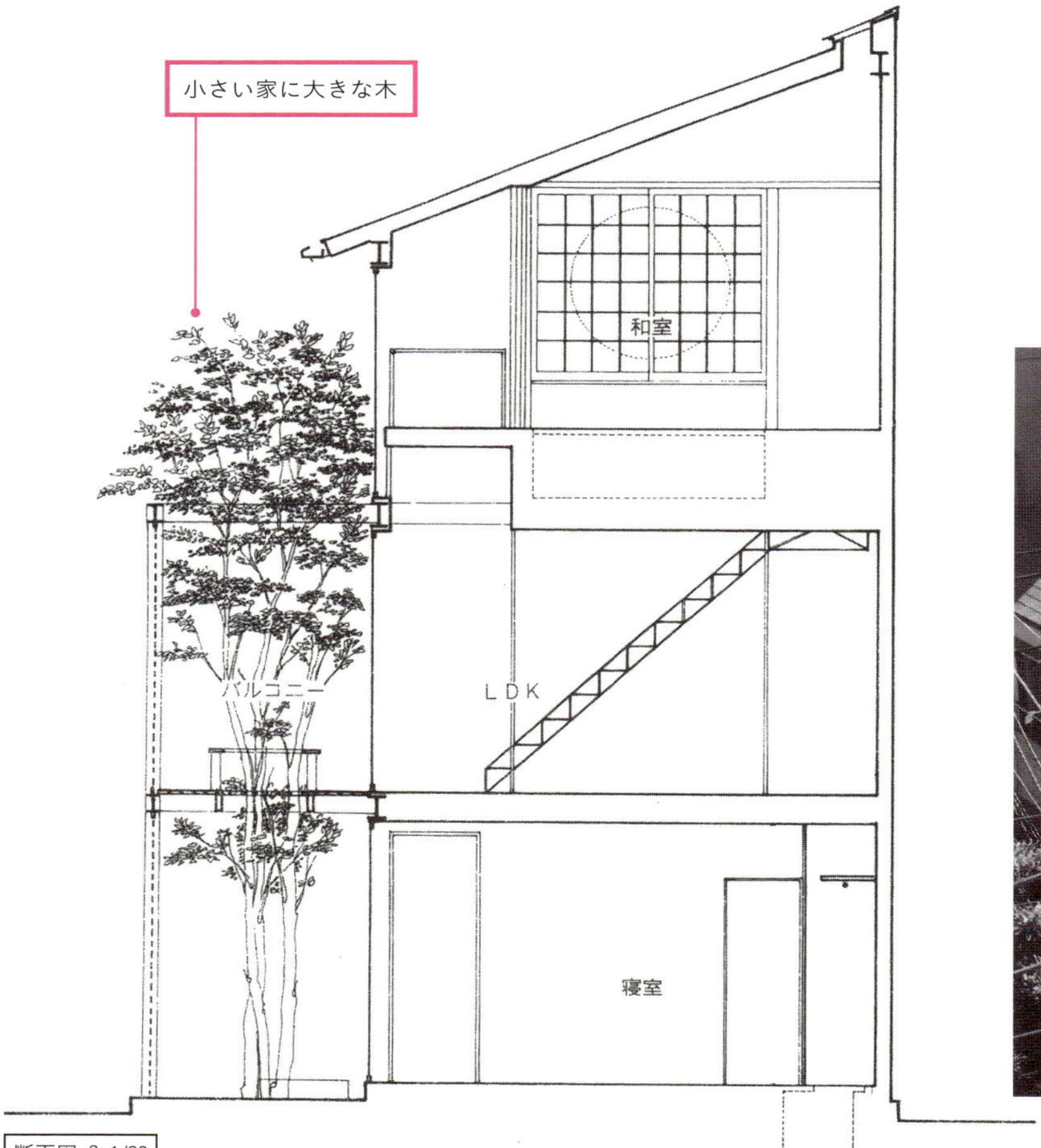

断面図 S=1/80

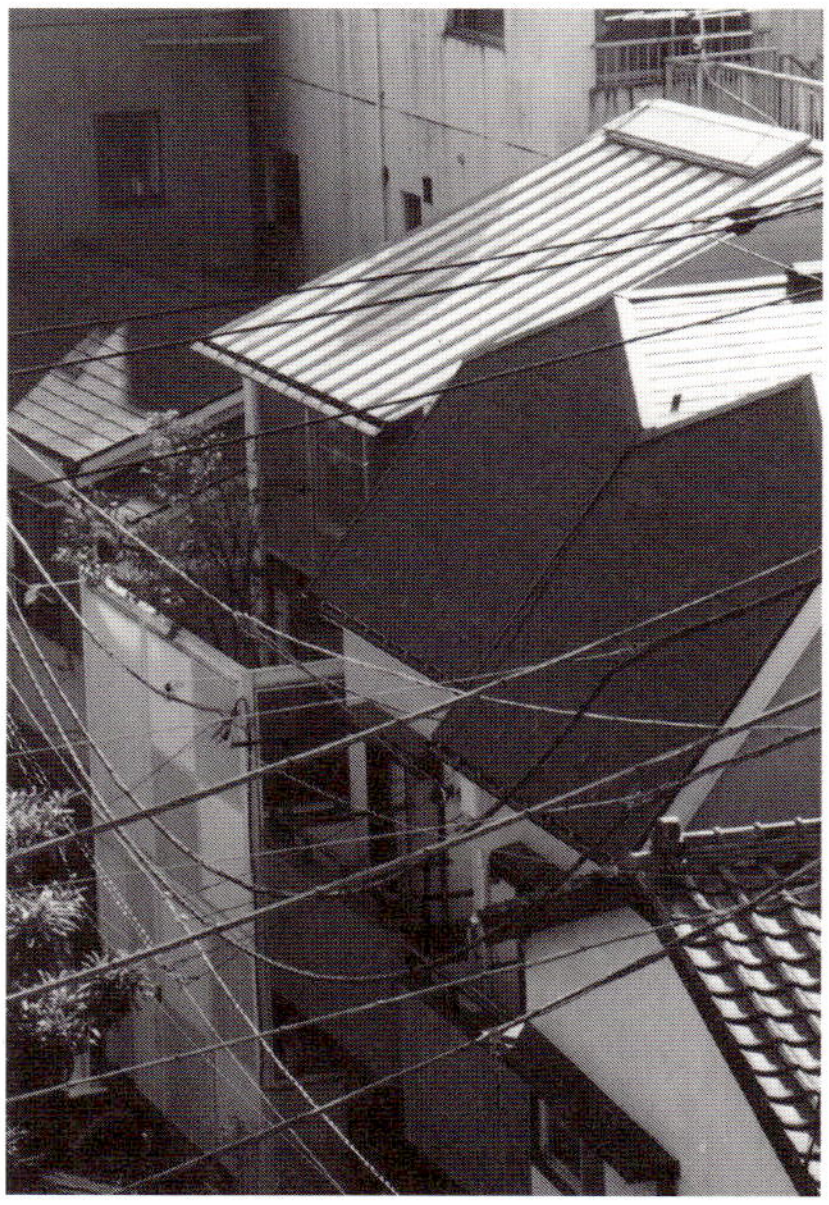

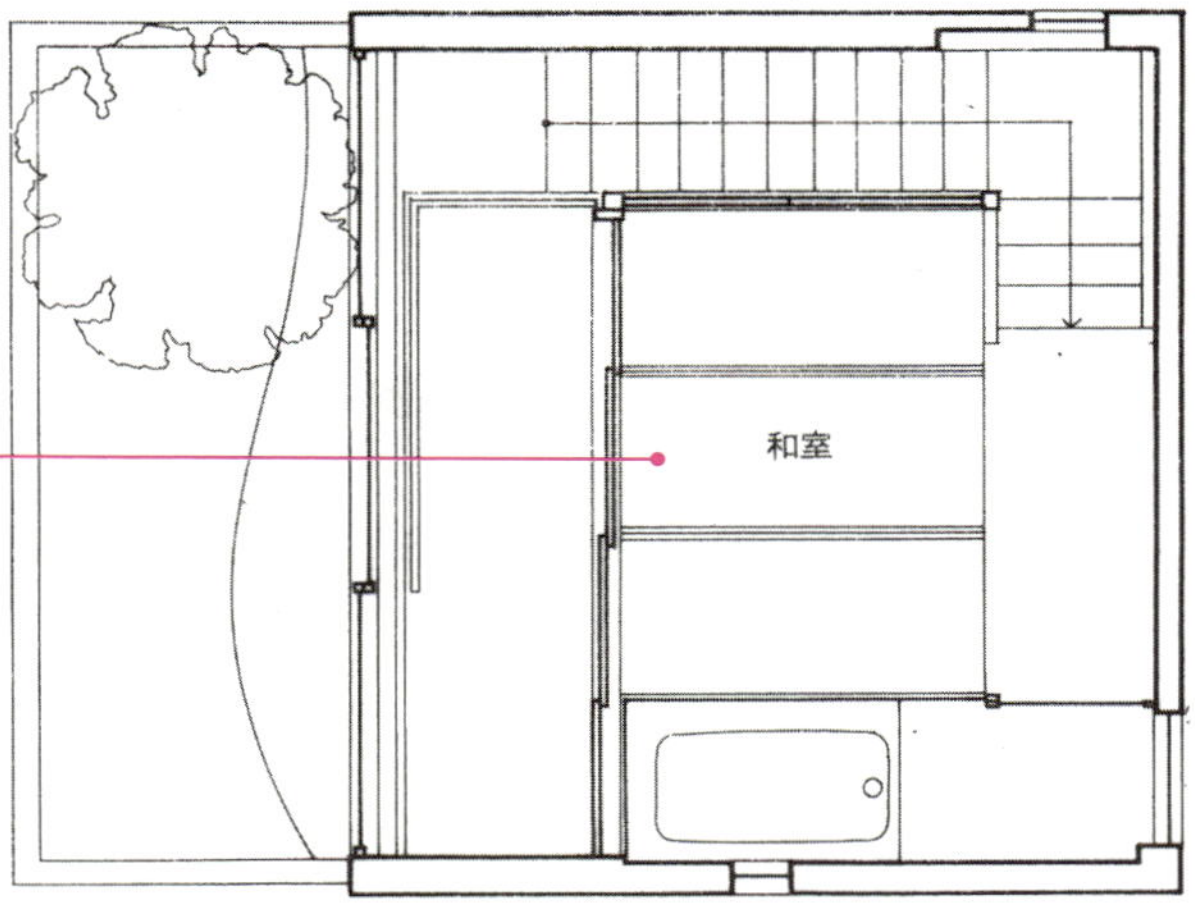
普段は脱衣室や湯上りの休憩室として、あるときは客間になる

3階平面図 S=1/80

3 F

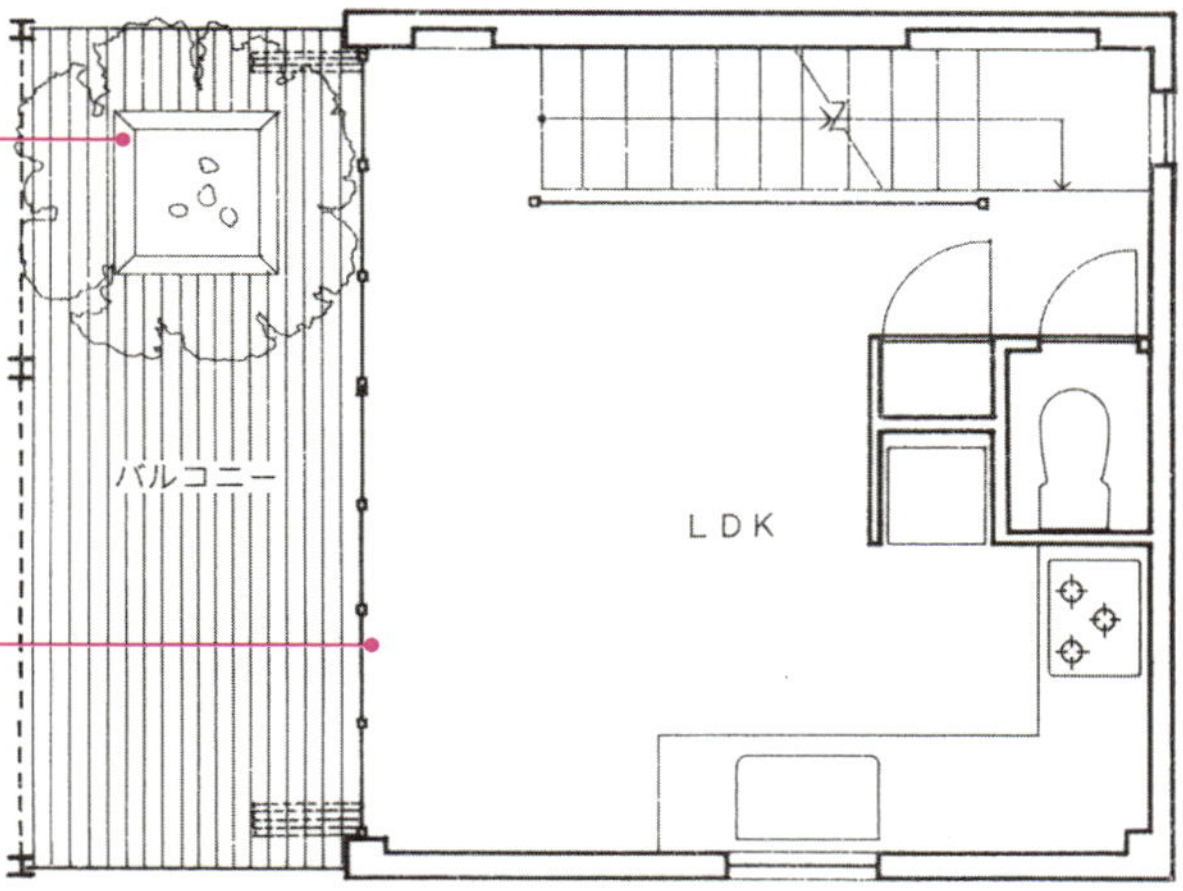
1本の大きな木が3階まで伸び、1階は幹、2階は枝、3階は梢を見て触れることができる
全面開放の折れ戸により、LDKとバルコニーが一体空間となる

2階平面図 S=1/80

2 F

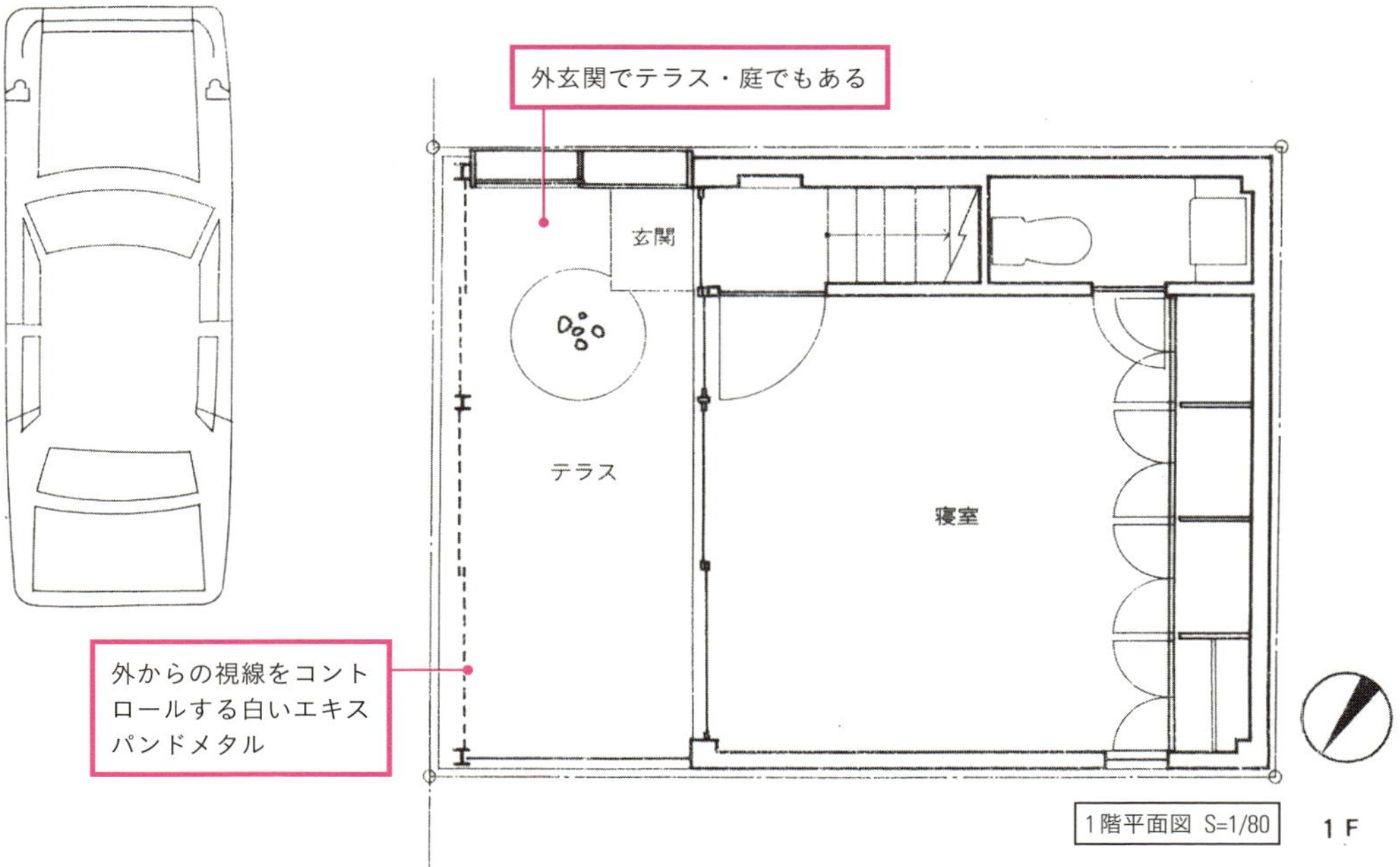

1階平面図 S=1/80

1 F

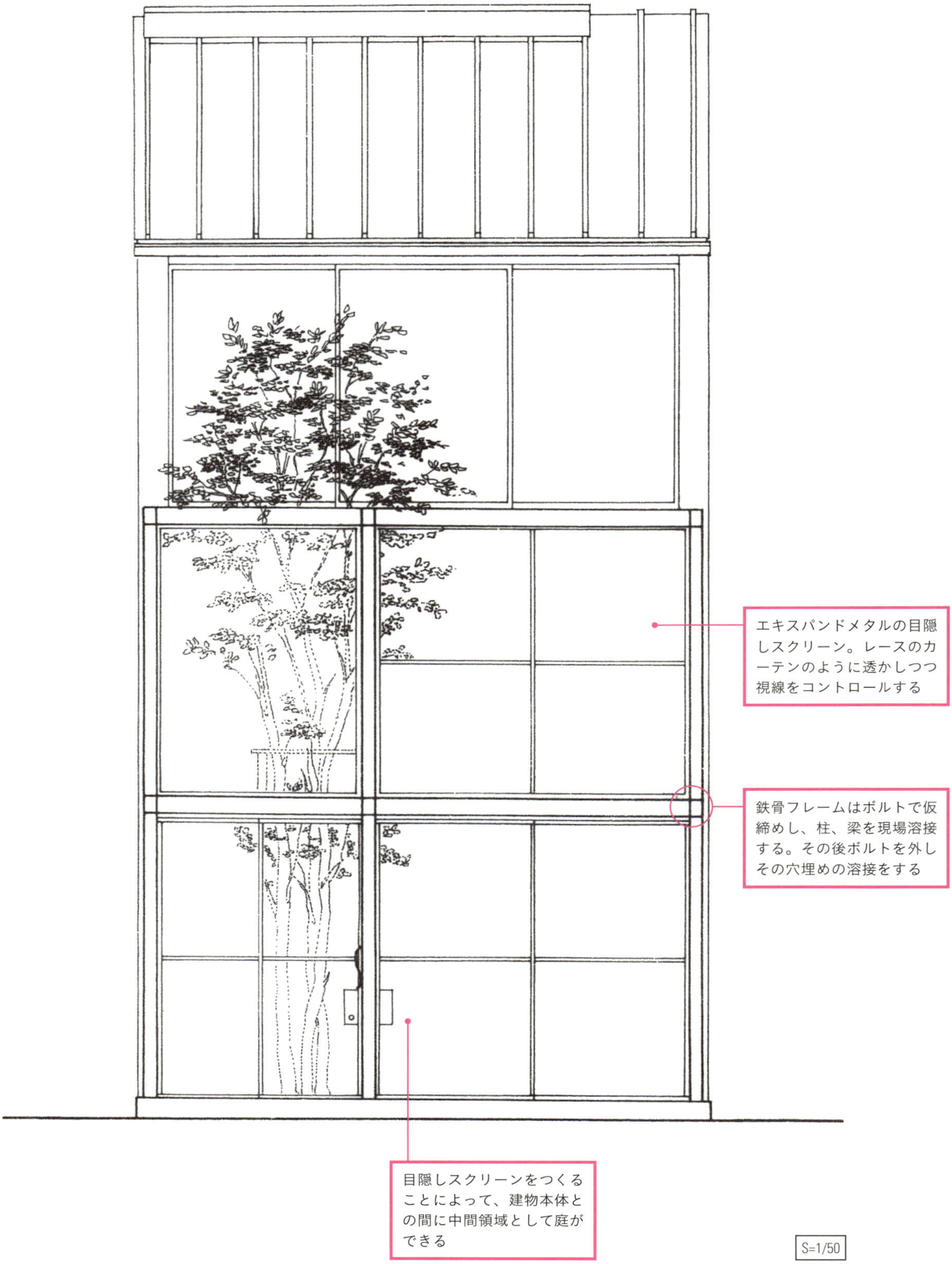
エキスパンドメタルの目隠しスクリーン。レースのカーテンのように透かしつつ視線をコントロールする
鉄骨フレームはボルトで仮締めし、柱、梁を現場溶接する。その後ボルトを外しその穴埋めの溶接をする
目隠しスクリーンをつくることによって、建物本体との間に中間領域として庭ができる
S=1/50

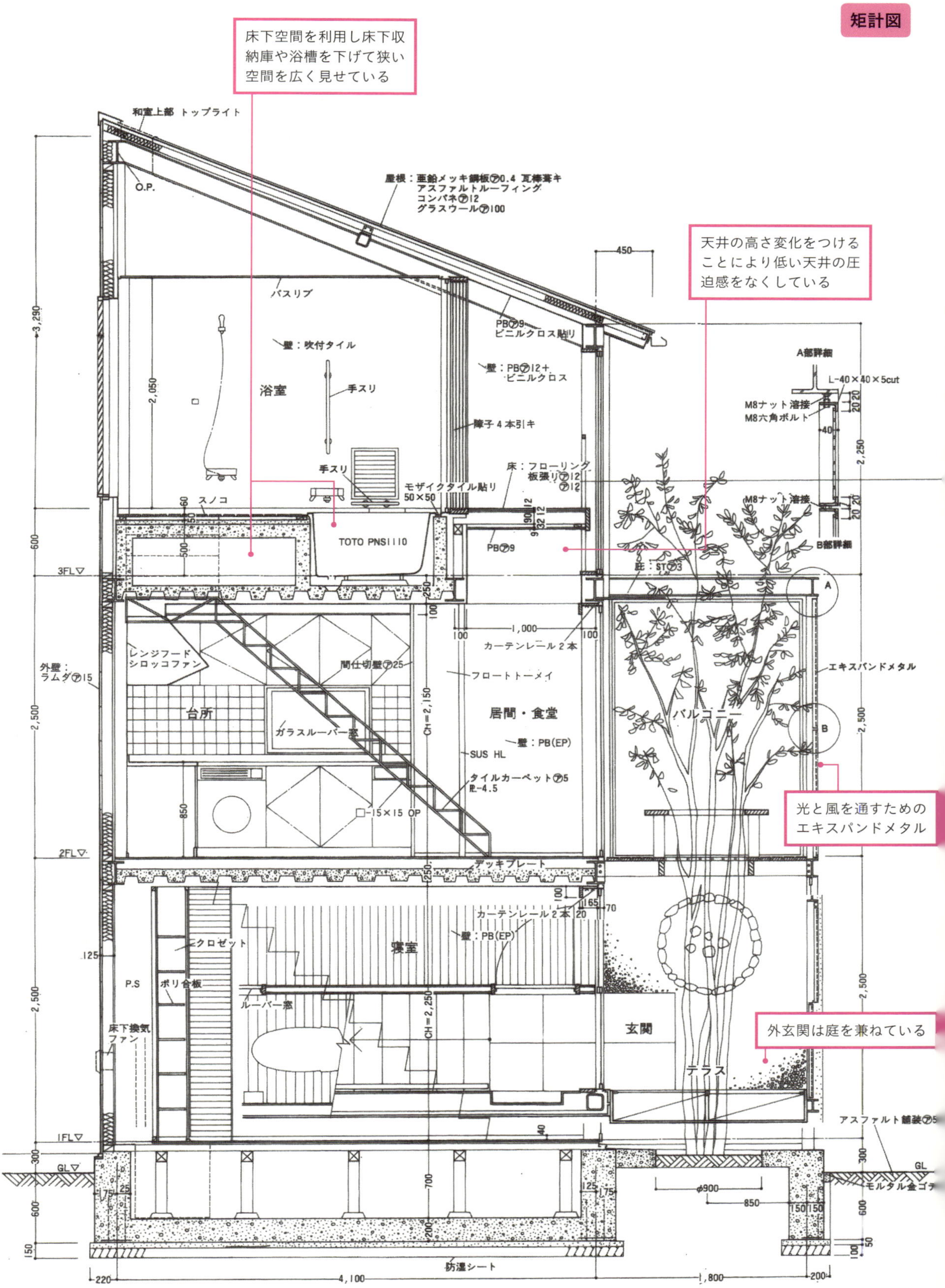
床下空間を利用し床下収納庫や浴槽を下げて狭い空間を広く見せている
天井の高さ変化をつけることにより低い天井の圧迫感をなくしている
光と風を通すためのエキスパンドメタル
外玄関は庭を兼ねている
和室上部 トップライト
O.P.
屋根：亜鉛メッキ鋼板⑦0.4 瓦棒葺キ
アスファルトルーフィング
コンパネ⑦12
グラスウール⑦100
バスリブ
PB⑦9
ビニルクロス貼リ
壁：吹付タイル
浴室
手スリ
壁：PB⑦12＋
ビニルクロス
障子4本引キ
床：フローリング
板張リ⑦12
⑦12
手スリ
モザイクタイル貼リ
50×50
スノコ
TOTO PNS1110
PB⑦9
庇：ST⑦3
450
A部詳細
L-40×40×5cut
M8ナット溶接
M8六角ボルト
M8ナット溶接
B部詳細
3FL▽
2FL▽
1FL▽
GL▽
GL
レンジフード
シロッコファン
間仕切壁⑦25
カーテンレール2本
フロートトーメイ
外壁：
ラムダ⑦15
台所
ガラスルーバー窓
居間・食堂
壁：PB(EP)
SUS HL
タイルカーペット⑦5
ℓ-4.5
□-15×15 OP
バルコニー
エキスパンドメタル
デッキプレート
カーテンレール2本
壁：PB(EP)
クロゼット
寝室
P.S
ポリ合板
ルーバー窓
床下換気
ファン
玄関
テラス
アスファルト舗装⑦5
モルタル金ゴテ
φ900
防湿シート
3,290
2,050
600
2,500
2,500
CH=2,150
CH=2,250
2,250
2,500
2,500
1,000
850
700
220
4,100
1,800
200
150
300
600
50
100
S=1/50

NAP HOUSE 設計データ

設計　：建築／アーツ＆クラフツ建築研究所（杉浦伝宗）
　　　　構造／MAY設計（吉永光郎）
施工　：大光建設
構造　：鉄骨造
基礎　：ベタ基礎
規模　：地上2階建て
　　　　最高高さ 7,710mm
　　　　最高軒高 7,410mm
敷地面積：245.17㎡
建築面積：95.22㎡
延床面積：151.92㎡

構造体をデザインしたシャープな空間

NAP HOUSE

南北に伸びる小高い山の尾根を境にして、**急斜面**に住宅地が段状に連なり、街並みが形成されている。敷地は**四方を高低差のある隣地**に囲まれており、さらに**旗竿敷地**である。

道路と宅盤は1階分のレベル差があるので、道路から**鉄骨のブリッジ**を架け、アプローチを**2階**にした。吹抜けのヴォールト状の大空間のLDKに半階分のレベル差をつけ、また西面が地形的に解放されているので**全面開口部**とし、シンプルでダイナミックな空間とした。

柱、梁、デッキプレートなどの鉄骨構造体をデザインして、S造ならではの**シャープ**で**繊細**な、かつ軽快な空間をつくり出すことを考えた。

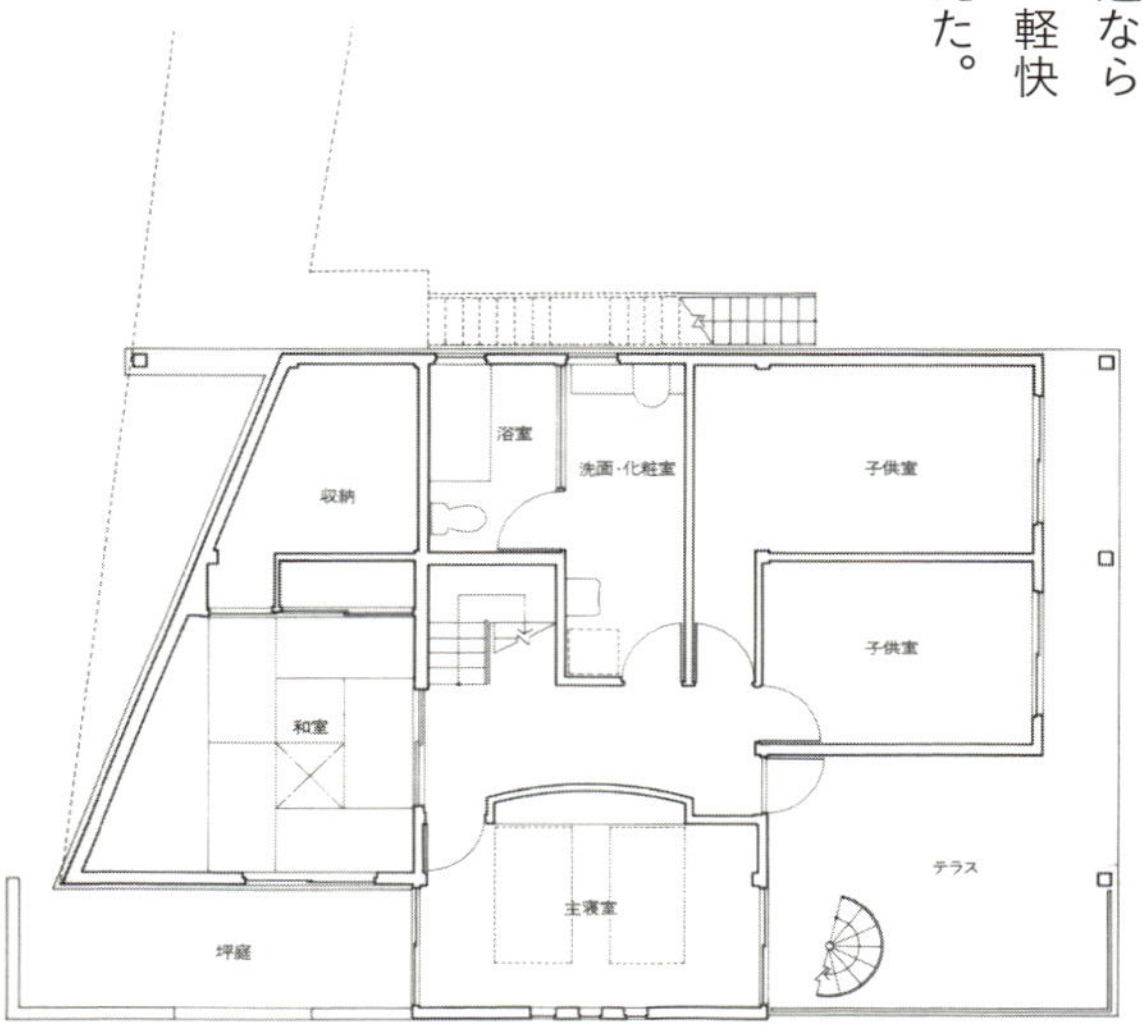

2階平面図 S=1/150

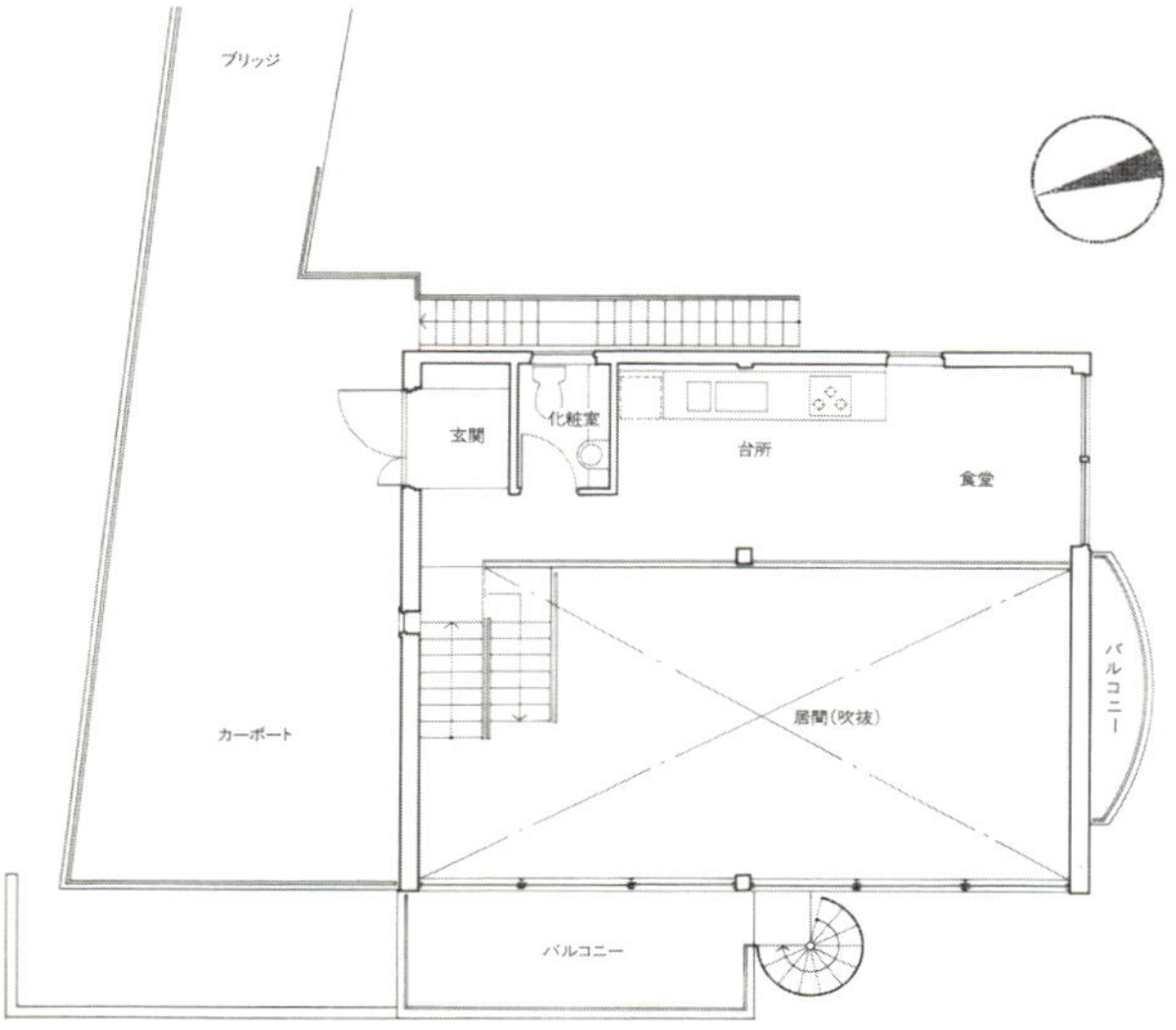

1階平面図 S=1/150

ガラス押えはH形鋼の中に納め、鉄骨を細く見せている

ガラス押えは現場溶接

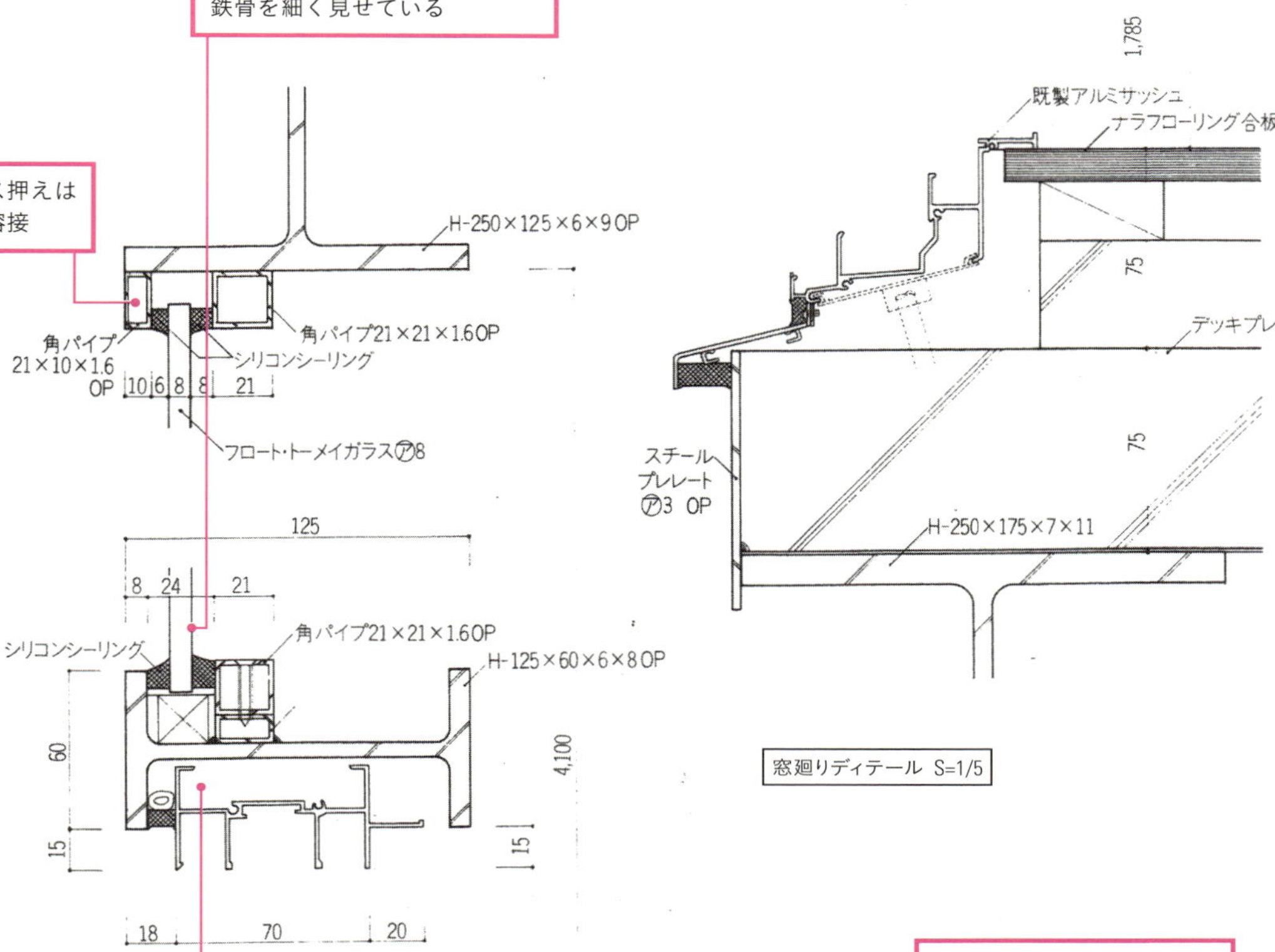
H-250×125×6×9 OP
角パイプ21×21×1.6 OP
角パイプ
21×10×1.6
OP
シリコンシーリング
10 6 8 8 21
フロート・トーメイガラス⑦8
125
8 24 21
シリコンシーリング
角パイプ21×21×1.6 OP
H-125×60×6×8 OP
60
15
4,100
15
18 70 20
1,785
既製アルミサッシュ
ナラフローリング合板⑦12
75
デッキプレート
75
スチールプレート
⑦3 OP
H-250×175×7×11

窓廻りディテール S=1/5

H形鋼の中にアルミサッシを呑み込ませ、鉄骨を細く見せている

高力ボルトと現場溶接の併用で防水カバー（鉄板曲げ）をしている

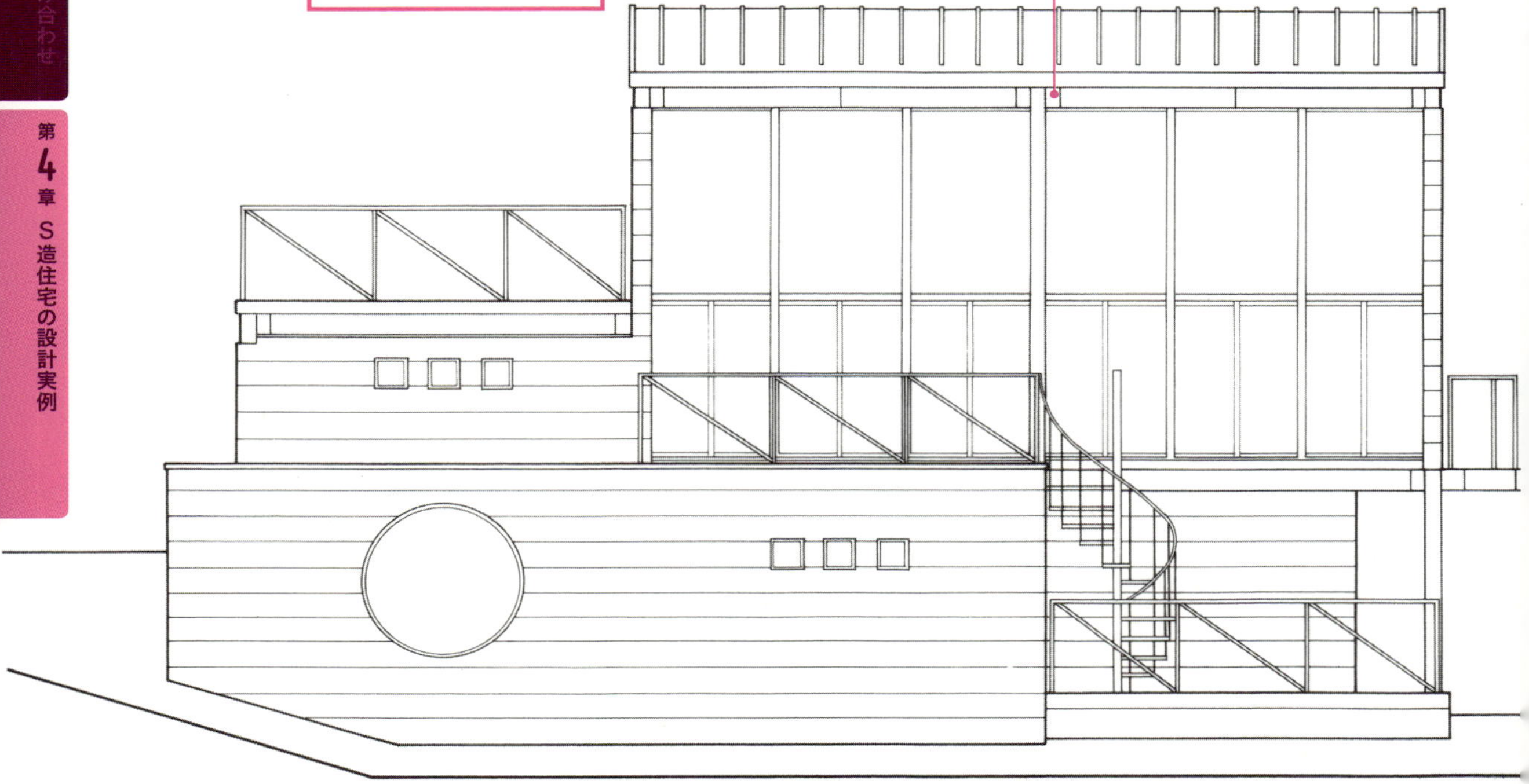

立面図 S=1/100

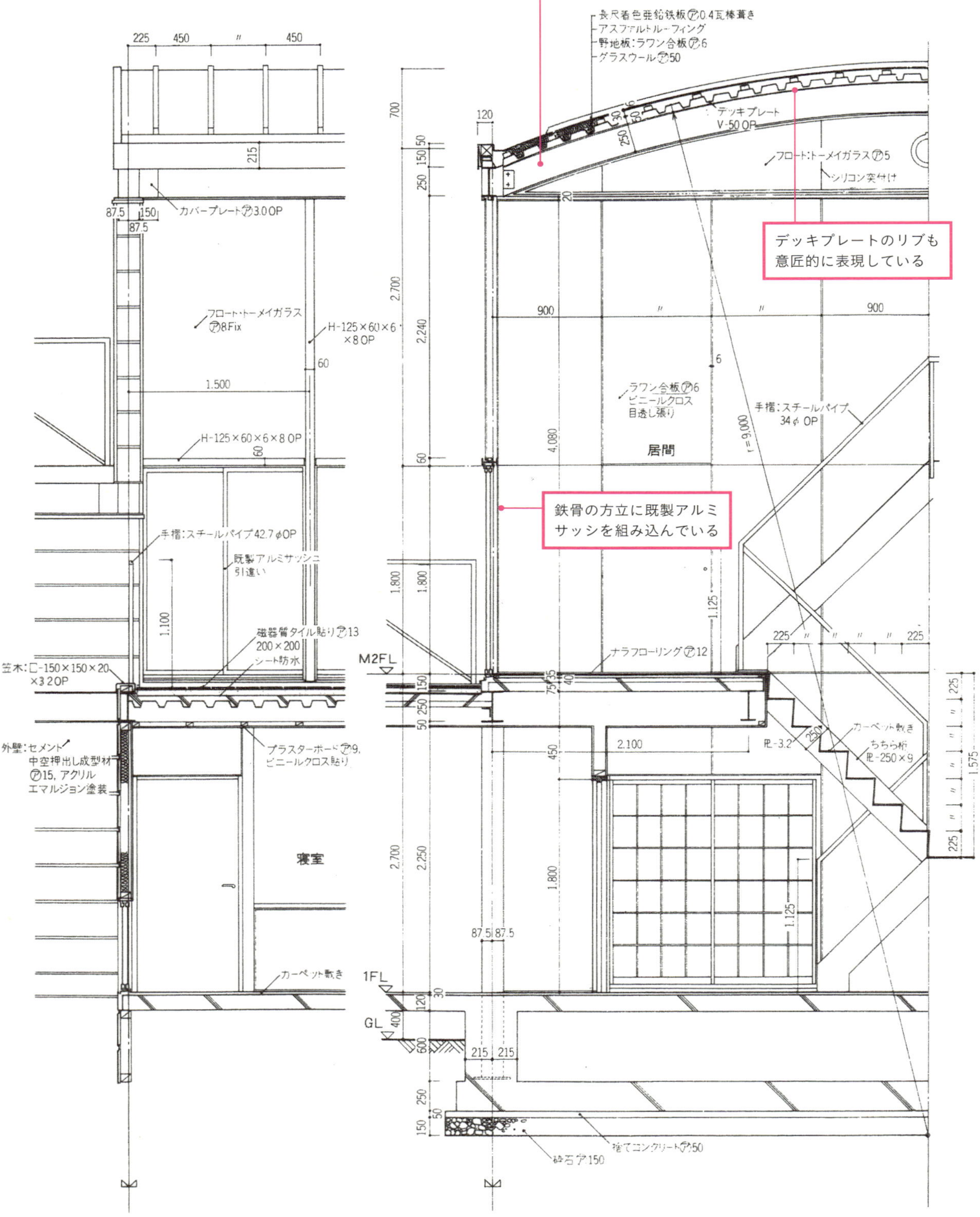
外部も内部からも鉄骨構造体を表現している
デッキプレートのリブも意匠的に表現している
鉄骨の方立に既製アルミサッシを組み込んでいる
長尺着色亜鉛鉄板⑦0.4瓦棒葺き
アスファルトルーフィング
野地板：ラワン合板⑦6
グラスウール⑦50
デッキプレート V-50 OP
フロート・トーメイガラス⑦5
シリコン突付け
カバープレート⑦3.0 OP
フロート・トーメイガラス ⑦8 Fix
H-125×60×6×8 OP
ラワン合板⑦6 ビニールクロス目透し張り
手摺：スチールパイプ 34φ OP
居間
手摺：スチールパイプ42.7φOP
既製アルミサッシ引違い
磁器質タイル貼り⑦13 200×200
シート防水
ナラフローリング⑦12
笠木：□-150×150×20×3.2 OP
外壁：セメント中空押出し成型材⑦15, アクリルエマルジョン塗装
プラスターボード⑦9, ビニールクロス貼り
カーペット敷き
ちちら桁 PL-250×9
寝室
M2FL
1FL
GL
捨てコンクリート⑦50
砕石⑦150
r=9,000

S=1/50

SKIP HOUSE 設計データ

設計　：建築／アーツ＆クラフツ建築研究所（杉浦伝宗）
　　　　構造／MAY設計（吉永光郎）
施工　：上田建設
構造　：鉄骨造
基礎　：布基礎
規模　：地上3階建て
　　　　最高高さ 9,170mm
　　　　最高軒高 8,100mm
敷地面積：197.3㎡
建築面積：78.82㎡
延床面積：140.94㎡

眺望を活かしたスキップフロア
SKIP HOUSE

敷地はアプローチ道路よりおよそ1階分下がっており、玄関・キッチンを中心に半階ずつの**スキップフロア**とし、全部で**5層構成**としている。

上階は**パブリックゾーン**、下階は**プライベートゾーン**に分け、空間の秩序を保たせている。また各室の空間特性を活かした変化に富んだスペースで、**さまざまなレベル**から**風景**を楽しむことができる。特に生活の中心となる居間には、**高さ4.3m**、**幅8.1mの大開口**を採り、四季の変化が肌で感じ取れるようにした。

もともとかなり強い傾斜の崖を宅地造成した敷地で、年月も経ち、地盤は安定しているものの、やはり建物自体の**軽量化**を図る必要性と、眺望を活かした**ダイナミック空間構成にするため**にS造とした。

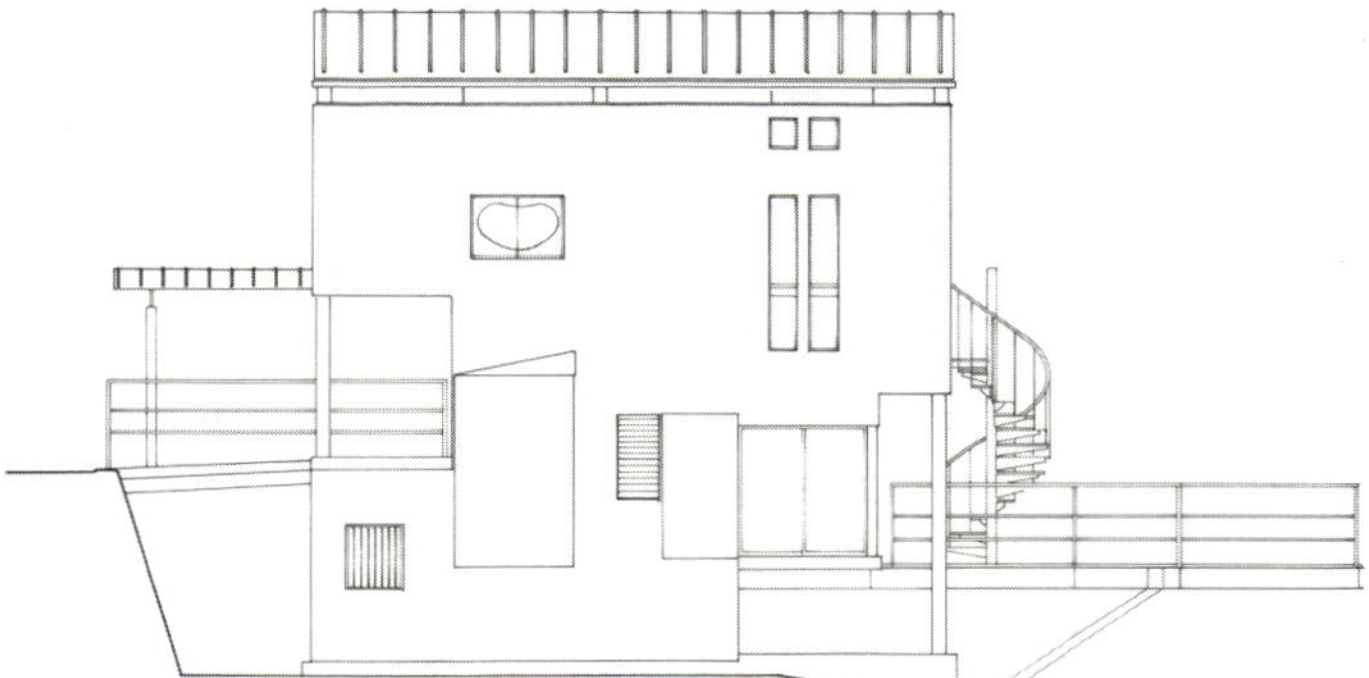

立面図 S=1/200

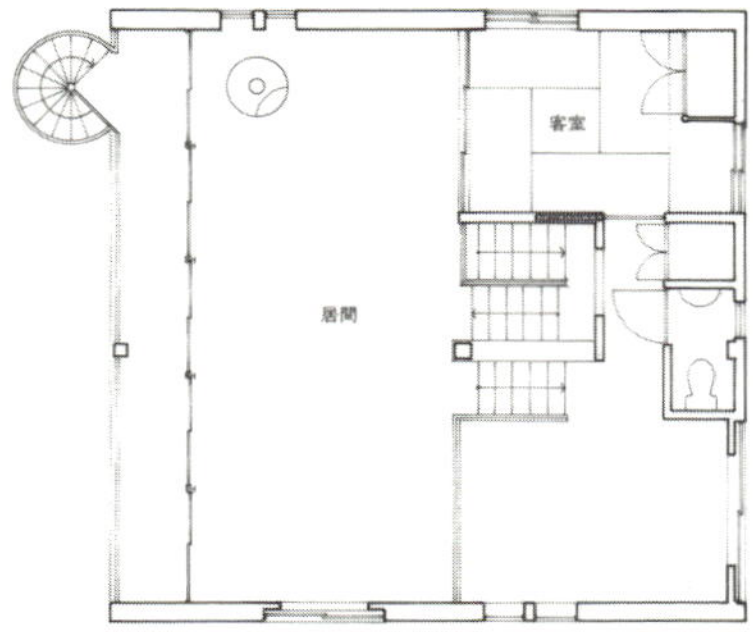

3階平面図 S=1/200

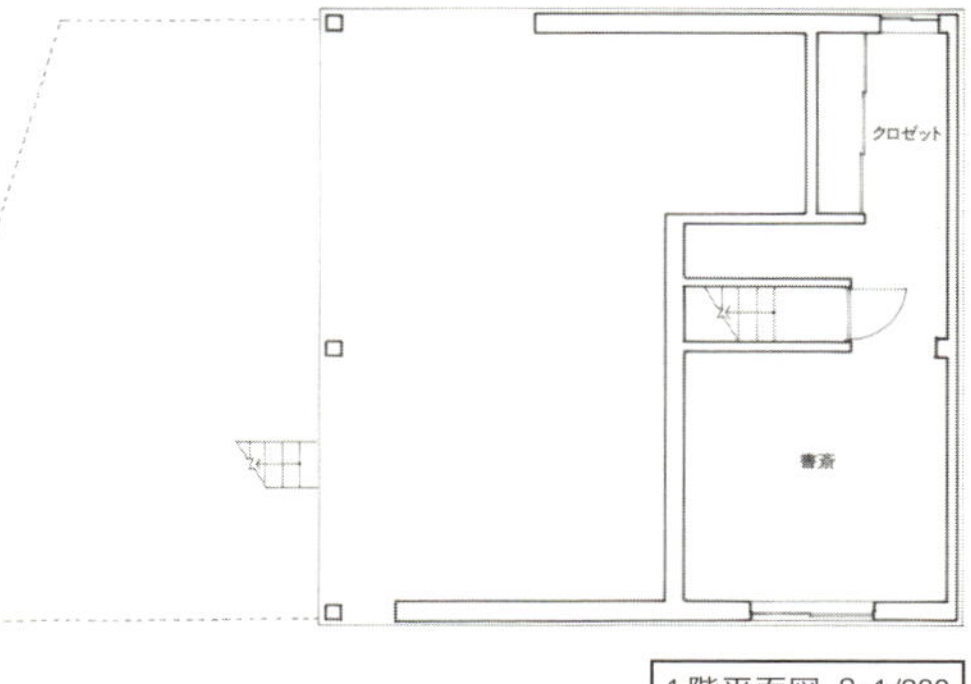

1階平面図 S=1/200

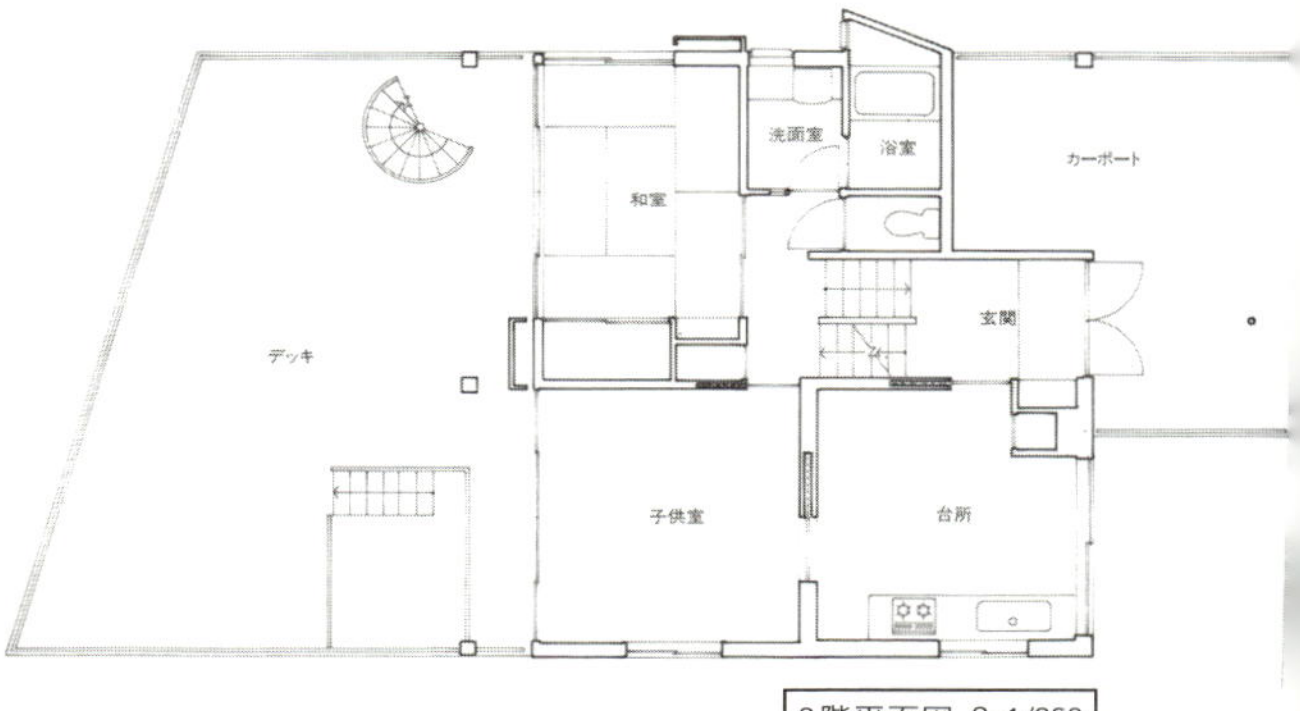

2階平面図 S=1/2C0

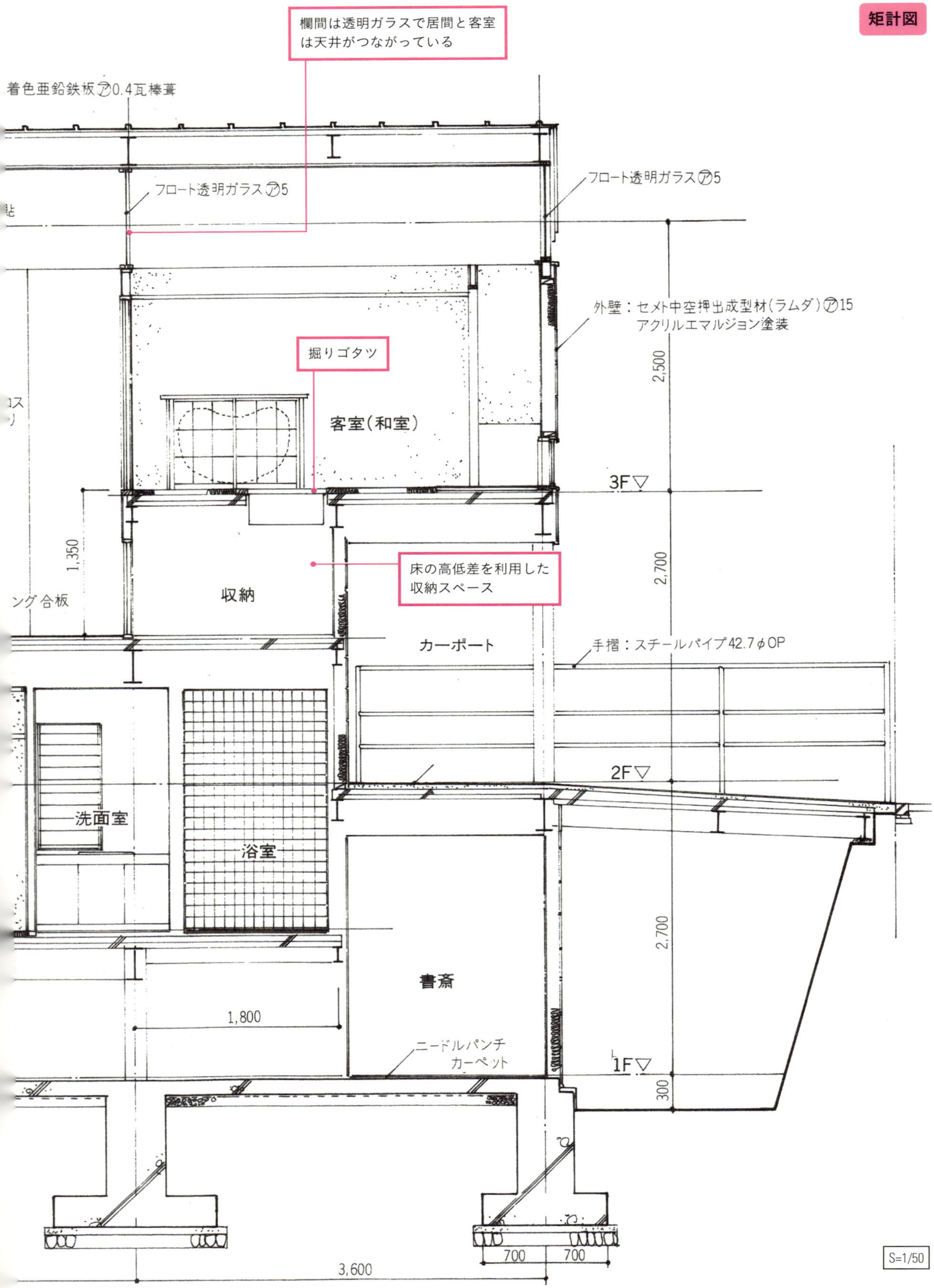
欄間は透明ガラスで居間と客室
は天井がつながっている
着色亜鉛鉄板⑦0.4瓦棒葺
フロート透明ガラス⑦5
フロート透明ガラス⑦5
貼
外壁：セメント中空押出成型材（ラムダ）⑦15
アクリルエマルジョン塗装
掘りゴタツ
客室（和室）
2,500
3F▽
1,350
床の高低差を利用した
収納スペース
2,700
収納
ング合板
カーポート
手摺：スチールパイプ42.7φOP
2F▽
洗面室
浴室
2,700
書斎
1,800
ニードルパンチ
カーペット
1F▽
300
700
700
3,600
S=1/50

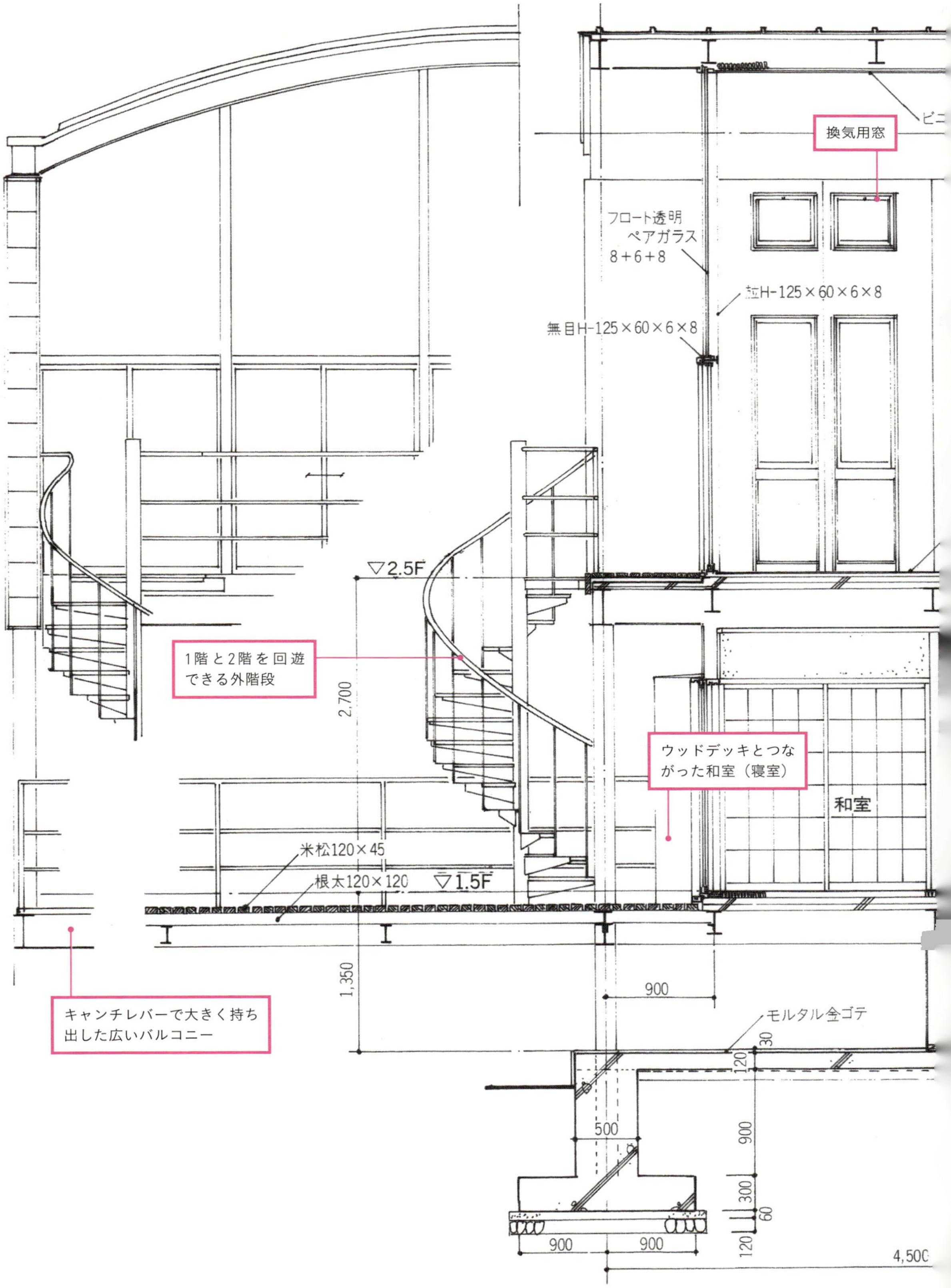
換気用窓
フロート透明
ペアガラス
8+6+8
竝H-125×60×6×8
無目H-125×60×6×8
▽2.5F
1階と2階を回遊
できる外階段
2,700
ウッドデッキとつな
がった和室（寝室）
和室
米松120×45
根太120×120
▽1.5F
1,350
900
キャンチレバーで大きく持ち
出した広いバルコニー
モルタル金ゴテ
30
120
500
900
300
60
120
900
900
4,500

TOP HOUSE 設計データ
設計　：建築／アーツ＆クラフツ建築研究所（杉浦伝宗）
　　　　構造／MAY設計（吉永光郎）
施工　：モイス
構造　：鉄骨造
基礎　：ベタ基礎
規模　：地上3階建て
　　　　最高高さ 9,940mm
　　　　最高軒高 8,250mm
敷地面積：188.11㎡
建築面積：72.69㎡
延床面積：125.57㎡

北向き・急斜面を利用した家づくり
TOP HOUSE

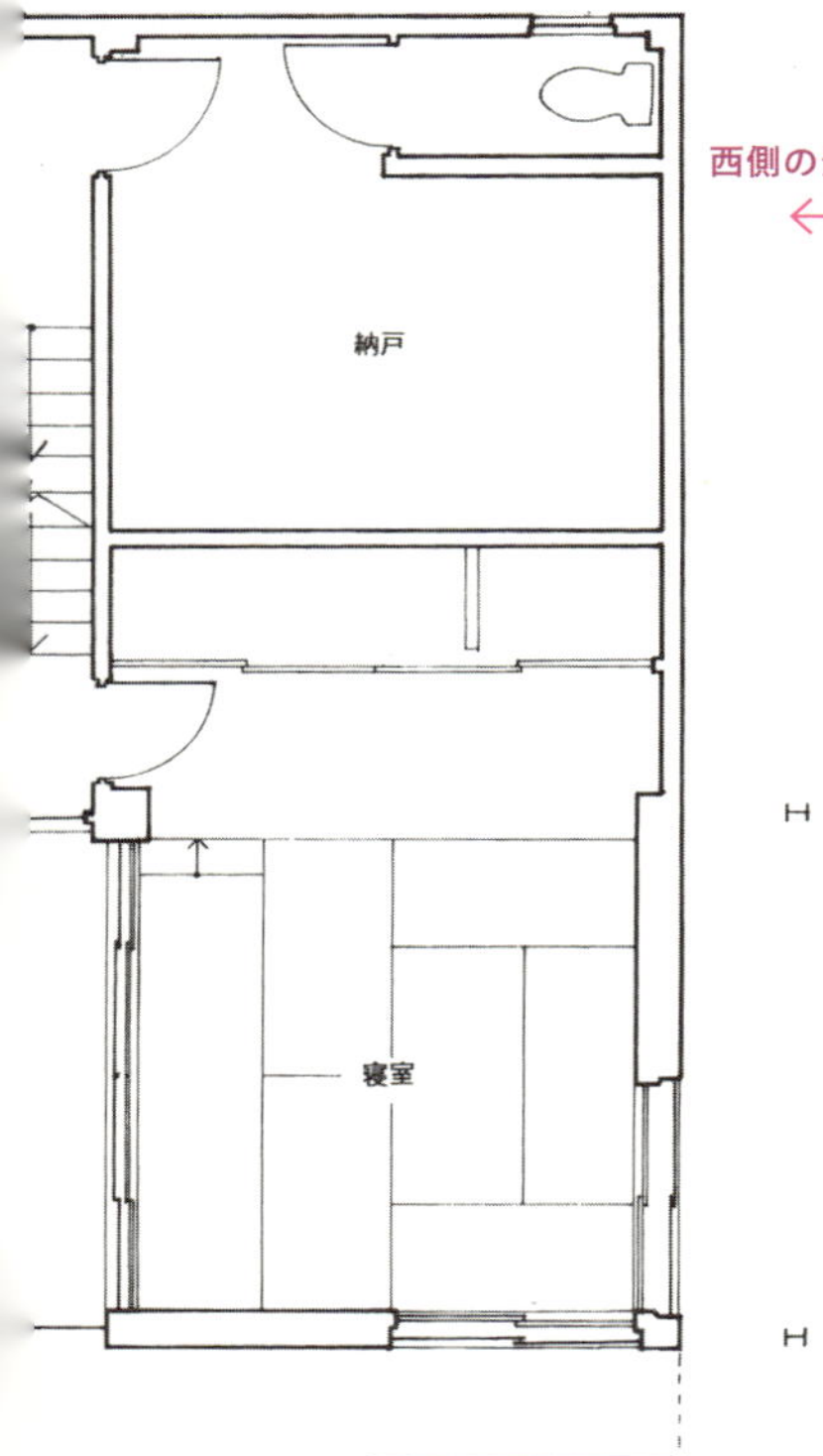

2階平面図 S=1/100

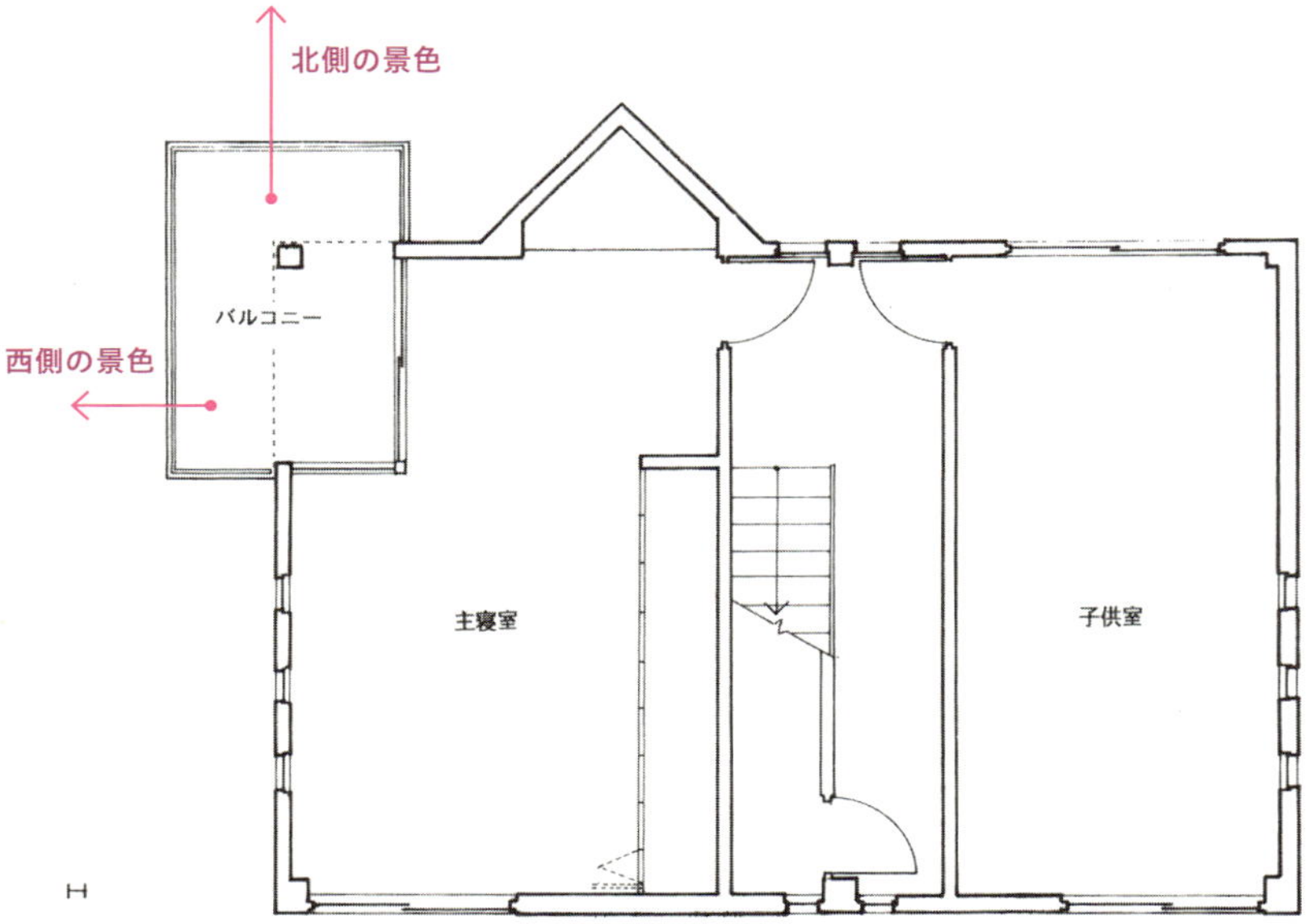

1階平面図 S=1/100

斜面に沿って3階、2階、1階へと下りるにしたがい、プライバシー性が高まっていく

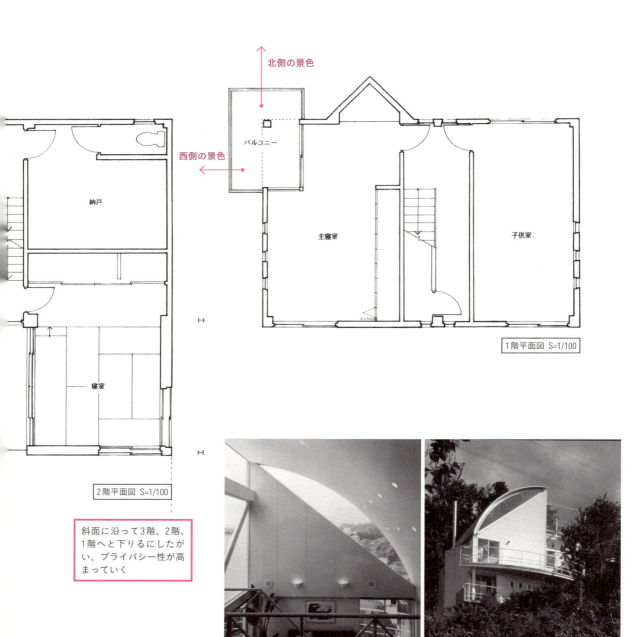

敷地は**ほぼ30度の急斜面地**、しかも**北向き**である。

斜面上部の**南側道路よりアプローチ**し、1段上がったテラスから**3階の玄関**へ。3階レベルに客室、DK、水廻り、1層下がった2階レベルに居間、和室、納戸、さらに1層下がって寝室へとつながっていく。アプローチから遠ざかるほど**プライベートな空間**にしている。

急傾斜で北向きの土地は宅地としての評価は低いが、北斜面から**陽のあたる南面を眺める風景**はその逆よりずっときれいに見える。

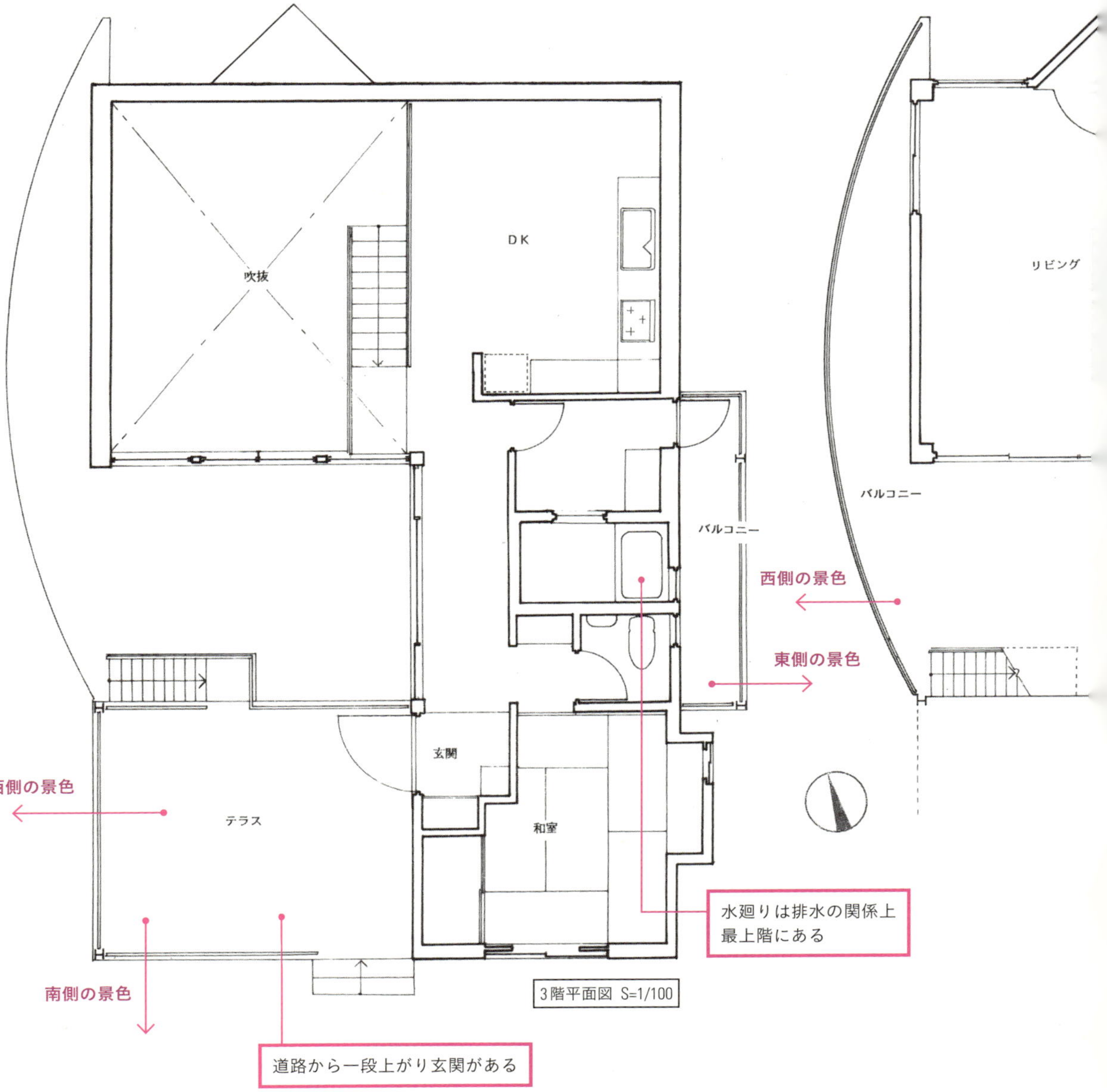
吹抜
DK
リビング
バルコニー
バルコニー
西側の景色
東側の景色
玄関
西側の景色
テラス
和室
水廻りは排水の関係上
最上階にある
南側の景色
道路から一段上がり玄関がある

3階平面図 S=1/100

立面図

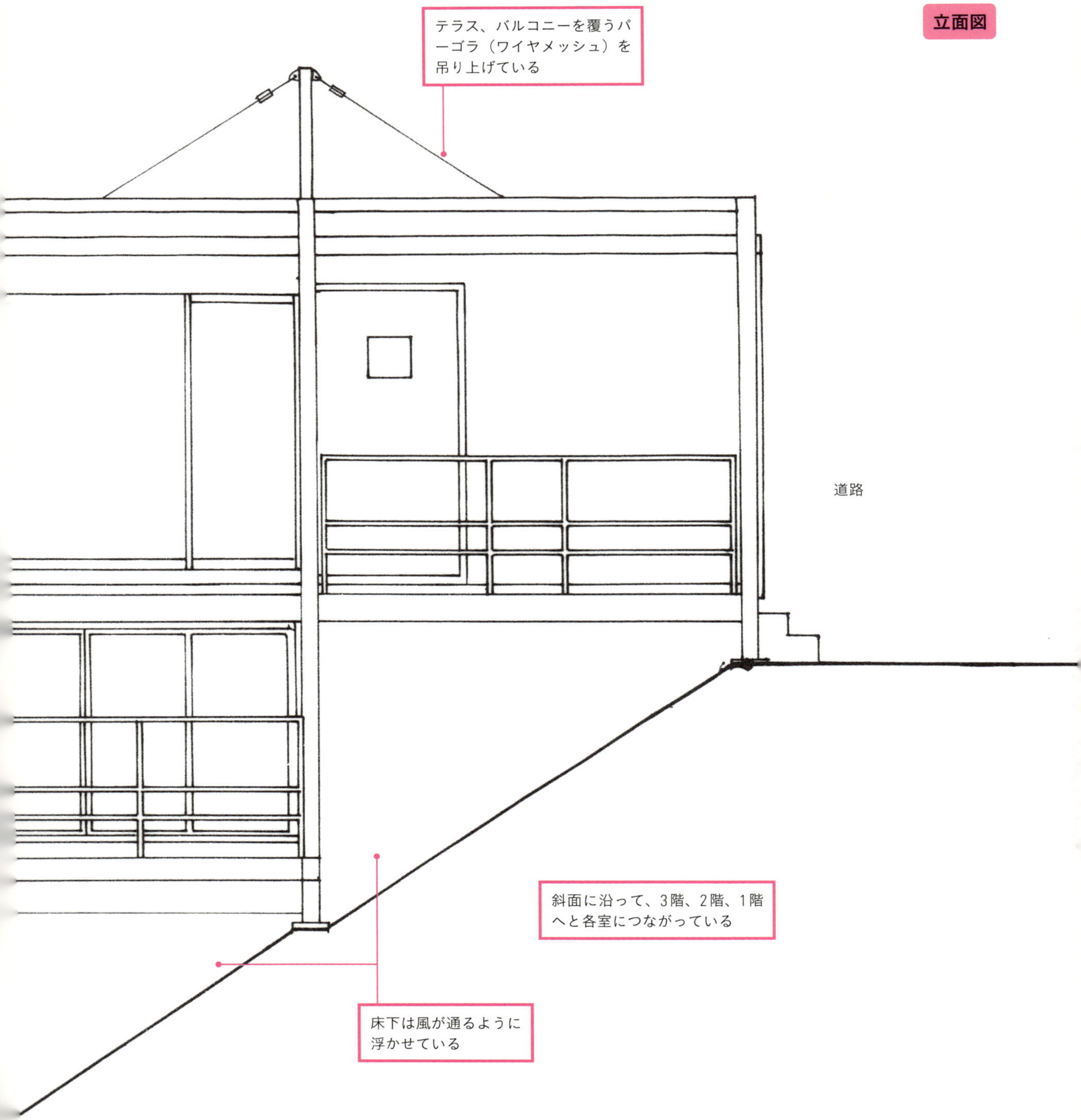

テラス、バルコニーを覆うパーゴラ（ワイヤメッシュ）を吊り上げている
道路
斜面に沿って、3階、2階、1階へと各室につながっている
床下は風が通るように浮かせている

S=1/50

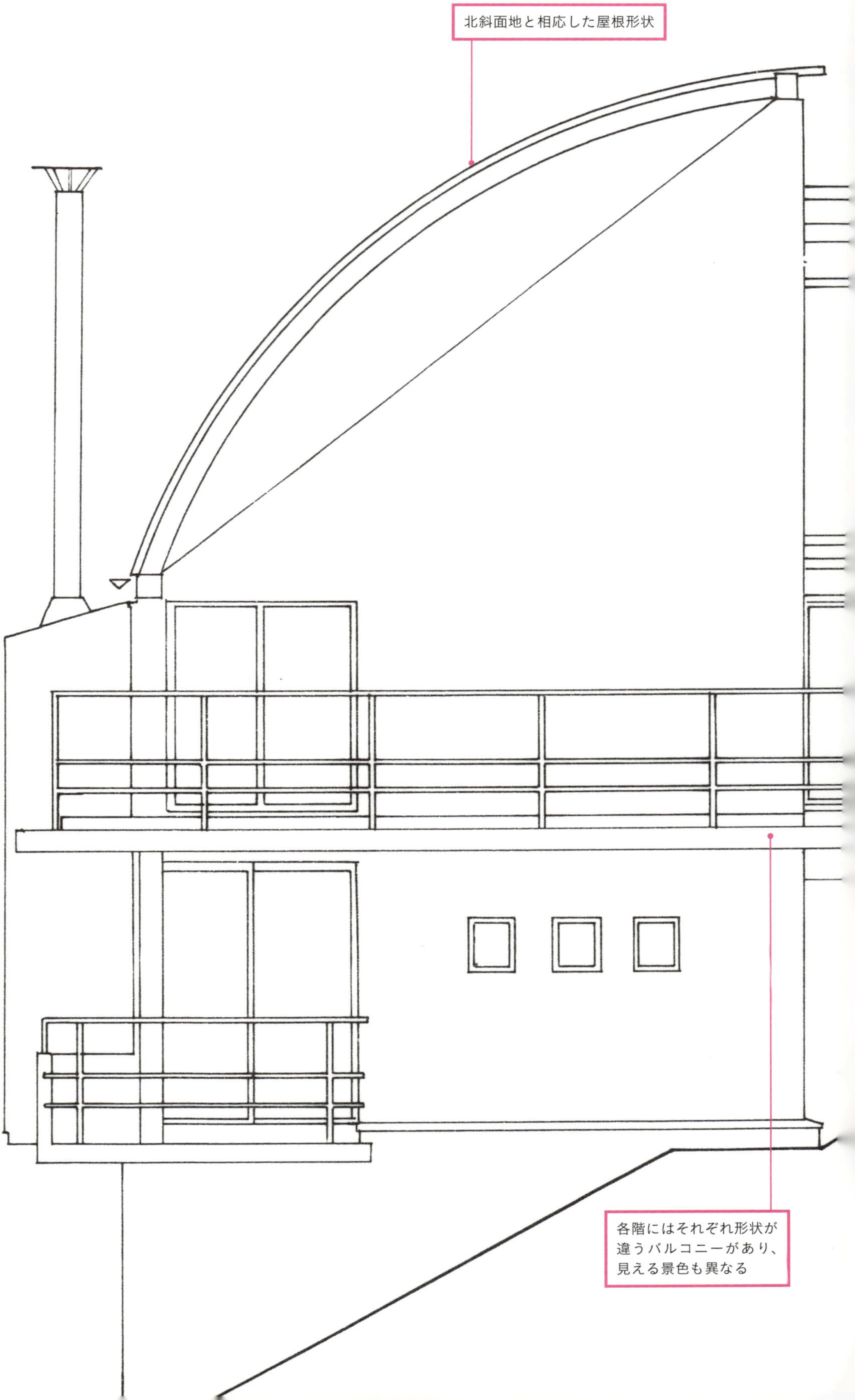
北斜面地と相応した屋根形状
各階にはそれぞれ形状が違うバルコニーがあり、見える景色も異なる

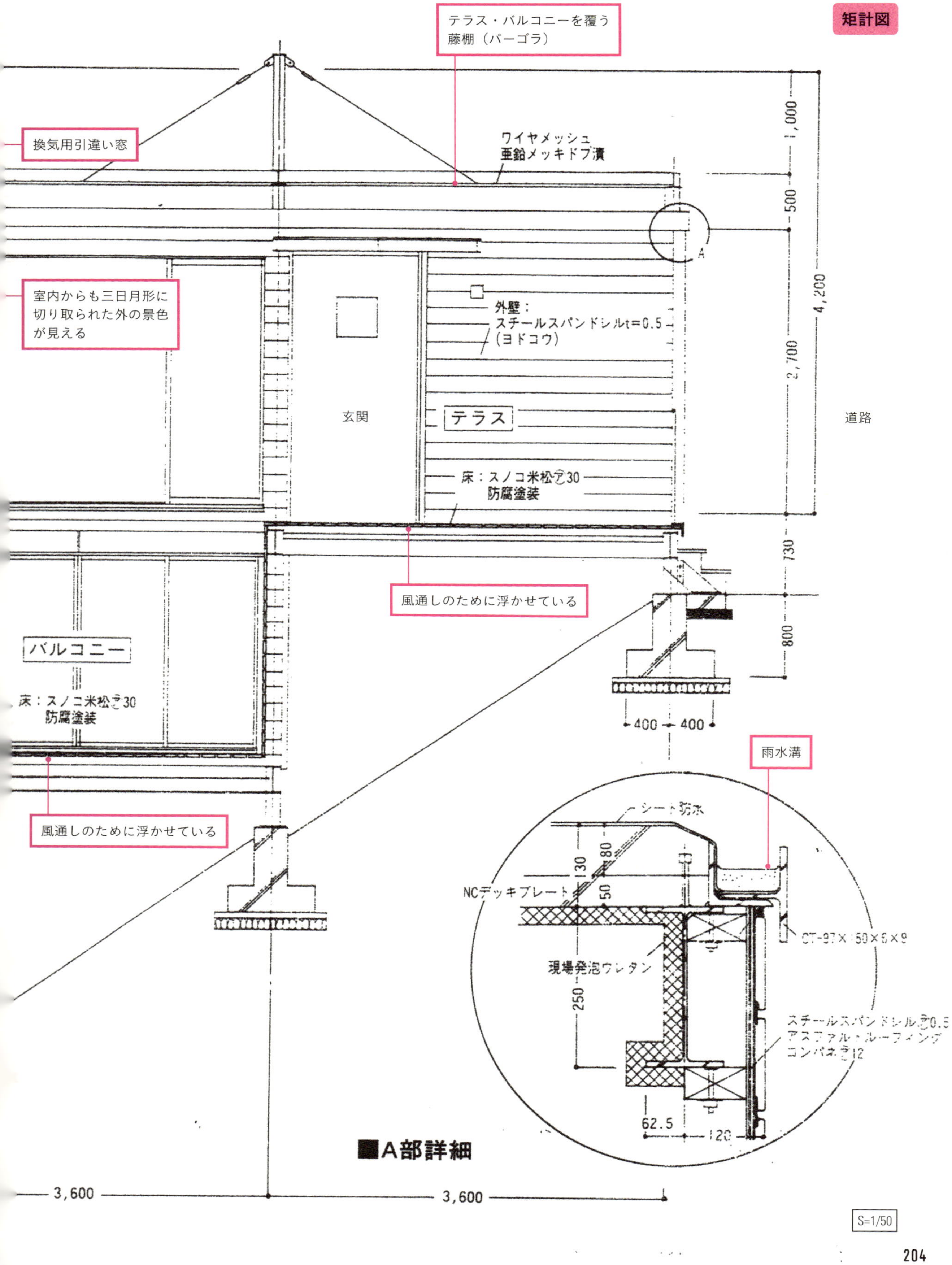

テラス・バルコニーを覆う藤棚（パーゴラ）
換気用引違い窓
ワイヤメッシュ
亜鉛メッキドブ漬
1,000
500
4,200
2,700
730
800
A
室内からも三日月形に切り取られた外の景色が見える
外壁：
スチールスパンドレルt=0.5
(ヨドコウ)
玄関
テラス
道路
床：スノコ米松⑦30
防腐塗装
風通しのために浮かせている
バルコニー
床：スノコ米松⑦30
防腐塗装
400
400
雨水溝
風通しのために浮かせている
シート防水
130
80
50
NCデッキプレート
CT-97×150×6×9
現場発泡ウレタン
250
スチールスパンドレル⑦0.5
アスファルトルーフィング
コンパネ⑦12
62.5
120
3,600
3,600

■A部詳細

S=1/50

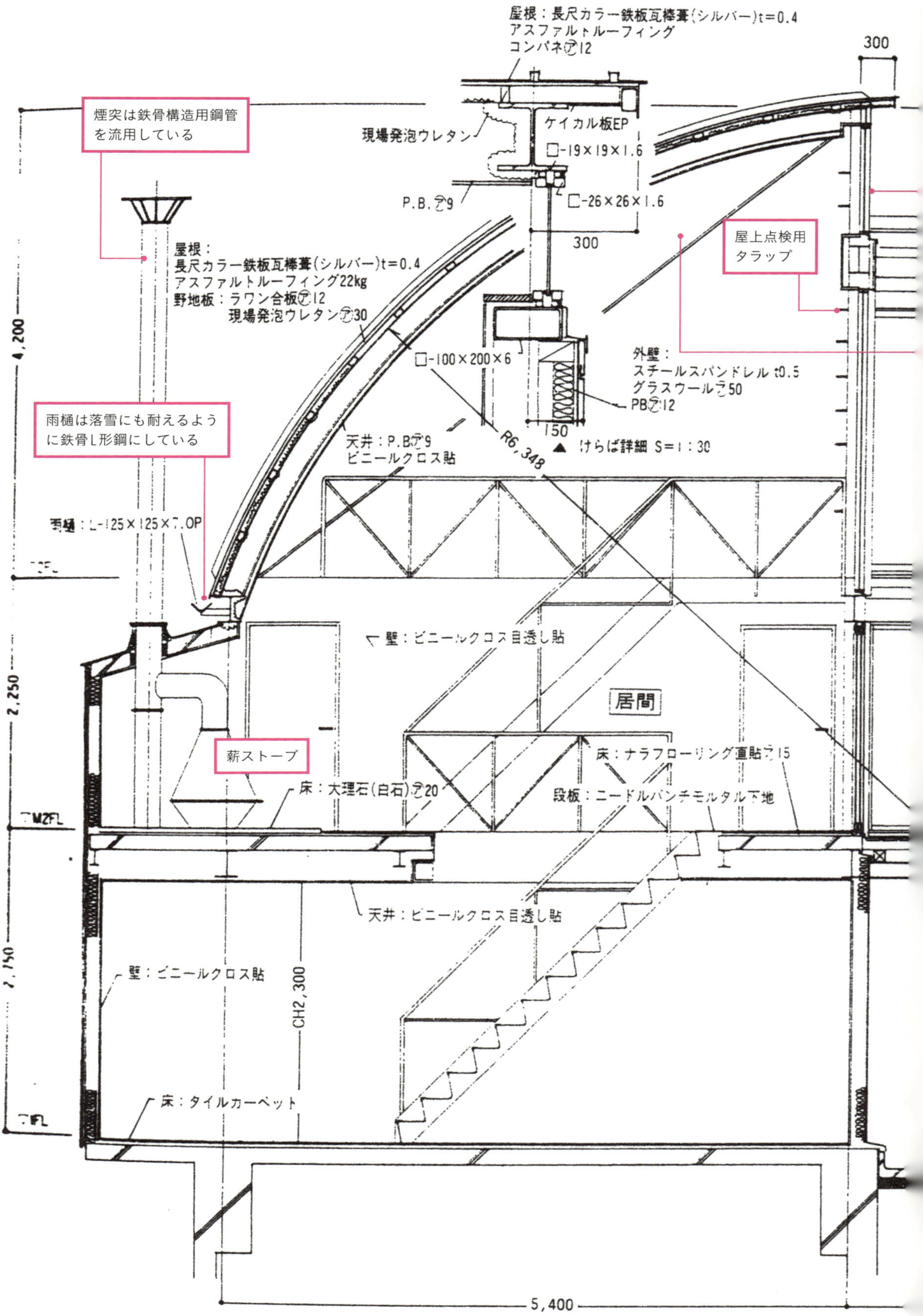
屋根：長尺カラー鉄板瓦棒葺(シルバー)t=0.4
アスファルトルーフィング
コンパネ㋐12
300
煙突は鉄骨構造用鋼管を流用している
現場発泡ウレタン
ケイカル板EP
□-19×19×1.6
P.B.㋐9
□-26×26×1.6
300
屋上点検用タラップ
屋根：
長尺カラー鉄板瓦棒葺(シルバー)t=0.4
アスファルトルーフィング22kg
野地板：ラワン合板㋐12
現場発泡ウレタン㋐30
4,200
□-100×200×6
外壁：
スチールスパンドレル t0.5
グラスウール㋐50
PB㋐12
150
R6,348
▲けらば詳細 S=1：30
雨樋は落雪にも耐えるように鉄骨L形鋼にしている
天井：P.B㋐9
ビニールクロス貼
雨樋：L-125×125×7.OP
壁：ビニールクロス目透し貼
2,250
居間
薪ストーブ
床：ナラフローリング直貼㋐15
床：大理石(白石)㋐20
段板：ニードルパンチモルタル下地
M2FL
天井：ビニールクロス目透し貼
壁：ビニールクロス貼
CH2,300
床：タイルカーペット
1FL
5,400

用語解説

あ

アスファルトフェルト
原紙（フェルト）にアスファルトを浸み込ませたもので、主に外壁下地材として使用する。

アスファルトルーフィング
フェルトにアスファルトを浸み込ませた防水材料。屋上や屋根に敷いて雨水の浸入を防ぐ。

頭つなぎ（あたまつなぎ）
柱のように垂直に伸びる部材の頂部を水平に連結する部材のこと。部材のばらつきを揃えるために使用することが多い。

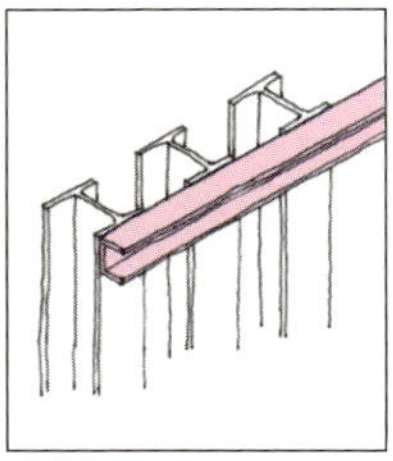
頭つなぎ

雨押え（あまおさえ）
外壁と屋根が接触する部分、外壁と窓の上枠部分から雨水が浸入することを防ぐ部材やその部分。

アングル
L型の鋼材、もしくは金物。

ウェブ
I形鋼、H形鋼断面材のフランジに挟まれた部分を指す。主として、せん断力を受けもつ部分。

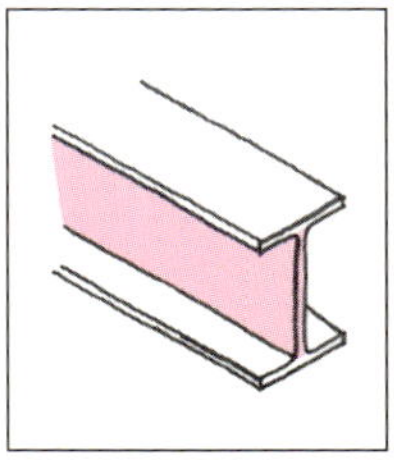
ウェブ

裏当て金（うらあてがね）
溶接部の底部に裏から当てる金属のこと。

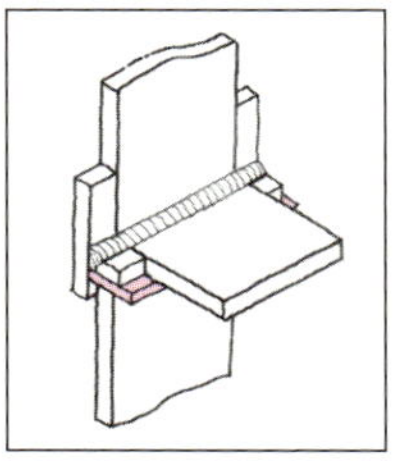
裏当て金

エンドタブ
溶接ビートの始点と終点に取り付けた補助板。アークのスタート部や終端部クレーターに欠陥が出やすいために捨て板の目的で用いられる。

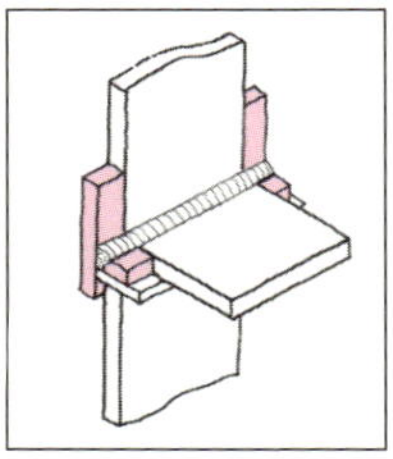
エンドタブ

押えコンクリート（おさえこんくりーと）
防水層保護および屋上歩行に供するために防水層の上に打つコンクリート。通常は軽量コンクリート打ちとする。

押出成形セメント板（おしだしせいけいせめんとばん）
セメントを押し出して成形したセメント板。

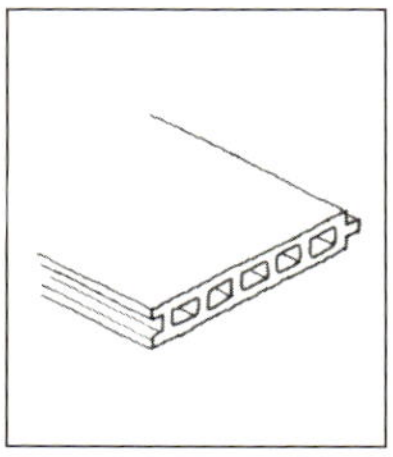
押出成形セメント板

か

額縁（がくぶち）
窓や出入り口の枠に取り付ける壁との見切り材。化粧材。

笠木（かさぎ）
屋上の防水立上り壁（パラペット）などの上方に取り付けられる水切り用の覆い。

ガセットプレート
鉄骨構造の柱梁隅角部やトラス節点などに用いる部材同士を接合するための鋼板の総称。

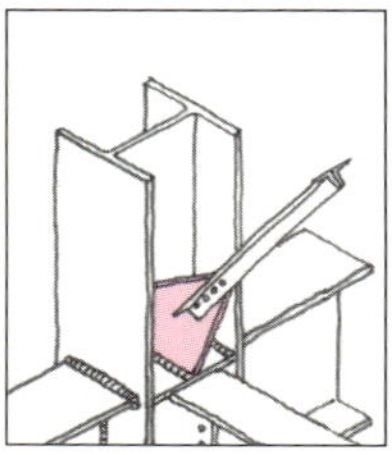
ガセットプレート

片持ち階段（かたもちかいだん）
一端が固定支持され、一方の端が何にも支持されていない階段。

ガルバリウム鋼板（がるばりうむこうはん）
アルミニウム・亜鉛合金メッキ鋼板。高い防食性を活かして屋根材や外壁材に使用される。

瓦棒葺き（かわらぼうぶき）
屋根の流れに沿い、桟木（心木）を設け、その間に雨水の流れとなる凹形の溝板を設置し、心木をカバー鉄板で覆う葺き方。

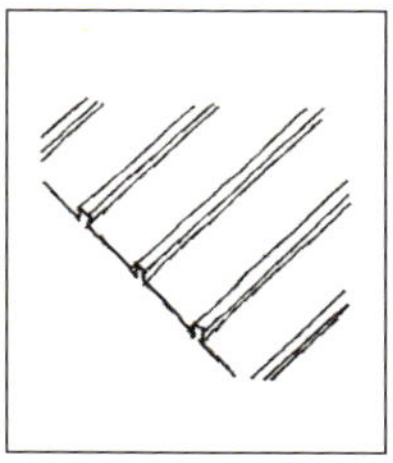
瓦棒葺き

寒冷紗（かんれいしゃ）
塗装時に、下地の目地割れ、ひび割れを防ぐために下地に貼るガーゼ状の布。

完全溶込み溶接（かんぜんとけこみようせつ）
母材の接合面における溶接部が完全に溶け込んでいる溶接。

グラウト
ひび割れや空洞などの間隙に充填するセメントペーストまたはモルタルなどの総称。

グラスウール
細かいガラス繊維でできたマット状の素材で断熱材として用いる。

クリアランス
隙間。あき寸法のこと。

クレセント
上げ下げまたは引違いサッシの召し合わせ部に取り付ける内部からの締り金物。

軽量鉄骨（けいりょうてっこつ）
厚さ6㎜以下の鉄板を加工した鉄骨。冷間圧延製法（鉄を熱せず、シート状態からの曲げ加工）で製作される。軽量形鋼ともいう。

蹴込み板（けこみいた）
階段の蹴上げ部分の板のこと。

化粧（けしょう）
見えがかりの部分または材をいう。装飾的な彩色や繰形などを加えない場合もある。

けらば
切妻屋根の妻側の端部。

剛性（ごうせい）
外力が作用する構造物、または構造部材の弾性変形に対する抵抗の度合い。

鋼製束（こうせいづか）
床を支える鉄製の束。ネジ製になっていて、レベル調整が容易にできるものもある。

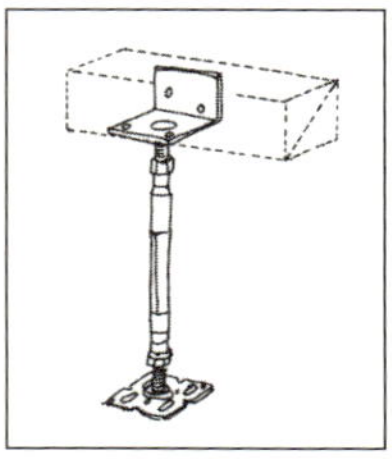
鋼製束

剛接合（ごうせつごう）
部材と部材の接合形式の一種。接合された部材の材軸の接合点における接続が相互になす角度が、外力を受けて骨組みが変形した後でも変化しない接合。

構造用合板（こうぞうようごうはん）
構造上主要な部分に使われる合板。主に床材や壁材や屋根材の下地材に使われる。

構面（こうめん）
外力に抵抗できるようにいくつかの部材で平面的に組み立てた、一つの平面骨組み。

高力ボルト接合（こうりょくぼるとせつごう）
ボルトの材質に高張力鋼を用いた接合。摩擦接合、支圧形式、引張形式の3形式ある。

さ

サイディング
定形のサイズでつくられた既製品の外壁材の総称。材質は窯業系のものや金属系のものなどがある。

ささら桁（ささらげた）
階段の段板を下から支える階段の構造材。

軸力（じくりょく）
部材の軸方向にかかる力。

止水板（しすいばん）
基礎などのコンクリートの打継ぎ部分に入れる、外からの水の浸入を防ぐための金属板、もしくはゴム製の板。防水板とも呼ばれる。

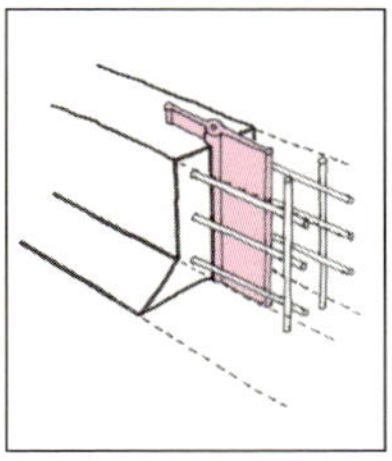
止水板

シナランバーコア
小角材を寄せ集めた芯材（コア）の両面にシナベニヤを張った3層構造の材料。

止面戸（しめんど）
屋根の水上や棟に雨水が侵入しないように設ける部材。

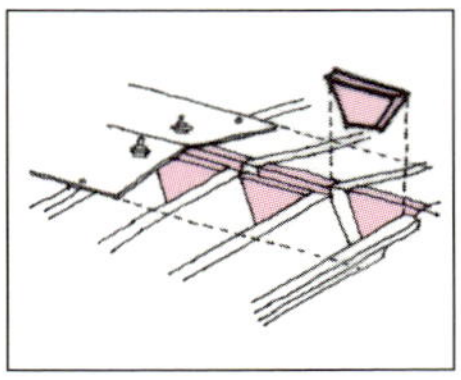
止面戸

障子（しょうじ）
出入り口や窓に用いる建具のこと。一般的には障子紙を張った光の入る明り障子を指す。

シーリング
防水や気密を目的とする目地埋め材。

伸縮目地（しんしゅくめじ）
躯体、仕上げ材が地震などの振動、温度、および湿度の変化、不同沈下などで生ずる挙動による応力を緩衝するために設けられる目地。

シンダーコンクリート
炭殻を骨材にした軽量コンクリート。屋上防水押えなどに用いる。

水平ブレース（すいへいぶれーす）
風や地震などの水平力により構造物がねじれたり、一部の骨組みが大きく変形するのを防ぐために、屋根面や陸梁面などの水平面の中に設けた筋交い。

スカラップ
二方向からの溶接線が交差するのを避けるために、片方の部材に設けた扇状をした切り欠き。

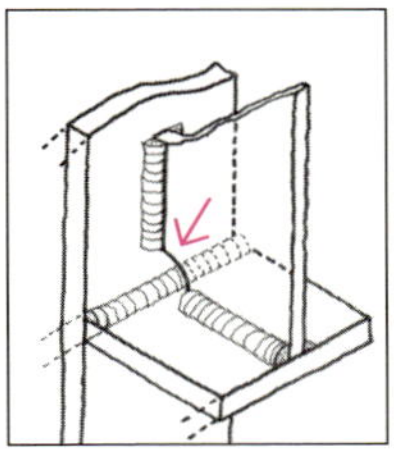
スカラップ

スタッド
軽量鉄骨間仕切りの軸組を構成する縦材で、上下端をランナーに溶接して留め付ける。

スタッドボルト（スタッドコネクター）
鉄骨梁とコンクリート床板との合成効果を期待するため、梁フランジ面に適当な間隔で抵抗溶接により垂直に取り付けたボルト。別称、頭付きスタッド。

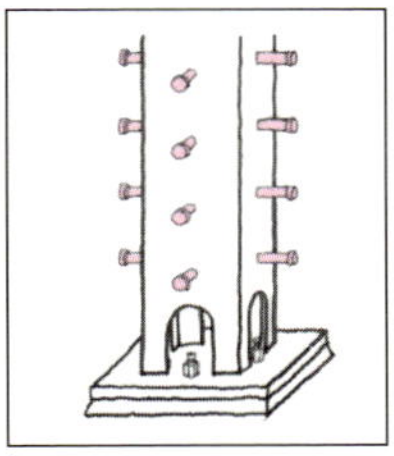
スタッドボルト

スチフナー
鋼板で組み立てられた柱や梁、あるいはI形梁のウェブプレート、柱梁接合部におけるせん断パネルなど、板材の座屈防止のために設ける補強材。

スチールロッド
丸鋼。

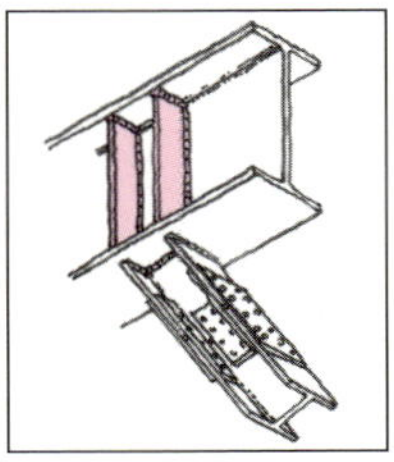
スチフナー

捨てコンクリート（すてこんくりーと）
基礎底面を平にならしたり、基礎の中心をマークしたりするなどのために捨て打ちするコンクリートのこと。

スプライスプレート
H形鋼に対する継手を構成するために母材に添える板。S造では他に、アングルに対する添え山形鋼もある。

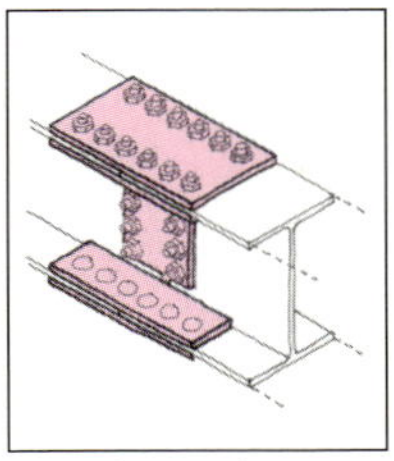
スプライスプレート

墨出し（すみだし）
コンクリートや木材に墨ツボ、墨糸、墨差しで通り芯や柱芯などの線や印を付ける作業。

隅肉溶接（すみにくようせつ）
ほぼ直角をなす二つの面の隅を溶接すること。重ね継手、T継手、角継手に用いられる。

絶縁テープ（ぜつえんてーぷ）
熱や電気の伝導を遮断する目的で用いられるテープ。

石膏ボード（せっこうぼーど）
プラスターボード（PB）。石膏を芯材とし、表面をボード用の厚紙で被覆した無機質ボード。

折板葺き（せっぱんぶき）
鉄板を台形状に折り曲げ加工して、屋根材とした葺き方。長いスパンを飛ばせる。

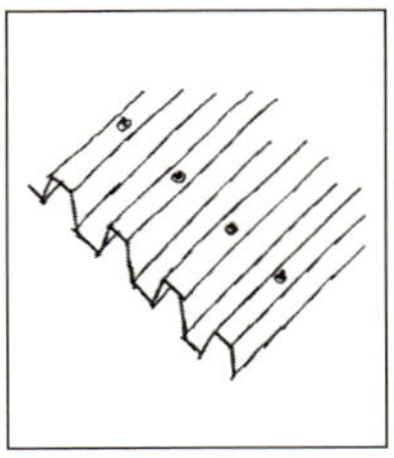
折板葺き

繊維セメント板（せんいせめんとばん）
セメントと繊維質材料を練り混ぜて板状に成形したセメント製品。石綿セメント板、木毛セメント板など。

膳板（ぜんいた）
窓枠、額縁の一部で下枠のこと。

膳板

た

タイトフレーム
折板屋根を接合する部材。折板の台形と同じ形をした折板取付用の金物。

建て方（たてかた）
現場における構成材の組み立てをいう。S造の場合は、仮ボルト締め、歪み直しまでをいう。

建て込み（たてこみ）
鉄骨などの骨組みを組み立てること。

縦ハゼ葺き（たてはぜぶき）
水の流れる方向に延びる細長い金属板を接続するために、お互いを折り曲げて、その部分を立てる納まり。

段板（だんいた）
階段の足を載せる板のこと。踏板ともいう。

断熱材（だんねつざい）
熱移動、熱伝達を抑えるための熱伝導率の低い材料。建築では繊維系断熱材として、グラスウール、ロックウール、羊毛。発泡系断熱材ではウレタンフォーム、フェノールフォームなどがある。

力桁（ちからげた）
階段に使用する部材で、段板の真ん中を支えるように斜めに架け渡した1本の太い角材のこと。

力骨（ちからぼね）
他の部材を補強するための部材の総称。

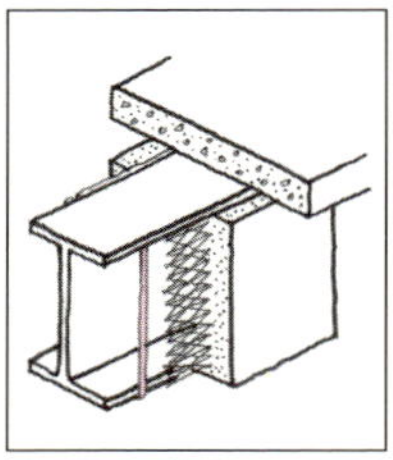
力骨

地中梁（ちちゅうばり）
地盤よりも下の基礎梁。

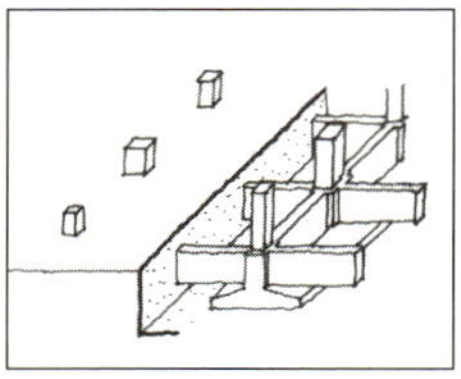
地中梁

通気胴縁（つうきどうぶち）
外壁の仕上げ材の下地で、通気層を設けるための胴縁。

突合せ接合（つきあわせようせつ）
ほぼ等しい厚さの板、あるいはほぼ等しい断面をもった形鋼などの部材を、同一面内において接合する方法。

吊木（つりぎ）
天井や棚などを上方から吊り支えるための部材。

吊子（つりこ）
金属板葺きで、平板などを下地に固定する場合に使用する短冊形の薄い金物。

デッキプレート
コンクリートスラブの型枠や床板として用いられる波形の薄鋼板。

鉄筋コンクリート（てっきんこんくりーと・RC）［RC］
圧縮に強いコンクリートを引張に強い鉄筋を一体化した構造材料。RCはReinforced Concreteの略。

転圧（てんあつ）
地表面の締固めで、静的圧力による機械的締固めのことを指す。

天井ふところ（てんじょうふところ）
床裏と天井で囲まれた天井裏のこと。

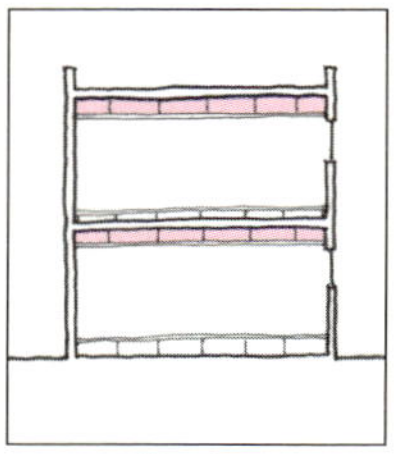
天井ふところ

天端（てんば）
部材などの上の端。上端（うわば）ともいう。

独立基礎（どくりつぎそ）
柱の荷重を支えるための独立した基礎。

戸じゃくり（とじゃくり）
建具が枠にぴったりと納まるように、建具が枠に当たる部分を溝状に削ること。

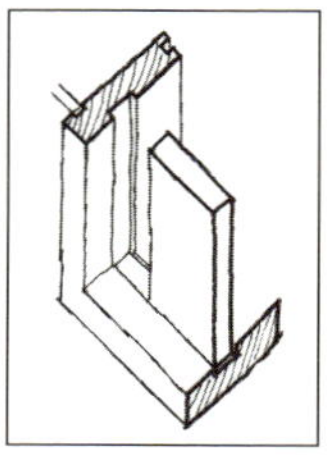
戸じゃくり

ドライエリア
地下において、採光や通風を得るために、建物外壁に沿って掘り込んだ部分。空堀（からぼり）ともいう。

ドライエリア

ドレン（ドレイン）
汚水、雑排水、雨水など建物類の排水系統へ排除するための管や溝。

な

二重壁（にじゅうかべ）
地下の壁をつくる場合、構造壁の内側に防水、防湿のために設けるもう一枚の壁の納まりのこと。

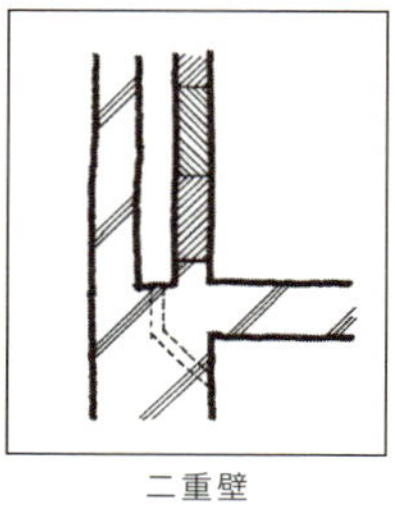
二重壁

布堀（ぬのぼり）
基礎工事の場合、布基礎を設けるために壁下を長さ方向に連続して掘る掘り方。

根入れ（ねいれ）
地盤面よりも下に入っている部分。

根伐り（ねぎり）
基礎をつくるために地盤を掘削すること。

根太（ねだ）
床材または床下地材を支える部材。

根巻き（ねまき）
鉄骨柱の柱脚部を鉄筋コンクリートで被覆して補強すること。

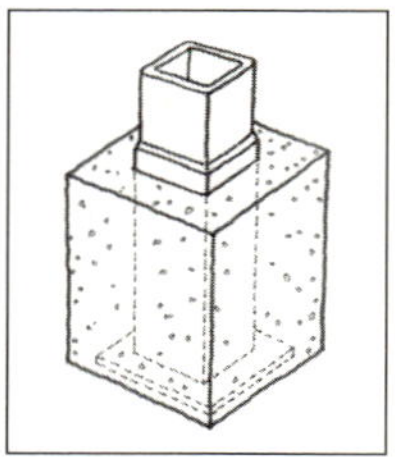
根巻き

練付（ねりつけ）
木材や合板などの表面に化粧用として突板や樹脂板などを張り付けること。

軒天井（のきてんじょう）
軒部分の天井。通称、軒天。

野地板（のじいた）
屋根下地で垂木の上に貼る板のこと。

野縁（のぶち）
天井仕上げ工事において、仕上げ材を張り付けるための下地に使われる部材。

野縁受け（のぶちうけ）
野縁を支えるために、野縁と直行方向に入れる天井下地材。

は

パーティクルボード
主に木材の小片を結合材を用いて、熱圧してつくった板状の材。

鼻隠し（はなかくし）
屋根の軒先に付けられる板のこと。

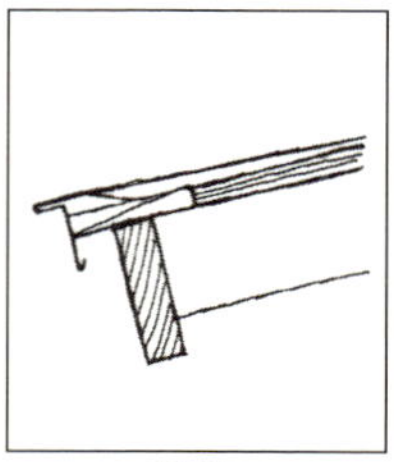
鼻隠し

巾木（はばき）
壁の最下部に取り付ける横材のこと。壁下部の損傷を防ぐとともに、壁と床の見切り材としての役目をもつ。巾木が壁面から出ているものを出巾木、壁面よりも引っ込んでいるものを入巾木、そして壁材を施工した後に付ける付巾木という。

梁せい（はりせい）
梁の下面から上面までの高さ。

ハンガー
金属天井下地材の一種。吊ボルトの下端に取り付けて野縁受けを吊る金具。

板金（ばんきん）
金属板を叩いて折り曲げ、プレスなどをする方法。

ピット
ベタ基礎の耐圧盤と1階スラブの間の空間。

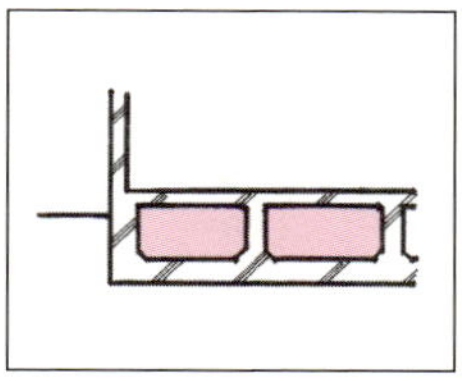
ピット

ヒートブリッジ
外壁と内壁の間にある柱などが熱を伝える現象。熱橋（ねっきょう）ともいう。

ビルトボックス柱
正方形、長方形の断面を、四枚の厚板を溶接してつくる柱。溶接四面ボックス柱とも呼ばれる。超高層建築等の柱部材に使用される。

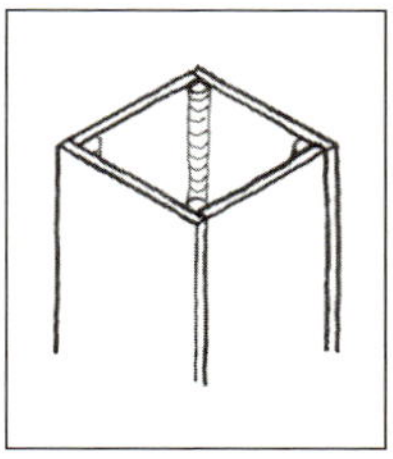
ビルトボックス柱

ピン接合
節点がピンで接合されたもの。水平力がかかったときに、接合部は移動しないが回転する接合。

ファスナー
カーテンウォールのマリオンやプレキャスト板を躯体に固定させる支持金物。

フーチング
基礎の形式によって形は異なるが、建物の力を地盤、もしくは杭に伝える面で、底部が広がった部分のこと。

プライマー
塗料、接着剤、シーリング材、溶融アスファルトの下地への付着を高めるか、より確実にするか、調整するために用いる下塗り用液状部材の呼称。

フラッシュパネル
木で枠を組み、両面に合板などを張って平坦に仕上げたパネル。

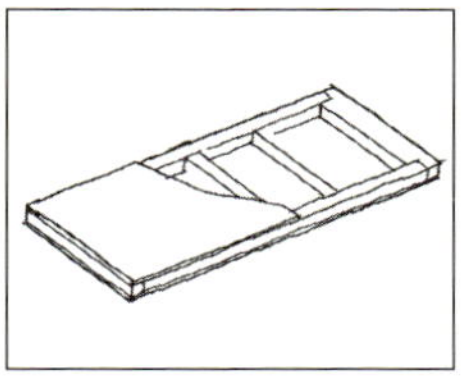
フラッシュパネル

フランジ
I形鋼、H形鋼断面材のウェブを挟むように上下に取り付いた部分を指す。主として、曲げ応力を受けもつ部分。

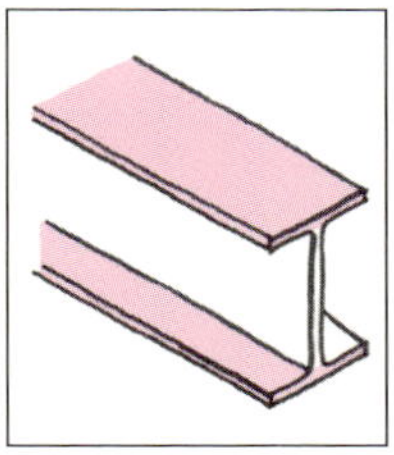
フランジ

フリーフロア
床組の一種。ナイロン製もしくは金属製支持脚とパーティクルボードからなる乾式二重床システム。

ブレース
筋交い。柱と柱の間に入れる斜め材で建物の構造体を補強する部材。

ベタ基礎（べたぎそ）
直接基礎の一つ。建物の床面積全体を占める板状の基礎。

ペントハウス
屋上に突き出したエレベーターの昇降路、機械室、階段室、クーリングタワーなどの部分。

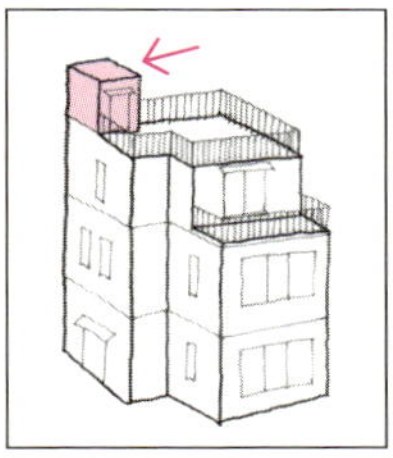
ペントハウス

防湿シート（ぼうしつしーと）
湿度を止めるためのシート。土間コンクリートの下などに敷く。

方立（ほうだて）
窓や枠の縦材、もしくはまぐさと窓台との間に設ける垂直材。

ポリスチレンフォーム
スチレン樹脂を発泡させたビーズを融着成形し、ボード状にしたもの。

ホールインアンカー
あと打ちアンカーの一種。何らかの事情でコンクリート打設後に、アンカー金物が必要になった際にあと打ちアンカーを使う。穴の底にクサビがぶつかることで金属の外周部が膨み、コンクリートに固定されるしくみ。

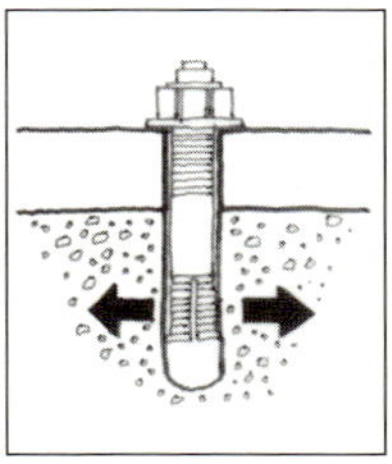
ホールインアンカー

ま

幕板（まくいた）
一般的に横に長く貼った板。

まぐさ
窓やドアの開口部上部に設けられる横材。

増張り（ましばり）
防水層の補強のために余分に材料を張ること。防水下地の隅や角部、下地に生じた亀裂部分、工場成形板で構成されているスラブで、動きが大きいと予想される取り合い部分に防水施工に先立ち、ルーフィングを張り増すことをいう。

窓台（まどだい）
窓枠の下地材で、窓の下枠（膳板）などを受ける補強材。

見込み（みこみ）
部材の正面から見たときの側面の奥行き。

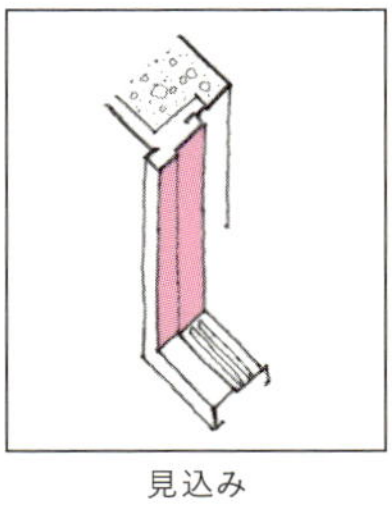
見込み

水上／水下（みずかみ／みずしも）
屋根やベランダ、土間などの勾配で高いところが水上、低いところが水下。

見付け（みつけ）
部材の正面から見える面のこと。

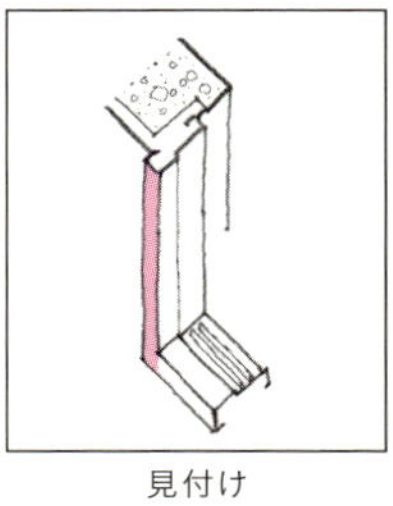
見付け

無目（むめ）
敷居、鴨居用の部材で建具用の溝の彫られていないもの。

召し合わせ（めしあわせ）
同一平面内にある二枚の建具の相合すること、およびその部分。

目透かし（めすかし）
天井や壁などで、板やボード状部材を張るときに多少の隙間を空けて納める方法。

持ち出し（もちだし）
梁や垂木などの支点より外側に突き出した水平部材のこと。

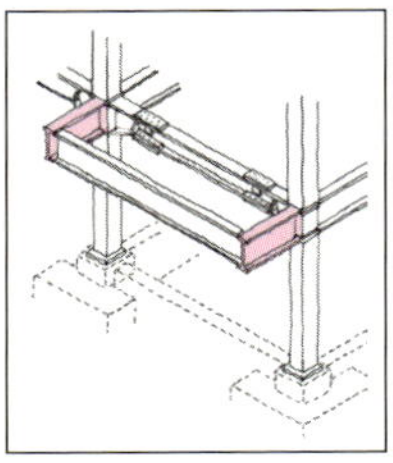
持ち出し

モヘア
建具の気密性を上げるために枠と建具の間に入れる毛（パイル）状の気密材。

モルタル
セメントと砂を混ぜたもの。セメント：砂は1：2、1：3程度。

や

溶接金網（ようせつかなあみ）
鉄線材、もしくは細径鋼棒を網目状に組み、交点を抵抗溶接した金網。通称、ワイヤーメッシュ。

ら

ラーメン
各節点で部材が剛に接合されている骨組み。力学的には曲げ材、圧縮材、引張材が結合されている形式である。

ランナー
軽量鉄骨間仕切りの軸組のうち、上と下に設けてスタッドを取り付けるための横架材。軽量のC型チャンネルが用いられる。

ロックウール
玄武岩、輝緑岩、または鉱滓などを主原料とし、繊維化した無機質繊維。断熱・吸音・耐火被覆材料などに用いられる。

わ

ワイヤラス
モルタル塗りの下地に用いるメッシュ状の金網。金属製薄板に一定の切れ目を入れ、伸ばしたメタルラスや、ボードにラス状のものは張り付けられたラスカットボードを用いることもある。

割栗石／砕石（わりぐりいし／さいせき）
基礎の下に設ける基礎と地盤をつなぐための石で、12～15cm程度の石。最近では岩石を砕いた砕石を使用することが多い。

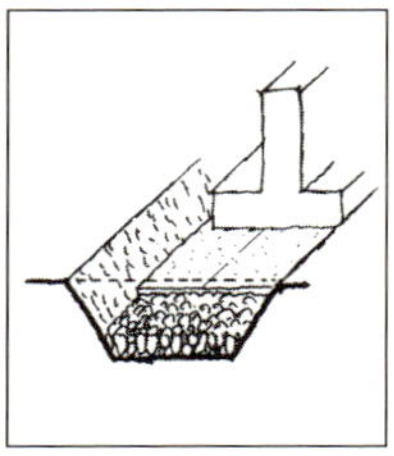
割栗石

英

AEP
合成エマルジョンペイント一種。アクリルエマルジョンペイントと呼ばれている。耐水性、耐熱性があり、セメント系にも塗装できる。

CL
ニトロセルロースを主材とした木材用透明材料。家具、建具などに幅広く用いられる。

EP
合成エマルジョンペイント。壁、天井など広く使われ安価。耐水性、対アルカリ性に劣る。

FB
フラットバー。平鋼。平らな細長い鋼材。

FRP防水
ガラス繊維などを補強材とし、液状のポリエステル樹脂と一体化させた塗膜防水。

LGS
2㎜程度と肉厚の薄い鉄板に亜鉛メッキされたC型断面の鉄の棒材。主にRC造やS造の建物の構造に関係のない間仕切りや天井の下地に用いられる。軽天とも呼ばれる。LGSはLight Gauge Steal もしくは Light Gauge Stud の略。

OP
オイルペイント。安価で肉づきがよく、密着性、対衝撃性、耐候性に優れているが、乾燥が遅い。対薬品性が悪く臭が残るなどの欠点がある。

OS
オイルステイン。木の表面のテクスチャなどを残しながら半透明に着色する油性塗料。

PL
プレート。鉄板もしくはアルミなどの平板。

ROD
支柱として使われる棒状の鋼材。

SUS
ステンレス鋼。

T継手
一枚の板の表面に他の板を直角に載せて、T形をつくり、その隅部を隅肉溶接で接合する継手。

UC
ウレタンワニス。ウレタン樹脂塗料。

V溝レール
レール形状が凸形ではなく、V形に凹んだ引き戸用レール。床、もしくは下枠に埋め込んで使用する。

@
間隔を示す。

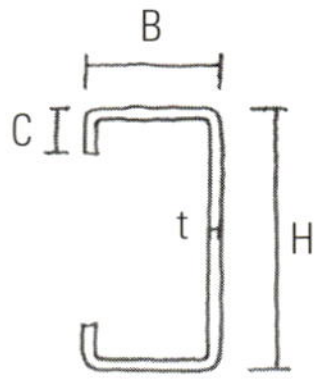

リップ溝形鋼の寸法の見方
C-100(H)×50(B)×20(C)×2.3(t)

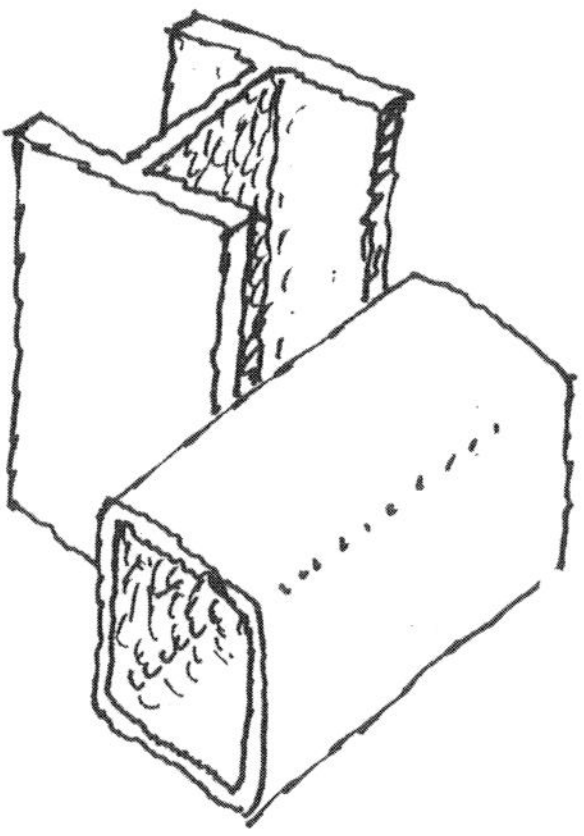

著者略歴

杉浦 伝宗 すぎうら・でんそう

東京理科大学理工学部建築学科卒業
大高建築設計事務所を経て
2005〜2015年　工学院大学建築学部非常勤講師
現在、アーツ＆クラフツ建築研究所主宰
千葉大学非常勤講師
著書　『ミニ書斎をつくろう』　メディアファクトリー　2013年
　　　『それでも建てたい！ 10坪の土地に広い家』　講談社　2002年
共著書　『目を養い 手を練れ」　彰国社　2003年
　　　『WONDERING KATHMANDU』　エクスナレッジ　1999年

細谷 功 ほそや・いさお

東洋大学工学部建築学科卒業
寺井徹設計室を経て
1991〜2012年　東洋大学建築学科非常勤講師
現在、スタジオ4設計主宰
工学院大学建築学部非常勤講師
APEC登録建築家
共著書　『矩計図で徹底的に学ぶ住宅設計[RC編]』　オーム社　2016年
　　　『矩計図で徹底的に学ぶ住宅設計』　オーム社　2015年
　　　『家づくりの裏ワザ アイデア図鑑』　エクスナレッジ　2015年
　　　『世界で一番やさしいエコ住宅』　エクスナレッジ　2011年
　　　『建築家の名言』　エクスナレッジ　2011年
　　　『木造住宅納まり詳細図集』　エクスナレッジ　2008年

長沖 充 ながおき・みつる

東京芸術大学大学院建築科修了
小川建築工房、TESS計画研究所を経て
現在、長沖充建築設計室主宰
都立品川職業訓練校非常勤講師
会津大学短期大学部非常勤講師
著書　『見てすぐつくれる建築模型の本』　彰国社　2015年
共著書　『矩計図で徹底的に学ぶ住宅設計[RC編]』　オーム社　2016年
　　　『矩計図で徹底的に学ぶ住宅設計』　オーム社　2015年
　　　『家づくりの裏ワザ アイデア図鑑』　エクスナレッジ　2015年
　　　『やさしく学ぶ建築製図』　エクスナレッジ　2011年
　　　『世界で一番やさしいエコ住宅』　エクスナレッジ　2011年
　　　『建築家の名言』　エクスナレッジ　2011年
　　　『階段がわかる本』　彰国社　2010年

蕪木 孝典 かぶらき・たかのり

筑波大学大学院芸術研究科修了
現在、㈱中央住宅 戸建分譲設計本部所属
東京建築士会環境委員会委員
共著書　『矩計図で徹底的に学ぶ住宅設計[RC編]』　オーム社　2016年
　　　『矩計図で徹底的に学ぶ住宅設計』　オーム社　2015年
　　　『世界で一番やさしいエコ住宅』　エクスナレッジ　2011年

伊藤 茉莉子 いとう・まりこ

日本大学生産工学部建築工学科卒業
2005〜2014年　谷内田章夫／ワークショップを経て
2014年　KITI一級建築士事務所設立
現在、KITI一級建築士事務所主宰
会津大学短期大学部非常勤講師
共著書　『矩計図で徹底的に学ぶ住宅設計[RC編]』　オーム社　2016年
　　　『矩計図で徹底的に学ぶ住宅設計』　オーム社　2015年
　　　『世界で一番美しい名作住宅の解剖図鑑』　エクスナレッジ　2014年

杉本 龍彦 すぎもと・たつひこ

工学院大学大学院修士課程修了
現在、杉本龍彦建築設計事務所主宰
共著書　『矩計図で徹底的に学ぶ住宅設計[RC編]』　オーム社　2016年
　　　『矩計図で徹底的に学ぶ住宅設計』　オーム社　2015年

特別アドバイザー
中山繁信

協力
片岡菜苗子（篠崎健一アトリエ勤務）

装幀・本文デザイン
細山田光宣＋相馬敬徳（ラフターズ）

苦手克服！ これで完璧！
矩計《かなばかり》図《ず》で徹底的に学ぶ住宅設計 [S編]

2017年 4月25日　第1版第1刷発行
2022年 4月10日　第1版第5刷発行

著　者　杉浦 伝宗
　　　　細谷 功
　　　　長沖 充
　　　　蕪木 孝典
　　　　伊藤 茉莉子
　　　　杉本 龍彦
発行者　村上 和夫
発行所　株式会社 オーム社
　　　　郵便番号 101-8460
　　　　東京都千代田区神田錦町 3-1
　　　　電話 03(3233)0641(代表)
　　　　URL https://www.ohmsha.co.jp/

印刷 壮光舎印刷　製本 牧製本印刷
ISBN978-4-274-22052-4 Printed in Japan

関連書籍のご案内

「矩計図さえ読めれば、
住宅設計はもっと楽しくなる！」を合言葉に
図面の読み方から
部位別ディテールの基本、
矩計図ができるまでを
とことん分かりやすく。

矩計図シリーズ「木造」「RC造」「S造」、3冊刊行！

苦手克服！これで完璧！
矩計図で徹底的に学ぶ住宅設計
中山繁信・細谷功・長沖充・蕪木孝典・伊藤茉莉子・杉本龍彦 共著
B5判／224ページ／2色刷 定価（本体2,800円【税別】）

苦手克服！これで完璧！
矩計図で徹底的に学ぶ住宅設計［RC編］
中山繁信・細谷功・長沖充・蕪木孝典・伊藤茉莉子・杉本龍彦 共著
B5判／220ページ／2色刷 定価（本体2,900円【税別】）

苦手克服！これで完璧！
矩計図で徹底的に学ぶ住宅設計［S編］
杉浦伝宗・細谷功・長沖充・蕪木孝典・伊藤茉莉子・杉本龍彦 共著
B5判／224ページ／2色刷 定価（本体2,800円【税別】）

もっと詳しい情報をお届けできます.
◎書店に商品がない場合または直接ご注文の場合も右記宛にご連絡ください.

ホームページ http://www.ohmsha.co.jp/
TEL／FAX TEL.03-3233-0643 FAX.03-3233-3440

（定価は変更される場合があります）

D-1704-010